光华书系 • 学术琼林

金融改革创新论

Financial Reform and Innovation

曹凤岐 著

北京大学出版社
PEKING UNIVERSITY PRESS

图书在版编目(CIP)数据

金融改革创新论/曹凤岐著.—北京：北京大学出版社，2015.5

（光华书系·学术琼林）

ISBN 978-7-301-25772-2

Ⅰ.①金…　Ⅱ.①曹…　Ⅲ.①金融改革—中国—文集　Ⅳ.①F832.1-53

中国版本图书馆CIP数据核字（2015）第088605号

书　　名	金融改革创新论
著作责任者	曹凤岐　著
策划编辑	贾米娜
责任编辑	姚大悦
标准书号	ISBN 978-7-301-25772-2
出版发行	北京大学出版社
地　　址	北京市海淀区成府路205号　100871
网　　址	http://www.pup.cn
电子信箱	em@pup.cn　　QQ：552063295
新浪微博	@北京大学出版社　@北京大学出版社经管图书
电　　话	邮购部62752015　发行部62750672　编辑部62752926
印 刷 者	北京宏伟双华印刷有限公司
经 销 者	新华书店
	730毫米×1020毫米　16开本　30.5印张　562千字
	2015年5月第1版　2015年5月第1次印刷
定　　价	78.00元

丛书编委会

序

曹凤岐同志邀我为他的论文集《金融改革创新论》作序,我答应了。

在这里,我不想对曹凤岐论文集中的论文、观点作出评论和评价,因为我只是在宏观经济研究中涉及了金融问题,而非专门从事金融问题的研究。所以在这本书的序言中,我只想就曹凤岐同志的科研态度谈点看法。

曹凤岐是我的学生,也是我工作上的助手和科研上的合作者。

我和曹凤岐在科研上的合作是从 1981 年开始的。那年夏天,我们共同参加了在烟台举行的“外国中央银行”学术研讨会,我作了一个学术报告。我记得我们住在烟台芝罘宾馆的同一个房间里。我问他:“凤岐,你看中国企业用股份制办法来集资行不行?”他说完全可以。我说:“那你就研究股份制问题吧。”于是他开始协助我对股份制问题进行研究,成了我关于股份制研究的得力助手。1984 年,他写了一篇关于股份制改革的文章送给我看,我觉得写得不错,有新的观点,就推荐给了《北京大学学报(哲学社会科学版)》,学报于 1985 年第 1 期发表了这篇文章,题目是“试论社会主义条件下的股份制度”,这篇文章是国内最早从理论到实践系统研究股份制的文章之一,影响很大。此后,他更深入地研究在中国推行股份制的问题。“七五”期间,他承担了国家教委青年科研基金项目“中国企业股份制实施途径与管理研究”,项目的成果之一《中国企业股份制的理论与实践》(曹凤岐主编,企业管理出版社)于 1989 年 4 月出版。该书系统地论述了股份制的理论,股份制与经济体制改革,企业的产权关系,企业股份制实施途径,中国企业股份制发展的外部环境,股份公司的组织与管理,股票发行、交易和管理,企业集团与股份制,产业结构转换与股份制等,书中还列举了中国几家股份公司组建的实例。为了支持他们的研究,我为该书作了序。从此,曹凤岐对股份制的研究更加勤奋努力。他从 1985 年到 2005 年的 20 年间在《北京大学学报(哲学社会科学版)》上连续发表了十篇关于股份制的文章,就是影响很大的“十论股份制”。

20世纪90年代开始他又协助我对中国资本市场改革和法制化问题进行研究。1992年全国人大财经委员会开始起草《证券法》，我担任起草小组组长，他是起草小组的主要成员，参加《证券法》起草小组的还有北京大学光华管理学院的另外几位教授。《证券法》从起草到1998年年底出台，经历了六年半的时间，过程充满了曲折和反复。曹凤岐从开始到最后完整地参加了起草过程，参与执笔和讨论。1998年年底《证券法》在全国人大常务委员会通过后，从1999年起又开始了《投资基金法》的起草工作，我仍担任起草小组组长，周道炯、张肖两位委员和曹凤岐同志担任起草小组副组长，具体的起草工作仍由曹凤岐负责。《投资基金法》的起草也遇到很大的困难，主要是想把证券投资基金、产业投资基金和创业投资基金都放在一起，都由《投资基金法》进行规范，但十分困难。后来我建议决定分步骤立法，即先出台《证券投资基金法》。我的想法得到周道炯、张肖和曹凤岐同志的大力支持。于是我们向全国人大财经委员会递交了报告。报告很快批复下来。这样，《证券投资基金法》很快出台了。

《证券法》和《证券投资基金法》是中国资本市场的根本性大法，这两部法律的出台，对中国资本市场的规范和发展起了很大的法律保障作用。而曹凤岐为两部法律的起草和出台，都作出了很大的努力和贡献。

曹凤岐还对金融体制改革、货币政策、金融创新方面作了深入研究，出版了多部专著、教材，发表了多篇论文。这方面的研究主要是由他自己来完成的。

我认为，曹凤岐在科研方面认真探索、执着追求的态度是值得称道的，对年轻的同志应当有所启发。

第一，他能够理论联系实际进行科研。曹凤岐是在改革开放过程中成长起来的理论工作者，他始终是围绕经济和金融改革的实际来进行理论研究的，因此，他的研究是有生命力的，能在实际中应用。他从研究中提出的观点和建设性意见，在某种程度上起到了为改革开放出谋划策的作用。

第二，他能够坚持自己的观点和信念。社会科学的研究，有时会遭到误解，会有很大的风险。例如，在研究股份制问题时，有人说这是搞私有化。我和曹凤岐都曾遭到批评，甚至曹凤岐晋升教授职称的机会都拖延了很久，但他坚持自己的观点，继续研究股份制问题。事实证明，这种坚持是对的，股份制，即混合所有制是国有企业改革和建立现代企业制度的重要途径。在起草《证券法》的过程中，为了坚持一个条款、一个观点，他会同别人争得面红耳赤，有一次他没控制住竟然同一位领导同志拍了桌子，我批评他失了教授风度。他回答我说：“为了起草一部好的法律，我宁愿失风度。”

第三，他勇于探索和创新。曹凤岐思想不保守，敢于研究和探讨改革开放中遇到的新问题、新理论。除了对股份制和资本市场进行探索性研究外，他对金融体制改革中的新问题也作了大量的探索性和创新性研究。他不仅研究了宏观经济与金融、利率和汇率改革、人民币国际化、商业银行管理等问题，近期还研究了中小银行和民营银行的建立与发展、普惠金融和民间金融，以及他本人原来不太熟悉的互联网金融问题等。最近一段时间，他重点研究了进一步改革与完善中国金融监管体系等重要问题。

第四，他善于学习，认真钻研。曹凤岐是1965年进入北京大学的，学了不到一年就赶上“文化大革命”停课了，可以说在大学期间没有学多少东西，但他没有自暴自弃，而是利用各种机会学习。他听了我和张培刚、胡代光等老师的“西方经济学流派”课程的全部内容，对西方经济学有所了解。为了搞好金融学的教学与科研，他到人民大学黄达教授的研究生课堂上听了两年金融学研究生课程。最难能可贵的是，他甘坐冷板凳，安心做学问，研究课题，写文章，并认真搞好教学。

前面说过，我和曹凤岐在科研方面初次合作是1981年，那时他36岁，我51岁。多年来他协助我研究和共同研究了中国经济改革中的重要问题，包括股份制、资本市场、金融改革、民营经济、城乡一体化等重大问题。时光荏苒，转眼34年过去了，今年他已进入古稀之年，我也早已进入耄耋之秋。回忆往事，感慨万千。我们为中国经济改革的理论发展，为国家经济决策提供理论依据，作出了努力和贡献，自己感到欣慰。在未来的日子里，我们还会继续为中国经济改革和发展的理论创新发挥我们的余热。正是：

秋霜染得满山红，
看叶登山叠叠峰。
昔日荒沙连大漠，
今朝道畔尽花丛。
多年劳累非虚掷，
往事堪思一笑中。
鬓白不为闲话扰，
加鞭纵马对西风。

（摘自《厉以宁诗词选》，《七律·从教50周年暨75岁生日自叙》）

2015年2月24日（乙未年正月初六）

前言

《金融改革创新论》是我的第四本论文集。第一本论文集是《宏观经济运行中的货币与资金问题》(1995 年由北京大学出版社出版),主要收录了我早期的研究成果,这些学术论文反映了我当时研究货币政策、资金运行和银行改革的一些观点。接着,又出版了第二本论文集《股份经济论》(2001 年由北京大学出版社出版)和第三本论文集《资本市场论》(2002 年由北京大学出版社出版)。这两本论文集可谓专题论文集,是对我对股份制和资本市场研究的总结。

《金融改革创新论》主要收录了我从 2002 年到 2015 年 1 月的最新研究成果(只有一篇是 20 世纪 90 年代发表的论文)。2002—2015 年,我发表了近 100 篇经济与金融研究方面的学术论文(含讲演稿)。考虑到篇幅,我选择了 59 篇具有代表性的文章放到这本论文集里。书中分为九篇。第一篇:宏观经济与金融;第二篇:货币理论与货币政策;第三篇:利率和汇率改革 ;第四篇: 金融国际化;第五篇: 商业银行改革与创新;第六篇:资本市场改革;第七篇:普惠金融与中小企业融资;第八篇: 金融创新;第九篇:金融监管体系改革。

中国的经济体制改革和金融体制改革是同步进行的,而金融体制改革又促进了中国实体经济的进一步发展。可以说,没有金融体制改革,就不可能有中国经济的高速增长。从 1978 年到现在,中国的金融体制改革已经经过了 30 多年。30 多年来,中国的金融改革成绩斐然,金融体系发生了根本性的变化。

一、建立了中央银行体制,并趋于完善

初步建立了直接调控与间接调控相结合的金融调控体系。1983 年以前,中国人民银行既执行中央银行职能,又执行专业银行职能;既进行宏观调控,又从事普通贷款业务,很不适应经济和金融发展的需要。1983 年 9 月专门行使中央银行职能后,开始运用国际上通用的货币政策工具来控制货币供应量,调节信贷规模与结构，监测和管理金融市场，维护金融秩序。1984 年以来，中国人民银行已经多次调整法定存款准备率，多次调整利率，开展了再贴现和公开市场业务，由控制信贷规模逐步转向控制货币供应量，新的货币政策工具已进入实质性运作阶段。这标志着中国中央银行将主要运用市场方式调控金融。

二、以商业银行为主体，多种金融机构并存的金融体系已经形成

在金融体制改革以前，中国基本上就只有一家银行即中国人民银行。经过 30 多年的改革，一个金融机构种类比较齐全的金融组织体系已经基本建立起来。除了原来的中国工商银行、中国农业银行、中国银行和中国建设银行四大国有商业银行外，还成立了交通银行、中信实业银行、光大银行和华夏银行等全国性商业银行，招商银行、深圳发展银行、福建兴业银行、上海浦东发展银行等全国和区域性股份制商业银行。成立了中国进出口银行、中国开发银行、中国农业发展银行等三家政策性银行，初步完成了政策性金融和商业性金融的分离。中国第一家民办银行——中国民生银行已挂牌营业近二十年了。在城市信用合作社的基础上组建的城市商业银行发展得很快。近期又成立了多家民营银行。中国的非银行金融机构得到了长足发展，保险体制发生了很大变化，中国人民保险公司已改组为保险集团公司，下设财产保险、人寿保险和再保险公司，平安保险公司、太平洋保险公司等股份制保险公司已营业多年，近些年又设立了多家财产和人寿保险公司。美国友邦等外国保险公司已在中国安家落户。保险业由国家垄断的局面已被打破，保险市场已初步形成。中国目前有众多农村信用合作社和城市信用社、多家信托投资公司、百余家证券公司以及几十家企业集团的财务公司。此外，外资及港、澳、台等国家和地区纷纷在中国境内设立金融机构，其中包括银行、投资公司、财务公司、保险公司、证券公司、信用卡公司等。中国已允许部分进入中国境内的外资银行从事人民币业务。中国在境外的金融机构也有了相当大的发展。中国已经形成了多元化、多样化的金融机构体系。

三、货币市场和资本市场迅速发展

从 1985 年开始，银行之间的同业拆借市场开始起步，逐渐形成全国统一的同业拆借市场，目前同业拆借市场已经成为金融机构调剂资金头寸的重要场所，同业拆借利率已经成为资金余缺和流动的风向标。以 1990 年上海证券交易所和深圳证券交易所的成立为标志，中国资本市场迅速崛起，经过 2005—2006 年的股权分置改革，中国资本市场已经进入稳步发展、适当加快的阶段。除了股票市场继续发展外，企业债券市场、投资基金市场、期权和期货等衍生工具市场也逐步发展起来，多层次的资本市场体系正在形成。

四、外汇体制改革成效显著

1994 年实现了汇率并轨后，中国形成了以市场供求为基础的有管理的浮动汇率体制，已初步形成了外汇市场。人民币汇率稳定，外汇储备大幅度增加，已经实现经常项目下的人民币可兑换，正在探讨在资本项目下人民币可兑换的途径和步骤。

五、各种形式的金融创新不断发展

第一，民间金融逐步合法化、阳光化、规范化 。多年来，民间金融被视为非法的，因此，民间金融一直处于地下运行状态，不可避免地在非规范操作。民间金融本身的罪与非是争论多年的问题。改革开放经济发展的历史告诉我们，民间金融是中国金融发展本身的一种不可或缺的形式，这种非正规金融是对正规金融的重要补充。中国的中小微企业和农村金融主要依靠民间金融才能得以发展。2012 年在温州进行的金融综合改革，其重要意义在于使民间金融阳光化、合法化、规范化。首先应从政策上承认民间金融的合法性，不再以高利贷、乱集资等“罪名”一律打击。然后再逐步规范，使民间金融能够更好地服务于实体经济。同时使其阳光化，这有利于加强监管，防范金融风险。

第二，互联网金融异军突起，改变了传统的金融模式。2013 年，以互联网支付、P2P 网络借贷和众筹融资为代表的互联网金融蓬勃发展，向传统金融提出了明显的挑战，引起了社会各界的广泛关注。互联网金融从无到有，从萌芽到快速发展的过程说明，互联网所带来的创新，不仅体现为技术层面的飞跃，更承载了互联网精神。互联网金融为传统金融带来了新的理念，注入了新的活力，同时也带来了新的竞争，催生了新的合作，给现有的金融监管体制带来了挑战。

六、比较健全的金融法律体系已建立起来

1995 年以来相继公布了《中国人民银行法》《商业银行法》《保险法》。1998 年 12 月底人大常委会通过了《证券法》，并于 1999 年 7 月 1 日开始实施。《商业银行法》和《证券法》后来又进行了修订。加之中国人民银行职能到位，先后成立了中国证券业监督管理委员会、中国保险业监督管理委员会和中国银行业监督管理委员会，一个以法律为依据、集中统一管理与自律管理相结合的金融监管体系正在形成。

七、中国金融国际化进程加快

近些年来，中国对外多次发行国际债券和股票，包括B股、H股、N股等，同时逐步加强对外投资力度。近几年来，合格境外投资者（QFII）进入中国进行投资的力度不断加大，中国也开始利用合格境内投资者（QDII）进行境外投资。2014年开通了沪港通。与多个国家和地区开展了货币互换业务。在这个过程中，中国金融市场逐渐融入国际金融市场中，逐步和国际接轨。随着中国金融市场对外开放的扩大，外资银行和金融机构进入中国，中国银行和金融机构海外上市、参与国际重组与并购，扩大对外金融业务，中国金融业国际化的步伐必然加快。

中国将继续深化金融改革，大力发展金融产业，加快金融市场化和国际化步伐。发展适应市场需要的货币政策工具，建立以间接调控为主的金融调控体系。按照国家产业政策制定信贷政策，完善信贷资金的有效配置。加大对金融组织的改革力度，中国国有商业银行将逐步变成有限责任公司形式的国有控股商业银行。按照稳步发展、适当加快的原则，积极培育和规范金融市场，逐步完善包括货币市场、资本市场、证券市场、外汇市场和保险市场在内的金融市场体系。

中国的金融改革虽然取得了很大的成绩，但是还任重道远。我们的金融体系还不够健全，金融市场还不够发达，不能满足经济发展的需要。中国金融市场化与国际化的过程，也是金融创新的过程。在这个过程中，有很多我们不熟悉的东西，需要不断地学习，不断地探索，不断地追求。不仅要向书本学习，还要向实际学习，要学习国外的先进经验。中国的改革与发展，中国金融市场化和国际化过程中，提出了许多新的问题需要我们去研究解决。

我对中国金融改革与创新的研究很重要。我研究金融理论和实践的历史与中国金融改革和发展的历史是高度同步及重合的，我的研究是理论联系实际的，研究中国金融体制改革过程中出现的理论与现实问题。中国的金融改革从1978年开始，我也是从当年开始研究金融理论的。我有生以来发表的第一篇学术论文《社会主义商品经济与银行的作用》（1979），提出了社会主义经济是有计划的商品经济，有计划按比例规律和价值规律同时发挥作用，商品经济是中国信用制度和银行制度存在的基础与基本原因的观点。我的第二篇论文“社会主义银行是经济组织”（1980），第三篇、第四篇论文“试论我国的通货膨胀和信用膨胀问题”（1980）和“如何建立我国中央银行体制”（1981），在当时都是具有创新性、挑战性的文章，后来证明我的观点是正确的，我的建议被采纳了（如建立中央银行体制）。随着经济和金融体制改革的深入，我的研究也逐步深入，我深入研究了股份融资和资本市场问题，尤其是商业银行企业化经营，进一步改制、发行、上市问题。近些年来随着中国金融改革和创新的进一步发展及国内、国际金融形势的新变化，我的研究领域更为广泛，包括宏观经济与金融、利率和汇率改革、人民币国际化、商业银行管理、中小银行和民营银行的建立与发展、资本市场的进一步改革和完善、普惠金融和民间金融等。我研究了金融创新的各种模式、方法，包括保险资金的运用、股指期货和互联网金融等，还研究了进一步改革与完善中国金融监管体系等重要问题，并向有关部门提出了积极的改革建议。我认为对我的研究作出系统性的梳理，不仅是对我自己的研究的总结，也可以从中看出中国金融改革与创新的清晰脉络。

我已经退休好几年了，今年刚好70岁，已进入古稀之年，应当休息和放松了。但作为一个理论工作者的责任感，促使我继续研究金融改革和创新中的理论与实践问题，为中国金融改革和创新，继续作出我绵薄的贡献。

2011年我从学校正式办理了退休手续。我写了一首诗，表达我的情感。现抄录如下：

退休有感

（2011年1月）

2011年1月我接到学校让我办理退休手续的通知，真是感慨万千。回首走过的路，我无怨无悔。我虽已退休，但还可以做一些有利于国家和人民的工作。

六十六岁办退休，
酸甜苦辣五味稠。
尽心教育四十载，
力推改革三十秋。
事业有成良知在，
功德未满憾事留。
廉颇虽老尚能饭，
吾辈伏枥任白头。

2015年2月19日（农历乙未春节）

目　录

第一篇　宏观经济与金融／1
转变方式调整结构是中国经济协调发展的根本／3
城镇化是城乡经济协调发展的必由之路／14
经济增长适度放缓未必是坏事／19
从经济改革视角解读全面建成小康社会的途径／23
新型城镇化框架下的金融创新／32
银行信贷调配与区域经济增长／39

第二篇　货币理论与货币政策／61
论"转轨型"通货膨胀的治理／63
中国货币政策艰难面"世"／71
货币与银行研究:回顾与研究的最新进展／77
继续实行适度宽松的货币政策／92
中性货币政策与规范资本市场是经济维稳的基石／96

第三篇　利率和汇率改革／99
人民币汇率形成机制研究／101
应建立利率市场化下的银行同业定价协调机制／112
各国利率市场化的经验与教训／115
利率市场化进程中基准利率在货币政策体系中的地位与构建／122

第四篇　金融国际化／135
中国资本市场国际化应分四阶段实施／137
论人民币资本和金融项目可兑换／142
全球金融危机对中国的启示／163
超主权国际货币储备体系与人民币国际化／168
金融国际化、金融危机与金融监管／176

第五篇　商业银行改革与创新／185
商业银行发展个人金融业务的战略及策略／187

银行体系的制度建设与小企业融资／199
城市商业银行的市场定位／203
国有商业银行海外上市的三大问题／211
金融全面开放条件下的商业银行改革与创新／215
我国商业银行从事投资银行业务研究／223
村镇银行发展中的风险及对策／238
存款保险制度的“中国式”建立途径／242
民营银行的市场定位与风险管理／246

第六篇　资本市场改革／251
我国上市公司并购的回顾及建议／253
用制度创新重塑股市功能／258
中国资本市场的发展与立法研究／265
建立健全多层次资本市场体系／272
论中国资本市场改革、发展与创新／276
创业板市场：市场风险和公司风险／284
改变中国的力量／287
谈中国资本市场八大重要制度建设／290
新股发行体制改革应从七方面进一步完善／295
推进我国股票发行注册制改革／299
沪港通的“主场原则”与“变通处理”／312
沪港通是A股市场迈向成熟市场的重要一步／314
进一步发展和完善多层次资本市场／316

第七篇　普惠金融与中小企业融资／323
建立和健全中小企业信用担保体系／325
我国小额信贷问题研究／333
建立多层次农村普惠金融体系／341
温州金融改革与民间金融的合法化／347
用法律规范民间金融和私募股权基金／351
金融企业社会责任与普惠金融／357

第八篇　金融创新／365
中国发展股指期货研究／367
我国保险资金投资证券市场的渠道及风险控制／388
农地金融创新／393

开启移动互联网金融新时代/396
进一步发挥股指期货的功能和作用/400
互联网金融对传统金融的挑战/406
第九篇　金融监管体系改革/413
香港金融管理局的货币发行与银行监管/415
香港保险业的发展现状及监管经验借鉴/421
美国次贷危机及对中国金融监管的启示/432
改革和完善中国金融监管体系/444
美国经验与中国金融监管体系改革/458
后记/467

第一篇 宏观经济与金融

转变方式调整结构是中国经济协调发展的根本

(2010 年 3 月)

一、中国在全球范围内率先实现经济回升向好

百年一遇的全球金融危机对中国经济的平稳增长造成了巨大冲击,亦是中国自 2001 年入世以来,经济开放度大幅提升背景下遭受的一次重大考验。结果表明,中国在应对此次金融危机的战役中赢得了关键性的胜利,已成功渡过了最为困难的时期。

中国在全球范围内率先实现经济回升向好,日益成为全球经济复苏的重要引擎之一,为世界经济的复苏发挥了不可替代的重要作用。

2009 年中国经济实行了 U 形反转①,我 2009 年 3 月 15 日发了一篇博文,题目叫作"中国的经济有可能走成 U 字形",点击率达 10 万多次,评论有几百条。当时很多人说我对形势的估计太乐观,有人说中国的经济不是我说的 U 形而会走成 W 形。紧接着我又给网友写了一封信,我说"从短期来看中国的经济应当是 U 形,至于是不是 W 形不是今年的事。也就是说,取决于明年中国经济会不会二次探底,如果二次探底,就是 W 形"。

2009 年是 21 世纪以来中国经济发展最为困难的一年(见图 1)。去年这个时候,国际金融危机还在扩散蔓延,世界经济深度衰退,中国经济受到严重冲击,出口大幅下降,不少企业经营困难,有的甚至停产倒闭,失业人员大量增加,农民工大批返乡,经济增速陡然下滑。

在异常困难的情况下,中国政府和人民坚定信心,迎难而上,顽强拼搏,处变不惊,果断决策,采取了一揽子经济刺激计划,有效地抵制了经济下行风险,从容应对国际金融危机的冲击,在世界率先实现经济回升向好,改革开放和社会主义现代化建设取得新的重大成就。GDP 达到 33.5 万亿元,比上年增长 8.7%;财政收入 6.85 万亿元,增长 11.7%;粮食产量 5.31 亿吨,再创历史新高,实现连续 6 年增产;城镇新增就业 1 102 万人;城镇居民人均可支配收入 17 175 元,农村居民人均纯收入 5 153 元,实际增长 9.8% 和 8.5%。

---

① 更多人说是 V 形反转,我自己说是 U 形反转。

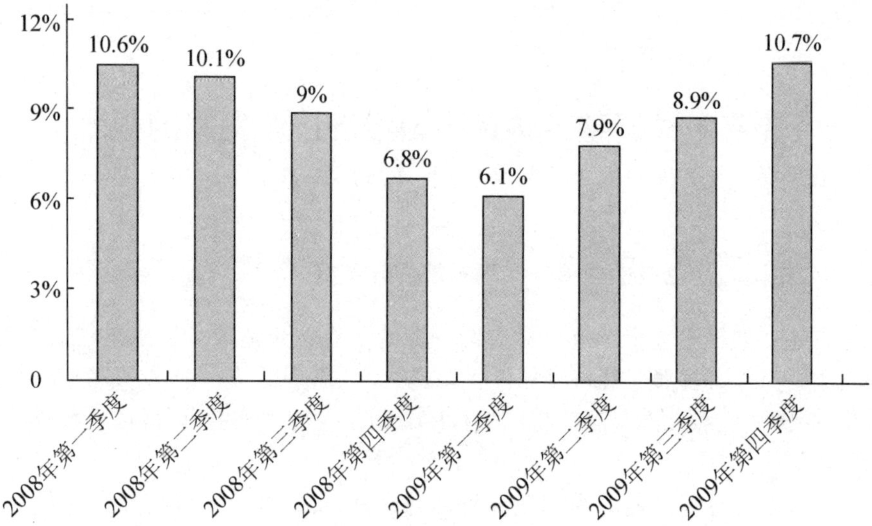

图1　中国 GDP 季度增速

内需成为经济企稳回升的决定性因素。2009 年全年出口同比下降 16%，全社会固定资产投资同比增速较上年提高 4. 6 个百分点至 30. 1%；社会消费品零售总额实际增速较上年同期提高 2. 1 个百分点至 16. 9%。2009 年全年，投资、消费两大内需合计拉动经济增长 12. 6 个百分点，净出口拖累经济增长 3. 9 个百分点。住、行类需求旺盛，成为内需增长的两大引擎。全年房地产开发投资额占 GDP 的比重较上年同期提高 1. 1 个百分点至 10. 8%，创历年最高。房地产销售火爆直接带动建筑及装潢类、家具类和电器类相关消费升温。此外，全年汽车生产、销售量同比分别增长 48. 3% 和 46. 2%，产、销量首次位列全球第一。

当然，中国经济虽然有所恢复和发展，但基础尚不巩固，还存在诸多矛盾和问题，存在诸多不确定因素，还需作出很大努力才能保障经济继续稳定和较快发展。

二、中国经济面临新的挑战

经济向好，但是存不存在问题呢？应该说存在非常大的问题，如果这些问题处理不好，中国的经济也可能会二次探底。温家宝总理在答记者问的时候，也谈到了经济会不会二次探底的问题，他谈到了要处理好几个关系，才能使我们的经济继续平稳快速发展。

中国经济从去年到今年以至从经济发展的长期战略来看，存在哪些问题和挑战呢？大概目前看来有以下几个问题：

1. 中国去年的经济增长主要是投资带动，而且是政府投资带动

本来金融危机之前，中国经济已经表现出优化良好势头，2004—2008 年固定资产投资从 50% 下降到 25% 左右，中国的投资大概在 25% 左右是比较合适的。2007 年、2008 年投资对消费的贡献相当大，2009 年投资拉动经济增长 8 个百分点，投资增长加大了重工业的需求，2009 年 12 月，重工业增速高达 21.4%，较 2009 年 2 月提升了 11.8%，轻工业增速就比较低了，增速为 12%，较 2009 年 2 月下降了 2.3 个百分点。

这里面还存在一个问题，就是政府带动投资，民间投资不足。全国全年国有投资同比增长 35.2%，高于非国有投资增长 7.15 个百分点，二者的增速差仍处于历史高位。从固定资产投资到位情况来看，全年国家预算内资金同比增长 53.7%，高于其他各类资金，也高于往年 30% 左右的平均水平，大家都说"国进民退"，实际上统计并不完全如此，但是去年确实是由于政府投资增长过快而出现了民间投资不足的问题。国家统计局说，不是大家想象的"国进民退"，但是确实是压缩了民间投资，这是一个事实。

2. 市场主导型内需增长乏力

主要表现在：居民消费难以释放，近年来社会消费品零售总额占 GDP 的比重总体上是下滑的趋势，这个比重由 1988 年的 49% 下降到 2009 年的 37%。虽然现在有所回升，2007—2009 年增长 2%，但是在当前外需对经济贡献甚少的情况下，产能过剩导致扩大投资难以持续。这就导致必须转变生产方式、调整经济结构，扩大内需，否则问题就非常之大。

3. 外需拖累经济增长，出口导向型增长模式不可持续

2009 年净出口下降很大，对经济增长产生了拖累作用。到了今年 1、2 月份，我们的出口还是增长的，而且增长势头比较猛，但是不要太乐观，仅贸易壁垒这一项就会产生非常大的影响，美国、欧洲都已经采取了对我们的贸易壁垒措施。最近汇率问题又提出来，美国压人民币升值，如果人民币不升值他们还要做一些大的动作，实行反出口补贴政策，实行高额进口关税。因此，主要靠出口来带动中国经济的路已经很难走了。2009 年出口下降了 16%，本来出口下降，进口应该好一些，但实际上进口甚至比出口下降得还厉害。因为中国的好多出口是来料加工，"三来一补"，两头在外，是给人加工的，国外经济危机了，订单少了，原材料也进不来了。另外，西方的高新技术产品也不卖给我们。中国的对外贸易结构就是这样。如果出口出不去，进口多一点也可以减少贸易顺差，但进口比出口下降得还厉害，所以中国还是贸易顺差。

2009 年 GDP 增长 8.7%，其中消费增长贡献了 4.6%，资本形成贡献了 8%。

消费和投资对GDP的贡献应该是12.6%了,但是由于净出口下降,拖累了GDP下降3.9%,所以GDP增长8.7%。这里说明了两个问题:一是2009年经济增长主要靠投资带动,二是出口下降拖累了GDP的增长。

4. 信贷放量激增,市场流动性充裕

2009年最初的信贷投放并不算多,但由于我们实行了4万亿元的经济刺激计划,其中相当一部分与贷款配套,而且相当一部分投资于基础设施,叫作"铁公机",即投资到铁路、公路和机场,这个时候必须配以贷款,所以信贷就刹不住了。信贷投放在年初时计划增长5万亿元。到了去年的"两会"时一看不行了,计划增长到6万亿元,结果到了6月底,投出了7.5万亿元!然后,下半年怎么办?所以下半年的指标没有说,但是下半年是控制在10万亿元以内的,最后投放了9.59万亿元。我们过去一年的新贷款就有3万多亿元,5万亿元和6万亿元的指标已经突破历史最高界限,而到年底投放了9.59万亿元,可以说是天量投放了!

今年我们定的货币信贷投放目标是M2增长17%,新增信贷7.5万亿元,应当说是正常增长,谈不上紧缩。

但是在今年1月份的前两周,我们就投了6 000多亿元,这样投下去就很难控制了,所以央行马上采取措施,提高法定存款准备金率,控制流动性。到1月份最后,信贷增长了1.39万亿元,2月份不得已再提高一次法定存款准备金率。2月份新增贷款下来了,增加了7 000亿元。但是两个月加起来,也超过2万亿元了,这对全年增长7.5万亿元的目标,还是有很大压力的。

5. 通货膨胀的压力逐渐增强

虽然2009年物价水平低位徘徊,但是处于反弹的趋势非常明显,PPI环比自2009年4月份以来连续9个月实现环比正增长,同比还是下降的,同比一直到12月份才上涨1.7%。受食品类居住支出类商品价格上涨的影响,2009年12月份CPI同比增速迅速反弹至1.9%。到2009年11月份和12月份转正,全年CPI、PPI同比分别下降0.7%和5.4%。

但到今年1月份、2月份形势变了:1月份CPI同比上涨1.5%,2月份数字一出来,超出大多数人的预期,CPI上涨2.7%,涨幅比上月扩大1.2个百分点,所以3月份会不会达到3%呢?而且是负利率了,对要不要加息的议论也有所增多。

另外值得注意的一个问题是,工业品出厂价格PPI 1月份同比上涨4.3%,2月份上涨5.4%。涨幅扩大1.1个百分点,1—2月份同比上涨4.9%,其中的原材料、燃料、动力价格上涨了10.3%,这也是值得注意的。

还有一个值得注意的问题是资产价格飙升,因为CPI和PPI还不包括资产价格，资产价格当然包括股市和房市，这里主要讲房市上涨的幅度过大。2009年3月份起国内房价连续9个月环比上涨，12月份环比上涨1.5%，创两年的新高。目前北京等一线城市的房产租售比已突破1:400，远远超过1:100—1:200的国际通行水平。

2010年1月份，全国70个大中城市房屋销售价格同比上涨9.5%，上涨幅度比上年12月份扩大1.7个百分点，环比上涨1.3%。然后国家从1月份出台了非常多的措施，但是2月份比1月份上涨的幅度还要大，上涨到了10.7%了，现在北京四环以内的房价为3万元/平方米，五环、六环是2万元/平方米。当然主要是一线城市上涨得过快，二、三线城市的涨幅并不大，有的还很小。但无论如何上涨得太厉害了，所以很多老百姓买不起房了：工资不涨，房价涨。总理在《政府工作报告》里也谈到了房价问题。

6. 产能过剩问题不容回避

2009年第四季度，工业企业产能利用率为81.5%，较2008年前三季度84%的水平明显下降。2009年10月，发改委将钢铁、水泥、平板玻璃、煤化工、多晶硅、风电设备等16个行业作为调控和引导重点，同时列出了电解铝、造船、大豆压榨产能过剩矛盾的问题。

7. 就业压力非常大

2009年，全年新增就业人数1 102万人，较2007年、2008年均有所减少，今年可能达到900多万人。这意味着大规模投资并没有吸收足够的就业，解决大量劳动力就业问题是中国当前甚至2020年以前非常突出的一个任务。第三产业的吸收就业能力比较强，但是第三产业到现在尚不发达。2009年第一产业、第二产业、第三产业占GDP的比重分别为10.6%、46.8%和42.6%，而印度2004年第三产业的比重达到51%，韩国2008年第三产业的比重达到60.3%，如果和发达国家相比差距会更大。

8. 全球性挑战压力增大

从外部来看，世界经济恢复的基础也不稳固，国际金融危机应该仍然存在，全球性挑战压力增大。别说跟美国打贸易战，欧洲股权债务危机已经出现，希腊问题也出来了，前一段还出现了迪拜问题，所以存在国际经济会不会二次探底这些问题。

我们的国际贸易肯定受到很多制约，包括我们要对外投资也受到很大的制约。而且存在人民币汇率问题，现在美国是130多个议员提出让奥巴马逼人民币升值，而且要大幅度升值。世界银行和国际货币基金组织也说人民币应当升值。国际贸易面临贸易壁垒问题，同汇率问题搅在一起，造成很大的压力。

2009年是中国经济最困难的一年,这个最困难的一年已经过去了,2010年是中国经济最复杂的一年。怎么复杂呢?从短期来看,应该说中国的经济有所回升,但是还不牢固。不能说我们完全走出了经济危机的阴影,积极变化和不良影响同时显现,短期问题和长期问题相互交织,国内因素和国际因素相互影响。国内除了就业之外,结构性的矛盾也非常突出,内需增长缓慢,外需很难恢复到原来的水平。我们的经济增长靠政策推动,靠投资带动,而不是内生的,经济结构不合理将成为制约中国经济平稳增长的重要因素。

所以,今年和今后中国经济遇到的最大的问题是,中国经济进一步发展的活力和动力在什么地方?我们过去是靠改革,靠解放生产力,农村实行家庭承包责任制、城市进行股份制改革,配合金融改革,应该说创造了30年的奇迹。我们是否还能创造未来30年的奇迹呢?如何保持中国经济平稳较快的发展呢?而今年,实际上总理讲了,要处理好三个问题:第一,保持经济平稳发展;第二,注意通货膨胀;第三,进行经济结构调整。这三个问题处理不好,问题就非常大了。中国经济中当前的刺激政策要不要退出?怎么退出?长期来看,中国不能走出口拉动的路,而要增加内需。怎么增加内需?光靠家电下乡就能解决问题了?要从根本、战略上考虑这个问题。

中国经济面临长期、短期、国际上的一些挑战,这些挑战也可能转化为机遇,比如说,人民币升值不太好,但是人民币升值也可能会促使我们淘汰一些落后的企业。为什么金融危机中我们的一些企业垮了?我们给人家生产玩具,生产圣诞礼品,人家不要了一样过圣诞节,所以订单就没有了。因此,必须调整我们的产品结构,要有高科技含量产品,产品要升级换代,才能提高竞争力。

今年的"两会"传达了两个信息:第一,中国经济今年怎么办?第二,中国经济未来怎么办?我们必须认真思考这些问题。

三、必须改革和调整收入分配制度

在中国经济改革的初期,我们提出了一个口号:"让一部分人先富起来。"这个口号对不对?是对的。但是别忘了,我们还有一句口号:"让大家共同富裕。"可是现在的问题是第一句话我们真的做到了,但是第二句话我们并没有很好地做到,出现了贫富差距非常大的问题。贫富差距过大有可能影响经济的下一步发展和社会的稳定。所以这一次的《政府工作报告》提出,应该将调整分配格局作为扩大和重启内需的重要途径。提高劳动者报酬在初次分配中的比重,将更多的国民收入转化为政府公共服务支出甚至是居民可支配收入,成了共同的呼声。

1. 国民收入分配方面存在的问题

在国民收入分配方面存在以下问题：

第一，中国劳动者报酬占 GDP 的比重逐年下降，劳动者报酬在初次分配中占比偏低。据统计，中国初次分配中劳动者报酬占比已从 1995 年的 51.4% 下降到 2007 年的 39.7%。2007 年，中国劳动者报酬占 GDP 的比重比 1995 年下降了 11.7 个百分点；生产税净额占 GDP 的比重为 14.2%，比 1995 年提高了 1.9 个百分点；营业盈余占 GDP 的比重为 31.3%，比 1995 年提高了 8 个百分点。尤其是 2003 年以后，劳动者报酬所占比重出现了较快的下降，而营业盈余比重有了较快的上升，反映出国民收入在加快向企业集中。而这和国外的情况恰恰相反。虽然近年来中国储蓄率持续上升，但其中主要是企业储蓄率在不断上升，企业储蓄率在 1992 年为 13.3%，近年来已超过 20%；而居民收入水平相对下降。由此带来消费增长的变化，中国的消费率自 20 世纪 80 年代后总体呈下降态势，尤其是 2000 年后急速下降。1979—2007 年，中国的消费年均实际增长 9.4%，低于支出法计算的 GDP 平均增速（10.5%），也低于投资平均增速（11%）。

第二，居民收入增速长期低于 GDP 和财政收入增速。中国城市居民可支配收入增速自 2003 年以来连续 6 年低于 GDP 增速；农村居民现金纯收入 1997 年以来连续 13 年低于 GDP 增速，这表明居民的产出没有得到相应地回报；1999—2007 年，国家财政收入年平均增速为 20.2%，而同期居民可支配收入增速仅为 11.5%。居民收入增长长期低于 GDP 和财政收入增速。农民收入更是下降——从 1997 年到 2009 年，基本上都是下降的。而企业盈余是上升的。美国劳动者报酬是 56.6%，企业盈余是 24.5%，英国、德国、法国都差不多，日本劳动者报酬是 55.1%，企业盈余是 19.3%，中国劳动者报酬是 39.7%，企业盈余是 31.3%，就国际比较来说，中国劳动者给企业创造了价值，但实际上得到的并不多。

第三，收入差距明显偏大，主要反映为基尼系数增大。中国的基尼系数 1981 年是 0.2927，到 2004 年达到 0.4419，2008 年上升到 0.48。这是什么概念呢？0.1 表示收入绝对平均；0.1—0.3 表示比较合理；0.3—0.5，则表示收入差距偏大或过大。2004 年，在亚洲 22 个国家中，中国的基尼系数最高。2009 年中国最高的 20% 的收入组所占收入相当于最低的 20% 的收入组的 8.3 倍；收入最高的 10% 的群体和收入最低的 10% 的群体的收入差距，从 1988 年的 7.3 倍已经上升到 23 倍。不同行业的收入差距也是很大的。我看了一篇报告，说同班同学 10 年的工资竟然相差 10 倍，因为他俩的行业不一样，一个人是在垄断行业，工资很高，另一个人是在其他行业，工资较低。

第四,城乡居民收入差距增大。现在城乡居民收入之比为3.3:1(2009年城镇居民人均可支配收入为17 175元,农村居民人均纯收入为5 153元)。我们说扩大消费、扩大内需是对的,但要解决如何扩大消费的问题。低收入人群不敢消费,这种情况下扩大内需是很困难的。家电下乡、村村通电是好的,但是很多老百姓家里虽然有电灯却不用,因为用不起电。所以你给他的家电,只是摆设而已。如果这样的话,光是家电下乡的作用就没有那么大了。所以应当首先解决最低消费问题,才能去做别的事情,才能推动别的消费,这不是一个简单的问题。

第五,二次分配调节的效果并不明显。调研发现,从二次分配的结果来看,居民初次分配收入与最终可支配收入相比变化不大,收入调节主要表现为企业收入向政府部门的转移,政府支出占比不断增大,然而居民消费特别是农村居民消费却在下降。

第六,公共服务支出在政府总支出中占比偏低。2008年,中国人均GDP已达3 260美元左右,然而2007年,中国教育、医疗和社会保障三项公共服务支出,占政府总支出的比重合计只有29.2%,与人均GDP 3 000美元以下国家和人均GDP 3 000—6 000美元的国家相比,分别低13.5和24.8个百分点。政府公共服务支出总体不足,迫使居民用自身收入来抵付,从而挤压了其他消费增长。究其原因,一方面,初次分配过于"亲资本",劳动者报酬占比总体偏低,而且行业间差别过大,使广大居民相对无钱可花;另一方面,二次分配力度不够,政府公共服务供给不足,公共服务和社会安全网不健全,使得居民有钱也不敢花。

自20世纪90年代以来,国民收入分配不断向政府和企业集中、向城市集中、向少数人集中,是居民收入和消费倾向下降的主要原因。

2. 改革收入分配制度的具体举措

收入分配公平性广受普通大众的关注。收入差距过大,收入分配不公平、不合理,会影响社会的公平与稳定,对经济发展也是十分不利的。

《政府工作报告》指出,要改革收入分配制度。合理的收入分配制度是社会公平正义的重要体现。我们不仅要通过发展经济,把社会财富这个"蛋糕"做大,还要通过合理的收入分配制度把"蛋糕"分好。要坚持和完善以按劳分配为主体、多种分配方式并存的分配制度,兼顾效率与公平,走共同富裕的道路。

(1)抓紧制定调整国民收入分配格局的政策措施,逐步提高居民收入在国民收入分配中的比重,提高劳动者报酬在初次分配中的比重。在提高劳动者报酬占比方面,除了继续完善最低工资等制度外,主要是通过加大对劳动技能和在职培训等的公共投入,提高劳动力价值。

(2)加大财政、税收在收入初次分配和再分配中的调节作用。在二次分配领域，改革税收制度并增加政府货币转移性支出。个税征收应按照有利于提高低收入者收入水平的原则来设计税率；同时应根据每年的通货膨胀率和收入水平，适当调整扣除标准，并考虑地区差异。现在正在考虑提高个人所得税起征点的问题，个人所得税起征点的确定要体现“扶低、扩中、限高”的原则，使收入分配更加公平合理。

(3)深化垄断行业收入分配制度改革。完善对垄断行业工资总额和工资水平的双重调控政策。严格规范国有企业、金融机构经营管理人员特别是高管的收入，完善监管办法。放松对城市公共事业的管制，缩小行业差距。国有企业和国有资本本质上是一种全民保障性资产，其经营或出售取得的收入，部分应通过再分配的方式转变为政府公共服务支出和居民可支配收入。

(4)进一步规范收入分配秩序。保护合法收入，调节过高收入，取缔非法收入，逐步形成公开透明、公正合理的收入分配秩序，坚决扭转收入差距扩大的趋势。

(5)增加财产性收入。在农村，关键是推进和深化土地制度改革，让农户分享土地升值的收益；在城镇，关键是深化金融体系的改革。

(6)建立起覆盖全社会的社会保障体系。

四、大力调整产业结构

《政府工作报告》指出，大力调整经济结构，夯实长远发展基础。要把保增长与调结构紧密结合起来，加快解决制约经济发展的结构性矛盾。要加大产业结构调整的力度。

产业结构不合理已经成为中国经济继续稳定发展的重要掣肘。产业结构不合理在于第一、第二和第三产业发展不够协调。一般加工产业过剩，新兴产业发展不足，自主创新不足。因此，优化产业结构、提高自主创新能力是转变发展方式的重点，特别是要加快培育战略性新兴产业，加大支持力度。

第一，压缩产能过剩的一般加工工业，关停高耗能、高污染、高排放的企业。根据中国政府网公布的《国务院关于进一步加强淘汰落后产能工作的通知》，中国近期将进一步发挥市场配置资源的基础性作用，充分发挥法律法规的约束作用和技术标准的门槛作用，在电力、煤炭、钢铁、水泥、有色金属、焦炭、造纸、制革、印染等行业淘汰落后产能。这些行业要淘汰的产能，一是落后，二是过剩。如果让这些设备、企业继续生产，实际上是社会继续背包袱。尤其是2009年为刺激经济大量投入后，某些行业的产能过剩问题更加突出，使得结构调整变得更加困难和迫切。如果再不调整产能，也许未来会遇到更大的麻烦，就像钢铁行业，如此大的过剩产能造成中国在铁矿石进口问题上非常被动。

第二，发展绿色经济、低碳经济和循环经济。发展绿色经济、低碳经济，既有利于环保，也可节约能源。应当抓好节能减排和环境保护工作，支持重点节能工程、循环经济等项目，积极开展应对气候变化的工作。抓好节能、节水、节地、节材工作。推进矿产资源综合利用、工业废物回收利用、余热余压发电和生活垃圾资源化利用。合理开发利用和保护海洋资源。积极应对气候变化。加强适应和减缓气候变化的能力建设。大力开发低碳技术，推广高效节能技术，积极发展新能源和可再生能源。

第三，发展高新技术产业、新兴产业。要大力发展新能源、新材料、节能环保、生物医药、信息网络和高端制造产业。积极推进新能源汽车等。比如说，当前应当大力发展电动汽车或者混合燃料汽车，但是还得有配套设施。现在有加油站，如果用电动汽车，就应设立换电瓶的站，这样就不用花很多时间去充电。我们的很多企业实际上处于产业链的末端，是非常低端的。比如出口玩具、圣诞礼品等，一旦国外订单没有了，企业就可能倒闭，工人就可能失业。据说我们最近正在做一个调查，就是人民币如果升值，对我们的服装行业到底有什么影响。为什么我们要出口这些低端产品呢？我们应当改变出口结构，像海尔、华为等企业一样出口一些高技术产品。积极支持自主创新产品的推广应用，支持第三代移动通信等一批新兴产业快速发展。大力培育战略性新兴产业，抢占经济科技制高点。

第四，发展第三产业，重点是服务行业，这是解决就业问题非常重要的一种办法——加快发展服务业，进一步提高服务业发展水平及其在国民经济中的比重。大力发展金融、物流、信息、研发、工业设计、商务、节能环保服务等面向生产的服务业，促进服务业与现代制造业有机融合。大力发展市政公用事业、房地产和物业服务、社区服务等面向民生的服务业，加快发展旅游业，积极拓展新型服务领域。

第五，支持中小企业、民营企业的发展。99%的民营企业有着非常大的生命力和力量，所以要对社会资本投资给予国民待遇，除了法律特定的规定外，允许社会资本以参股方式进入金融、铁路、航空、电信、电力以及城市供水等基础设施垄断行业，调动整个社会的积极性。应当建立和完善中小企业服务体系。继续落实财政对中小企业的支持政策，加强对中小企业的金融支持，完善小企业信贷考核体系。鼓励建立小企业贷款风险补偿基金。中小企业贷款税前全额拨备损失准备金。发展多层次中小企业信用担保体系，落实好对符合条件的中小企业信用担保机构免征营业税、准备金提取和代偿损失在税前扣除的政策。拓宽中小企业融资渠道，切实解决中小企业特别是小企业融资难问题。

当然，我们还要发展资本市场。发展资本市场不是炒股票，而主要是发展一级市场，使一些企业能够从市场上筹到资金。我们发展创业板市场，就是为了解决自主创新的中小企业的发展问题。

应该说国际金融危机给中国的发展带来了很多困难和不确定性，但是也带来了新的机遇，中国只要抓住机遇，转变生产方式，调整经济结构，就一定能继续稳定、快速发展。

（本文根据笔者2010年3月10日在北京大学所作的“经济与金融高级论坛”上的讲演稿整理而成）

城镇化是城乡经济协调发展的必由之路

（2010 年 5 月）

经受住 2008 年全球金融危机考验的中国，已经认清一个现实：改革开放前 30 年过度依赖投资拉动的粗放式经济增长方式，已经无以为继。中国经济发展的矛盾在什么地方？在于中国的经济结构非常不合理，非常不协调，包括城乡发展不协调、地区发展不协调、产业发展不协调。转变经济发展方式已刻不容缓。今年工作的重点是加大经济结构调整力度，提高经济发展质量和效益。以扩大内需特别是增加居民消费需求为重点，以稳步推进城镇化为依托，优化产业结构，努力使经济结构调整取得明显进展。

一、城镇化可以促进经济发展和结构调整

加快城镇化步伐是促进城乡经济协调发展的必由之路。城镇化在下一步经济发展和结构调整中将扮演拓展发展空间的重要角色。城镇化一方面可以落实扩大消费，一方面可以消化过剩产能，另一方面可以保证经济增长。而与 2002 年以来中国所启动的“城市化”进程不同，当时的概念更注重大城市的外延的无限扩容，而本次则更注重中小城市、城镇群。在城镇化的背后，不仅隐藏着巨大的内需扩容空间，亦是中国城乡二元化体制的一个分拆与重塑的过程。

中国二元经济的特点非常明显，飞机、小轿车和毛驴拉车同时存在，城乡差距非常大。中国目前存在大量的农民工，他们享受不到正式工人的待遇，大量涌入城市又造成城市非常大的负担和压力。一旦经济和企业出现问题，他们又得回到农村，这是人口大转移。如 2009 年的国际金融危机，造成广东、浙江大批企业倒闭，近 2 000 万农民工又回到农村，并且农民工子女得不到良好的教育。我们提出要建设社会主义新农村，但是怎么建设呢？因为我们农村的壮劳力都到大城市打工去了，到城市里去建大楼了，那么农村剩下谁？有人说是“三八六一部队”留守在农村，“三八”是指妇女，“六一”是指 60 岁以上的老人以及留守儿童。让他们来建设社会主义新农村，可能吗？这样下去，农村会进一步萎缩，城乡差距将进一步扩大。

城乡统筹发展是当前解决中国社会面临的根本矛盾的重要途径。从国情来看，加强中小城市和小城镇发展，在资源、土地方面更加宽松，也更有利于降低农村人口向城市转移的成本。2010 年《政府工作报告》提出，把符合条件的农业转移人口逐步在城镇就业和落户作为推进城镇化的重要任务，放宽中小城市和城镇户籍限制。城镇户籍是享受教育、医疗、廉租房等城镇公共服务的前提。中央

的重大举措，将使农民工在城乡之间的流动逐步稳定下来，为消费提供较大的增长空间，并推动城乡差距问题的解决和维护社会稳定。

城镇化是中国经济持续发展的极为重要的动力。“两会”提出把统筹城乡区域、推进城镇化结合起来，大力拓展发展空间。中国城镇化水平每提高1个百分点，就有1 000多万的农民转化为城里人。稳妥推进城镇化，将推动基础设施建设带来的投资增长，以及居民生活水平提高带来的消费扩大，为中国扩大内需和调整经济结构提供动力。

二、城镇化可以从根本上解决“三农”问题

现在的农业体制最为迫切的是要解决“三农”问题。“三农”问题以农民问题为核心，当前表现为农民收入低，增收难，社会保障差，城乡居民贫富差距大。其次是农村问题，表现为农村面貌落后，经济不发达。最后是农业问题，表现为农民种田不赚钱，产业化程度低。同时，中国在城市化发展过程中，一些失去土地或务农工作的农民流转到城镇谋生，一部分更是成为“务农无地、上班无岗、低保无份”的流动人口。因此，“三农”问题已成为制约城乡一体化发展的全国性问题，已成为影响中国国计民生、社会稳定的大问题。

中国13亿人口中有9亿在农村，“三农”问题是关系改革开放和现代化建设成败的重大问题。由于农业发展直接影响国家经济的正常发展，占中国人口3/4的农村人口的总体生活情况是中国总体生活情况的最主要体现。没有农村的稳定就没有全国的稳定，没有农民的小康就没有全国人民的小康，没有农业的现代化就没有整个国民经济的现代化。

中国经济进一步发展的最大瓶颈是外需受限和内需不足，而城乡二元体制是内需不足的主要原因。一个正在力求高速工业化和现代化的大国，内部需求不足反映了整体经济和社会结构的重大失衡。创造了巨大财富的中国劳动力红利，特别是农村廉价劳动力（俗称农民工）不能增加消费需求，是内需不足的重要原因。中国城乡二元隔离制造成巨大的城乡贫富差距，是中国调整经济结构失衡的核心。

要真正解决“三农”问题，让农民富起来，扩大农村消费，提高内需，关键还在于城镇化。城镇化率上不去，农民要富起来是不可能的。把农民转型为城镇居民，把农民改造为农业产业工人，是解决“三农”问题的重要途径。进行城镇化建设，需要进行大规模投资，这将在短期内扩大内需，持续拉动GDP高速增长。由于此项建设数量巨大、市场巨大，且需长期建设，因此会持续拉动钢材、水泥、建材、家电、家居、设计、保险、银行、旅游、商业、餐饮、娱乐、城建、城管、物管、医药、卫生、文化等相关行业，并可大幅增加税收，并会增加和创造许多就业机会

与岗位，为农村富余劳动力转移、农村转移改造等提供了广阔的就业市场空间，使得大多数百姓安居乐业，社会安定，需求增加，经济文化繁荣昌盛。

中国农村实行土地承包制是非常伟大的进步，但是土地的分散经营与农业产业现代化是格格不入的。因为分散经营很难大规模地使用机器，很难产业化，产前、产后合作都很难开展，并且其抗风险能力很差。小农经济的弊端在于，农户的规模化和组织化程度低，产出十分有限，没有发展后劲，仅能解决温饱问题，抗风险能力极差，仍然几乎靠天吃饭。在一些自然条件差、生存环境恶劣的地方，甚至无法解决温饱问题。农业作为基础产业，投入大、生产周期长，不仅受市场制约，还受大自然制约，收入极不稳定。在以农户为单位的生产过程中，几乎每个人从耕地、种植、施肥、杀虫、除草、灌溉到供应、运输、仓储、销售的各个环节都不得不单打独斗，同时还要懂得农业技术、农产品市场信息、一定的财务和营销管理知识等。实际上绝大多数农民是不可能做到的。那么，能不能把土地、山林集中起来，由少数人经营呢？农民可以用土地入股方式获得财产收入，也可以去做农业工人，到经营者的农场里去劳动，挣工资。其他人可以在当地发展旅游等第三产业，政府在城镇里建设基础设施，如修路、盖公共保障用房等。农民成为工人后，可以享受到医疗、养老保险等服务。

三、城镇化开辟了解决人口转移的新途径

过去，我们提到的城镇化概念是将农村人口逐步转移到城市。有人认为，应当像西方一样把农民逐步转移集中到大城市。可是，现在中国有1亿多农民工，加上他们的家属3亿多人，过几年再转移5亿，以后再转移到8亿。这种办法可行吗？我认为是不可行的。就算北京市和天津市合为一个市，也无法解决农民工及其家属的安置问题，把上海市扩大到整个江苏省也不能解决问题。中国不能像西方国家那样搞“圈地运动”来把农民变成工人，把农村变成城市。中国有自己的国情，那就是人口多，有9亿是农民。中国的路怎么走？应当两条腿走路：一方面通过农民进城“打工”，逐步使他们及其家属成为城市居民的一员；另一方面就是走城镇化的道路，让农民就地成为城镇居民的一员。现在，中央已经非常明确要加快城镇化步伐。城镇化能解决非常多的问题，可以扩大消费，减少产能过剩，保证经济增长，扩大内需。我们不能靠大城市的外延解决中国“三农”问题。应当注重中小城市群在城镇化的背后成为一个巨大的内需空间，这也是中国二元体制拆分重塑的过程，要走有中国特色的人口与劳动力转移之路。

城镇化的过程就是把农村变成城镇、把农民变成工人的过程。这样，我们就可以解决医疗、劳保福利、教育公共设施等问题，我们会建很多的房子，水泥、钢材过剩都会解决。而且农民在当地就业，而不是每年春节都要大转移。我们可

以把南方或者一些发达城市的一些企业转移到落后地区去,那里有劳动力,有发展空间。有些地区城镇化后,可以因地制宜发展第三产业。现在提出村村通路、村村通电,对一些边远地区、山区来说,浪费极其严重,因为只有少数人家,大量投入是浪费资源。有的地方高压线通到村边,但村民还是用不上电,因为从村口通往住户的电线无人付钱。这是因为村里通到住户的线不属于公共设施,就几户人家,这几户谁都不出钱,所以高压线通到村口村民也用不上电。那么,能否把分散的居民从山里搬出来,集中建城镇,集中建设公共设施?又有人说,把村民移出来集中居住,那他们承包的土地、山林怎么办?其实可以转让承包权,让少数人集中去做。对于人口少、规格小、环境较差的农村可以利用此次农村城镇化的契机,在建设城镇的过程中,有效迁移、整合农村人口,建立新的聚居区式的新村镇、集群型农场或小城镇,这样可以保障国家投入资金的最高社会效率。

城镇化可以把乡村变成城市。现在有一个非常好的例子,就是江苏的华西村。华西村是农村还是城市?它叫"天下第一村",它是村,但它有企业,有企业集团,农民的收入非常高,而且把周围村的农民全都吸引进来了。他们走的是共同富裕的道路,目前村民家里住的房子都是400—600平方米的别墅,有100万—1 000万的资产,每家都有1—3辆小轿车。当然,很多地方学不了华西村,因为它位于发达地区,但是华西村给了我们很大的启示:天下第一村,实际上成了天下第一镇了,可见一个村创造的产值非常大,农民都是工人。

温家宝总理在《政府工作报告》中提出:"统筹推进城镇化和新农村建设。坚持走中国特色城镇化道路,促进大中小城市和小城镇协调发展,着力提高城镇综合承载能力,发挥城市对农村的辐射带动作用,促进城镇化和新农村建设良性互动。壮大县域经济,大力加强县城和中心镇基础设施和环境建设,引导非农产业和农村人口有序向小城镇集聚,鼓励返乡农民工就地创业。城乡建设都要坚持最严格的耕地保护制度和最严格的节约用地制度,切实保护农民合法权益。推进户籍制度改革,放宽中小城市和小城镇落户条件。有计划有步骤地解决好农民工在城镇的就业和生活问题,逐步实现农民工在劳动报酬、子女就学、公共卫生、住房租购以及社会保障方面与城镇居民享有同等待遇。""我们要让符合条件的农业转移人口逐步变为城镇居民,也要让农民有一个幸福生活的美好家园。"

在城镇化过程中,首先要重视农民就业问题。对涉农产业应综合考虑,要实行保护性开发,注意保护生态环境。在开发过程中,要关注农民生活水平的提高,要注意公共设施的配套建设。在城镇化建设中要走产业化、专业化、现代化道路。政府应当统一规划,合理布局,动员社会各阶层力量参与。

最近,我看了一篇论农业体制改革的文章[①],文中提出要消灭农村、消灭农民,描写了非常美妙的前景。文章中说:“这将是13亿中国人的美好梦想:到了2020年,中国大地上已不再存有城乡二元体制,没有农村,没有农民,农业改变成农业产业,农民改变成农业企业的农业产业工人,农村改变成有一定人口、企业集聚居住的乡镇社区,以农户家庭为单位的小农经济不复存在,零散、无规划、环境恶劣的自然村落消失了,失去劳动能力的老弱病残和孤寡老人不再担心没有任何保障的生活……你已经找不到现在的农村和农民,取而代之的是数百万计的各种农业企业和为农业产业配套服务的第二、第三产业企业,以及数以亿计的从事农业产业工作的国民(包括农业企业工人)。科学规划的乡镇社区、农业园区和以农业为主的高新科技开发区遍布中国大地,基本实现从事农业工作的国民(原农村人员)人人有单位、有岗位、有工资、有基本养老医疗社会保障的目标。‘三农问题’这一特定历史时期的专有名词和‘农民工’这种不雅称号,将和过去计划经济的特定产物‘粮票’一样消失在中国改革开放的大潮中,成为一去不复返的历史……”当然,我认为中国用十年的时间就完成城镇化的目标未免过于乐观,但这的确是中国城乡经济发展的方向和我们的向往。

(本文刊载于《农村金融研究》,2010年第5期)

① 参见孙明杰,“论中国农业体制改革”,《决策与信息》,2009年第10期。

经济增长适度放缓未必是坏事

(2010 年 7 月)

日前国家统计局公布了上半年的经济数据。从数据看上半年经济发展总体上态势良好,继续朝着宏观调控的预期方向发展。比较重要的数据是 GDP 同比增长 11.1%,表明中国经济仍然以较快的速度发展。

然而,虽然上半年 GDP 同比增加较快,但仔细对照其中一、二季度的数据,会发现从二季度开始,中国经济增速出现了一定程度的回落——GDP 二季度增长 10.3%,比一季度回落了 1.6 个百分点,规模以上工业增加值回落的速度更快一点,回落了 3.7 个百分点。中国物流与采购联合会近日发布,6 月份,CFLP 中国制造业采购经理指数(PMI)为 52.1%,比上月回落 1.8 个百分点。该指数已持续 16 个月保持在 50% 以上,但最近两个月一改之前的波动上升态势,呈现连续回落,显示出当前中国经济发展出现回调。今年以来,中国工业增速呈现逐月回落。6 月份当月,工业增加值较上年同期(同比)增长 13.7%,增速大大低于 5 月份的 16.5%,是今年以来回落幅度最大的一个月。4 月份工业增加值增速为 17.8%,3 月份为 18.1%。

是什么原因造成了这种回落?这种回落是否会成为某种趋势?对中国经济是利是弊?是好事还是坏事?这是我们应当关注的问题。

我认为二季度经济出现回调,有主动调节的结果。去年货币投放过多,通货膨胀压力很大,从年初开始实际上就在紧缩信贷和货币,加强通货膨胀预期管理。更重要的是,从 4 月份开始,房地产调控重拳出击,使得房地产交易量大幅下降,对 GDP 增速造成影响是无疑的。另外,为了调整经济结构,关停并转了一些"三高"企业,对产能过剩的行业进行调整,在调整没有到位的情况下,对经济发展可能会产生一些影响。可见,二季度经济出现明显回落其实应在意料之中。通过主动调节,国民经济出现了一些保持平稳发展的势头。

首先,物价控制在可接受的范围内,居民消费价格同比温和上涨,上半年,居民消费价格同比上涨 2.6%。其中,城市上涨 2.5%,农村上涨 2.8%。6 月份消费价格上涨 2.9%,环比下降 0.2%。按照这样的发展趋势,全年物价控制在 3% 左右的目标有可能实现,通货膨胀预期和经济过热问题有所缓解。上半年,工业品出厂价格同比上涨 6.0%,工业品出厂价格同比涨幅较大。从环比看,6 月份下降 0.3%。

其次,货币供应量增速高位回落,人民币存贷款余额同比增量减少。6 月末,广义货币供应量(M2)余额 67.4 万亿元,同比增长 18.5%;狭义货币供应量(M1)余额 24.1 万亿元,增长 24.6%;流通中货币(M0)余额 3.9 万亿元,增长

15.7%。金融机构人民币各项贷款余额44.6万亿元,比年初增加4.6万亿元,同比少增2.7万亿元;人民币各项存款余额67.4万亿元,比年初增加7.6万亿元,同比少增2.3万亿元。货币投放过多的问题也有所缓解。

再次,固定资产投资增速高位回稳。上半年,全社会固定资产投资114 187亿元,同比增长25.0%。其中,城镇固定资产投资98 047亿元,增长25.5%;农村固定资产投资16 140亿元,增长22.1%。在城镇固定资产投资中,第一产业投资增长17.8%,第二产业投资增长22.3%,第三产业投资增长28.4%。分地区来看,东部地区投资增长22.4%,中部地区增长28.0%,西部地区增长27.3%。从投资结构来看,第三产业投资高于第一产业和第二产业。从投资区域来看,中西部投资高于东部投资,表明投资方向趋于合理。上半年,房地产开发投资19 747亿元,增长38.1%。

最后,对外贸易恢复较快,贸易顺差明显减少。上半年,进出口总额13 549亿美元,同比增长43.1%。其中,出口7 051亿美元,增长35.2%;进口6 498亿美元,增长52.7%。进出口相抵,顺差553亿美元。

除此之外,农业生产保持稳定,夏粮产量基本持平。工业增速总体较快,企业效益大幅提高。城乡居民收入继续增加,生活消费支出增势平稳。上半年,扣除价格因素,城镇居民人均消费性支出实际增长7.2%,农村居民人均生活消费现金支出实际增长8.5%。

以上表明,上半年的宏观调控已经见到成效,经济增长速度虽然有所减缓,但仍然保持快速增长,今年"保八"的增长问题不大。这也为进一步进行经济结构调整打下了基础。所以说,经济发展速度适度放缓不一定是坏事。

但是我们必须看到,影响经济放缓的原因还有国内外不确定因素,应引起我们的高度重视。

二季度中国经济增速明显回落,除了去年经济增长前低后高的基数原因以外,国外因素的影响至关重要。从国际因素看,在中国出口对经济增长贡献率仍然很高的情况下,世界经济在缓步走向复苏时期又出现了一些新的问题:开始的迪拜债务危机、接着出现的欧洲主权债务危机又使世界经济增长出现变数,同时,国际金融市场出现动荡,欧元大幅贬值。对中国来说,前期人民币汇率一直盯着美元,欧元对美元大幅贬值造成人民币对欧元大幅升值,这对中国出口欧洲的企业造成了巨大的经营压力。同时,美国失业率仍然居高不下,消费又开始走向低迷,经济景气也开始出现问题,这给仍然高度依赖美国市场的中国企业带来了压力。欧美两个市场不景气,中国出口自然会受到相应地影响。

从需求增长情况来看,上半年固定资本形成、最终消费和净出口对经济增长11.1%的贡献率分别为6.56%、3.98%和0.64%。2009年全年,固定资本形成、最终消费和净出口对经济增长8.7%的贡献率分别为8.0%、4.6%和-3.9%。上半年净出口贡献率由负转正,这意味着经济增长动力比去年有所减缓。但下半年出口形势不甚乐观。上半年经济增长主要还是投资带动,而且主要还是房地产投资带动,上半年整个投资增长25%,而房地产投资增长38.1%。如果下半年因为房地产调控导致房地产投资下降,则会对经济增长产生不利影响。消费增长占经济增长的比重与去年比甚至有所下降。以上说明中国的经济增长方式并未得到根本性的转变,以扩大内需为经济增长点的格局仍未形成。下半年如果房地产调控导致房地产投资下降,外部因素和人民币升值导致出口也下降的话,经济增长有可能进一步减缓。另外,房地产和汽车市场增速下滑,已经对国内钢铁、建材等行业产生了不良影响。

当前,经济发展面临的国内外环境仍较为复杂,经济运行中仍面临不少矛盾和困难。现在,以投资和出口为带动经济增长的模式已经不能再继续下去了,必须转到以内需、消费带动经济发展的道路上来。因此,宁可牺牲一定的发展速度,也要着力调整经济结构和转变生产方式。当前,中国经济的适度回落仍属经济转型中的阵痛,即使两难选择再多,中国的经济转型也一定要进行下去。只要我们政策对头,执行决心大,措施得力,我们相信中国经济不会二次探底。

温家宝总理最近指出,做好下半年的经济工作,要坚持搞好宏观调控,以稳定政策为主基调,把处理好保持经济平稳较快发展、调整经济结构和管理通货膨胀预期的关系作为宏观调控的核心,始终把握好政策实施的力度、节奏和重点。无论是解决长期存在的体制性、结构性问题,还是解决经济运行中突出的紧迫性问题,都要在保持经济平稳较快发展的前提下进行。要坚持远近结合、标本兼治,着力解决经济运行中的突出矛盾,为明年乃至更长时期的经济平稳较快发展奠定基础。要坚持深化经济体制改革,激发经济发展的内在动力和活力,促进经济发展方式的转变和经济结构的调整,推动经济尽快走上内生增长、创新驱动的轨道。

应当继续实行积极的财政政策,加大对民生领域和社会事业的支持保障力度,增加对"三农"、科技、教育、卫生、文化、社会保障、保障性住房、节能环保等方面和中小企业、居民消费、欠发达地区的支持力度,支持重点领域改革。要保持投资适度增长,重点用于完成在建项目,严格控制新上项目。继续投资高速铁路、能源交通重点项目、城市基础设施建设等高质量、高效益、强拉动的项目,发挥好投资的作用。应当采取前所未有的力度加大保障性住房投资建设,弥补旨在抑制商品房市场泡沫的房地产调控对经济增速的影响。大举投资农业、农村项目,包括农村道路、电力、运输基础设施建设与农业科学技术推广、农村教育卫生事业投资以及农田基本建设和农村危重险水库修补等。注意区域发展的平衡。大力支持中西部发展。

应当继续实行适度宽松的货币政策,保证经济平稳发展和结构调整的顺利进行。实施适度宽松的货币政策,就是控制信贷总量,调整信贷结构。把握好货币信贷增长速度,加大信贷政策对经济社会薄弱环节、就业、战略性新兴产业、产业转移等方面的支持,有效缓解小企业融资难问题,保证重点建设项目贷款需要,严格控制对高耗能、高排放行业和产能过剩行业的贷款,严格控制投机性住房投资贷款,着力提高信贷质量和效益。积极扩大直接融资,充分利用民间资本,引导和规范资本市场健康发展。积极发展农村金融,支持“三农”的发展,加快城镇化步伐。

(本文刊载于 2010 年 7 月 23 日曹凤岐新浪博客)

从经济改革视角解读全面建成小康社会的途径

（2013 年 1 月）

我国三十多年的改革开放实践证明，改革是我国发展的最大红利。党的十八大报告提出，在新的历史起点上要实现全面建成小康社会的目标，改革依然是主要动力。

一、如何全面建成小康社会

（一）对小康社会的认识

报告提出“全面建成小康社会”的目标，那么什么是“小康社会”？实现了GDP 和城乡居民人均收入比 2010 年翻一番，就实现了目标？我认为不止于此。报告中还提到“人民民主不断扩大，人权得到切实尊重和保障”。在党的文件里提到“人权”可能是第一次，应该说是一个非常大的进步。此外，报告提出“文化软实力显著增强，社会主义核心价值体系深入人心，文化产业成为国民经济支柱性产业，社会主义文化强国建设基础更加坚实”，也是一个创新。另外，“人民生活水平全面提高，基本公共服务均等化总体实现，全民享受教育程度和创新人才培养明显提高，就业更加充分，收入分配差距缩小，社会保障全民覆盖”，也是一个方面。还有“建成资源节约型、环境友好型社会，整个社会有很大的进步”。

报告指出，我国现在还处于社会主义初级阶段，总布局是“五位一体”，即经济、政治、文化、社会、生态文明建设，总任务是实现社会主义现代化和中华民族伟大复兴。从经济到民主，一直到文化、资源，只有这五个建设都取得了非常大的成就，才可以说进入了小康社会，这是我对报告中小康社会的理解。

（二）城乡居民收入翻番目标值得期待

作为经济学者，我更关注报告提出的 2020 年 GDP 比 2010 年翻一番的同时，实现城乡人均收入倍增计划，这无疑是一个里程碑。

现在很多人在测算，GDP 比 2010 年翻一番是比较容易实现的，只要我们保持 7.1% 以上的增长速度，就可以达到。10 年后的 GDP 可能与美国相当，或者超过美国。

我国人均收入翻一番也可以实现，但可能会存在一些不确定性，有一定的难度。要考虑通货膨胀、人口增加、城乡居民比例变化、城乡居民收入差别等一些因素，所以并不太好计算。有关收入的指标实际上现在有很多，有按人民币计算的人均 GDP，还有在国际上按美元计算的 GDP——2010 年人均 GDP 大概为

3 900多美元。还有城乡居民人均收入,最典型的统计数据是城乡居民家庭可支配收入和农村居民家庭人均纯收入。城乡居民收入是计算出来的,把城乡人口的比例和其收入引入计算,这个数字有时不太准确。有人说到2020年翻一番,应明确是城镇翻番、农村翻番还是人均翻番。我认为,十八大提出的城乡居民收入比2010年翻一番,应当是指城乡居民的人均收入,这样可能更合理,或者更科学。若计算人均收入翻番所需的年数,1980—2010年间,居民人均收入翻番用了8.84年,1990—2010年用了8.06年,2000—2010年用了6.19年,2013年离2020年还有8年,按照2000—2010年的速度应该差不多。城镇家庭也是一样,人均收入翻番用了7.96年。但如果以农村人均收入计算,则需要9.19年。所以若要分开算可能还是有问题,农村这部分达不到,因为现在城市和居民收入相差3倍。这是根据可比GDP计算的,实际上比按照CPI调整需要的年份还要多,所以说农村的人均纯收入翻番的难度,比按CPI调整的难度还大,需要加倍努力,好好研究。

根据国家统计局2011年12月公布的《中国全面建设小康社会进程统计监测报告》,2010年居民人均可支配收入估计为10 046元,按2000年不变价,是2000年的2.73倍。如果以2010年居民人均可支配收入为基数,翻番后2020年居民人均可支配收入将达到20 092元。现在"十二五"里面提出要五年实现收入翻番,2020年前城乡居民收入有望保持7.3%—7.4%的增速,所以10年收入翻番也不是一个太高的数据,但应该说还有一定的难度。如果翻一番的目标实现,标志着居民购买力提高了1倍,这确实是一件值得期待、非常幸福的事情。

(三)实现小康社会的途径

如何实现小康社会,不是轻而易举的。正如报告所提出的,坚持发展是硬道理的本质,以科学发展为主题,以加快转变经济发展方式为主线,是关系我国全局的战略选择。

按照世界银行的标准,2010年我国人均GDP达到4 400美元,如按3 000美元就进入中等收入阶层来计算,我国已经进入中等偏上国家的行列。但要注意和警惕堕入"中等收入陷阱"的风险,即:当国家的人均收入达到中等水平以后,不能顺利实现经济发展方式的转变,导致经济增长动力不足,最终出现经济停滞的状态。当今世界很多国家也存在类似的问题,像巴西、阿根廷、墨西哥等,在20世纪70年代均进入中等收入国家行列,但一直到2007年,仍挣扎在人均GDP 3 000—5 000美元的发展阶段,并没有见到增长的动力和希望。

从我国国情来看,经济发展起点低,以往曾依靠投资、出口来带动,若再照此模式发展,问题可能就会非常大,因此要转型。但现在缺乏继续高速或者平稳增长的动力，而且存在人口红利逐渐消失（尚存一些争论）、创新不足、社会公平问题等。尤其是如果公平问题不解决，社会矛盾就将非常突出。当然还有金融体系等各方面的问题。通过对转型比较成功的日本和韩国的分析来看，要依靠转型、技术创新来保持经济平稳、快速和持续发展。

报告中提出，要加快社会主义市场经济体制改革，加快转变经济发展方式。如何转变经济发展方式？报告也指出了明确的方向和道路，体现在五个方面：第一，全面深化经济体制改革，实际上最重要的是处理好政府和市场的关系。第二，实施创新驱动发展战略。第三，推进经济结构战略性调整，这是加快转变生产方式的主攻方向，必须改变需求结构、优化产业结构、促进区域协调发展，以推进城镇化为重点，着力解决制约经济持续健康发展的重大结构问题，包括推动战略新兴产业、先进制造业，还包括促进传统产业的升级。发展现代服务业都提到了，支持小微企业的发展，充分发挥各地区的比较优势，制定地区发展战略，加大对老少边穷地区、少数民族地区的支持等。经济结构总体上要协调发展，城乡协调发展、区域协调发展，其中经济结构主要还是指产业结构的一些调整。第四，推动城乡一体化，加大统筹城乡发展力度，促进城乡共同繁荣。尤其是提到了加大惠农、富农的政策力度，让广大农民平等参与现代化进程，共同分享现代化成果。第五，全面提高开放型经济水平，要走出去，比如在技术、资本方面。

二、增强创新驱动发展新动力

（一）推进经济结构的战略性调整

首先，从我国外向型经济发展来看，我国出口产品结构不合理，中低端产品较多，一旦遇到国际金融危机，就可能出现大问题。而我国出口的高精尖产品又受到贸易战、贸易壁垒的制裁，比如轮胎和光伏产品的出口。这样下去如何发展？要增加内需，调整结构、转变方式、创新渠道都非常重要，要有自己的知识产权。

其次，从内部环境看，我国经济中发展不平衡、不协调、不可持续的问题现在相当突出，地区发展不平衡、中西部发展不平衡、城乡发展不平衡、产业发展不平衡，大城市越来越大，农村越来越萎缩。

上述问题如果不解决，我国的持续发展就很成问题。应从以下方面推动改革：一是推进经济结构战略性调整，这是报告中讲的。压缩产能过剩的一般加工业，关停高耗能、高污染、高排放的企业。二是推动战略性新兴产业、先进制造业健康发展，加快传统产业升级，加快发展生物、医药、信息、先进制造业等产业，实现传统产业更新换代。三是推动服务业，特别是现代服务业的发展壮大。目前我国的第三产业相对落后，如果服务业，包括普通的服务业、金融业发展起来，将有助于拓宽就业渠道。四是支持小微企业，特别是科技型小微企业的发展。要对社会资本投资给予国民待遇，除法律特别规定外，应允许社会资本以参股等方式进入金融、铁路、航空、电信、电力与城市供水等基础和垄断行业。要增加市场主体的活力，不是国进民退，而应该是民进国退。当然，国家还要掌握一些重要的行业，这样整个国家就发展起来了，这才是结构性调整。五是继续实施区域发展总体战略。原来优先发展东南沿海，后来加快东北老工业基地建设，推进中部崛起，开发西北，然后支持老少边穷、少数民族地区的发展，实现产业协调、区域协调。

（二）实施创新驱动发展战略

报告指出，要确保全社会的智慧和力量集中到创新发展上来。主要是用科技创新来带动我国的经济发展。实际上这在《国家中长期科学和技术发展规划纲要》里面已经提到了。

当前我国自主创新明显不足。国家知识产权局有关负责人曾指出，近年来，我国知识产权保持持续增长，但仍然存在隐忧与不足。据初步统计，2010 年我国平均每 1.3 亿美元出口才有 1 件国际专利申请，与美国、日本等国的差距很明显，我国国际专利申请量仅为美国的 27.5%。在国际专利申请公布量全球百强中，我国企业仅有 3 家，在国际专利申请公布量全球前 50 名高校中，我国高校无一入选，这确实需要反思。

要增强创新发展动力，应强化以下几个方面的改革：一是加强科研体制创新，以市场为导向，减少政府行政干预，完善科技创新机制，解决部门之间的协调问题。二是科技创新应与产业调整相结合，服务于国家发展战略性新兴产业的需要。三是解决科技与经济脱节、创新成果转移及市场需求问题。四是强化知识产权的保护。五是强化国内创新驱动的教育和人才基础。

三、推动城乡发展一体化

（一）加快城镇化步伐是解决我国二元经济矛盾、缩小城乡差别的重要途径

城镇化既可以扩大消费，又可以消化过剩产能，还能够保证经济增长。我国现在所推动的城镇化与 2002 年以来启动的“城市化”进程不同，当时注重大城市的外延和无限扩容，而现在则更注重中小城市群。在城镇化的背后，不仅隐藏着巨大的内需扩容的空间，也是城乡二元体制的分拆与重塑过程。走城镇化道路，就要建设更多的城市群，小城市的、集镇的群。实现农村人口在城镇居住，户籍也迁到城镇中，然后发展产业。

（二）将统筹城乡区域协调发展与推进城镇化相结合，大力拓展发展空间

城镇化是我国经济持续发展极为重要的动力，城镇化水平每提高 1 个百分

点，就有1 000万农村人转化为城里人。稳妥推进城镇化，将推动基础设施建设所带来的投资增长，以及居民生活水平提高所带来的消费能力的提升，为我国扩大内需和调整经济结构提供动力。

我国城镇化率数据提高得很快，但实质上城镇化率却不高。根据国家统计局发布的数据，2011年中国城镇人口为69 079万人，占总人口的51.27%。这是按照常住人口来统计的。在城镇人口中，既包括城镇中的非农业人口，又包括常住在城镇区域内的农业人口。按照国际惯例，居民在一地居住6个月以上，即按照居住地的办法。但不同的是，外国没有户籍限制，而我国是有户籍限制的，真正的城里人只占总人口的26%左右。25%的人虽然居住在城镇里，却不是城镇人，而是农民工，劳保福利必须回到当地农村报销。由此看来，我国的城镇化还差得远，只有把农民变成城市人，享受医疗保险、户籍，才是真正的城镇化。

统筹城乡发展是解决当前我国面临的根本矛盾的重要途径，从国情上加强中小城市和小城镇的发展，在资源、土地方面应更加宽松，也有利于降低农村人口向城市转移的成本。要把符合条件的农业人口逐步在城镇就业和落户作为推进城镇化的重要任务，放宽中小城市和城镇户籍限制，这是农民享受教育、医疗、廉租房等城市公共服务的前提，也将使农民工在城乡之间的流动逐步稳定下来，为消费提供较大的增长空间，推动城乡差距问题的解决和维护社会稳定。

（三）城镇化是解决“三农”问题的根本途径

“三农”问题是关系到改革开放和现代化建设成败的重大问题。由于农业发展直接影响国家经济，占我国人口总量3/4的农村人口的生活状况就是我国总体生活状况的最主要表现之一。没有农村的稳定就没有全国的稳定，没有农业的现代化就没有整个国民经济的现代化。要真正解决“三农”问题，让农民富起来，扩大农村消费、提高内需，关键在于城镇化。把农民转型为城镇居民，改造为农业产业工人，是解决“三农”问题的重要途径。

我国农村实行土地承包制是非常大的进步，但是土地分散经营与农业产业现代化却格格不入。因为分散经营很难实现产业化，产前、产后合作很难展开，抗风险能力很差，仍然是靠天吃饭。在一些自然条件差、生存环境恶劣的地方仍然无法解决温饱问题，农业不仅受市场制约还受自然制约，农业收入极不稳定。由于耕种等农业生产模式多是单打独斗，懂得农业技术、农产品市场信息，具备一定的财物和营销管理能力，对于绝大多数农民来说都是做不到的。能否通过转让土地承包权或土地、山林使用权，或者通过土地、山林入股的方式让少数人集中去做呢？如果可以，土地、山林的使用权是农民的，可以转包，农民还可以获得财产收入。今后对农民的征地也应该改变，不要去强行征地，而是采取入股的方式。入股可以多次分红,农民可以去当保安,既有财产收入又有工资收入。2010年广州亚运会征地时就采取了这种办法,没有强征农民的土地,而是让农民入股,农民每年都会拿到分红,特别高兴,有能力的可以再去找工作,没能力的就在家养着。然后就可以集中居住,建成一个居民区或者是小城镇,政府可以建立基础设施,农民变成了工人,享受医疗保险服务。在城镇化建设过程中,建立新的居住区可以保障农业资源和投入资金实现效益最大化。因此,财产收入也是让农民富起来的途径之一。

四、深化收入分配制度改革

报告指出,必须深化收入分配制度改革,努力实现居民收入增长和经济发展同步,劳动者报酬增长和劳动生产率提高同步,提高居民收入在国民收入中的分配比重,提高劳动者报酬在初次分配中的比重,初次分配与再分配都要兼顾效率和公平,再分配更加注重公平,多渠道增加居民财产性收入,规范分配秩序,保护合法收入,增加低收入者收入,调节过高收入,取缔非法收入。

(一)我国收入分配中存在的主要问题

首先,我国劳动者报酬占 GDP 的比重逐年下降,居民收入增速低于 GDP 和财政收入增速。自 2003 年以来,城市居民可支配收入连续 6 年低于 GDP 增速;自 1997 年以来,农村居民现金收入连续 13 年低于 GDP 增速,表明居民的产出没有得到相应地回报。1999—2007 年,国家财政收入年均增速为20. 2% ,同期居民可支配收入增速仅为 11. 5% 。

其次,收入差距明显偏大。1981 年,我国的基尼系数为 0. 2927,2008 年上升到 0. 48,实际上 2010 年为 0. 483,最高收入组的收入相当于最低收入组的 8. 3 倍。低收入、高消费倾向的居民消费能力有限,高收入、低消费倾向的居民消费意愿有限,导致我国居民平均消费倾向不断下降。根据北京市国际发展研究院联合社会科学文献出版社最近发布的《社会蓝皮书——中国社会创新报告》,我国改革开放丰硕成果背后隐藏着种种复杂的不稳定风险,贫富差距正在进一步扩大,逼近社会容忍线。城乡差距也很大,当前我国城乡居民收入比达到 3. 3 倍,国际上最高是 2 倍。

再次,公共服务在政府总支出中比例偏低。2008 年人均 GDP 3 260 美元,2007 年教育、医疗、社会保障三项支出占政府总支出的比重为 29. 2% ,与人均 GDP 3 000 美元以下的国家和 3 000—6 000 美元的国家相比,分别低 13. 5 和 24. 8 个百分点。由于政府公共服务支出总体不足,居民自身收入又较低,从而挤压了其他消费。

最后，收入分配还存在一定的不公平、不合理现象，影响社会的公平与稳定，对经济发展十分不利。

（二）改革是解决收入分配问题的根本途径

收入分配中存在的这些问题必须通过改革来解决。现在制订收入分配方案，主要是提高居民收入在国民收入分配中的比重，提高劳动者报酬在初次分配中的比重。一是在提高劳动者报酬占比方面，除继续完善最低工资制度外，主要通过加大对劳动技能和在职培训等方面的公共投入，提高劳动力价值。二是加大财政税收在初次分配和再分配中的调节作用。在二次分配领域，要改革税收制度、增加政府货币性支出，个税征收按照有利于提高低收入者收入水平的原则设计，同时根据每年的通货膨胀率和收入水平，进行适当调整和扣除，并考虑地区差异。所得税起征点要体现扶低、扩中、限高原则。三是深化垄断行业收入分配制度改革，完善对垄断行业工资总额和工资水平的双重调控政策。四是规范收入分配秩序，保护合法收入，调节过高收入，取缔非法收入。五是增加财产性收入。在农村推进和深化土地制度改革，让农民分享土地升值收益。六是建立起覆盖全社会的社会保障体系。这项工作现在正在做，覆盖面基本上扩大了，但是保障水平还是比较低的。

五、深化金融体制改革

报告指出，健全现代市场体系，加快改革财税体制，深化金融体制改革，完善金融监管，推进金融创新，维护金融稳定。

（一）继续深化金融改革，打破金融垄断，发展合作金融、民间金融

在我国，大银行的存贷款业务量大约占据整个市场份额的70%，服务对象是大企业，所以中小微企业还是缺钱、缺贷款。因此，要发展中小金融机构，发展合作金融、民间金融。民间金融的合法化、阳光化、规范化非常重要，应赋予民间金融一定的法律地位，促其规范。

温州改革已经试水了。2012年3月，温州改革试验区推出12条措施，最近细则也出来了，比如发展小额贷款公司、允许部分小额贷款公司转为村镇银行等。有人认为，细则对小额贷款公司转变为村镇银行没有着力提，我个人认为，小额贷款公司不一定都要转为村镇银行，有条件的可以转。设想一下，如果转为村镇银行，转为城市商业银行，城市商业银行再往国际银行发展，就可能不为农村服务了。小额贷款公司恰恰是农村小额金融最需要的，是普惠式金融，甚至是熟人金融，用不着抵押、担保，春天借了秋收就还了。村镇银行还有管理的问题，按照金融机构来做，满足资本充足率要求，就要有专门的管理人员。

另外,要发展多层次的资本市场。我国发展资本市场过程中面临的最大的问题是在发展股市、股权融资方面。我国的股权交易市场规模很小,而且风险很大,所以我主张现在要重点发展债券市场。不是国债、金融债,而是要发展企业债、公司债、可转债,甚至可以发高收益债,就是垃圾债券。然后是发展基金市场,公墓基金、产业基金、创投基金,也包括私募股权基金,这样可以长线投资,不直接扰乱市场,投资于未上市企业,等上市后再退出,或者用其他资产重组办法退出,对稳定市场非常有好处。再有就是发展衍生品市场。目前即将恢复国债期货交易,以后还要搞期权市场。有人说这个对股市有冲击,但国外经验表明,金融衍生品对于稳定市场还是有好处的。通过投机、买空卖空、套期保值,避免市场大的波动,对现货市场有好处,所以我们还会逐渐发展。因为目前我国间接融资的比例仍较大,银行融资受计划的影响非常大。城镇化资金从哪里来?还得靠资本市场,建立或改组为股份公司,可以发股票、债券,也可以发地方融资券,所以要放开这一块,然后加快利率市场化改革。

此外,应加快人民币国际化步伐,增强人民币话语权。尽管我国资本项目还没有自由化,但有一个好处,就是可以防止热钱流入、流出。但是如果人民币不能自由化,那就永远不能成为国际货币,很多事情也不能做,而且会吃亏,所以这也是改革的一个重要方面。

(二)完善金融监管体系

金融监管体系实际上与对外金融环境、对外开放有很大的关系。比如,2008年美国的次贷危机以及此后2008年、2009年的金融危机,最主要的原因就是衍生品的创新出现了问题,所以必须加强监管。另外,金融业务的综合化、现代化也需要加强监管。美国吸取教训进行了改革,奥巴马2010年签署《美国金融改革法案》,提出了如何统一监管,另外还加大了美联储的权力。这对各国的监管是个重要启示,要走综合监管之路,加强宏观审慎的监管。

过去的监管思路是各国银行的风险都控制住了,银行体系的风险就没了。现在通过金融危机发现,个别风险没事,但是整体宏观出风险了,所以现在《巴塞尔协议III》重点是加强宏观审慎监管,另外还要保护投资者的合法权益。目前,我国实行分业监管,但是多头监管与交叉监管容易导致监管冲突和监管效率低下,另外很多的金融企业都是控股公司,如何监管也是需要思考的问题。从长远来看,我国应当走金融统一监管或者综合监管之路,变分业监管为统一监管,建立统一监管、分工协作的体制。

我们设想有以下几个步骤:第一,当前在金融监管体制不变的情况下,应进一步改进和完善,现在的联席会议制度还很松散,应该加强。第二,应考虑能否在现有“三会”的基础上建立一个金融监管协调机构,这个机构在国务院层次上建立,主席可由主管金融的国务院副总理或者国务委员兼任,其他各监管部门的主要负责人参加。第三,建议在条件成熟的时候,在中国金融监管协调委员会的基础上,建立具有政府管理职能的金融监督管理委员会。实际上,这种体制并不是我们创造的,英国金融服务局早就这样做了,世界上至少有几十个国家是这样的。金融监督管理委员会下面可设三个分会:一是金融审慎监管委员会,进行宏观加微观的审慎监管,“一行三会”的职能让这个委员会承担;二是投资者保护委员会,负责业务运作和投资者保护;三是金融稳定委员会,负责金融体系的整体稳定性,制定金融监管的法规和政策。央行仍然担任一部分金融监管职能,这样就形成了以金融监督管理委员会为主、与央行共同监管的“一行一会”监管体制。

总之,应对我国经济的持续稳定和快速发展充满信心,对 2020 年全面建成小康社会充满信心。只要我们坚持改革、坚持创新,我们肯定会有所发展的。

(本文刊载于《债券》,2013 年第 1 期)

新型城镇化框架下的金融创新

(2013 年 10 月)

从中长期来看,在我国这样一个农业大国的基础上推进城镇化,向现代化迈进,是我们最大的国情。积极稳妥地推进城镇化进程,关系到“三农”问题的解决和全面建成小康社会,关系到国家现代化建设的全局,城镇化将成为推动我国经济持续健康发展的重要动力。

一、我国应走新型城镇化之路

新型城镇化是以城乡统筹、城乡一体、产城互动、节约集约、生态宜居、和谐发展为基本特征的城镇化,是大中小城市、小城镇、新型农村社区协调发展和互相促进的城镇化。新型城镇化的核心在于不以牺牲农业和粮食、生态和环境为代价,着眼农民,涵盖农村,实现城乡基础设施一体化和公共服务均等化,促进社会经济发展,实现共同富裕。

(一)新型城镇化要重点解决“三农”问题

我国要实现现代化,重点、难点都在“三农”问题。解决“三农”问题,根本出路在于城镇化、工业化、信息化和农业现代化。加强农业必须发展工业,要使农民富裕必须减少农民数量。城镇化一头连着工业化,一头连着农业、农村现代化。积极稳妥地推进城镇化进程,不仅可以有效推进工业化,壮大城市经济实力,而且可以实现工业反哺农业、城市支持农村,转移吸纳农村劳动力,促进农业规模经营,增加农民收入,为从根本上解决“三农”问题创造条件。

我国农村实行土地承包制是非常伟大的进步,但土地分散经营与农业产业现代化是格格不入的。农民可以通过转让承包权或土地、山林使用权,或以土地、山林入股的方式,让少数人集中从事农业,实现规模经营。农民可以获得财产收入,也可以去做农业工人,到经营者的农场里去劳动,挣工资。其他人可以在当地的城里做工,从事旅游或其他行业,从而发展第三产业。

(二)城镇化必须与产业发展相结合

一是要工业化、信息化、城镇化、农业现代化“四化”协调互动,缺一不可。二是要实现产业积聚,促进产城融合,尤其需要通过服务业发展和科技进步来推动。三是城镇带动的统筹城乡发展,城乡一体化发展需要城镇带动,通过产业发展带动就业。

（三）人口、经济、资源和环境相协调，倡导集约、智能、绿色、低碳的发展方式

要把生态文明理念和原则全面融入城镇化全过程，突出资源集约节约和生态环境友好，加快生态经济发展，走集约、智能、绿色、低碳的新型城镇化道路，为人民创造良好的生产生活环境，建设生态文明的美丽中国。要保持农村文明的传承，保持农村山清水秀，建设美丽农村。

（四）构建与区域经济发展和产业布局紧密衔接的城市格局

城市格局以城市群为主体形态，大、中、小城市与小城镇协调发展，提升城市承载能力，注重中华民族悠久文化传承与现代人文关怀相容，展现我国文化、文明自信的城镇化。突出与区域经济发展和产业布局紧密衔接。在空间布局上以城市群为主体形态，突出城市群的辐射带动作用。

（五）新型城镇化是“人的城镇化”

实现人的全面发展，建设包容性城镇，体现农业转移人口有序市民化和公共服务协调发展，致力于和谐社会和幸福中国的城镇化。新型城镇化发展不是要消灭农村、农业和剥夺农民，而是让农民变成“工人”或享受市民待遇的新型农民，使农民过上幸福、有尊严的生活，并能在教育、就业、医疗、福利、保险、养老、公共服务方面享受市民待遇，亦城亦乡，亦工亦农。

（六）新型城镇化有助于提高城乡居民的消费能力

世界经济失衡和再平衡已使我国外贸出口面临巨大的挑战，我国中低端产品的贸易出口利润微薄，高精尖产品的贸易出口又受到国外贸易保护主义的影响，传统“大进大出”的贸易模式难以为继。而玻璃、多晶硅、电解铝、钢铁等多个行业面临严重的产能过剩，以往主要靠投资带动经济增长的模式已经不可持续。

扩大内需成为未来我国经济持续增长的国家战略。但国内农村经济不发达，农民收入不高，居民消费的增长速度仍十分有限。我国应通过大规模的人口城镇化破解收入分配的城乡差距难题，提高居民收入水平与消费能力，培育、壮大中等收入阶层，进而释放庞大的消费需求。这是新时期我国实现经济转型的客观要求，将为扩大内需提供最强大、最持久的内生动力。

二、城镇化是我国长期的历史过程

（一）我国实质城镇化率并不高

国家统计局发布数据显示，2011 年我国总人口为 134 735 万人，城镇人口 69 079万人，比上年年末增加 2 100 万人；乡村人口 65 656 万人，减少 1 456 万人。

城镇人口首次超过农村人口，占总人口的比重达到51.27%，比上年年末提高1.32个百分点。2012年城镇化率已经达到52.57%。该数据的统计口径是参照联合国对常住人口的定义，即在城市一次性居住6个月，或者是一年之内居住过6个月以上。城镇化率即城镇常住人口占全部人口的比重。但该标准并不完全符合我国的实际情况。

在我国是否拥有"非农"户口，是否拥有稳定的职业，是否享受真正的市民待遇，包括医疗、教育、保险、养老都能有"城里人"的待遇，是城镇化、市民化的重要标志。按照该标准，官方统计我国实质城镇化率只有35%左右，专家统计真正有城市户籍、享受市民待遇的人只占26%左右。由于户籍制度的原因，很多农业转移人口无法像城市户籍人口一样享受医疗保险、养老保险和子女接受公办教育等公共服务，导致农业转移人口的社会保障覆盖率非常低。

我国城镇化质量不高的问题越来越突出，主要表现在：两亿多农民工及家属未享受城市公共服务；一些城市"摊大饼"式地扩张；部分特大城市主城区人口压力偏大；大气等环境污染加剧；户籍制度等制约城镇化发展。

(二)户籍制度松绑只是城镇化起点

发改委近日表示，我国将全面放开小城镇和小城市落户限制，有序放开中等城市落户限制，逐步放宽大城市落户条件，合理设定特大城市落户条件，逐步把符合条件的农业转移人口转为城镇居民。

户籍制度松绑只是给予公民政治待遇的平等，而不是就业机会、社会保障、医疗教育等各方面的权利平等。我国城镇化是一个长期的过程，要加快推进基本公共服务均等化，努力实现义务教育、就业服务、社会保障、基本医疗、保障性住房等覆盖城镇常住人口。从这个意义上，户籍制度不能等同于城镇化，而仅仅是新型城镇化的起点。

(三)防止有城无市的过度"城镇化"和有速度无质量的城镇化

由于有些地方缺乏产业支撑，农民进城后变成游民，出现高楼大厦和贫民窟并存的局面，而有些高楼大厦却无人居住。典型的例子是鄂尔多斯耗资50多亿元打造的面积达32平方公里的内蒙古康巴什成了一座无人居住的"鬼城"，以及云南呈贡商业区的无人"鬼城"。

要防止和避免一些地方一哄而起搞大跃进，一味追求城镇化的高速度和规模扩张。近年来有些地方采用行政手段，征用土地，使得人口快速"城镇化"、土地高速"非农化"。

(四)要防止把城镇化简单变成"房地产化"

当前有些地方过度依靠土地财政，出现地价高推高房价的情况。据统计，

2011 年地方政府国有土地使用权出让收入超过 3 万亿元，相当于地方政府财政收入的 80%。城镇建设过度依赖土地出让金使得地价不断攀升，过高的地价成为房价过高的重要原因。

据测算，在房价的四项主要成本中，地价占四到五成，建筑成本不足两成。而我国的土地制度却存在较大的问题，农民耕种的土地没有所有权，不能转让，高房价并未给农民带来多大的好处。要防止地方政府以土地生财，消灭农村、农庄，大量农民“被上楼”。农民“被上楼”后，孤独感增加，幸福感严重下降。

(五)本次提出的城镇化与 2002 年以来我国所启动的“城市化”有所不同

“城市化”概念更注重大城市外延的无限扩容，而“城镇化”则更注重中小城市群。在城镇化的背后，不仅隐藏着巨大的内需扩容空间，也是我国城乡二元化体制的一个分拆与重塑的过程。要走有中国特色的人口与劳动力转移之路。

必须明确城镇化的重点是发展中小城市、城镇和集镇。要避免人口过度集中于大城市、大都市，避免“大城市病”。“大城市病”表现为城市人口膨胀、环境恶化、交通堵塞、基础设施负担过重等。

(六)城镇化必须考虑地区发展协调问题

我国东部、东南沿海地区相对来说城镇化程度已经比较高了。城镇化的重点应为中西部、老少边穷地区。城镇化应当因地制宜，不能一哄而上，照抄照搬。以我国西部地区甘肃省的城镇化为例，要实现城镇化，必须大力发展甘肃经济，建设好“河西走廊经济带”，保留自然风光和传统文化，把发展“丝绸之路经济带”与新型城镇化结合起来。

三、城镇化过程中的金融创新

城镇化要大力发展城市基础设施，解决公共服务体系建设，大量投入医疗、保险、教育，进行商品房和保障房建设，进行就业、创业、职业培训，发展现代农业等，这些都需要大量资金持续不断的投入。

要解决城镇化巨大的资金需求，一是要建立多层次、多样化、市场化的投融资机制；二是要构建政府、企业、个人多主体共同参与的成本分担机制；最重要的是建立完善的财政金融支持和保障体系。

此外，新型城镇化过程中面临的很多问题，都需要我们解放思想，开动脑筋，需要政府、社会和公众共同参与城镇化进程，否则新型城镇化很难成功。

(一)需要财政资金的大量投入

增加财政资金投入就要增加地方财政收入，协调中央和地方的税收分成，增加地方财力，比如进行房产税试点等。要放开或者允许地方政府多渠道投资，比如扩大地方政府债券，现在已允许中央代发；后续能否放开市政债券的发行？在美国，市政债券其实很普遍。

增加县域经济实力，增加县级财政收入，加大财政支出力度。充分发挥政策性金融机构如国家开发银行、进出口银行和农业发展银行等在城镇化过程中的作用。

（二）要充分利用资本市场和社会资本为城镇化服务

1. 地方融资平台可进行股份制尝试

现在很多所谓的地方融资平台、城投公司都是从商业银行贷款，现在有20多万亿元的债务，其中20%是不良资产。我们需要转换思路，在有收入和利润的情况下，把各地的城投公司变成股份有限公司，靠发股票和公司债筹措资金，为公共设施建设服务，而不能只依靠商业银行贷款进行融资。

2. 积极推进资产证券化

资产证券化（Asset Securitization）是将缺乏流动性，但能够产生可预见的稳定的现金流的资产，通过一定的结构安排，对资产中的风险与收益进行分离组合，进而转换成可以出售和流通的证券的过程。目前国外比较成熟和规范的是资产担保证券（Asset-based Securities，ABS）和资产抵押证券（Mortgage-based Securities，MBS）。美国次贷危机是因为将资产证券化的衍生品再进行证券化，多重衍生从而放大了风险。我们要充分发挥资产证券化在盘活资产方面的积极作用，并合理控制风险。

3. 合理利用基础设施产业投资基金

我曾到新西兰的奥克兰地区对基金法的制定进行调研，那里有一个基础设施基金，都是由地方财政出资，并专门聘请投资管理公司进行管理。该基金主要投资当地的基础设施。基金运营基础设施有可能赔本，所以政府给基金一定的特殊经营权，比如经营港口、运动员村等，基金股东不分红，投资收益用于再投资。我国的城镇化建设可以合理利用基础设施产业投资基金，但也要给投资人合理回报。

4. 发展城市信托、房地产信托

信托机构要积极进行业务创新，探索以信托理财和设立资金池的方式，引导保险资金、养老基金、PE基金、海外资金以及其他社会资金参与国家新型城镇化建设。制定城镇化金融专项业务经营风险偏好，设定风险容忍度，加大城镇化金融的信贷支持。

（三）建立和完善多层次金融体系

1. 在城镇化过程中必须充分发挥商业银行的作用

我们还要依靠商业银行的中长期贷款、短期贷款、小额信贷和其他全方位金融服务，解决农业生产、创业、就业问题。商业银行要综合化经营，并进行产品创新和服务创新。

扩大对城镇化的信贷供给。受益于城镇化的加速推进，城镇产业基础、基础设施建设以及进城人口的消费需求将成为商业银行信贷投放的重要方向。商业银行要努力配合各级政府作好资金筹措计划，通过时间和期限的合理安排，创新并不断丰富融资工具，协助地方政府防范和管理好金融风险。把握城镇化过程中产业发展的趋势，积极支持符合各地城镇资源禀赋、具有发展前景的优势行业和企业。金融机构要细分城镇化中进城人口的消费金融市场，创新金融产品服务于住房、耐用消费品、教育文化等消费型贷款需求。

2. 要发展民间资本发起的风险自担的民营银行和其他民营金融机构，用草根金融来支持草根经济和草根创业

城乡一体化需要草根金融。草根金融是基层的微型金融机构，适应草根经济小、散、弱、多、缺少抵质押物、几乎没有正规财务报表等特点。草根金融机构需要拥有专业的队伍、独特的流程和考核激励机制，深植于基层，服务于草根经济。金融改革要真正为实体经济服务，为小微企业服务，为草根创业者服务。

3. 要发展农地金融，让农地流转收益成为农民工创业置业的资本，解决农民工草根创业的融资需求

据媒体报道，国土部门目前已形成关于改革完善土地管理制度的框架建议，农地有望通过招拍挂等方式进行市场化流通，其权益进行市场化分配。与此同时，温州近日发布《温州市农村产权交易管理暂行办法》，自10月1日起，包括农村土地承包经营权、农村房屋所有权、农村集体经营性建设用地使用权等12类农村产权将在农村产权服务机构交易。值得一提的是，非城镇户口人员可在县域内参与农房买卖。

现在正在进行农村土地确权工作，颁发土地使用权证、林权证、宅基地使用权证。建议农民不要轻易出卖土地，而是通过转租、转包和土地入股方式得到长期收入。农民也可通过农村土地抵押获得资金。

（四）进一步放开市场准入，引导民间资本参与城镇化建设

鼓励民间资本参与城镇化基础设施建设有多种方式。BOT（建设—经营—转

让)、BOO(建设—拥有—经营)、BTO(建设—转让—经营)等项目融资方式能够通过少量的政府财政投入盘活社会存量资本,为满足城镇化建设的资金需求提供良好的途径。弥补建设项目现金流与还贷能力不足的问题,提高投资项目的财务生存能力,并达到以较少的财政资金带动更大规模的社会资金投入的放大效应。

(本文根据笔者2013年10月22日在"经济与金融高级论坛"讲演的部分内容整理而成)

银行信贷调配与区域经济增长

（2014年6月）

一、引言

金融发展与经济增长之间的关系是经济学和金融学研究领域里一个基本而重要的课题。熊彼特（1912）在《经济发展理论》中指出，金融中介提供的服务——转移存款、评估项目、管理风险、监督经理人、便利交易等，对于技术创新和经济发展是必不可少的。

然而，许多经济学家也就金融发展对于经济增长的促进作用提出了不同程度的质疑。Lucas（1988）提出金融发展和经济增长的关系被"过度强调"了。尤其在2007—2008年全球金融危机之后，社会各界对于金融发展与经济增长的关系进行了许多反思。20世纪末至21世纪初，欧美金融衍生品市场蓬勃发展，衍生品场外交易总额大幅上升，金融深化程度显著提高。然而，欧美某些金融机构过度贪婪、脱实向虚、以钱炒钱，通过高杠杆、金融衍生品和不透明的场外交易使得虚拟经济过度膨胀，失去了服务实体经济的本源目的。美国华尔街的某些金融机构通过金融衍生品交易为自身攫取巨额利润，而将潜在的风险转移为社会成本，在金融危机时让美国纳税人乃至全世界承担。在美国，金融衍生品市场的迅速发展和金融机构的高杠杆增加了实体经济的波动性，使得房地产市场出现错误定价时程度加剧，并导致在房地产市场调整时损失也更加严重。同时，由于欧美较为发达的金融体系渗透到实体经济的方方面面，金融体系自身出现的危机会迅速扩展至实体经济，并引发实体经济的全面衰退。面对金融危机前衍生品市场的繁荣发展和金融危机后欧美多家金融机构被政府救助，欧美实体经济陷入衰退，欧美政府财政赤字上升进而引发主权债务危机，全球央行进行定量宽松并可能引发贸易摩擦和通货膨胀，欧美民众中出现"占领华尔街"风潮，欧美各界人士也在反思，金融发展是否一定能促进经济增长？因此，金融发展与经济增长的关系这一问题在金融危机之后又有了新的现实意义。

在中国，是否像欧美一样存在金融过度发展使得实体经济风险增加的问题，抑或金融发展能否对经济增长起到促进作用？值得注意的是，全球金融危机之前的2002—2006年，恰好是中国金融体系进行重要改革的时间段。在此期间，中国金融体系进行了一系列改革，包括完善金融立法、建立健全"一行三会"的金融监管体制，推进股权分置改革，进行国有银行股份制改革等；而全球金融危机发生之后的2007—2011年，则是中国金融改革取得并巩固阶段性成果的时间段。在全球金融危机和国内金融改革前后，在中国，金融发展与经济增长的关系是怎样的？是否发生了变化？本文试图运用2002—2011年银行信贷调配与区域经济增长之间的实证回归结果回答上述问题。

本文结合银行业金融机构在全国经济体系中起到主导作用、全国性商业银行可以跨区域经营业务和调配资金、中国不同区域经济发展水平差别较大等国情，将研究银行信贷调配与区域经济增长的关系作为探索中国金融发展与经济增长关系的切入点。

截至2011年年底，全国各地区银行业金融机构资产总额达到105.8万亿元，占全国各类金融机构资产总额的80%以上，与当年GDP之比达到231%。①银行业金融机构在中国金融体系中发挥着中流砥柱的作用，也意味着金融发展变量的选择必须能够反映银行业的经营特点。

全国性商业银行可以在全国范围内进行资金内部调配，在某一区域吸收存款后将资金调配到另一区域进行贷款发放。因此，虽然按照监管要求，商业银行作为一个整体，贷款与存款的比值即"存贷比"不超过75%，但是在不同区域，存贷比存在很大差异。我们运用某一区域金融机构本外币贷款与存款的比值，即存贷比，作为衡量金融发展的变量，把不同区域之间存贷比的差异称为银行信贷调配的差异：存贷比高的区域获得了商业银行从其他区域吸收来的资金用以发放贷款，即获得了其他区域的银行信贷资源调入；存贷比低的区域的存款则被调配至其他区域，即银行信贷资源被调出以支持其他区域的发展。

中国不同区域的经济发展水平差别很大，2011年，区域人均GDP的最高值与最低值的比值达5.19。② 银行信贷资源调入较多的地区，即存贷比较高的区域，是否相应会有比较高的经济增长速度？进一步，银行信贷资源调配对于区域农业、工业和服务业发展有着怎样的影响？

本文结合国内外学者关于金融发展与经济增长的研究，运用结合中国金融体系特点的包括2002—2011年的31个省、自治区、直辖市区域经济增长变量、银行信贷调配变量和控制变量的面板数据进行回归分析，发现银行信贷调配在2002—2006年与区域经济增长的关系并不显著，而在2007—2011年与区域经济增长呈显著的正向相关关系。本文进一步将区域经济增长指标按照行业细分为第一产业、第二产业和第三产业经济增长，发现银行信贷调配在2002—2006年与区域第二产业经济增长的关系并不显著，在2007—2011年与区域第二产业经济增长呈现显著的正向相关关系，而银行信贷调配与区域第一产业、第三产业经济增长在2002—2011年的关系均不显著。

本文的主要贡献是：为全球金融危机和中国金融改革前后金融发展与经济

① 笔者根据中国人民银行、国家统计局公布的数据计算。

② 笔者根据国家统计局公布的数据计算。

增长在中国的关系提供了最新的证据。本文对于评估2002年以来中国的金融改革成果具有现实意义。同时,本文运用存贷比作为金融发展水平的表征,结合中国区域经济发展不平衡的特点,将区域经济发展按照行业进行细化分析,为丰富的国内外金融发展与经济增长的文献提供了新的视角和有益补充。

本文的结构安排如下:第一部分是引言;第二部分是文献回顾和研究背景;第三部分是数据、变量和模型设计;第四部分是实证结果及分析;第五部分是结论与政策建议。

二、文献回顾和研究背景

国外学者对金融发展与经济增长的关系进行了大量跨国研究(Goldsmith,1969;King and Levine,1993;Levine and Zervos,1996;Demirgüc-Kunt and Maksimovic,1996)。上述研究启发我们可以运用中国跨区域样本研究金融发展与经济增长在中国的关系,因为中国各区域具有较为相似的制度和宏观经济环境,但是金融发展和经济发展水平存在差别。国外学者在金融发展与经济增长的国家案例研究(Cameron,1967;Mckinnon,1988;Haber,1991)中,往往选择某一国家工业化程度快速提升的历史阶段作为研究时间段,启发我们可以选择国内金融改革和国际金融环境变化较大的时间段进行研究。

国内许多学者对中国的经济货币化以及在此基础上的金融发展与经济增长进行了研究。谢平(1992)和易纲(1996)分析了中国金融深化对于经济发展的重要影响,并强调了金融改革的重要作用。谈儒勇(1999)发现中国金融中介发展与经济增长存在显著的正相关关系。曹凤岐(2008)提出,经济发展与货币化程度的提高是同方向发展变化的,逐步走向货币化经济是发展中国家经济起飞的重要条件。武志(2010)运用Goldsmith指标对中国的金融发展水平进行考察,并在此基础上运用格兰杰因果检验说明中国的金融增长引致了经济增长。然而不同意见也存在,Chang et al.(2010)以1991—2005年四大国有银行区域存贷比为金融发展指标,未发现资金再分配及银行贷款和区域经济增长之间存在显著关系。

上述文献中,对于2007年之后银行信贷调配和区域经济发展等方面数据的研究以及对于农业、服务业等方面经济增长与金融发展之间关系的研究尚有待拓展。本文参考Chang et al.(2010)的研究,将存贷比作为金融发展水平的代理指标,并将区域经济增长以及区域分产业经济增长作为自变量进行研究。

在一个高效、稳定的金融体系中,在存贷比较高的地区,银行信贷资源相对充裕,可以充分满足该地区企业日常经营、扩大规模、研发创新(江春等,2013)、市场营销等方面的合理资金需求,从而提升该地区企业的市场竞争力和利润水平,促进实体经济增长;存贷比较高的地区还可以将相对充裕的信贷资源投放至基础设施、自然环境等社会公共品的建设和保护方面，为该地区的企业创造更好的经营环境，使得实体经济能够更好地发展。因此，银行信贷资源的合理调配有助于促进区域经济增长。上述分析并未对企业的行业属性进行限定，因此上述促进作用应当在区域第一产业、第二产业和第三产业均有显现。因此，在一个高效、稳定的金融体系中，银行信贷调配应当对区域经济发展，包括区域第一产业、第二产业和第三产业均体现出促进作用。然而，在中国这样的转型经济体中，银行信贷调配对区域经济增长的促进作用能否显现，受到多方面因素的影响。首先，如果金融体系运行效率不够高，上述促进作用可能难以显现。其次，如果金融体系出现动荡，上述促进作用也可能难以显现。

三、数据、变量和模型设计

（一）数据

本文的样本主要为中国内地 31 个省、自治区、直辖市（以下简称“省”或者“区域”）在 2002—2011 年间 GDP、存贷款、存贷比、财政收支、居民可支配收入、消费和投资、人口和社会融资总量等方面的面板数据，香港、澳门、台湾地区的数据不在研究范围内。数据来自《中国统计年鉴》《中国金融年鉴》、中国人民银行的《区域金融运行报告》，除存贷比和直接融资比例外，各变量均取增长率数据。存贷比数据为笔者根据存贷款数据计算得出，直接融资比例为笔者根据中国人民银行在 31 个区域的分行和中心支行发布的该区域金融运行报告（2011）中首次公布的区域非金融机构部门贷款融资、债券融资和股票融资计算得出。

本文进一步将上述数据集分成了 2002—2006 年和 2007—2011 年两个子集。对这一时间分段可以作两种解读。第一种解读是，从国际环境来看，2002—2006 年代表“国际金融危机前”，2007—2011 年代表“国际金融危机后”。本文参考了 Allen et al.（2009）的研究，将 2007 年作为国际金融危机的发生时间，2002—2006 年可以被视为国际金融环境较为稳定的阶段，而 2007—2011 年可以被视为国际金融危机爆发和深化的阶段。第二种解读是，对中国而言，2002—2006 年代表“国内金融改革前”，2007—2011 年则代表“国内金融改革后”。2006 年是中国银行、中国建设银行、中国工商银行等国有银行先后在上海和香港两地上市的一年，如果以此为界，2002—2006 年可以被视为包括完善金融立法、建立“一行三会”金融监管架构、进行国有银行股份制改革等金融改革的实施阶段；2007—2011 年则可以被视为金融体系改革取得阶段性成果的阶段。

（二）变量定义

1. 银行信贷调配变量

参考 Chang et al.（2010）的研究，本文运用存贷比作为描述银行信贷调配的

指标,选择的信贷调配指标包括以下几种:

(1)当期存贷比(LDR):某一区域金融机构本外币贷款余额和本外币存款余额的比值。

(2)滞后一年的存贷比(LDR－1):滞后一年的某一区域金融机构本外币贷款余额和本外币存款余额的比值。

(3)滞后两年的存贷比(LDR－2):滞后两年的某一区域金融机构本外币贷款余额和本外币存款余额的比值。

本文选择存贷比指标作为信贷调配的代理变量的主要原因如下:

第一,存贷比指标能够反映在中国银行业总分行经营模式下信贷资源的倾斜方向。

中国商业银行采用的是总分行管理模式。信贷资源的跨地区调拨是中国商业银行总分行管理模式下的重要特点。由于各省经济发展水平不同,全国性银行在各省吸收存款总额和客户信贷需求方面不尽相同。在某些省,客户信贷需求相对较大,仅靠该省分行吸收的存款不能满足该省客户的信贷需求;在某些省,客户信贷需求相对较小,该省分行吸收的存款在满足该省客户的信贷需求之后还有富余。商业银行总行可以协调各省分行,通过内部资本市场进行资金调配。在客户信贷需求较大的省,该省分行可以从银行内部拆借来一部分资金,以弥补本省分行吸收存款的不足;在客户信贷需求较小的省,该省分行可以将吸收存款富余部分拆借给其他省分行。

信贷资源的跨地区调拨使得一个全国性商业银行的不同省分行贷款和存款的比率,即存贷比,不尽相同。中国银监会对于商业银行作为一个整体的存贷比要求是不能超过75%,不过在商业银行内部,省分行存贷比并不受这一规定限制,只要该银行整体存贷比符合中国银监会要求即可。

本文采用中国人民银行公布的各省本外币各项贷款余额与本外币各项存款余额的商作为存贷比指标的计算方式。由于中国工商银行、中国农业银行、中国银行、中国建设银行、交通银行等主要全国性商业银行在2005年后不再披露其各省分行的各项存款余额和贷款余额,我们无法通过将所有全国性商业银行的存贷款分别按区域进行加总再作商的方式计算存贷比。由于全国性商业银行的存贷款余额占全体金融机构存贷款余额的比例较大,因此本文采用的计算方法能够较好地代理银行内部资金的跨地区配置。

第二,存贷比指标在与经济增长指标进行回归时内生性问题可能相对较小。

如果采用贷款余额增速、新增贷款余额增速、存款余额增速、新增存款余额增速等变量直接对经济增长指标进行回归,可能出现内生性问题。具体而言,如果某省经济增长速度较快,则该省的金融资本也随着经济的发展而随之积累,该省的存款余额随之增长,而存款是发放贷款的基础,该省的贷款余额也随着经济的增长和存款的增加而增长。如果以存贷款余额增速作为自变量,对经济增长指标进行回归,上述循环可能带来内生性问题。

以存贷比指标为自变量对经济增长指标进行回归,内生性问题可能相对较小,尤其在本文采用的样本区间内。经济增长对于存贷比未必有直接的影响。在经济增长较快的地区,存款余额和贷款余额的增长可能都随之加速,但是两者作商之后,存贷比未必会随之变化。

之前学者常用的衡量金融发展的指标包括麦金农指标和戈德史密斯指标等,即货币供应量、信贷余额与 GDP 的比值。存贷比指标可能比这些指标的内生性问题更小,因为经济增长对贷款余额和存款余额同方向变动的影响为贷款余额和存款余额作商所抵消,一个证据是,在中国经济迅速增长的 2002—2011 年,货币供应量和信贷余额与 GDP 的比值均呈上升趋势,而存贷比则呈下降趋势。然而,运用存贷比作为自变量也很难完全消除内生性问题。为了控制可能的内生性问题,本文在稳健性检验部分运用广义矩估计方法进行回归,并将结果与面板回归结果进行比较。

第三,信贷调配对经济增长的影响可能存在时滞,因此将存贷比的滞后项加入自变量。如果银行信贷通过总分行经营模式向某一区域倾斜,表现为该地区存贷比较高,则这一信贷调配倾斜对于经济增长的影响可能不是立竿见影的,因此本文将存贷比的滞后项加入自变量。

2. 区域经济增长变量

本文运用的区域经济增长变量包括以下四类:

(1)区域 GDP 增速(GDP),即某一区域 GDP 增速。

(2)区域第一产业 GDP 增速,即某一区域第一产业(农业)GDP 增速。

(3)区域第二产业 GDP 增速,即某一区域第二产业(工业)GDP 增速。

(4)区域第三产业 GDP 增速,即某一区域第三产业(服务业)GDP 增速。

本文将区域 GDP 按照三大产业进行指标细化,主要考虑如下:按照三大产业细分的 GDP 指标描述了区域农业、工业和服务业产值增长情况。运用按照三大产业细分的 GDP 指标作为自变量,可以具体研究银行信贷调配对某一产业发展的影响。

3. 控制变量

在控制变量选取方面,参考 Chang et al. (2010)的研究,本文所用的控制变量比既往文献中所用的控制变量的数目更多。本文选取的控制变量如下:

(1)GDP 增速滞后项(GDP -1),即滞后一年的某一区域 GDP 增速。

(2)总人口增速(Population),即某一区域总人口较上一年的增长率。

（3）人均可支配收入增速（Disposable Income），即某一区域居民人均可支配收入较上一年的增长率。

（4）固定资产投资增速（Fixed Assets Investments）及其滞后项（Fixed Assets Investments -1），即某一区域固定资产投资较上一年的增长率及其滞后一年值。

（5）最终消费支出增速（Final Consumption），即某一区域最终消费支出较上一年的增长率。

（6）财政支出增速（Fiscal Expenditure），即某一区域财政支出较上一年的增长率。

（7）价格指数（Price Index），即某一区域居民消费价格指数较上一年的增长率。

（8）金融机构本外币存款余额增速（FI Deposit），即金融机构本外币存款余额较上一年的增长率。

（9）直接融资比例变化率（Direct Financing），即某一区域非金融机构部门股票和债券融资占社会融资总量的比例（直接融资比例）减去该地区上一年直接融资比例。

将直接融资比例变化率加入控制变量的理由是，资本市场融资在社会融资总量中的占比日益增大，对于经济发展的影响日益显著。随着中国经济的高速发展，资本市场融资规模日益扩大，直接融资占社会融资总量的比例在“十五”期末为5%，在“十一五”期末为10%，金融行业“十二五”规划中预计到“十二五”期末直接融资占社会融资总量的比例将达到15%。非金融企业通过发行债券和股票进行融资，对银行贷款具有一定的替代作用，因此有必要将资本市场融资相关指标加入本文的控制变量。

（三）模型构建

以各区域GDP增速作为因变量，以存贷比、滞后一年的存贷比、滞后两年的存贷比作为银行信贷调配的代理变量，以直接融资比例变化率为资本市场发展的代理变量，以其他变量作为控制变量。其他变量包括金融机构存款增速、GDP增速滞后项、总人口增速、人均可支配收入增速、固定资产投资增速及其滞后项、最终消费支出增速、财政支出增速、价格指数等。

非观测效应模型如下：

$$\begin{aligned} GDP_{i,t} = {} & \beta_0 + \beta_1 LDR_{i,t} + \beta_2 LDR_{i,t-1} + \beta_3 LDR_{i,t-2} + \beta_4 \text{Direct Financing}_{i,t} + \\ & \beta \text{Others} + \alpha_i + \varepsilon_{i,t} \end{aligned} \quad (1)$$

其中 α_i 为非观测效应项，βOthers 构成如下：

$$\beta Others = \beta_5 FI\ Deposit_{i,t} + \beta_6 GDP_{i,t-1} + \beta_7 Population_{i,t} + \beta_8 Disposable\ Income_{i,t} + \beta_9 Fixed\ Assets\ Investments_{i,t} + \beta_{10} Fixed\ Assets\ Investments_{i,t-1} + \beta_{11} Final\ Consumption_{i,t} + \beta_{12} Fiscal\ Expenditure_{i,t} + \beta_{13} Price\ Index_{i,t} \quad (2)$$

存贷比及其滞后项代表了银行信贷调配对某一区域的倾斜程度,其值越大,表示该区域获得银行信贷的支持越大。保持其他因素不变,如果银行信贷调配确实起到了促进区域经济发展的作用,那么存贷比及其滞后项值较大区域的GDP增速也应当较快,存贷比及其滞后项分别与GDP增速的回归系数应当均显著为正;如果银行信贷调配确实起到促进区域第一产业、第二产业、第三产业经济增长的作用,那么存贷比及其滞后项分别与区域第一产业、第二产业、第三产业GDP增速的回归系数应当均显著为正。

四、实证结果及分析

(一)描述性统计

表1提供了样本数据的描述性统计。在所选取的时间段内区域GDP平均增速达到12.61%,区域平均存款余额增速达19.36%,即经济总量与银行存款规模均迅速扩大。表2提供了存贷比分年度的描述性统计。由表2可知,2002—2011年,存贷比整体呈现逐渐下降的趋势,平均值从2002年的80%降至2011年的69%。值得注意的是,虽然同期GDP增速和存款余额增速均超过10%,但是存贷比却没有上升,反而下降了。表3提供了直接融资比例变化率的分年度描述性统计。由表3可知,直接融资比例变化率在2004—2007年、2010年和2011年呈现正向增长,尤其在2006年、2007年、2010年增幅较大。

表1　2002—2011年31个区域相关指标增长率的描述性统计

Panel A						
指标名称	GDP	第一产业GDP	第二产业GDP	第三产业GDP	总人口	人均可支配收入
平均值	12.61%	4.71%	15.28%	12.05%	0.81%	11.74%
标准差	2.17%	2.72%	3.96%	2.20%	2.05%	4.95%
最小值	5.40%	-8.90%	0.80%	5.70%	-10.38%	0.47%
最大值	23.80%	15.60%	34.90%	22.00%	17.03%	30.40%
观测数	310	310	310	310	310	310

（续表）

Panel B						
指标名称	固定资产投资	最终消费支出	财政支出	消费品价格指数	存款余额	直接融资比例变化率
平均值	22. 64%	15. 66%	22. 49%	2. 74%	19. 36%	1. 22%
标准差	10. 21%	8. 35%	8. 69%	2. 40%	6. 09%	8. 74%
最小值	-10. 77%	-18. 81%	-8. 27%	-2. 30%	-4. 49%	-30. 20%
最大值	68. 40%	68. 14%	67. 63%	10. 10%	46. 45%	39. 70%
观测数	310	310	310	310	310	310

注：直接融资比例变化率为当年直接融资比例减去上一年直接融资比例。GDP 和三大产业 GDP 增长率数据来自国家统计局公布的 GDP 指数。其他指标均为笔者根据国家统计局和中国人民银行相关数据计算的年化增长率。

表 2　2002—2011 年间 31 个区域存贷比的分年度描述性统计

年份	2002	2003	2004	2005	2006	2007	2008	2009	2010	2011
平均值	80%	80%	77%	70%	69%	69%	65%	67%	68%	69%
标准差	12%	11%	10%	10%	11%	12%	13%	14%	14%	14%
最小值	43%	45%	46%	39%	37%	35%	26%	24%	23%	25%
最大值	106%	105%	103%	87%	87%	93%	88%	93%	93%	96%
观测数	31	31	31	31	31	31	31	31	31	31

表 3　2002—2011 年间 31 个区域直接融资比例变化率的分年度描述性统计

年份	2002	2003	2004	2005	2006	2007	2008	2009	2010	2011
平均值	-3%	-1%	1%	2%	5%	7%	-6%	-2%	8%	2%
标准差	6%	3%	5%	8%	12%	10%	8%	6%	8%	7%
最小值	-20%	-11%	-9%	-9%	-15%	-21%	-30%	-13%	-12%	-27%
最大值	11%	4%	17%	28%	40%	31%	3%	15%	39%	15%
观测数	31	31	31	31	31	31	31	31	31	31

(二)面板数据回归结果

1. 以区域 GDP 增速为因变量

本文将 2002—2011 年、2002—2006 年和 2007—2011 年三个时间段内区域经济增长、银行信贷调配、资本市场发展和控制变量面板数据分别运用固定效应模型、随机效应模型和混合 OLS 模型进行回归,并运用 Hausman 检验和 Breusch-Pagan 检验(B-P 检验)选择最恰当的模型。①

表 4 列出了面板回归结果。根据 Hausman 检验和 B-P 检验结果,只有回归 I 应当运用随机效应模型,其他回归均应运用固定效应模型。运用 2002—2011 年数据进行回归,存贷比、滞后一年的存贷比和滞后两年的存贷比在 90% 的水平上均不显著。运用 2002—2006 年数据进行回归,存贷比、滞后一年的存贷比和滞后两年的存贷比在 90% 的水平上均不显著。运用 2007—2011 年数据进行回归,存贷比、滞后一年的存贷比和滞后两年的存贷比分别在 95%、90% 和 95% 的水平上显著。实证结果表明,2007—2011 年,银行信贷调配与区域经济增长呈现显著正向相关关系。

银行信贷调配与区域经济增长的正向相关在 2002—2006 年并不显著而在 2007 年之后显著,一个可能的解释是,在 2007 年之前,国内金融体系运行效率尚有待提高,银行信贷调配对区域经济增长的促进作用尚未明显发挥出来;在 2007 年之后,金融改革的效果逐渐凸显,国内金融体系运行效率提高并在国际金融危机后依然保持稳定,银行信贷调配对区域增长的促进作用便显现了出来。

根据 Jia(2009)的研究,改革使得国有银行在贷款决策方面更加谨慎。这种更加审慎的经营决策可能使得存贷比呈现下降趋势。由表 2 可见,区域存贷比平均值从 2002—2006 年间的 75% 下降至 2007—2011 年间的 68%,验证了金融改革对存贷比的影响,并为上述金融改革使得银行信贷对区域经济增长的促进作用变得显著的解释提供了佐证。

如果金融危机使得政府推出经济刺激计划进而带来信贷总量扩张,致使银行信贷调配对区域经济增长的促进作用变得显著,那么在金融危机后信贷总量增速应当与区域经济增长正相关。然而表 4 显示,金融机构存款余额增速与区域经济增长的回归系数在 2002—2006 年显著为正,在 2007—2011 年反而变得不显著,这说明金融危机后的经济刺激计划带来的信贷扩张可能不是银行信贷调配与区域经济增长正向相关关系变得显著的原因。

---

① 限于篇幅,本文没有列示 Hausman 检验和 B-P 检验结果,而直接报告了根据两项检验选择的模型及其回归结果。

表 4　以区域 GDP 增速为因变量的回归结果

编号	A	B	C	D	E	F	G	H	I
时间段	2002—2011 年			2002—2006 年			2007—2011 年		
模型类型	FE	FE	FE	FE	FE	FE	FE	FE	RE
（常量）	0.039 ***	0.049 ***	0.062 ***	0.073 ***	0.086 ***	0.086 ***	-0.001	0.042	0.011
	(2.61)	(3.69)	(4.73)	(3.48)	(4.25)	(3.81)	(-0.01)	(1.02)	(0.79)
LDR	0.024			-0.016			0.153 **		
	(1.62)			(-0.87)			(1.99)		
LDR -1		0.012			-0.029			0.112 *	
		(0.95)			(-1.59)			(1.79)	
LDR -2			-0.001			-0.031			0.026 **
			(-0.11)			(-1.41)			(2.15)
Direct Financing	0.025 **	0.024 **	0.023 **	-0.007	-0.008	-0.009	0.031 **	0.032 **	0.041 ***
	(2.47)	(2.40)	(2.32)	(-0.63)	(-1.59)	(-0.79)	(2.09)	(2.14)	(2.67)
GDP -1	0.342 ***	0.338 ***	0.336 ***	0.310 ***	0.288 ***	0.304 ***	0.045	0.044	0.451 ***
	(6.02)	(5.93)	(5.88)	(3.66)	(3.50)	(3.81)	(0.46)	(0.44)	(6.14)
Population	0.013	0.015	0.013	-0.008	-0.013	-0.003	0.024	0.011	-0.015
	(0.27)	(0.30)	(0.26)	(-0.16)	(-0.25)	(-0.06)	(0.29)	(0.13)	(-0.23)
Disposable	0.069 **	0.071 **	0.064 **	0.069 **	0.068 **	0.072 **	-0.005	0.010	0.127 ***
Income Per Capita	(2.43)	(2.43)	(2.17)	(2.24)	(2.22)	(2.33)	(-0.09)	(0.19)	(2.73)

（续表）

编号	A	B	C	D	E	F	G	H	I
时间段	2002—2011 年			2002—2006 年			2007—2011 年		
Fixed Assets Investments	0.037 ***	0.037 ***	0.038 ***	0.047 ***	0.042 ***	0.043 ***	0.014	0.011	0.018
	(3.99)	(3.98)	(4.03)	(3.53)	(3.07)	(3.19)	(1.00)	(0.82)	(1.40)
Fixed Assets Investments - 1	0.030 ***	0.030 ***	0.029 ***	0.020	0.022	0.021	0.014	0.018	0.027 **
	(3.13)	(3.09)	(2.94)	(1.33)	(1.45)	(1.39)	(1.00)	(1.28)	(2.13)
Final Consumption	0.016	0.011	0.016	-0.019 *	-0.018 *	-0.017 *	0.046 **	0.046 **	0.068 ***
	(1.46)	(1.42)	(1.46)	(-1.90)	(-1.74)	(-1.70)	(2.21)	(2.19)	(3.29)
Fiscal Expenditure	-0.008	-0.010	-0.012	-0.002	-0.003	-0.001	-0.027	-0.025	-0.009
	(-0.68)	(-0.84)	(-0.99)	(-0.19)	(-0.24)	(-0.07)	(-1.24)	(1.15)	(-0.44)
Price Index	-0.024	-0.038	-0.042	0.140 **	0.161 **	0.127 *	0.133	-0.039	-0.152 *
	(-0.43)	(-0.70)	(-0.75)	(1.98)	(2.24)	(1.82)	(1.19)	(-0.43)	(-1.84)
FI Deposit	0.023	0.017	0.013	0.036 *	0.039 **	0.041 **	0.038	-0.013	0.044
	(1.36)	(1.10)	(0.79)	(1.93)	(2.13)	(2.18)	(0.99)	(-0.40)	(1.52)
综合 R^2	0.554	0.551	0.536	0.704	0.677	0.681	0.184	0.182	0.468
观测数	310	310	310	155	155	155	155	155	155

注：表中括号内的数字为 t 值；*、**、*** 分别表示显著性水平为 10%、5% 和 1%；FE 为固定效应模型，RE 为随机效应模型。

2. 以分产业的区域GDP增速为因变量

本文进一步将2007—2011年间的区域经济增长细分为三大产业经济增长，并以银行信贷调配、资本市场发展和控制变量作为自变量进行面板回归。①

表5列出了2002—2006年的面板回归结果。根据Hausman检验和B-P检验结果，回归J至回归R均选择固定效应模型。实证结果显示，存贷比、滞后一年的存贷比和滞后两年的存贷比与区域三大产业GDP增速的相关关系均不显著。

表6列出了面板回归结果。根据Hausman检验和B-P检验结果，只有回归Y和回归Z应当选择固定效应模型，其他回归均应当选择随机效应模型。从中可见，2007—2011年，滞后一年的存贷比、滞后两年的存贷比与区域第一产业和第三产业GDP增速的相关关系均不显著；存贷比、滞后一年的存贷比和滞后两年的存贷比与区域第二产业GDP增速的正向相关关系分别在95%、95%和90%的水平上显著。实证结果表明，2007—2011年，银行信贷调配与区域第二产业经济增长呈显著正向相关关系。

银行信贷调配对区域第二产业经济增长的促进作用逐渐显著，而对区域第一产业和第三产业经济增长的促进作用尚不显著。一个可能的解释是，金融改革使得商业银行服务于工业企业的能力和效率有了显著的提升。然而，商业银行对农业和服务业的金融服务效率仍有待提升，仍需要进一步的金融改革。

（三）稳健性检验

为了控制变量间潜在的反向因果关系，本文进一步运用广义矩估计模型对上述面板数据进行回归（Arellano et al.，1991），检验结果表明，2002—2006年，存贷比及其滞后项分别与区域GDP增速和区域第二产业GDP增速的回归结果均不显著。2007—2011年，滞后两年的存贷比与区域GDP增速的正向相关关系在95%的水平上显著；滞后一年和滞后两年的存贷比与区域第二产业GDP增速的正向相关关系均在90%的水平上显著。虽然存贷比及其滞后项的回归系数在统计上的显著性有所下降，但是并未从实质上改变本文的结论。

① 与上一部分相同，此处分别运用固定效应模型、随机效应模型和混合OLS模型进行回归，并运用Hausman检验和B-P检验选择最恰当的模型。限于篇幅，本文没有列示Hausman检验和B-P检验结果，而直接报告了根据两项检验选择的模型及其回归结果。

表 5 以分产业的区域 GDP 增速为因变量的回归结果(2002—2006 年)

编号	J	K	L	M	N	O	P	Q	R
自变量	区域第一产业 GDP 增速			区域第二产业 GDP 增速			区域第三产业 GDP 增速		
模型类型	FE	FE	FE	FE	FE	FE	FE	FE	FE
(常量)	-0.054	-0.040	-0.006	0.007	0.007	0.006	0.097	0.090	0.263 ***
	(-1.32)	(-0.99)	(-0.11)	(0.27)	(0.28)	(0.24)	(0.83)	(1.09)	(3.71)
LDR	0.079 *			-0.035			0.127		
	(1.79)			(-0.85)			(0.81)		
LDR-1		0.064			-0.038			0.164	
		(1.45)			(-0.92)			(1.30)	
LDR-2			0.025			-0.045			-0.105
			(0.43)			(-0.88)			(-1.13)
Direct Financing	-0.020	-0.024	-0.029	0.007	0.007	0.006	0.035	0.035	0.031
	(-0.68)	(-0.81)	(-0.97)	(0.27)	(0.28)	(0.24)	(1.17)	(1.18)	(1.04)
GDP-1	-0.016	-0.030	-0.036	0.169 *	0.166 *	0.177 *	-0.170 *	-0.182 *	-0.142
	(-0.18)	(-0.33)	(-0.39)	(1.77)	(1.73)	(1.90)	(-1.72)	(-1.83)	(-1.42)
Population	-0.065	-0.050	-0.059	0.029	0.021	0.034	0.033	0.014	0.037
	(-0.47)	(-0.36)	(-0.42)	(0.24)	(0.17)	(0.27)	(0.20)	(0.08)	(0.22)

（续表）

编号	J	K	L	M	N	O	P	Q	R
自变量	区域第一产业 GDP 增速			区域第二产业 GDP 增速			区域第三产业 GDP 增速		
模型类型	FE	FE	FE	FE	FE	FE	FE	FE	FE
Disposable Income Per Capita	0.396 ***	0.390 ***	0.377 ***	-0.043	-0.042	-0.039	0.061	0.070	0.049
	(4.69)	(4.61)	(4.44)	(-0.57)	(-0.57)	(-0.52)	(0.56)	(0.67)	(0.46)
Fixed Assets Investments	0.021	0.026	0.019	0.063 **	0.058 *	0.059 *	0.004	0.004	-0.003
	(0.61)	(0.77)	(0.54)	(2.00)	(1.80)	(1.85)	(0.13)	(0.13)	(-0.10)
Fixed Assets Investments - 1	0.000	-0.003	-0.009	0.053	0.054	0.053	0.017	0.022	0.013
	(0.01)	(-0.09)	(-0.26)	(1.59)	(1.63)	(1.61)	(0.60)	(0.80)	(0.48)
Final Consumption	-0.062 **	-0.065 **	-0.064 **	-0.076 ***	-0.074 ***	-0.074 ***	0.075 *	0.069	0.084 **
	(-2.41)	(-2.48)	(-2.43)	(-3.20)	(-3.13)	(-3.09)	(1.76)	(1.63)	(2.03)
Fiscal Expenditure	0.049	0.038	0.0285	0.025	0.028	0.030	-0.066	-0.068	-0.047
	(1.50)	(1.22)	(0.92)	(0.85)	(1.00)	(1.11)	(-1.48)	(-1.52)	(-1.02)
Price Index	-0.201	-0.230	-0.170	0.358 **	0.380 **	0.331 **	-0.019	-0.187	-0.136
	(-1.09)	(-1.22)	(-0.91)	(2.07)	(2.14)	(1.93)	(-0.08)	(-1.00)	(-0.75)
FI Deposit	0.048	0.039	0.040	0.102 **	0.108 **	0.110 **	-0.064	-0.111 *	-0.113 *
	(0.96)	(0.78)	(0.80)	(2.29)	(2.39)	(2.41)	(-0.81)	(-1.72)	(-1.73)
综合 R^2	0.126	0.138	0.132	0.504	0.500	0.498	0.027	0.026	0.027
观测数	155	155	155	155	155	155	155	155	155

注：表中括号内的数字为 t 值；*、**、*** 分别表示显著性水平为 10%、5% 和 1%；FE 为固定效应模型，RE 为随机效应模型。

表 6　以分产业的区域 GDP 增速为因变量的回归结果(2007—2011 年)

编号	S	T	U	V	W	X	Y	Z	AA
自变量	区域第一产业 GDP 增速			区域第二产业 GDP 增速			区域第三产业 GDP 增速		
模型类型	RE	RE	RE	RE	RE	RE	FE	FE	RE
(常量)	0.009 (0.74)	-0.003 (-0.23)	0.000 (0.00)	-0.014 (-0.13)	-0.001 (-0.06)	0.004 (-0.14)	-0.071 (-1.05)	0.021 (0.44)	0.033 (1.98) **
LDR	0.009 (0.74)			0.056 ** (2.48)			0.201 ** (2.25)		
LDR - 1		0.008 (0.64)			0.054 ** (2.28)			0.088 (1.21)	
LDR - 2			0.002 (0.18)			0.046 * (1.82)			0.006 (0.42)
Direct Financing	-0.012 (-0.70)	-0.012 (-0.69)	-0.012 (-0.68)	0.050 (1.56)	0.052 (1.60)	0.054 (1.65) *	0.040 ** (2.31)	0.041 ** (2.35)	0.035 ** (2.02)
GDP - 1	0.192 *** (2.68)	0.193 *** (2.70)	0.196 *** (2.74)	0.302 *** (3.66)	0.303 *** (3.65)	0.310 *** (3.70)	0.142 (-1.54)	0.148 (1.59)	0.434 *** (5.91)
Population	-0.244 *** (-3.19)	-0.245 *** (-3.20) ***	-0.247 *** (-3.22) ***	-0.179 (-1.29)	-0.186 (-1.34)	-0.185 (-1.32)	0.086 (0.90)	0.075 (0.77)	0.040 (0.55)

（续表）

编号	S	T	U	V	W	X	Y	Z	AA
自变量	区域第一产业 GDP 增速			区域第二产业 GDP 增速			区域第三产业 GDP 增速		
模型类型	RE	RE	RE	RE	RE	RE	FE	FE	RE
Disposable	0.087	0.088	0.089 *	0.285 ***	0.287 ***	0.296 ***	-0.121 *	-0.098	-0.006
Income Per Capita	(1.63)	(1.64)	(1.65)	(2.86)	(2.87)	(2.93)	(-1.93)	(-1.57)	(-0.11)
Fixed Assets Investments	0.036 **	0.036 **	0.037 **	0.015	0.015	0.017	0.034 **	0.029 *	0.031 **
	(2.38)	(2.39)	(2.44)	(0.54)	(0.54)	(0.59)	(2.11)	(1.80)	(2.11)
Fixed Assets Investments - 1	-0.000	0.000	0.000	0.066 **	0.068 **	0.068 **	0.011	0.014	0.005
	(-0.02)	(0.01)	(0.02)	(2.42)	(2.50)	(2.49)	(0.69)	(0.86)	(0.37)
Final Consumption	-0.110	-0.011	-0.012	0.100 **	0.099 **	0.098 **	0.038	0.043 *	0.052 **
	(-0.46)	(-0.48)	(-0.52)	(2.30)	(2.26)	(2.22)	(1.58)	(1.73)	(2.25)
Fiscal Expenditure	0.017	0.017	0.017	-0.026	-0.023	-0.028	0.024	0.030	0.032
	(0.65)	(0.67)	(0.66)	(-0.55)	(-0.49)	(-0.59)	(0.95)	(1.16)	(1.30)
Price Index	0.088	0.080	0.085	-0.365 **	-0.421 **	-0.399 **	0.341 ***	0.137	0.014
	(0.91)	(0.82)	(0.87)	(-2.07)	(-2.38)	(-2.24)	(2.67)	(1.26)	(0.15)
FI Deposit	0.052	0.050	0.050	0.077	0.062	0.065	0.097 *	0.032	0.027
	(1.52)	(1.46)	(1.46)	(1.22)	(0.99)	(1.03)	(2.13) **	(0.86)	(0.82)
综合 R^2	0.295	0.294	0.291	0.358	0.354	0.346	0.041	0.110	0.306
观测数	155	155	155	155	155	155	155	155	155

注：表中括号内的数字为 t 值；*、**、*** 分别表示显著性水平为 10%、5% 和 1%；FE 为固定效应模型，RE 为随机效应模型。

表 7　以区域 GDP 增速和以区域第二产业 GDP 增速为因变量的广义矩估计回归结果(2002—2006 年)

编号	AB	AC	AD	AE	AF	AG
自变量	区域 GDP 增速			区域第二产业 GDP 增速		
模型类型	Arellano-Bond GMM					
LDR	-0.032 (-0.38)			0.029 (0.10)		
LDR-1		0.025 (0.15)			0.481 (1.02)	
LDR-2			0.023 (0.46)			0.072 (0.69)
Direct Financing	-0.018 (-1.55)	-0.019 (-1.38)	-0.018 (-1.53)	-0.016 (-0.57)	-0.004 (-0.13)	-0.015 (-0.52)
GDP-1	0.342 (1.43)	0.543 * (1.71)	0.408 (1.58)	0.099 (0.26)	-0.114 (-0.22)	0.074 (0.19)
Population	-0.074 (-1.36)	-0.081 (-1.46)	-0.080 (-1.50)	-0.063 (-0.43)	-0.097 (-0.57)	-0.063 (-0.45)
Disposable Income Per Capita	-0.021 (-0.60)	-0.029 (-0.75)	-0.023 (-0.66)	-0.094 (-0.81)	-0.108 (-0.87)	-0.093 (-0.84)
Fixed Assets Investments	0.073 *** (3.50)	0.082 *** (2.62)	0.079 *** (4.62)	0.075 (1.29)	0.099 * (1.73)	0.077 ** (2.22)
Fixed Assets Investments-1	0.003 (1.52)	0.002 (1.09)	0.002 (1.24)	0.004 (0.93)	-0.001 (-0.14)	0.004 (0.97)
Final Consumption	-0.009 (-0.70)	-0.008 (-0.66)	-0.009 (-0.75)	-0.0495 (-1.44)	-0.030 (-0.76)	-0.049 (-1.26)
Fiscal Expenditure	0.015 (1.09)	0.020 (1.15)	0.018 (1.20)	0.090 (1.28)	0.093 (1.21)	0.092 (1.40)
Price Index	0.098 (0.38)	0.109 (0.36)	0.105 (0.41)	0.579 (1.09)	0.181 (0.29)	0.464 (0.93)

（续表）

编号	AB	AC	AD	AE	AF	AG
FI Deposit	0. 115 *** (2. 92)	0. 111 *** (2. 84)	0. 118 *** (3. 30)	0. 194 ** (2. 05)	0. 103 (1. 32)	0. 204 *** (2. 59)
观测数	155	155	155	155	155	155

注：表中括号内的数字为 t 值；*、**、*** 分别表示显著性水平为 10%、5% 和 1%。

表 8　以区域 GDP 增速和以区域第二产业 GDP 增速为因变量的广义矩估计回归结果(2007—2011 年)

编号	AH	AI	AJ	AK	AL	AM
自变量	区域 GDP 增速			区域第二产业 GDP 增速		
模型类型	Arellano – Bond GMM					
LDR	0. 069 (0. 06)			0. 017 (0. 12)		
LDR – 1		0. 040 (0. 90)			0. 158 * (1. 75)	
LDR – 2			0. 144 ** (2. 11)			0. 095 * (1. 68)
Direct Financing	– 0. 014 (– 1. 31)	– 0. 014 (– 0. 73)	– 0. 014 (– 1. 38)	– 0. 042 ** (– 2. 41)	– 0. 039 ** (– 2. 33)	– 0. 042 *** (– 2. 72)
GDP – 1	0. 200 *** (2. 78)	0. 214 *** (3. 20)	0. 199 ** (2. 15)	0. 113 (1. 09)	0. 104 (0. 98)	0. 121 (1. 21)
Population	0. 025 (0. 05)	0. 004 (0. 01)	0. 011 (0. 22)	– 0. 093 (– 0. 58)	– 0. 093 (– 0. 62)	– 0. 101 (– 0. 67)
Disposable Income Per Capita	0. 050 (0. 93)	0. 050 (0. 91)	0. 042 (0. 74)	0. 064 (0. 54)	0. 044 (0. 38)	0. 066 (0. 55)
Fixed Assets Investments	– 0. 008 (– 0. 70)	– 0. 007 (– 0. 73)	– 0. 009 (– 0. 74)	– 0. 031 (– 0. 91)	– 0. 033 (– 1. 00)	– 0. 031 (– 0. 94)
Fixed Assets Investments – 1	– 0. 001 ** (– 2. 00)	– 0. 001 ** (– 1. 99)	– 0. 001 * (– 1. 73)	– 0. 001 * (– 1. 66)	0. 003 (1. 58)	– 0. 001 (– 1. 16)

（续表）

编号	AH	AI	AJ	AK	AL	AM
Final Consumption	0.026 *** (2.71)	0.026 *** (2.78)	0.033 *** (3.21)	0.019 (0.23)	0.018 (0.80)	0.024 (1.01)
Fiscal Expenditure	-0.005 (-0.19)	-0.005 (-0.19)	0.002 (0.07)	-0.023 (-0.52)	-0.030 (-0.66)	-0.016 (-0.38)
Price Index	-0.027 (-0.14)	-0.029 (-0.15)	0.053 (0.30)	0.145 (0.30)	0.151 (0.32)	0.180 (0.37)
FI Deposit	0.088 ** (2.01)	0.087 ** (2.21)	0.075 * (1.87)	0.019 (0.23)	0.021 (0.31)	0.012 (0.17)
观测数	155	155	155	155	155	155

注：表中括号内的数字为 t 值；*、**、*** 分别表示显著性水平为 10%、5% 和 1%。

五、结论与政策建议

本文对银行信贷调配与区域经济发展的关系进行了实证分析，将 2002—2011 年分成了 2002—2006 年（“国际金融危机前”和“国内金融改革前”）以及 2007—2011 年（“国际金融危机后”和“国内金融改革后”）两个时间段，发现在 2002—2006 年，银行信贷调配与区域经济发展的关系并不显著；但是在 2007—2011 年，银行信贷调配与区域经济发展存在显著的正向相关关系。进一步，在 2002—2006 年，银行信贷调配与区域三大产业经济增长的关系均不显著；在 2007—2011 年，银行信贷调配与区域第二产业经济增长存在显著的正向相关关系，与区域第一产业和第三产业经济增长关系并不显著。

与 2007 年之后欧美金融过度发展而引发国际金融危机不同，在此期间，中国的银行信贷对于区域经济发展的促进作用逐渐显现出来，一个可能的解释是金融改革提高了金融体系的效率并维护了金融稳定。基于上述实证结果，本文提出如下政策建议：

首先，应当进一步推进金融改革，提升金融支持第一产业与第三产业发展的效率和能力。本文发现银行信贷调配与区域经济发展的关系逐渐显著，可能的解释是金融立法、监管改革、国有银行股份制改革等金融改革取得了较好的效果，并帮助国内金融业和实体经济成功抵御了全球金融危机带来的冲击。根据本文的实证结果，银行信贷对实体经济的促进作用主要体现在工业方面，对农业和服务业发展的促进作用尚未充分体现。因此，应当进一步推进金融改革，帮助中国实现经济升级和产业结构调整。

其次，应当合理调配信贷资源，缓解区域经济发展不平衡。根据本文的实证结果，在2007年之后，存贷比较高的地区经济增长速度也相应较快，那么，结合国家区域发展战略，将更多的信贷资源调配至经济基础较薄弱的地区，可能有助于促进这些地区的经济增长，缩小其与发达地区的差距。

最后，商业银行应当坚持金融服务于实体经济的原则，通过信贷资源的合理调配，促进实体经济的健康发展。商业银行应当进一步完善信贷资源跨区域调配，充分盘活信贷存量，用好信贷增量，并通过优化信贷区域调配和行业调配，提高信贷投放效率，最大限度地发挥信贷调配对经济增长的促进作用。

参考文献

[1]曹凤岐，《货币金融管理学》，北京大学出版社，2008。

[2]国家统计局，《中国统计年鉴》，中国统计出版社，2001—2012。

[3]江春、苏志伟，“金融发展如何促进经济增长——一个文献综述”，《金融研究》，2013年第9期。

[4]麦金农著，卢骢译，《经济发展中的货币与资本》，上海三联书店，1988。

[5]谈儒勇，“中国金融发展和经济增长关系的实证研究”，《经济研究》，1999年第9期。

[6]武志，“金融发展与经济增长：来自中国的经验分析”，《金融研究》，2010年第5期。

[7]熊彼特著，何畏、易家详等译，《经济发展理论》（中译本），商务印书馆，1991。

[8]谢平，“中国金融资产结构分析”，《经济研究》，1992年第11期。

[9]易纲，“中国金融资产结构分析及政策含义”，《经济研究》，1996年第12期。

[10]中国人民银行，《中国金融年鉴》，中国金融年鉴杂志社，1999—2011。

[11]中国人民银行，《中国区域金融运行报告》，中国人民银行网站，2007—2011。

[12]中国人民银行、中国银监会、中国证监会、中国保监会、国家外汇管理局，《金融业改革和发展“十二五”规划》，2012。

[13]Allen, F. and E. Carletti, “The Global Financial Crisis: Causes and Consequences”, University of Pennsylvania Working Paper, 2009.

[14]Arellano, M. and S. Bond, “Some Tests of Specification for Panel Data: Monte Carlo Evidence and an Application to Employment Equations”, *The Review of Economic Studies*, 1991(58).

[15]Cameron, B. et al., *Banking in the Early Stage of Industrialization: A Study in Comparative Economic History*, Oxford University Press, 1967.

[16]Chang, P. C., Chunxin Jia, and Zhicheng Wang, “Bank Fund Reallocation and Economic Growth: Evidence from China”, *Journal of Banking and Finance*, 2010(34).

[17]Demirgüc - Kunt, A. and R. Levine, “Stock Market Development and Financial Intermediaries: Stylized Facts”, *World Bank Economic Review*, 1996, 10(2).

[18] Goldsmith, R. W., *Financial Structure and Development*, Yale University Press, 1969.

[19] Jia, C., "The Effect of Ownership on the Prudential Behavior of Banks: The Case of China", *Journal of Banking and Finance*, 2009(33).

[20] King, R. G. and R. Levine, "Finance and Growth: Schumpeter Might Be Right", *Quarterly Journal of Economics*, 1993, 108(3).

[21] Haber, S. H., "Industrial Concentration and the Capital Markets: A Comparative Study of Brazil, Mexico, and the United States, 1830—1930", *Journal of Economic History*, 1991, 51(3).

[22] Levine, R. and S. Zervos, "Stock Markets, Banks, and Economic Growth", World Bank Policy Research Working Paper, No. 1690, 1996.

[23] Lucas, R. E., Jr., "On the Mechanics of Economic Development", *Journal of Monetary Economics*, 1988, 22(1).

[24] Rajan R. G. and L. Zingales, "Financial Dependence and Growth", *American Economic Review*, 1998, 88(3).

[25] Robinson, J., "The Generalization of the General Theory", in *The Rate of Interest, and Other Essays*, Macmillan, 1952.

[26] Yi, Gang, "The Monetization Process in China During the Economic Reform", *China Economic Review*, 1991, Spring.

（本文刊载于《金融研究》,2014 年第 6 期,与杨乐合著）

第二篇 货币理论与货币政策

论“转轨型”通货膨胀的治理

（1995年5月）

一、改革开放以来的通货膨胀属“转轨型”通货膨胀

中国改革开放以来，通货膨胀的压力一直很大。从1978年到1994年16年间已有四次明显的通货膨胀，而且呈现一浪高过一浪的态势。对于通货膨胀问题，国内外理论界见仁见智，提出了不同的解释和治理方案，这些解释和治理方案有些已被实践证明是由表及里，有些仍在争论之中。

我们认为，首先要分析清楚改革开放以来通货膨胀的性质、特点，才能制订出既治标又治本的治理方案。

传统的观点认为，通货膨胀从成因来看，可分为需求拉动型通货膨胀、成本推动型通货膨胀和结构型通货膨胀，以及混合型通货膨胀。用上述成因解释中国的通货膨胀，并未找出最根本的成因。

我们认为，改革开放以来中国出现的通货膨胀是一种体制“转轨型”通货膨胀，即从计划经济向市场经济转化中各种矛盾冲突而造成的通货膨胀。最根本的原因是旧体制下积累的货币、物价、投资、消费的矛盾，在体制转换时期爆发出来了。在计划经济下，并不是不存在通货膨胀，而是存在“压抑性”通货膨胀，或称隐蔽型通货膨胀。由于物价严格控制，流通中货币过多，因此并不从物价上涨中反映出来，而表现为票证供应、物资短缺、有价无货、货币流通速度减缓等。改革开放后，由于物价逐步放开，通货膨胀从隐蔽型变为公开型，人们对通货膨胀的敏感度提高了。在新、旧体制转轨时期，由于新、旧体制的摩擦，一些矛盾激化了；计划经济体制受到了冲击，而以市场调控资源为主的新的调控体系尚未建立起来，因此宏观调控不力；市场调配资源因素和比例增大，而企业改革却有所滞后，“政企不分”“吃大锅饭”、效益不高现象依然存在，自我调节能力很差，不能适应市场；产品结构和产业结构不合理，资金短缺；某些必需产品仍供不应求，而价格却基本放开；初级产品价格提高，而加工业自我消化能力却很差；投资规模不断扩大，而效益却上不去；工资、奖金和其他收入增长快速，劳动生产率却提高缓慢；财政收入增长缓慢，而财政支出刚性却很大。因此，中国改革过程中频繁出现的通货膨胀并不是偶然的，而是旧体制下通货膨胀的继续，是新、旧体制交替过程中深层次矛盾的反映。因此，我们称之为“转轨型”通货膨胀。

目前,中国的通货膨胀有以下特点:

(1)由隐蔽型、压抑型通货膨胀变为公开的、典型的通货膨胀,通货膨胀率有升高趋势,如1979年通货膨胀物价指数为6%,1984年为8.8%,1989年为18.7%,1994年为21.7%。

(2)随着经济的快速发展,通货膨胀有经常化、周期化迹象。

(3)一些重大改革措施的出台,对物价水平的提高产生了很大的影响。

二、经济转轨时期通货膨胀很难避免

我们反对通货膨胀,因为它会对经济发展和社会造成很大的危害。但我们必须面对现实,即中国从计划经济向市场经济转轨时期,通货膨胀是很难避免的。通货膨胀可能是经济发展和经济改革所必须付出的一种代价。

(一)中国经济必须保持一定的发展速度

中国是一个发展中国家,人口众多,只有发展经济并保持一定的发展速度才能解决所面临的各种问题。实践证明,如果经济发展速度低于7%,就会出现经济衰退、市场疲软。

中国经济处于实物经济向货币经济的过渡过程中,经济发展伴随着货币化过程,也就是发展经济需要更多的货币投入。另外,现阶段中国经济仍是一种速度型经济,是投资带动型经济,要保持经济一定的增长速度,就要保持一定的投资增长率。中国经济的快速增长很大程度上取决于投资增长。1987—1993年,投资率与经济增长率的相关系数为0.63,经济增长的60%左右依赖于投资增长。基于改革开放以来中国经济发展的实证分析,据测算,1980—1994年,GNP对货币供应量的平均弹性为0.3888,即货币供应量每增加1%,则经济增长0.3888%,几个高弹性的年份为:1985年为0.4720; 1986年为0.5219;1987年为0.4449;1993年为0.466;1994年为0.7713(计算方法为投资增长与滞后两期的GNP增长)。从这组数据可以看出,中国的货币供应对GNP有明显的推动作用。但是也应看出,高弹性的年份也是高通货膨胀的年份,这表明中国的经济增长与货币供应量的增长的关系是很密切的。

(二)价格改革引起物价上涨和通货膨胀是不可避免的

在中国,难度相当大的价格改革已取得很大的成绩。价格管理体制改革是建立市场调控体系所必需的,尽管价格的深层次改革会遇到非常大的困难,但价格体制是不能不改的。改价格本质上是调整那些过去受国家严格控制的产品价格,尤其是基础产品价格,使其接近市场供求,终由市场决定。基础价格上涨必然推动其他产品的价格上涨,使总体价格水平上升。1994年,粮食、棉花、能源、交通等价格的调整对整个物价上升的影响占70%左右。

（三）消费膨胀很难控制

旧体制是在人民较低的消费水平条件下维持的。改革以来，为了提高人民的生活水平，就要适当地把长期处于压抑状态的消费需求加以释放，但由于中国消费需求被压抑的程度很深，势能很大，在改革开放过程中，居民消费水平大大超过了国民收入和劳动生产率的提高，引起了供求矛盾和物价上涨。

由于中国传统的分配体制，不论企业是否盈利，职工的工资都具有刚性，工资的调整通常是以"普调"的形式实现的，我们称这种现象为"收入攀比效应"，收入攀比的实现使得收入分配迅速膨胀，这就使职工工资的增长速度快于劳动生产率的增长速度。

（四）企业改革滞后所导致的通货膨胀

企业改革已经经历了若干阶段，但这并不是说企业体制的根本性改革已经完成。相反，由于根深蒂固的传统思想的束缚，中国的企业改革是滞后的，这具体表现为：国有企业受到的行政干预还有很多，产权的明晰没有取得突破性的进展，企业还是没有完善的激励和约束机制，很难破产、倒闭，从而导致政府作为国有企业的投资者肩负着无限的责任，其结果必然导致国有企业的大面积亏损。1994年国有企业亏损面仍在40%以上。

亏损意味着支出大于收入，亏损企业要保持收支平衡就要相应地缩小资产占有规模。然而，企业资产有它合理的结构，企业因亏损减少的这部分流动资产得不到补充的话，所剩余的那部分资产也要成为无效资产。考虑到亏损企业资产特别是劳动力问题，我们现在不按亏损企业收支平衡的要求缩小规模、调整资产结构，而通常是通过国家银行注入资金的办法，使企业在现有规模上实现简单再生产，甚至是注入更多的信贷资金使企业扩大生产规模。对亏损企业的信贷投入特别是弥补亏损的这一部分，主要源于中国人民银行的货币发行，这样的货币发行实际上就是透支社会供给。由于国有企业是大面积亏损，而且亏损企业占有的资产有增无减，由此形成的供求缺口逐年增大，从而使通货膨胀压力愈积愈大。

在传统体制下，企业职工的生、老、病、死全由国家包下来，国家背上了沉重的包袱。在转轨时期，由于社会保障体系尚未建立，企业富余人员仍不能推到社会上去，为了保持社会稳定，国家还要提供资金来维持职工生活水平不致下降。

（五）产业结构不合理所引起的通货膨胀

产业结构不合理引起的通货膨胀表现在：

（1）对农业投入的减少使农业收成极不稳定，农副产品价格上涨，加之中国企业还不能自行消化农副产品价格上涨所带来的工业品价格提高,所以每逢农副产品价格提高和农业遇到自然灾害,农副产品价格的上升,必然导致其他商品价格的连锁反应,造成全社会范围内的物价上涨。

(2)第三产业不发达,规模偏小,导致商业企业的利润较高,且不必要的中间环节的增加,致使交易成本和中间费用上升,最终导致商品价格的大幅度上升。

(3)基础产业比较薄弱,而加工工业发展过快,产业之间存在短线制约,所以每逢加大投资力度,很快就会出现"瓶颈"效应,导致供给量向"短线"看齐,而需求量则具有即时性和刚性,所以伴随着经济增长,供求缺口会进一步加大,调整产业结构要么大力发展基础产业,要么压缩加工工业,但发展基础产业缺乏必要的资金,压缩加工工业造成利润减少、失业增加、财政收入下降,无力加大对基础产业的投入,政府处于进退维谷的境地。

(4)地区之间产业结构的不合理,造成严重的重复建设。且由于形成不了规模经济,所以宏观经济效益下降而成本增加,最终表现为把市场分割为"块块",形不成有效竞争的市场,最终导致各地方产业价格普遍上涨。

(六)劳动力因素所导致的通货膨胀

劳动力因素有两个:第一,城镇在职职工;第二,农村剩余劳动力向城市的转移。关于第一个因素我们前面已有所涉及,这里着重谈一下第二个因素。

在改革开放前的三十年里,农村长期聚集着过剩的劳动力,蕴藏着很高的向外转移的势能。改革开放使他们从土地上解放出来,于是他们就携带着生产要素向城镇的企业转移。其结果是,一方面导致了农民对土地的投入减少,使农产品的生产相对萎缩,从供给方拉开了农产品的供需缺口;另一方面促使那些见效较快的加工工业成本下降、片面发展,使原本处于短线的基础工业负荷加重,这又从需求方拉开了基础工业品的供需缺口。大批农村人口涌入城市,增加了城市负担,需要增加新的公共设施,但这需要大量的资金投入。

(七)国际化过程中的输入型通货膨胀

输入型通货膨胀受两个因素的影响:第一,进口产品的价格输入;第二,国外资金的流入。

由于中国的高关税和外国劳动力的成本因素,国外商品进入中国使国内生产同类产品厂家的价格和成本也搭车提高,再加上中国对进口数量的限制,致使本可用进口替代的低价产品在国内出现供不应求。我们把这种现象称为"输入型通货膨胀",即以输入价格因素为引子,最终导致国内市场的国内商品价格上涨。

关于外资流入我们可以从两个方面来看:第一,在固定汇率制度下,外资流入最终对基础货币产生影响，即中国人民银行为了消化外资，必须增加基础货币的供给。第二，在浮动汇率制度下，外资的大量流入会导致汇率的调整。当资本项目的顺差不能为经常项目的逆差所抵消时，在外汇市场上会出现外汇供大于求，这时本国货币会升值，致使官方国际储备增加，以人民币表现的中国人民银行资产变动也会在原汇率下更小。但由于中国外汇市场还不能进行正常的交易，所以国际储备的增加最终还是要影响到基础货币。1994 年由于汇率并轨，人民币对外大幅度贬值，外贸进出口顺差，利用外资增加，导致外汇储备猛增，从 1993 年年底的 212 亿美元增加到 1994 年年底的 516 亿美元，占压人民币资金 4 504亿元，占整个信贷资金的近 10%。有关资料表明，1994 年中国的通货膨胀率中，由外资流入解释的百分点为 5.7，占整个通货膨胀率的 26.3%。也就是说，1994 年中国的通货膨胀，如果考虑到输入效应，国际化占通货膨胀率的近三成。

综上，我们从七个方面分析了影响中国通货膨胀的因素。这些因素在改革开放这一体制转轨过程中是难以避免的，但我们还是可以在程度上加以控制。

三、在改革和发展过程中治理“转轨型”通货膨胀

由于中国正处于经济转轨时期，处于货币化过程中，通货膨胀不是一种纯粹的货币现象，而是一种经济现象，是从农村经济向市场经济过渡中的一种经济现象，成因较为复杂。因此，对这种通货膨胀不能像治理古典通货膨胀那样单纯压缩需求、严格控制物价，也不能靠紧缩货币产生效果，而必须综合治理。应以改革为动力，以发展为目标，在改革和发展过程中加以治理。

（一）以改革为动力，以发展为中心，是治理“转轨型”通货膨胀的根本途径

前面已经指出，改革开放以来所产生的通货膨胀是旧体制积累下来的问题的总爆发，是新、旧体制交替过程中矛盾的大暴露。因此，应加快改革步伐，尽量缩短新、旧体制交替的时间，为消除物价上涨和控制通货膨胀扫清道路。

政府应把发展经济作为宏观经济政策的主要目标，同时把通货膨胀控制在一定的幅度内，既保持经济的快速发展，又保持社会的稳定。应正确处理改革、发展和稳定的关系。稳定是发展的前提，只有在稳定的环境中才能改革和发展。没有改革和发展，就没有社会的根本稳定。只有经济发展了，才能改善宏观经济环境，为消除货币和经济中的不稳定因素创造条件。

政府应转变职能，改革和完善宏观调控体系，尽量减少用行政手段进行调控，更多地用经济、金融和法律手段进行调控，避免出现“一刀切”、宏观调控不力和掉入“一松就胀，一紧就死”的经济陷阱。

（二）企业改革是经济体制改革的重点，尤其要花大力气搞好国有企业的改革

在微观层次上，我们认为，国有经济效益效率低下是导致近年来的通货膨胀的关键原因之一，突出表现在国有企业上。一方面，国有企业仍然政企不分，没有成为真正的自担风险、自负盈亏的市场主体；另一方面，有效的投融资体制和风险约束机制没有建立，因而才会产生投资膨胀和信用膨胀，这是造成中国通货膨胀难以抑制的最深层原因。国有企业大面积亏损，依靠财政补贴和弥补，使财政背上了沉重的包袱。以1993年为例，国有企业明亏412.5亿元，占当年财政收入的10%左右，约为财政赤字的两倍多，为当年债务的60%多，巨大的、不断积累的财政赤字，其中很大一部分是直接或间接由中国人民银行信贷来融通的，到1994年年底，财政向中国人民银行累计借款已达1 687亿元，所以，一个基本的解决办法是分类进行国有企业改革，对于那些竞争性的、以盈利为目的的企业应以国有民营和民有民营为主。对于那些长期亏损、效益不好又没有发展前途的国有中小企业，或实施兼并，或通过破产等办法加以改革。在大中型国有企业中进行公司制改造和建立现代企业制度试点，逐步实现企业制度的转变。部分国有企业应逐步退出竞争性领域，转向基础设施、基础产业或公用事业等领域，这样不仅有利于发挥自身的长处，还可以避免行业垄断。对企业放权让利的同时，应尽快转换企业的经营机制，明确企业的产权关系，提高生产效率和效益。建立国有企业投资与融资的风险约束机制，明确企业自身作为市场主体的责任，企业贷款必须偿还，资不抵债的应该破产。只有这样，才有利于宏观的货币和财政等政策发挥作用，尽可能地消化结构性价格上升和农产品涨价，从而更好地使国有企业优胜劣汰。应以社会保障制度和产权交易市场的建立为基础，调整资产存量和配置资源，最终实现社会的公平和市场的效率。

（三）以实行中性货币政策为宜

首先，中国经济的发展与货币供应量的增长是正相关的，如果为了制止通货膨胀而实行力度较大的货币紧缩政策，其代价必然是经济衰退。在改革以来的几次波动中，以紧缩为主的通货膨胀的治理政策一般都造成了经济衰退，成本极高。而且每次的通货膨胀率下降得越快，经济衰退得也越深，1989—1991年的“市场疲软”就是一个很好的佐证，其通货膨胀率分别为17.8%、2.1%和2.9%，经济增长率却分别为4.4%、4.1%和7.7%，结果使我们不得已又重新启动市场。

其次，中国的货币需求是内生经济变量，只靠中国人民银行控制货币供应量的办法，是不能取得明显效果的。改革十几年来，我们几乎每年都提严格控制信贷规模、控制货币发行的口号，而执行结果与目标往往大相径庭，除了中

央宏观控制不力外，就在于经济发展本身和货币化过程必然导致一定的货币扩张，这一点往往为人们所忽视。

最后，中国经济与发达国家经济危机时的“有效需求不足”不同，总的来说是需求过旺，尤其是投资需求过旺。但是，必须承认，由于结构性的原因，中国存在需求过旺与资产闲置并存的状况。目前存在大量的闲置劳动力，也存在大量的资源未能充分利用，据估算，中国农村的闲置劳动力有2亿左右，城市中的劳动力也有很多是闲置的，只是他们所在的企业的资源未充分开发利用，也有很多的生产资本因企业特别是国有企业效益低下而未能充分发挥作用。据测算，中国企业的设备闲置率有近50%。我们认为，现阶段应采取中性货币政策。在控制货币总量的前提下，进行结构性的货币投放，发展金融市场，增加融资渠道，搞活资产存量，使更多的闲置劳动力与生产资源相结合，从而增加产品的有效供给。当然，在增加产品有效供给的同时，我们也必须承受一定程度的通货膨胀。

（四）大力调整产业结构和产品结构

中国的产业结构不合理，农业、交通、能源等产业成为国民经济发展的“瓶颈”产业，这也是导致通货膨胀的深层原因。农业问题必须引起足够的重视。历史证明，凡是农业好的年份，货币流通也正常；农业歉收或出问题的年份，货币流通也不正常。因此，应该加强对农业的投入，继续调整产业结构，发展农业规模经济，对农产品实行保护，严格控制支农产品的价格，增强农业后劲，缓解国民经济的供求矛盾。中国存在的物价上涨和通货膨胀不仅仅是需求问题，更重要的是供给问题，是有效供给不足。调整产业结构和产品结构实质上是为了增加有效供给。除了大力发展农业以外，继续解决交通运输、能源等国民经济“瓶颈”部门的问题，使经济走上良性循环的道路，是解决通货膨胀的最根本办法。当然，发展农业、调整产业结构必须有大量的资金投入，为了使经济结构合理，除了动员社会现存资金外，适当增加货币发行也是必要的。

（五）加快市场体系的建设

中国经济体制改革的目标是建立社会主义市场经济体制，应当说，刚刚起步的市场体系还不完善，这也是造成资源流动不畅、物价上涨的重要原因。要发展和完善商品市场、生产资料市场、信息市场、技术市场、劳动力市场、企业产权市场，尤其是加快发展金融市场，逐步发挥市场调配资源的功能。继续深入进行价格体系改革，不能认为价格基本放开了就完成了价格体系改革。目前，价格体系仍未理顺，工、农业产品剪刀差仍很大，符合市场机制的价格体系仍未建立起来。价格改革应实行调、放、管相结合的方针。这里应注意的问题是，既然绝大部分商品的价格已放开，就不要走重新控制物价的老路，而是在放开中调整各产业、产品的比价关系。另外，重大改革价格措施的出台，应考虑群众的心理和实际承受能力，避免引起物价的大幅度上升，应考虑给群众带来的损失给予补偿。

（六）加速经济国际化进程

中国经济和企业的国际化是一种趋势。在国际化的进程中，应尽快和国际价格接轨，合理利用外资，加强对短期资本流入和流出的管理与控制，保持合理的外汇储备。在这个过程中，发展外汇市场，把人民币逐步变为可兑换货币。这样就有能力控制和调整国际通货膨胀对中国经济的影响，促进中国经济稳定发展。

当然，在治理通货膨胀的过程中，不排除采取一些必要的行政手段迅速压缩需求，如严格控制投资规模、信贷规模，控制消费基金增长甚至重新抑制物价等，但这应被视为暂时措施，而且力度不能过大。因为这是治标不治本的措施，如果长期使用，负面效应是很大的。

总之，深化改革、加快发展、调整结构、增加供给是治理“转轨性”通货膨胀的战略措施。

（本文刊载于《西安金融》，1995年第5期）

中国货币政策艰难面“世”

（2002 年 1 月）

外资金融机构在我国货币政策传导机制中的作用具有较大的不确定性，货币政策传导时滞的不确定性将进一步增强，这就使得我国货币政策效果的判断更为困难。

2001 年 12 月 11 日，我国正式加入世界贸易组织（WTO）。加入 WTO 后，我国金融业的逐步开放尤其是银行业的开放使我国货币政策的实施面临更多的外在约束和不确定性。外资银行和金融机构在我国的发展，虽然有利于促进我国货币政策的及时反馈和市场化货币政策工具效率的增强，但是它也会削弱我国现行货币政策的控制力。这就要求我国的货币政策作出相应调整，以适应经济开放的要求。

一、世界经济减速

自 2000 年第四季度以来，美国经济急剧降温。2001 年前三个季度，美国 GDP 的增长速度分别为 1.3%、0.3% 和 -1.1%，“9·11”事件的发生更使得美国经济雪上加霜，经济学家普遍预期美国第四季度 GDP 的增长速度还将进一步下降。根据国际通行标准，美国经济从 2001 年第三季度开始已经进入衰退。虽然美联储已经连续 11 次降息，但由于支撑美国多年来经济高速增长的 IT 行业泡沫成分太大，因此，即使减息可能带来的经济反弹也不可避免地会涉及新经济向传统经济回归的相互整合，美国经济很难在短期内快速强劲反弹。在美国经济衰退的影响下，世界各国纷纷调低了对本年经济增长率的预期。世界银行发表的关于美国遭恐怖袭击对世界经济影响的初步评估报告认为，这一事件将使发展中国家明年的经济增长率下降 0.5—0.75 个百分点；而发达国家今年的经济增长率也仅为 0.9%，明年为 1%—1.5%。英国《经济学家》称：“初步估计，全球的 GDP 可能出现 20 年来第一次负增长，21 世纪第一次世界性经济衰退正式降临。”

二、面临通货紧缩风险

1997 年 10 月以来，我国出现了通货紧缩现象。虽然在国家积极的财政政策和稳健的货币政策作用下，2000 年 5 月以来，我国居民消费价格指数连续保持了正增长，但今年第三季度，全国物价形势出现反复，物价总水平上涨幅度逐月回落，并于 9 月再度出现负值。在美国乃至世界经济放缓对我国出口的消极作用下,我国将再次面临通货紧缩风险。

1. 物价水平走低

在今年前八个月里,剔除了季节因素之后的居民消费价格指数是上升的,而8月比7月下降了0.4%。在此基础上,9月比8月又下降了1.1%。剔除了季节因素之后商品零售价格指数8月比7月下降了1.1%,9月比8月又下降了0.4%。累计两个月下降了1.6%,是自1986年公布这两个月度价格指数以来的最大跌幅。

9月,全国居民消费价格指数同比下降0.1%,居民消费价格指数同比连续16个月保持正数的局面被打破。工业品价格指数和商品零售价格指数分别连续下降6个月和4个月,下降幅度逐月加大,分别同比下降2.9%和0.9%。2001年1—10月,国有及其他经济类型单位完成投资的增幅也比1—9月有所回落。这些都表明,内需有减弱的迹象。

2. GDP增长减缓

今年前三个季度GDP增长率分别为8.1%、7.9%、7.6%,经济增长呈逐季回落的态势。我国GDP增长率在1999年进入通货紧缩以来的低谷(7.1%),2000年回升为7.8%,2001年上半年我国GDP完成42 942亿元,增长率为7.9%。单从这一数字看,我国经济已经走出低谷,出现转折。但是,只有当GDP增长率接近其趋势水平(较长时间的平均水平)时,我们才能认为经济形势出现了好转。

世界经济尤其是美国经济增长速度的放缓,使我国出口增幅出现大幅回落。预计全年我国外贸出口总额的增长速度为6.1%,增幅比上年下降21.7个百分点,全年我国对外贸易顺差将由去年同期的242亿美元下降为156亿美元。净出口的下降大体影响我国GDP增长速度减缓0.7个百分点,表明世界经济减速已开始对我国的经济增长产生明显的不利影响。

3. 货币供应量增幅下降

我国货币供应量的增幅呈明显下降趋势,9月末,广义货币供应量(M2)同比增长13.6%,狭义货币供应量(M1)比去年同期增长12.3%,流通中的现金(M0)同比增长8.4%,前九个月累计现金投放412亿元,比去年同期少投放27亿元。8月末,M2余额同比增长13.6%,M1余额同比增长14.2%,M0余额同比增长7.4%。M2增幅与上月持平,M1增幅比上月末下降1.9个百分点,两者的增幅处于明显偏低的水平。一般认为,货币供应量减少是通货紧缩的一个主要特征,所以我国目前通货紧缩的风险仍旧比较大。

三、货币政策受到挑战

1995 年颁布的《中国人民银行法》规定了我国货币政策的目标是“保持币值稳定,并以此促进经济增长”。这是我国在经济相对封闭的情况下制定的货币政策目标,并且是以保持物价稳定、实现内部平衡为主的单一目标。加入 WTO 意味着我国与国际经济的联系更为紧密,金融业的对外开放必然将我国经济的外部平衡问题提上日程。

在货币政策中介目标方面,目前我国是以货币供应量作为货币政策的中介目标。但是,随着我国成功加入 WTO 和国内金融市场的发展,货币供应的渠道和手段将发生一系列新的变化,货币供应量作为中介目标的可测性、可控性和相关性均受到一定的挑战。这主要表现在以下几个方面:首先,目前我国的货币供应量统计中,并未包括外资金融机构存款和国内金融机构的外汇存款。如果以资产度量,这两项所涉及的金融业务量已经达到我国国内全部金融业务量的 14%,而入世后随着国内金融机构对外业务和外资金融机构业务的拓展,由这一统计口径问题而造成的偏差也将被逐步放大。而且,随着外资银行的进入,我国的金融工具、金融产品和服务必将出现多样化趋势,货币的内涵会不断扩展,不同层次货币之间的界限也会越来越模糊。这就使得我们对货币供应量的定义和层次划分变得更为困难。其次,入世后外资金融机构的进入将使得资本流动的源头增加,流动的几率增大,我国货币政策对这些金融机构资本流出、流入的限制也将更难。

入世后外资银行在我国的发展受到货币政策的影响和约束较小,尤其是利率管制、窗口指导等政策性较强的工具对外资银行的影响很弱。随着金融业的进一步开放、外资银行业务的逐渐扩大,我国货币政策直接作用的覆盖面将有所缩小,从而使货币政策的作用发生漏出,即外资银行在受到国内制度约束时,会更多地转向国际市场。这将使我国货币政策的传导在更大程度上受到外部环境的制约。而且,入世后随着大规模外资银行的进入,金融工具日益多元化,金融机构和社会公众的货币需求与资产结构更加复杂多变。外资金融机构在我国货币政策传导机制中的作用具有较大的不确定性,货币政策传导时滞的不确定性也将进一步增强,这就使得我国货币政策的效果判断更为困难。

法定存款准备金、再贴现和公开市场操作是我国现行的主要货币政策工具。入世后外资银行的进入将对我国货币政策工具的效率产生直接影响。主要表现在以下几个方面:首先,法定存款准备金的作用会大大降低。入世后,每年将增加一定数量的城市向外资银行开放人民币业务,五年后对外资银行办理人民币业务将不再有地域限制。尽管外资银行经营人民币业务也要向中央银行按比例缴纳存款准备金,但是由于其在国内的贷款通常不受其存款来源的限制,它们可以通过其他金融机构或者国际金融市场获得资金,因此,法定存款准备金这一货币政策工具的作用将有较大程度的降低。其次,再贴现和再贷款等数量型货币政策工具由于暂时不适应对外资银行的调控,因而其作用可能会有所减弱,影响的范围和程度趋于缩小。

四、应对外资银行的冲击

为适应加入 WTO 后外资银行和金融机构进入对我国货币政策带来的冲击,必须加快我国金融体制改革的步伐。

1. 健全货币政策体系

WTO 对我国的货币政策提出了更高的要求,必须加大货币政策贯彻执行力度,充分发挥货币政策调控金融与经济的作用。

应当逐步建立以人民币和境内外汇总量为我国货币供应量统计口径的体系。随着中资银行国际业务的增长、我国境内外资银行业务的扩大,中资银行和外资银行的外汇存款将大量增加,境内个人外币存款也会迅速增加。如果不把外汇存款统计到货币供应量中来,将是货币供应量的重要遗漏。把外资银行和中资银行的外汇存款纳入货币供应量统一体系中,通过本币和外币统一管理,使货币供应量的统计范围与国际管理基本一致。这样更能够比较准确地掌握和调节货币供应量,为中央银行科学管理货币供应量奠定科学基础。同时,还要积极关注网络金融、金融创新和资本市场发展对货币供应量的影响。

应对现有的一般性货币政策工具进行积极改进。首先,要完善法定存款准备金制度。可以从针对不同的微观主体设定多档准备金率、改变准备金的构成和降低对法定存款准备金的付息水平几个方面着手。其次,要充分发挥公开市场操作的作用。一方面,要保证中央银行持有相当数量的有价证券;另一方面,要改进其持有的有价证券的品种和期限结构,包括国债(尤其是短期国债)、其他政府债券、金融债券和外汇等。值得重视的是,应该更多地注重外汇市场的公开业务。最后,要加速全国电子联网进程,推广商业承兑汇票,发展和完善贴现制度。

应加快国内利率改革的步伐。随着我国金融体制改革的不断深入,利率作为货币政策中介目标的价值日益显现。根据中国人民银行货币政策分析小组对 1998 年以来银行间市场拆借利率、回购利率与货币供应量 M2 进行的回归分析,这两个市场的利率与货币供应量 M2 的相关系数分别为 -0.84 和 -0.85,也就是说,这两个市场的利率与货币供应量高度相关并呈反方向变化。加入 WTO

后，大量外资银行进入我国，银行间拆借市场将是其展开人民币业务的必然选择，那么，银行间拆借市场利率作为货币政策中介目标的可行性将大大加强，因而适时引入该指标将有助于提高我国货币政策操作的效果。同时，我国的存贷款利率应逐步实现市场化，率先扩大利率浮动范围，然后由银行自行协议确定利率水平，最后全部放开利率。另外，应加快汇率改革的步伐，在实行有管理的浮动汇率制的前提下，根据国际市场情况相机调整汇率，利用中央银行吞吐外汇的办法调控外汇市场，降低汇率风险，也防止外资银行和金融机构利用我国汇率不灵活的情况进行套汇套利活动。逐步实现资本项目下的人民币可自由兑换。

2. 进一步深化我国国有商业银行的改革，从总体上提高我国商业银行的素质和国际竞争能力，疏通货币政策的传导机制

国有商业银行应当逐步实现投资主体多元化，变成国有控股的商业银行，真正实行公司化和企业化管理。在银行内部建立和健全银行法人治理结构，实行员工激励和约束机制，稳定银行员工队伍，提高员工素质，加强管理，使银行具有与外资银行同等的竞争能力。在商业银行中要普遍实施资产负债比例管理和风险管理。采取各种措施减少银行的不良资产、不良贷款。可以通过债转股、其他资产证券化、发行金融债券等方式增强银行资产的流动性和安全性。

五、构建资本市场传导机制

我国目前货币政策的传导主要集中于利率传导渠道和贷款传导渠道，但不可否认的是，随着股票市场的日渐发达，其对实体经济活动的影响也越来越大。同时，鉴于利率和贷款传导渠道的局限性，我们认为目前应构建货币政策的股票市场传导渠道。

目前，我国的上市公司已经达到 1 100 多家，股票市场的总市值已经达到 GDP 的 50%左右。随着外商投资企业的逐渐上市以及二板市场的退出，越来越多的企业，尤其是民间企业将选择直接融资的方式扩大规模；股票市场投资人数大大增加、比例大大提高。随着股权分散化和各种基金的陆续建立，直接或间接（通过基金）参与股票市场的人数将大大增加。投资人数的增多，对股票市场的信息要求自然也迫切得多。尤其是以各种基金为代表的机构投资者，为使基金收益最大化，对企业的经营状况格外关心，这意味着越来越多的经营受到严密监视；持股人越来越多地坚持“积极行为主义”，也就是说，股票投资人（包括个人和机构）将采取用手投票或用脚投票的方式，对公司的经营管理者施加压力，迫使其改善经营管理，提高效率，增进效益。市场调研表明，我国股票市场已出现了一定程度的财富效应，已有相当一部分股票持有者的财富受股票市场的影响

较大,从而影响到股票持有者的消费意愿。

但同时,目前我国股票市场的发展程度还不高,存在一些影响股票市场传导货币政策的制约因素。首先,无论是“托宾q理论”,还是“财富效应”渠道或“流动性效应”渠道,抑或是股票市场渠道,都要求存在一个庞大、发达、有序、信息畅通的股票市场,生产要素可以在这个市场自由流动。但我国股票市场由于国有股、法人股、社会公众股分割,A、B、H、N股互不往来等多种原因,离资源自由流动还有很长的距离;对于“财富效应”或“流动性效应”理论,只有当居民持有股票占其全部金融资产的较大份额时才有明显作用,而目前我国股民有6 000万人,仅占总人口的4.6%,对整个居民消费的影响还很有限;我国的股票市场并不是一个完全市场化的独立的股票市场,仍处于政府的管制下,其职能目前似乎被决策层定义为是为国有企业改革服务,是国有企业脱困的资金筹集来源地。由于我国股票市场多为大户操纵,信息不对称,市场行情和国民经济的相关性不强,因此,我国的股票市场还不算是发育健全的、理性的、成熟的市场,对实体经济的影响有限。

尽管现实如此,我们还是应该看到,随着以建立现代企业制度为核心的企业改革的推进,随着居民收入的提高及投资意识的加强,股票持有者会越来越多;相比较而言,上市公司的经营行为将更多地受到股票持有者的影响,并且相应地,我国的资本市场发育程度也会比货币市场高。因此,在目前货币政策的传导渠道较单一的情况下,货币当局有必要充分理解货币政策的股票市场传导机制、机理,积极探索通过股票市场传导的货币政策手段。

(本文刊载于《银行家》,2002年第1期,与郑晓辉合著)

货币与银行研究:回顾与研究的最新进展

(2006年1月)

一、引言

货币与银行作为宏观经济学和金融理论的交叉学科,其研究对于政府和经济学家来讲都是非常重要的。关于货币与银行的研究,已经成为现代经济学和金融学中的一个重要分支,随之出现的刊物 *Journal of Monetary Economics* 和较早一段时间出现的 *Journal of Money*、*Credit and Banking* 也成为这一领域最好的刊物。

在我国,中国人民银行作为政策性银行,是我国货币政策的主要制定者。自1978年改革开放以来,我国经济高速增长,货币政策的操作逐步科学、合理和高效。1996年后更是发生了根本性的变化,如利率的逐步市场化、2005年的汇率市场改革等。这些变化的结果、效果到底怎么样呢? 需要我们用现代经济学的方法来研究。本文综述了现代货币理论、货币政策的学术研究成果,同时考虑如何利用这些成果来研究我国的实际经济。这对我国经济的进一步健康发展具有重要意义。

对于货币的研究应该包括货币理论与货币政策,对这两个方面总结的文献很多,比较早的著作是由 Hahn and Brechling 主编的一本关于利率的论文集 *The Theory of Interest Rate*,这本论文集收录了20世纪60年代以前关于货币、利率以及货币政策方面的经典著作。但是,由于年代过早,现在已经远不能反映现代货币经济学的研究进展了。之后,Foley and Sidrauski(1971) 的著作 *Monetary and Fiscal Policy in a Groming Economy* 把货币政策和财政政策联系在一起考虑, 这个观点在20世纪90年代被 Sims、Woodford 等人发展,已经成为货币经济学研究的一个重要方向。Patinkin 的 *Morey Interest Rate and Prices* 被认为是对70年代以前的货币经济学的全面总结,当时被认为是宏观经济学家都必须拥有的一本教材。现在货币经济学方面比较基础的著作是 Walsh 的 *Monetary Theory and Policy*,它比较系统地介绍了有关货币理论和货币政策方面的基础理论,也对货币理论和货币政策的经验研究进行了充分的介绍。但是,这本书对货币政策与经济波动的讨论没有很好地涉及,同时这本书仅采用离散模型来讨论也是一个不足。最近,比较新的关于货币政策和货币理论的著作应该是 Woodford 的新作 *Monetary Theory and Policy*,这本著作全面地论述了货币理论和货币政策的最新研究成果,而且更侧重于对货币政策的描述。虽然该书的文字比较晦涩、难读,但是不能阻碍它成为研究货币及货币理论与政策的重要著作。另外,比较集中体现货币理论与货币政策方面研究成果的文献还可以在 Taylor and Woodford(1999)主编的 *Handbook of Macroeconomics* 以及 Friedman and Hahn(1990)主编的 *Handbook of Monetary Economics* 中找到。

综合起来,货币理论的研究主要包括:货币为什么存在?货币的作用是什么?最优的货币量(货币政策)是什么?货币政策是和货币理论对应起来的,应该包括:货币政策有效性问题,主要从理论上研究货币政策对于实体经济有没有影响;货币政策的传播机制问题,主要研究货币政策影响经济的目标、工具和途径;货币当局实施货币政策的方案和政策实施的评价,研究货币政策的效果。

二、货币理论

经济学家已经对货币理论进行了系统的研究,在这方面我国学者的贡献较少。最重要的是要研究货币对经济的作用问题。为此,我们需要首先在经济中引入货币,然后再讨论货币对经济的影响。

(一)货币的存在性问题

货币的存在性就是如何在经济中引入货币的问题。在最优性模型出现之前,货币的存在都是作为先验的假设给出的,如 Tobin(1965) 给出的货币需求是与消费者的收入和财富相关的,他假设消费者的收入和财富越多,货币需求量越大。当然,因为货币和资本一样,是消费者持有的另一种资产,因此货币的需求也与资本的回报有关,一般假设资本的回报率越高,人们对货币的需求越低;反之,就会越高。总之, Tobin(1965) 假设货币的需求函数是人均货币收入、人均货币财富和资本的预期回报率的函数:

$$m^d = G(y,w,r) = m$$

其中 m 为人均货币量,y 为人均产出,w 为人均货币财富,r 为资本的预期回报率。

假设 $G_1 > 0$, $1 > G_2 > 0$,$G_3 < 0$,且函数 G 对前面两个变量是一次齐次的(一次齐次表明如果消费者的财富和收入同时增加 t 倍, 那么消费者对货币的需求增加 t 倍)。这也与 Baumol(1952) 和 Tobin(1956) 在一个简单的交易成本模型中导出的货币需求函数一致,他们假设消费者在 T 期的收入为 Y,假设消费者存、取款的交易成本是 a,在利率可无穷细分的情况下,他们给出了消费者最优的存、取款次数,从而给出了消费者的货币需求函数。

在理性预期之后,经济学家重新考虑货币的存在性问题,因为货币作为金融资产,它的实际回报率是负的,而作为金融资产的资本的回报率是大于零的,因此,消费者为什么要持有货币就是一个需要重新考虑的问题,很多经济学家对此

进行了讨论,综合起来,在经济中引入货币主要有三种方式:

(1)货币进入效用(Money in the Utility Function, MIU)函数。1967 年 Sidrauski 为了引入货币,把货币直接放入效用函数,认为货币能带来正的效用,假设消费者的效用定义在人均消费和人均实际货币上,即效用函数为 $u(c,m)$。假设和消费品一样,消费者从货币中获得正的但是递减的边际效用,即

$$u_1 > 0, u_2 > 0, u_{11} < 0, u_{22} < 0$$

而且,假设 Inada 条件成立,也就是当货币持有量趋近于零时,货币的边际效用无穷大,这样消费者就一定要持有货币了。

(2)货币优先(Cash-in-Advance, CIA)。1967 年 Clower 引入假设,假设消费者的消费品必须用货币来购买,也就是 $c \leq m$,其中 c 是实际消费量,m 是实际货币持有量。在这种假设下,货币的存在就是理所当然的了。在此之后,Kiyotaki and Wright(1989)也引入了类似的假设,他们假设直接交易的商品具有交易费用,这样持有货币具有减少交易成本的功能,也就有消费者持有货币的理由了。事实上,这两种假设基本是等价的。

(3)Samuelson(1958)在一个生存两期的模型中,假设消费者在年轻时能够通过劳动获得收入,在年老时不能通过劳动获得收入。假设消费者在年轻时获得的报酬是实物,而且这些物品是易腐的,因此它不能储存,这样消费者就要在年轻时把物品兑换成货币,到年老时通过向同期的年轻人兑换成物品供自己消费。这样货币在经济中就自然存在了。

(二)货币的作用

货币的存在性得到保证后,下面很重要的问题就是:货币的作用是什么?货币政策对经济的影响到底如何?我们需要从三个方面来考虑:一是货币政策对经济增长的影响,二是货币政策对社会福利的影响,三是货币政策对经济波动的影响。

1. 货币政策对经济增长的影响

说到货币的作用以及货币政策对经济的影响,最早要追溯到 Mundell(1963)和 Tobin(1965),他们给出了货币供应增加对资本存量具有正的作用的模型,这就是著名的“Mundell-Tobin 效应”。在他们的模型中,货币供应增加具有投资转移的作用。但是他们得到结论的模型是一个非最优选择的模型,消费者不具有理性行为。之后最著名的跨期选择模型是 Sidrauski 在 1967 年给出的,在他的模型中,货币进入经济采用的是 MIU 假设。他给出了货币政策对长期的经济增长没有影响的结论,这就是货币理论中著名的“货币的超中性”理论。与此同时,Clower(1967)通过利用 CIA 假设引入货币也得到了类似的“货币的超中性”结

论。这个结论显然是不能被经济学家接受的，而且也不能解释现实经济中货币政策的作用。为此，经济学家们给出了诸多的跨期选择模型，如 Tobin 在 Sidrauski(1967)模型中将货币引入生产函数中，假设货币对于生产具有正的作用，这样他就得到了货币政策对经济具有正作用的“Mundell-Tobin 效应”；Stockman(1981)和 Abel(1985)推广 Clower(1967)的约束，假设不仅对于消费品需要货币购买，对于投资品也需要货币购买，这样，货币对经济的作用就通过投资限制影响经济，货币供应增加可以降低均衡的资本存量；Zou(1998)把人们对社会地位的追求引入 Sidrauski(1967)，得到了货币政策的“Mundell-Tobin 效应”；Gong-Zou(2001)同样将消费者对社会地位的追求引入 Stockman(1981)模型，提出了货币政策对经济的影响取决于消费者对社会地位的追求程度，如果消费者对社会地位追求的程度较强，货币对经济增长具有正的作用；反之，货币对经济增长具有负的作用。

这些模型具有的一个先天的不足就是不能很好地讨论货币政策对消费者的心理影响，也就是不能影响消费者的贴现因子。为此，Uzawa(1968)在 Sidrauski(1967)模型中引入内生的贴现因子，给出了货币政策对经济具有正的作用的“Mundell-Tobin 效应”，但是这个模型得到的结论也表明了，随着货币供应的增加，通货膨胀增加，随之而来的是消费者对将来的“耐心程度”增加，也就是贴现因子(Discount Rate)降低。这显然是不符合人们的心理的，Gong(2005)在 Sidrauski(1967)模型中引入 Becker-Mulligan 的内生贴现因子，认为货币政策对经济具有抑制作用，但是这个抑制作用是通过消费者对将来的不耐心造成的。

在这里还要提到的一个重要的贡献是 Grandmont 提出的，他利用短期的一般均衡框架为正价值的货币均衡的存在性、货币数量论和古典两分法等宏观问题找到了严格的微观基础，同时证明了货币均衡的无效率性，找出了克服这种无效率的方法(Grandmont and Younes，1973)。

2. 货币政策对社会福利的影响

上面讨论了货币政策对经济增长的影响，但是现在经济学的研究发现经济增长评价和社会福利评价是不一致的。对于我国发展中的经济，从改革开放至今，每年以8%—9%的速度增长，但是刻画社会福利的财富的增长却没有如此高速。剑桥大学经济系的 Dasgupta(2000)也指出：发达国家人均财富的增长速度和 GDP 的增长速度吻合得很好；而对于像印度以及中国这样的发展中国家来说，虽然经济增长速度很高，但是人均财富的增长速度很低，甚至为负值(见表1)。

表 1　财富增长与 GDP 的增长

	1965—1996 年人口平均增长率(%)	1970—1993 年人均财富增长率(%)	1965—1996 年人均GDP 增长率(%)
孟加拉共和国	2.3	-2.4	1.0
印度	2.1	-0.5	2.3
尼泊尔	2.4	-2.6	1.0
巴基斯坦	2.9	-1.7	2.7
撒哈拉以南非洲	2.7	-2.0	-0.2
中国	1.7	1.09	6.7

因此,在考虑经济政策改变的时候,不仅要关注它对经济增长的影响,也要关注它的改变对社会财富的影响,进而关注它的改变对社会福利的影响。要考虑这些影响就需要福利分析的方法。根据 Lucas(2003)的总结,在已有的关于福利分析方法的文献中,比较著名的有 Turnovsky(2000)给出的福利分析方法、Judd(1982)给出的福利分析方法和 Chamley(1981)给出的福利分析方法。通过福利分析方法,我们不仅要考虑政策改变对经济的长期影响和短期影响,而且要考虑永久的政策改变和暂时的政策改变对经济的影响。同时,也要考虑政策改变对社会福利的影响。

关于货币政策对福利的影响已经有很多人研究了,最具有影响的应该是 Lucas 在 2000 年给出的一个总结。他回顾了 2000 年前关于通货膨胀对福利影响的研究,同时,基于 1900—1994 年的美国经济,他研究了通货膨胀对美国经济的影响,他的研究表明:对于美国经济来讲,10% 的年通货膨胀率对于消费者的福利损失仅仅相当于消费者收入的 1% 左右,即如果要保证年通货膨胀率为 10% 和年通货膨胀率为 0 时消费者的福利相等(也就是生活水平相同),必须要增加消费者 1% 左右的收入才能达到。之后,Simonsen and Cysne(2001)扩展了 Lucas 的分析,从理论上给出了通货膨胀的福利损失的上下界。事实上,Dotsey and Ireland(1996)也在一般均衡的货币模型中讨论了这个问题,对于美国经济,他得出的结论是年通货膨胀率 4% 等价于消费者 0.41% 的收入损失。从上面的分析来看,通货膨胀对福利的损失是相对较小的。如果按照这个结论,政府就可以不必太在乎通货膨胀对社会福利的影响了,只要把通货膨胀控制在一定的范围内,就可以避免对社会福利的大的损失。Wu and Zhang(1998)在一个内生经济增长模型中考虑了货币、通货膨胀和经济增长、社会福利的关系,并利用美国经济 1900—1994 年的数据指出,当通货膨胀从 0.5% 变化到 5% 时,社会福利损失会超过5%。这个结论又表明通货膨胀对社会福利损失会产生较大的影响。龚六堂和邹恒甫(2005)也考虑了我国经济中货币对社会福利的影响,指出货币政策对于我国经济的影响比美国经济大。

3. 货币政策对经济波动的影响

关于货币政策对经济波动的影响早期分为对立的两派:一是认为货币政策无效的新古典学派,主要是基于实际商业周期(RBC)理论完美假设框架下的结果,认为经济波动主要源于实际冲击。货币供给冲击只能引起名义量的同比变化,没有实际经济效应。二是认为宏观经济政策有效的凯恩斯主义学派。凯恩斯主义学派认为宏观政策能通过宏观政策逆风向地调节有效需求以平抑经济波动。派生出来的以Friedman① 为代表的货币主义学派则认为,货币供给冲击是经济周期波动的真正根源。

三、货币政策

货币政策的分析是基于货币理论的,Grandmont and Laroque(1975) 研究了货币政策要考虑的问题的理论基础。现在总结起来,货币政策分析四个方面的问题:①货币政策到底是有效的还是无效的。②什么是代表货币政策的合适变量。③货币政策的冲击效应和波动的传播机制,主要研究货币政策影响经济的目标、工具和途径。④货币当局具体实施货币政策的方案。

(一)货币政策到底是有效的还是无效的

对应于货币作用的讨论,就是货币政策的有效性问题。在Lucas之前,经济学家在进行分析时总是把经济和政策制定者视为相对独立的。Lucas(1972,1976)则指出,稳健的政策分析应当把他们视为相关的。理性假设下公众的行为是基于他们对政府政策理解的前提下的预期,而政策制定又反过来会考虑到公众的预期。由此,Lucas 把“理性预期”“市场连续出清”和“货币中性”联系起来,认为只有不可预期到的货币供给变化才会对实际经济有影响。因此他指出:货币政策只是在短期内有影响,在长期仍然是中性的,也即 Sidrauski 的结论是成立的。

Lucas 的这一理论不仅破坏了系统政策有用的信念,同时还奠定了使当时用于政策分析的主要宏观计量模型方法不再有用的基础。这就是著名的“Lucas

① 四十多年前,Friedman and Schwartz (1960)首先提出对此关系的理论解释,他们认为货币供给同产出波动的共动性绝不是简单的偶然现象,也绝不是简单的货币对于经济发展的消极反应;相反,货币冲击对于经济波动起重要作用。从此以后,宏观经济学家们关于货币冲击对于实际经济波动是中性还是非中性的争论就一直持续至今,没有统一的看法。

批评”，或者叫作“政策无效性命题”。其基本内涵是：通过政策估计的经济参数必然随经济条件和政策体制的变化而改变，因此无论如何不可能得到正确的估计。而且，理性预期意味着没有可预期的政策能够起到实际作用。

此后产生的新凯恩斯主义者接受理性预期的假设，以市场的不完全性为理论基础，在一定程度上弥补了政府适度干预的论点。如 Cochrane 曾提出：系统的货币政策对经济的影响依赖于经济中两种行为人之间的平衡，即理想的新古典代理人（无摩擦的经济中具有理性预期的竞争者）同面临诸多摩擦的经济中服从拇指法则（Rules of Thumb）的经济参与者之间的比例（Hoover and Jorda，2001）。

二十多年之后，随着人们对理性预期理论的进一步认识，对货币政策的影响也发生了改变。正如 Lucas 指出的那样：“如果预期是逐步形成的，则货币政策会对经济具有实际影响。”在假定合同工资、价格等黏性，或者因信息制约和投资决策滞后等市场实际调整不足的情形下，可以证明：不仅不可预期的货币政策改变，而且系统的货币政策改变都对实际经济有影响。[①] 现代流行的研究都把名义黏性类假设嵌入到一般均衡的随机模型中，大多认为长期的货币政策是中性的，短期的货币政策是非中性的，而且货币政策对于经济冲击的影响有限，经济的冲击主要源于实际技术进步。当然也有研究认为货币政策在长期也会影响经济。[②]

（二）什么是代表货币政策的合适变量

早期研究把货币供应的增加看作货币政策扰动的近似，但批评者指出：不可预期的货币供给增加，会引起利率的变动，这是很难解释的，这也就是所谓的流动性难题（Leeper and Gordon，1992）。为此，Sims（1980）、Bernanke and Blinder（1992）建议用短期利率作为货币政策扰动的指标，但是这种情况下，价格水平的反应又难以理解（Sims，1992）。

在 20 世纪最后的 10 年里，出现了大量使用谨慎约束的时间序列模型的研究，用于确定货币政策扰动的工作（Leeper and Gordon，1992；Christiano et al.，1999；Leeper et al.，1996；Bernanka and Mihov，1998）。使用这种方法所得出的结论是，第二次世界大战后的货币政策对于总产出波动的贡献不大（Uhlig，1999；Kim，1999）。然而，最新的研究得出了不同的结论，Canova and Nicolo（2002）使用一种全新的（两步）方法来考察货币政策扰动对于实际经济产出和通货膨胀

① Taylor（1980）、Fuhrer and Moore（1995）、Rotemberg（1982，1996）等也引入价格黏性和合同类模型的研究。

② Gali（1992）、Christiano et al.（1999）的研究指出，货币冲击对总动量有一个长期效应。

周期性波动的重要性。他们把货币政策的扰动分为三种类型:产生流动性效应的冲击、产生暂时(预期)通货膨胀效应的冲击和与国际金融市场扰动相关联的冲击。他们的研究表明:在所有 G7 国家中,不同国家间经济总量对于几种冲击的反应是类似的;货币政策的扰动对于产出和通货膨胀的波动都有重要贡献,而且货币政策的扰动可以解释产出和通货膨胀波动的很大一部分,如对于德国、加拿大、英国和意大利等国家,货币政策扰动对于产出波动性的综合解释力超过22%;对于美国、英国、日本和意大利等国家,货币政策的扰动对于通货膨胀波动性的解释力超过54%。综合起来看,货币政策的扰动对于产出波动的解释力平均比 Kim(1999)给出的大2—3倍。

(三)货币政策的冲击效应和波动的传播机制

Taylor(1980)给出的合同模型虽然最初并不是用来解释货币政策效应问题的,但却给出了凯恩斯主义学派的黏性工资价格的合理解释,因此,这个模型成为黏性效应模型的基石。同期的关于合同模型的研究还有 Rotemberg(1982)和 Calvo(1983)。随着 Blanchard and Kiyotaki(1987)开始在一般均衡框架基础上引入黏性合同假设来研究货币问题,许多研究开始在均衡框架下引入黏性合同假设来研究货币问题。这类文章大体可以分为三类:第一类是上面提到的合同刚性假设模型。第二类是解释货币冲击效应的融资约束或流动性约束模型(Christiano and Eichenbaum,1992)。在此类模型中,个人融资受到限制,不能随意得到希望达到的融资水平,这类模型可以解释货币政策的冲击效应,但不能解释货币政策的黏性效应。第三类是菜单成本模型(Akerlof and Yellen,1985;Mankiw and Reis,2002)。这类模型也可以解释货币政策的冲击效应,但是不能很好地解释货币政策的传播效应。

对于合同类模型比较著名的批评是由 Ball(1994)、Fuhrer and Moore(1995)提出的,他们的研究指出:合同类模型可以内生出工资价格的黏性,但不能解释实际存在的通货膨胀的黏性。这在20世纪末的最后几年中,又引发了一系列的研究,Taylor(1999)进一步给出了工资价格黏性的实证证明,并且由货币供给的自相关性来解释通货膨胀的黏性。Calvo(1983)引入了价格的交替调整模型来讨论通货膨胀的黏性。

最新的研究把寡头竞争引入一般均衡框架来建立寡头竞争模型,指出名义合同机制本身不足以解释实际存在的货币冲击效应,规模回报递增的技术有助于改进黏性价格模型的解释力,嵌入部门间的因素流动性假设帮助描述了货币冲击传播效应;Ireland(1997,2001)在货币政策模型中,探讨了以广义货币总量的增长率还是以短期名义利率作为货币政策工具变量的问题,同时也考虑了模型参数的稳定性问题，通过分析指出：如果要对经济进行更细致的描述，应当考虑以利率作为货币工具变量。之后，King and Watson(1996)、Kim(1999)认为引入物质资本的调整成本有助于解释利率行为；但 Mankiw 等仍然认为这类模型很难解释为什么货币政策的冲击会对通货膨胀产生一个滞后的而且持续的效应。于是，Mankiw and Reis(2002)提出了黏性信息模型，他们假设每一期只有部分人可以获得最新信息并由此来调整最新价格。他们的模型本质上仍属于名义合同类模型，一定程度上改善了对实际总量的黏性的解释力，但仍没有解决通货膨胀滞后黏性的问题。最近的研究假定个人对中央银行目标的了解受到信息限制，基于理性预期假设，反对任意偏离最优化一般代理人框架，认为通货膨胀不是经济内在固有的特性，而是随货币政策的稳定性和透明度变化而变化的，由此产生的通货膨胀成本在代理人可以很快认识到通货膨胀目标的变化时可以显著降低，因此，中央银行的信用和政策透明度有利于增加货币平稳性政策的有效性。

(四)货币当局具体实施货币政策的方案

货币当局具体实施货币政策的方案，也就是货币政策的法则有很多，最著名的有 Friedman 法则和 Taylor 法则。

1. Friedman 法则

关于最优货币政策问题的研究，最著名的法则是 Friedman(1948)提出的，他通过方程

$$u_m(c^*, m^*) = u_c(c^*, m^*)(\beta + \sigma)$$

指出最优的货币增长速度等于消费者的贴现因子的相反数。事实上，在 MIU 模型中，如果$\beta + \sigma > 0$，则$u_m(c^*, m^*) = u_c(c^*, m^*)(\beta + \sigma) > 0$，这样消费者从货币的持有中还可以得到正的边际效用，消费者可以通过增加货币的持有来提高效用。因此，此时货币的持有量不是最优的。反之，如果$\beta + \sigma < 0$，则$u_m(c^*, m^*) = u_c(c^*, m^*)(\beta + \sigma) < 0$，消费者可以通过减少货币的持有来提高效用。同样，此时货币的持有量不是最优的。当且仅当$\beta + \sigma = 0$，也就是最优的货币供应量满足货币供应增长率等于消费者贴现率的相反数时，货币供应量达到最优。

对于这个政策需要考虑的问题是：①名义利率为零是否仅仅是一个必要条件，也就是这个条件是不是充分的？②什么样的货币政策可以实现名义利率为零的条件，也就是什么样的货币政策和以名义利率为零的均衡状态相容？另外，如果在均衡时，货币的增长率和通货膨胀率相等，这样一种实现名义利率为零的方式就是收缩货币的供给，这种方式是否正确？这是不是唯一的方式？③需要考虑实现这一政策的唯一性问题。对于特殊的货币政策，可能对于名义利率为

零存在一个均衡点,可能对于名义利率不为零存在一个或者多个均衡点。Aiyagari et al.(1996)系统地考虑了这些问题,给出了实现名义利率为零的货币政策的特征。Grandmont and Younes(1973)也给出了这个最优货币数量法则——Friedmad 法则——的理论基础。

2. Taylor 法则

Taylor(1993)根据美国已有的数据,总结出的政策规则的基本形式为:

$$i_t = 0.04 + 1.5(\pi_t - 0.02) + 0.5(y_t - \bar{y}_t)$$

其中 i_t 是联邦基金率,π_t 是通货膨胀率(用 GDP 平减指数测定),y_t、$\bar{y}_t$ 分别表示对数实际产出和潜在产出水平。

当然,正如 Taylor 指出的,政策规则并不是一个机械的公式,它应当可以被政策制定者非正式地执行和操作,只要政策制定者能认识到在此政策规则基础上一般工具的反应,并能认识到操作政策规则不能简单地由计算机执行,而是要进行判断。这就扩展了政策规则的定义,将对实际问题的主观思考包含进来。问题是这样完全不包含货币总量的利率法则,如果被用作政策指导法则,能否确定出均衡的价格水平?有学者认为这类利率法则是不理想的,因为它们将会导致不确定的理性预期均衡价格水平。也有学者(Woodford,1999)认为在一定条件下,可以得到确定的均衡。类似的争论有很多。总体来看,在 Taylor 规则基础上不断变形的规则类的政策已引起学术界的高度重视,而且不少国家的中央银行也以此规则为参考指导经济。

事实上,关于货币政策的法则还有很多,如对于英国经济政策的制定者来讲,他们遵循 McCallum(1988)给出的类似 Taylor 法则的具有稳定性的货币法则。而且,有大量的学者用这些法则在各个国家的经济得以实现来解释这些国家的货币政策,包括对于我国经济的研究。

四、关于我国货币政策的研究

货币政策是国家进行宏观调控的重要手段,因此,受到很多学者和我国政府的重视。和很多国家的中央银行一样,中国人民银行也有类似的对宏观经济,特别是货币经济进行研究的机构——货币研究局,其主要任务是为国家的货币政策的提出提供理论依据。另外,还有大量的学者也对我国的货币政策进行了研究。事实上,我国的货币政策很难用一种特定的规则来描述,一般认为相机抉择可能是合适的。因此,大量的研究是关于货币政策机制与效果的,如刘斌(2003)采用 1987—2002 年的季度数据,在一般均衡的混合模型框架下,以社会福利为基准,计算和比较了三种货币政策方式:Taylor 规则、相机抉择以及完全承诺的最优货币政策规则。认为“钉住货币供应量”的机制不如直接钉住通货膨胀的政策。谢平、罗雄(2002)采用1992—2001年的季度数据,实证检验了Taylor规则对于当期我国货币政策的解释力,指出:Taylor规则可以很好地衡量我国的货币政策,认为利率规则值与实际的偏离是政策操作滞后于经济发展的结果。他们还分析指出,我国货币政策对通货膨胀的反应是不足的,但是对产出反应过度。另外,夏斌、廖强(2001),陆军、舒元(2002),孙国峰(2001),谢多(2001)等也研究了我国货币政策机制和效果问题。关于货币政策对经济其他方面影响的研究有刘金全等(2003),易纲、王召(2002)等。其他关于货币政策问题的研究还有很多。他们的研究主要依赖于计量方法和实证分析,结合深层的理论研究不多,就计量方法的应用上也没有本质的突破。另一个问题是在实证研究我国货币政策时,很多是直接套用国外的模型,没有对我国实际情况的清楚的研究,对我国实际货币政策的理解不够,因此模型假设和描绘不够准确。正如Sims(1980)批评的“宏观计量模型是皇帝的新装”①的问题,这些问题的存在,无论从理论上还是从实际应用上都有很严重的影响。现在急需对这些问题进行大量的研究。

事实上,关于我国当前的货币政策很难有一个现成的模型可以套用。我们认为,我国的货币政策基本可以描述为:在汇率有限浮动机制下,以货币为主要中介目标的多种工具体系。货币政策中介目标是中央银行设置的可供观测和调整的指标,是实现货币政策最终目标的可传导性金融变量,主要包括基础货币、货币供应量和利率。货币政策中介目标体系的建立和完善是近年来我国货币政策调控机制变革的一个重要标志,主要表现在:取消了对商业银行信贷规模的限额控制;建立了以基础货币为操作目标、货币供应量为效果目标的中介目标体系;利率市场化改革取得重大进展。汇率的有限浮动也在今年得以实现。现在我们需要考虑的是这些货币政策的改变对经济和社会福利的影响,而且要清楚这些政策影响经济的传导机制。只有把这些分析清楚,我们才能进一步明确和指导我国货币政策的改革方向,政府也才能更好地发挥货币政策这个重要的宏观调控手段的作用。

参考文献

[1]Aiyagari, S. R. ,N. Wallace and R. Wright, “Coexistence of Money and Interest Bearing

① 在传统宏观总量变化原因的分析中,一个中心的问题是数据的高度内在相关性。理想的传统策略需要以良好的经济理论为基础来提供识别约束。但实际中,识别约束常常并没有牢固可靠的判定根据。Sims(1980)批评了这些研究。后来人们把当时的研究行为称为“宏观计量模型是皇帝的新装”。Sims指出,通常的识别假设是不可信的,既不能由经济理论推出,也不可能有其他根据。

Securities", *Journal of Monetary Economics*, 1996(37).

[2] Akerlof, G. A. and J. Yellen, "Can Small Deviations from Rationality Make Signification Differences to Economic Quilibria?", *American Economic Review*, 1985, 75(4).

[3] Ball, L., "What Determines the Sacrifice Ratio?", in N. G. Mankiw ed, *Monetary Policy*, University of Chicago Press, 1994.

[4] Baumol, W., "The Transactions Demand for Cash", *Quarterly Journal of Economics*, 1952(67).

[5] Bernakne, B. S. and A. S. Blinder, "The Federal Funds Rates and the Channels of Monetary Transmission", *American Economic Review*, 1992, 82(4).

[6] Bernanke, B. and I. Mihovi, "Measuring Monetary Policy", *Quarterly Journal of Economics*, 1998(114).

[7] Calvo, G. A., "Staggered Price in A Utility Maximizing Framework", *Journal of Monetary Economics*, 1983, 12(3).

[8] Canova, F. and G. De Nicolo, "Monetary Disturbances Matter for Business Fluctuations in the G7", *Journal of Monetary Economics*, 2002(49).

[9] Chamley, C., "The Welfare Cost of Capital Income Taxation in a Growing Economy", *Journal of Political Economy*, 1981(89).

[10] Christiano, L. J. and M. Eichenbaum, "Liquidity Effects and the Monetary Transmission Mechanism", *American Economic Review*, 1992, 82(2).

[11] Christiano, L. J., M. Eichenbaum and C. L. Evens, "Monetary Policy Shocks: What have We Learned and to What End", in Taylor, J. B. and M. Woodford (Eds.), *Handbook of Macroeconomics*, 1999(1).

[12] Clower, R. W., "A Reconsideration of the Microfoundations of Monetary Policy", *Western Economic Journal*, 1967, 6(1).

[13] Cui, X. and L. Gong, "Laplace Transform for Solving Linearzing Multidimensional Systems", Forthcoming in *Economics Letters*, 2005.

[14] Dasgupta P., "Economic Progress and the Idea of Social Capital", in P. Dasgupta and I. Serageldin ed, *Social Capital: A Multifaceted Perspective*, World Bank, 2000.

[15] Dotsey, M. and P. Ireland, "The Welfare Cost of Inflation in General Equilibrium", *Journal of Monetary Economics*, 1996(37).

[16] Foley, D. K. and M. Sidrauski, *Monetary and Fiscal Policy in a Growing Economy*, Macmillian, 1971.

[17] Friedman, B. and F. H. Hahn, *Handbook of Monetary Economics*, North Holland, 1990.

[18] Friedman, M., "A Monetary and Fiscal Framework for Economic Stability", *American EconomicReview*, 1948(38).

[19] Friedman, M. and Schwartz, A., *A Monetary History of the United States*, Princeton University Press, 1960.

[20] Fuhrer, J. C. and G. R. Moore, "Monetary Policy Trade-offs and the Correlation between Nominal Interest Rates and Real Output", *American Economic Review*, 1995, 85(1).

[21] Gali, J., "How Well Does the IS-LM Model Fit the Postwar U. S. Data?", *Quarterly Journal of Economics*, 1992, 107(2).

[22] Gong Liutang and Hengfu Zou, "Money, Social Status and Capital Accumulation in a Cash-in-advance Model", *Journal of Money, Credit and Banking*, 2001, 33(2).

[23] Gong Liutang, "Endogenous Time Preference, Inflation and Capital Accumulation", *Revision for Journal of Economics*, 2006(87).

[24] Grandmont, J. M. and G. Laroque, "On Money and Banking", *Review of Economic Studies*, 1975(42).

[25] Grandmont, J. M. and Y. Younes, "On the Efficiency of a Monetary Equilibrium", *Review of Economic Studies*, 1973(40).

[26] Hahn, F. H. and F. P. R. Brechling, *The Theory of Interest Rate*, Macmillian, 1965.

[27] Hoover, Kevin D. and Oscar Jorda, "Measuring Systematic Monetary Policy", *Federal Reserve Bank of St. Louis Review*, 2001(83).

[28] Ireland, P., "Stopping Inflations, Big and Small", *Journal of Money, Credit and Banking*, 1997(29).

[29] Ireland, P., "Sticky-price Models of the Business Cycle: Specification and Stability", *Journal of Monetary Economics*, 2001(47).

[30] Judd, K., "An Alternatives to Steady-state Comparisons in Perfect Foresight Models", *Economics Letters*, 1982(10).

[31] Kim, S., "Do Monetary Policy Shocks Matter in the G7 Countries? Using Common Identifying Assumptions about Monetary Policy Across Countries", *Journal of International Economics*, 1999(48).

[32] King, R. G. and M. W. Watson, "Money, Prices, Interest Rates and the Business Cycles", *Review of Economics and Statistics*, 1996, 78(1).

[33] Kiyotaki, N. and R. Wright, "On Money as a Medium of Exchange", *Journal of Political Economics*, 1989, 97(4).

[34] Leeper, E. M. and D. B. Gordan, "In Search of the Liquidity Effect", *Journal of Monetary Economics*, 1992, 29(3).

[35] Leeper, E. M., C. A. Sims, and T. Zha, "What does Monetary Policy Do?", *Brookings Papers in Economic Activity*, 1996(2).

[36] Lucas, R. E. Jr., "Macroeconomic Priorities", *American Economics Review*, 2003(93).

[37] Lucas, R. E., "Expectations and the Neutrality of Money", *Journal of Economic Theory*, 1972, 4(2).

[38] Lucas, R. E., "Econometric Policy Evaluation: A Critique", *Carnegie-Rochester Conference Series on Public Policy*, 1976(1).

[39] Lucas, R. E. Jr, "Inflation and Welfare", *Econometrica*, 2000(68).

[40] Mankiw, N. G. and R. Reis, "Sticky Information Versus Sticky Prices: A Proposal to Replace the New Keynesian Phillips Curve", *Quarterly Journal of Economics*, 2002(1).

[41] McCallum, B. T., "Robustness Properties of a Rule for Monetary Policy", *Carnegie-Rochester Conference Series on Public Policy*, 1988(29).

[42] Mundell R. A., "Inflation and Real Interest", *Journal of Political Economy*, 1963(71).

[43] Patinkin, D., *Money, Interest Rate, and Prices*, The MIT Press, 1989.

[44] Rotemberg, Julio J., "Sticky Prices in the United States", *Journal of Political Economy*, 1982, 90(6).

[45] Rotemberg, Julio J., "Prices, Output and Hours: An Empirical Analysis Based on a Sticky Price model", *Journal of Monetary Economics*, 1996, 37(3).

[46] Samuelson, P. A., "An Exact Consumption-loan Model of Interest with or without the Social Contrivance of Money", *Journal of Political Economy*, 1958, 66(6).

[47] Sidrauski, M, "Rational Choice and Patterns of Growth in a Monetary Economy", *American Economic Review*, 1967(57).

[48] Simonsen, M. H. and R. P. Cysne, "Welfare Costs of Inflation and Interest-bearing Money", *Journal of Money, Credit and Banking*, 2001, 33(1).

[49] Sims, C. A., "Comparison of Interwar and Postwar Business Cycles", *American Economic Review*, 1980, 70(2).

[50] Sims, C. A., "Interpreting the Macroeconomic Time Series Facts: The Effects of Monetary Policy", *European Economic Review*, 1992, 36(5).

[51] Stockman, Alan, "Anticipated Inflation and the Capital Stock in Cash-in-advance Economy", *Journal of Monetary Economics*, 1981(8).

[52] Taylor, J. B., "Aggregate Dynamics and Staggered Contracts", *Journal of Political Economy*, 1980(88).

[53] Taylor, J. B., "Discretion Versus Policy Rules in Practice", *Carnegie-Rochester Conference Series on Public Policy*, 1993(39).

[54] Taylor, J. B. and Woodford, M., *Handbook of Macroeconomics*, Elsevier, 1999.

[55] Tobin, J., "The Interest-Elasticity of the Transactions Demand for Cash", *Review of Economicsand Statistics*, 1956(38).

[56] Tobin, J., "Money and Economic Growth", *Econometrica*, 1965(33).

[57] Turnovsky, S. J., *Methods of Macroeconomic Dynamics*, The MIT Press, 2000.

[58] Uhlig, H., "What are the Effects of Monetary Policy: Results from an Agnostic Identification Approach", Tilburg University Center Working Paper No. 9928, 1999.

[59] Uzawa H., "Time Preference, the Consumption Function and Optimum Asset Holdings", in J. N. Wolfe ed., *Value, Capital, and Growth* University of Edinburgh Press, 1968.

[60] Walsh, C. E., *Monetary Theory and Policy*, The MIT Press, 1998.

[61]Woodford,M. ,“Optimal Monetary Policy Inertia”,NBER Working Paper No.7261, 1999.

[62]Woodford, M. ,*Interest and Prices*, Priceton University Press,2003.

[63]Wu Yangru and Zhang Junxi,“Endogenous Growth and the Welfare Costs of Inflation: A Reconsideration”,*Journal of Economic Dynamics and Control*,1998(22).

[64]龚六堂、邹恒甫,“通货膨胀的福利损失”,《财经问题研究》,2005年第8期。

[65]刘斌,“最优货币政策规则的选择及在我国的应用”,《经济研究》, 2003年第9期。

[66]刘金全等,“中国货币政策的非对称性检验”,《管理科学学报》, 2003年第3期。

[67]陆军、舒元,“货币政策无效性命题在中国的实证研究”,《经济研究》,2002年第3期。

[68]孙国峰,“信用货币制度下的货币创造和货币运行”,《经济研究》, 2001年第2期。

[69]夏斌、廖强,“货币供应量已不宜作为当前我国货币政策的中介目标”,《经济研究》, 2001年第8期。

[70]谢多,“中国货币市场发展的分析”,《经济研究》,2001年第9期。

[71]谢平、罗雄,“泰勒规则及其在中国货币政策中的检验”,《经济研究》,2002年第3期。

[72]易纲、王召,“货币政策和金融资产价格”,《经济研究》,2002年第3期。

(本文刊载于《管理世界》,2006年第1期,与龚六堂合著)

继续实行适度宽松的货币政策

(2010 年 4 月)

国家统计局公布 2 月份的两组经济数据引起了人们的高度关注。一组数据是 CPI 同比上涨 2.7%,PPI 同比上涨 5.4%。另一组数据是 2 月份新增贷款 7 001亿元,虽然比 2010 年 1 月份人民币贷款增加 1.39 万亿元减少了近五成,但两个月新增贷款规模还是超过了 2 万亿元,与全年计划投放目标 7.5 万亿元相比,已用完 26.7%,这对控制全年信贷和货币投放目标造成了很大压力。

由于 2 月份 CPI 和 PPI 上涨幅度超出预期,1、2 月份信贷规模投放偏大。央行可能很快加息的议论逐渐高涨,货币政策退出的预期正在增强。

我认为,我们应当继续实行适度宽松的货币政策,货币政策推出应当慎重。CPI 同比上涨 2.7% 虽然超出此前的市场预期,但从驱动本轮物价上涨的各种因素来分析,年内通货膨胀仍将温和可控,无须过分担忧。从 2 月份的数据来看,造成物价涨幅超预期的主要原因是春节因素的短期扰动,当月 CPI 构成中的食品价格涨幅由 1 月份的 3.70% 骤升至 6.2%。因此,不能刚一见到 2 月份 CPI 涨幅超预期、实际负利率出现,就简单地作出通货膨胀上行加快、加息近在眼前的结论。

目前来看,最能影响我国未来通货膨胀走势的因素主要包括四个方面,即翘尾因素、货币因素、进出口因素和食品价格因素。首先,翘尾因素下半年将趋于下降。其次,2009 年我国经历了打破历史纪录的信贷狂飙,创下 1996 年以来的新高。不过,货币超发并不必然引发物价上涨,因为导致通货膨胀的货币是指能转化为有效购买力的货币,在 2009 年股市、楼市大幅上涨的背景下,能够形成有效购买力的货币最终小于 M2 统计数据。过剩的流动性不会在短期内转化为通货膨胀,如果能够在这段时滞期内把多余的流动性及时收回,将有效缓解物价上涨压力。再次,进出口形势的快速复苏确实将给物价带来一定的上涨压力。进口方面,压力主要源于国际大宗商品价格上涨带来的输入性通货膨胀。值得注意的是,当前全球经济虽然有所回暖,但仍未回到正常发展水平,除了我国以及少数新兴市场国家物价回升较快之外,欧美等多数国家的通货膨胀指数并没有明显上升。加上近期美元持续反弹,大宗商品价格继续上涨的动力不足,从中可见中短期内发生输入性通货膨胀的压力并不明显。最后,食品在 CPI 结构中所占权重最大,因而对 CPI 的影响也最大,但食品价格上涨是可以控制的。农业部官员日前表示,保持粮食总产在 1 万亿斤以上是我国粮食生产的一个底线,而且现在生猪的饲养规模非常可观,只要能够稳定这个规模,肉价就不会上升,目前反而更应该担心猪肉价格过分下跌。事实上,随着春节因素冲击的结束,商务部和农业部公布的农产品价格走势已经逐周回落。

综上所述,年内通货膨胀形势将是可控的,CPI 指数也有望保持在温和合理的区间内。

从信贷和货币投放来看,虽然 1、2 月份信贷投放规模偏大,但数据显示,2 月份各项货币信贷数据均呈现平稳回落走势。其中,M2 增速回落至 25.52%,较上月增速放缓了 0.46 个百分点;M1 增速回落至 34.99%,较上月回落了 3.97 个百分点。M1 的迅速回落主要是受春节期间企业活期存款下降较多的影响,属季节性因素,并不意味着企业经营活力下降。根据央行公布的数据,当月企业存款减少 4 092 亿元。今年以来,我国货币当局采取了一系列具有针对性、灵活性的组合措施,其中包括加大公开市场回笼力度。2009 年下半年意识到流动性过剩苗头后,央行于 7 月份重启央票发行,经过一波央票利率上行,央行从 10 月份起在公开市场连续 4 个月实现净回笼。

今年以来,央行已分别于 1、2 月份两次上调存款准备金率,冻结资金 6 000 亿元左右,预计央行可能将再次上调存款准备金率;信贷投放上,央行将今年全年新增贷款目标定为 7.5 万亿元,并从去年年底以来对银行信贷投放节奏进行严格控制。目前来看,上述措施已经取得了较为显著的效果。从 2 月份的金融数据来看,2 月份 M2 同比增速为 25.52%,已从去年 11 月份的高点连续 4 个月回落;M1 同比增速从 1 月的高点 38.94% 回落至 34.99%;新增信贷 7 001 亿元,较上月环比下降近 50%,考虑到假日因素,新增贷款的回落幅度也非常可观。

我认为,去年的巨量放贷已经对今年的宏观调控产生"倒逼",让调控陷入两难境地。去年的贷款大多流向了中长期基础设施建设项目,如果放贷量收缩过快、刹车过猛,势必产生大量半拉子工程;如果不严格控制放贷量,又势必面临流动性泛滥。这种两难境地完全是宏观调控执行层面出问题造成的后果。去年"两会"设定的全年贷款增量是 6 万亿元,是执行上出了问题,适度宽松实际上变成了过度宽松,到年底全年新增贷款就变为 9.6 万亿元。

由此可以看出,今年"两会"设定的全年新增贷款 7.5 万亿元、M2 增长 17% 的目标也根本谈不上是紧缩,依然是适度宽松的货币政策。如果要实现全年调控目标,就必须加强对执行的监控,放贷方向也要从去年的基础设施建设项目调整到中小企业投资项目和民生类项目上。对于下一步控制流动性的举措,我认为央行可以用上调存款准备金率和央行票据的办法来解决。直接加息要慎重。只有当 CPI 上涨到 3% 以上的时候加息条件才算充足,而且加息就意味着所有货币政策的退出,因此要慎用,尽量延缓。我认为,加息主要是针对通货膨胀而言的。从目前的情况来看,我认为直接加息的条件还不够成熟,如果 CPI 指数超过3%—4%,肯定要采取直接加息措施,那时的主要危险是通货膨胀。现在是通货膨胀预期,我们注意管理就可以了。所以,我们必须确定通货膨胀是不是主要危险,如果通货膨胀不是主要危险,我们就只对通货膨胀进行预期管理,而不是直接制止通货膨胀。

今年是最复杂的一年,主要体现在四个方面:一是尽管目前经济已经有所好转,但还没有彻底走出困境。二是我国面临通货膨胀威胁。三是我国经济再进一步发展必须转变生产方式,调整经济结构,这是今年非常重要的任务。四是国际经济环境并不宽松。在这种经济形势下,我们必须继续实行积极的财政政策和适度宽松的货币政策。利用积极的财政政策,加大对民生领域和社会事业的支持保障力度,增加对"三农"、科技、教育、卫生、文化、社会保障、保障性住房、节能环保等方面和中小企业、居民消费、欠发达地区的支持力度,支持重点领域改革。保持投资适度增长,重点在于完成在建项目,严格控制新上项目。

适度宽松的货币政策会保证经济平稳发展和结构调整的顺利进行。实施适度宽松的货币政策,就是控制信贷总量,调整信贷结构。把握好货币信贷增长速度,加大信贷政策对经济社会薄弱环节、就业、战略性新兴产业、产业转移等方面的支持,有效缓解小企业融资难问题,保证重点建设项目贷款需要,严格控制对高耗能、高排放行业和产能过剩行业的贷款,着力提高信贷质量和效益。积极扩大直接融资,引导和规范资本市场健康发展。

虽然我们仍在实行适度宽松的货币政策,但与此同时我们也要高度关注通货膨胀和其他方面经济指标的变化,要管理好通货膨胀预期。在货币政策工具的选择上,公开市场操作、提高存款准备金率等在内的数量型工具,信贷窗口指导,以及行政手段已经能起到有效调控的作用,加息并非唯一的手段。监管层还应适时进一步收缩流动性。在工具选择上,虽然目前CPI已高于一年期存款利率,但考虑到保持经济持续复苏的动力、防止热钱大规模流入、出口增长前景仍存不确定性等因素,加息并非中短期内的最优选择,监管层仍应以公开市场操作、存款准备金率等数量型工具为主,或辅以小幅度的升值手段。

国家总理温家宝3月5日在十一届全国人大三次会议上所作的《政府工作报告》表示,要保证经济政策的连续性和稳定性,将管理通货膨胀预期作为今年经济工作的重点之一,把CPI涨幅控制在3%左右,体现了政府在控制通货膨胀形势上的信心和决心。温家宝总理在会见中外记者时,再次强调要处理好经济发展、调整结构和管好通货膨胀预期这三者的关系,他说:"我们必须注意三点:第一,货币政策。货币政策就是要保持货币流动性的合理充裕,要保持利率的合理水平,同时要管好通货膨胀预期,处理好这三个问题是货币政策的精髓。第二,高度重视农业,千方百计使今年农业有一个好收成。农业不仅是整个经济的命脉,而且就今年来讲,关系到今年经济的平稳较快发展,关系到是否能够管好通货膨胀预期。从这个意义上讲,农业的好坏起到决定性作用。第三,我们必须保持政策的连续性和稳定性,也就是说要继续实行积极的财政政策和适度宽松的货币政策,以巩固来之不易的经济企稳回升的大好形势。如果经济再出现反复的话,那么,带来的损失就太大了。但同时,我们要根据形势的变化增强政策的针对性和灵活性,把握好政策的方向、力度和效果。”

(本文刊载于《国际金融》,2010 年第 4 期)

中性货币政策与规范资本市场是经济维稳的基石

（2010年12月）

在中国经济发展的过程中，资本市场从起步到逐步成熟，发挥了重要的推动作用。而每一次货币政策的调整，都会对资本市场产生重大影响。今年以来，随着CPI的逐步上涨，货币与资本市场呈现出微妙的关系。但总的说来，货币政策出现了转向的迹象，我个人认为，这个转向是一定要发生的，但是不宜一下子转到紧缩的货币政策。

日前，货币政策开始转向。实际上要执行什么样的货币政策，今年是不是应当执行适度从紧的货币政策，从今年年初就开始争论。股市也因此而起伏不定。为什么？怕加息。实际上从今年年初开始的通货膨胀就是一个预期，我们提出的方针是做好通货膨胀预期管理。而现在通货膨胀真的来了！最近公布的数据给我们提出了一个值得关注的问题，10月份新增人民币贷款5 788亿元，同比多增2 347亿元，今年全年的人民币信贷目标为7.5万亿元。到9月份已经用掉了6.3万亿元，即10月份、11月份、12月份我们只有1.2万亿元的指标，但10月份已用了5 788亿元，11月份、12月份仅有6 000亿元可以增加。现在看来非常困难，央行采取措施，提高法定存款准备金率，实际上主要是针对流动性问题，另外当然也是针对物价问题。

尽管政策开始转向，但也不宜马上转为紧缩的货币政策。我们究竟应当实行什么样的货币政策，这是摆在面前的另外一个需要关注的问题。过去是适度宽松，有人说今年年初就开始紧缩了，实际上不能这么说，去年投9.59万亿元，今年我们再投7.5万亿元还不宽松吗？还叫紧缩吗？去年是超常投放，因为要推动经济增长，今年投7.5万亿元不能说是紧缩。现在应该考虑物价和流动性的问题。

究竟应当执行什么样的货币政策呢？有两种选择：一种选择是从适度宽松的货币政策转为稳健的货币政策，另一种选择是从适度宽松的货币政策转为适度紧缩或者紧缩的货币政策。但从目前来看，不能一下子转变为适度紧缩甚至是紧缩的货币政策。因为，我们现在面临的国际、国内环境非常严峻——美国实行定量宽松的货币政策，向世界发票子，对我们的影响非常大。它造成大宗商品价格上涨，如果说我们再提高利率就会有很多热钱吃利差进来。人民币升值速度肯定加快，热钱的进入更很难阻止。人民币升值加快以后国内的成本、进出口、就业都会受到一些影响。如果说突然从适度宽松的货币政策转为紧缩的货币政策，那么中国经济肯定会受到损害。因此我们应当实行稳健的货币政策，即中性货币政策。

货币政策转向对股市已经产生了影响。最近一段时间股市下跌，毫无疑问与宏观调控有关，但是中国股市与宏观经济不同步，从提高法定存款准备金率来看，有时提高了法定存款准备金率第二天股市是上涨的，有时却是下跌的，从预期来看也是一样。为什么要实行稳健的货币政策？就是因为收紧了货币政策，股市肯定会受很大影响。实际上我认为真正的市场不在二级市场，而在一级市场，我们只有发展资本市场，有很多资金投入，才能改变或对冲流动性充裕的问题。如果股市都不景气了，大家都不投资了，那企业如何融资？社会上的资金往哪里去？

当然，中国还需进一步加强资本市场制度的建设，必须进一步发展多层次资本市场。中国的市场规模还很小，结构还不合理，在制度上现在有很多缺陷，包括发行制度、交易制度、内部分红制度、退市制度都存在很多问题，20 年来风风雨雨、起伏跌宕，据说每个投资者平均亏损 4 万元人民币，但是我们的投资者还热情投资，支援改革，支援企业，支援国家建设。我们只有把这个市场发展起来了、结构调整好了，才能给投资者以实惠和报酬，资本市场才能得以发展。

20 年来，中国股市除了成绩之外，最根本的弊端是没有形成保护投资者尤其是保护中小投资者的机制，要想发展好股市必须健全制度。创业板的“三高”问题——高发行价、高市盈率、高超募，实际上是制度性问题，创业板严格审批入市企业资质却放开发行价格，那肯定会出现高价，保荐者还对其保荐的企业进行直投，价格能往低了做吗？但这个过程老百姓不懂，所以说我们的整个股市要保护投资者才行。

在《证券法》出台之前，我们是在发展中规范；《证券法》等一系列法律出台之后，我们是在规范中发展，总体来说资本市场正在走向规范。因此，我们对中国资本市场有信心，毕竟我们的市场肯定要发展，而且要发展多层次的资本市场，不仅是主板还有创业板，也可能还有三板，还要发展债券市场，发展衍生品市场。同时，要加强制度建设，使资本市场成为一个规范的市场，只有规范才能发挥更大的作用。若中国要从一个经济强国变成一个资本强国，还得规范发挥资本和资本市场的作用。

（本文刊载于《法人》，2010 年第 12 期）

第三篇

利率和汇率改革

人民币汇率形成机制研究

（2005 年 1 月）

人民币汇率改革问题已经成为国际社会十分关注的话题。2003 年先有日本财政部长在七国财长会上提出要求，后有美国财政部长斯诺发表讲话和在印尼召开的亚欧会议上发表声明，都呼吁人民币升值，之后，美国“健全美元联盟”又提出欲通过“301 条款”促使人民币升值。2003 年 7 月 16 日美联储主席格林斯潘的讲话，更是让世人在全球通货紧缩压力下再次聚焦人民币。2004 年 10 月 1 日在华盛顿召开的西方七国特别会议（G7）上，中国的汇率制度再次成为焦点。七国财政部长同中国财政部长金人庆和中国人民银行行长周小川进行了会谈，直白地表示了改变人民币汇率制度的迫切要求，讨论了增加人民币汇率灵活性的问题。美国财政部副部长泰勒认为，人民币汇率的灵活性对世界经济和美国都很重要。这场由日本挑起、美国担纲主演的人民币汇率之争全面上演，再次使中国成为世界关注的中心。那么，人民币到底应不应该升值，人民币汇率制度应如何进行改革呢？

一、提出人民币升值的实质是贸易争端

国外提出人民币升值的原因不外乎以下几点：一是认为人民币汇率过低，认为人民币汇率应确定在 1 美元兑 4.2 元人民币左右的水平。二是贸易顺差增加。中国入世两年多，并没有出现进口激增，相反，出口却大幅增加，贸易顺差大幅增加。三是中国外汇储备过高。2002 年外汇储备为 3 400 亿美元，2003 年年末达到4 000亿美元。四是中国廉价商品大量出口造成世界通货紧缩。有人认为，近年来，中国廉价产品大量出口导致日本和欧美通货紧缩，中国应使人民币升值，在世界经济中担负相应地责任。

人民币汇率之争本质上仍然是贸易问题之争。美国之所以施压人民币升值，是认为中国实行的“钉住美元汇率”政策，使美元贬值的积极效用没能全面发挥，只是“极大地增强了中国企业的出口竞争力，刺激了中国产品的出口”，尤其是2002 年美元贬值的同时，美国外贸逆差却创出了 4 352 亿美元的历史峰值，对华贸易逆差达到 1 031 亿美元。

此次人民币汇率之争的根本目的，就是美国希望通过人民币升值，阻碍中国商品大规模进入美国。施压人民币升值与美国对华反倾销政策一起，构成了布

什政府对华贸易政策调整的新内容。每次美元大幅贬值既能使美国债务大量减少,又能刺激其产品出口,还能转嫁各种经济危机,成为美国对其他国家进行剥削的主要形式。实际上美国外贸逆差剧增的原因不在于中国的人民币汇率政策本身,而是美国产业结构调整、对外直接投资扩大、个人消费支出增长和美元贬值等多种因素综合作用的结果。事实上,2003 年中国对外贸易顺差已经缩小,进出口总值 8 512 亿美元,同比增长 37.1%。其中,出口 4 384 亿美元,同比增长 34.6%,进口 1 482 亿美元,同比增长 39.9%;进出口顺差 255 亿美元,比上年减少 49 亿美元。外商直接投资增速有所下降。2003 年,中国实际使用外资金额 535 亿美元,同比增长 1.4%。[①] 2004 年上半年,进出口贸易差额由负转正。进出口总额 5 230 亿美元,同比增长 39.1%。其中,出口 2 581 亿美元,增长 35.7%;进口 2 649 亿美元,增长 42.6%;进出口相抵,逆差 68 亿美元。

迫使人民币升值,是日本争夺未来"亚元"主导权的战略举措。近年来,关于"亚元"问题的讨论已越来越热,谁能成为未来亚元的主导,已变成一个日益敏感的话题。日本由于其经济十年来的萎靡不振,日元充当亚洲货币主导的可能性在变小。而中国由于经济高速增长,已经逐渐成为亚洲经济发展的"火车头"和世界经济发展的"引擎",因此人民币的价值日趋提高,在中国周边国家已经开始形成一个"人民币地带",日本对此忧心忡忡。在 2002 年日本对华出现 50 亿美元顺差的背景下,日本财政部长盐川正十郎提出议案,提请七国集团通过"与 1985 年针对日元的'广场协议'类似的文件",逼迫人民币升值,将全球压制人民币升值的声浪推至顶峰,目的就在于想通过人民币升值,打垮人民币对日元的挑战,确保日元的未来主导地位。

迫使人民币升值,标志着中国对外经济摩擦正在由微观层面向制度层面扩散。近年来,中国对外经济摩擦日益加剧,但更多的还仅仅局限于微观经济摩擦。加入 WTO 以后中国正处于制度大调整阶段,制度性因素在中国经济发展中越来越受到关注。此次美国、日本、欧洲等国家和地区施压人民币升值,使得制度性经济摩擦在中国对外经济摩擦中的比重开始上升。

二、人民币大幅升值严重影响中国和亚洲经济发展

国际上也有反对人民币升值的声音。在 2003 年博鳌亚洲论坛年会上,世界三大货币权威分别就这一问题发表了各自的看法。

摩根士丹利全球首席经济学家斯蒂芬·罗奇表示,在中国金融改革取得更

① 这是商务部调整了统计口径之后的数据。商务部加强了对实际到位资金的检验工作,要求实际到位资金应有会计师事务所的验资证明。

多进展之前，过早上调人民币汇率是不合时宜的，而且很危险。他强调指出，部分发达国家向人民币施加压力可能有更深层次的原因。“目前我们放眼全球，特别是在美国，贸易保护主义在抬头，尤其是近来美国和日本爆发的贸易保护主义情绪，实际上是针对中国的，但是在我看来美国和日本是把中国当成了它们本国经济衰退的替罪羊。”

“欧元之父”、诺贝尔经济学奖获得者、美国哥伦比亚大学教授罗伯特·蒙代尔认为，人民币应该保持稳定，重估人民币币值并不是解决问题的最佳途径。他说：“目前，美国有一部分人呼吁人民币应该升值，并且不断施加压力。但这不是中国应该做的，也不是解决问题的好办法，这只会影响中国经济良好的发展态势。我很高兴地看到中国目前所做的努力，首先是在贸易方面，增加了从美国的进口，扩大了进口的范围，包括购买波音飞机。”这位1999年诺贝尔经济学奖得主，列举了他的“蒙八条”：一是如果人民币大幅度升值，会延长人民币进入可自由兑换货币的时间；二是会造成中国农村的萧条，农产品的销售会更加困难；三是中国国民经济增长的速度会减缓，造成中国经济的衰退；四是无论城乡，失业率都会提高，大家找到一份满意工作的难度会增大；五是会加重国有商业银行的不良贷款问题；六是会造成中国的货币政策不稳定；七是如果人民币升值，在缺乏后续支持的情况下，还有再次贬值的可能；八是目前在中国周边的国家和地区，人民币起一定的通用货币作用，升值后的人民币可能丧失这种地位。

作为目前国际上最有影响力的日本经济学家，有着“日元先生”称号的日本前财政大臣神原英姿表示，保持中国经济的稳定发展对日本经济复苏乃至未来十年整个亚洲经济的发展都是至关重要的。短期内让人民币升值的做法将有可能让整个亚洲重蹈亚洲金融危机的覆辙。他说：“目前中国没有任何人民币升值的必要，或许从一个更长的时间来看有这个必要，也许十年以后情况变了，那时或许有这个必要。所以来自美国和欧洲要求人民币升值的呼声是不正确的。”

我们认为，当前人民币大幅升值对中国乃至亚洲经济的发展都是不利的。

1. 人民币升值会对中国的优势产业产生严重损害

从国际分工格局来看，相对于发达国家以研究开发和服务业为主来讲，中国作为发展中国家是以制造业为主的，这种贸易结构极易受到汇率水平变动的影响。人民币升值，出口商的生产成本和劳动力成本就会相应提高，而相对于发达国家以资本技术优势参与国际分工来讲，中国作为发展中国家是以劳动力成本为优势的。作为中国优势企业的劳动密集型企业的产品档次不高，附加值含量低，在国际市场价格保持不变的情况下，出口利润的下降会严重影响出口商的积极性。与此同时，国际贸易领域新的保护主义不断抬头，一些发达国家设置各种非关税壁垒如环保标准、质量标准、技术和卫生标准等对进口实行限制,并滥用反倾销手段保护其国内市场,中国劳动密集型出口产品很容易受到反倾销措施的限制,出口形势并不乐观。如果人民币升值则会使目前的这种状况更加恶化。在开放经济中,一国货币的对外汇率与出口商品的换汇成本和换汇率密不可分。人民币升值将会提高换汇成本、降低换汇率,势必影响出口,进而影响国内经济的发展。

2. 人民币升值会恶化当前就业形势

外商投资企业对吸收国内劳动力具有重要作用,人民币升值会影响对外资的吸引,同时也会加剧就业形势的恶化。

3. 人民币升值会使国内企业的风险加大

中国一直实行人民币钉住美元的汇率制度,如果人民币升值则会加大企业的外汇风险管理成本。汇率的变动引起进口材料、外销商品相对价格的变动,从而必然影响企业在市场上的竞争力。如果现在人民币升值使其对美元这种硬通货的汇率发生变动,那么将会给许多进出口企业带来额外的负担,势必使外汇风险加大。

4. 人民币升值预期加大货币管理难度,中国的货币政策陷入两难境地

一方面,大量的投机外汇流入境内,为维持汇率稳定,央行必须购买这些外汇,从而不得不投放大量的基础货币,这使外汇储备快速增长。截至 2003 年 6 月底,中国外汇储备总额高达 3 465 亿美元,比上年年底增加 601 亿美元,外汇储备的大量增加使央行人民币投放量随之增长。而 2003 年上半年,中国对外贸易顺差 45 亿美元,实际利用外资 303 亿美元,合计 350 亿美元,而外汇储备增加了 601 亿美元,剩下的 251 亿美元中有一部分极有可能是投资人民币升值的国际游资。2003 年年末,广义货币 M2 余额 22. 1 万亿元,同比增长 19. 6%。全部金融机构本外币贷款余额 17 万亿元,比年初增加 3 万亿元;本外币存款余额 22 万亿元,比上年年末增加 3. 7 万亿元。基础货币余额 5. 23 万亿元,同比增长 16. 7%。金融机构超额准备金率为 5. 38%。国家外汇储备 4 032. 5 亿美元,比年初增加1 168. 4亿美元,是中国外汇储备增加最多的一年。这些状况直接导致基础货币的过快增长,使得通货膨胀的压力越来越大。

另一方面,为了缓和人民币升值压力,又不可能采取提高利率的办法来降温。人民币利率必须跟着美元利率走,如果人民币利率过分高于美元利率就会引发更多的外汇流入,使人民币的升值预期更为强烈。

货币投放加大,导致某些行业过热。比如,人民币升值压力直接对房地产造成冲击。房地产专家认为,人民币升值压力对楼市产生了影响,同时,人民币升

值压力对其他行业产生的影响也反过来作用于房地产,中国房地产业隐藏着严重的"泡沫"。

为应对国际投机热钱涌入中国及缓解人民币升值压力,近期中国采取了诸多预防性措施:其一,下调出口退税的平均税率;其二,适度调整货币政策,一方面增加央行票据的发行,另一方面提高存款准备金率 1 个百分点并实行差别存款准备金率;其三,加强对房地产等过热行业的监管;其四,提高存贷款利率。

5. 在汇率是否应该升值方面,日本是前车之鉴,中国政府不会忘记"广场协议"给日本带来的影响

20 世纪 80 年代,日美经济摩擦不断,美国采取了所谓的"敲打日本"的政策,不断强迫日元升值,尤其是 1985 年 7 月的"广场协议"后,日元对美元等主要国际货币不断升值,日元对美元在不足 10 年的时间内升值了 4 倍多,日本出口产业几乎丧失了价格优势,不得不向劳动力成本更低廉的周边国家迁徙。日元的大幅升值并没有消除日本的贸易顺差,却使日本经济丧失了国际竞争力,最终陷入漫无边际的衰退之中。20 世纪 80 年代和 90 年代,日元的坚挺还给衰退中的日本经济造成了通货紧缩压力,并迫使其名义利率趋于零。日本也因此掉入所谓的"流动性陷阱",货币政策趋于无效。因此,对人均收入刚达到 1 000 美元的中国而言,若任由人民币升值而不顾国内的实际情况,将是十分危险的。中国刚刚走出自 20 世纪 90 年代末开始的通货紧缩,人民币的大幅度升值有可能使中国经济再次陷入通货紧缩之中。

我们认为,保持人民币汇率在合理、均衡的水平上基本稳定,不仅有利于亚洲地区经济的稳定发展,也有利于世界经济的稳定发展。从根本上讲,世界经济的持续发展需要一个稳定的国际货币环境。我们更希望看到美元、日元等主要国际储备货币的汇率保持相对稳定,减少汇率波动给全球经济带来的不确定性。

三、建立健全人民币汇率形成和管理机制

人民币升值压力引发的一系列问题,已经给中国现有的汇率形成和管理机制带来了巨大挑战,建立较为合理的汇率形成机制是十分必要的。因此,应当逐步改变人民币钉住美元的汇率制度,实行以一篮子货币为基础的定价机制,并根据国际金融市场的变化,随时调整人民币汇率水平,真正实现有管理的浮动汇率制。

完善人民币汇率形成机制,保持人民币汇率在合理、均衡的水平上基本稳定,是人民币汇率制度改革的目标。我们将进一步推进改革,形成更加适应市场供求变化和更为灵活的人民币汇率形成机制。这项改革是一项涉及多个方面的

系统工程,要综合考虑中国宏观经济运行、社会发展和国际收支状况,考虑银行系统和其他有关方面改革的进程,还要考虑周边国家和地区以及世界经济金融的影响因素。我们应当从多方面采取措施,逐步稳妥地推进这项改革。

(一)中国应当以外贸平价理论作为人民币汇率定价基础

目前国际上流行用所谓购买力平价理论来评估人民币汇率,认为应确定在1美元兑4.2元人民币左右的水平。① 按这种定价水平,人民币应当大幅度升值。按这样的汇价计算,中国人均GDP已经达到2 000美元,即已经达到发达国家水平。而根据世界银行《2000—2001年世界发展报告》的数据,中国按购买力平价计算的人均GDP同按现行汇率计算的人均GDP之比是4.22:1②,如果按这样的方法计算,中国人均GDP已经超过4 000美元了,已经迈入最发达国家之列了! 我们认为利用购买力平价理论来确定人民币汇率缺乏科学性、客观性和公正性。按照购买力平价理论,人民币汇率应该以国内外生活费用的对比作为基准来确定。具体来说,就是以等量的基本生活资料如粮食、蔬菜、水电、住房、日用生活品及服务等作为标准,求出这类消费品的国内外价格对比情况并据以确定人民币汇率水平。问题在于,有些商品缺乏可比性,由于美国、日本和欧洲的一些发达国家实行高工资及福利政策,其工资和收入水平是中国的十几倍甚至几十倍,这样中国与国外同类商品价格相比,要低得多。这样一比,人民币汇率就显得低估了,就需要大幅度升值。我认为中国应当利用外贸平价理论来确定人民币汇率。所谓外贸平价理论就是以出口商品的换汇成本和换汇率为基础确定本国货币的汇率,当然也应当包括进口商品与国内同类商品价格的比较。其理由是:①在一国国际收支中,一般来说贸易收支占的比重比较大,出口商品的换汇成本和换汇率基本能够反映一国的汇率水平。②一国进出口商品的价格可以同贸易对象国的同类商品价格进行直接比较,因此可以通过与贸易对象国的商品比价,确定本国货币与贸易对象国货币的比价,即汇价。③可以通过与主要贸易国货币比价,再按各国进出口商品的比重进行加权平均确定中国货币的综合汇率。

(二)逐步实现以一篮子货币为基础确定人民币汇率

目前的人民币汇率就是采取钉住美元的策略。这样做不利于人民币综合汇价的确定,同时受美元波动的影响较大。因此,应当逐步实现以一篮子货币为基础确定人民币汇率。

---

① "聚焦人民币汇率升值之争",人民网,2003年12月30日。

② 黄达,《金融学》,中国人民大学出版社,2003,第169页。

所谓钉住一篮子货币的汇率制度,其基本思想是根据与中国之间贸易与投资的密切程度来选择若干种主要货币,对不同货币设定不同的权重,组成一个货币篮子,并设定一定的浮动范围,允许人民币钉住一篮子货币在设定的范围内浮动。事实上,中国货币当局近年来一直采用一篮子货币来监测人民币汇率的波动及合理性。如2002年,美国、日本、中国香港地区和欧元区四大经济体与我们的进出口量最大,印度尼西亚、马来西亚、新加坡、泰国、韩国和中国台湾地区等六个经济体与我们的进出口替代性较强。这10个经济体与我们的贸易占我们对世界贸易总额的89%以上。如将上述10个经济体的货币作为一篮子货币与人民币相比较,可发现人民币的名义有效汇率、实际有效汇率分别贬值了4.9%和6.4%。可见,与单一地钉住美元相比,钉住一篮子货币的人民币汇率并不像人们所议论的那样,被低估了20%甚至40%。从这个角度看,钉住一篮子货币比钉住单一货币更为科学与客观。①

(三)增加人民币汇率调整的灵活性,扩大汇率调整幅度

2004年七国财长会议并没有直接逼迫人民币升值,而是强调了增加人民币汇率灵活性的重要性。1994年人民币汇率并轨后,中国实行了有管理的浮动汇率制度。到1997年年末,为应对亚洲金融风暴的冲击,也应周边经济的要求,中国收窄了汇率浮动区间。中国对外经济的稳定发展有利于周边国家和世界经济的发展,应该说,人民币汇率浮动区间收窄是在亚洲金融危机的特殊条件下形成的,不是永久的。现在可以说亚洲金融风暴及其产生的"土壤"已不复存在。中国应根据对外贸易、国际收支、国际货币和外汇储备等的变化,在保持人民币汇率基本稳定的基础上,适时适度地调整人民币汇率,扩大人民币汇率的浮动区间,增加汇率变动的灵活性。这样就会充分发挥汇率调节宏观经济的作用。当然这种调整是有升有降的调整。

(四)加快人民币汇率的市场形成机制建设,实现合理的汇率水平

汇率形成机制的根本出路在于市场化的形成机制,因为更灵活的市场汇率机制将使中国更容易应对国际经济、贸易、投资和政治环境的变化。

虽然目前中国的汇率水平比较稳定,但还存在许多不合理的因素,尤其是形成人民币汇率的外汇场所——中国外汇交易中心——在许多方面还不完善,造成中央银行不得不直接干预外汇市场,使人民币汇率在一定程度上偏离了价值规律,无法真实地反映外汇市场的供求关系。这与人民币资本和金融项目可兑换的要求存在很大差距,因此要加快人民币汇率的市场形成机制建设。

---

① 曹红辉,"解决人民币汇率问题的关键在于改革形成机制",《上海证券报》,2003年9月25日。

(1)建立外汇平准基金制度,使中央银行能通过利用外汇平准基金间接干预外汇市场,将人民币汇率交由商业银行和企业自行成交决定,以反映真实的市场状况。

(2)吸收企业为外汇市场成员,实行意愿结汇制,改变目前银行单方决定汇率的不合理现象,提高外汇市场的效率。

(3)借鉴国际外汇市场的良好经验,使外汇交易币种、品种和交易方式等方面得到进一步的发展与完善。

(五)进行利率改革,尽快完成利率的市场化进程

中央银行需要根据国际金融市场的利率水平确定中国的基准利率,完善同业拆借利率,扩大存贷款利率浮动空间,尽快完成利率市场化改革。只有这样才能有效防止国际游资的冲击,同时密切利率和汇率的关系,使之互相影响,使人民币汇率形成机制更趋于完善。

(六)加快国有商业银行改革的步伐

我们先后对交通银行、中国银行和中国建设银行进行了股份制改造。中国银行和中国建设银行已基本完成财务重组并转变为股份制公司,交通银行引进了战略投资者,深化股份制改革取得重大突破。具备条件时,国有商业银行还将在国内外发行和上市。银行体系资产质量改善,资本充足率提高,内控机制完善,抗风险能力增强,为汇率形成机制的改革打下了微观机制方面的基础。

(七)建立健全宏观经济调控机制

加强财政政策和货币政策的协调是保持总供需平衡、国际收支平衡和汇率稳定的重要条件。特别是在货币政策方面,要逐步建立汇率政策和国内货币政策的协调机制,建立健全监控货币供应量的措施和体系,通过存款准备金、再贴现率和公开市场操作使外汇吞吐及基础货币的投放达到平衡。同时,也要加强专业银行自身建设,完善金融监管制度。

(八)逐步实现人民币资本和金融项目可兑换

我们应该采取谨慎和务实的态度、渐进的方式,有步骤地推进,恰当地把握实现资本和金融项目可兑换的顺序与节奏。截至目前,世界上还没有一个标准的资本和金融项目的开放模式,我们要根据中国的具体情况,参照世界各国经验,选择适合中国国情的步骤,并不断根据改革进程中出现的问题进行调整,使资本自由化过程得到有力的控制和保证。

1. 放开贸易融资

贸易融资是与进出口商品相结合的,有利于中国利用国外资金和发展对外

贸易,而且风险较小。对外贸易采取远期信用证方式,接受延期收款或付款,办理买方信贷,不超过规定期限的可以自由进行,而不予限制。但要防止利用贸易融资进行逃汇、套汇活动。

2. 进一步放宽国外直接投资的外汇管理,逐步实行国民待遇

国外直接投资有利于中国利用外资、引进先进技术和管理经验、提高产品质量、扩大出口和加速中国经济发展,所以积极、合理、有效地利用外资是中国的长期国策。我们要进一步扩大外商投资领域,改善投资环境,符合国家产业政策的外商投资允许其向主管部门申请后办理登记和投资,无须逐项审批。对外商投资企业出口实行激励机制,给予出口退税和贴现贷款。同时鼓励进口替代,采取减免税和加速折旧政策,促进外商投资企业使用国内设备和原材料。

3. 对外债继续实行规模和结构控制

借用国外贷款和在境外发行债券是中国利用外资的一个渠道。借用外资要按时偿还本息,应与中国经济发展的需要和偿债能力相适应,防止债务危机的发生。许多国家对外债规模和结构都进行控制。中国应合理制定外债的规模和结构,将主要外债指标保持在国家承受能力之内,对外债的总量和结构实行统一监管。

4. 放宽资本和金融项目外汇结汇的限制

为了防止资本流入套利、套汇造成汇率波动和扩大货币供应,近几年来,中国对于资本和金融项目外汇兑换人民币加强了审查与控制。鉴于中国鼓励外资投向基础设施和基础工业,要求外商投资使用国内设备和原材料,若限制资本转换成人民币使用,原来的设想就难以实现。目前,人民币利率低于外币利率,人民币汇率稳定,即使放宽资本和金融项目结汇,也不会促进投机。因此,今后对资本和金融项目结汇应区别对待。对经批准的资本和金融项目,因购买国内设备、原材料,支付国内劳务、服务费用和开展业务等正常用途,需要把外汇换成人民币的应允许结汇。可以按一个项目核定一个最高限额,在限额内经外汇指定银行审查后兑换人民币,超过限额的则须经外汇管理局审批。

5. 积极实施"走出去"的发展战略

即明确支持各类企业在国外投资和开展业务。允许外商直接投资企业到国内资本市场上市融资,允许跨国公司集中操作外汇资源。在外债规模控制下,按照国家产业政策和利用外资政策,选择质量好的国有大中型企业到国际证券市场上市,扩大在香港上市的境内企业规模,积极探索可转换公司债券等融资形式。境外上市企业收入外汇可以保留,其股息、红利允许汇出。

6. 逐步开放资本市场

证券筹资具有成本低、筹资规模和资金用途限制少的优点,但证券投资流动性高,资本自由进出市场容易造成对市场的冲击,影响经济和金融的稳定。在一段时间里中国基本上没有开放资本市场,外资限于购买B股,不允许进入A股市场,不允许购买中国债券。今后对资本市场将采取逐步开放的策略,在国内市场逐渐规范和完善,利率、汇率机制逐步健全,以及监管能力得以强化的基础上分步开放。先允许外资金融机构和外资基金组织进入A股市场,代理外国投资者买卖国内发行的股票,然后统一A、B股市场,允许居民和非居民之间互相买卖股票。2002年11月份出台了QFII管理办法,允许境外合格机构进入中国证券市场,已经有一些境外机构购买了A股股票。同时正在积极研究QDII政策,逐步允许境内合格投资者到境外投资。为了防止控股权转移,对于外国投资者购买中国企业股票的可以规定一个比例上限。股票市场开放取得经验后再放开债券市场。外国投资者购买中国境内发行的股票、债券须向中国主管部门申报和登记,到期债券本息、股息和红利允许汇出。

实现人民币资本和金融项目可兑换,使人民币成为可兑换货币是完善中国市场经济的要求。实行资本和金融项目可兑换要与货币政策、财政政策、外贸政策、物价政策协调配合,特别是要与货币政策协调一致。各项改革措施出台,要与国家经济体制改革和金融体制改革的进程一致。有些措施应先在局部试验,取得经验后再全面推开,不断总结经验及时调整,并保留资本管制的权限,一旦经济发展出现严重问题,可以运用一些资本和金融项目管理措施,这在国际上也是有例可循的。

参考文献

[1]曹凤岐,《中国金融改革:发展与国际化》,经济科学出版社,1999。

[2]金人庆,"人民币汇率基本稳定有利世界经济",人民网,2004年10月3日。

[3]周小川,"中国正在诚心诚意推进汇率机制改革",中国新闻网,2004年10月3日。

[4]张军,"人民币何去何从",《上海证券报》(网络版),2004年2月14日。

[5]刘霞辉,"人民币没有持续升值的预期",《上海证券报》,2003年10月10日。

[6]曹红辉,"解决人民币汇率问题的关键在于改革形成机制",《上海证券报》,2003年9月25日。

[7]王尧、潘圆,"人民币升值危害大——'欧元之父'细说'蒙八条'",《中国青年报》,2003年11月7日。

[8]卫容之,"人民币升值预期挑战现行机制",《国际金融报》,2003年12月30日。

[9]李兆清、钮文新,"人民币主动升值5%气候渐成,途径方案尚待确定",《财经时报》,

2004 年 2 月 7 日。

[10]周小川,“中国渐进式改革与汇率体制演变”,《金融时报》,2003 年 9 月 24 日。

[11]宋方灿,“世界三大货币权威人士认为人民币汇率应保持稳定”,中国新闻网,2003 年11 月 4 日。

[12]阮煜琳,“欧元之父:短期内人民币升值会使东南亚处于灾难”,中国新闻网,2003 年 11 月 1 日。

(本文刊载于《金融研究》,2005 年第 1 期)

应建立利率市场化下的银行同业定价协调机制

（2013年8月）

一、利率市场化后的风险

2013年7月，我国进一步推进利率市场化改革，自2013年7月20日起全面放开金融机构贷款利率管制。将取消金融机构贷款利率0.7倍的下限，由金融机构根据商业原则自主确定贷款利率水平，并取消票据贴现利率管制，改变贴现利率在再贴现利率基础上加点确定的方式，由金融机构自主确定。下一步将进一步完善存款利率市场化所需要的各项基础条件，稳妥有序地推进存款利率市场化。

虽然存款利率还没有完全放开，但贷款利率放开，意味着我国利率完全市场化的条件已经基本具备。现在要研究的问题是我国利率完全市场化后会产生哪些风险，如何防范和控制这些风险。利率虽然不"管制"了，但也不可放任自流，应加强管理。

在利率市场化改革完成和政府定价管制退出之后，需要有一种机制来填补这个真空，在一段时期内对无序和过度的价格竞争进行抑制，并使之稳定在一个合理的水平和限度内。从国际经验看，这种机制的最好形式就是银行同业间的定价协调机制，它既能保证各成员银行的话语权和自主权，又可有效避免恶性竞争，有利于经济金融的稳健发展。

其一，在利率自由且同业之间缺乏协调的情况下，完全竞争的银行定价常会出现不计成本的恶性竞争乱象。在竞争客户存款方面，为扩大吸储规模，各银行可能会竞相提高存款利率，进行"高息揽储"，使得资金成本不断上升；在竞争贷款方面，各银行为争夺客户，可能会竞相压低贷款利率。激烈的价格竞争最终可能导致一些高度依赖信贷资产和利差收入的中小银行无力支撑而破产，严重情况下还可能引发局部或全局性金融危机。而通过同业定价协调机制，在一定时期内维持一个相对稳定的利差水平，可以为商业银行提供一个缓冲期，来开发新的业务模式和利润增长点。

其二，从国内现状看，不少金融机构的短期行为和非理性行为仍然普遍，容易出现"一放就乱"的现象。我国市场经济改革的历史还不长，市场竞争的秩序、习惯和各种协调机制尚不完善。同时，银行经营管理成熟度还不高，特别是公司治理机制还不够完善，很多地方性金融机构受当地政府影响较大。面对激烈的市场竞争，一些金融机构的短期行为和非理性行为仍然较多，市场秩序容易

“一放就乱”。建立一个有效的同业定价协调机制，对于抑制金融机构的非理性行为和保证银行业的稳健发展十分必要。

其三，我国货币市场尚不完善。无论是 Shibor（上海银行间同业拆放利率），还是央行再贷款利率和再贴现利率，所发挥的作用依然较为有限。特别是我国重点培育的基准利率 Shibor，在金融市场产品定价、央行货币政策传导以及商业银行内外部定价中的影响力和实际作用仍待强化。在以上配套条件尚不具备的情况下，银行业乃至金融市场的许多参与者都面临较大的风险和挑战，有必要通过同业定价协调机制来实现平稳过渡。

其四，我国商业银行多元化经营程度不高，在与国际银行同业的竞争中尚不具备优势，需要一个较长的时期来不断培育和增强核心竞争力。未来一段时期，许多国际金融机构都将市场拓展重点放在了以中国为主的亚太市场，谋划加大竞争力度。和它们相比，我国商业银行的多元化盈利能力仍然不强。为更好地迎接来自国际同业的挑战，有必要通过同业定价协调机制，为国内商业银行加快经营转型、增强产品创新能力、提升综合经营水平以及培育国际竞争力赢得时间和空间。

二、我国银行同业定价协调机制的设想

此设想源于中国工商银行城市金融研究所主持完成的项目“利率市场化条件下银行同业定价协调机制研究”（参见“利率市场化与同业定价协调机制”，《金融时报》，2012 年 11 月 12 日）。我是项目评审组成员，认为此设想有一定可行性。

1. 协调方式

我国银行同业定价的协调可以通过以下两种方式开展：一是以央行的基准利率为基础，发挥大型银行存贷款定价的引领和主导作用，通过大型银行在竞争中的默契和克制，引导和维护整个银行业的良性竞争环境；二是发挥银行业协会等行业组织的作用，以行业组织为纽带，保持市场竞争主体间的沟通、协调及信息共享。

2. 协调主体

成立利率定价协调委员会。定价协调委员会的成员以 10—20 人为宜。成员资格的确定应遵循如下原则：一是发挥系统重要性银行的稳定器作用，对市场份额达到一定标准（如 5%）的银行可每家给予一票；二是尊重中小金融机构的权利，给予一定的票数（不少于 1/3），吸收一定数量风险管理能力较强的中小银行加入进来；三是引入监管机构（央行、银监会、财政部、发改委等）的专家，增强协调委员会的权威性，更好地贯彻各项宏观政策。

3. 协调内容

我国银行同业定价协调的内容应包括以下几点：

一是最优惠贷款利率。这是各银行机构对信用等级最高的优质客户发放贷款的最低利率，其他各类型的客户和贷款品种可以在此基础上根据风险状况加上不同点差，但不得低于此利率。

二是人民币小额存款利率。这是各家银行针对一般小额存款的利率上限。小额的界限暂可设为600万元以下（银监会2011年明确私人银行的门槛是600万元金融资产）。

三是部分中间业务费率。在银行执行市场调节价的中间业务中，有一些业务量庞大、涉及广大客户和公众利益的品种（如跨行查询取款、异地存取款、银行向第三方支付机构转账等），各行费率不一，易引起无序竞争和公众质疑，也应纳入协调范围。

4. 协调价格的设定与动态调整

最优贷款利率和小额存款利率作为主导协调利率，既要灵敏反映央行基准利率的变化并及时作出调整，又要考虑到存贷款利率具有一定的黏性，变动幅度不宜过于频繁。

协调委员会可在货币市场和债券市场中选取几个重要性高、应用范围广和成交量大的利率（如3个月Shibor利率和1年期、2年期、5年期国债即期收益率），通过加权形成指标利率，然后在此基础上综合考虑银行系统资金余缺状况和业务运营结构，协商确定主导利率。

在主导利率调整之后，协调委员会钉住指标利率的波动，当其在一定期限内的移动平均值波动达到一定幅度时，触发利率调整，对主导利率水平进行调整。

当宏观经济和市场利率出现剧烈波动、严重影响银行业稳定性的情形时，协调委员会可召开紧急会议，及时调整同业利率，以降低冲击程度和维持稳定。

（本文刊载于2013年8月12日曹凤岐新浪博客）

各国利率市场化的经验与教训

（2013 年 9 月）

中国人民银行决定，自 2013 年 7 月 20 日起全面放开金融机构贷款利率管制。①取消金融机构贷款利率 0.7 倍的下限，由金融机构根据商业原则自主确定贷款利率水平。②取消票据贴现利率管制，改变贴现利率在再贴现利率基础上加点确定的方式，由金融机构自主确定。③对农村信用社贷款利率不再设立上限。④为继续严格执行差别化的住房信贷政策，促进房地产市场健康发展，个人住房贷款利率浮动区间暂不作调整。尽管对存款利率暂时没有放开，但放开贷款利率，是一项非常重大的举措，迈出了利率市场化最关键和最重要的一步，从某种程度上说，中国已基本实现利率市场化了。当然这种市场化是经济发展的必然结果。

我们现在的主要任务是研究利率市场化对经济产生的影响、利率放开后带来的风险以及如何加强管理的问题。因此，有必要总结国际利率市场化（或称“利率自由化”）的经验教训，使中国利率市场化的路走得更顺。

一、各国采取不同的利率管理体制

1. 国家集中管理

利率基本由国家货币当局进行管理，中国在改革开放以前、苏联、东欧等都采取这种形式，调整利率和制定利率政策都是由国家进行。

2. 市场自由决定

发达国家主要采取这种形式。利率市场化管理是现代利率管理的重要内容，但并不是所有发达国家的利率都由市场自行决定，而且发达国家也不是一直这样，而是近些年来才逐渐进行利率市场管理。

3. 市场管理和国家管理相结合

这种体制是指某些重要的利率由国家来确定，其他利率放开。改革开放后的中国类似于此，存贷款利率、再贷款利率由国家决定，而同业拆借、国债利率逐步放开，现在逐步过渡到除了存款利率没放开外，其他利率几乎全部由市场决定的地步。

采取何种利率管理体制根据各国的不同情况而定。

二、国际利率市场化的进程

20 世纪八九十年代各国大都经历过从严格利率管理到逐步放松管制的过程，也就是经历从利率管制到利率市场化的过程。即便是发达的市场经济国家也是如此。

1. 美国的利率市场化改革

美国的利率市场化改革，是一个典型的发达金融市场逐渐向政府管制“逼宫”的案例。始于 1929—1933 年大危机之后的 Q 项规则是美国利率管制的象征。所谓 Q 项规则，只是按照美联储规则顺序排出的一项规则，如第一项为 A 项规则，而对存款利率进行管制的规则正好是 Q 项，所以称为 Q 项规则。该规则规定（按银行法），银行对于活期存款不得公开支付利息，对于储蓄存款和定期存款的利率设定最高限度，所以 Q 项规则变成对存款利率进行管制的代名词。Q 项规则的实施，对 30 年代维护和恢复金融秩序，对 40 年代至 50 年代初的美国政府低成本筹措战争借款和战后美国经济的迅速复苏，起到了一定的积极作用。但是随着战后美国经济的迅速增长、国民财富的增加，到了 50 年代中后期，特别是 60 年代之后，Q 项规则的弊端逐渐显露出来。另外，由于 Q 项规则只规定金融机构的存款利率上限，不干涉金融市场上的其他利率，这样到了 60 年代中期市场上的市场利率与 Q 项规则规定的最高利率之间的差距越来越大，干扰了正常的经济运行。到 1979—1980 年时，整个经济形势已极为严峻，主要表现在：①史无前例的高市场利率；②存款机构存款锐减，货币市场资金激增；③一些大银行经营困难；④金融创新工具层出不穷。迫于形势，美国国会于 1980 年通过了《解除存款机构管制与货币管理法案》，从而揭开了利率市场化的序幕。此后的六年中美国成功废除了 Q 项规则，于 1986 年 3 月成功实现了利率市场化。

2. 日本的利率市场化改革

日本从 1977 年 4 月大藏省正式批准各商业银行承购的国债可以在持有一段时间后上市销售，到 1994 年 10 月放开全部利率管制，经过 17 年的努力，最终成功实现了利率市场化。日本的利率市场化改革大致经历了如下四个过程：①实行国债交易和发行利率的市场化；②丰富短期资金市场上的交易品种［主要是丰富大额可转让定期存单（CD）和商业票据（CP）两个交易品种］并扩大其交易规模，实现银行间市场、中长期债券市场、短期资金市场上大额交易品种的市场化；③在拓展市场交易品种和扩大交易规模的基础上实现交易品种小额化，将市场利率从大额交易导入小额交易；④实现存贷款利率的市场化，完全放开利率管制，实现利率的全面市场化。

3. 印度尼西亚的利率市场化改革

印度尼西亚的利率市场化是从 1983 年 6 月开始的。其目的是在石油收入减少之后，强化金融体系动员金融资源的能力，使之由管制金融变为市场化金融。如果单看对国有银行利率管制的完全放松，那么我们可以认为印度尼西亚当时就实现了利率市场化。如果结合其他国内金融改革来分析，我们发现后续几年印度尼西亚政府一直在完善对利率进行直接信贷管理的政策，因为此次改革只是在利率上放开了管制，在信贷上的控制仍然较严。所以 1988 年 10 月推出的 PAKTO 及后续措施，便是巩固 1983 年改革的成果，进一步将其推向完善。印度尼西亚的利率改革有着鲜明的特色：一是违背了被理论家们普遍认同的正常改革顺序，将资本账户开放在先，将国内金融改革置于资本流动背景下来进行；二是将对利率信贷管制的放松置于国内其他金融改革之前；三是利率改革在没有发达货币市场的背景下展开。

4. 马来西亚的利率市场化改革

马来西亚可能是亚洲国家中最早开始尝试利率市场化改革的国家，其曲折反复相对也较多。1971 年，超过 4 年的存款利率便由马来西亚商业银行依据市场供求自由决定。次年，超过 1 年的存款利率也照此办理。1973 年 8 月 1 日，金融公司（主要以消费信贷和中小企业为服务对象）的存款利率也可自由决定。这些仅仅是改革的前奏，真正大规模的利率市场化是 1978 年 10 月开始的，当时马来西亚货币当局完全放开了商业银行的存款利率。由于商业银行有权自由决定贷款利率，因此当存款利率上升时，银行也会随之提高贷款利率，但是当存款利率下降时，已提高了的贷款利率水平并不随之下降或只小幅降低。为此，1981 年 11 月，马来西亚货币当局采用新的利率决定机制，即由当局规定适用于商业银行和金融公司的基准放款利率（Base Leading Rate，BLR），实际的放款利率围绕 BLR 波动。1985 年 10 月之后的流动性偏紧时期，存款利率又被管制。1991 年 2 月 1 日，马来西亚货币当局再次取消全部利率管制。

5. 智利的利率市场化改革

从 1974 年起，智利新政府在一大批被戏称为“芝加哥男孩”的经济学家推动下，开始了悲壮的货币主义性质的经济自由化改革，其金融改革最引人注目。智利的利率市场化改革是以失败的典型被人们记住的，其改革进程充满了经验和教训。1974—1976 年，其国内金融自由化改革几乎全部完成。1976 年完成银行私有化，1977 年实现利率市场化，1979 年资本账户开放。在改革后的短期内取得了一定成效，但利率放开后，由于金融监管机制的建设不力、银行制度设计上存在缺陷等，智利的利率市场化陷入困境，1976—1982 年间，年平均实际利率达到 32%，某些单项利率最高时达 69%。

智利的利率市场化改革未达到预期目标，不仅出现了储蓄负增长、投资增势缓慢，而且出现了外资过度流入和比索升值，从 1979 年 6 月至 1982 年 6 月的三年中，外资流入翻了两番，比索大约升值了 25%，但到了 1981 年后期，外资流入量已大幅减少，再加上公众缺乏信心，比索贬值已成共识。1982 年 6 月，智利政府不得不宣布比索大幅度贬值，贬值幅度达 18%。此后比索一直处于贬值状态，到 1983 年时，比索已贬值 99%。由于银行大量借外债用于放款，此时，其情形已是智利银行体系的实际破产。智利政府不得不出面对之进行挽救，重新将银行收归政府帐下，利率也就不得不被重新管制，利率市场化改革宣告失败。

三、各国利率市场化的经验、教训及启示

比较分析国际上一些国家利率市场化实施的背景、进程与后果，我们可以得出以下经验与教训。

1. 改革时机的选择对改革的成败影响深远

利率市场化应在稳定的宏观经济环境下实施。在宏观经济形势稳定情况下推进改革、选择改革者多取得成功或进展顺利；而在宏观经济形势不稳定情况下推进改革，改革多夭折，如智利、乌拉圭、阿根廷三国在通货膨胀居高不下的环境下进行利率市场化改革，结果引发了超高利率，外资过度流入，本币大幅升值，通货膨胀加剧，带来了严重的经济问题，政府为应对这一问题被迫宣布本币贬值，加重了企业和银行的外债负担，引发了外资的大幅度流出，造成汇率剧烈波动，出现了严重的金融危机。再如，菲律宾在 1980 年进行利率市场化改革，由于当时宏观经济环境不稳定，改革两年后出现了严重经济动荡，也爆发了大规模的金融危机。

2. 利率市场化改革的方式选择至关重要

利率市场化的方式不外乎激进式和渐进式两种。激进式的利率市场化改革可在短期内迅速解除一切由管制带来的扭曲，但这种方式极易造成经济运行的波动，对经济运行造成损失，如果波动幅度过大，对经济运行造成的损害需要较长时间修复。渐进式的利率市场化改革可以避免经济较大幅度的波动，以及利率市场化带来的逆向选择和逆向的激励效应，但会带来福利损失。因此，利率市场化的方式选择不能一概而论。比较各国利率市场化的进程可以发现，其中既有成功的渐进式范例，也有成功的激进式范例。一国选择何种方式推进利率市

场化，要根据本国的具体情况而定。若一国的各经济行为主体适应新形势的能力比较强，如银行能很快调整其资产组合，企业能很快调整其财务管理思维，政府能很快完备其监管手段，则应采取激进的方式推进利率市场化，以减少福利损失。反之，则应采取渐进方式。

3. 突破口的选择和步骤安排是决定利率市场化改革成败的一个重要因素

在放松利率管制的过程中，寻找合适的突破口非常关键。一般来说，这种突破口工具应具有联结自由市场利率和管制利率的功能。美国金融界找到的突破口是 CD 的发行与交易，而日本以国债的发行利率和交易利率市场化为突破口成功地实现了利率市场化。突破口找到之后，合理的步骤安排也至关重要。比较各国的利率市场化进程，我们发现成功推进利率市场化的国家在步骤安排上有不少相似点，它们基本上都是先放开银行同业拆借利率和国债利率，再过渡到贷款利率，最后才放开存款利率；而且往往从长期利率、大额交易开始放开，逐步过渡到短期利率、小额交易。

4. 要建立一套有效的银行监督体系以及适宜的法律和规章来取代对利率与金融的直接干预

在放开利率、金融自由化的过程中，必须建立一套适宜而谨慎的管理制度，制定高质量的监管标准，进行严格而有效的银行监督，评审银行风险。这对利率放开后的金融体系成功地发挥作用非常重要。新西兰在短短两个月内取消对利率的所有控制，而没有出现体制突变带来的诸多问题，与新西兰政府出色的监管工作息息相关。例如，新西兰对于银行业的进入限制严格，规定利率市场化三年内不准新银行进入，以便原有银行或其他金融机构有足够的时间来强化自我，免遭竞争不利的冲击。阿根廷、智利、乌拉圭、菲律宾和土耳其在利率放开之后，由于没有建立有效的监管机制，银行间出现了无序竞争，金融机构的清偿能力减弱，从而威胁到整个金融体系的安全。

5. 发展中国家利率市场化不能照搬发达国家的经验

发达国家在金融改革方面已先行一步，其经验可资发展中国家借鉴，但是其历程、具体方式、方法、时机选择并不一定都适合发展中国家。原因如下：

(1) 发达国家的金融市场发育较早，其基础结构如社会货币程度、金融市场结构、金融产品品种和规模、交易人员数量和素质、交易的规章条例等已较发达或完善，而发展中国家的金融不发达恰恰表现在这些方面。

(2) 发达国家的政府在收入方面对金融部门的依赖程度，相对于发展中国家政府要小得多；而发展中国家政府由于税收收入无法满足其日常需要，对金融部门在收入方面的依赖程度要高得多。

(3)发达国家由于总体上经济管制程度不高,社会其他部门的扭曲现象没有或不严重,只是由于金融部门特有的功能和其天生的脆弱性,或由于历史上的一些偶然原因或其他社会文化、政治方面的因素,而对之实施了管制,放松这些管制相对也较为容易,发展中国家政府对经济的管制程度则要广泛和深入得多。

基于上述理由,发展中国家在金融改革方面只能借鉴发达国家一些有益的经验,不能全盘照搬。

6. 改革顺序的安排要讲求规律和技巧

由于利率市场化只是金融自由化、经济自由化整体中的一部分,所以必然要涉及改革顺序的安排问题,利率改革不可超前,当然也不能久拖不改。按照一些学者的看法,在整个金融体制改革中,利率市场化改革应排在最后一个阶段进行(Capriole Vine,1994),目的是防止由于过早放开利率,一旦在监管方面操作有误,会造成对整个金融改革进程的冲击。在实践中,由于各国的具体情况各异,改革推出的时机不同,如何具体安排改革顺序也各有不同。但有一点是成功者的共同经验,即对改革顺序进行精心安排。

7. 对后利率市场化的风险问题应尽早防范

利率市场化之后,由于对银行的其他管制也已放松,便会引起一个普遍存在的问题:金融机构资金会大量流向一些管制背景下发展不足但却可迅速升值的行业中去。市场化之后,许多国家都遇到过具有泡沫性质资产的价格的骤升问题,如日本、马来西亚、智利、瑞典等都曾遇到,有的还非常严重。这就对作为经济调控者的政府提出了一个新问题,即如何有效防止此类事件发生,或减少其破坏性影响。所以,利率市场化之后面临的另一个问题,便是原有银行如何处理好其管制时代积累起来的大量问题。绝大多数国家都曾面临或正在面临这一问题,但却苦无良策。例如,美国出现的储蓄与信贷协会危机,并没有得到很好的解决。当然,后利率市场化问题还有许多,如利率波动频繁、资金流动速度加快等。这些问题在设计利率市场化政策初期如果给予较多考虑,那么,在后来实践中遇到时,就可以较为主动地去处理了。

8. 利率市场化的经验教训

(1)利率市场化是历史发展趋势。

(2)利率市场化改革成功和市场发育程度有关,如果在经济市场化程度不够的条件下盲目放开汇率和利率,会造成可怕的后果,经济承受不了。

(3)利率市场化改革可能是一种渐进的过程,要逐步放开而不是一蹴而就,还需很多配套措施同时来完善。

(4)与金融监管体制要相适应。必须有金融监管体制来保证利率改革的成功,否则无法控制利率和汇率改革带来的资本流动,可能造成高利率。

(5)改革的时机要恰当把握。

(本文刊载于《中国中小企业》,2013 年第 9 期)

利率市场化进程中基准利率在货币政策体系中的地位与构建

（2014 年 4 月）

一、引言

20 世纪 70 年代，发达经济体的经济萧条导致凯恩斯的货币利率理论在理论界普遍受到质疑。与此同时，1973 年，R·I. 麦金农（1997）和爱德华·肖（1988）分别在《经济发展中的货币与资本》和《经济发展中的金融深化》中提出了金融抑制与金融深化论，奠定了金融自由化的理论基石。此后，自由主义在发达经济体中再次兴起，发达经济体开始解除利率管制，开启了世界范围内利率市场化改革的序幕。此后二三十年内，全球范围内发达经济体和发展中国家相继展开利率市场化改革。截至目前，绝大多数市场经济国家均已完成了利率市场化改革。

利率市场化是指利率水平由市场供求关系决定的利率运行机制，它包括利率决定、利率传导、利率结构和利率管理的市场化。利率市场化即形成以基准利率为基础，以货币市场利率为中介，由金融市场供求决定的利率形成机制（朱新蓉，2010）。凯恩斯（1983）曾指出，把经济体系中任何一个因素单独提出来，都和利率有一定的关系。

市场处于配置资源的决定性地位是市场经济的基本内涵，在金融市场也同样如此。金融业市场化以利率作为配置金融资源的基本金融工具，将金融资源配置到效率高的实体领域，从而持续推动经济增长。因此，利率市场化改革关系到金融资源配置的效率，关系到实体经济的可持续发展。

利率市场化改革与基准利率构建相辅相成，在利率市场化改革中构建基准利率，以基准利率推进利率市场化改革，成为美国、英国等发达经济体利率市场化的驱动模式。以美国 FFR 为代表的联邦基金利率和以英国 Libor 为代表的银行间同业拆借利率作为金融市场的基准利率，是基准利率构建的成功典范。以市场化的基准利率作为金融产品的定价基准，中央银行通过调控基准利率来间接调控市场利率水平，从而实现货币政策目标。因而，构建基准利率是利率市场化的基础与前提。

二、利率市场化改革进程

20 世纪 90 年代，我国开启了利率市场化改革。1996 年 6 月至 2004 年 1 月

1 日，我国先后放开了同业拆借利率、政策性银行金融债券发行利率、国债发行利率、3000 万元以上和期限在 5 年以上的保险公司存款利率、外币贷款利率、300 万美元（或等值的其他外币）以上外币定期存款利率。

2004 年 10 月 29 日，我国中央银行放开了金融机构贷款利率上限（城乡信用社除外）和存款利率下限，这在我国利率市场化改革进程中具有里程碑式的意义，标志着我国利率市场化顺利实现了“贷款利率管下限，存款利率管上限”的阶段性目标，构建了现阶段我国利率市场化改革的总体框架。

2007 年 1 月 4 日起，我国中央银行在货币市场正式对外发布上海银行间同业拆借利率（Shibor）报价机制，使之承担起作为我国基准利率的重任。Shibor 的建立，标志着我国利率市场化进程进入了新的阶段。

2012 年 6 月 7 日和 7 月 6 日，央行宣布，不对称下调金融机构人民币贷款基准利率。将金融机构存款利率浮动区间的上限，调整为基准利率的 1.1 倍，并将金融机构贷款利率浮动区间的下限，调整为基准利率的 0.7 倍。

2013 年 7 月 20 日，中央银行决定，全面放开金融机构贷款利率管制。取消金融机构贷款利率 0.7 倍的下限，取消农村信用社贷款利率上限，由金融机构根据商业原则自主确定贷款利率水平，并取消票据贴现利率管制，改变贴现利率在再贴现利率基础上加点确定的方式，由金融机构自主确定。

回顾十多年来我国利率市场化改革进程，货币市场利率、债券市场利率和外币存贷款利率、票据贴现利率、人民币贷款利率均已实现市场化。我国在利率市场化的改革进程中取得了显著的进步，部分金融市场的利率市场化程度大大提高。而人民币存款利率仍然处于管制状态。这种利率市场的双轨制，一部分金融产品受市场化利率调整，另一部分金融产品受非市场化利率调整，使得货币政策传导机制受到制约，从而削弱了 Shibor 作为金融市场基准利率的地位。

目前人民币存款利率仍受到管制，利率市场化改革尚未完成，利率仍不具备配置金融资源的基础性地位。当然，人民币存款利率是利率市场化改革的核心环节。然而，近年来我国商业银行发行的银行理财产品已经逐步取代部分存款。此外，2013 年以余额宝、财付通、P2P、百发等为代表的互联网金融发展突飞猛进，银行存款正在以月均千亿的规模迅速撤出，转移到互联网金融，即使银行将存款上调到央行规定的上限也无法与之竞争。互联网金融正在倒逼商业银行存款利率市场化，我国商业银行存款利率市场化已经指日可待。

值得重视的是，利率市场化并不意味着利率完全由市场调节，利率市场化的国家均是在市场化调节利率的基础上，由各国中央银行对基准利率进行控制，通过货币政策运行机制和利率传导机制，对金融市场的利率进行调控，从而实现货币政策目标。因此，研究基准利率在货币政策运行机制中的地位，分析基准利率在货币传导机制中的重要性，以此完善我国基准利率的建设，为平稳有序推动利率市场化改革奠定基础。

三、基准利率在货币政策运行机制中的地位

始于1929—1933年大危机之后的Q项规则是美国利率管制的象征。该规则规定，银行对活期存款不得公开支付利息，对储蓄存款和定期存款的利率设定最高限度（曹凤岐，2008）。1980年3月，美国国会通过了《解除存款机构放松管制与货币管理法案》，揭开了利率市场化的序幕。此后，美国分阶段逐步取消了Q项规则对定期存款和储蓄存款的利率限制，于1986年成功实现了利率市场化改革。

在美国利率市场化改革中，一项重要内容是确定了联邦基金利率（FFR）作为货币市场的基准利率，并以联邦基金利率作为美联储执行货币政策工具的传导机制。如图1所示，美联储通过直接控制货币政策工具（公开市场操作、贴现贷款和法定准备金率），运用政策手段（准备金总量、联邦基金利率）调控，通过中介指标（货币总量、长期利率），实现货币政策目标（物价稳定、充分就业、经济增长）。其中，政策手段的确定是一项需要深入分析的问题。

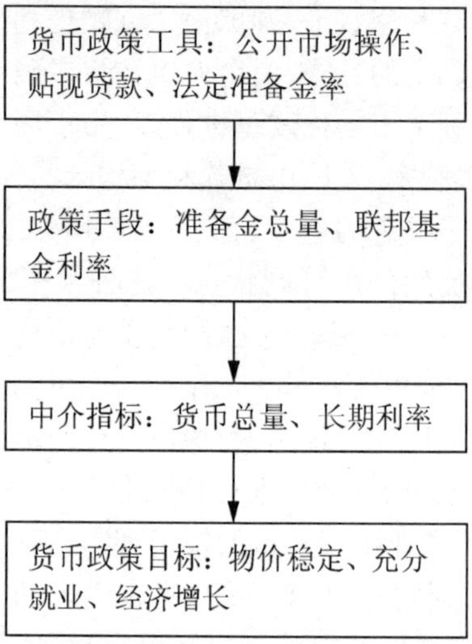

图1　货币政策工具、政策手段、中介指标和货币政策目标之间的关联

（一）政策手段的定位

政策手段（Policy Instrument），也称操作手段，是对中央银行工具作出反应，并反映货币政策状态（宽松或紧缩）的变量。美联储等中央银行可以选择的政策手段有两种类型：准备金总量（准备金、非借入准备金、基础货币和非借入基

础货币)与利率(联邦基金利率和其他短期利率)。而货币总量(如 M2)或长期利率等指标不能由中央银行的政策工具直接影响,不能作为政策手段,只能作为中介指标(Intermediate Targets),介于政策手段与货币政策目标之间,但与货币政策目标的联系更为紧密。

（二）货币政策手段的认定标准

在准备金总量和联邦基金利率之间,中央银行选择哪一项指标作为货币政策手段?是否两者均可以作为货币政策手段?弗雷德里克·S. 米什金(2011)从供求分析的结论得出,联邦基金利率和准备金总量之间是不兼容的。这意味着选择货币总量指标就必须放弃对利率的控制,反之亦然。因而,中央银行只能选择其中一项指标作为政策手段。考虑到不得不在两者之间作出选择,分析选择货币政策手段需要遵循的标准,显得尤为重要。货币政策手段需要满足以下三项标准。

1. 可测量性

政策手段的基本职能是能够迅速发出有关政策立场的信号,为此政策手段首先具有可度量性。非借入准备金等准备金总量易于度量,但准备金总量的发布存在一定的时滞(这个时滞为两周)。相反,联邦基金利率等短期利率不仅易于度量,而且可以立即得到数据。因此,相较于准备金总量而言,联邦基金利率的可测量性使之更适合作为政策手段。

2. 可控性

中央银行必须对一项指标能够实施有效的控制,方可发挥货币政策的作用。准备金可以与现金相互转化,故中央银行对非借入准备金等准备金总量不能施以完全控制。然而,美联储可以充分控制联邦基金利率等短期利率,就可控性而言,联邦基金利率优于准备金总量。

3. 有效性

一项指标要发挥货币政策的作用,其中最重要的是该政策手段可以有效实现货币政策目标,这意味着其不仅对目标有预计的影响,并且要有显著的影响,否则政策手段就会失去其最基本的功能。虽然就利率与准备金总量对货币政策目标的直接联系尚存在争议,但近年来,大部分中央银行认为,利率与通货膨胀率等目标之间的联系较货币总量与通货膨胀之间的联系相比,更为密切。因此,世界各国的中央银行普遍使用短期利率作为其政策手段。

（三）泰勒规则

目前美联储和大部分其他中央银行都通过设定联邦基金利率等短期利率指

标来实施货币政策,但是,这个指标应如何确定?斯坦福大学的约翰·泰勒教授提出了所谓的泰勒规则(Taylor Rule)。泰勒规则认为,联邦基金利率应该等于通货膨胀率加上一个"均衡"的实际联邦基金利率再加上两个缺口的加权平均:一是通货膨胀缺口,即当前的通货膨胀率减去目标通货膨胀率;二是产出缺口,即实际GDP与潜在充分就业水平下的GDP估计值的百分率偏差。这个规则可以写成:

联邦基金利率指标=通货膨胀率+均衡实际联邦基金利率+1/2(通货膨胀缺口)+1/2(产出缺口)

在该规则中,泰勒假定均衡的实际联邦基金利率是2%,适当的目标通货膨胀率也是2%,通货膨胀缺口和产出缺口的权重都是1/2。假定通货膨胀率是3%,导致正的通货膨胀缺口1%(3% -2%),而实际GDP大约比潜在水平低1%,有正的产出缺口1%。因而,泰勒规则表明,联邦基金利率应该定在6%:

6% =[3%的通货膨胀率+2%的均衡实际联邦基金利率+1/2(1%的通货膨胀缺口)+1/2(1%的产出缺口)]

在泰勒规则中,如果通货膨胀率上升1个百分点,联邦基金利率指标就会提高1.5个百分点,幅度超过通货膨胀率的变动幅度,这就是泰勒定理(Taylor Principle)。这意味着通货膨胀率上升1个百分点导致实际联邦基金利率多提高0.5个百分点。中央银行提高名义利率的幅度应当超过通货膨胀率的上升幅度,这对于货币政策的制定有着至关重要的意义。假定没有遵循泰勒定理,名义利率上升的幅度小于通货膨胀率,实际利率将会随着通货膨胀率的上升而下降,从而引发严重的经济危机,原因是通货膨胀率上升导致货币政策的放松,这会导致未来通货膨胀率进一步升高。事实上,从1979年开始,泰勒定理就成为制定货币政策的一个基本规则。

四、基准利率在货币政策传导机制中的地位

各国中央银行运用货币政策工具,通过货币政策的传导机制,实现货币政策目标。关于货币政策的传导机制,经济学界的研究主要分为两个方向:其一是传统的利率传导途径,其二是信用途径。

(一)传统的利率传导途径

传统的要素观点认为,货币传导机制是通过下式所示的顺序发挥作用的,它反映了扩张性货币政策的影响:

扩张性的货币政策→$R\downarrow \rightarrow i_r\downarrow \rightarrow I\uparrow \rightarrow Y\uparrow$ (1)

(1)式表明,扩张性货币政策导致了基准利率的下降($R\downarrow$),市场基准利率

的下降引发实际利率水平的下降($i_r\downarrow$),这会降低筹资成本,进而引起投资的扩张($I\uparrow$),最终导致总需求和总产出水平的上升($Y\uparrow$)。

利率传导机制的重要特征在于,中央银行通过货币政策工具来影响市场基准利率,并以市场基准利率来影响市场的实际利率,而非名义利率。实际利率水平的降低会导致企业固定资产投资、居民住宅投资、存货投资和消费者耐用消费品支出的增加,这一系列变化会导致 GDP 的增长。

泰勒等经济学家坚持认为,有足够的实证证据表明,利率水平通过改变筹资成本对消费支出和投资支出产生重要作用。然而其观点受到以普林斯顿大学本·伯南克(Ben Bernanke,1995)(曾任美联储主席)和纽约大学马克·格特勒(Mark Gerler,1995)为代表的一批研究人员的反对,这些反对者认为没有足够的实证证据表明利率水平通过改变筹资成本发挥作用。

这些研究人员转为研究通过信息不对称对信用市场的影响发挥作用,即所谓的信用途径观点(Credit View)。

(二)信用途径

许多经济学家(Ben Bernanke,1993;R. Glenn Hubhard,1995)主张利用金融市场存在的信息不对称问题来解释货币政策的传导机制,这种解释称为信用途径观点,其主要观点在于其认为信用市场的信息问题会导致两类货币政策的传导途径:一类是通过影响银行的放贷行为发挥作用,另一类是通过影响企业和消费者的资产负债表发挥作用。但其中银行贷款途径是主要的途径,而资产负债表途径的重要性在不断降低。

银行具有解决信用市场信息不对称问题的作用,这是银行贷款途径的基础。货币政策的银行贷款途径的作用机制如下:

扩张性的货币政策→银行存款$\uparrow$→$R\downarrow$→银行贷款$\uparrow$→$I\uparrow$→$Y\uparrow$ (2)

(2)式表明,扩张性的货币政策会增加银行的准备金和存款,从而导致基准利率的下降($R\downarrow$),市场基准利率的下降引发市场对银行贷款需求量的增加,从而产生贷款的增加,进而必然产生投资扩张以及消费的提高,最终导致总需求和总产出水平的上升($Y\uparrow$),推动经济增长。

信用途径观点解释了货币政策通过基准利率对规模较小的中小微企业产生巨大的影响力,因为中小微企业主要依赖于银行的贷款获得融资,大企业可以通过债券市场和资本市场获得融资,而不依赖于信贷市场。

尽管有学者证实了上述观点,但在理论界还存在许多争议,这是因为在美国,通过银行信贷的货币传导机制作用已经今不如昔,主要是因为美国的银行传统贷款业务呈下降趋势,这使得银行贷款的传导机制的作用下降。但对于我国而言，则恰恰相反，我国历来是一个有着储蓄传统的国家，存款率一直名列世界前茅，而且银行贷款规模在融资市场中独占鳌头。因此，信用途径的货币政策传导机制适用于我国的国情。

无论是传统的利率传导机制，还是信用途径，作为市场化的利率体系，基准利率都是各国中央银行实现货币政策目标的一个重要环节。缺乏完善的市场基准利率，货币政策的传导机制将受到严重的限制，而且还会影响货币政策工具有效性的发挥。基准利率机制，从上承接中央银行的货币政策工具，从下反映货币市场的利率水平，进而通过商业银行存贷款利率水平来影响投资、消费的关系，实现推动经济增长、充分就业、控制通货膨胀等货币政策目标。因此，建立完善的市场基准利率是利率市场化的基础与前提，是中央银行实现货币政策工具的桥梁和纽带，具有不可替代的重要作用。

五、银行同业定价协调机制的设想

目前我国重点培育的 Shibor 已经成为货币市场基准利率。但仅限于此是远远不够的。利率市场化之后，中央银行将不再发布信贷市场人民币存贷款的基准利率，而是要通过调控 Shibor 这一基准利率来间接调控信贷市场的利率水平。因此，改革的目标是将 Shibor 打造成金融市场的基准利率。但目前 Shibor 在金融市场产品定价、信贷市场、中央银行货币政策传导机制方面的影响力仍然有限，其实际作用还有待强化。在 Shibor 真正成为金融市场基准利率之前，需要一种机制来填补这个真空。从国际经验看，这种机制的最好形式就是银行同业间的定价协调机制，通过定价协调机制实现基准利率建设的平稳过渡，有效避免银行间的恶性竞争，有利于经济金融的稳健发展。

（一）协调方式

我国银行同业定价的协调可以通过以下两种方式展开：一是以中央银行的基准利率为基础，发挥大型银行存贷款定价的引领和主导作用，通过大型银行引导和维护整个银行业的良性竞争环境；二是发挥银行业协会等行业组织的作用，以行业组织为纽带，保持市场竞争主体间的沟通、协调及信息共享。

（二）协调主体

成立利率定价协调委员会。定价协调委员会的成员以 10—20 人为宜。成员资格的确定应遵循如下原则：一是发挥系统重要性银行的稳定器作用，对市场份额达到一定标准（5%）的银行可每家给予一票；二是尊重中小金融机构的权利，给予一定的票数（不少于 1/3），吸收一定数量风险管理能力较强的中小银行加入进来；三是引入监管机构（中央银行、银监会、财政部、发改委等）的专家，增强协调委员会的权威性，更好地贯彻各项宏观政策。

（三）协调内容

我国银行同业定价协调的内容应包括以下几点：

一是最优惠贷款利率。这是各银行机构对信用等级最高的优质客户发放贷款的最低利率，其他各类型的客户和贷款品种可以在此基础上根据风险状况加上不同点差，但不得低于此利率。

二是人民币小额存款利率。这是各家银行针对一般小额存款的利率上限。小额的界限暂可设为600万元以下（银监会2011年明确私人银行的门槛是600万元金融资产）。

三是部分中间业务费率。在银行执行市场调节价的中间业务中，有一些业务量庞大、涉及广大客户和公众利益的品种（如跨行查询取款、异地存取款、银行向第三方支付机构转账等），各行费率不一，易引起无序竞争和公众质疑，也应纳入协调范围。

（四）协调价格的设定与动态调整

最优贷款利率和小额存款利率作为主导协调利率，既要灵敏反映中央银行基准利率的变化并及时作出调整，又要考虑到存贷款利率具有一定的黏性，变动幅度不宜过于频繁。协调委员会可在货币市场和债券市场中选取几个重要性高、应用范围广和成交量大的利率（如3个月Shibor利率和1年期、2年期、5年期国债即期收益率），通过协权形成指标利率，然后在此基础上综合考虑银行系统资金余缺状况和业务运营机构，协商确定主导利率。

在主导利率调整之后，协调委员会钉住指标利率的波动，当其在一定期限内的移动平均值波动达到一定幅度时，对主导利率水平进行调整。当宏观经济和市场利率出现剧烈波动，严重影响银行业稳定性的情形时，协调委员会可召开紧急会议，及时调整同业利率，以降低冲击程度和维持稳定。

六、完善Shibor运行机制

基准利率建设是利率市场化改革的重要组成部分。2007年1月4日，Shibor开始正式运行，标志着我国培育货币市场的基准利率拉开序幕。Shibor由16家中外商业银行组成报价团，提供拆入、拆出的双边报价，为单利、无担保、批发性利率。[①] 经过这些年的建设和培育，已经基本确立了Shibor在货币市场的基准利率地位，当然，Shibor在运行机制中还存在一些结构性缺陷。改进Shibor的

① 参见《上海银行间同业拆放利率实施准则》第2、5、7、9、12、13条规定。

形成机制和传导机制，是形成以 Shibor 为核心的市场化利率体系的重要内容。

（一）改进 Shibor 形成机制

1. 报价制改革为交易制

联邦基准利率采用交易制，而我国 Shibor 采用报价制。报价制的基本缺陷在于报价银行所报出的价格仅是报价，而无实质性成交的法律义务，往往产生银行的报价与市场实际交易不符，导致报价银行反映的基准拆借利率并不是市场利率的真实反映，这对于 Shibor 成为真正的市场基准利率构成重大缺陷。

改革 Shibor 报价制度，参考美国联邦基金利率，将报价制改为交易制。交易制存在的最大优势在于报价银行具有实质性交易的义务，银行发出的报价可以有效反映货币的实际利率水平，对报价银行抽取的样本进行平均计算得出的基准利率，可以作为货币市场的基准利率。

2. 扩大报价金融机构范围

《上海银行间同业拆放利率实施准则》规定，Shibor 报价银行原则上应具备下述条件："具有公开市场一级交易商资格或外汇市场做市商资格；货币市场交易活跃，即交易量较大、交易连续性较好、价差较小。"[①]目前 Shibor 报价银行团由 16 家商业银行组成[②]，从数量上看，报价银行的数量偏少，不能广泛代表整个金融体系。从结构上看，国有商业银行占主导地位，缺乏民营商业银行的参与。因而，报价银行团无论从数量还是结构上均不能实施交易制，否则会缺乏交易数据的连续性和稳定性。

改革报价银行团的数量和结构。允许更多的股份制商业银行、城市商业银行和外资银行参与 Shibor 报价的银行团。首先，将 16 家上市商业银行、国家开发银行和两家政策性银行全部纳入报价银行范畴。其次，将具有融资需求的保险公司、基金公司、信托公司等非银行金融机构加入到报价银行之中，扩大报价金融机构的数量和结构，从而从深度和广度上更大限度地代表金融市场，为未来实施交易制奠定基础。

3. 平衡交易结构

Shibor 的生成是基于报价制，因而报价银行的 Shibor 报价需要得到市场实际交易的支持，以此来支撑其报价的准确性。目前 Shibor 存在交易结构不平衡

---

① 参见《上海银行间同业拆放利率实施准则》第 5 条的规定。

② 包括工、农、中、建四家大型商业银行，交行、中信、兴业、招商、浦发和光大六家股份制商业银行，北京银行、上海银行和南京市商业银行三家城市商业银行，汇丰、渣打、德意志三家外资银行。参见田敏、邱长溶、马雷，"上海银行间同业拆放利率报价准确性分析"，《金融论坛》，2008 年第 9 期，第 60—61 页。

问题。Shibor的短期交易品种比较丰富,形成了一定的短期交易规模,由此可以产生有效的短期利率曲线。而当前Shibor中长期利率缺乏实际交易的支撑,报价银行失去了参考标准,无法形成有效的长期报价系统,由此无法产生有效的长期利率曲线。因而目前Shibor中长期报价主要参考中央银行票据发行利率。

为此,应当大力发展中长端交易市场,扩大金融债券、中期票据、企业债券、公司债券、中小企业债券等债券市场的交易规模,形成稳定、连续的中长端交易数据,为Shibor的中长期利率提供中长端交易数据支撑,形成稳定连续的长期利率曲线。

4. 形成市场化利率体系

美国联邦基金利率 $i_{ff}{}^*$ 的形成机制,是在准备金的供求量等于供给量,即 $R^s = R^d$ 时形成了联邦基金利率。同理,我国货币市场中,在扩大报价银行的基础上,按比例实行实际交易制,在有了足够大的交易规模的基础上,形成连续稳定的货币市场交易曲线,报价银行提供的拆入资金的报价利率与拆出资金的报价利率在经过市场均衡后,产生市场均衡利率,从而形成具有市场基准利率地位的Shibor。

(二)完善Shibor传导机制

1. 提高货币市场的流动性

美国联邦基准利率建立在高流动性的联邦准备金市场基础之上,其准备金的供给 R^s 可以分为两个部分:美联储公开市场操作所供给的准备金(NBR),以及向美联储借款所形成的准备金,称为借入准备金(BR)。我国Shibor则是由16家中外商业银行组成报价团的拆出准备金组成的同业拆借市场,其总量方面与美国的准备金市场相去甚远。货币市场的规模直接影响到货币市场的流动性,而流动性则是利率曲线的基本要素。因此,改革形成Shibor的货币市场,如前所述,扩大报价金融机构的范围,扩大货币市场的规模,从而有效提高货币市场的流动性,形成具有市场基准利率地位的Shibor。

2. 扩大基准利率定价范围

目前,短期融资券、金融债券、票据贴现等短期金融产品利率已先后形成了以Shibor为基准的定价机制。应继续扩大Shibor在长期交易金融产品中的推广与应用。在企业债券、公司债券、中期票据、中小企业债券等债券市场应当以Shibor为基准进行确定,实现短期金融产品和长期金融产品的完全市场化定价。让Shibor成为货币市场、信贷市场、债券市场等金融市场中金融产品定价的基准利率。

3. 数量调控向价格调控转变

目前我国中央银行主要通过调整法定利率，包括存款利率、法定准备金率和贴现率来调控信贷市场，再由信贷市场传递到货币市场，从而调整 Shibor，实现货币政策目标。这种以数量调控的利率传导机制容易导致货币供应量的增加，从而引发通货膨胀，不利于货币政策目标的实现。我国目前的事实也证明确实如此。

美联储以价格调控作为基本调控方式，通过直接控制货币政策工具（公开市场操作、贴现贷款和法定准备金率）来调整联邦基金利率，并通过中介指标来实现货币政策目标。我国中央银行应通过货币政策工具调控 Shibor 利率，再由 Shibor 引导金融机构金融产品和存贷款利率定价，进而通过银行存贷款利率水平来影响投资、消费关系，实现推动经济增长、充分就业、控制通货膨胀等货币政策目标，从而最终实现货币政策由数量调控向价格调控的转变。

七、结论

本文首先分析了美国联邦基金利率的运行机制，着力论证了基准利率在货币政策体系中具有承上启下的重要作用，在货币政策运行机制和货币政策传导机制中，基准利率是不可替代的中间环节。在我国利率市场化进程中，基准利率的建设和完善是实现利率市场化的一个重要组成部分。本文提出，我国 Shibor 仍处于培育和改革阶段，在其尚未成为金融市场的基准利率之前，有必要通过建立银行同业定价协调机制来实现平稳过渡。与此同时，应当改进和完善 Shibor 形成机制与传导机制，优化金融市场基准利率体系，形成市场化的利率体系，实现货币政策由数量调控转向价格调控的转变。进一步发挥利率机制在金融资源配置中的决定性作用，推动经济持续健康发展。

参考文献

[1]麦金农著，卢骢译，《经济发展中的货币与资本》，上海人民出版社，1997。

[2]爱德华·肖著，邵伏军、许晓明、宋先平译，《经济发展中的金融深化》，上海三联书店，1988。

[3]朱新蓉，《货币金融学》，中国金融出版社，2010。

[4]凯恩斯著，徐毓枬译，《就业、利息和货币通论》，商务印书局，1983。

[5]魏雅华，“利率市场化渐行渐近”，《聚焦》，2012 年第 9 期。

[6]曹凤岐，《货币金融管理学》，北京大学出版社，2008。

[7]弗雷德里克·S. 米什金著，郑艳文、荆国勇译，《货币金融学（第九版）》，中国人民大学出版社，2011。

[8]John B. Taylor,"Discretion Versus Policy Ruler in Practice", Carnegie Rochester Conference Series on Public Policy, 1993(39).

[9]Ben Bernanke and Mark Gertler,"Inside the Black Box: The Credit Channel of Monetary Policy Transmission", *Journal of Economic Perspectives*, 1995(9).

[10]Ben Bernanke,"Credit in the Macro economy", *Federal Reserve Bank of New York Quarterly Review*, 1993(Spring).

[11]R. Glenn Hubhard,"Is there a'Credit Channel' for Monetary Policy?", *Federal Reserve Bank of St. Louis Review*, 1995(77).

[12]徐建华,"我国利率市场化进程中的基准利率问题研究",山西财经大学硕士学位论文,2011。

（本文刊载于《中央财经大学学报》,2014 年第 4 期,孙艳军对本文的形成有贡献）

第四篇

金融国际化

中国资本市场国际化应分四阶段实施

（2003年10月）

种种迹象表明，中国资本市场正在加快它的国际化进程。

而对于中国资本市场国际化战略模式的选择，一个最基本的考虑因素就是风险因素，也就是资本市场开放后能否平稳运行的问题。如果任由国外投资者进入中国证券市场，且不能进行有效的监管和风险防范，以盈利为目的的外资金融机构频繁的资金运作必然会对中国整个金融体系造成巨大的冲击，这就决定了中国对外资进入的数量限制只能随着中国证券市场规模的扩大而逐步地放开。中国资本市场国际化的步伐只能是渐进的，而不能瞬间完成。

一、渐进式国际化战略的四个阶段

通过借鉴新兴的资本市场国际化的经验，我们认为，中国的资本市场国际化应该分为以下四个阶段：

1. 第一阶段：推进中国资本市场的间接开放

这一阶段是充分利用中国入世之后的三年缓冲期——“苦练内功”的阶段，它应该包括以下几个步骤：

（1）深化国有企业改革，推进国有银行的商业化转轨，提高上市公司的质量。

（2）设立并规范中外合资基金、中外合资证券公司的运行。

（3）允许中外合资、外商独资企业在A股市场融资。

（4）制定指导海外中国基金发展的政策，允许外资金融机构在海外发起设立以中国股票市场为投资对象的中国基金，但应该聘请相应地内资机构进行合作投资；允许内资金融机构在海外与具备一定条件的外资金融机构合作，发起设立中国投资基金，这些基金在一定的条件下，可以投资中国A股；在同等的条件下，鼓励后一种形式的中国基金的设立。

2. 第二阶段：有条件地部分开放国内市场

这一阶段仍以融资市场的国际化为主，辅以投资市场的国际化。它包括以下几个步骤：

（1）逐步实现A、B股的合并，原来被允许直接投资B股市场的外资金融机构在经过一定的审查之后，可以投资于合并之后的 A 股市场；

(2)推出红筹股存托凭证等金融产品，加强香港与内地资本市场的互动。

3. 第三阶段：有条件地全面开放国内市场

这一阶段是资本市场全面开放之前的准备阶段，在一定条件下，全面兼顾融资市场和投资市场的国际化。它包括以下几个步骤：

(1)允许符合条件的外国公司到国内证券市场发行股票、债券并上市交易；

(2)推出 QDII 制度，允许符合条件的内资机构投资者投资于海外证券市场；

(3)降低内地企业赴港上市的门槛，逐步淡化 H 股市场，直至合并 H 股市场和红筹股市场。

4. 第四阶段：人民币实现资本项目可兑换之后，实现资本市场的全面国际化

这一阶段包括以下几个步骤：

(1)允许内地自然人直接投资于香港股票市场，积累一定经验之后，允许他们投资全球证券市场；

(2)外国公司可以直接到国内资本市场融资。

以上四个阶段是我们对中国证券市场国际化的战略规划，四个阶段的前后顺序是按照渐进式的逻辑设计的，每一阶段经历的时间可长可短，应该根据当时的国内、国外实际情况而定，原则上应该以 2—3 年为宜，如果按照这个设计，中国资本市场的国际化应该在未来 10—15 年内实现。

二、资本市场国际化的六点对策

我们认为，现阶段中国资本市场的国际化可以从以下六个方面推行。

1. 不断完善 QFII 机制，逐渐开放外资进入中国证券市场

从广泛利用共同基金、间接开放资本市场开始，经验证明，这种方式的风险较小。2002 年 11 月 8 日，中国 QFII 机制正式启动，此举对中国证券市场的积极影响是不容怀疑的，目前已有瑞士银行有限公司等七家境外公司获得 QFII 资格。

虽然当前对合格外资机构进入中国证券市场的投资比例、投资方向以及资金的快速抽逃等方面都作了较为严格的限制，但是，随着中国资本市场国际化的进程不断加快，QFII 制度应在以下几个方面进一步深化：其一，逐步放宽对 QFII 的资产规模、从业年限的严格限制，扩大 QFII 主体的范围；其二，逐步放宽对所有 QFII 投资总额及单个 QFII 投资额的限制；其三，放宽 QFII 对单个上市公司的总持股比例和单个投资者对单个上市公司持股比例的限制；其四，放宽 QFII 资

金汇入汇出的限制;其五,逐步放开对 QFII 的其他资金运用限制。

2. 适时进行香港红筹股公司 CDR 试点,加强海峡两岸资本市场互动

为了避免资金大量外流和支持国有企业改革,内地长期规定境内投资者只能投资 A 股市场,不能投资 H 股和红筹股市场。海峡两岸资本市场的联系除了台湾、香港之间基本上已经做到了相互开放以外,内地与香港之间只是内地企业到香港融资的单向的联系,与台湾基本上没有什么联系。这对于具有相同的文化背景、相近的经济环境、具有互补经济优势的海峡两岸来讲,不能不说是一个缺陷。因此,我们应该加强海峡两岸资本市场的互动,在这方面,中国预托证券 CDR 是一个较好的选择。

虽然 CDR 的引入可以加强海峡两岸资本市场的互动,但在现实操作中还存在一些问题,如外汇兑换问题、交易价格问题、法律问题等,其中最大的问题,就是如何处理内地证券市场对资金的大量需求与 CDR 发行融资之间的矛盾。

对于可能出现的资金分流,我们认为,即便没有 CDR,实际上也有相当多的内地资金通过各种渠道流入了香港的 H 股和红筹股市场。而如果推出红筹股 CDR,将使这些资金能够在阳光下监管,减少这些非法资金的流动对内地外汇市场可能造成的冲击。当然,还要采取一定的措施进行相应地风险防范,如在初期对发行 CDR 的企业作出限制,而等到条件成熟的时候,就可以较容易地将试点推广到 N 股、S 股、L 股,甚至全球的任何市场。

3. 创造条件,促进 A、B 股市场合并

由于历史原因,中国股票市场被人为地划分为仅允许境内投资者投资的 A 股市场和仅供境外投资者投资的 B 股市场。

目前,B 股市场已经基本无法继续发挥其筹资功能。更重要的是,在同一个股票市场,对同一权益的股票进行分割交易,必然会引发诸如同股不同价、同股不同权等一系列问题。要解决这些问题,就必须消除各种人为的扭曲,合并 A、B 股,统一国内的股票市场。

这是大势所趋,但它不是一蹴而就、一步到位的。所以,我们应该重视 B 股市场出现的问题,在人民币资本项目不可兑换之前,大力规范 B 股市场的发展,为最终的 A、B 股市场合并创造条件。

具体来讲,一方面,应该加强 B 股市场的基础制度建设,尽可能按照国际成熟证券市场的制度标准来规范上市公司的行为,健全信息披露制度,加强市场稽查;另一方面,应该积极采取措施,扩大 B 股市场的规模,逐渐通过市场化的遴选机制,选择素质较好的集体企业和民营企业在 B 股市场上发行融资,增强 B 股市场的吸引力。另外,随着市场的发展以及国家管制措施的放松,从制度上逐渐

为A、B股市场的合并作一些过渡性的安排，比如在目前已经允许境内投资者以合法外汇收入投资B股的基础上，允许境内投资者以人民币投资B股等。

4. 审慎推出QDII，推进中国资本市场投资的国际化

资本市场的国际化不仅应该包括融资的国际化，也应包括投资的国际化。但是出于经济发展的需要，中国目前的资本市场国际化集中在资本市场融资的国际化方面，对于资本市场投资的国际化则给予了严格的限制。

近期，中国政府的相关领导纷纷表示，中国正在研究设立认可QDII机制，开放中国居民往海外资本市场投资，这说明，中国的领导层已经开始考虑将中国资本市场的开放设想从过去单一地讨论"引进来"，转向"引进来"和"走出去"并重。

但是市场对于QDII有两个比较担心的问题：一是国内证券市场有可能受到资金分流的影响，引发市场非理性下跌；二是可能导致外汇流失，造成外汇市场的波动。对于这两个问题，如果以辩证的观点看，都可以通过相应地配套措施加以有效消除和转化。对于第一个问题，我们可以通过抽签机制来控制每年的QDII规模，像国内新股发行一样，只有中签者才有机会投资到海外市场，否则只有等下一个QDII再抽签。对于第二个问题，只要我们根据中国的外汇储备和外债规模、外债结构，合理规划每年QDII的规模，就不会对外汇市场造成太大的冲击，国外的成功经验已经证明了这一点。

QDII作为资本市场投资国际化的一种重要的制度安排，是一国资本市场国际化中后期主要采取的措施，不论采取怎样的规模控制，它终究会带来国内资金的分流。所以，我们认为，应该慎重考虑QDII制度的推行，特别是目前在中国资本市场国际化程度并不高的情况下，应该尽量推后考虑，但是，并不是说永远都不推行。目前，我们可以对这项制度进行充分的研究，比如投资者的资格认定、进出资金的监控、许可投资的证券品种和比例限制等方面应该进行积极的探讨，等条件成熟时，再推出QDII。

5. 提高海外上市企业的国际竞争力，树立中国企业的良好形象

自1993年7月青岛啤酒在香港上市以来，截至目前内地在境外上市的公司共55家，累计筹资约600亿美元。

但是，从海外上市企业的实际运作来看，仍然存在以上市迟早论英雄，重筹资、轻改制，过分依赖政府支持、行业垄断，过分强调中国经济增长背景、忽视企业经营业绩等认识误区，大大影响了中国企业在国际资本市场上的形象。这一点从近几年中国企业海外融资难度日益增大就可见一斑：1999年以来，珠江钢管、山东国电招股接连失利；中国海洋石油搁置招股计划；2000年4月中石油虽

然招股成功,但只筹资 28.9 亿美元,远低于计划筹措的 100 亿美元。

我们应该充分认识到中国企业海外上市中存在的问题,从深层次上推动产权制度及经营体制改革,真正把企业推向国际市场,减少国家干预和依赖国家政策,按市场规则及国际惯例来规范企业运作,使其在竞争中逐步确立自己的优势,进而从根本上具备长期在国际资本市场上进行持续融资的能力。同时,应该逐步健全国内企业海外上市的法规体系,减少海外上市审批程序,积极推动更多的优质企业,特别是那些具有国际竞争优势的中小企业到海外上市,改善中国企业在国际资本市场上的形象。

6. 加强国际范围内的监管合作

资本市场国际化的顺利进行,离不开监管。虽然中国资本市场监管方面已经积累了一定的经验,但在监管经验、监管技术、监管手段等各方面仍显不足。因此,我们在推行资本市场国际化的进程中,应借鉴发达国家的成熟经验,加强资本市场监管制度方面的建设。这既应该包括加强对国内资本市场的监管,还应该包括加强与各国金融监管机构以及国际金融组织的合作。只有这样,才能有效解决跨国界信息交流存在的障碍问题,才能有效地防止资本市场风险在国家和地区之间相互转移与扩散。

(本文刊载于《经济观察报》, 2003 年 10 月 19 日)

论人民币资本和金融项目可兑换

（2004年4月）

一、加入WTO对人民币资本和金融项目的影响

1996年12月，我国实现了人民币在经常项目下的可兑换。当时有学者提出应尽快在短期内实现人民币资本和金融项目可兑换。1997年亚洲金融危机的爆发使这一过程推迟了。基于东南亚国家的经验与教训，越来越多的学者开始提出人民币资本和金融项目的自由兑换应该缓行，但随着我国加入WTO，服务贸易行业的开放与国际交流必然伴随着大量的资本流动，我国现有资本管制及资本和金融项目管理将面临一系列新情况、新问题，客观上要求放松管制，逐步推进资本和金融项目可兑换进程。我国加入WTO后资本和金融项目的变化将对我国资本和金融项目可兑换产生重大影响。

（一）我国资本和金融项目管制的现状分析

资本和金融项目可兑换是指随着对跨境资本交易本身管制的取消，与资本交易相关的外汇（包括资金跨境转移及本外币兑换）管制也相应取消。

我国资本和金融项目管制主要采取交易管制与汇兑管制两种形式。前者是对跨境资本交易行为本身进行管制，后者是在汇兑环节对跨境资本交易进行管制，即对资本和金融项目交易相关的外汇汇入、汇出及外汇和人民币的相互兑换进行管制。资本和金融项目是一个整体概念，这个项目是由许多子项目构成的，在以下的分析中，本文简单地把资本和金融项目大致划分为产业类资本交易、商业类资本交易、证券类资本交易与其他类资本交易。

1. 产业类资本交易

产业类资本交易主要指直接投资。我国对于产业资本的流入管理较为宽松，对流出管理严格一些。对于经批准的外商直接投资，在汇兑环节实行外商投资企业外汇登记制度；对外商投资企业发生清盘、撤资、转股的资金汇出审核其真实性。产业资本的流出（主要是我国对外直接投资）在汇兑环节要求进行境外投资风险审查和外汇资金来源审查，过去对国内企业境外投资购入外汇控制较严，目前已对这一政策进行了适当调整，允许国家对外战略性投资项目（经国务院批准的项目）、境外带料加工项目及援外项目购汇投资。同时，国家外汇管理局对我国境外投资利润和其他外汇收益汇回进行监督管理，境外企业停业、解散时应将外汇资产调回境内。

2. 商业类资本交易

商业类资本交易主要指与国际贸易或提供国际服务直接相关的商业信贷活动,如贸易信贷、远期信用证等。由于此类资本交易伴随着商品和服务贸易交易,所以外汇管理不进行限制和审批,只有统计和备案要求。

3. 证券类资本交易

我国对于证券类资本交易的管理最为严格。目前境外投资者仅能够买卖境内B股,对与此相关的资金流入、流出没有限制,但不得结售汇。对于其他形式的股本证券和债务证券投资,交易本身尚未开放,对与之相关的资金汇兑和流出入均有严格的管理。居民无论在境外发行股票和债券还是买卖股票,均需个别批准,办理登记和结售汇核准。非居民也未获允许在境内发行、出售、购买债券和股票。

4. 其他类资本交易

资本和金融项目管理中的其他类资本交易主要包括境外借款、金融衍生工具等,管理较为严格。例如,借用外债必须登记,本息不得擅自汇出;外债资金除经国务院批准外,一律调回境内,对外借款结汇需经国家外汇管理局核准;境内机构还贷必须首先使用自有外汇,不足部分经批准方可购汇;不允许使用金融衍生工具进行投机,交易仅用于避险和保值目的。

总之,可以对我国的资本和金融项目的汇兑管制作出如下描述:第一,我国对资本和金融项目的外汇管制实行了有严有松、宽严结合的政策,对开放风险度较大的证券投资、对外借贷款等实行较为严格的管制,对风险度较小的外商直接投资等则实行相对宽松的管理;第二,对于能够促进技术转移、产业升级的产业资本交易先行开放,对于注重短期利益、以获取交易收益为目的的金融资本交易放缓开放,实行严格控制;第三,对于长期性的资本交易优先开放,而对于短期流动性的交易则控制较严;第四,对于资本流入的交易采取鼓励政策,而对于资本流出的交易则控制较严。我国资本和金融项目兑换管理的上述特征,适应我国的需要,对在亚洲金融危机期间抵御短期投资资本的冲击、防范金融危机的传染发挥了一定的积极作用。

(二)加入WTO对我国资本和金融项目影响的分析

由于WTO是一个多边贸易框架,其最直接和明显的效果将通过货物贸易与服务贸易等方面反映在经常账户上,其对资本和金融项目的影响主要是通过一些项目的变化而体现出来的。主要包括以下几个方面。

1. 外商直接投资继续扩大,长期资本流入增加

加入 WTO 后,我国将逐渐扩大对外开放领域,金融、保险、电信、商业、旅游、外贸、航运、建筑、教育、卫生、出版等行业对外开放的步伐将逐渐加快,服务业吸引外资的绝对值和比率将明显提高,一些国际通行的引资方法如兼并收购、证券投资等将被更多的外商采纳,从而进一步扩大引资规模。我国在涉外经济政策、法律法规、经济体制等方面更具透明性,这对增强外商投资我国市场的信心也具有十分积极的意义。

加入 WTO 两年多的情况说明,我国正成为国际经济中的新亮点和外资投资的重要目的地。进入 2002 年,跨国资本以前所未有的速度大量涌入我国,2002 年 1—12 月吸引的外国投资比 2001 年上升了 12.51%,达到 527.43 亿美元,创下历史新高,超过美国成为全球吸收外资最多的国家;2003 年头两个月实际使用外资的增长率更达到 53.61%(见表 1)。[①] 此外,外商来华投资的产业结构和区域结构正在不断优化,重点已经从一般制造业发展到基础产业、基础设施和高新技术产业。目前,全球最大的 500 家跨国公司中已有 400 多家来华设立了企业,并且,外商在华设立的研发机构已有 400 多家。今后,加入 WTO 带来的积极效应将进一步显现。由于我国具有巨大的市场潜力和相对低廉的劳动力资源,同时已经形成较强的产业配套能力,这些因素均将综合作用在一起,拉动外商直接投资的总额继续增加。

表 1 "入世"至今外商直接投资的增长情况 (单位:亿美元)

	本年批准外资情况						本年实际使用外资		
	项目数			合同外资金额					
	本年累计	上年同期	比上年增长(%)	本年累计	上年同期	比上年增长(%)	本年累计	上年同期	比上年增长(%)
2002 年 1—12 月	34 171	26 140	30.72	827.68	691.95	19.62	527.43	468.78	12.51
2003 年 1—2 月	5 392	4 079	32.19	142.23	89.39	59.11	75.43	49.10	53.61

2. 企业"走出去"参与国际竞争,对外投资将有一个明显的增长

从目前情况来看,我国实施"走出去"开放战略的条件已经具备,时机逐步成熟。从国内看,经过二十多年的改革开放,我国经济发展取得了举世瞩目的成就,生产力水平不断提高,买方市场基本形成,综合国力显著增强。一些产业的

① 资料来源:商务部网站。

竞争力大大提高，逐步具备了将国内成熟技术向国外有需求的市场进行转移的能力，一批企业也在国际竞争与合作中不断壮大。从国际看，经济全球化和区域经济一体化加速发展，世界经济结构加快调整，各国经济联系日益紧密，我国加入 WTO 更为国内企业“走出去”提供了良好的国际环境。2001 年，实施“走出去”战略已正式写入我国“十五”计划；同年 9 月，我国更放宽了对进行境外投资的购汇限制，以支持企业自主经营，贯彻“走出去”的战略。

近年来，我国海外投资已经取得了突破性的进展。据商务部统计，截至 2002 年年底，我国累计投资设立各类境外企业 6 960 家，遍及 160 多个国家和地区，协议投资总额逾 138 亿美元，中方投资约 93 亿多美元(实际数量和金额远不止于此)；累计签订对外承包工程合同额 1 148 亿美元，完成营业额 827 亿美元；累计签订对外劳务合作合同额 295 亿美元，完成营业额 238 亿美元，外派劳务逾 273 万人次。目前，我国已有 39 家企业进入世界最大的 225 家国际承包商之列，11 家进入国际工程咨询设计 200 强。此外，在境外资源开发、跨国购并、设立研发中心、开展农业合作等方面，中资企业也成绩显著。

在看到境外投资这些年取得较大发展的同时，我们也要看到，与我国吸引外商直接投资的规模相比，对外投资的数量还很小。20 世纪末，全球对外投资总额约为 10 000 亿美元，而在引进外资居世界最前位的我国，企业对外投资仅 6 亿多美元，只占全球的不到 1%。根据国际资本输出规律，输出国际直接投资和引进国际直接投资的比例，发达国家平均为 166:100，发展中国家平均为 18:100，而我国这一比例仅为 1.5:100。目前，全世界每年国际工程承包的总金额在 10 000 亿美元左右，我们只拿到 1% 多一点。乐观地说，是我们“走出去”潜力巨大；不乐观地说，是我们在新一轮国际竞争与合作中已远远落伍。

此外，从国际经验看，当一国人均国民收入为 400—1500 美元时，对外投资将显著增加。2002 年，我国人均 GDP 已经超过 1 000 美元，而且呈上升趋势。这为我国对外投资进入较快发展期奠定了物质基础。未来 5—10 年，“走出去”战略将在我国经济发展和对外开放中发挥越来越重要的作用，一些有条件、有实力的企业将加快“走出去”的步伐，这将直接带来长期资本流出规模的扩大，从而对国际收支的长期资本和金融项目产生直接影响。

3. 证券投资规模将有所扩大，但资本流出的规模和速度仍将受到限制

加入 WTO 后，随着对外开放程度的提高，我国资本市场改革也将逐步推进，我国证券市场的投资工具将进一步丰富，证券投资的流入和流出规模均将有所扩大。但我国的国情和国际经验教训都决定了，资本和金融项目开放仍将是一个逐步推进的过程。因此，对境外证券投资主体的限制在一定时期内还将存在，

证券投资的流入不会在较短时间内迅速增加,因而也不会对国际收支带来剧烈影响。

4. 外债规模仍将控制在一定范围内

我国对外商直接投资的巨大吸引力,决定了我国在长期资本流入方面仍将以吸引直接投资为主,外债规模将被控制在一定范围内。此外,截至2002年年底,我国外汇储备达到2 864亿美元,目前已超过3 000亿美元,这在很大程度上保证了偿还债务的能力,不会对国际收支带来较大冲击。

还应注意的是,加入WTO后开放程度的提高也为国际收支资本和金融项目的变化带来了许多新的不确定因素。虽然目前我国的资本和金融项目尚未开放,但随着国际交往的逐步扩大,直接投资、证券投资以及短期资本项目为国际资本的跨境流动均提供了大量机会。随着资本市场开放程度的进一步提高,国家对以套汇、套利为目的的资本流动监管难度加大,这些均给资本和金融项目收支带来了很多不确定因素。

(三)加入WTO后我国外汇管理面临的挑战

从这两年多的情况可以看出,我国经济开放是渐进的,加入WTO并没有对我国带来很大的冲击或负面影响,但我们也要看到"入世"对外汇管理工作提出的新挑战。

1. 加入WTO对人民币资本和金融项目可兑换构成潜在压力

首先,WTO对资本和金融项目可兑换目前尽管没有明确要求,但随着全球经济一体化和金融自由化,WTO正在通过签订金融服务与相应地资本流动的多边协议来推动资本和金融项目的自由化,因此,必须以发展的眼光来看待WTO与资本和金融项目可兑换的关系。尽管目前WTO对该问题的讨论局限于与贸易有关的投资措施这一范围较窄的概念,但确实有WTO的官员认为,所有关于资本和金融项目可兑换政策的调整都必然会对乌拉圭回合各项规则的实施产生影响,为此还提出了由谁来决定资本和金融项目自由化规则的问题。与此同时,国际货币基金组织(IMF)也正努力将资本和金融项目自由化纳入其管辖权范围。对此,我们必须有充分的准备。

其次,随着贸易自由化的推进,国际贸易呈现从传统进出口方式向以投资带动和以承包工程带动方式的转变趋势,与贸易流动相伴随的国际资本流动会增加,微观层面的企业、银行等对投资自由化及资本流动自由化的呼声将会越来越高。

最后,从宏观层面来看,加入WTO后,由于服务贸易尤其是银行、证券、保险业的市场准入扩大,对这些中介服务的监管难度增大,外资银行的混业经营模式、金融创新的蓬勃发展和向证券市场的渗透,都会大大影响资本管制的效力。因此,逐渐放宽资本管制、推进人民币资本和金融项目可兑换也是政府主动适应对外经济发展的客观要求。

2. 外汇管理任务将更加繁重

据有关研究机构的估算①,到2005年,我国的进出口贸易总额将从1999年的3 600亿美元增加至6 000亿美元;外商直接投资将从1999年的400亿美元增加至1 000亿美元。无论上述预测准确与否,毫无疑问,随着我国加入WTO,进出口贸易和引进外资规模将不断扩大,外汇资金流速也将因金融对外开放、金融电子化程度的提高以及金融产品的推陈出新而加快。如果外汇管理仍保持现有的管理模式,进出口收付汇核销及其他经常项目交易的真实性审核、外资企业外汇登记管理、外汇账户审批及年检、外债的统计与监测、国际收支统计与申报等各项实际工作将面临前所未有的压力,人员、设备、技术、资金、场地不足的矛盾将更加凸显。与此同时,随着货物贸易和服务贸易的逐步开放以及对外交往的扩大,外汇管理的对象将更为多样化、复杂化,新情况、新问题将不断涌现,这对管理者的知识、经验、管理水平和手段都将提出严峻的挑战。

3. 国际收支监测预警要求大大提高

国际收支作为国家宏观经济四大账户之一,是国家宏观经济决策的重要依据。如上节分析,随着我国进一步融入世界经济,国际收支规模、结构、速度都将发生很多变化,影响国际收支的因素增多,对国际收支监测预警提出了更高的要求。况且,利用WTO保障条款客观上也提出了更高的要求,所以,为了能充分地利用WTO赋予的保障措施,有理有据地依法保护自身的利益,我国必须建立一个健全的、与国际标准接轨的国际收支监测预警体系。

二、我国实施资本和金融项目可兑换带来的利益

开放资本和金融项目,对于我国金融体系发展的推动作用主要表现在以下几个方面。

(一)促进金融发展,有效配置资源

(1)对国内金融机构来说,可以达到促进竞争、规范管理、提高服务质量的目的。由于资本和金融项目的管制,国民经济的许多行业缺少国外企业的竞争,导致不思进取、收费高、服务质量差,消费者遭受严重损失,而个别部门或集团却能坐收垄断利益。例如,我国关于电信业改革的激烈争论,就是缺乏国内、国外

① 陈全庚等,《中国外汇管理体制改革和建设》,江苏人民出版社,2001。

竞争的表现之一。通过开放资本和金融项目,可以提高服务质量和推动竞争。一方面,我国可以进口国外先进的、高质量的金融服务,可以节约生产这些服务需要付出的较高成本,更好地服务于我国经济发展;另一方面,国外竞争的引入将迫使国内金融机构学习先进国家金融机构的经验,加强对自身资产负债的管理,提高效率,在激烈的竞争下求生存、谋发展,最终促进我国金融服务整体水平的提高。

(2)对国内金融市场来说,可以达到发展国内市场、联通国际市场、提高资源配置效率的目的。生产国际化的发展,要求在全球范围内进行生产要素配置,各国经济的成长和世界经济结构的调整,也要求生产要素自由流动并优化配置,这就要求将资源从储蓄者手中转移到投资者手中的全球性中介活动,以便使全球储蓄配置到生产效率最高的投资中去。目前我国的金融市场还很不发达,市场规模和运转速度、运转效率都不能达到合理配置生产要素的要求。在对国际资金的利用方面,由于资本管制的存在,无论是融资规模、融资渠道、融资方式,还是融资成本、融资信誉都受到很多约束。而在开放资本和金融项目后,我国就可能会真正融入国际金融市场中。一方面,国外资金能为我国更好地利用,融资成本能尽量降至较低程度;另一方面,国内资金既能使在国内运用的领域得到拓宽、效率得到提高,又可以进入国际市场,寻求更高的收益。

(3)对国内使用的金融工具来说,可以达到增加品种、分散投资风险、提高投资收益的目的。生产国际化和世界经济一体化的发展以及各种新型金融工具的创新与普及,分散了投资风险,提高了投资收益的安全性,因而使居民能在全球范围内运用不同的金融工具将资产多样化,降低收入和财富受国内金融与经济冲击影响的风险。在资本管制的前提下,我国金融市场的发展受到限制,进入国际市场的机会较少,不能运用国际金融市场先进的金融工具安排自己的资产负债结构,不能对资产进行必要的保值和力图实现较多的增值,不能对负债进行合理的期限安排和尽可能多地降低利息支出。如果放开资本和金融项目,我们将有可能不仅运用别国市场先进的金融市场,达到分散风险、增加收益的目的,还可以进行独立的创新,在创新过程中获得利益。

(二)减轻乃至消除资本管制的巨大成本

1. 降低资本和金融项目管理的直接与间接成本

任何一种管制措施,在收到政府所要达到的效果的同时,必须付出相应地成本。就我国资本管制的框架和内涵来说,我国投入的成本可以细分为以下几个方面:

首先,机构设置。在我国,不但在国家外汇管理局设立专门的部门进行资本和金融项目管理,而且各有关涉外经济部门都或多或少地参与管理。参与资本和金融项目管理的不同部门与机构,主要从事立法、审批、检查、处罚等活动。如果各个部门能做到密切配合、统筹安排,从立法到审批等各环节保持高效率,就能减轻资本管制的直接成本;相反,如果各个部门互相扯皮、办事拖拉、效率低下,不但会增加直接成本,而且会对国民经济的发展产生负面影响。

其次,人员配置。不管政府机构精简到何种程度,基本的管理人员是必需的。但在实际的人员配备过程中,由于政府机构长期存在的不断膨胀的倾向,参与管理的人员可能会超过需求。同时,由于资本和金融项目管理的专业性较强,以涉外业务为主,而且逃避管制的渠道与手段随着管制时间的推移已经变得更加隐蔽和复杂,因此,要求具备较高素质的金融、外贸方面的人才,长期专门从事管理工作。若这些人才用于其他部门、行业,也会作出相应地贡献。

再次,经费拨给。机构运营所需要的经费是十分庞大的。办公用房、技术设备、人员工资、软件开发和维护以及其他各种经费,增加了政府支出。

最后,对经常账户管理的成本。这是进行资本管理的间接成本。我国已于1996 年年底实现了人民币经常项目的可兑换,但是,经常项目的放开并不意味着对经常项目管理的完全放弃。相反,在资本和金融项目未放开的情况下,经常项目管制的某些方面还要加强。因为在资本管制时,受各种利益的驱动,对外经济会出现非法的资本流入和流出现象。而非法资本流出的一个重要渠道,是混入经常项目。目前我国存在的资本和金融项目混入经常项目的渠道有:高报或低报进出口合同价格;通过贸易结算时间的提前或滞后,达到资本流出流入的目的;制造假单据如假报关单等,进行外汇资金的国内外转移。因此,为了区分资本和金融项目与经常账户,防止和打击非法资本流出流入,需要加强经常项目的管理。

开放资本和金融项目有利于减轻乃至消除资本管制的巨大成本。管理机构、人员、经费支出的减少直接使管制的成本大大降低。

2. 减少寻租和腐败现象的滋生

资本管制为允许但受限制的资本和金融项目交易的许可证制度创造了隐含的市场价值。如果这种许可证制度采取公开拍卖方式,则意味着涉外金融交易存在双重汇率体制;如果是由行政分配许可制度,那么很可能会引发寻租活动和腐败现象。在我国,资本和金融项目交易的批准与检查分属于不同的部门。任何部门如果滥用审批、监察、处罚等权力,都会导致腐败现象的出现和蔓延。在1998 年的六大部委联合打击走私、骗汇、骗税的过程中,有关媒体就曾报道了广东省下属某一海关(科级单位)三十余人集体受贿的情况。这一情况说明,由资本管制导致的腐败现象不但存在，而且可能比较严重，损害了资本管理的效果。由于经常项目、资本和金融项目的放开，区分经常项目及资本和金融项目已失去意义；即使仍存在管理，也仅仅是对交易活动的统计、分析和监测，管理部门的权力也将消失，因管制引起的腐败现象就没有了孳生的温床。

3. 抑制地下交易的发展

逃避资本管制的渠道之一是从事地下交易活动。地下交易既可以是制造各种假单据并进行买卖，也可以是直接的外汇交易。地下交易的存在减少了政府税收，扰乱了经济秩序，削弱了政府宏观调控的效果，对国民经济的发展十分不利。开放资本和金融项目，可以有效抑制外汇地下交易。

（三）有利于促进经济的发展

上述资本和金融项目开放对金融发展影响的分析，已经部分地涉及资本和金融项目开放对经济发展的促进作用。除此之外，资本和金融项目开放对经济发展的促进作用还体现在以下几个方面：

（1）通过更多地吸引外资流入满足经济建设中的资金需求，为我国产业结构的调整提供有利条件。绝大部分实行资本和金融项目开放的发展中国家的经验证明，在开放的初期，资本流入会大量增加。而且，如果本国的经济发展保持在稳定状态，外资流入的状态也将是稳定的。由于我国幅员广大，市场辽阔，经济发展具有很大潜力，因此随着经济发展水平的提高，我国经济建设的资金需求将不断上升。不断的发展过程将包含产业结构的调整和升级。在这方面，外资流入尤其是外商直接投资将起到重要作用。外商直接投资不但带来了我国急需的资金，而且带来了先进的技术、经营和管理经验，为我国培养了大量的企业管理人才，这已为二十多年来改革开放的实践所证明。面对我国产业结构调整和升级的形势，外商投资企业也将调整自身的经营和发展战略，同时也必然把母国的经验运用于我国，甚至加以发展。

（2）通过放开与贸易有关的资本流动的限制促进贸易进出口的增长。国际贸易与资本的流动密切相关。贸易发展促进了资本流动，资本流动加速了贸易发展。在贸易进出口中，外商投资的设备和物品进出口本身就是资本流入的一个渠道。另外，多样化的贸易融资也必然要求与资本流动相配合。在未能开放资本和金融项目时，不但外商直接投资受到多种限制，而且贸易融资的渠道和方式也十分单一，不利于贸易进出口在国际市场上的扩展。例如，1998 年，受亚洲金融危机的影响，我国不少出口货物不能及时甚至无法收回外汇，如果我国的资本和金融项目是开放的，我国的企业和金融机构就有可能在可行的情况下，充分利用贸易融资，为进口方提供卖方信贷，从而推进出口增长。

(四)推动我国经济的国际化

当今的世界是一个经济一体化程度不断提高的世界。生产国际化、资本国际化的高度发展,跨国公司、跨国银行的迅猛发展使国家之间的疆界在经济上的意义越来越模糊,区域性的一体化组织、世界性的经济合作组织正在发挥越来越重要的作用。在这种形势下,能否尽早创造条件,积极参与国际分工和合作,利用各种一体化组织带来的优惠条件,加强自身的经济实力,在国际竞争中处于有利地位,是每一个国家都面临的重大课题。对我国来说,开放资本和金融项目无疑将大大推进我国经济的国际化。

(1)资本和金融项目开放符合对等互惠的国际经济合作原则,有利于我国参加各种国际组织。在国际经济合作中,无论是多边还是双边的合作,都强调对等互惠,即在取得对方所给予的各种优惠条件的同时,承担着给予对方同等条件的义务。参与国际经济合作组织,可以享有规定的各种优惠待遇,可以得到其他国家的充分的经济信息,可以在困难时得到必需的经济援助,可以扩大本国的出口市场和投资场所。由于绝大多数发达国家实现了资本和金融项目的开放,新兴国家也越来越多地开放资本和金融项目,各种一体化的国际经济组织和各国政府对我国的市场开放提出越来越高的要求。而在开放资本和金融项目后,我国就会更多地为国际经济社会所认同、所接纳。

(2)资本和金融项目开放有利于我国参与国际竞争,建成自己具有强劲实力的跨国公司、跨国银行。现代国际投资理论表明,组建跨国公司、跨国银行并不是少数发达国家的专利,发展中国家也可以利用区位、技术和资源等优势,进行跨国界的投资,在国际化的生产和资金运营中获得利益。如前所介绍的,我国目前的对外投资仍处在落后阶段,跨国企业不但数量少、实力弱,而且主要是在对方国家建立出口的桥头堡,为扩大出口提供服务。我国的海外金融机构开展的业务也十分有限,无法与国际银行相竞争。当然,我国没有实力强的跨国公司、跨国银行的主要原因是国家的整体经济实力不强。但是,放开资本和金融项目,对企业和金融机构在国内、国外的筹资限制会放松。在经济稳定的前提下,我国企业和金融机构就有可能利用国际资金,增强国际竞争力。

(3)资本和金融项目开放是我国建立国际化的商品交易中心与金融中心的必备前提。一个国家是否强盛于世界,其中一个显著的标志是其是否有国际化的商品交易中心和金融中心以及作为其基地的大都会。我国除香港外,目前尚无这种国际化的中心城市。要发展我国的国际化中心城市,一方面,要依靠我国经济实力的进一步增强,另一方面,开放资本和金融项目是必备的前提条件。如果我们对资本交易进行管制,就不可能建立在全球范围内进行资金调拨和运行的国际金融中心。

(五)促进人民币的国际化

输出人民币以换取实际资源是一条利用资金的新渠道。人民币出口之际,就是实际资源进口之时。通过输出人民币,换取实际资源的进口,所取得的利益人们称之为铸币税。通过铸币税获得巨大利益的国家首推美国。第二次世界大战后建立的布雷顿森林体系确立了美元在国际储备体系中的核心地位。20世纪70年代初布雷顿森林体系崩溃后,美元的地位有所削弱,但美元仍是最主要的国际储备货币。第二次世界大战后,尤其是20世纪80年代以来,美国贸易收支长期逆差,但美元的地位给美国带来了巨大的利益,美国通过贸易逆差输出的美元,又被世界各国大量地用于对美国的投资,而这些投资又进一步支持了美元的进口扩大,从而完成美元的国际大循环。当然,人民币国际化的好处还不仅仅是获得铸币税,它对我国的贸易发展、对外投资、经济的全面国际化和经济实力的增强都有积极的意义。

人民币资本和金融项目可兑换是人民币自由兑换的重要内容,但人民币自由兑换与人民币的国际化是两个不同的概念。人民币自由兑换并不意味着人民币的国际化,因为一国货币能否成为各国接受的国际货币尤其是储备货币,最终取决于该国的经济实力。但要使人民币发展为一种国际化的货币,放开资本和金融项目、允许人民币资本和金融项目的自由兑换,却是必需的前提条件。

三、我国实施资本和金融项目可兑换带来的风险

资本和金融项目开放给一国带来的风险源于两个基本因素。首先是国际资本流动的高速发展。当前国际资本流动的规模空前庞大,在国际间的流动十分频繁、活跃。为追逐高额利润而进行的大规模投机活动,是国际资本流动越来越突出的一个特点。如果一国的经济稳定,宏观调控机制十分健全,调控能力强,就能趋利避害,达到预期的目标;反之,若一国经济实力不强,调控能力弱,一旦经济出现不利形势,大规模的资本撤出有可能给该国经济带来毁灭性的打击。其次是本国的经济实力和宏观调控能力。这一因素与上一因素既有相辅相成的联系,又有制约与反制约的关系。从我国的经济发展水平和宏观调控体系的现实情况看,开放资本和金融项目将会面临以下几个方面的潜在风险。

(一)国际收支平衡的风险

在资本管制的条件下,对国际收支平衡的调节可以较多地依赖管制而进行,尽管人们越来越多地谈到资本管制的失效,但管制至少会在短期内给国际收支带来成效。而在放开资本和金融项目后,自由的资本流动将给国际收支平衡增

添较大难度。

（1）从短期看，资本和金融项目开放会引起资本流入的突然增加，引起国际收支顺差或顺差的加大；从长期看，如果资本流入持续增加，则存在必然的经常项目逆差或逆差增大的风险。经验证明，在资本和金融项目放开后，短期内资本流入会突然增加。因为在限制解除后，过去累积的徘徊在本国之外的资本“能量”突然释放，自身有一个不正常的膨胀过程，似乎在投资者面前开放了巨大的金矿。对我国来说尤其如此。由于我国经济成长迅速，市场潜力巨大，预期收益乐观，大量资本将流向一些国际资本热衷于投入的项目，如房地产、股票、债券市场等。如果这种流入只是暂时的，那么，其对国际收支的影响也不会久远。但如果是长期和持续的，那么，政府掌握的外汇储备不可能无限制地增加，国内居民所得到的大量的国外资金不可能长期放在手中，而是用于进口，甚至进口那些相对于国民经济发展水平来说过于超前的消费品，因此，经常项目的逆差在所难免。经常项目长期逆差对经济发展的危害，在1997年开始爆发的亚洲金融危机中已经给了世人一个十分深刻的教训。

（2）资本流入结构中的间接投资、短期资本和私人资本所占的比重将大大增加，增大债务偿还的风险。在过去的20年中，我国一直保持着良好的外债发展战略，资本流入以长期资本为主，短期资本所占比例较低；在长期资本中又以外商直接投资为主，间接投资所占的比例较低；以国际组织、外国政府的低息贷款为主，私人资本的比例较低。中长期债务可以避免债务的集中到期支付，国际组织和外国政府贷款的期限长、利率低，外商直接投资可以运用本身的产出进行偿还，因此，债务偿还的风险得以有效控制，资本流出的规模受到相应地约束。在放开资本和金融项目后，国家对外资流入的形式、期限结构将变得难以把握，间接投资、短期资本和私人资本的流动将大量增加，而外汇储备不可能保持与资本流入相同比例的增长，因此，当宏观经济出现不稳定因素时，大规模的资本外逃将使我国有可能面临清偿能力不足的危险。

（3）国际收支调节难以达到预期效果的风险。当国际收支出现不平衡时，无论是顺差过大还是逆差的增加，国家都必须采取必要的调节措施。在资本和金融项目开放后，调节措施的预期效果将受到两个方面的限制：首先，时滞的延长削弱了调节效果。在资本管制条件下，国家可以采取加强或放松管制的措施，对国际收支进行逆向调节，这种调节效果较为直接，见效快。在资本自由流动后，国家只能采取间接调控手段，如通过利率、货币供应等措施加以引导，这些间接措施不但收效慢，而且一旦事过境迁，不但不会按照当初的设想实现国际收支的平衡，而且可能成为产生新的国际收支不平衡的诱因。这似乎会印证西方经济学中“干预比不干预更坏”的理论。其次，资本流动的逆风向运作加剧了国际收支不平衡。在国际收支逆差时（如进口大于出口），如果随着宏观经济的不稳定，政府采取调节措施企图扭转逆差（本币贬值），会使资本流出的速度更快、规模更大，会加剧国际收支的逆差；反之亦然。其结果是政府的意图难以实现。

（二）宏观经济稳定的风险

开放经济的重要特征之一是国内经济与国外经济互相影响。当经常项目开放而资本和金融项目未开放时，国外经济的波动通过经常项目的传导相对来说障碍较少，而通过资本和金融项目的传导将受资本管制的范围、深度的限制。现代国际收支调节理论中吸收理论和货币理论对国际收支与宏观经济稳定存在的相互影响关系都给予了充分肯定。我国在经常项目放开的同时保持了对资本和金融项目的严格限制，宏观经济的稳定可以在较大程度上避免被资本流动冲击。但资本和金融项目开放后，国际收支变化对宏观经济的影响将是全方位的，这种全方位性比仅仅开放经常账户更为直接和深入。

1. 通货膨胀风险

国外的通货膨胀可以通过本国的国际收支顺差引起的国际储备流入而送进国内。具体来说，国外货币量增长后，本国国际收支会出现顺差，从而引起储备增长，增加了国内基础货币的国外资产存量。这时，如果中央银行不采取冲销政策，国内货币供应量就会上升，最终造成国内总需求的扩大，国外收入增加所引起的通货膨胀压力，就通过国际收支差额传递到国内。西方货币主义者认为，国际间利息调整在通货膨胀传递中的作用大于价格调整的作用，外汇市场和资本市场的调整要快于商品市场的调整，因此，国际资本流动在传递通货膨胀方面更重要。在我国，国际收支顺差曾经给通货膨胀带来压力。1994 年，我国国际收支中经常项目与资本和金融项目双顺差，外汇储备大幅度增加，并引起基础货币的增长。当时中国人民银行采取了收回再贷款的对冲措施，但当年我国的通货膨胀率仍达到 21.7%。国际收支顺差对通货膨胀的影响在当时曾引起人们的关注和争议。今天我们来冷静地看待这一问题，可以说国际收支顺差对通货膨胀还是产生了一定压力的。这是在经常项目放开而资本和金融账户未放开的情况下发生的。在资本和金融项目放开后，如果国内利率水平高于国外利率水平，资本的流入将是迅速且大规模的，引发通货膨胀的渠道将会增多，通货膨胀也将变得难以控制。

2. 对财政政策和货币政策效果干预的风险

资本流出入的规模与结构既受国内财政政策和货币政策的影响，又对财政政策和货币政策起到反作用。这种反作用表现在资本流动存在扩大或缩小财政政策和货币政策效果的机制，从而偏离宏观调控所预期达到的目的。例如，国内就业不足、消费不足，政府增加开支以刺激有效需求的增长，同时辅之以较宽松的货币政策。增加政府支出通过增发国债来进行，宽松的货币政策通过降低利率来进行。在资本管制的情况下，增发国债可以一部分放到国际市场上进行，由于国债的利息收入相对较高，会达到吸引外资的效果，同时通过对资本流出进行控制，使降低利率不致引起资本的净流出。但在资本和金融项目开放后，增发国债引起的资本流入的增加，有可能为利率降低引起的外资净流出所抵消，从而财政政策和货币政策不能达到预期的刺激总需求增加的目的。因此，在资本和金融项目开放后，宏观调控必须全面地考虑到商品市场、货币市场和国际收支的均衡，微调政策的相机选择将是政府面临的难题。

3. 财政收入降低的风险

西方一些学者通过实证分析得出的一个结论是：实行资本管制的国家的通货膨胀率一般比较高。这似乎与以上放开资本和金融项目增大通货膨胀的风险自相矛盾。实际不然。放开资本和金融项目增大通货膨胀的风险是从通货膨胀国际间传递的角度分析的，是一种不断变化的过程；资本管制国家的通货膨胀率比较高，是一种绝对水平的比较。论证资本管制国家通货膨胀率较高的目的是说明，资本管制若能有效地控制税收基础，则政府从通货膨胀中获得的财政收入比较高，放开资本和金融项目后，通货膨胀率降低，使得政府的收入减少，财政赤字增大。1997 年、1998 年由于实行从紧的财政政策和货币政策，我国的通货膨胀率较低。1997 年我国居民消费价格总指数比 1996 年上升了 2.8%，1998 年比 1997 年下降了 0.8%。一方面，是因为我国的宏观调控政策取得了成功；另一方面，20 世纪 90 年代我国物价上升的总体水平还是比放开资本管制的发达国家要高。因此，总体通货膨胀较高在我国是客观存在的。通过通货膨胀增加的财政收入虽然难以具体量化，但存在是必然的。因此，在开放资本和金融项目后，我国财政收入也将受到一定的影响。

4. 投资不足或储蓄相对不足的风险

一般来说，放开资本和金融项目有可能引起储蓄不足的风险。我国是一个高储蓄率的国家，储蓄率长期保持在 40% 左右的水平。如果金融体系健全且高效，能充分合理地配置资源，加上一定的外资流入，我国的投资及追加投资的需求应该是可以满足的。但是，由于金融市场的发展和完善远未达到高效的要求，我国仍在较大程度上表现出投资不足或储蓄相对不足的特点。在资本管制下，居民的资产选择受到限制，不能按照利润最大化的原则在全球范围内进行资产的自由选择和组合，因此，资本流出受到很大限制。在放开资本和金融项目后，如果国内宏观经济稳定、币值稳定，则资本流出少、投资不足或储蓄相对不足的风险将降低。如果出现相反的情况,不但外资流入减少,而且会伴随大量的资本外逃(包括外资和内资),风险会迅速增大。

(三)金融体系不稳定的风险

资本和金融项目开放对健全金融体系的益处是客观存在的,但如果不能很好地安排开放的战略和策略,就有可能面临下述风险:

1. 国内金融机构由于竞争能力弱而面临亏损、倒闭的风险

这一风险来自两个方面:一是由于金融领域的对外开放,越来越多的外国金融机构参与国内竞争,国内金融机构由于资金实力、技术水平、服务经验、管理制度的劣势而无法与外国金融机构抗争,导致亏损和倒闭。二是我国以银行机构为主导性金融中介,如果资本和金融项目开放带来大规模的资本流入,无论这些流入资本采取银行贷款还是证券投资、直接投资,其中大部分都会直接或间接进入银行体系,引起银行可贷资金的增加。由于我国银行整体经营管理水平不高,对风险控制的能力不足,有可能引起不良贷款的膨胀性增加。一旦经济波动或银行自身某一环节出了问题,银行将会资不抵债、濒临破产。

2. 由于国际资本尤其是投资资本的大量流动而面临金融市场混乱的风险

资本和金融项目的开放,为金融市场的发展提供了广阔的前景,但同时带来的风险也很大。首先,国内金融市场将逐渐与国际金融市场连成一体,国际金融市场的波动将会迅速传导至国内金融市场。例如,当国外证券市场发生波动时,即使我国的基本经济因素正常,我国的证券市场也会出现波动,甚至可能由于信息的缺乏而作出过度反应。其次,金融市场的发展既表现为不同的市场如外汇市场、证券市场等的发展,又伴随着各种市场之间联系的增强。如果某一市场出现失控,其他市场必然也会大幅震荡,引起整个金融市场的混乱无序。许多发展中国家在开放资本和金融项目后出现的泡沫经济,都说明金融市场混乱的可能性在增加。

3. 由于金融工具的增加而使中央银行面临对金融机构管理难度加大的风险

国外金融机构的更多加入和国内金融市场的扩展要求中央银行监管能力的增强,但新型金融工具的增多加大了中央银行监管的难度。金融创新使得金融机构资产负债的表外业务大量增加,单纯的资产负债表难以反映金融机构的真实经营状况。即使是发达国家,对于大量使用衍生工具的金融机构的监管也远未达到完善的程度。因此,加强对金融体系的监管、保证金融体系的稳定,对中央银行来说是十分严峻的挑战。

综上可以得出结论,实现资本和金融项目开放,既会为我国带来各种利益,

又存在很多风险甚至弊端。然而，应当清醒地认识到，从长远来看，开放所产生的利益将远远超过其不利方面。而且，只要在开放过程中注意把握时机并选择适当的战略，同时加强宏观经济调节，注意控制金融风险，加速我国产业结构的调整和国有企业改革，那么，开放的风险是可以在很大程度上得到控制的。

四、人民币资本和金融项目可兑换的条件与步骤

实现人民币资本和金融项目可兑换，不仅是为了适应全球经济一体化的趋势，更是完善我国社会主义市场经济的组成部分。随着我国加入 WTO，服务贸易等行业将进一步开放，在未来不到五年的时间里，所有在华的外资银行都可以像国内银行一样全面开办人民币业务了。届时，即使我们政策上不开放，一些在华设有营业机构的国际性大银行也可能会通过一些简单的技术手段做到在既不违规又绕开管制的情况下推出某些人民币离岸产品与服务项目，从而对人民币的资本管制带来冲击，这在客观上要求我国放松管制，逐步推进人民币资本和金融项目可兑换进程。

(一)实验人民币资本和金融项目可兑换的条件

资本和金融项目可兑换的实现需要一定的条件，这些条件有些我国已经具备了，如国民经济持续稳定增长、外汇储备充裕、人民币经常项目自由兑换等，但有一些方面我国仍不够完善，我国的努力方向如下：

1. 继续完善资本和金融项目管理

运用行政、法律、经济手段来控制居民和非居民之间的资本流入、流出、支付、转移等，从而提高资本和金融项目的稳定性、可控性、可预测性。随时了解和掌握国际收支的信息，增强监管效率，防范危机，同时加强这一方面的法制、法规建设。

2. 稳定宏观经济

首先，尽可能地消灭财政赤字，避免以通货膨胀的方式来弥补财政赤字，动摇人们对资本和金融项目可兑换的信心。同时，也要从我国的经济承受能力和偿债能力出发，对运用发放债券来弥补赤字的方式要谨慎。其次，要完善货币政策体系，逐步建立稳定、开放、宏观调控的金融制度。由规范管理逐步转向以市场工具进行调控，主要运用公开市场业务，调整再贴现率、法定准备金率等方法影响银行的贷款利率和贴现率，进而影响和控制货币供应量。

3. 完善金融体系改革

首先，除了保障执行宏观货币政策和金融宏观调控的有效性以外，还要加强

对国内金融机构以及外资银行的监管。资本和金融项目可兑换所带来的金融技术、工具的创新在提高金融市场竞争效率的同时,也使金融要素和所有权关系更加复杂化,增强了金融监管的难度。因此,我国金融监管制度应当以风险监管为核心,以预防性管理、存款保险制度和紧急救援行动三位一体,加强控制并防止外资银行的进入对民族金融业造成冲击。其次,要加强商业银行自身建设,与国际惯例接轨,实行商业改革。与此同时,还要进一步完善金融市场,推动利率市场化,发展和规范同业拆借市场,建立再贴现市场,为中央银行进行金融宏观调控、稳定汇率创造条件。同时还要适当引进外资投资银行,使其与我国的证券、信托机构一同组建共同基金来经营人民币证券基金和产业基金等业务,增强对国际资产价格多变和汇率、利率波动的风险规避能力。

除此之外,还需要加强对工资、价格、利率的调整与改革以及金融市场和金融机构基础设施的建设,建立健全各项法律制度,加强其与国际的接轨等,全面提高我国的经济水平和综合国力。

实现人民币资本和金融项目可兑换将是今后一段时期内外汇管理体制改革的战略目标,我们应该采取谨慎和务实的态度、渐进的方式,有步骤地推进,恰当把握开放资本市场的顺序和节奏。截至目前,世界上还没有一个标准的资本和金融项目的开放模式,我们应根据我国的具体情况,参照世界各国经验,选择适合我国国情的步骤,并不断根据改革进程中出现的问题进行调整,使资本自由化过程得到有力的控制和保证。

(二)实现人民币资本和金融项目可兑换的具体步骤

1. 放开贸易融资

贸易融资是与进出口商品相结合的,有利于我国利用国外资金发展对外贸易,而且风险较小。对外贸易采取远期信用证方式,接受延期收款或付款,办理买方信贷,不超过规定期限的,可以自由进行,不予限制。但要防止利用贸易融资进行逃汇、套汇活动。

2. 进一步放宽外国直接投资的外汇管理

外国直接投资有利于我国利用外资,引进先进技术和管理经验,提高产品质量,扩大出口,加速我国经济发展,所以积极、合理、有效地利用外资是我国的长期国策。我们应进一步扩大外国直接投资领域,改善投资环境,对符合国家产业政策的外国直接投资允许向主管部门申请后办理登记和投资,无须逐项审批。对外国直接投资企业出口逐步实行激励机制,给予出口退税和贴现贷款。同时鼓励进口替代,采取减免税和加速折旧政策,促进外商投资企业使用国内设备和原材料。

3. 对外债继续实行规模和结构控制

借用国外贷款和在境外发行债券是我国利用外资的一个渠道。借用外资要按时偿还本息,应与我国经济发展的需要和偿债能力相适应,防止发生债务危机。许多国家对外债规模和结构都进行控制。我国应合理制定外债的规模和结构,将主要外债指标保持在国家承受能力之内,对外债的总量和结构实行统一监管。

4. 放宽资本和金融项目外汇结汇的限制

为了防止资本流入套利、套汇造成汇率波动和货币扩大供应,近几年来,我国对于资本和金融项目外汇兑换人民币加强了审查与控制。鉴于我国鼓励外资投向基础设施和基础工业,要求外商投资使用国内设备和原材料,若限制资本转换成人民币使用,原来的设想就难以实现。而且我国出现经济紧缩,放宽资本和金融项目结汇可对促进内需起到一定的作用。目前,人民币利率低于外币利率,人民币汇率稳定,放宽资本和金融项目结汇,也不会促进投机。因此,今后对资本和金融项目结汇应区别对待,对经批准的资本和金融项目,其购买国内设备、原材料,支付国内劳务、服务费用,开展业务等正常用途,需要把外汇换成人民币的允许结汇,可以按项目核定一个最高限额,在限额内经外汇指定银行审查后兑换人民币,超过限额的则须经外汇管理局审批。

5. 稳步推进在国际证券市场融资

在外债规模控制下,按照国家产业政策和利用外资政策,选择质量好的国有大中型企业到国际证券市场上市,扩大在香港上市的境内企业股票,积极探索可转换公司债券等融资形式。境外上市企业收入外汇可以保留,在外汇指定银行开立外汇账户,其股息、红利允许汇出。

6. 逐步开放资本市场

证券筹资具有成本低、筹资规模和资金用途限制少的优点,但证券投资流动性高、不稳定,资本自由进出市场容易造成对市场的冲击,影响经济和金融的稳定。目前我国基本上没有开放资本市场,外资限于购买 B 股,不允许进入 A 股市场,不允许外资购买我国债券。今后对资本市场可采取逐步开放的策略,在国内市场规范和完善、利率和汇率机制健全及监管能力强化中分步开放。先允许外资金融机构和外资基金组织进入 A 股市场,代理外国投资者买卖国内发行的股票,然后统一 A 股、B 股市场,允许居民和非居民之间互相买卖股票。为了防止控股权转移,对于外国投资者购买我国企业的股票可以规定一个比例上限。股票市场开放取得经验后再开放债券市场。外国投资者购买我国境内发行的股票、债券须向我国主管部门申报和登记，到期债券本息、股息和红利允许汇出。

7. 严格管控国际游资的无序流动

国际游资的无序流动对一国经济和金融的危害很大，我们应该提高警惕，短期无实际交易背景的资本流出和流入仍应严加管制，须待实现资本和金融项目可兑换后才可放开。

实现人民币资本和金融项目可兑换，使人民币成为可兑换货币是完善我国社会主义市场经济的组成部分。实行资本和金融项目可兑换要和货币政策、财政政策、外贸政策、物价政策协调配合，特别是要和货币政策协调一致。各项改革措施出台，要和国家经济体制改革和金融体制改革的进程步调一致，稳步、逐渐推进。有些措施应先在局部试验，取得经验后再全面推开，不断总结经验及时调整，并保留资本管制的权限，一旦经济发展出现严重问题，可以运用一些资本和金融项目管理措施，这在国际上也是有例可循的。

五、人民币资本和金融项目可兑换的配套政策

人民币资本和金融项目可兑换的实施对我国宏观经济政策、运行机制和市场基础等提出了更高的要求。为了保证资本和金融项目可兑换的顺利进行，控制经济的潜在风险，推动我国经济持续、健康、稳定地发展，我们必须实行一定的宏观政策与之相配套。

(一)加快人民币汇率的市场形成机制建设

虽然目前我国的汇率水平比较稳定，但还存在许多不合理的因素，尤其是形成人民币汇率的外汇场所——中国外汇交易中心在许多方面还不完善，造成中央银行不得不直接干扰外汇市场，使人民币汇率在一定程度上偏离了价值规律，无法真实地反映外汇市场的供求关系。这与人民币资本和金融项目可兑换的要求存在很大差距，因此要加快人民币汇率的形成机制建设，实现合理的汇率水平。

(1)建立外汇平准基金制度，使中央银行能通过利用外汇平准基金间接干预外汇市场，将人民币汇率交由商业银行和企业自行成交决定，以反映真实的市场状况。

(2)吸收企业为外汇市场成员，实行意愿结汇制，改变目前银行单方决定汇率的不合理现象，提高外汇市场的效率。

(3)借鉴国际外汇市场的良好经验，使外汇交易币种、品种、交易方式等方面得到进一步的发展和完善。

（二）尽快完成利率市场化的进程

利率应由金融市场形成。中央银行需要根据国际金融市场的利率水平制定我国的基准利率，完善同业拆借利率，加强国债市场建设。只有这样才能有效防止国际游资的冲击，同时密切利率和汇率的关系，使之互相影响，使人民币汇率形成机制更趋完善。

（三）建立健全宏观经济调控机制

加强财政政策和货币政策的协调，这是保持总供需平衡、国际收支平衡和汇率稳定的重要条件。特别是在货币政策方面，要逐步建立汇率政策和国内货币政策的协调机制，建立健全监控货币供应量的措施和体系，通过法定准备金、再贴现率、公开市场操作使外汇吞吐和基础货币的投放达到平衡。同时，也要加强专业银行自身的建设，完善金融监管制度。

（四）资本和金融项目可兑换后的汇率制度与汇率政策目标

开放经济下宏观经济政策选择的理论基础是“三元悖论”。所谓“三元悖论”，也称“三难选择”，其含义是：本国货币政策的独立性、汇率的固定性、资本的完全自由流动性这三个目标不能同时实现，最多只能同时满足两个目标，而另外一个目标必须放弃。

“三元悖论”在理论上是正确的，但必须指出：“三元悖论”是高度抽象的，它讲的都是极端情况，即完全的汇率自由浮动、完全的货币政策独立以及完全的资本自由流动。事实上，资本和金融项目可兑换不等于没有对资本流动的管理，不意味着资本和金融项目下所有分类项都要实现可兑换。换言之，资本和金融项目可兑换不代表资本的完全自由流动，由此可以得出结论：资本和金融项目可兑换后，在保持本国货币政策独立性的目标下，汇率仍可在一定程度上受到调控；出于宏观经济稳定的考虑，相对稳定的、有管理的浮动汇率仍有可能是我国人民币汇率制度的一种基本形态，甚至极可能是最佳形态。这样，在资本和金融项目可兑换后，防止人民币汇率的非正常波动和突发性大幅度贬值（货币危机）将继续成为我国政府的一项重要政策目标。

参考文献

[1]曹凤岐，《中国金融改革、发展与国际化》，经济科学出版社，1999。
[2]陈全庚等，《中国外汇管理体制改革和建设》，江苏人民出版社，2001。
[3]迟福林，《世纪之交：中国的金融开放与金融安全》，外文出版社，1999。
[4]管涛，“2002 年中国国际收支发展趋势展望”，《中国外汇管理》，2002 年第 1 期。
[5]姜波克、邹益民，“人民币资本项目可兑换研究”，《上海金融》，2002 年第 10 期。

[6]李平、杨清仿,《人民币汇率——理论、历史、现状及其发展趋势》,经济科学出版社,1999。

[7]IMF,《国际金融统计月报》,2000。

[8]杨帆,《人民币汇率研究》,首都经济贸易大学出版社,1999。

[9]王子先,《加入WTO对国际收支平衡的影响及其对策》,对外经济贸易出版社,2002。

[10]赵海宽、郭田勇,《中国金融体制改革20年》,中州古籍出版社,1998。

[11]周骏、朱新蓉、李念斋,《中国金融市场发展报告》,经济科学出版社,2001。

[12]中国国际经济关系学会,《经济全球化大潮与中国对策》,时事出版社,2001。

(本文刊载于《管理世界》,2004年第2期,与林敏仪合著)

全球金融危机对中国的启示

(2009 年 5 月)

一、全球金融危机产生的原因

(一)此次全球金融危机最初是由美国次贷危机引起的

美国次贷危机,全称应该是“美国房地产市场上的次级按揭贷款的危机”。顾名思义,次级按揭贷款,是相对于资信条件较好的按揭贷款而言的。因为相对来说,按揭贷款人没有(或缺乏足够的)收入/还款能力证明,或者其他负债较重,所以他们的资信条件较“次”,这类房地产的按揭贷款,就被称为次级按揭贷款。

次贷危机与部分美国银行和金融机构违规操作,忽略规范和风险的按揭贷款、证券打包行为有关。在美国次级房贷的这一轮繁荣中,部分银行和金融机构为一己之利,利用房贷证券化可将风险转移到投资者身上的机会,有意无意地降低贷款信用门槛,导致银行、金融和投资市场的系统风险增大。

美国金融市场的影响力和投资市场的开放性,吸引了不仅来自美国而且来自欧亚其他地区的投资者,从而使得需求更加旺盛。面对巨大的投资需求,许多房贷机构降低了贷款条件,以提供更多的次级房贷产品,这在客观上埋下了危机的隐患:事实上,不仅是美国,包括欧亚乃至中国在内的全球主要商业银行和投资银行,均参与了美国次级房贷衍生产品的投资,金额巨大,使得危机发生后影响波及全球金融系统。

(二)贪婪的金融创新也是导致全球金融危机的重要原因

美国的房贷机构为了转移次贷风险,把房贷打包组成资产池,进行资产证券化,大量发行 MBS 和 ABS。这还不算,它们还以这些证券为抵押担保,再发行债权抵押支持证券(CDO)。从 MBS、ABS 到 CDO 的过程中,证券化产品的收益率进一步提高。由于收益率的提高,对冲基金等投资者大量介入 CDO 市场。2006 年年底,全球 CDO 市场约为 550 亿美元,其合成型 CDO(CDO 再证券化)约为 890 亿美元。从房贷到 MBS 再到 CDO——金融创新使收益率提高,也使风险加大并越来越难以计量。

在 CDO 基础上又产生了 CDS 衍生证券。CDS 是一种在两个交易对方之间建立的信贷违约互换合同。买方向卖方定期支付保费。如果合同指定的第三方在有效期内发生信用事件,买方将获得来自卖方的赔偿。CDS 交易类似于卖方向买方提供的一种信用保险。

全球衍生产品市场自2000年以来得到了极大发展。2003—2007年,美国信用衍生产品合同的复合增长率达到100%,而CDS占据绝对支配地位。截至2008年第二季度末,CDS在美国信用衍生产品市场中占到98.77%。全球CDS市场未清偿余额由2001年6月底的6 315亿美元飙升至2007年12月底的62.17万亿美元,增长了97.5倍,甚至超过了全球GDP的规模。

在次贷危机爆发后,由于很多次级抵押贷款债券出现违约,很多投资者因为支付不起巨额赔偿金而濒临破产,由于收不到投资者的赔付,发起人也不再支付CDS保费,这就导致CDO违约,最终导致CDO证券持有者蒙受损失。

美国最大的保险公司美国国际集团(AIG)之所以披露巨额亏损甚至破产,最根本的原因是该公司出售了大量的CDS,AIG的英国子公司销售了超过5 130亿美元的CDS,约占AIG总资产的50%。最近濒临倒闭的花旗银行在2008年6月底持有的CDS未清偿额更是高达3.2万亿美元。

二、金融危机已经对世界实体经济产生了很大的影响

当次贷危机演变为信贷危机,再演化为衍生品市场危机之后,造成金融体系紊乱甚至瓦解,必然会对企业的正常运转带来冲击。企业的资金压力将更加紧张,最终引发股市的进一步下挫。当楼市和股市双双跳水之后,居民的财富大大缩水,消费不得不缩减。当消费出现下降时,推动美国经济增长的发动机就会熄火。在这个相互依存的时代,美国经济进入衰退或缓慢增长之后,欧洲、日本会步其后尘,东亚经济也难以独善其身。

美联储前主席格林斯潘去年9月14日在接受美国全国广播公司采访时说,美国正在陷入"百年一遇"的金融危机之中,这场危机引发经济衰退的可能性正在增大,还将有其他主要金融机构倒闭。格林斯潘表示,这是他职业生涯中所见到的最严重的一次金融危机,危机可能将持续相当长一段时间,并将继续影响美国的房地产价格。他认为,美国躲过经济衰退的概率小于50%。

世界银行去年12月发布的《2009年全球经济展望》报告认为,2008年和2009年全球经济增长速度将大幅放慢,而2009年世界贸易也将出现自1982年以来的第一次下降。报告预测,2008年全球GDP增长率为2.5%,2009年则进一步回落至0.9%,均大大低于2007年3.7%的增速。其中,欧元区、日本、美国2008年的增速仅分别为1.1%、0.5%和1.4%,明显低于2007年的2.6%、2.1%和2.0%,而2009年三大经济体将分别出现0.6%、0.1%和0.5%的负增长。报告预计发展中国家2008年、2009年的增长率分别为6.3%和4.5%,也低于2007年7.9%的增速。

在国际金融危机面前中国很难独善其身。全球金融危机已经对中国经济产

生了负面影响，主要表现为：进出口下降，经济增速放缓，失业增加，楼市下跌，股市不稳。

三、全球金融危机对我们的启示

（一）金融深化、金融创新不能脱离实体经济

西方的金融深化理论认为，金融深化能够促进经济发展，西方发达国家的经济之所以发展得快，就是它们金融深化程度高、货币资金流动迅速所致。不仅如此，还认为金融创新的速度要高于经济增长的速度，才能带动经济的发展；认为发展中国家的经济发展缓慢与金融压抑是分不开的。

有一种典型的理论叫“倒三角理论”。“倒三角理论”是什么呢？一个三角形的第一层是物质生产，第二层是一般的商品贸易，第三层是一些一般金融产品，第四层是金融衍生产品。所谓“倒三角形”是说金融衍生产品应该是最发达的，其次是一般金融产品，然后是商品贸易，最后是物质生产。这种理论是说，首先必须有发达的金融市场尤其是金融衍生工具市场，有发达的金融交易，才能促进经济发展。“倒三角理论”就是鼓励人们无限制地去创造金融、创造金融衍生产品。美国华尔街的老板们每天都在考虑如何创造出更多的金融衍生产品，以便于自己赚钱。他们不仅创造出了 ABS、MBS，还创造出了 CDO，后来又创造出了 CDS（公平地说 CDS 并不是美国人发明的）。他们创造出来的金融衍生产品，可能连格林斯潘都不知道是什么东西了，如何谈得上监管？他们创造出的衍生产品交易量已经超过世界实体经济的总量，完全脱离实体经济去疯狂地创造、交易和赚钱。所以，这次金融危机从某种意义上说是一种过度金融创新的危机，是一种疯狂的金融衍生产品创新的危机。

这里涉及的问题是，金融衍生产品是不是可以脱离实体经济而无限地去创造呢？实践告诉我们，金融衍生产品不可以脱离实体经济而无限和随意地去创造。金融衍生产品的创造必须要和实体经济相结合，适应实体经济的发展。过度的、无限制的、脱离实体经济需求来创造金融衍生产品，反过来可能对实体经济产生很大的负面影响。此次金融危机就是一个证明。有人说中国与美国有很大的不同，如果说美国是金融创新过度的话，中国则是创新不足。毫无疑问，中国需要金融深化，需要金融创新。改革开放 30 年，中国就是走了金融深化和金融创新的路。没有金融创新，没有中国金融体系的改革，没有银行体系和资本市场体系的支撑，包括货币供应量的大幅度增加，就绝没有中国经济的高速发展。就资本市场来说，我们至今尚未形成一个多层次的资本市场体系。我们就是股票市场发展较快，但还不够稳定，企业债、公司债市场也未发展起来，商品期货市场规模很小，金融衍生产品市场几乎不存在。我们当然需要继续金融创新。有人说，股指期货为什么现在

还不推出？我是一直主张推出股指期货的，但在何时推出、在什么合适的时机推出的问题上我还拿不准。就股指期货的理论功能来说，它具有发现价格、套期保值、规避风险等功能。如果推出来对活跃市场甚至稳定市场都可能有好处。但是不要忘记，金融衍生产品还有一种功能，就是投机功能。如果股指期货的其他功能都发挥不出来，只是投机功能得到发挥，而且出现过度投机、非法投机，可能会对现货市场产生破坏力。20 世纪 90 年代初我们曾推出国债期货，最后因为出现非法投机事件而被迫停掉。股指期货交易是一种零和游戏，以小博大，如果估错方向，投资者的损失要比股票现货交易的损失大得多。因此，股指期货推出应当慎重，应当在现货市场稳定和交易制度完善的情况下推出。

（二）必须加强对金融的监管，金融不能完全自由化

金融自由化是近些年来的一个思潮，认为对金融不要管得太多，一管就失去效率了，所以说金融应当自由化，要相信市场的力量，市场会自动调节的。当然，市场有自我调节功能，价值规律肯定会发挥作用。但是市场并不是万能的，由于种种原因，包括道德原因、贪婪的原因，市场本身可能失灵。这就需要金融监管，政府在一定条件下要发挥作用。在自由主义思潮下，政府对金融监管的作用越来越小。格林斯潘本身就是一个自由主义者。美国应该说是监管体系最完善的，但是恰恰在金融监管体系最完善的国家首先出了问题。

在相当长的时间里，国际上对商业银行的管理还是比较严格的，包括有《巴塞尔协议》《巴塞尔协议Ⅱ》的制约，这两个协议规定银行的资本充足率至少达到 8%，谁也不能突破，这是国际法律。所以，商业银行必须考虑资本充足率问题。但是投资银行没有这一要求，没有规定资本充足率必须达到多少。投资银行可以帮助企业上市、帮助企业重组，甚至可以直接投资参与重组，自己买卖证券。资金哪里来呢？最起码的得要过桥贷款、拆借。投资银行的收购主要是杠杆收购，就是自己拿 10%、20% 的钱然后去收购，向银行拆借，在市场上也可以拆借，所以，投资银行完全是要多少资金就拆借多少资金。谁来管？没人管。在混业经营的情况下，投资银行做了很多商业银行的业务，商业银行又做了很多投资银行的业务。包括花旗银行这样的传统商业银行也都做了很多投资银行业务。而美国现在基本上还是分业管理的金融监管体制，出问题也就不足为怪了。

第二次世界大战以后凯恩斯主义是占上风的。凯恩斯主义是国家干预主义，财政政策也是国家干预，后来说凯恩斯主义不行了，造成资本主义滞胀，所以又回到自由主义那里去了。现在看来，自由主义也不灵光了。金融不能完全自由化，必须有管理地发展，政府在金融市场发展中的作用是不可或缺的。市场肯定要发挥市场的作用，政府该发挥作用的时候也要发挥作用。市场肯定有失灵

的时候，而且市场失灵以后市场本身不能解决问题时就得靠政府。当然，政府应当按市场规律办事。中国现在处在金融自由化和国际化的过程当中，包括利率市场化、汇率自由化。中国的利率到现在还没有完全放开，人民币资本项目下的自由兑换也未完全放开，就是考虑这是一个渐进的过程。

在金融自由化的过程中，加强金融监管是十分必要的。我们承接了教育部的重大项目，题目就是“金融市场全球化下的中国金融监管体系研究”。我们正在研究中国金融监管体系的改革与完善问题。

（三）金融对外开放必须循序渐进

金融对外开放的问题是我们一直在思考的一个非常重要的问题。肯定是要对外开放，包括银行、保险、金融机构等，都要对外开放。就是我们也可以“走出去”，更重要的是人家“进来”。国际化肯定是一个潮流，但不是汇率和金融市场马上全部放开，而要循序渐进。早在20世纪80年代，拉美国家发生了债务和货币危机，其中有一个很重要的原因就是它们的外汇管制很快就放开了，所以，资本流入、流出没法限制，企业借了很多的债，国家都不知道，大部分是借发达国家的，最后发达国家逼债，造成巴西、墨西哥金融危机。东南亚金融危机也是由于一些国家的外汇管制放开过早而造成的。在金融监管体系不健全的情况下，金融市场对外开放应当慎重。这里给我们一个启示，就是中国金融市场的对外开放应当是渐进的。根据我们的情况，应该有步骤地逐步放开，包括人民币资本项目下可兑换的问题、资本市场开放的问题，以及外资银行机构和金融机构进入的问题，必须有计划、有步骤、有控制、有管理地进行。

（四）必须防范金融国际化、金融全球化带来的风险

我们必须防范金融国际化、金融全球化带来的风险。金融国际化、金融全球化和经济一体化是世界的潮流，毫无疑问，对整个世界经济的发展起了很大的促进作用。但是反过来看，金融全球化、金融国际化，实际上又把所有的风险都扩大到国际上，就是说，一国的金融风险已经不是一国的问题了，而是变成了国际风险。这次全球金融危机就是如此。美国20世纪80年代的银行危机是国内的危机，而现在美国的次贷危机是国际危机，是欧洲的危机、亚洲的危机，甚至是中国的危机。因为金融全球化了，各国都连在一起了。所以，防范和应对金融国际化带来的风险是一个重要课题。

国际金融危机给中国的发展带来了很多困难和不确定性，但也是中国发展的新机遇，只要中国抓住机遇、稳步前进，必定会继续稳定与快速发展。“沉舟侧畔千帆过，病树前头万木春”！

（本文刊载于《国际金融》，2009年第5期）

超主权国际货币储备体系与人民币国际化

（2010 年 6 月）

一、建立超主权国际货币储备体系是一个长期战略目标

去年以来，中国领导人或财政官员利用 G20 峰会、G4 峰会等国际会议，倡导超主权的货币联盟，呼吁改组 IMF，以此来挑战美元霸权和遏制美元滥发。前一段，中国央行行长周小川发表文章提出建立新的世界货币储备体系，提出用 IMF 的特别提款权（SDR）来建立超主权国际货币储备货币体系的建议。周小川认为，此次金融危机爆发并在全球范围内迅速蔓延，反映出了当前国际货币体系的内在缺陷和系统性风险。在由主权储备货币构成的现行国际货币体系下，对于储备货币发行国而言，国内货币政策目标与各国对储备货币的要求经常产生矛盾。他强调，创造一种与主权国家脱钩，并能保持币值长期稳定的国际储备货币，从而避免主权信用货币作为储备货币的内在缺陷，是国际货币体系改革的理想目标。应特别考虑充分发挥 SDR 的作用，SDR 具有超主权储备货币的特征和潜力。

中国关于建立超主权国际货币储备体系的建议得到了俄罗斯和其他一些国家的响应，尤其是“金砖四国”的响应。但是要真正建立起超主权国际货币储备体系，路还是比较长的。

首先，美国等西方国家是旧体系下受益最大的国家，不会轻易作出让步。美国总统奥巴马称美元异常坚挺，尽管美国正处于艰难时期，但仍然深得投资者信任，因此，没必要设立新的全球货币。美国财政部长盖特纳和美联储主席伯南克也分别表示，不会放弃美元作为国际储备货币的地位。英国首相布朗和欧盟其他成员也相继表态，一致反对设立超主权储备货币。澳大利亚等国也不同意建立超主权储备货币体系。

其次，现在还不能因为金融危机就说美元的霸主地位会衰弱甚至崩溃。第二次世界大战后，布雷顿森林体系确立了美元独霸的单一世界货币体系。之后，国际货币体系进入所谓“牙买加体系”，但并未根本消除布雷顿森林体系的弊端和缺陷。美元延续了国际货币中的领导地位，依然是全球范围内最普遍使用的计价尺度、交易手段和储备货币。日元在 20 世纪 80 年代的勃兴以及 20 世纪 90 年代末欧元的诞生都没有从根本上撼动“美元本位制”。在 2007 年年底的全球外汇储备中，美元资产占 64%，欧元资产占 26%，日元资产仅占 3%。全球金融危机对美元的霸主地位确实是一个打击，“金砖四国”包括俄罗斯等国对美元的

霸主地位发起了挑战。但是挑战美元霸权并不等于就能立即终结美元霸权。目前,各个国家的贸易基本上都是以美元来计价的,这种情况不能说很快就会改变;在整个国际货币结算体系中,美元仍占65%左右。只有美元在国际贸易中作为结算货币的份额大幅下降,美元在各国外汇储备中不再是主要的储备货币时,美元的霸主地位才能真正终结。但这是一个长期过程。

最后,提出用IMF的SDR作为一个国际货币储备体系也不是很快就能实现的。目前,IMF仍被世界各国视为不可取代的国际性金融机构,SDR的使用是IMF作用的重要体现之一。SDR是IMF于1969年创立的,由美元、欧元、英镑和日元四种货币构成,并通过这四种货币加权定值。SDR用于政府与国际组织之间的国际结算,成员国也可在短期内用SDR来平衡国际收支。除了具备国际结算功能,SDR在一定程度上也具备国际储备功能。SDR的构成不是单一货币,因此在一定程度上避免了单一货币的风险,许多国家把SDR视为超国家主权的"纸黄金",尤其是构成国不断向IMF注资,主要目的是进一步增加其在SDR的权重份额。SDR创立40年来,始终没有大的变化,根本原因是自创立以来其主要份额一直由西方国家把持,美国、欧洲、英国、日本注入资金的比例决定了其发言权。根据目前IMF的结构,中国只有3.66%的投票权,而德国是6%,英国是4.9%,欧盟成员一共占32%,美国占17%,印度占1.9%。从IMF的运作和决策机制来看,IMF的SDR还不能承担国际储备货币的职能。第一,IMF衡量成员国投票权大小的因素大概有四个,包括GDP、贸易开放程度、经济多样化程度以及外汇储备数量。拥有16%以上投票权的美国有绝对的否决权,这就决定了IMF受制于美国而不能采取大规模的行动去损害美元地位。第二,IMF根本无法对全球流动性的供应进行配置。第三,IMF在不改造的情况下,难以从根本上取得对全球货币供给的控制权。第四,IMF无法合理配置全球货币供给。

关于IMF内部改革的讨论由来已久,全球金融危机爆发以来,要对其进行改革的呼声更是不绝于耳。G20伦敦峰会后,IMF启动了机构内部的相关改革,同时还启动了新增SDR分配方案。为了逐步使成员国持有的SDR趋于合理与均衡,新增的SDR将按照现有份额比例对185个成员国进行分配。与此同时,IMF决策机构——国际货币与金融委员会考虑通过发行债券的方式筹集资金,这是IMF建立以来首次通过发行债券的方式筹集资金。为此,中国已经购买了500亿美元的IMF发行的债券。

尽管中国及其他"金砖四国"向SDR提供一定数量的资金可提高中国和其他发展中国家在IMF的话语权与投票权,购买IMF发行的债券可以减少因美元资产过多带来的风险,但仅依靠提供资金只能争取更多的话语权与投票权,想取代美元的霸主地位是不可能的。购买IMF发行的债券以规避国际储备风险是一件好事,但如果IMF债券以美元或者欧元计价,“金砖四国”仍难以摆脱西方货币体系的束缚。并且SDR的分配额度还不合理,也不能成为国际贸易的结算货币,其资金实力也不能承担国际货币储备的能力。

因此,建立所谓超主权货币储备体系的路还很漫长,建立超主权国际货币储备体系是一个长期的战略目标。

二、人民币首先应成为亚太区域性货币

为了适应当前的国际经济与金融环境,避免人民币在国际货币体系中的被动地位,比较现实的做法是加快人民币国际化步伐,使人民币首先成为区域性货币、强势货币,摆脱或减少对美元的依赖和受美元的束缚。通过双边货币互换,在对外贸易中争取更多使用人民币结算,使人民币从本国结算货币向区域性结算货币扩展。人民币首先应使自己成为亚太地区的区域性货币。像欧元的诞生就是来对抗美元的,在亚洲,如果大多数贸易都用人民币交易与结算,就能减少对美元的依赖。人民币只有先在某个区域,比如在亚洲各国,尤其是东盟内成为贸易结算货币后,才有可能向区域储备货币和关键货币发展。这是建立多元化货币体系的一部分。该体系可以帮助亚洲各国尤其是东盟更好地抵御以美元结算的风险,并帮助中国企业分散中国制造成本上升的风险。

20世纪80年代后期起,世界上出现了一股货币集团化的潮流,产生了不少区域性货币组织,如中北美区的货币合作和拉美国家的“美元化”,以及规模不大的西非货币联盟、中非货币联盟和阿拉伯货币基金组织等。

欧盟在2002年1月推出欧元(EURO),将货币区域一体化推上了一个全新的高度。目前,官方使用欧元的国家有奥地利、比利时、芬兰、法国、德国、希腊、爱尔兰、意大利、卢森堡、荷兰、葡萄牙、斯洛文尼亚、西班牙、马耳他、塞浦路斯、斯洛伐克。某些欧元区国家的海外领土,如法属盖亚那、留尼旺、圣皮埃尔和密克隆群岛、马提尼克等地区也使用欧元。今天,欧元已经成为仅次于美元的第二世界货币。欧元诞生后,美元占据主宰地位的国际货币体系,就被分割为美元和欧元并列称雄的格局。

在亚洲,偶尔会听到建立“亚元”的声音,但由于亚洲各国经济发展很不平衡,形成亚元的体系还很不成熟。前些年,由于日本经济发展迅速,日元大幅升值,亚洲国家与日本贸易可用日元结算,因此,有人认为日元应当成为亚洲主导货币。然而,近些年来,由于日本长期通货紧缩,经济衰退,日元在亚洲的地位有所下降,日元已经很难发挥亚洲主导货币的作用。

反观之,人民币逐渐成为亚洲比较强势的货币。从2003年起,人民币逐渐升值,也越来越受到世界的瞩目,有人甚至预言人民币会成为继美元、欧元和日

元之后的又一强势货币，在这之前，人民币有条件率先成为亚太地区的区域结算货币和区域储备货币。人民币有可能率先在亚太地区实现区域化。中国的对外贸易已超过日本，巨大的贸易规模和中国与东南亚国家的贸易模式，将帮助人民币成为区域结算货币，进而推动成为区域储备货币。人民币有可能首先成为亚洲主导货币，成为亚太地区的区域性货币。

人民币已经具备了成为区域性货币的基本条件，其中最重要的是中国有强大的外汇储备，到2009年，中国的外汇储备已经达到24 000亿美元，这是人民币成为区域性货币的基础。

自去年下半年国际金融危机爆发以来，中国人民银行逆市而行，出台了多项新举措来推进人民币国际化，包括允许在香港市场发行人民币证券产品、与贸易伙伴国签署双边货币互换协议及允许人民币作为部分国际经济活动的结算货币等。通过开展跨境贸易人民币结算试点，可以减少周边国家对美元结算的依赖性，从而为将来人民币在区域内扮演投资和储备货币职能打下基础。而此前中国人民银行与韩国、中国香港、马来西亚、白俄罗斯、印度尼西亚、阿根廷等国家和地区签订了6 500亿元人民币规模的货币互换协议，增加了人民币的国际使用量以及覆盖面，为今后人民币跨境结算提供了资金支持。

在亚洲，很多国家尤其是东盟一些国家都很愿意使用人民币。我们签订了很多双边的、多边的贸易协议，这种协议不使用美元，而是用人民币来进行结算计价。在中国和其他一些东亚国家之间的贸易结算中，人民币计价将会越来越被接受。因为从中长期看，美元趋于贬值，越来越多的国家和地区更愿意选用人民币进行贸易计价、结算。事实上，人民币在越南和泰国等东南亚地区一直都在流通。随着中国与东盟经贸合作的开展，人民币已经在事实上成为部分地区的交易货币。中国人民银行也承认，在俄罗斯、蒙古、越南、缅甸和尼泊尔等周边国家，人民币已经成为边贸结算的主要币种。国家外汇管理局曾估算，在境外流通的人民币规模超过300亿元。

中国与一些国家签订了货币互换协议。所谓“货币互换”，是指两笔金额相同、期限相同、计算利率方法相同但货币不同的债务资金之间的调换。从中国人民银行签署的货币互换协议来看，表面上是央行间对等的货币相互拆借，但事实上多为外国央行借入人民币用于与中国间的贸易结算、储备，因为互换额度跟中国与该地区的进出口值成正比，显然货币互换是为贸易结算作准备。事实上，在东亚、中亚甚至南美的发展中国家，人民币正在成为各方认可的结算货币甚至储备货币。此举可在金融危机日益蔓延的非常时期对稳定地区货币制度、防范金融风险和减少危机扩散性效应起到积极作用。

人民币之所以开始走俏的根本原因在于美国的金融危机。中国对美国金融危机采取的措施,中国的大国实力地位,使人民币的国际地位不可避免地会进一步提高。从政治高度考虑,应在当前纷繁复杂的国际金融局势中更多地争取我们的利益,提高我们的话语权,争取建立一个有利于中国的国际金融格局。

人民币要逐渐变成强势货币,才能在世界货币储备体系中占据一席之地。人民币币值稳定,并且有着强大的中国经济作为支撑,尽管中国亦在较大程度上受到这次金融海啸的影响,但中国经济增长仍保持强劲,人民币前景看好,特别是有些国家和地区因为持有人民币而感到踏实。

另外,中国对亚洲新兴市场经济保持外贸逆差,增加了人民币在这些区域的可靠性,也有助于加快人民币区域化的进程。而中国对世界保持巨额的外贸顺差,使得人民币升值压力大而贬值压力较小,这保证了人民币作为储备货币的安全和收益性。因此,若人民币完成资本项目下的可兑换,在亚太地区必将成为各国外汇储备的一大优良选择。

三、应加快人民币国际化的步伐

人民币成为区域性货币还有很大的障碍,离世界货币有更长的路要走。这是因为人民币还没有完全自由化,在资本项目下的人民币还不能自由兑换。国内金融体制的开放度、机构的竞争力和金融市场的规模在今后如何发展,仍有很大的不确定性;再加上国际储备体系的历史惯性会维护美元和提升欧元的地位,人民币真正实现国际化、成为国际储备货币体系中较为重要的成员,难度较大。

我们应当从制度安排上加快人民币国际化的步伐,逐步开放人民币资本项目下的可兑换,为人民币成为区域性货币甚至成为世界货币创造条件。

(一)最重要的是不断增强中国国力

一个强大的货币背后必须要有强大的、高效率的经济作为后盾。经济的稳定增长是人民币国际化的一个重要先决条件。首先,要有稳定的宏观经济形势。其次,政府要具备成熟的宏观调控能力,要善于灵活运用各种政策工具进行间接调控。对财政政策而言,要保持财政收支状况良好,可根据经济需要及时调整。对货币政策而言,要求其具有较强的独立性。

(二)进一步健全中国的微观经济主体

企业将面临国外同业企业的激烈竞争,企业的生存和发展直接决定着资本项目开放的可行性。从制度上看,要求企业自主经营、自负盈亏、自我约束,能够对价格变动及时作出反应。从技术上,要求企业具有较高的劳动生产率,产品在国际范围内有一定的竞争力。如果企业技术水平落后,效率低下,会导致政府巨额财政补贴支出和财政收支状况恶化,并导致银行巨额不良资产的形成,国际收支状况恶化。此外,商业银行的经营状况对资本项目开放的意义更为重大。如果一国商业银行没有真正转变经营机制,存在大量不良资产,必然在与国外金融机构的竞争中处于劣势,这就会使居民大量将存款转存外国银行,从而使国内金融机构的经营状况进一步恶化。这极易使一国出现债务危机和货币危机。因此,健全银行体系,是成功开放资本市场的重要前提。中国的银行体系要进一步强化内部治理结构,提高信贷质量,控制信贷投向,管制信贷资金汇流资本市场,实行多元化经营,适时涉足多领域金融服务业务,提高抗风险能力。

(三)建立起一个现代化的开放型金融体系,维持货币流通和支付职能的有效发挥

首先,要加强资本市场基础制度建设。一个稳定和健全的资本市场是防范外来资本冲击的前提和基础,在实现中国资本账户开放之前,必须提供一个国内资本和国际资本互动施展潜能的市场环境以及完善的资本市场框架,借以规避资本市场开放带来的过度投机和市场动荡。其次,要强化上市公司治理绩效,规范经营行为,充分披露信息。提高会计师事务所、资产评估师、律师事务所等中介服务机构的服务质量,强化尽职履约意愿,增强运作透明度。最后,要增加证券市场的产品种类,优化产品结构,扩大机构投资者规模,引进外来基金投资者。要为周边国家提供更多以人民币计价的金融产品,必须推动人民币计值的亚洲债券市场的发展,为形成储备货币职能奠定金融市场基础,减轻对美元债券市场的过度依赖,给国外的人民币持有者创造投资渠道。

(四)改变中国外汇储备结构

外汇储备的基本功能主要是各国用于国际收支结算和防范金融风险。如果外汇储备风险加大,外汇储备自身的安全得不到保证,在国际收支结算中的损失就难以估量,同时本国金融安全也相应降低。事实上,国际储备资产的安危已经为美元所左右。目前,中国外汇储备约为24 000亿美元,其中包括大量的美国国债、机构债、非货币资产和保证金存款、一般性存款。美元资产占了2/3,规模和风险之大堪称世界之最。应当调整中国外汇储备的构成:第一,外汇储备货币币种多样化,减少美元储备,增加欧元、日元和其他国家的可兑换货币储备。第二,外汇储备的部分资金要进行投资和运用,增加外汇储备的流动性。流动性很重要,有流动性才有收益性。不应无条件地继续大规模购买美国债券,要考虑购买原油期货、贵金属及资源性和战略性产品,用外汇直接投资于国外的一些战略性、资源类项目和企业。还有一个策略,就是藏汇于民,允许居民保存一定的外汇。

(五)要进行富有弹性的汇率安排

保持充足的外汇储备是很有必要的,可以为国家抵御金融危机提供可靠的

缓冲余地。资本项目开放很可能会在短期内引起大规模的资本流入,使实际汇率升值和经常项目恶化。央行动用相对充足的外汇储备对外汇市场进行干预则可缓解这一压力。而且,相对充足的外汇储备可增强市场交易者的信心,在一定程度上抑制短期资本的投机活动。需要指出的是,总结历次金融危机的经验,在僵化的汇率安排下,一国无论保持多少外汇储备,在国际投机资本的冲击下都是微不足道的。一般来说,在富有弹性的汇率安排下,所需的外汇储备可相对少一些;相反,在僵化的汇率安排下,外汇储备应相对多一些。为应付资本项目开放后的各种不稳定性,一国应保持较高的汇率弹性。中国应当实行有管理的浮动汇率制度。

(六)要继续进行利率自由化改革

资本项目开放一定程度上是以国内利率自由化为前提的。金融压制下的利率管制会造成资金价格信号的失真。如受到管制的利率低于国际市场利率时,资本项目开放将会导致资本外逃;反之,则会引起资本过度流入。而且,利率管制往往不能保证资金流向效益好的企业,不能保证资金的合理有效配置。资本账户开放会引起外国资本大量流入,如果没有市场化的利率机制,将会导致大规模的资金浪费,并可能引起外债的清偿困难。

(七)建立健全完善的金融监管体系

必须加强金融监管,防止大量资本流入高风险行业而使银行形成巨额不良资产。完善银行市场准入制度;对银行的财务状况和业务程序进行严格的审查;对银行投向高风险行业的贷款比例作出严格限制等。在资本市场方面,应建立健全各种交易法规,完善信息披露机制,健全上市标准和程序,培育会计、评估、法律等证券中介机构,选择高效运作的交易系统等。要完善资本市场的各项法律法规,强化市场参与者的自律机制,等等。进一步完善金融监管体系,科学合规性监管,提高监管水平,强化证券、银行、保险之间的协调监管等。

(八)中国要在国际金融领域发挥更大的作用,在SDR构成中占据一席之地是重要的一步

中国向IMF提供资金,相应增加了中国在IMF中权重份额的比重,但更重要的是,要在人民币国际化的程度不断加深的过程中实现SDR构成的改造,其中包括人民币在一定条件下成为SDR的组成部分,促使SDR货币构成多元化。IMF现有SDR构成的改造,在一定程度上取决于中国的影响和人民币国际化的程度。人民币实现自由兑换不仅是中国现实的需要,也是世界货币体系改革的需要。

有专家提出,人民币国际化要实行两个“三步走”策略:一是地域的“三步

走”，目前人民币在周边地区以“硬通货”的形式出现，已经实现了准周边化，将来人民币可以由准周边化发展为正式周边化，进而发展为正式区域化及准国际化，最终人民币将真正实现国际化。二是货币职能的“三步走”，即结算货币、投资货币、储备货币。配合地域的“三步走”，人民币可依次成为周边国家贸易结算货币和区域性的投资货币，最后人民币将成为国际储备货币，为全球各国所接受。人民币逐渐完成国际化或许需要 10—20 年的时间。

（本文刊载于《国际金融》，2010 年第 6 期）

金融国际化、金融危机与金融监管

（2012 年 2 月）

始于 2008 年的全球金融危机对国际金融监管体系提出了前所未有的新挑战，在危机的放大效应中我们看到，面对金融国际化、金融创新的不断发展，以及混业经营趋势的深入，现有的金融监管体系暴露出明显的漏洞，已无法适应新形势的要求。危机以来，以美国为代表的全球主要经济体已开始携手共建金融监管新框架，并已取得初步的成效。基于这一背景，本文首先就金融国际化、金融危机与金融监管体系改革的关系进行探讨。在此基础上，本文剖析金融监管体系发展和改革的方向，并借鉴金融危机背景下美国金融监管体制改革所带来的启示，提出加强中国金融监管体制建设的对策建议。

一、金融国际化与金融监管体系改革

金融监管主要指金融主管当局对金融机构和金融市场实施全面的管理、经常性的检查与监督，并以此促使金融机构合法稳健地经营，促使金融市场健康发展，维护金融稳定。这里对金融业的监管主要是指对金融业的外部监督与管理。金融监管对于金融业的发展与规范十分重要。要想提高监管效率，应当有一个健全和完善的金融监管体系（曹凤岐，2008）。

（一）金融国际化削弱了一国金融监管的有效性

随着经济和金融全球一体化的发展，一国的金融市场成为国际金融市场的一部分；跨国银行和金融机构日益增多，跨国界的金融集团不断涌现和发展壮大；大的银行、保险和其他金融机构的业务相当一部分是国际业务。一国的银行或金融市场发生问题会传染和影响其他国家的金融市场、金融机构甚至整个金融体系，例如，20 世纪 90 年代末发生的东南亚金融危机和近期发生的由美国次贷危机引发的席卷全球的金融危机就是很好的证明。如何防范国际金融风险，保持本国金融体系的安全与稳定变得越来越重要。因此，金融监管也变得越来越重要，金融监管国际化是一个发展趋势。

在金融全球化浪潮的推动下，发展中国家纷纷加快了金融改革的步伐，推进本币自由兑换、开放金融市场、放松外资银行进入管制和国际资本流动管制，并在国外广泛设立分支机构。一方面，这些措施使得这些国家的金融业获得了新的发展空间；另一方面，由于国际资本在各国金融市场自由流动，各金融市场之间的相互依赖性不断增强，各种金融风险同样可以通过国际传递，对全球金融市场形成巨大的冲击。与金融自由化进程相比,原有监管原则对于新兴市场的监管效果是很有限的,20 世纪 80 年代以来,拉丁美洲、东南亚、东欧、非洲许多发展中国家和地区发生的金融危机就很好地说明了这一点。

(二)金融创新加大了金融监管的难度

由于金融自由化、金融创新和全球金融一体化的进程,国际资金的结构和流向、投资品种及方式发生了重大变化,科学技术和通信的进步,为金融投资创造了更加广泛的活动空间和崭新的运行形式。同时,金融市场的波动更加频繁,杠杆投资和衍生产品的风险也大为增加,竞争压力和追求高回报使投资者及金融机构的冒险意识上升。这一切都使金融系统的脆弱性和风险性日益增大。随着金融市场的快速发展,跨金融行业的创新产品不断涌现,传统金融领域及金融产品间的界限日渐模糊。金融混业经营的发展趋势越来越明显。为了逃避金融管制,规避和分散金融风险,金融机构通过各种金融创新工具和业务把风险转移给愿意承担的一方。但是从全球或全国的角度看,金融创新仅仅是转移或分散了某种风险,并不意味着减少风险;相反,金融机构在利益机制驱动下可能会在更广的范围内和更大的数量上承担风险,一旦潜在的风险转变为现实损失,其破坏性远远超出传统意义上的金融风险。具体而言,以金融衍生工具为主要代表的金融创新作为资产价格、利率、汇率及金融市场反复易变性的产物,反过来又进一步加剧了资产价格和金融市场的易变性,由此产生的风险也越来越多,加大了金融监管的难度。

(三)金融并购和混业经营对金融监管提出了新的要求

20 世纪 90 年代以来,国际金融业并购事件层出不穷,金融业的并购浪潮对传统的监管方式提出了新的挑战。首先,银行业的兼并加强了银行业的集中程度,一方面可以提高抗风险能力,另一方面也容易因为风险管理不当而积重难返。这些超级巨型金融机构一旦出现问题,对整个金融体系乃至国民经济将造成灾难性的打击。这就是所谓的“太大而不能倒”(Too Big to Fail)。其次,金融业的兼并浪潮使金融业的竞争进入垄断竞争时代,如何防止金融风险在恶性竞争中积累、维护公平竞争秩序成为监管当局的新课题。最后,金融业的兼并逐渐冲淡了银行业和证券业、保险业的界限,无疑加大了监管难度。

(四)网络信息革命对传统监管方式提出了挑战

随着电脑、网络、电子商务等技术的迅猛发展,网络银行在各国得到迅速发展。网上银行经营成本低,并且依靠网络技术突破了传统的地理边界,可以在全球范围内多领域、跨国界进行低成本扩张。然而,网络及电子化交易和结算数量大、速度快,如果出现交易与结算错误,瞬时可以造成巨大损失,而且难以挽回和纠正。同时,网上黑客不但可以盗窃客户密码、账户和资金,还可能攻击网络,造成网络瘫痪。如何对网上交易等金融活动进行有效的监管,将是摆在国际金融界面前的一个重大课题。

在此形势下,各国金融监管体系需作出相应改变。在大多数国家,金融监管体制初设时所面临的市场格局随着金融市场的发展已经不复存在。在新的形势下,监管机构的监管理念、监管目标、监管手段以及机构设置都面临新的挑战,如何顺应市场发展的需要、保持公正有效的监管体系是各国面对的主要问题。

二、金融危机与金融监管体系改革

金融危机改变着国际金融秩序,使国际金融监管面临前所未有的严峻挑战与考验。金融危机在影响金融市场发展的同时,也催生和促进着金融监管的发展与不断完善。有人说,一部金融发展史,也是一部金融危机史。这种说法未免有失偏颇,但历史上金融危机确实层出不穷。20 世纪 30 年代初发生的金融大危机几乎摧毁了整个资本主义经济体系,80 年代发生的拉美国家的金融危机致使拉美国家经济到了破产的边缘,而 90 年代末发生的东南亚金融危机使亚洲国家经济遭受巨大损失。2007 年由美国次贷危机引发的全球金融危机,几乎无一国家可以幸免。其由金融领域蔓延扩散到了实体经济,给全球经济造成了巨大影响。美国的金融业遭受重创,全球金融业也不断收缩,世界经济发展减缓。虽然近期世界经济呈现出复苏迹象,但是金融危机造成的影响在短期内还难以消除,世界经济发展仍然存在不确定性。中国也没能在此次金融危机中幸免,其经济发展也受到诸多影响。

分析此次金融危机发生的原因,很多人认为金融监管不力是金融危机发生的原因之一。本次金融危机从美国开始,与美联储的监管不力有一定的关系。20 世纪 80 年代后,配合金融创新与金融自由化的发展,美国更强调市场调节、放松管制的监管理念,由此出现混业经营下金融监管的重叠、缺位、弱效,金融风险失控等问题,最终导致金融危机的爆发。

美国马萨诸塞州州立大学经济学教授大卫·科茨认为:"这次金融危机是 1980 年以来新自由主义在全世界泛滥所导致的一个非常符合逻辑的结果。"还有学者认为,以 1976 年的诺贝尔奖获得者、经济学家弗里德曼为代表的自由主义理论推动的保守主义政策革命,是"为现时的金融危机铺路"。在新自由主义思想的指导下,美联储长期信奉"最少的监管就是最好的监管"这一信条。格林斯潘的著名观点是"由市场监管比由政府监管更为有效""金融衍生产品最佳的监管者是市场参与者们自己,而不是政府的机构和法规"。这种新自由主义的监管理念实际上听任和鼓励了华尔街的种种贪婪、冒险行为,结果却酿成了本次金融危机。

金融危机加大了金融监管的难度。首先,金融危机改变了金融监管环境,使金融监管面临如何在错综复杂的金融形势下,正确运用各种监管手段,实现国际金融市场健康发展的难题。其次,金融危机延伸了金融监管目标,丰富了金融监管内容,使金融监管在独善其身的同时,还需关注和实现金融市场与实体经济的协调发展,避免虚拟资本和泡沫经济对实体经济的负面冲击与影响。最后,金融危机的广泛性、多变性与复杂性,延伸和扩展了金融监管的时空距离,使得金融监管的传导机制更加复杂,不确定因素大大增加,金融市场更易动荡,由此使金融监管在体制的确立、机制的健全、方式的选择、手段的运用等方面都面临更高的要求与更大的风险。

金融危机的发生表明:缺乏必要的、足够的政府监管的金融市场,难以完全通过自我调节实现自身的健康发展。金融市场的发展不仅需要自身的调节,而且需要严格的、适度的政府监管。从全球范围看,加强金融监管,确保金融安全已成为金融市场的发展趋势。由此,金融监管理念将发生以下一些变化:一是相对于金融市场效率而言,金融监管目标更强调金融安全的重要性;二是在尽可能发挥市场调节作用的同时,更加注重政府对市场的监管,政府对市场的干预将有一定程度的扩大和加深;三是更加注重功能监管与事前监管;四是更加注重持续监管。金融危机影响金融国际化进程,却不可逆转金融国际化趋势,由此也难以彻底消除国际金融危机的再发生,因此,持续监管将成为金融监管的重要理念。

在金融监管实践中,金融监管理念主要体现在严格市场准入、严格监管标准、增强市场透明度、强化对复杂金融衍生产品的控制、加强对金融机构的监管、强化政府对监管机构的问责、加大法制监管力度等多个方面。

在金融危机的背景下,根据金融监管的特性,立足于优化中国金融监管,系统地分析美国金融危机形成的原因、传导机制、处理措施、金融监管体制的改革计划,寻求金融危机中暴露出的监管机制的漏洞并加以分析,并在此基础上建立完善、有效率的金融监管体系是十分重要的任务。

三、金融监管体系发展与改革的趋势①

(一)金融监管国际化趋势

随着不断加深的金融国际化,金融机构及其业务活动跨越了国界的局限。在这种背景下,客观上需要将各国独特的监管法规和惯例纳入一个统一的国际框架之中,使金融监管法制逐渐走向国际化。双边协定、区域范围内监管法制的

① 本小节内容部分参考了以下文献:郭慧文、张文琪、张小芹,"国际金融监管的发展趋势及启示",《亚太经济》,2002 年第 1 期,第 86—88 页。

一体化,尤其是巴塞尔委员会通过的一系列协议、原则、标准等在世界各国的推广和运用,都将给世界各国金融监管法制的变革带来冲击。

由于金融国际化的发展及不断深化,各国金融市场之间的联系和依赖性也不断加强,各种风险在国家之间相互转移、扩散便在所难免,如 1997 年 7 月东南亚爆发的危机就蔓延到了许多国家,使整个世界都受到了强烈的震动。金融国际化要求实现金融监管本身的国际化,如果各国在监管措施上松紧不一,不仅会削弱各国监管措施的效应,而且还会导致国际资金大规模的投机性转移,从而影响国际金融的稳定。因此,西方各国正致力于加强国际银行联合监管,如巴塞尔委员会通过的《巴塞尔协议》统一了国际银行的资本定义与资本率标准。各种国际性监管组织也纷纷成立,并保持着合作与交流,由此,各国对跨国银行的监管趋于统一和规范,已成为金融国际化的另一种表现。

(二)金融监管更加注重风险性监管和对创新业务的监管

世界各国金融监管当局的监管重点已发生两个转变:第一,从注重合规性监管向合规性监管和风险性监管并重转变。过去,监管当局一直将监管重点放在合规性方面,认为只要制定好市场游戏规则,并确保市场参与者遵照执行,就能实现监管目标。但随着银行业的创新和变革,合规性监管的缺点不断暴露,这种监管模式的市场敏感度较低,不能及时反映银行风险,相应地监管措施也滞后于市场发展。有鉴于此,国际银行监管组织及一些国家的监管当局相继推出一系列以风险性监管为基础的审慎规则,如巴塞尔委员会发布的《有效银行监管核心原则》《利率风险管理原则》等,实现了从合规性监管向合规性监管和风险性监管并重的转变。第二,从注重传统银行业务监管向传统业务和创新业务监管并重转变。随着金融市场的不断发展,金融创新产品层出不穷,如金融衍生产品交易、网上银行交易等创新业务,它们在增加收益的同时也增大了风险,且更易扩散,对金融市场的冲击也更加直接和猛烈。因此,只注重传统银行业务的监管已经不能全面、客观地反映整个银行业的风险状况,只有“双管齐下”,并重监管传统业务和创新业务,才能有效地防范和化解银行业的整体风险。

(三)金融监管越来越重视金融机构的内部控制制度和同业自律机制

金融机构的内部控制是实施有效金融监管的前提和基础。世界金融监管的实践表明,外部金融监管的力量无论如何强大,监管的程度无论如何细致、周密,如果没有金融机构的内部控制相配合,往往会事倍功半,金融监管效果大打折扣。在国外,银行经营管理层的内部控制意识很强,他们把这作为非常重要的管理理念贯穿于整个经营管理体制工作中。国外商业银行一般专门成立独立于其他部门的、仅仅对银行最高权力机构负责的内部审计机构,并建立了健全的内部控制制度。近年来,由于巴林银行、大和银行以及住友商社等一系列严重事件的发生都与内部控制机制上的缺陷或执行上的不力有直接关系,国际金融集团和金融机构在震惊之余,纷纷开始重新检讨和审视自己的内部控制状况,以免重蹈他人覆辙,许多国家的监管当局和一些重要的国际性监管组织也开始对银行的内部控制给予前所未有的关注。

金融机构同业自律机制作为增强金融业安全的重要手段之一,受到各国的普遍重视。以欧洲大陆国家为代表,比利时、法国、德国、卢森堡、荷兰等国的银行家学会和某些专业信贷机构的行业组织都在不同程度上发挥着监督作用。尽管金融业公会组织在各国监管体系中的地位不尽相同,但各国都比较重视其在金融监管体系中发挥的作用。

(四)统一监管是金融监管体系发展的趋势

相当多的国家已经或将要选择综合监管或统一监管模式。调查表明,截至2002年年底,全球范围内,至少有46个国家已采取了统一监管模式,它们或是建立起了一个监管整个金融领域的统一的监管机构,或是将三大金融行业中的两个以上(比如银行与保险、银行与证券或者证券与保险)的监管权力集中到一个监管机构(祁斌,2006)。近些年来,迈向金融统一监管的国家数目迅速增加。1986年,挪威建立了世界上第一个对银行、证券、保险统一进行监管的监管机构。1997年,世界金融中心之一的英国也建立了统一的金融监管机构——英国金融服务局(FSA),成为世界主要金融市场采取统一监管模式的先锋。此后,许多发达国家和发展中国家都建立了不同形式、不同程度的统一监管体制,最新的例子包括爱沙尼亚、德国、爱尔兰和马耳他。据报道,目前至少还有一些国家正在考虑建立类似的体制。另外,一些已经建立部分统一监管体制的国家(如墨西哥和南非)则在考虑是否应当提高统一监管程度,建立类似于英国FSA的统一监管体制。

走向统一监管模式的原因主要在于以下几个方面:

(1)随着金融市场的快速发展,跨金融行业的创新产品不断涌现,传统金融领域及金融产品间的界限日渐模糊;同时,跨国界的金融集团不断涌现和发展壮大,金融市场全球一体化的趋势也日渐明朗。在此形势下,各国金融监管体制需作出相应改变,力图通过资源整合、机构调整以及监管模式的改革来顺应市场发展的需要,以保证金融市场的稳定运行和健康发展。

(2)不断涌现的金融创新产品以及新的金融子市场,使得各类金融机构以及金融市场整体所面临的风险更复杂、更难以监管,特别是证券公司、保险公司、商业银行等金融机构的风险特征日趋相似,使得金融市场的系统性风险已经从早期单一的银行系统逐步扩展到金融系统全部领域。

(3)金融集团(最初以金融控股公司的形式)的出现和发展壮大也对现存的分业监管模式提出了有力挑战,使得分业监管更难以操作。在分业监管模式下,对金融集团的各类业务分别监管难免出现过度关注某一业务或各子公司的经营状况而忽略金融集团总体经营风险的情况。同时,为了在全球市场保持竞争力,一些金融机构通过并购本国或外国的其他机构,逐渐发展成为跨国金融集团,使得金融市场全球一体化的趋势更加明显。这种发展趋势对金融市场监管的国际协作、目标及监管手段的一体化都提出了更高的要求,也促使各国加快自身监管体制的改革步伐。

统一监管的主要潜在优势包括:金融监管的规模经济效应(尤其是对中小国家的金融市场);简化监管框架、减少监管机构数量后市场投资者及参与主体更容易理解监管要求;统一监管是对金融机构混业经营的适应;金融创新不断打破已有的行业界限,统一监管更能适应这一趋势;统一监管有助于减少过度监管或监管缺位,消除监管套利机会;统一监管有助于降低金融机构的监管成本。其中,金融监管的规模经济效应以及金融机构混业经营带来的监管需求是目前统一监管日渐普遍的重要原因。

四、国际金融危机与国际金融监管体系改革对中国的启示

国际金融监管体系改革,以及各国金融监管体系改革的实践,尤其是危机后美国金融监管体系的改革,对进一步改革与完善中国金融监管体系具有重要的启示和借鉴意义(王胜邦,2010)。

(一)走综合监管、统一监管之路

中国现行的分业管理的金融监管体系当前仍基本适用,但随着中国金融业混业经营的发展、进一步的金融创新,包括金融衍生产品市场在内的多层次金融市场的形成与发展,金融控股公司将成为金融机构的主要组织形式,严格的分业监管已经很难适应未来发展的需要。在此形势下,中国的金融监管体系进行深入的改革是完全有必要的,要通过改革监管体系的模式来顺应市场发展的需要,以保证金融市场的稳定运行和健康发展(曹凤岐,2011)。

美国这次金融监管改革的一大特点是从过去的分散监管、伞型监管变为统一监管,美国把美联储打造成一个“超级监管者”,一切金融监管权都归于美联储,不仅大小型金融机构均由美联储管理,连金融衍生产品市场都由其管理。有人认为,中国如果实行统一管理,就应当扩大中国人民银行的权力,把中国人民银行也打造成一个超级监管者,既进行宏观金融监管也进行微观金融监管。我

们认为,中国与美国是不一样的,美联储实际上一直作为一个超级监管者而存在,1999 年 1 月《金融服务现代化法案》经国会和总统批准后,美联储又增加了作为金融控股公司伞型监管者的职能。此次美国金融监管改革仅仅是进一步加强了美联储的监管权力而已,而且美联储能否对所有的金融机构及金融行为实行有效监管还有待观察。中国在相当长的历史时期里,都是由中国人民银行一家进行金融监管,但那是在几乎没有金融市场、除了银行之外没有其他金融机构的情况下进行的统一监管。而当金融机构多元化、金融市场多元化以后,中国人民银行已经把对银行、保险、证券、信托等机构的监管权及对金融市场的直接监管权转移到后来成立的中国银监会、中国保监会和中国证监会手中,中国人民银行与"三会"是平等机构,它们之间是协调与合作的关系。中国人民银行的主要职责是通过货币政策进行宏观调控,而不是具体监管。如果把这些监管权再重新收回来,等于剥夺了"三会"的权力,可操作性不大。

我们认为,可行的改革路径应在"三会"基础上,再建立一个统一的金融监管机构,对金融业实施统一监管。条件成熟后,再逐步将现行的"一行三会"(即中国人民银行、中国银监会、中国证监会和中国保监会)的监管体制,变成"一行一会"的体制,即中国人民银行继续监管货币市场与外汇市场,而成立直属国务院的中国金融监督管理委员会(简称"中国金监会"),将中国银监会、中国证监会和中国保监会的监管职能合并到该委员会中,监督管理银行和其他金融机构以及除货币与外汇市场之外的其他金融市场。为了更好地发挥中国金监会的作用,建议在中国金监会下设立审慎监管委员会、投资者保护委员会和金融稳定委员会(曹凤岐,2009)。

(二)加强宏观金融审慎监管

以往的金融监管主要注重微观审慎监管,认为个别金融机构的风险会传染至整个金融系统,因此,防止个别金融机构的风险,就有可能保证整个金融系统的稳定。《巴塞尔协议》正是在总结以往金融危机教训的基础之上在全世界范围内推广实施的,单个金融机构的资本充足率需要达到监管资本的要求,从而大大降低了单个金融机构的破产风险。针对《巴塞尔协议》所产生的监管资本与经济资本不一致以及金融机构随之而来的监管套利问题,《巴塞尔协议 II》提出了改进措施,尤其是《巴塞尔协议 III》加强了宏观谨慎性监管的措施,使得金融机构的监管资本与经济资本趋于一致,既能继续保证单个金融机构的稳定性,又能有效避免监管套利。欧洲的一些国际性银行已经率先于 2007 年实行《巴塞尔协议 II》。在欧美一些比较大的金融机构中风险管理是比较健全的,它们采用各种风险管理模型对不同类型资产的信用风险、市场风险与操作风险进行评估,这确实大大提高了银行的稳定性。

美国的这次金融监管体系改革,刚好是从稳定整个金融体系出发的,强调了宏观审慎监管思想。它们成立金融稳定委员会的目的就是从组织上防范金融系统性风险的发生,保持金融体系的稳定。

(三)必须注重保护投资者的合法权益

华尔街老板们的贪婪与疯狂,最终引发了全球金融危机,致使无数的投资者遭受损失。金融监管的一个重要职责就是要加强金融监督,维护市场秩序,保证市场的公平、公正与公开,进而保护投资者的合法权益。美国金融监管体系改革推出的一项很重要的措施就是在美联储下设立一个新的机构即消费者金融保护局,对提供信用卡、抵押贷款和其他贷款等消费者金融产品及服务的金融机构实施监管。中国金融监管当局主要是直接对金融机构进行监管,包括对违法违规的机构进行处罚,但对投资者的保护则很不够。在中国,由于投资者对金融产品认识不够、信息不充分,造成投资损失的投资者比比皆是,而他们的损失也很难得到赔偿或补偿。因此,中国在金融监管体系的改革中,应当把保护投资者的合法权益放在首位。

此外,还需要完善与金融监管体系改革相配套的若干制度和措施,如强化金融机构内部控制制度、加强金融自律组织建设、完善金融机构评估制度、建立存款保险制度等,同时还应加强国际金融监管合作(胡晓红,2009)。

参考文献

[1]曹凤岐,“改革与完善中国金融监管体系”,《北京大学学报(哲学社会科学版)》,2009年第4期。

[2]曹凤岐,《货币金融管理学》,北京大学出版社,2008。

[3]曹凤岐,“美国经验与中国金融监管体系改革”,《国际金融》,2011年第1期。

[4]胡晓红,“金融监管国际合作的法制现状及其完善”,《法学》,2009年第5期。

[5]祁斌,“各国金融监管体系报告”,《当代金融家》,2006年第10期。

[6]王胜邦,“国际金融监管改革的进展与启示”,《银行家》,2010年第12期。

(本文刊载于《金融论坛》,2012年第2期)

第五篇 商业银行改革与创新

商业银行发展个人金融业务的战略及策略

(2004 年 1 月)

现代商业银行个人金融业务是以自然人或家庭为服务对象,为个人或家庭客户提供存款、投资、融资、汇划、委托咨询等各类金融服务的银行业务,包括个人资产类、负债类业务及个人中间业务等各个方面。个人资产类业务包括个人住房消费贷款、汽车消费贷款等以自然人为借款对象,以服务个人消费为目的的消费贷款等业务品种。个人负债类业务主要指各类存款业务,如本外币一本通、外汇保本投资存款(两得存款)、教育储蓄等,或者具有直接投资服务功能的业务品种。个人中间业务包括个人结算汇划、外汇汇兑等传统中间业务,遗嘱委托、按期转账等委托服务,个人财务计划咨询、个人投资顾问与纳税申报咨询等咨询业务,以及代售保险单、代发工资、代收水电费等各类代收、代付及代理服务,在实行混业经营金融模式下的国家,还包括个人资产管理等信托投资业务。

个人金融业务的发展起步于商业银行的负债业务,并呈现出逐步向个人资产类及新兴中间业务领域扩展的趋势。

与国外现代商业银行个人金融业务的蓬勃发展相比较,我国商业银行在这一领域长期以来一直是一项空白。对于商业化历程不到十年的我国商业银行尤其是国有商业银行来说,要想应对入世后不断涌入的外国先进商业银行的全方位竞争,依靠传统的储蓄网点向储户提供简单的存、汇款业务是远远不够的,我们急需在包括个人金融业务在内的各项业务领域有所突破。

整合、发展和创新商业银行个人金融业务的重要性日趋明显,它既可以推动商业银行经济功能的转变,又有助于银行资产、收益及客户结构的优化,对于提升国有商业银行的核心竞争力具有深远的影响。

商业银行作为目前国内个人金融市场的领先者,面对如此巨大的市场发展潜力和如此激烈的市场竞争,必须制定明确的发展战略作为经营的指导方针,采取有效的竞争策略,提高竞争能力。我们认为,在目前的市场环境下,商业银行可采取如下发展战略:以理财业务为核心,通过细分市场,以先进的产品和优质的服务,打造专业而稳健的零售银行形象,保持市场领先地位。

具体来说,首先,应在组织结构上作出根本性的调整,理顺营销机构,为总体的改革与发展战略打好基础;其次,要通过建立有效的客户信息系统平台,做好客户的细分,明确目标市场;再次,通过整合营销,做好产品创新、品牌建设、产品定价和渠道整合工作，向客户提供先进的产品和优质的服务，提高客户的满意度；最后，通过引进先进的信息技术和加强员工培训，全面提高技术水平和员工的业务素质，真正提高银行的专业化形象，保持市场份额，在竞争中争取主动。

一、改革业务组织架构，提高市场反应能力

改进个人金融业务管理组织架构的原则是坚持以客户为中心，以市场为导向，强化组织决策水平及对市场变化和客户需求的反应能力。

1. 横向整合现有资源，实行中心辐射矩阵式管理

在“以客户为中心”的指导原则下，将个人金融业务所囊括的储蓄、个人消费贷款、个人信用卡、电子银行、理财服务等多项产品和服务都整合到同一部门，可以充分利用总行在资源、信息方面的优势，利用现代信息技术，借鉴国际先进经验，在总行层次上以矩阵式结构（见图1）建立个人金融业务产品研发中心、个人客户信息中心等集约化管理中心，在较高的层次上集中进行产品的研发和个人客户信息分析，并对重大研发项目抽调相关职能的专业人员组成研发小组，实行项目经理负责制，实现对客户信息在统一平台上进行集中管理，以此中心向分支行辐射，为各级分支行提供行动指导，避免各经营管理部门之间低效、重复的劳动。

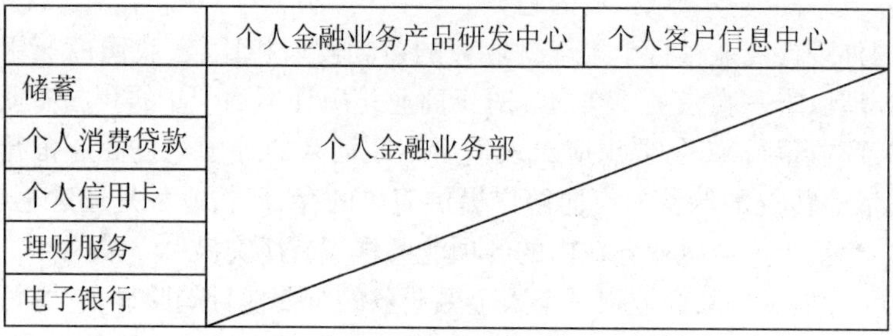

图1　个人金融业务矩阵式结构

2. 建立产品经理与客户经理互动的矩阵式营销组织架构

在每一个层次上，建立由客户经理和产品经理组成的矩阵式营销组织架构。既有产品负责人（产品经理）全程负责某项或某类产品，又有面向客户群体或个体的客户经理，负责为所服务的客户提供一揽子的金融服务。只是在各个层次上，侧重点和服务内容可以有所不同。比如，在总行、分行层次上，产品经理可以多一些，集中研究客户的需求，开发新产品，而客户经理人数少而精一些，他们主要负责研究分析某一类客户的特点，为分支行客户经理提供营销支持，或专为最

高等级的客户提供理财服务;支行则配备较多的客户经理,其职能重点是为其所服务的客户提供全程服务,而产品经理只需要较少的人,配合上一级行产品开发的调研需要(见图2)。

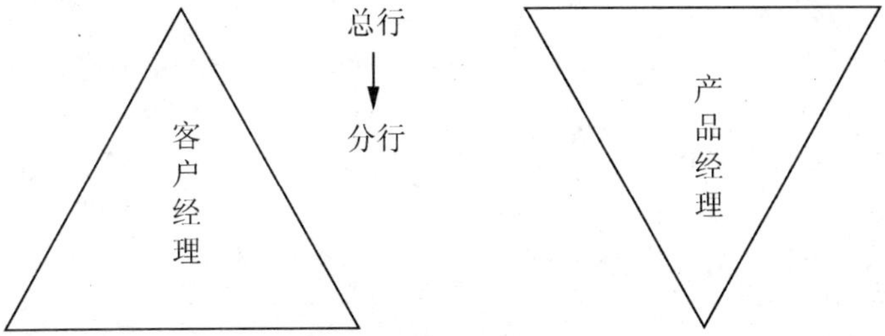

图2　营销组织构架

通过这些改革,可以形成一个从上到下力量分布合适、相互支持、反应灵敏的产品开发和客户营销网络,提高资源使用效率以及银行对市场需求的响应速度和应变能力。

二、细分市场,选择目标市场,提供分层次服务

1. 细分市场,选择目标市场

个人金融业务的市场细分可以对客户所处的地理位置、人口特征(年龄、家庭类型、家庭生命周期、收入、职业、受教育程度等)、社会阶层、生活方式、个性等因素进行综合考虑,以其中的一个或多个作为细分市场的变量,将整个个人金融市场划分为多个子市场。同时,在为数众多的子市场中,应结合自身的资源和目标选择具有相当规模、较好发展前景、具有较大盈利潜力的细分市场作为目标市场。

举例来说,根据客户的收入、学历、职业等基本特征,可以把个人客户群按照以存款余额为主要标准,家庭月收入、学历及职业为重要参考的标准分为优先发展型、发展型、普通型、服务型、一般型五类(见表1)。

表1　客户分类标准

客户类型	主要标准	参考标准		
	存款余额	家庭月收入	学历	职业
优先发展型客户	15万元以上	5 500元以上	大专及以上	三资企业、民营企业中层以上管理人员,个体业主,国有企业中层以上人员,公务员

（续表）

客户类型	主要标准	参考标准		
	存款余额	家庭月收入	学历	职业
发展型客户	10万元以上	3 800—5 500元	大专及以上	以三资企业普通员工，科、教、文、体、卫等专业人员，律师、会计师、记者等为主，也有一批国有企业中层以上管理人员及公务员
普通型客户	5万元以上	2 700—3 800元	大专、大专以上以及部分高初中	工作比较稳定的企事业单位或收入较高的外企、私企的普通职员
服务型客户	5万元以下	2 200—2 700元	部分大专及以下	国有企业的普通职工、退休职工
一般型客户	5万元以下	22 00元以下	部分大专及以下	国有企业普通职工、离退休职工、下岗工人及无业者

需要说明的是，这只是一个概念性参考，在实际细分中，还应综合各地区经济、文化发展水平，细分市场、遴选优质客户的标准也应根据不同地区的实际情况确定。因此，即使是在同一家银行内部，也应根据不同地区经济发展、居民收入等实际情况和客户贡献度大小、客户发展潜力等因素，科学、客观地细分市场，确定客户划分的具体标准，遴选优质客户。

以香港的银行为例，一般都以客户的“投资户口总额”作为分类标准，“投资户口总额”是指本外币存款、已经动用的信贷额度、人寿保险中的储蓄成分和证券、基金、债券等投资资产的总和。花旗与美洲银行的贵宾理财的最低开户金额为100万元，渣打为80万元，汇丰、恒生、永亨及中银为50万元，道亨、永隆为20万元，东亚更低，为10万元。

2. 提供分层次服务

在对个人客户市场进行细分、遴选优质客户的基础上，对不同层次的客户应提供有针对性的分层次服务，通过对渠道、产品、价格进行调整，推出不同的促销方式，对不同客户提供有针对性的、差别化的产品和服务，提高服务效率，满足不同层次客户的不同需求，最大限度地吸引、发展和稳定优质客户，稳定普通型客户，尽可能地提高优质客户的满意度。对一般客户提供标准化、电子化为主的金融服务，对优质客户提供综合化、个性化、全方位的优质金融服务。从国际银行业的服务体系来看，一般包含以下三个层次：

（1）在优质客户中甄选出忠诚度和贡献度最高的尖端客户，约占客户总量1%—2%的尖端客户作为总行级重点管理客户，对这类最有价值的客户提供“私人银行服务”，包括全方位的财富管理等金融服务，为其建立详细的、实时更新的客户档案，成立专门机构，设立专门的服务热线，指定专门的客户经理为其提供跟踪服务。

（2）对尖端客户以外的优质客户可在分行层面设立客户经理，为其提供一对一、面对面的服务，一个客户经理大约为20个左右的客户提供投资顾问等理财服务。在政策、制度允许的范围内，对优质客户给予优惠价格。

（3）对普通客户提供一般性柜面服务，并尽量向自助设备、电话银行等电子销售渠道引导，以减轻柜面压力，提高服务质量。

以香港商业银行的个人理财服务为例，大致分三个层次：第一层包括电话银行、网上理财、自动柜员机以及综合月结单等内容，称为“指定服务”；第二层包括银行代理保险、股票及基金等多元品种，以及客户可享有的各种折扣优惠；第三层指提供专业的理财投资建议。一般只有贵宾式理财服务才涵盖这三个层次的所有内容，而综合性理财服务则只包括第一、第二层的基本服务，而且在其具体的服务内容和价格优惠方面也有很大的差异。

三、明确产品政策，确定核心产品，加快产品整合与创新

1. 建立以理财为核心的多元化产品结构

储蓄产品能够为银行带来稳定的利差收益，是商业银行占有传统优势的业务领域，其增长速度大体与国民收入增速保持一致，没有特殊的外部环境变化，不会呈现高速增长，属于成熟类产品；住房信贷和信用卡能够给银行带来丰厚的收益，且处于市场高增长期，商业银行目前也占有市场较大的份额，属于明星类产品；个人综合消费信贷业务利润丰厚，但开展时间不长，尚处于市场培育期，属于问号类产品；大量高成本耗费、低收益甚至不收费的代收代付业务属于衰退类产品。

针对目前的产品结构，商业银行可采取以下产品政策：将传统的储蓄业务与理财业务相结合以延长其产品生命周期，使其继续属于成熟类产品；对于住房信贷业务、信用卡业务应采取有效措施进行进一步拓展，以提高它们的利润贡献度；对于现存的大量高成本、低收益的代收代付业务，制定合理的收费标准进行收费，并适当从那些收费无望的业务中退出；解决好存在于消费信贷业务中的市场拓展与风险防范问题，使消费信贷尽快转变为明星类产品，构建符合客户需求

的、以理财为核心的产品系列(见表2)。

表2　以理财为核心的产品系列

理财服务	理财信息服务、理财咨询、私人理财计划、个人综合账户管理服务、预约服务、唤醒服务
个人储蓄	活期储蓄、定期储蓄、定活两便、零存整取、存本取息、教育储蓄、通知存款、一本通
委托、代理服务	代理收付、代发工资、代理保险、代理证券(银证通、基金、债券、彩票)、代理外汇买卖、委托代理保管
消费信贷	个人住房贷款、个人汽车消费贷款、助学贷款、旅游贷款、个人耐用消费品贷款、存单质押贷款、个人小额贷款、个人综合消费贷款
个人结算	收付现金业务、缴费业务、个人汇款、通存通兑、个人旅行支票、个人支票、异地储蓄托收
个人外汇业务	私人结汇业务、个人外汇买卖业务、票据业务、境外财产托收业务、外币携带证业务
电子银行理财服务	个人网上银行服务、个人电话银行服务、手机银行服务、自动柜员机、电话银行理财服务
个人资信服务	存款证明、其他个人资信服务
银行卡业务	信用卡、国际卡、借记卡、智能卡、联名卡、彩照卡

构建以个人理财业务为核心,适应客户多元化需求的金融产品结构主要出于以下考虑:

(1)以个人理财而非储蓄作为核心产品,更有利于个人金融业务的拓展。个人理财业务与储蓄业务相比,具有更好的产品延伸性。个人理财业务与外汇、保险、基金、债券、股票紧密相连,这就决定了在理财服务开展的过程中,业务必然向转账结算、外汇买卖、代理业务、储蓄等方面延伸。除此之外,个人理财业务还涉及委托、资信证明、信贷等服务。所以与储蓄业务相比,它具有更好的产品延伸性,更适合在个人金融产品系列中居于核心地位。

(2)以个人理财服务作为核心产品,有利于抓住优质客户,扩大市场份额。随着城乡居民收入水平的不断提高,家庭收入除满足基本需要外,更增加了住房、购车、教育、休闲等多重需求,广大消费者已经开始关心"以钱生钱"之道,不再把储蓄作为唯一的投资理财方式,希望通过各类投资活动获得良好的回报。但由于缺乏相应地金融投资知识和有关金融工具的信息,普通个人目前又很难整合各种金融工具，对自己的资产和负债作出最优安排。对个人来说，寻求金融专业人员的指导，作出令自己满意放心的理财决策已成为一个迫切需要解决的问题。

(3)以个人理财服务作为核心产品，是国外发达零售银行的成功经验。以香港为例，自1982年花旗银行率先推出理财服务以来，香港各家银行一直致力于重点发展个人理财业务，目前理财业务已经成为香港各家银行个人金融业务的核心产品。如汇丰银行卓越理财中心和渣打优先理财中心分别达到近30家、19家，分别占零售网络的15%和23%；花旗银行不但加强了为客户分析财富管理的软件，更在以往"三对一"服务的基础上，推出"四对一"服务的策略，即客户经理、基金投资顾问、外汇财资顾问和理财助理共同为一个贵宾客户服务；汇丰银行2002年招聘了100名新员工，集中培训成为个人理财顾问，提供上门预约的个人服务，销售银行和保险产品。可见，在香港，个人理财业务的地位非常重要。

案例1：汇丰银行香港分行的"卓越理财"

卓越理财是汇丰银行针对在该行全面理财总值在港币500 000元或以上的客户开办的最高级别的理财服务。具体包括以下服务：

全球专人接待。卓越理财全日24小时为客户提供理财服务，全面配合客户的需要，客户可享有下列服务：一是由客户的客户服务专员全面照顾客户的理财需求。二是在一星期七天内全日24小时享受全球个人电话理财服务。三是无论在香港还是在世界各地，均可享受所有卓越理财中心及优惠的优质服务。

为客户提供一个综合户口，全面照顾客户的日常理财需要，每月客户将收到一张综合月结单，清楚地列明客户的财政状况，让客户一目了然。客户更可享受以下服务：一是港元、十种外币存款，以及保本投资存款服务。二是信贷及透支保障，包括抵押信贷，信贷限额可以高达港币600 000元，或相当于月薪六倍的无抵押信贷服务。三是综合保险计划，可涵盖客户所需保障。

卓越理财环球服务。无论客户身处世界何处，卓越理财环球服务均确保客户尊享各种优质服务及优惠。尊贵服务可为客户预订餐厅座位，更可优先预订体育盛事、音乐会、舞台剧的贵宾坐席，甚至为客户安排高尔夫球场地，消闲遣兴，无比方便。还可以提供旅游及资讯服务，并为客户预订机位、住宿的地方及租赁汽车，全面配合客户的一切旅游需要。另外，还提供紧急支援服务，为客户提供现金应急，帮助客户应付护照、文件、行李被窃或遗失的情况，并提供医疗、法律转介及传译等服务，全面满足客户的各类支援需要。

作为卓越理财客户，可尊享汇丰银行网上理财服务，体验前所未有的方便，运筹帷幄,更感得心应手。

案例2:花旗银行——CitiGold贵宾理财中心

针对理财金额在100万港元以上的客户,服务特点包括:

一是优越的个人服务。以花旗银行专业投资队伍作为后盾,专设CitiGold贵宾客户经理,全面照顾客户的理财需要,帮助客户制定切合客户个人目标的财资组合。拥有专业投资队伍、专业投资顾问及外汇理财咨询顾问组成的精英投资队伍,为客户带来最新的财经资讯及深入详细的分析,协助客户作出最佳的投资决定。CitiGold贵宾理财助理为客户提供日常账户服务,从定期存款续期到转账、开户及其他银行服务,都为客户安排妥当。

二是全面的银行服务。CitiGold定存利率优惠,客户可通过开立(CitiGold贵宾理财)户口,获得较一般更高的储蓄利率及高达1%年利率的额外定存利率优惠;24小时专人接听CitiGold贵宾电话理财服务,协助客户随时随地处理各个账户及解答客户的查询;7天免息免退票保险,CitiGold客户可享有保险额高达20 000港元的7天免息免退票保险等。

三是免费享用多项银行服务,包括购买本票、旅行支票、电汇、国际电话理财服务、外地柜员机提款及在海外CitiGold理财中心享用CitiGold各项服务以及信用卡年费豁免等,客户可获得豁免Citibank白金信用卡两年年费的优惠,以白金信用卡签账均可获30%的额外积分,而且累计之积分将永久有效。

四是专业的投资服务。优质投资产品,拥有一系列投资产品,包括长、短线及流动资产投资项目,以及花旗银行为客户特别定制的,用信贷服务及各种保险产品,满足客户的理财需要及保障客户的财富。

专门享受(CitiGold财富智囊)理财分析工具。一个全面的理财分析工具根据客户能承受风险的程度和理财需要,帮助客户制定有效而切合个人目标的投资策略及详细的资产分析建议,进行财产组合定期评估。定期检视客户的投资组合表现,帮助客户分析其所带来的理财优势。

2. 加快产品整合与创新

产品的整合与创新有利于形成短时间内的垄断,以获得超额利润。加快产品整合与创新,缩短开发时间,抢先推向市场,既可以获取定价权和超额垄断利润,为后续产品的研究开发提供经费,也可在群雄并起、竞争激烈时抢先撤退,转向新的产品和市场。因此,商业银行在确立了核心产品和产品政策以后,应加快对现有产品的整合,努力提高产品创新能力。

在对原有产品的功能和市场需求变化进行对比、分析的基础上,组合包装现有金融品种，适应不同客户的需要，提供多样化和个性化的服务，使客户可以像自助餐的配菜过程一样根据需求组合成各类套餐。

举例来说，可以推动储蓄品种与消费信贷品种的组合，如教育储蓄与教育贷款的组合、住房储蓄与住房贷款的组合；可推动储蓄品种和代理保险的组合，如针对在校学生的教育储蓄和高等教育保险的组合、针对在岗职工的零存整取和失业保险的组合、针对退休人员的整存零取和养老保险的组合；可推动消费信贷产品与代理保险的组合，如住房贷款、汽车贷款与房屋、汽车等财产保险的组合，旅游贷款与人身安全保险的组合；此外，还可推动个人理财项目组合，如针对高收入阶层的理财咨询、个人信托、代客投资的组合服务，针对中等收入阶层的消费信贷、信用卡的组合服务，针对低收入阶层的代收代付、借记卡的组合服务，等等。

从国外个人金融业务发展的经验来看，银行、证券、保险业务互相交叉、互相渗透可以极大地丰富个人金融产品，提高银行的综合竞争力，在目前国内实现严格分业经营的体制下，商业银行可从代理销售保险和基金产品出发，加强与保险公司和证券公司的合作，为今后管制放开后的产品拓展做好准备。

在进行了组织架构的调整之后，商业银行应尽快建立起一套对市场进行快速反应的产品创新机制，根据对社会经济的发展趋势和客户未来需要的分析与预测进行产品创新。比如，随着社会保障制度的改革和城市人口老龄化的出现，老年人面对较为沉重的医疗和养老费用，银行可以设计专门针对老年人的零售金融品种，如附带医疗保险、养老保险的金融产品等。

产品创新不能凭借偶然性，而应建立了一套完整的机制。国外先进的商业银行的产品开发、管理都是由独立的部门进行运作的，对产品的开发创新、产品生命周期的研究全方位地负责；各家银行的产品开发一般都从市场的研究入手，找出市场的最新动向，研究市场特色、界定目标客户的特征、发掘目标客户的需要，对所选的目标客户作出市场的定位。在综合以上因素之后，制订出产品开发的计划。

四、以先进的科技手段，提高客户关系管理水平

1. 用先进的数据库技术进行客户关系管理

商业银行要提高客户关系管理的水平，就必须建立一个强大的以客户为中心、覆盖客户所有业务信息的综合信息系统，通过综合应用数据库技术、数据挖掘等信息技术全面、深入、细致地了解客户的各种需求，分析客户的行为特点，对客户群进行细分。

以香港银行的经验来看,香港的个人银行普遍都建立了一套完善的客户管理数据库来实现对客户关系的管理。一个客户进来,从开户起,做了哪些交易,都进行详细的记录。数据库是客户关系管理的工具,透过数据库,客户管理部门可以专责分析不同的客户数据,对客户进行分类,将分析后的客户资料交给客户服务部门(如客户经理)及产品设计部门,量身打造适合不同客户的产品,最后将产品推出前线销售。香港的各大银行都在积极地建立自己的数据库,如东亚银行耗资1亿港币建立了客户资料库软件。渣打银行拥有的客户数据库,可以将客户在15年以内在渣打银行所做的交易记载下来。恒生银行的客户关系数据库,可以将客户查询过的事项记录下来,从中发现现在、未来的客户,以现有的新开发的产品满足客户过去曾经提出的需求。利用数据库实现定期、有计划地与客户联系,客户经理根据电脑提示确定今天要发展的客户、要联系的客户、要跟进的客户及要淘汰的客户,然后开始一天的工作。

无论哪一家银行,其数据库基本包括以下内容:①基本情况,包括客户名称、地址、账号、业务性质、范围、业务量、负责人、联系人、授权水平、财务情况和背景;②交易记录,主要有产品使用情况、销售量、交易方法、业务条件、操作要求、付款安排、额度、频率、时间、作用;③客户关系记录,包括价格、折扣、优惠、相关客户群、表扬、投诉、沟通机制、决策机制、消费习惯、产品/服务组合;④客户需求记录,包括使用同业情况、未达成的交易、未续用的产品/服务、有潜力的业务、未来业务计划;⑤客户价值记录,包括业务量、利润率、付账周期、发展空间、推荐的客户。

以中银集团为例,对个人客户信息的管理,主要从三个方面来进行:

(1)前端管理,即在银行客户界面,就能查询出客户所有的账户及前日的交易情况,还可以提醒存款到期情况。

(2)中端管理,即通过对客户静态资料(如姓名、年龄、地址、收入、职业等)、动态资料(如交易记录等)的分析,掌握客户的消费模式,分析哪类产品适应于哪类群体。

(3)后端管理,即客户的交易处理后,返回到前端,客户管理均为计算机自动完成、自动分析,供客户经理参考,最大限度地挖掘客户的潜能。

商业银行在进行了组织结构的调整、打破了部门间的信息分割之后,应该立即着手建立这样的客户信息数据库,以真正实现精细化管理。

2. 以科学技术推动产品整合与创新

从国际金融业发展的历程和潮流来看,金融业务的发展离不开高科技手段的支持,开始于20世纪60年代的国际金融创新的显著特征就是以先进技术手段为基础,推动金融产品创新。个人综合账户、个人货币市场账户、NOW 账户、超级 NOW 账户的推出都是以先进电子技术的应用为基础的。目前作为国外商业银行个人金融业务重点的理财服务也是凭借依托于先进的业务处理系统建立的一整套理财业务软件,极大地提高了管理水平和客户经理的专业技能。各家银行的理财软件主要能够实现以下功能:

(1)信息支持功能。包括为客户提供金融政策、法规信息、经济信息、投资信息等各类经济金融方面的信息支持,如渣打银行经常举办各种投资讲座及研讨会,并通过传真、电话、互联网、手机为客户传送最新的财经资讯,包括楼市、股市、单位信托基金及外汇市场资料。这些强大的信息支持,有利于客户的理财决策。

(2)客户风险预警查询功能。为客户经理和客户本人提供风险预警查询功能。

(3)查询客户级别变更情况。为客户经理提供客户级别变更信息。

(4)查询理财协议签订情况。包括签订、终止、状态修改、协议信息、执行情况查询和协议统计情况查询。

(5)理财服务功能。包括预约服务、提示服务、收益计算等各项为客户提供全方位服务的功能。预约服务是系统记录客户提出的预约要求,于预约到期日自动批量处理或由系统主动提示客户经理为客户办理预约事项并记录办理结果。提示服务是系统于客户关键日期(如生日、存款到期日等)主动提示客户经理的服务。客户收益计算是客户经理输入一定要素,系统按照既定公式计算客户的收益结果。

(6)理财方案设计功能。包括组合产品设计和理财方案设计两个部分。其中,组合产品设计是按照客户要求输入相关信息,并根据存贷款利率、外汇牌价、股票市值等数据,按照相应公式计算、显示、打印结果;理财方案设计是通过分析某种金融产品的收益率、风险度以及与不同特点客户的相关性,为某一类客户提供较为合适的金融产品组合的建议。

(7)客户管理功能。包括准入和级别变动客户名单、风险预警、黑名单等。准入、级别变动客户名单是系统在一定时期批量搜索并主动提示主管部门或客户经理新产生的,满足优质客户条件但尚未建立理财档案的客户名单,以及已建立理财档案、确定理财级别但目前级别发生变动(升级或降级)的客户名单。风险预警功能是系统向客户经理提示其所管理客户的重大业务动向及风险预警信息的功能。黑名单是系统提供的有不良贷款、信用卡恶意透支、欠费和不良行为记录的客户名单。

(8)客户贡献度查询功能。为客户经理按日或按月提供客户资产负债变动、为银行带来的效益及本行为其提供的各类优惠情况，并随时掌握客户资金动态。

可以说，如果没有先进的信息技术，要想通过理财服务为客户提供全方面的、贴切的产品和服务几乎是不可能的。

3. 加强人员培训，培养业务专家

由于商业银行传统上对公司业务的重视，形成了优秀人才集中到公司信贷业务和资金业务领域的局面，个人金融业务人才匮乏，且长期缺乏系统的培训，尤其是理财业务这样的高端、新兴业务开展后，培训工作往往跟不上，已成为新业务开展和推广的主要障碍。理财业务是一项全新的涉及知识面很广的业务，理财经理不但要具备传统的银行各项业务技能，而且要掌握证券、基金、保险、外汇等金融知识，与客户接触员工的素质和水平很大程度上代表了银行的水平与形象。

在香港，从2001年开始实行了“认可理财策划师”制度。只有获得了这一职业资格，才可从事个人理财业务。个人理财资格的认证考试课程，能使从业人员快速全面掌握个人理财业务，内容包括个人理财基础、投资学、保险学、税务策划、退休保障、高级理财策划等。此外，认可理财策划师在经过考试获得职业资格后，每两年还要参加30个小时的继续教育学时，包括参加研讨会、讲座等。

目前在内地虽不具备这样的考试制度，但要求理财经理和客户经理参加证券分析师、证券从业人员资格证书、基金从业人员资格证书、保险代理资格证书等专业考试，同时加强行内的业务培训，使理财经理真正成为“理财专家”，全面提升个人金融业务领域的员工素质，培养和造就一批高素质的个人金融业务队伍，为实现战略目标提供强有力的保障和支持。

（本文刊载于《经济界》，2004年第1期，与王海璐合著）

银行体系的制度建设与小企业融资

（2005 年 11 月）

目前，中国的小企业贷款在银行贷款中的占比很低。小企业数量目前占全社会企业总数的 90% 以上，产值占 GDP 的比重已由过去不到 1% 提高到目前约占三分之一，但小企业贷款仅占主要金融机构各项贷款的 16%，距离小企业贷款的实际需求还有很大的空间。对于小企业贷款占比过低这样的事实，人们并无多大分歧。但对形成这种现象的原因，以及如何解决这一问题，人们的观点并不一致。本文拟从小企业的资本结构分析入手，从银行制度建设的角度探讨解决小企业融资难问题的途径。

一、从宏观角度理解小企业的资本结构

传统的公司财务理论从税盾与财务危机成本的角度来解释企业的资本结构。中国的小企业资本结构中，银行贷款只占很低的比例，股权融资占比较高，新的资本投入主要依赖于内源融资。出现这种现象的原因，并非是小企业不想从银行贷款，而是因为银行不愿给小企业贷款，或者银行虽然愿意，但要求小企业支付过多的成本，比如过高的利息、过于繁琐的手续、过长的等待期等。传统的公司财务理论是以发达的市场经济为基础得出的结论，把公司资本结构看作公司自己主动选择的结果。中国的小企业是在一个金融制度不发达的市场上生存，对资本结构的选择缺乏主动权。小企业的资本结构主要取决于金融制度的约束。因此，小企业的资本结构是一个制度问题，或者说是一个宏观金融问题，而不是一个微观的财务决策问题。

从宏观金融结构看，在中国的金融市场上，银行贷款仍然居于主体地位。股权市场和债券市场的融资额远远低于股权市场。即使是大型企业，也主要依赖于银行贷款融资。对于小企业来说，由于信誉低，即使在发达的金融市场上，也不可能进入债券市场融资。中国的股权市场远小于银行贷款市场，现有的公开股权市场不可能为小企业提供有效的融资途径。中国的私募股权市场同样很不发达，小企业信誉低，也很难通过私募途径获得股权融资。因此，虽然银行贷款为小企业提供的资金有限，贷款仍然是小企业目前最重要的外源融资途径。

二、解决小企业资金需求应该以银行贷款为主

在小企业内源融资为主、有限的外源融资又以银行贷款为主的大背景下，该如何解决小企业外源融资不足的问题呢？一个直观的思路就是同时推进各种外

源融资途径的发展。在私募股权市场上,推动风险资本的发展,鼓励机构投资者积极投资小企业。在公开股权市场上,推动小企业上市融资。上市的地点不仅有内地的中小企业板,还有香港创业板等。

由于股权市场的容量有限,对企业的要求又比较高,因此只有已经发展到一定水平的小企业才可以去上市。由于信誉有限,小企业也不可能通过发行企业债券的方法融资。所以,虽然通过资本市场融资非常重要,但对于数以十万计的小企业来说,中国目前的小企业外源融资必须以银行贷款为主,外源融资的增长必须以银行贷款的增长为主。

三、制度建设与小企业贷款的风险

中国的银行目前很少给小企业发放贷款。这是因为,银行发放小企业贷款的成本远高于发放大中企业贷款。小企业信息披露制度不健全,财务报表或者没有,或者可信程度低,银行必须进行更多的调查,付出更大的信息搜寻成本,同时承担较大的违约风险。所以,银行在选择客户与贷款项目的时候,必然会优先选择大客户。那么,该如何促进银行发放更多的小企业贷款呢?首先,要设法降低风险。小企业的违约风险高,原因不仅在于经营风险,还在于道德风险。经营风险的弱化不是债权人所能有效控制的,道德风险也难以由贷款银行有效约束。所以,道德风险的降低主要是一个全社会的制度建设问题。必须大力发展诚信制度建设,建立完备的信用记录档案,提高小企业道德风险的成本,从制度上有效地降低整个社会的小企业道德风险程度。其次,要建立有效的信用增强制度。小企业自身的信用水平低、风险高,但如果能够获得有效的信用增强支持,仍然会获得银行的青睐。这方面,最有效的方法是完善信用担保制度。信用担保制度产生于20世纪二三十年代的工业化国家,对象是小企业,目的是为本国小企业提供融资担保服务,为贯彻实施国家小型企业政策服务,促进本国小企业的发展。从世界上其他国家开展信用担保的情况来看,越是市场经济发达的国家,其信用担保体系越完善。信用担保业务不是一种过渡性业务,而是一种长期的支持小企业发展的业务。中国必须建立完善的小企业信用保证体系,信用保证业务必须向规范化、法制化方向发展。小企业信用保证的有效运作应以政府支持为后盾,以金融机构配合为基础,建立起担保体系和再担保体系。

四、大银行与小银行的交易成本比较

要降低发放小企业贷款的交易成本,可以采用多种方式。但是,单个银行降低交易成本的能力是有限的,必须从宏观上采取措施,有效地、系统地降低交易成本。这方面,我们必须讨论银行业的宏观结构问题。目前,中国的银行业仍然

是以国有银行为主的格局。非国有的银行机构已经有了较大的发展，包括股份制银行、城市商业银行、城市信用社、农村合作银行、农村信用社等。但是，小企业贷款的主要来源仍然是国有银行，说明面向小企业的金融机构发育很不健全。从目前的政策导向看，在推动银行增加发放小企业贷款方面，仍然没有区别不同层次的银行，事实上还是以国有银行为主。这表明，我们对不同银行的功能还未能充分区别开来。以推动国有银行增加贷款的方式作为解决小企业融资问题的重点，指导思想上存在明显的问题。从各国情况看，小企业的贷款主要来自小银行而不是大银行。从理论上讲，小银行由于规模小，长期在特定地域活动，能够比较有效地降低交易成本，解决信息不对称的问题。这里，我们可以分析一下小银行与大银行的分支机构。在一个小的地区内，可能会同时有小银行和大银行的分支机构在活动。如果大银行的分支机构完全像小银行那样经营，以小企业为贷款对象，也可以降低交易成本。但是，与小银行不同，大银行的分支机构是由总部进行管理的，它是一个分支机构，而不是一个子公司。所以，大银行的分支机构在发放小企业贷款时，必然要付出比小银行更多的管理成本。因此，即使大银行存在很多分支机构，也不应该成为小企业融资的主体。必须放弃以国有银行为主促进小企业放款增长的思路，通过培育小的金融机构，从宏观格局上改变银行业的结构，才可以有效降低发放小企业贷款的交易成本，更好地解决信息不对称的问题。

五、建立完善的小银行体系

小企业贷款适合由小银行发放，并不是说小银行一定会积极发放小企业贷款。目前，中国的非国有银行与国有银行一样，贷款目标也是优先集中于大中企业。非国有银行的发展战略，一般也是以做大做强为目标，渴望脱胎换骨，逐渐长大。因此，非国有银行并非对小企业情有独钟。这说明，中国的小银行目前存在系统的定位偏差。有的银行甚至在筹建时就声称要成为中国的花旗银行。如果所有的银行都不甘于做小银行，中国就不会有真正的小银行。而大量的小银行在追求长大又无法长大的挣扎之中，将失去自己最佳的盈利机会。小银行在竞争大客户方面并无优势。扬短避长，是一种战略性的缺失。解决这个问题，除了要培育市场环境之外，首先要从产权上进行改革。从总体看，现在的金融机构改革，应当说是在进行产权制度改革。随着改革的发展，中国将不存在纯粹的国有商业银行，四大国有商业银行都在改组成股份制银行，而且所吸收的资本不仅仅是国内的资本，还包括国外的战略投资者。在大银行改革的轰动效应的影响下，小银行改革的声音几乎被淹没了。现有的小银行机构，产权上都存在一定的问题。许多银行名义上是股份制或合作制，但管理上还是国有银行体制。必须建立有效的公司治理结构，才能使小银行找准市场定位，安于服务小企业的地位。金融机构的改革问题不是一个简单的“国退民进”的问题，而是要真正进行产权制度的改革、市场化的改革。在对存量金融机构进行改革的同时，也要开展增量改革，开放民营银行，建立起适合小企业发展的金融机构体系。

不可否认，在中国的一些地区，民间非正规金融已经取得了相当大的发展，为小企业提供了相当数量的资金支持。但是，从理论上讲，民间金融往往导致高利贷。从小企业讲，由于缺乏正规金融的渠道，不得不接受高的利息水平。地下金融游离于正规金融之外，政府的监管无法起到约束利率的作用。从高利贷的提供者来看，由于存在政策与法律风险，贷款者必然要求一个相应地风险补贴。比较而言，如果建立起发达的正规金融体系，提高贷款的可获得性，减少政策与法律风险，贷款的利率自然会降低。所以，发展小银行体系的关键是培育正规金融体系，而不是寄希望于非正规金融的发展。

要发展正规的小银行体系，存款保险制度必须及时推出。存款保险制度目前已经成为应对银行危机的一个基本内容。但是，中国至今没有建立存款保险公司。相应地，银行危机的防范主要依靠国家信誉和中央银行再贷款。这种制度在国有银行一统天下的时候有其合理性。但在目前非国有银行已经广泛建立的情况下，已经不适应新形势的需要，对于建立完善的小银行体系则是严重的障碍。没有存款保险制度，小银行就难以吸引存款。过高的风险也必然会使小企业贷款利率居高不下。

综上所述，小企业内源融资为主的格局是金融制度约束所决定的。扩展小企业的外源融资，需要大力发展资本市场，但更重要的在于建立相应地制度安排，如诚信制度和信用担保制度，促进银行特别是小银行的发展，由发达的正规的小银行体系为小企业提供充分的资金支持。

（本文刊载于《农村金融研究》，2005 年第 11 期，与贾春新合著）

城市商业银行的市场定位

（2006年4月）

一、中国城市商业银行的发展与问题分析

中国的城市商业银行来源于原城市信用社的股份制改造，是在原城市信用社的基础上，由地方政府、城市企业和居民投资入股组建的地方性股份制商业银行，是由众多法人机构合并形成的一级法人单位，是为地方经济服务的地方性商业银行。1995年7月，以深圳城市合作银行正式成立为起点，中国城市商业银行在中国金融舞台上开始了艰苦的历程。截至2004年年末，全国城市商业银行已发展到113家，资产总额达16 938亿元，其中各项贷款9 045亿元；负债总额达16 361亿元，其中各项存款14 341亿元；当年实现利润82亿元；所有者权益577亿元。截至2005年9月末，全国城市商业银行资产总额达1.9万亿元，所有者权益693亿元。从功能上讲，城市商业银行是商业性金融服务机构，因此，它首先应该具备商业银行的一般特点。同时，由于自身独特的发展过程，城市商业银行又有它自己独有的特点——中国城市商业银行是地方性商业银行，是股份制商业银行。

中国城市商业银行的发展，对促进经济的发展、金融改革尤其是支持地方企业和中小企业的发展与壮大起了极其重要的作用。然而，城市商业银行在其发展过程中存在和暴露了不少值得注意且应当解决的问题。中国城市商业银行在发展过程中突出地显示出资本充足率低、不良资产率高、单一城市制经营、贷款风险集中度高和产品创新水平差等问题。

（一）资本充足率低

中国城市商业银行的突出特点是资本充足率极低。按照新的商业银行资本充足率标准进行衡量，截至2005年12月，全国城市商业银行平均资本充足率不到3%，银行抗风险能力比较弱，面临一定的风险。另外，2004年，国务院发展研究中心金融研究所《中国城市商业银行研究》课题组对中国东部、中部、西部地区三个有代表性的省份境内的20个城市商业银行的运营情况进行了比较深入的实地调查。调查表明，城市商业银行的贷款准备金也普遍不足，被调查城市商业银行的贷款准备金大约只占总贷款余额的1.25%，这与其14%的不良贷款率非常不协调（按贷款五级分类法计算）。据估计，如果依据目前的资产状况，城市商业银行至少应提取700多亿元的坏账准备金，但实际只提取了60多亿元。

这意味着,如果城市商业银行提足拨备,大多数银行将因此变为亏损,资本充足率将大幅下降。

(二)不良资产率高

中国城市商业银行不仅规模小、盈利能力低,而且资产质量比较差。由于各城市商业银行是由本地所有城市信用社联合组成,因此,它承接了大量城市信用社在不规范经营时期所形成的不良资产。截至 2005 年 9 月末,按贷款五级分类,不良贷款余额 1 027 亿元,平均不良贷款率达 9.7%。虽然这些不良资产规模在逐年降低,但目前数量仍然偏大,造成的直接后果就是银行连年亏损,无法在技术、产品开发和人才上投入资金,发展十分缓慢。截至 2004 年年末,城市商业银行损失类贷款余额为 259.76 亿元,这部分资产呈现出明显的“悬空性”。对于这部分不良贷款,城市商业银行只有通过自身利润冲销或地方政府资产置换两种方式来处置。在 113 家城市商业银行中,有将近一半连年亏损,因而根本没有核销不良贷款的能力。加入 WTO 后,中国将采用国际通用标准计算商业银行的资产质量和资本充足率,并向社会公布,这将改变城市商业银行的资产质量和信用不透明状况,使潜在的不良资产逐步暴露,经营难度、经营风险进一步增大。

(三)单一城市制经营

自城市商业银行成立之初,其经营活动就被限制在所在城市。但近几年来,单一城市制经营模式的负面效应日益显现,并成为城市商业银行进一步发展的障碍。首先,地域限制不利于城市商业银行分散风险。对于某个城市而言,往往是某几个或某个产业或行业发展较好,可供开发且前景较好的项目也是有限的。如果一家银行被限制在一个城市开展业务,其资金势必集中到这些行业、产业和项目上,造成贷款的行业集中度、客户集中度偏高,带来巨大的风险隐患。其次,地域限制不利于城市商业银行的业务发展和产品创新。现在,很多企业往往是跨地区甚至是跨国开展经营活动,这就要求商业银行能够按照企业的地理布局为其提供存贷款和资金清算等服务。但是,不论是资金的流入还是流出,都需要一个结算通道,而这恰恰是城市商业银行的软肋。显然,仅资金跨区流动,就已经超出了城市商业银行自身的能力,从而造成城市商业银行大量客户流失。这也是很多企业在规模较小时与当地城市商业银行的关系非常好,而一旦这些企业做大,实现了跨地区经营,往往就会与城市商业银行分道扬镳的最好解释。

(四)贷款风险集中度高

与国有商业银行和股份制商业银行相比,城市商业银行无论是在风险管理体系设置、风险管理制度建设,还是风险管理技术运用、风险管理人才配备上都存在很大的差距。这导致城市商业银行的风险防范能力普遍较弱,其表现之一就是城市商业银行贷款集中度严重超标。2004年统计数据显示,城市商业银行总体单一客户贷款比例为33.41%,超出规定比例23.41个百分点,个别超过规定比例几十倍。十大客户贷款率更是严重超比例。上述两项指标经常用来衡量商业银行的贷款风险集中度,监管当局的要求是:单一客户贷款率小于10%,十大客户贷款率小于50%。产生上述问题的原因:一是法人治理不完善,关联贷款发生频繁,且数额巨大;二是市场定位不够明确,很多城市商业银行还在与国有银行和股份制商业银行争抢大客户、大项目;三是以上阐述的单一城市制经营。

(五)产品创新水平差

目前,城市商业银行在金融创新中常常处于被动模仿的地位,而缺少利用金融创新来创造利润、占领市场的主动权。很长时期以来,大多数城市商业银行的产品品种一直停留在信用社时期的水平上,与股份制商业银行和四大国有商业银行相比仍存在很大差距。城市商业银行产品创新水平差集中体现在产品品种单一、产品科技含量不高和产品创新能力弱等方面。

首先,产品品种单一。例如,在公司银行业务上,城市商业银行主要有存款、贷款和结算,而股份制商业银行还可提供贸易融资链业务、离岸银行业务和公司理财等。其次,产品科技含量不高。与股份制商业银行相比,城市商业银行提供的产品科技含量明显较低,集中体现为银行卡、电子银行、个人理财等新兴高技术产品的发展明显落后。以银行卡为例,城市商业银行发行的银行卡功能局限于存款、转账和透支三个方面,而招商银行的一卡通还可以提供理财、网上支付、手机充值、自助贷款等多项功能。最后,产品创新能力弱。受科技和人员的限制,城市商业银行的产品创新能力明显比较低。

城市商业银行存在问题的原因有很多,其中市场定位不合理是一个重要原因,集中体现在盲目性和雷同性两个方面。

首先,市场定位的盲目性,也可以理解为市场定位的缺失,即目标市场不明确,缺乏协同一致、高效率的营销运行机制。一个准确的金融市场营销目标代表一家商业银行明确的市场定位。目前,大多数城市商业银行的营销比较盲目,为了取得所谓的竞争优势,在几乎所有的业务领域、所有的市场机会上都使出浑身解数,投入大量的人、财、物,从经营种类多样化、手段现代化等方面积极参与竞争,但却没有一个建立在系统、科学的市场细分基础上的市场目标、客户目标和产品目标。目标市场不明确,使城市商业银行竞争策略针对性不强,个性不足,业务创新带有较大的盲目性,与大量的投入相比,城市商业银行并未赢得理想的竞争优势。从某种程度上讲,市场定位的缺失正使一些城市商业银行在市场竞争中面临被淘汰的风险。

其次,市场定位的雷同性。城市商业银行市场定位的雷同性集中体现为与其他商业银行的市场定位战略雷同。许多城市商业银行没有对自身金融环境和综合实力进行细致、科学的分析,更没有严密的市场细分,不是充分发挥机制优势、集中资源实施可保持竞争优势的特色定位战略,而是无视与国有大银行在制度结构、信用保障、资金规模、网络覆盖范围、技术实力等方面的巨大差异,不自量力地挑战大银行,普遍偏离了自己的战略宗旨和方向,在经营区域定位、客户定位、产品定位等方面都与国有大银行趋同。这些银行企图通过与四大国有商业银行正面争锋,胜出市场,获得平均甚至更大的市场份额,结果往往代价高昂却得不偿失。城市商业银行的市场定位战略同其他商业银行的市场定位战略雷同的必然后果是"失小"现象。城市商业银行在经营管理中的"求大"和"失小"现象表明,中国城市商业银行的市场定位实际上与其他商业银行的市场定位存在严重雷同的现象,即都定位于大型企业和项目。市场定位不合理,使得城市商业银行即使侥幸得到一些眼前利益也无法获得持久的竞争优势,如果不及时调整经营战略,最终必将自食其果。

二、中国城市商业银行应当明确其市场定位

商业银行的市场定位是指银行对其核心业务或产品、主要客户群以及主要经营区域的认定或确定,是银行根据自身特点,扬长避短地选择、确定客户—经营区域—产品(C-A-P)最佳组合的系统步骤和方法,以达到银行资源的最优配置和最佳利用的战略。这就是CAP观念下的商业银行市场定位。

CAP模型定位是指银行对其核心业务或产品、主要客户群以及主要竞争地的确定。CAP模型强调商业银行市场定位的三大要素,即客户(Client)、经营领域(Area)和产品(Product)。一个"客户(C)—经营区域(A)—产品(P)"组合,就是银行的一个"定位单元",标志着银行形成的一个具有鲜明特点的市场定位。

(一)客户定位:城市居民和中小企业

随着改革开放步伐的加快,中国商业银行不断融入激烈的市场竞争中,对客户资源的争夺成为银行业获得市场竞争优势的关键。

一方面,城市居民应该成为城市商业银行的主要客户群体。随着中国居民收入的不断增加,个人融资与投资需求迅速提高,虽然国内各家银行已开始重视高速增长的居民个人零售业务需求,但因既定的经营方式和业务结构的局限以及对新业务的认识偏差,其相关业务经营尚处于初级阶段。同时,此类业务具有

市场化程度高、风险小、收益稳等特点，与城市商业银行在中国银行体系中的地位相吻合，使其比较优势更能够得到发挥，应成为各城市商业银行客户发展的重点方向。

另一方面，城市商业银行重点服务中小企业具有坚实可行的基础。在中国经济成分呈现出多元化态势的今天，经济结构与金融结构的不对称直接体现为缺乏与中小企业配套的中小金融机构。因此，城市商业银行有机会进入这个细分市场，获得竞争优势。

首先，支持中小企业是中国经济发展的需要。当前，中小企业特别是私营中小企业都存在融资难的问题。一项调查显示，中国中小企业所创造的最终产品和服务的价值已占全国 GDP 的 50.5%，所解决的就业量占全国城镇总就业量的 75% 以上，所提供的产品、技术和服务出口约占出口总量的 60%，中小企业所完成的税收占全国全部税收收入的 43.2%。由此可见，支持这部分中小企业，是整个国民经济发展的需要。

其次，对中小企业的金融服务将是城市商业银行的重要利润源泉。随着中国经济的持续高速发展，中小企业的经济活动将更加活跃，在许多方面需要银行提供各种金融服务，其中不仅包括传统的存贷汇，而且还迫切需要各种新型金融服务。例如，本外币保函业务、国际结算、信用证、网络结算甚至部分投资银行业务。加强对中小企业的金融服务，迅速占据这类业务，不仅有利于扩大城市商业银行的经营规模及市场份额，构成坚实的利润支撑点，而且还有利于城市商业银行摆脱外部竞争压力，改善经营环境，迎接金融国际化和内外资金融巨鳄的挑战。

再次，城市商业银行服务中小企业能更好地分散风险。商业银行在提供金融服务时，一般都要遵循大金融大服务、小金融小服务的规律，如果以其小规模的资金为大项目提供信贷，所蕴含的风险是显而易见的。城市商业银行为了防范风险，就只能把市场定位放在中小企业上，才不至于因金融服务目标与功能错位而诱发经营风险。

最后，城市商业银行的自身实力也决定了服务中小企业是其理想选择。一方面，城市商业银行一般规模小、资金实力弱，无力单独承担较大的项目和满足较大企业的资金需求。另一方面，城市商业银行具有管理层次较少、与地方经济联系密切、信息反馈灵活、金融交易成本低等长处，因而易于为中小企业提供服务，便于从事零售业务，发挥替代作用，从事其他商业银行不愿或不易开展的业务。

(二)经营区域定位：当地化经营为主，探索区域化经营

经营区域定位指的是商业银行选择什么样的经济地理区域作为自己的目标

市场。经营区域定位存在当地化经营和区域化经营两种选择。本文认为,中国城市商业银行应该在因地制宜原则的指导下,根据自身实际情况的不同,实施以当地化经营为主、探索区域化经营的市场定位策略。

首先,包袱轻、资产规模小但质量高、盈利能力强的城市商业银行可以采用当地化经营定位,即立足地方,发展为"小、精、特、专"模式的地方性商业银行。这一方面是因为银行监管法规的限制,多数中小银行只能在一定区域从事银行业务,分支机构的设立也限于总部所在地区。另一方面,中小银行出于自身经营优势的考虑,也倾向于这种定位。例如,城市商业银行对当地客户的资信状况、经营状况十分了解,可以有效避免信息不对称风险,同时,城市商业银行可以充分利用当地人脉资源,降低成本,形成价格竞争优势。

城市商业银行比规模较大的银行更能够提供银行和社区相互作用所需的"亲和性"。因为通过这种联系有助于解决贷款决策中的信息不对称问题:一些潜在贷款申请者特征是由其所在社区经济社会环境和特定资产决定的。特定资产的价值在任何时候都可能反映社区内各类经济主体的个人收入流量和财富水平。银行面对贷款申请时,如果缺乏社区效应参照物,只能独立、隔绝地评估每个申请人的资信状况。因为任何一项贷款申请人能获得的信用额度是独立于其他人的,来自任何一笔贷款申请评估的信息与知识对于决定下一笔贷款申请的可行性毫无作用,评估成本极其高昂。然而,社区环境却能将社区每个贷款申请者置入一个相互联系的团体中。这些贷款申请者的特性就变成了相互依存特性,而且相当一部分申请人拥有的资产具有地区性和固定性。因此,社区具有特殊的"溢出"效应。城市银行和所在社区天然的"亲和性",必然会使这种"溢出"效应得到充分发挥,有利于提高信贷评估质量,降低评估成本。

其次,规模较大、实力较强的城市商业银行,可以有条件地探索实施区域化经营定位。城市商业银行实施区域化经营定位是业务拓展的需要,是集约化经营的需要,也是促进区域经济发展的需要。

第一,城市商业银行实施区域化经营定位是业务拓展的需要。对于城市商业银行经营区域的限制,可能导致其无法开发利润率较高的业务,甚至失去现有优质客户。例如,城市商业银行异地汇路不畅,客户结算困难,必须依靠国有商业银行的汇兑系统和银行汇票,既占用大量资金,又增加了清算环节,延缓了客户资金周转,极大地制约了城市商业银行的业务拓展,使得部分优质客户转投跨区域经营的四大国有商业银行。

第二,城市商业银行实施区域化经营定位是集约化经营的需要。同一地理区域内的若干家商业银行的财务系统、组织架构和管理模式没有统一的标准,多种资源重复投入,单个设备购置存在极大的投资浪费。例如银行卡系统,从硬件到软件设备的购买,开发商可以多次重复高价卖给各家商业银行,而在区域内统一模式,通过一级委托购置,总成本至少要降低一半以上。因此,通过有效的区域联合可以实现资源共享,可以保证域内商业银行较好地实现集约化经营,扭转目前域内商业银行普遍存在的银团贷款开展不好、优质项目大量流失的状况,有效降低单位运行成本,提高经营效益。

第三,城市商业银行实施区域化经营定位是促进区域经济快速发展的需要。目前,各城市商业银行均是各地方政府控股,其市场定位也是立足于地方经济,实现与地方经济的良性互动。对于对国民经济贡献度极高、资金却严重缺乏的中小企业来说,最合适的融资方式是以中小银行为中介的间接融资。中小企业的融资需求不仅关系到其本身的发展,也关系到就业问题、扩大内需问题。从这个意义上讲,城市商业银行通过重组联合,实现区域化市场定位,可能成为促进区域经济快速发展的一种有益探索。

前已述及,城市商业银行经营地域范围的限制是影响城市商业银行发展的重要原因之一。因此,突破地域局限进行区域化经营是城市商业银行市场定位与稳健发展的重要内容。但是,由于城市商业银行群体之间存在的多方面巨大差异,决定了并不是所有的城市商业银行都适合、有能力进行区域化经营。城市商业银行只有本着因地制宜、因时制宜的原则,注意避免盲目扩张,在当地化经营为主的基础上,有条件地探索区域化经营定位。

城市商业银行还必须采取一些必要的配套措施实现市场定位目标。主要措施应当包括优化法人治理结构、加强产品和业务创新、强化内控机制等。

(三)产品定位:零售业务

中国城市商业银行无论从资本规模还是经营网络看,都属于中小商业银行系列。作为中小商业银行,在目标市场及经营方式上都应与大型商业银行有明显区别。商业银行零售业务是指对家庭、非营利机构和小企业提供的金融产品或服务,主要包括零售存款业务、零售小额贷款、透支便利、制定投资策略与组合、进行税务安排及保险服务等。零售业务具有零星分散、种类繁多、服务要求高的特点。另外,由于长期处于计划经济,忽视以个人为主体的银行零售业务的开展,商业银行极度缺乏有关这方面的知识和经验。银行开发零售业务虽然繁琐,且有较高的服务质量要求,但它的市场是随着经济的发展而稳步增加的,收益也是可观的。不但如此,零售业务因与客户联系广泛、直接,对银行的公众形象影响很大,对于带动其他业务的发展具有不可低估的作用。

当今国际银行业中,零售业务对银行收入与利润的贡献率不断提高。例如,英国汇丰银行等,零售金融业务占其全部收益的60%以上,其中,住房按揭贷款占资产的50%以上,银行卡业务的权益收益率超过30%,是贷款业务盈利能力的三倍多。同时,零售业务在国外也越来越受到重视。例如,欧美发达国家消费贷款规模相当大,消费贷款在整个信贷额度中所占比重也越来越大,一般为20%—40%,有的甚至达到60%。相比之下,中国2003年年底31 465亿元的消费信贷余额仅为信贷总额的19.79%。目前,国外银行40%的利润来自服务收费,国内四大国有商业银行这一比例仅为1%—2%,其他股份制商业银行大约为10%,城市商业银行的比重更低。城市商业银行应广泛吸收发达国家商业银行开发零售业务的经验,立足于处理广泛的现金业务和储蓄账户业务,其业务范围主要包括个人储蓄及支票账户、信用卡业务、个人(消费)信贷业务、个人代理业务、私人理财服务以及能广泛使用于ATM和POS上的借记卡及可透支的贷记卡等。这些业务既体现出极强的服务功能与科技含量,也依赖于较发达的个人信用制度。随着中国经济发展所带来的个人融资需求多样化以及个人信用制度的健全,上述业务很适合包括城市商业银行在内的中小银行开展。城市商业银行理应抓住机会,形成自己在这方面的竞争优势。

(本文刊载于《农村金融研究》,2006年第4期,与谭先国合著)

国有商业银行海外上市的三大问题

（2006 年 6 月）

中国建设银行、中国银行以及交通银行已经成功在香港上市，但对中国商业银行是否应当到海外上市的争论一直没有停止。下面我就中国国有商业银行引进境外战略投资者和海外上市的几个问题谈几点看法。

一、辩证地看待引进境外战略投资者

有人认为引进境外战略投资者的价格很低，是“贱卖银行资产”，是国有资产流失，而且境外投资者是在资产剥离后进入的，对银行的改革没有起多大作用，只是赚了个“盆满钵满”，为什么不引进国内战略投资者呢？引进境外战略投资者和海外上市还涉及国家金融安全问题。

我认为应该辩证地看待国有商业银行引进境外战略投资者。不能笼统地说引进境外战略投资者就是贱卖国有资产，就是导致国有资产流失。

首先，引进境外战略投资者是完全必要的。中国交通银行引进了汇丰银行，中国建设银行引进了美国银行和新加坡淡马锡公司，中国银行引进了苏格兰皇家银行、新加坡淡马锡公司、瑞银集团等海外战略投资者，这些海外战略投资者都是国际上实力雄厚的大商业银行或投资银行，有丰富的管理经验和国际市场竞争力，它们的加盟，对于改变中国银行业的股权结构、提高资本充足率、促进建立完善的法人治理结构、借鉴国外先进经验是有很大好处的。也就是境外战略投资者的进入会促进中国国有商业银行的进一步改革，促进国有商业银行的公司化、市场化和国际化，这是引进境外战略投资者最重要的意义所在。

其次，有人说“肥水不流外人田”，引进境外战略投资者把钱都让外国人赚去了，为什么不引进国内战略投资者呢？实际上我们也在引进国内战略投资者，如中国建设银行引进了国家电网公司、上海宝钢集团公司和长江电力股份有限公司，中国银行引进了 100 亿元社保基金。但是，客观地讲，一是国内成熟的、合格的战略投资者还不多，上述三家公司所占股份不到中国建设银行总股本的 5% 。二是国内实力雄厚的能够成为战略投资者的公司大多还是大型国有企业或国有控股公司，对改变股权结构、建立完善的法人治理结构于事无补。与一般财务投资者或机构投资者不同，战略投资者在业务、人员、管理、科技等方面有长期合作的打算，与被投资者建立合作伙伴关系，在某些业务领域深层次合作，谋求领先地位或打造名牌产品，双方获取长期利益。因此，寻求境外有实力的大型金融企业作为战略投资者有利于中国银行业的发展。引进境外战略投资者主要不是因为缺钱需要引进资金，而是要引进先进的经营理念、管理经验和技术，帮助中国银行业加强公司治理，完善风险管理和内控机制，提高产品创新能力和盈利能力，增强核心竞争力。

再次，引进境外战略投资者不存在"贱卖国有资产"的问题。几大银行引进境外战略投资者的价格均高于财务重组后的净资产。汇丰银行购买交通银行股份的价格为净资产价格的1.76倍。美国银行入股中国建设银行的市净率是1.15倍，卖给淡马锡的价格更高一些，为1.19倍。进入中国银行的战略投资者均以高出净资产的价格购入中国银行股份。

最后，引进境外战略投资者的价格的确定是市场行为，是博弈的结果。关键在于如何全面、客观地认识国有商业银行的现状。

我认为引进境外战略投资者目前还不存在国家金融安全问题。国外一些企业对中国企业参股，其目的往往不是赚钱，而是获得对企业的控制权。我们只要对重大企业，包括拥有垄断资源、涉及国家安全的企业，保持控股权就可以了。而中国对国有商业银行引进境外战略投资者是有严格标准的：第一，战略投资者投资中资银行的比例不低于5%；第二，本着长期合作、互利共赢的精神，境外战略投资者股权的最短持股期必须在三年以上；第三，战略投资者要派出董事，参与董事会的管理工作和决策工作；第四，战略投资者要有丰富的银行业管理背景；第五，境外战略投资者的持股比例不得超过20%。

二、正确处理国有商业银行海外上市和国内上市的关系

有人认为，优质企业都到海外上市了，造成中国股市边缘化。还有人认为，国有商业银行初次到海外市场IPO价格偏低，导致二级市场价格与一级市场价差较大，一是贱卖国有资产，二是让外国人赚足了中国人的钱，造成"财富外流"。

我认为，国有商业银行到海外市场IPO的价格是市场决定的，是询价的结果。中国建设银行H股的募股价格是2.35港元，价值约12亿美元的超额配售成功实现。每股市净率为1.96倍，市盈率为14.7倍，达到甚至超过一些国际最先进银行的即时交易价水平。最成功的在境外发行上市的例子当属刚刚在香港上市的中国银行。在港股近期反复震荡的情况下，中国银行在香港上市仍取得巨大成功。中国银行H股的募股价格是2.95港元，中国银行上市首日逆市而升，以3.4港元收盘，比发行价上涨15.3%，成交额高达200.6亿港元。中国银行此次上市共募集资金754.27亿港元，打破了2000年美国电信业巨头AT&T无线业务的上市纪录，是六年来全球最大宗集资活动，也是亚洲历来最大宗集资额，成为国际资本市场有史以来最大、最成功的发行上市项目之一。怎么说是发行价格低、贱卖国有资产甚至赔钱呢？实际上是中国人赚了外国人的钱。因为

80%的股份是在我们自己手中。

中国国有商业银行海外上市的重要意义是使国有商业银行本身发生了脱胎换骨的变化。境外上市为银行带来了五个方面的深刻变化：现代经营管理理念开始深入人心；公司治理趋向规范；内部体制机制加速良性转变；核心竞争力有效提升；与境外战略投资者的合作趋向深入。公司治理已经开始由“形似”向“神似”转变。最能带来直接感受的是，在每次董事会上，董事们发言踊跃，不像过去都是“一言堂”，讨论的时候能听到不同的声音了，表决的时候也不全是赞成票了。“我们对董事提出的意见和建议也很重视，凡是能够吸收的都尽量予以采纳。我们还建立了季度评估报告制度，高级管理层每季度都要向审计委员会和风险管理委员会提交内控制度与风险管理情况报告，接受委员的质询。专门委员会在对高级管理层提供的报告进行讨论后，形成审议意见和建议向董事会报告，由董事会责成高级管理层整改。”

我们必须搞清楚，国内股市有被边缘化的可能，是中国资本市场本身的制度缺陷导致的，不是大型企业到海外上市造成的。正是因为国内资本市场投资环境不好，市场容量太小，中国大型企业才纷纷到海外上市。去年A股市场的筹资总额不到1 000亿元人民币，中国建设银行和中国银行在香港一次性筹资就合1 500亿元人民币，在国内股市还处于熊市的情况下，这样的大盘在国内市场上市，国内市场可能将应声而下，很难卖出好价钱。我认为，企业到海外上市是不得已而为之。在国内条件不够完善的情况下，企业先到海外炼筋骨，建立好的治理结构，再回归，是一个实事求是的选择。有人称之为“倒逼机制”，逼迫国内资本市场要尽快成长、成熟。今后的趋势必然是根据企业自身条件和需求选择境内或境外上市。

要使更多的企业在国内市场上市，就要进一步优化国内资本市场环境，规范和发展国内资本市场，进行国内资本市场的制度创新。中国工商银行也可能采取“A+H股”计划，我们也可以采取发行CDR（中国股票存托凭证）的办法使在海外上市的企业回到国内市场上来。

三、中国国有商业银行改革的根本目的是建立现代公司制度

现在谈到银行改革，很多人更多关注的是境外战略投资者的引入和IPO，以及上市的时间、地点、价格等话题。但如果对银行的关注仅仅停留在这些“焦点”问题上则远远不够。国有商业银行改革最重要的是重建组织架构、完善公司治理、调整业务结构、提高效率、增强核心竞争力。

中国银行业的公司包括其他上市公司，要解决的根本问题是建立现代公司制度，其中非常重要的问题是建立完善的法人治理结构。因此，建立和健全法人

治理结构与现代管理机制是当前中国国有商业银行改革的核心问题。

金融风险防范也是非常重要的问题，银行有信用风险和市场风险等其他一系列风险。现在我们必须考虑执行《巴塞尔协议 II》的问题。最重要的是资本充足率、市场约束和外部监管问题。要加强内控机制的建设，建立起完善的风险防范体系。

现在，各家商业银行都在努力进一步深化银行改革。中国建设银行和中国银行等上市银行正在深化银行内部改革，包括完善法人治理结构和加强内控机制的建设，就是尚未上市的中国工商银行也加快了内部改革的步伐。

作为规模最大的国有商业银行，中国工商银行一直在寻求通过合理的组织架构和业务流程来提高运行效率、增强竞争能力的路子。据了解，中国工商银行此番进行的经营管理层组织机构的改造，意在清晰界定职能，明确划分权利。通过这次组织架构调整、业务创新以及劳动用工制度改革来提高人均效益。

中国工商银行此次财务管理改革的总体目标，就是要建立以价值最大化为目标、以财务会计为基础、以管理会计为手段、以信息系统为支撑，目标清晰、核算准确、考核严谨、披露透明、内控有效的现代商业银行财务管理体系。另一个特点是高度强化了风险控制，体现了全过程、全方位、全流程风险管理的思路。

我们完全相信，中国国有商业银行通过改革，一定会建成资本充足、内控严密、运营安全、服务和效益良好、具有国际竞争力的现代化股份制商业银行。

（本文刊载于《证券日报》，2006 年 6 月 25 日）

金融全面开放条件下的商业银行改革与创新

（2007 年 5 月）

自 2001 年 12 月中国正式加入 WTO，至 2006 年 12 月已满五年，过渡期已满。中国银行业及整个金融业将进入全面对外开放时期。

银行及整个金融业对外开放，促进了中国金融业的发展。首先，促进了中国银行制度和金融制度的进一步创新。中国目前以国有四大商业银行为主体的银行体系正在向股份化和市场化方向改革，并取得了很大的成绩。其次，加入 WTO 以后，已经有很多外资银行和金融机构进入中国。外资银行具有充足的资本实力和先进的管理经验以及先进的服务技术、高水平的服务效率与很高的商业信誉，带入了很多国际市场竞争机制，有力地推动了中国银行业素质的提高和各方面水平的提高。最后，加入 WTO 以后，意味着中国的银行业全面跨入国际金融市场，中国银行业必须按照国际银行业经营管理的基本原则，特别是要根据以《巴塞尔协议》和《巴塞尔协议 II》为准则的国际银行业有效监督管理原则以及标准化方法来进行经营管理。这必然促使中国银行业加快实施全面的风险管理，提高管理水平，加快中国金融国际化的步伐。然而，中国银行业也将面临新的考验和挑战。

中国商业银行在国际化过程中面临很大的风险。根据 WTO 协议，2006 年以后，中国将取消对外资银行所有权、经营和设立形式，包括对分支机构和许可证发放进行的限制，允许外资银行向中国客户提供人民币业务，即给予外国银行国民待遇。随着对外资银行的相关地域限制和业务范围限制的取消，外资银行在中国金融市场上排兵布阵也进入更激烈的阶段。中资银行要缩小差距、提高竞争能力，时间已经很紧迫。

业务领域始终是中外资银行竞争的主战场。在中国现行法规条件下，外资银行的经营策略是，充分发挥其网络优势、技术优势、价格优势和时效优势，在对公业务方面主攻外向型企业的国际结算业务和大企业的财务顾问等，在对私业务方面主攻大客户理财室、信用卡业务等。同时，目前中资银行与外资银行的品牌竞争、企业文化竞争越来越加剧。外资品牌，特别在理财业务方面，吸引了国内一大批中高端客户。在与外资银行的竞争中，中国银行业要想在服务及市场化运作等多方面直接受益，取得长足进步，就应抓紧时间，苦练内功。人才竞争也是重要的一环。外资银行采取本地化的人才战略，重视选拔人才和投资培养人才。目前，中资银行和外资银行在公司治理结构、资产质量、资本金与盈利能力以及创新能力等方面还有明显的差距，特别是外资银行有明确的发展战略和强大的执行力,而这正是中资银行的软肋,是与外资银行相比最大的不足之处。因此,面对未来的挑战,在金融全面开放的条件下,中国商业银行必须进一步和持续地改革与创新。

一、建立真正的法人治理结构,完善内部管理机制

产权制度改革是国有商业银行最核心的问题。现在中国大的国有商业银行都进行了产权制度改革,变成股份制的金融企业,这是非常正确的选择。在目前开放的环境下,国有商业银行要提高自己的竞争力就必须首先转变观念,进行体制和机制的改革,通过产权制度改革把国有商业银行变为一个真正适应市场化的金融企业,改造成公司制企业,即变成国家控股的多元化的公司。

目前,中国的资本市场和上市公司出了很多问题,主要原因就在于中国的公司还没有建立起真正的法人治理结构。中国国有商业银行除了农行以外,都已经在境内外上市,成为上市公司,下面的任务就是进一步完善法人治理结构,不仅要"形似",更要"神似"。在真正公司体制的基础上,建立内控机制、风险防范机制,这样银行才能发挥出真正银行的作用,实现自我约束、自我发展。最关键的是建立有利于激励和约束的商业银行管理体制。例如,国有商业银行的报酬制度,既不能激励优秀的员工,又不能使员工的权利和责任相匹配。这往往会造成银行职员依靠自己掌握的权力去获得贷款人给予的好处,从而造成中国商业银行管理层面的道德风险日益严重。所以,中国的商业银行应该尽快建立合理的激励和约束机制,对于业绩突出的员工予以奖励,对于造成银行损失的员工予以处罚,以明确责、权、利,全面完善内部管理机制。

二、业务与管理必须创新

(一)大力发展中间业务

中国商业银行主要是传统业务,即存款和贷款业务,到目前为止,传统业务从业务量到收入占到90%以上,中间业务不足10%。而国外先进的银行中间业务的业务量及收入占到40%—50%。因而,除了传统的结算业务之外,中国商业银行应当大力发展中间业务。中国人民银行在2001年就发布了《商业银行中间业务暂行规定》,明示可以开展的中间业务相当多。其中,适用审批制的中间业务包括票据承兑、开出信用证、担保类、贷款承诺、金融衍生业务、各类投资基金的申购和保管业务、代理证券业务、代理保险业务等,以及其他业务;适用备案制的有各种汇兑、出口托收及进口代收、代理发行承销兑付政府债券、代收代付业务、代理销售旅行支票、咨询、调查、信息、评估、企业个人财务顾问、企业投资

顾问和保管箱业务等。显然，中间业务品种非常多，需要中国商业银行进一步开拓。

（二）大力拓展个人金融业务

现代商业银行个人金融业务是以自然人或家庭为服务对象，为个人或家庭客户提供存款、投资、融资、汇划、委托咨询等各类金融服务的银行业务，即一种综合业务，涵盖个人资产类、负债类业务及个人中间业务等各个方面。个人资产类业务包括个人住房消费贷款、汽车消费贷款等以自然人为借款对象，以服务个人消费为目的的消费贷款等业务品种。个人负债类业务主要指各类存款业务，如本外币一本通、外汇保本投资存款（两得存款）、教育储蓄等或者具有直接投资服务功能的业务品种。个人中间业务包括个人结算汇划、外汇汇兑等传统中间业务，遗嘱委托、按期转账等委托服务，个人财务计划咨询、个人投资顾问与纳税申报咨询等咨询业务，以及代售保险单、代发工资、代收水电费等各类代收、代付及代理服务，在实行混业经营金融模式下的国家，还包括个人资产管理等信托投资业务。

目前，西方商业银行已经推出一系列涵盖个人投融资、咨询、代理等各领域的个人金融业务，并处于快速发展、创新的新时期。以花旗银行为例，目前已开发出了包括投资、理财、贷款、信用卡和网上服务的几十个服务种类；汇丰银行则能够提供包括银行服务（Banking Service）、贷款服务、卡服务、保险服务和投资服务等五个大类的上百种个人金融业务产品。个人金融业务已成为贯穿银行与证券、保险业务的重要领域。

与国外现代商业银行个人金融业务的蓬勃发展相比，中国商业银行在这一领域长期以来一直是一项空白。因此，要想应对加入 WTO 后不断涌入的外国先进商业银行的全方位竞争，仍然依靠传统的储蓄网点向储户提供简单的存款、汇款业务是远远不够的，急需从包括个人金融业务在内的各项业务领域中有所突破。中国商业银行发展个人金融业务应“以理财业务为核心，通过细分市场，以先进的产品和优质的服务，打造专业而稳健的零售银行形象，保持市场领先地位”。首先，在组织结构上作出根本性的调整，理顺营销机构，为总体的改革与发展战略打好基础；其次，要通过建立有效的客户信息系统平台，做好客户的细分，明确目标市场；再次，通过整合营销，做好产品创新、品牌建设和产品定价及渠道整合工作，向客户提供先进的产品和优质的服务，全面提高客户的满意度；最后，通过引进先进的信息技术和全面加强员工培训，来全面提高技术水平和员工业务素质，真正提高银行的专业化形象，保持市场份额，在竞争中争取主动。

大力发展个人金融业务，就要在管理和服务方面有所创新。而管理和服务创新的最核心内容是以客户为中心的各种创新。

(1)进行客户群的划分。对金卡、银卡或一般的客户,提供不同需要的服务。也可以根据年龄的不同、职业的不同、社区的不同划分客户群和服务对象。这样每家银行都有自己的特色、自己的市场、自己的客户群和服务对象,从而在竞争中立于不败之地。

(2)实行客户经理制,对重点客户实施专人负责,提供特殊服务品牌。

(3)实施关系营销。关系营销主要是维护老客户,发展新客户,重点发展老客户的业务。根据一些商业银行的经验,维持25个老客户的费用才能发展1个新客户,就是说发展1个新客户,比维持25个老客户的费用还要高。所以,关系营销在现代金融业非常重要。

(4)实行全员营销。从经理到各个部门及每个员工都要从事产品推销和市场营销。

(5)建立3C策略。3C策略即企业形象设计(CI)、顾客满意策略(CS)、客户关系管理(CRM)。企业形象非常重要,关键是要建立好的企业文化。企业文化的核心是企业必须具备良好的信誉和完善的信用体系。

(6)实行客户关系管理。客户关系管理是现代电子信息技术发展的一个产物,包括一个组织机构判断、选择、争取、发展和保持其客户所需要的全部商业过程,同时还包括关系管理、流程管理、接入管理。利用计算的入口以及出口,对全部客户进行管理,是现代营销很重要的一个方式。它的流程管理是通过电子计算机、终端、数据库以及一系列的消费和服务支持进行的市场相关业务流程一体化、销售自动化、服务送达、产品支持等一系列过程。可以说,现代管理已经变得更加精细,更加现代化、自动化,在管理中也更加人性化。

(7)进行产品创新。开发适用不同客户、不同服务对象的各种金融产品和服务项目,包括存款类、贷款类、信托类、理财类、投资类等各种产品。

(三)现代金融业务创新

现代金融业务创新最重要的特点是网络金融创新。网络金融是现代金融非常重要的一个方面。今后银行服务可能相当一部分是通过网络来进行的,总体来说是网上银行。在网上可以存款、可以贷款、可以结算,银行的物理网点会变得越来越少。

信用卡业务也是现代业务的一部分。在美国可以说是一卡走天下,不但可以通过信用卡交易、存贷款,而且可以通过信用卡交煤气费、电话费、水费。中国的信用卡业务总体来说发展得非常快,所有的卡加起来能以数亿计。但是,中国信用卡的业务现在还存在不少问题,相当一部分的信用卡并不是真正的信用卡,而是借记卡，只能先存款再用款，不具备透支功能。而信用卡是一种功能很多的卡，既可以消费，也可以透支。现代业务的发展使纸制货币变成电子货币，有形货币变成无形货币，从过去主要是交易手段变成支付手段。信用卡具有电子货币功能。因此，金融业务创新首先要花大力气建立技术平台，形成开展与各种电子货币交易点相连的网络连接平台。

三、建立健全风险防范体系

现代商业银行存在诸多风险，包括信用风险、市场风险、操作风险、利率风险等。从另一个角度说，存在系统性风险和非系统性风险。应该说，在中国的国有商业银行体制没有完全转变的情况下，中国商业银行的风险主要是体制风险和管理风险。主要因为不能适应市场的需要，按市场化进行操作，因而存在很大的体制风险。而管理风险也主要是由体制因素造成的，在银行体制没有转变的情况下，没有激励和约束机制，银行职员干多干少、干好干坏一样，贷款损失不损失，与个人关系不大，而且多创造收益也不能多得。在这种情况下不可能很好地进行科学管理。当然，所谓管理风险还存在非系统性风险问题。由于我们的一些人员对现代化管理还不是很熟悉，所以这种风险也是很大的。在中国，系统性风险和非系统性风险最重要的一个体现形式还是信用风险。因而，中国银行业的信用风险（履约风险）是非常大的，究其实质主要还是体制因素造成的。在中国存在信用体系破裂，或者说没有建立起适应市场经济的信用体系，尤其是四大国有商业银行，面临巨大的内外部风险，所以，尽快建立中国商业银行风险管理体系是十分迫切和重要的。商业银行风险管理，是指商业银行从自身业务经营的角度出发，结合其自身的经营环境的具体特点，对其在经营过程中可能遇到的各种风险进行识别和分析，并采取适当的方法和工具以最小的成本回避或减少风险，在保障安全的前提下，确保利润目标的实现，重点加强商业银行资本金风险管理。一是要实现《巴塞尔协议》对资本充足率的要求，准备执行《巴塞尔协议 II》。二是中国商业银行应当实行经济资本管理，即现代商业银行普遍应用的经营管理工具。20 世纪 90 年代以后，随着《巴塞尔协议》逐渐为世界各国所接受并成为对商业银行的核心监管标准，以及商业银行风险度量方法的发展和成熟，欧洲和美国的大银行均相继建立了经济资本管理体系。由此，经济资本管理已成为现代商业银行制度中加强商业银行内部资本管理和风险管理的一个非常重要的管理手段。过去，中国商业银行缺乏资本管理观念，缺少资本金约束。因此，当务之急是建立以资本增长约束业务规模增长的资本管理机制，以资本的充足程度和股东投资回报期望决定规模扩张的边界与业务发展的方向。这对于造就稳健、健康、基业长青的现代商业银行极为重要。

此外,建立商业银行的内部风险控制机制,还需要一并建立预警机制,通过现代化的电子计算机技术和其他风险管理技术,及早发现风险,以便早化解和及时处理。这是现代金融业健康发展的重要基础。

四、银行业、保险业、证券业、信托业之间业务适当相互交叉和渗透

加入 WTO 以后,中国的金融运营与管理体制遭遇严重挑战。中国目前实行严格的分业经营和分业管理政策,规定银行业、保险业、证券业、信托业分业经营与分业管理,这种方针和政策符合中国当前的实际情况,对防范金融风险十分有利。但是应当看到,在国外混业经营和混业管理已经成为金融业的发展方向。美国曾坚持了六十多年的分业经营和分业管理,近十年来已经逐渐被突破,1999年自通过《金融服务现代化法案》后已经彻底否定了专业经营和分业管理。英国、日本等国家也逐步放松了分业经营和分业管理政策,允许银行业和证券业进行业务交叉,在管理方面则走综合化管理的方向。如果我们仍然坚持严格分业经营和分业管理,将限制中国的银行业和证券业的业务交叉,束缚中国金融业未来发展的活力。而国外银行大都是综合经营的业务,即使不允许国外银行机构在中国从事证券业务,它也可以在境外从事证券业务,而将资金调入境内从事银行业务,或者它还可以通过其控股公司从事证券业务。这必然使中国的银行和其他金融机构与外资银行和其他金融机处于不平等竞争状态。随着电子业务的发展、网上业务的发展,金融业和证券业及保险业的业务交叉是不可避免的。因此,在商业银行以存贷款业务为主的条件下,可以适当从事一些证券业务(银行贷款给券商就是间接进入证券市场),允许保险公司从事一些信贷业务和证券业务(允许购买投资基金也是间接进入证券市场),允许券商逐步开展保证金贷款等业务。也就是说允许银行、保险、证券业在业务上相互渗透和交叉。在同一金融机构从事不同金融业务(如银行业务和证券业务)时,应特别注意由制度设计入手,保证做到业务分开、人员分开、机构分开和账目分开,建立完善的内部防火墙制度。

五、鼓励和支持中国商业银行参与国际金融市场竞争

(一)支持和鼓励中国商业银行引进境外战略投资者

这是中国金融体制改革深化过程中的一项重大举措。目前,外资金融机构入股中资银行更呈现出良好势头,带来很好的合作效益和合力效益,已有多家中资银行先后接受花旗银行、汇丰银行等多家外资金融机构的入股,外资银行通过合作和参股,迅速进入中国广阔的市场并服务于广泛的客户;中资银行通过竞争与合作,也迅速获得了先进的管理技术,引进了先进的管理理念和公司制度。实

践证明,引进境外战略投资者是十分必要的。例如,交通银行引进了汇丰银行,中国建设银行引进了美国银行和新加坡淡马锡公司,中国银行引进了苏格兰皇家银行、新加坡淡马锡公司、瑞银集团,中国工商银行引进了高盛公司等海外战略投资者,这些海外战略投资者都是国际上实力雄厚的大商业银行或投资银行,有丰富的管理经验和国际市场竞争力,它们的加盟,对于改变中国银行业的股权结构、提高资本充足率、促进建立完善的法人治理结构、借鉴国外先进经验是有很大好处的。也就是说,境外战略投资者的进入会促进中国国有商业银行的进一步改革,加速实现公司化、市场化和国际化。这是引进境外战略投资者最重要的意义所在。

有人说,引进境外战略投资者之后,钱都让外国人赚去了,这是国有资产的流失。这种说法有失偏颇。寻求境外有实力的大型金融企业作为战略投资者有利于中国银行业的发展。引进战略投资者主要不是因为缺钱需要引进资金,而是要引进先进的经营理念、管理经验和技术,帮助中国银行业加强公司治理,完善风险管理和内控机制,提高产品创新能力和盈利能力,增强核心竞争力。所以,引进境外战略投资者不存在"贱卖国有资产"的问题。引进境外战略投资者的价格的确定是市场行为,是博弈的结果。关键在于如何全面、客观地认识国有商业银行的现状。经过几年的努力,国有商业银行的财务状况好转,改革取得明显成效,但与国际先进银行相比还有较大的差距,国有商业银行的改革仍将是一个长期、复杂的过程。例如,中国建设银行引进境外战略投资者的谈判非常艰苦。就是在这种情况下,海外战略投资者还要求签订保护条款。该条款规定,如果将来审计证明中国建设银行2004年的净资产存在"泡沫",中国中央汇金公司将对美国银行给予"额外股权"补偿,有效期为五年。中国银行也签署了类似的保护条款。同时,中国对国有商业银行引进境外战略投资者是有严格标准的:第一,战略投资者投资中资银行的比例不低于5%;第二,本着长期合作、互利共赢的精神,境外战略投资者股权的最短持股期必须在三年以上;第三,战略投资者要派出董事,参与董事会的管理工作和决策工作;第四,战略投资者要有丰富的银行业管理背景;第五,境外战略投资者的持股比例不得超过20%。

(二)支持与鼓励中国商业银行到海外上市或海外和国内同时上市

对此,有人认为,优质企业都到海外上市了,造成了中国内地股市边缘化。还有人认为,国有商业银行初次到海外市场IPO价格偏低,导致二级市场价格与一级市场价差较大,一是贱卖国有资产,二就是让外国人赚足了中国人的钱,造成"财富外流"。我认为,国有商业银行到海外市场IPO的价格是市场决定的,是询价的结果。如中国银行公开发售取得76倍的认购,冻结资金近3 000亿港元,国际配售亦取得20倍的认购。中国建设银行和中国银行通过初次IPO分别筹到715亿港元和754亿港元。被誉为“世纪招股”的中国工商银行上市发行活动,得到了海内外投资者的热烈追捧。统计显示,国内A股网上发行中签率约为2.03%,吸引资金规模高达6 503亿元人民币,为A股历史上资金申购项目中冻结资金最高的项目;香港公开发行最终获得近77倍的认购,吸引资金规模近4 250亿港元,为香港公开发行部分冻结资金最高的项目。此外,香港公开发行认购人数高达97.7万人,为香港历史上申购人数最多的发行项目。工行A+H股票发行价格10月20日确定。由于中国工商银行的股票受到了投资者的热烈追捧,最终定价为价格区间的最高端,即H股3.07港元/股,A股3.12元/股。据悉,该价格为中国国有商业银行最高的发行估值倍数(融资前市净率为2.23)。中国最大商业银行创造的全球资本市场迄今为止最大规模的IPO 10月20日有了新纪录。中国工商银行的超额配售选择权行使前A+H股发行规模合计达191亿美元,高于此前历史最高水平日本NTT Mobile 184亿美元的最终融资水平。实际上,是中国赚了境外和外国人的钱,因为80%的股份掌握在我们手中。中国国有商业银行海外上市的重要意义是促使国有商业银行本身发生了脱胎换骨的变化。有的海外上市银行负责人认为,境外公开上市的成功,是银行迈向国际一流商业银行的新起点。境外上市为中国银行业带来了五个方面的深刻变化:现代经营管理理念开始深入人心;公司治理趋向规范;内部体制机制加速良性转变;核心竞争力有效提升;与境外战略投资者的合作趋向深入。公司治理已经开始由“形似”加速向“神似”转变。

但是,要想使更多的企业在国内市场上市,就要进一步优化国内资本市场环境,规范和发展国内资本市场,进行国内资本市场的制度创新。2006年中国经过股权分置改革,投资者信心已经明显恢复,股市已经明显呈现牛市特征,国内资本市场于2006年已开始扩容,也就是大型企业在国内上市的条件开始具备和成熟。中国银行已经在国内市场上发行60多亿A股,中国工商银行现在已经采取了“A+H股”招股办法,也已获得成功。此外,我们还可以采取发行CDR的办法使在海外上市的企业回到国内市场上来。

总之,根据WTO的互惠原则,在允许大量外资银行进入中国的同时,中资银行开展海外业务将会较少受到市场准入的限制,这就为国内一些商业银行在国际金融市场上开展业务活动甚至设立分支机构创造了良好的条件。因此,应支持有条件的商业银行参股、控股海外银行和其他金融机构,参与国际并购,尽快转变成真正成熟的国际化银行。

(本文刊载于《河北学刊》,2007年第3期)

我国商业银行从事投资银行业务研究

(2008年5月)

一、引言

在世界金融领域的巨大变革中,全球范围内的混业经营全面取代分业经营成为不可逆转的潮流。20世纪80年代以来,随着发达国家金融管制的不断放宽、金融业自由化和全球化的深入发展、金融工具创新的日新月异,占主流地位的金融分业经营体制难以为继;尤其是1999年美国《金融服务现代化法案》的颁布,标志着混业经营时代的来临,"混业—分业—混业"是国际银行业的发展轨迹。目前,发展投资银行业务已是当代国际银行业的一种趋势,在2006年全球千家银行排名前25位的大银行中,除我国三大国有银行(中国建设银行、中国工商银行和中国银行)采取分业经营模式外,其余的均为混业经营机构。在这样的大背景下,在我国金融市场对外开放承诺的压力下,我国的商业银行面临发展投资银行业务的机遇和挑战,如何应对这样的机遇和挑战是商业银行发展投资银行业务过程中的路径选择问题。

20世纪30年代以后的分业经营削弱了银行业的实力,因为业务范围的严格限制使许多银行丧失了很多的盈利机会;特别是随着经济国际化的发展,分业经营反而加剧了银行业的风险,使其生存能力受到限制。为此,面对激烈的市场竞争,20世纪70年代以来,西方商业银行不断推出新业务品种,从专业化逐步走向多样化、全能化,从分业走向混业。

对于我国银行业而言,随着近年来金融业改革的进一步加速,国有商业银行股份制改革进展顺利,利率市场化进程将不断加快,商业银行的传统盈利模式走向消亡,商业银行的市场竞争格局将打破原国有商业银行一统天下的格局,市场集中度将呈下降趋势;金融市场进一步完善,货币市场和资本市场进一步连接,外汇衍生市场逐步开展,发展金融期货市场的时机已经成熟,市场品种不断增加;混业经营已经成为当前国际金融业的一大发展趋势,对金融混业化经营的探索始终没有停步,银行、证券、保险相互渗透的局面已经出现,业务经营自由化势不可挡。

此外,随着我国逐渐开放金融市场尤其是资本市场,国际全能银行和一流投资银行进入我国市场后必将竞争我国商业银行的一流客户,那些达到投资级以上信用级别的优质公司客户可以通过国际全能银行和一流投资银行直接到海外发行股票、债券、商业票据等筹集低成本资金,也可以在国内资本市场获得资金支持。资本市场与机构投资者群体的发展反过来也将吸引公司和个人存款通过基金等投资渠道流入资本市场,客户资源和资金来源的相对甚至绝对萎缩,必将对已经存在过度竞争的商业银行业务带来负面冲击。因此,处于包夹之中的我国商业银行必须通过发展投资银行业务维持和拓展客户资源,稳定存款资金来源。

因此,对我国商业银行开展投资银行业务进行研究,探索商业银行发展投资银行业务的有效发展模式,对我国商业银行的发展具有非常重要的意义。

二、我国商业银行开展投资银行业务的必要性

(一)完善我国金融市场和金融中介的发展的需要

我国的金融改革虽然取得了巨大的成就,但金融体系仍然存在相当多的问题与挑战。我国经济的高速发展,一定需要非常强大的、完善的金融系统来支撑。从整体上看,近年来我国一直保持着以中介贷款融资为主、证券融资为辅的格局,银行体系发挥着更重要的作用;同时,资本市场过小与银行过多的融资负担又使得金融体系整体发展水平落后,效率低下。因此,我国目前的这种融资体制不利于长远的金融稳定,经济增长潜力尚未充分发挥出来。

因此,改善我国的金融结构,使金融中介与金融市场之间存在稳定的互动发展,才能使金融系统充分发挥资源配置的能力。从发达国家资本市场的发展历程我们可以看到,迅速发展的金融中介机构对资本市场的发展起了巨大的催化作用,而资本市场的激励作用又促进了金融中介机构的日益完善。所以,一方面要加快证券、基金、信托、保险等机构投资者的发展,坚持发展资本市场;另一方面要加快银行类金融中介的改革,调整发展战略,积极开展投资银行业务,逐步从综合经营走向混业经营。

(二)中资商业银行盈利模式面临考验

银行业作为一种服务行业,其服务特性更多地体现在其中间业务领域。由于种种原因,国内的银行主要是依靠利息收入作为主要收入来源,各银行来自中间业务的收入比重都很小。

美国商业银行非利息收入占总收入之比从20世纪30年代至今经历了高—低—高的轮回,这与美国混业—分业—混业的历程有很大的关系。美国商业银行1934年的非利息收入与总收入之比为24.57%,80年代末至90年代初,非利息收入占比达到最低点,1981年仅为7.09%;1990年后,美国商业银行的非利息收入占比逐步增加,特别是1999年以后,占比上升到40%以上,2005年的占比为43%。其中,在2005年美国商业银行的非利息收入中,手续费收入占比不到20%,并且有下降趋势,大量的是其他非利息收入。其他非利息收入较多,与美国金融市场发达

因而商业银行投资工具多以及混业经营有很大的关系(见图1)。

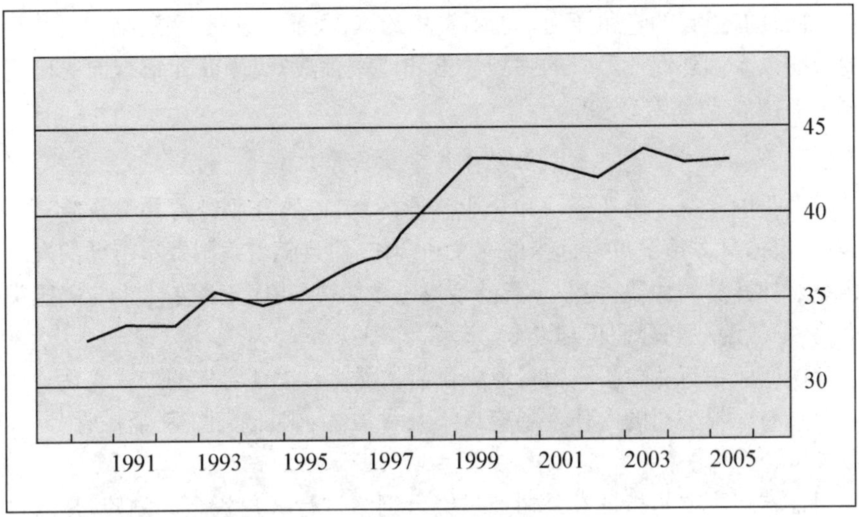

资料来源：U.S., Federal Reserve Bulletin, 2006.

图1　1990—2005年美国商业银行非利息收入的比重(%)

与美国商业银行的收入结构相比,我国商业银行的非利息收入占比明显偏低(见表1),而且来源单一,主要来自手续费收入。这充分反映了我国金融业分业经营的特点,银行基本上没有来自投资银行业务、保险业务等方面的收入,只能依靠网点优势赚取结算、代理等收入。另外,由于历史原因,我国商业银行也没有来自存款账户管理的收入。

表1　我国主要上市银行收入结构(截至2006年12月31日)

上市银行	工行	中行	建行	交行	招行	浦发	民生	华夏	深发展
净利息收入占比(%)	91.14	87.77	92.60	90.80	85.75	94.07	92.65	73.35	89.78
净手续费占比(%)	9.18	10.35	8.95	6.55	10.02	3.01	5.87	3.02	4.76
非利息收入占比(%)	8.86	12.23	7.40	9.20	14.25	5.93	7.35	26.65	10.22

资料来源:各银行公告。

目前,国际一流银行的业务结构中,投资银行业务基本上占总收入的30%以上。2006年全球十大投资银行业务排名中,以花旗集团、摩根大通等为代表的“银行系”金融机构占据了半壁江山,资本市场及中间业务的发展水平和潜力如何,正日益成为国际投资者对上市银行估值的一个重要指标。

因此,我国金融业面临的市场结构、竞争格局和经营环境已发生了前所未有的变化，实力强大的外资金融机构不断进入国内市场，使国内银行在规模与业务创新方面具有强大的竞争压力。面对资本约束、利率市场化、融资结构失衡等因素的影响以及国外混业经营的强烈冲击和严峻挑战，我国商业银行向更广阔的资本市场拓展成为必然选择。

（三）我国商业银行已经开始从事部分投资银行业务

虽然我国实行了分业经营和分业监管，但实行的分业经营并不是绝对的分离，可以根据具体情况进行适当的交叉和合作，而且随着我国资本市场的发展和金融业对外开放的加快，混业经营的步伐逐步加快，我国正逐步走上与美国类似的道路，即从混业到分业再到混业。

我国商业银行从事投资银行业务目前主要通过银证合作的方式实现。

银行与证券公司的合作主要有以下几种方式：银证转账、基金托管、证券代理以及资金合作。

银证转账主要是指证券公司通过银行网络进行客户资金的划转，是指投资者通过银行的网上银行、电话银行或者证券公司的网上委托、电话委托系统以及双方的自助终端等方式，实现证券保证金账户与银行储蓄账户之间的资金实时划拨。根据《证券法》第三十二条第二款的规定，“券商客户的交易结算资金必须全额存入指定的商业银行，单独立户管理”。随着证券公司管理的日益规范，银行与证券公司之间建立了托管银行制度，一方面具有经济性，另一方面更强化了风险控制的效率和效果。

基金托管是根据《证券投资基金管理暂行办法》的规定，商业银行作为基金的法定监管人，不但要保管基金的全部财产，办理基金名下的资金往来，还要监督管理人的投资运作、审核基金净值及基金价格。

证券代理是指商业银行与证券公司合作，开展“银证通”业务，即指在商业银行业务系统与证券公司交易系统相连接的基础上，以银行活期储蓄存款作为个人投资者证券资金清算账户，通过银行的电话银行或网上银行系统进行证券交易等相关业务，是为客户同时提供投资货币市场和资本市场的便捷金融服务。

资金合作，是指商业银行为证券公司提供合法资金。虽然《证券法》《商业银行法》都规定禁止银行资金违规流入股市，但《证券法》同时又规定“证券公司的自营业务必须使用自有资金和依法筹措的资金”，因此，证券公司可以通过股票质押方式向银行借款。

商业银行可开展部分债券业务，但目前仅限于买卖政府债券、金融债券，代理发行、兑付和承销政府债券，发行短期融资券业务；法律上并不禁止商业银行在境外从事信托投资和股票业务；开展资产证券化业务，包括成为资产发起人以及在二级市场上进行投资;财务顾问业务,《商业银行法》和《证券法》对商业银行、证券公司的财务顾问业务都没有禁止性条款规定;基金管理业务,2005 年 2 月中国人民银行、银监会和证监会联合发布《商业银行设立基金管理公司试点管理办法》,允许符合要求的银行设立基金管理公司,并进行证券投资。

目前,商业银行开展的部分投资银行业务,为商业银行进一步综合经营奠定了良好的基础。

三、我国商业银行的投资银行业务管理

目前,大多数商业银行的投资银行业务部门成立和运作时间尚短,与行内其他机构和部门存在职能交叉与业务重合,业务流程和协作还需进一步磨合。一方面,行内其他机构和部门与投资银行部门存在分工合作的关系,另一方面,在许多项目上也存在竞争关系。因此,需要投资银行部门制定长远的发展战略,借鉴国外金融机构的业务定位和竞争策略,结合自己的实际情况,选择合适的业务定位和方向,在此基础上,加大业务、组织机构、风险控制机制以及人才培养和激励机制的创新,充分整合内部资源,实现投资银行业务与商业银行业务的相互促进、共同发展,成为未来金融机构发展的核心竞争力。目前,中国工商银行、中国建设银行、中国银行等国有商业银行近期都把投资银行业务作为今后主要的业务拓展领域,集中力量打开投资银行业务市场。而部分新兴股份制商业银行,如招行、浦发、民生、兴业、华夏等也都已成立了投资银行部,从事除股票和债券的承销与交易外的投资银行业务。在实际操作方面,我国目前存在的投资银行业务品种少,发展较慢,而我国商业银行开展投资银行业务更是处于刚刚起步阶段,难以满足日益增长的市场需求。如何发展、如何寻求突破是各商业银行面前的主要问题。

(一)我国商业银行投资银行业务的发展重点

从美国金融业的历史看我国银行业的未来,如果说四大国有商业银行凭借其天然的规模优势和庞大市值具备了成为“中国花旗”“中国汇丰”的雏形,而城市商业银行则凭借其区域性优势占据了地区银行的生存空间。而对于其他 13 家全国股份制银行来说,在我国所有银行中成为大型的综合性银行的银行可能只有一两家,多数股份制银行都将分化为各种形式的专业化银行,在这一分化过程中,谁能最先找到自己的定位,建立起专业化的优势,谁就能在长期的竞争中获胜。

因此,一般商业银行在开展投资银行业务时,应和商业银行的长期发展战略相结合,明确发展定位,与原有优势资源相结合,选择适合自己的业务发展模式,

并将开展投资银行业务与实现专业化发展结合起来，打造核心行业，像投资银行一样提供定制化服务，以及细化交易结构等，结合我国金融市场的发展情况，不断创新，走出有特色的、专业化的发展道路。

目前，商业银行可以从搭建的七个投资银行业务创新平台中进行选择，并结合内部的优势业务，向专业化发展，重点发展以下业务：

1. 综合性资产管理业务

随着商业银行设立基金公司试点的扩大，通过基金公司为富裕个人客户提供的各类理财服务，包括货币市场基金、股票投资、债券投资、票据投资、委托贷款等业务，加上商业银行金融市场部原有的外汇理财、人民币理财以及衍生工具理财产品，将形成一个比较完整的、覆盖不同风险和收益的理财平台。将资产管理业务进行整合，并进行联合营销，将满足不同客户的风险偏好和收益需求，并为客户进行有效的风险管理，有较大的发展空间。

2. 并购业务

我国经济的高速发展，给我国企业的发展带来巨大的发展机遇，但随着企业发展到一定阶段，企业之间的整合和行业之间的整合，即许多并购行为将发生。银行一方面可以为企业并购提供咨询服务，另一方面可以为企业并购提供所需资金。

3. 专业化行业金融服务

通过对某一行业的发展进行充分的研究，围绕行业发展的价值链，专门为该行业提供全方位的金融服务，并针对不同发展阶段提供不同的资金需求方案，形成自己的业务特色，进行专业化的、全方位的金融服务以及管理服务。如民生银行投资银行部开展的"封闭式房地产项目"就是属于此种类型，围绕房地产的开发提供全方位的资金需求，同时对项目进行全方位的监管，将风险控制到最低。

此外，还可以探索探矿权、采矿权抵押贷款业务，并对矿产类公司的价值链进行规划，提供完善的金融服务方案。由于矿产资源是不可再生资源，随着资源的逐步消耗，其价值越来越体现出来，目前矿产资源的价格在近年来一直保持持续上涨的趋势，行业的风险较低，但市场价值却非常大，发展潜力较高。

4. 股权直接投资

股权直接投资业务特别是对拟上市公司的投资利润收入丰厚。从国际上看，股权直接投资业务是国外投资银行的重要利润来源。如高盛投资中国工行，以及2006年收购西部矿业3 205万股权；摩根士丹利投资蒙牛并运作公司上市，之后获得了巨额的投资回报，其投入产出比接近550%，且对平安保险、南孚电池、恒安国际、永乐家电等多家行业龙头企业的投资与套现均非常成功。从有关数据可以看出,高盛投资银行业务的私募股权投资(PE)的账面价值在2006年有较大幅度的增长,公司类PE业务增长近78.22%,发展迅速。

从国际上的PE情况看,国际上PE是一种比较普遍的形式,出资人45%来自养老金,10%来自银行、保险公司,还有12%来自个人和企业。

随着国内创业板的即将推出,将出现更多的投资机会。目前,信托公司已经被批准进行PE投资,证监会也批准中信证券和中金公司两家证券公司开展股权直接投资业务的试点。

因此,虽然目前银行资金不能直接进行投资,但可以通过信托公司或证券公司资产管理的通道间接将资金进行股权投资,获得更多收益。

总之,由于商业银行投资银行业务无论是在组织机构、管理制度、风险控制,还是在人力资源、激励机制、企业文化等诸多方面都具有鲜明的行业特点,与现有的商业银行体制存在相当大的差异,因此,商业银行必须详细分析自己的组织结构、业务特色、风险控制能力以及与专业投资银行相比在开展投资银行业务上所具有的优劣势,根据投资银行的行业特点进行相应地管理变革和产品创新,为投资银行的发展创造更好的条件和更宽松的环境,建立具有投资银行竞争力特点的薪酬体系和激励机制,建立起一整套与商业银行原有的、保守的风险管理制度不同的投资银行风险管理制度,在规范发展的同时有效地控制风险;同时,还需要加强投资银行部门与行内其他部门的沟通和协调,加强和行外的机构进行合作,有效规避政策的限制和监管风险,充分发挥商业银行的综合优势,不断完善和整合投资银行业务平台,不断推出产品和服务的创新,在竞争中逐步形成自己的特色,为今后进一步发展综合经营打下坚实的基础。

(二)商业银行投资银行业务的未来营销战略

目前,各家商业银行都把投资银行业务作为今后业务发展的主攻方向,并利用商业银行的客户资源和声誉开展业务,在项目融资、银团贷款、财务顾问、收购兼并等投资银行业务上取得了一定的经济效益和社会效益。但随着业务的开展、内部资源的整合,商业银行在开展投资银行业务营销时,应在考虑自身特点和优势的基础上,重点从以下方面实现突破:

(1)投资银行业务营销应结合商业银行发展战略,发挥自身优势,实施长远规划。商业银行的投资银行业务还处于刚刚起步阶段,在业务运行和市场开发能力等方面还不成熟,客户也有一个接受和适应的过程;随着我国资本市场发展的加快,投资银行业务今后的市场潜力非常大,市场竞争将越来越激烈。因此,商业银行应高度重视投资银行业务营销工作,在投资银行业务的发展规划上,要树立长远目标,制定适合本行实际的长期发展战略;同时,要充分利用商业银行的信誉、客户资源、机构网络、资金实力等优势,积极开展融资、理财、并购、顾问等投资银行业务,在为客户提供全方位金融服务的同时,不断增强自身的综合竞争能力。

(2)商业银行投资银行业务营销应以客户为中心,在拓展业务上实施多元化与专业化相结合的战略。商业银行开展投资银行业务营销应坚持"以客户为中心",针对不同客户的需求,开发多元化、系统化的投资银行业务产品,为客户设计全方位的金融服务解决方案,对客户实施多元化营销策略。同时,要针对VIP个人客户和重要公司客户进行专业化营销,为客户提供专项服务、个性化服务。

(3)商业银行投资银行业务应树立特色观念,在实际运作中实施品牌战略。目前,各家金融机构都在瞄准投资银行业务市场,如果要在激烈的竞争中保持领先地位,必须树立具有自身特色的品牌,这是开展投资银行业务营销的"重中之重"。目前,各家商业银行都需要根据各自在不同领域的优势,不断创新,以便在今后开展投资银行业务营销时有所侧重,注意树立"品牌意识",在某些投资银行业务的领域中突出各自的"品牌形象",并在此基础上抢占市场份额,创建具有本行特色的投资银行业务品牌。

(4)投资银行业务营销应统一集中管理,在业务管理上实施团队营销。目前,商业银行内部的投资银行业务发展参差不齐,大都分散在各业务部门,各地分支机构的发展程度也不均衡。随着投资银行业务发展的需要,今后商业银行应对投资银行业务集中统一归口管理,不能归口的,由总行成立专门部门负责协调;同时,总行投资银行部应加强分支投资银行机构的业务联动,通过为客户提供全方位的金融服务,争取优质高端客户,取得市场竞争的主动权;此外,在开展投资银行业务营销时,应注意实现多目标营销并重,尤其是对优质客户的业务要实行交叉营销,形成投资银行业务和传统银行业务协同发展的良好局面。

我国商业银行开展投资银行业务,在充分发挥商业银行业务的品牌、资金、业务网络、客户资源等优势的同时,需要整合行内、行外以及证券公司的业务资源,制定长期经营战略,全力打造投资银行业务品牌,通过管理、机构、产品、业务流程、销售、人才规划等全范围的创新,构建商业银行业务与投资银行业务有机结合、相互促进、结构合理、风险可控的经营管理格局。

(三)经营战略和目标模式

商业银行开展投资银行业务,需要通过对商业银行业务的特征、优势和投资银行业务的特点进行全面的评估与分析,从投资银行业务发展全局出发制定经营战略和发展目标。

鉴于银行业目前分业经营、分业监管的格局，商业银行内部对开展投资银行业务有一个逐步认识、理解和接受的过程，因此，我们可以考虑以下经营战略：

1. 建立业务管理机构

鉴于当前各商业银行业务经营松散、自发性较强的现实，商业银行有必要按市场导向重新考虑内部职能机构的设置，建立独立的专门投资银行业务管理组织机构。当投资银行业务发展到一定规模时，为大力拓展投资银行业务，商业银行可在总行层面建立按事业部制运作的投资银行部，给予投资银行部相对独立的经营决策权，以有效把握市场机遇，充分调动内外部的各种资源，对投资银行业务实行系统的策划、拓展和管理。

2. 进行准确的客户定位和客户需求挖掘

商业银行投资银行业务的客户定位应建立在现有客户分类的基础上，针对不同客户的综合特征，分析潜在需求，作出准确定位。从商业银行所具有的资源优势出发，投资银行业务的开展应以公司客户和 VIP 个人客户为主要客户群，以大型优质企业为当前重点发展的客户，以成长性良好、与银行服务实力相匹配、具有潜在投资银行业务需求的中型客户为未来重点业务开发对象。

3. 多元化业务组合战略与重点业务战略相结合

在开展投资银行业务的初期，需要构建相对平衡、能够带来稳定收入流的多元化业务组合；随着优势客户资源的挖掘，逐步形成了优势业务，此时，需要优先发展那些发展潜力巨大、客户资源聚集的业务，逐步形成某一业务领域独特的经营能力和经营特色，并形成较大的竞争优势，培育出投资银行的核心业务，树立自己的品牌。

4. 全面创新战略

这是塑造大型专业化投资银行核心竞争优势的决定性战略之一，需要在制度创新、业务创新、产品创新等三个领域协调展开。在业务创新和产品创新方面，首先结合传统商业进行产品创新，拓宽业务领域，重点放在具有长期发展潜力的业务领域，开发高质量的全新产品；在制度创新方面，重点建立和完善组织结构创新、决策体系创新、业务流程创新、风险控制和财务监督体系创新以及资源分配与共享机制创新。

商业银行开展投资银行业务，一方面，为客户提供全面的投资银行业务和商业银行业务，并促进两个业务的相互促进，优势互补，增强核心竞争力；另一方面，通过投资银行自身业务的发展，打造出业务品牌，随着政策的放开，通过投资银行业务资源的整合，将可能成为独立的公司，成为商业银行的主要利润中心。

5. 业务整合

为充分发挥商业银行的优势，快速有效地拓展投资银行业务，建立以投资银行部为核心的投资银行业务运营平台，采取相应地策略有效地整合内外部资源，对业务进行整合，准确地细分客户并提供优质的产品和服务。

6. 核心竞争力培育

综合化经营的着力点，就是以客户需求为导向，通过为客户提供不断创新的综合化金融产品，来提升商业银行的综合竞争力。同样，商业银行投资银行业务也要以客户需求为导向，利用商业银行的优势和内部管理来培育自己的核心竞争力。

（四）业务流程管理

商业银行开展投资银行业务需要在执业规程、业务流程、管理与决策方面遵循标准化、程序化、科学化、市场化原则。在业务操作中，需要进行业务流程管理，以防范风险，提高工作效率。

在投资银行业务流程设计中，首先应当弄清楚为客户提供什么样的产品，围绕产品的信息流、物流和服务流这三个主要方面进行设计，找出自己的核心竞争力所在。一般而言，对商业银行投资银行业务来说，能够创造核心竞争力的是“研究报告和解决方案”以及“提供资金”。

一般来说，普通投资银行业务项目流程包括信息收集、项目立项、项目实施和优选、内核、方案实施、项目总结等，不同的业务有不同的具体业务流程。但从投资银行的业务范围来看，可以根据项目的类型进行流程管理，如将业务分为顾问类（如财务顾问、投资顾问、理财顾问）、操作类（并购、发行债券、资产证券化、不良资产处置等）和融资类（项目融资、银团贷款、结构融资、过桥贷款等）来管理。

对于总分行结构下投资银行的组织结构，根据项目来源、项目规模和难易程度采取的业务流程管理也不相同。首先，总行设投资银行业务管理中心（负责全行投资银行业务的组织和协调），分行设投资银行业务需求处理平台（负责集中辖区内客户的投资银行业务需求），并建立授权制度，按照品种、风险程度高低、金额大小、操作程度难易等标准来界定相应权限，确定总、分行经营种类与额度。其次，将业务需求分为三类——分行解决类、总行解决类和外部解决类，然后分类实施处理。分行解决类客户需求，由分行组织业务团队，按照我国商业银行制定的业务模式和质量标准提供服务；总行解决类客户需求，由总行在全行范围内组织团队提供服务；外部解决类客户需求，由总行负责联系海内外专业机构。

（五）商业银行投资银行业务的品牌定位及品牌管理

作为从事高风险产业的商业银行，历来都非常重视信誉，把信誉作为其生存和发展的根本。优良的信誉是开展投资银行业务的先决条件，可以获得投资者的信赖、取得筹资者的认同。同样，在商业银行的发展过程中，已经形成了自己的品牌，并在产品研发、生产、销售、市场营销、服务等各个环节中得到很好的落实及突出品牌的顶尖特性。所以，商业银行的信誉优势和产品品牌都将有助于投资银行业务介入市场并得到商机。

但是，由于投资银行的业务产品是结合传统商业银行业务进行的创新，也是为了满足客户需求的需要，加上创新是塑造投资银行核心竞争力的基本要素，是克服风险的最佳手段，因此，投资银行业务产品可以同原有商业银行的产品有不同的品牌，在两者品牌没有冲突的情况下，投资银行业务可以自己发展自己的品牌，并进行管理。

四、商业银行投资银行业务的风险控制与监管

风险是金融机构经营管理的重要内容。商业银行开展投资银行业务一方面给商业银行带来新的利润增长点，另一方面也增加了风险机会。商业银行开展投资银行业务属于非银行传统业务领域，所面临的风险构成将会有很大的改变，信用风险将不再是主要风险，市场风险、法律风险、信誉风险、交易对手风险、操作风险等成为需要重点关注的风险。一直以来，国内银行业主要致力于提升信用风险管理技术和水平，市场风险管理和操作风险管理仍处于起步阶段。因此，银行需要进一步完善内部控制和管理制度和提升风险管理水平，加强投资银行业务风险的控制，促进投资银行业务的长期稳定发展。

（一）商业银行投资银行业务的内部风险控制

一般而言，投资银行面临的风险主要有政策风险、法律风险、市场风险、信用风险、流动性风险和操作风险等，不同的投资银行业务有不同的具体风险（如承销风险、并购风险、投资风险等）；而商业银行面临的主要是金融风险（包括流动性风险、信用风险、偿付风险等）、操作风险、商业风险（包括宏观经济和政策风险、法律和制度风险、声誉风险等）和偶然风险（各种外部风险）。可见，投资银行和商业银行有许多相同的风险因素，但商业银行更关注信用风险和操作风险。

一直以来，国内银行业主要致力于提升信用风险管理技术和水平，市场风险管理和操作风险管理仍处于起步阶段。而随着投资银行业务的开展，商业银行除了继续关注信用风险、操作风险外，还需要重点关注市场风险、法律风险、信誉

风险、交易对手风险、操作风险、关联风险、利益冲突风险等。因此,开展投资银行业务,需要商业银行进一步完善风险管理体系,加强内部风险控制。针对商业银行投资银行业务的风险,可以考虑采取以下方法和措施进行风险防范与控制。

1. 完善商业银行的风险管理体系

(1)完善风险管理平台。在原有商业银行的风险管理体系的基础上,将投资银行业务风险纳入风险管理体系,不仅是针对投资银行各业务单元风险进行风险控制,更多的是立足于全行的层次,全面监控整体风险。同时,将业务、风险管理、审计稽核三条线独立,使风险管理和审计稽核独立于经营系统,直接向总行风险管理部门负责。

(2)完善内部控制制度。内部控制的制度框架主要包括以下几个方面:

第一,设立两个层面的组织架构。建立良好的内部控制环境,在总行内部控制部门建立投资银行业务的内部控制体系,一是合理地制定投资银行部门的责任和权限,明确授权方式,建立有效的监督方式;二是通过在投资银行部门内部建立专门的内部控制组织来实施对投资银行业务的内部控制,负责对具体投资银行项目实施监督和稽核。

第二,根据投资银行的业务特点制定内部控制的手段和方法。包括对每一项业务、业务模块作风险评估和风险管理。风险评估应当区分哪些风险是银行可以控制的,哪些风险是银行不能控制的,并作不同的处理。

第三,建立集中信息系统并设立有效的沟通渠道。商业银行应该建立一个涉及全部业务活动的信息管理系统,并保证其安全可靠。通过这个信息管理系统,所有相关人员都能够得到所需要的信息,使所有员工充分了解与他们履行职责有关的政策和程序。这样,可以将投资银行业务加入信息系统,使公司决策层能够及时获得有关投资银行业务财务、经营状况的综合性信息,以及与决策有关的外部市场信息。

2. 内部控制和风险管理制度

商业银行开展投资银行业务一方面需要建立内部控制体系,另一方面需要将投资银行业务风险与银行业务风险进行隔离,建立健全风险约束机制。

首先,建立规范和完善的内核制度。在商业银行内部控制体系下,结合投资银行业务自身的特点,并借鉴国内外大型证券公司的内核制度建设的经验,建立一套权责分明、规章完整、运作有序、高效的内核工作机制。

其次,在总行一级部门之间建立内部防火墙,增强风险控制意识,强化风险教育。防火墙制度能够有效地减弱商业银行内的风险传递与风险外溢,具体包括信息防火墙、人事防火墙、业务防火墙等。防火墙的设置是一项非常具体、复杂的制度建设。

最后，增强依法经营的意识。由于金融政策因素的影响，开展投资银行业务过程中常受到监管约束和法律障碍，要求投资银行人员提高依法开展业务的自觉性，努力寻找改善和转化风险的有效途径。

3. 从人力资源角度控制投资银行业务风险

首先，建立有关投资银行业务人员的人才招聘、储备方案，选择适合的招聘渠道，建立完善的投资银行业务人员的人才评价体系，保证人员具有较高的专业素质和高的道德水准；其次，定期进行投资银行业务人员的职业培训，提高人员的专业技术水平，并定期进行有关商业银行业务和投资银行业务的法律法规培训；最后，对投资银行人员进行内部控制意识与风险理念的培养。

4. 建立投资银行业务创新过程中的风险防范措施

创新是投资银行业务的核心竞争力，商业银行投资银行业务的开展就是为了满足客户的新需求，提供新产品和服务。因此，在业务创新中可能会受到银行监管部门、证券监管部门以及其他监管部门的监管，一方面需要完善有关创新性业务的法律法规，另一方面还应与监管部门沟通，避免监管风险的发生。同时，还应该对新产品和服务对现有产品和服务的影响进行评估，并建立新型业务应急预警机制。此外，新产品的推出、服务协议的制定、收费项目与收费标准的确定和调整等都要经行内法律事务部门进行合法性审查。

（二）商业银行投资银行业务的外部风险监管

在全球经济一体化、金融混业趋势明显的影响下，确保金融体系的整体安全、鼓励竞争、强调效率和保护投资者利益已经成为西方国家的主导监管理念，并不断推动着金融监管制度的重构和金融监管方式的转变。从全球范围看，出现了货币政策制定与金融监管职能的分离趋势以及金融监管一体化的趋势。

2004年巴塞尔银行监管委员会公布了《巴塞尔协议Ⅱ》。《巴塞尔协议Ⅱ》提出了银行监管的新框架体系，主要由“三大支柱”（最低资本要求、监管当局检查评估、市场约束）所构成，代表着最新的银行风险监管理念，为改进银行业的风险管理奠定了基础。

《巴塞尔协议Ⅱ》的内容更加广泛、复杂，摈弃了“一刀切”的资本监管方式，提出了可供选择的计算资本充足率的几种方法。《巴塞尔协议Ⅱ》有以下三个方面的创新：

第一，进一步扩展、完善最低资本充足率的内容与要求，并就资本充足率计算中的各种风险测算进行较为深入的探讨。

第二,转变监管部门监督检查的方式和重点,监督检查被监督银行的资本金与其风险数量、风险管理水平是否相匹配,鼓励银行不断改进风险管理方法,提高风险管理技术,对银行进行全面的行业监管。

第三,对银行的信息披露范围、内容、要点及方式,都作出了明确的规定,对银行风险进行全面的社会监管。

《巴塞尔协议Ⅱ》对银行的资本充足水平要求更全面、更严格。面对资本约束和资本困境的严峻挑战,国内商业银行加快业务转型,大力拓展低资本消耗的零售银行业务、中间业务,包括投资银行业务,积极调整传统的以公司信贷为主导的业务结构。

在原协议中,风险主要是指信用风险,而《巴塞尔协议Ⅱ》的风险包括了三类:信用风险、市场风险、操作风险。其中,市场风险和操作风险是投资银行业务中面临的主要风险,特别是对各种理财产品、金融衍生产品的市场风险管理提出了更高的要求,也是监管当局监管的重点。

《巴塞尔协议Ⅱ》要求银行推行全面风险管理,其中要求必须将投资银行业务、交易业务与其他业务一起分别归结为三类风险,并应用适当的风险评估方法进行度量,并进行风险汇总。这对投资银行业务的风险管理提出了新的要求。

此外,《巴塞尔协议Ⅱ》适当扩大了资本充足约束的范围,以抑制资本套利行为。原协议中,对证券化资产的风险水平确定得比较低,没有充分考虑市场风险和利率风险。对银行投资于非银行机构的大额投资,《巴塞尔协议Ⅱ》要求从其资本中扣除,即对资产证券化的投资进行了一定的限制。

总之,《巴塞尔协议Ⅱ》鼓励商业银行不断改进风险管理方法,提高风险管理技术,建立起能及时识别、计量、监测和控制各种风险的管理系统,以增强有效防范风险的能力。

(三)加强对我国商业银行开展投资银行业务的监管

首先,要更新监管理念。与1988年的《巴塞尔协议》相比,《巴塞尔协议II》不仅推动了银行监管理念的重大变革,还勾画出了一个新的银行风险监管框架。银行监管当局作为一种外部监管,要重点检查、评估商业银行决策管理层是否充分了解、重视和有效监控了本行所面临的各种风险,是否已经制定了科学、稳健的风险管理战略与内部控制系统,是否已建立了能够识别、计量、监测和控制各种风险的内部风险管理体系;要检查、评估商业银行采用的内部评级法是否可行,以及通过内部评级法计量风险和确定资本水平是否可靠;要对所建立的内部风险管理系统的可靠性及有效性进行及时检查和评估。在此基础上,监督检查商业银行是否根据其实际风险水平,建立和及时补充了资本金。此外,要监督检查银行是否及时、充分、客观地披露了所规定的相关信息。

其次，从机构监管向功能监管转变。在我国，长期以来，一直对银行业实行机构监管，突出表现为重市场准入管理、轻持续性监管，重合规性监管、轻风险性监管。由于商业银行从事投资银行业务（包括保险业务），因此如果单由银监会监管银行，只能监管商业银行业务。在我国仍实行银监会、证监会和保监会分业监管的情况下，除了“三会”分工协作、各负其责的监管外，应当从对银行机构监管向功能监管转变，即不同监管机构监管银行的不同业务。银监会主要监管银行的商业银行业务，证监会主要监管银行的投资银行业务，保监会主要监管银行的保险业务。

最后，现阶段的中国人民银行、银监会、证监会、保监会的监管格局，使得银行业、证券业和保险业的监管自成系统，工作中各司其职、条块分割、沟通不足、信息难共享，这些因素影响了金融监管的有效性。从我国金融发展的现状来看，我国似乎已经逐渐出现了对统一金融监管的客观需要。一方面，我国加入 WTO 后，无论是金融产品的交易，还是金融组织、金融市场之间的合作与结合都将从广度和深度上日益加强，金融全球化对我国金融的影响日益深远。与此同时，随着我国金融与国外金融的联系日渐紧密，对金融业的监管和控制也变得更加复杂、更加困难，尤其是国内分业经营与分业监管、全球混业的趋势、与国外大型金融集团的合作使得监管的难度更加凸显。另一方面，国内不同金融部门间的业务合作和交叉越来越多，金融集团的发展等已经初露端倪。这些均要求金融监管体系更加灵活、更加综合、更加统一，以提高金融监管的有效性。我国金融监管从分业监管向综合监管、统一监管过渡有可能成为一种历史趋势。

（本文刊载于《经济界》，2008 年第 5 期，与袁宏泉合著）

村镇银行发展中的风险及对策

（2012 年 5 月）

在农村信用社随着商业化改革出现“脱农变异”倾向的情况下，如何弥补农村金融服务出现的“真空”成为引人瞩目的焦点。理论界普遍认为，由于农村信贷资金需求“量小、频高”的特点，大型商业银行从事此类业务面临规模不经济等问题，因而不少人寄希望于具有“草根特色”优势的新型农村金融机构，认为新型农村金融机构的建立是解决我国现有农村地区银行业机构覆盖率低、金融供给不足、竞争不充分、金融服务缺位等“金融抑制”问题的创新之举，其建立对于促进我国农村金融市场的资金供给主体多元化、农村金融机构的产权机构和治理机构规范化以及促进农村金融改革具有十分重要的意义。

村镇银行作为新型农村金融机构的主要形式，按照其政策设计初衷，应立足于农村本地，发挥自身天然贴近农村的特点，充分利用“熟人信息”降低交易成本，保证资金在农村内部循环，扩大农户和农村中小企业的融资渠道，增加农村信贷供给总量。但在现实发展过程中，由于村镇银行都是由主发起人在各个县域单点选择设立，尚没有在全国范围内形成规模化和集团化效应，虽对促进县域经济发挥了一些作用，但相对于我国地域广阔的农村，可谓杯水车薪，其支农效果仍没有体现出来。

根据银监会的最新统计，截至 2012 年 4 月中旬，全国共设立了 944 家村镇银行。虽然银监会考虑到我国地区经济发展不平衡的实际情况，在《新型农村金融机构 2009—2011 年总体工作安排》中对村镇银行实施了准入挂钩措施，规定首先应考虑在国定贫困县和中西部地区发起设立村镇银行，重点解决农村地区银行业金融机构网点覆盖率低、金融服务空白、竞争不充分的问题，但实际情况中，截至 2011 年年末，村镇银行在东、中、西部的分布比例为 1. 23:1. 37:1，可见，村镇银行的主发起人在西部地区设立村镇银行的意愿仍不强。而且对于已经设立的村镇银行，普遍存在资本规模偏低、吸收存款困难、目标定位不清、运营成本偏高等发展瓶颈。由主发起人单点设立村镇银行面临不少风险，如何化解这些风险，对保证村镇银行良性发展尤为重要。

一、村镇银行发展中面临的主要风险

一是信用风险。目前村镇银行面对的主要客户是微小企业和农户，他们既没有以往的信用记录，也没有完善的财务及产业发展系统可供评估，更没有相关的专业评估机构对其进行评估。尤其对于小额农户贷款，有时更无财产作抵押。

同时，不少农民缺乏个人信用意识，如果有人还不上钱，其他人有跟风的可能。因此，尽管有些村镇银行目前不良贷款率为零，也主要是因为对这种风险采取“回避”的处理方式，并没有真正面对。但这种回避不是长久之计，随着竞争和农户资金需求的发展，面向更小的企业和中低收入农户的业务迟早会进入村镇银行的业务范围，这种风险难以真正回避。

二是流动性风险。村镇银行目前受到严格的地域限制，不能跨地区进行存贷业务。这种小区域的“取之于民，用之于民”的模式很容易产生流动性风险。在当前不少农信社进行股份制改造和邮储银行在农村放贷能力有限的情况下，农村对村镇银行的放贷需求非常强烈。村镇银行由于规模小，在盈利的压力下，会不断扩大贷款规模。一些村镇银行的贷存比已经超过监管红线75%，个别银行甚至超过100%，有的甚至开始动用资本金发放贷款，流动性风险表现得很突出。同时，由于储户和贷款客户同属一个地区的农业经营者，而农业具有明显的季节性，到春季储户和贷款人同时到银行提取资金，造成银行资金来源的减少和需求的增加，会使流动性问题更为突出。

三是操作风险。从目前大多数村镇银行的人员结构来看，一般是由大股东派董事会人员，行长、前中后台工作人员在当地招聘经培训后上岗。单点村镇银行基本上就是两级管理的扁平结构，这种结构的特点是效率高，但也带来易产生操作风险的可能。首先，从农村当地招聘的业务人员素质相对不高，合规操作意识差，风险意识相对淡薄，在只有两三个人组成的业务部门工作，容易产生以感情代替内控制度，排斥“认制度不认人”的法理性控制机制的现象，从而产生风险。其次，由于村镇银行尚处于起步阶段，业务发展和同业竞争压力较大，在经营理念上容易出现重营销轻管理的理念偏差，盲目追求业务发展规模而忽视风险管理和防范，留下风险隐患。

四是行业和政策风险。首先，农业作为弱势产业，本身具有很大的风险。农业和农民对自然条件的依赖性很强，抵御自然灾害的能力弱，而农村相关的灾害保险不发达，一旦发生自然灾害，损失难以避免。而村镇银行经营地域范围狭小，域内农业和工商业比较单一，村镇银行的业务一般高度集中于当地一两个特色产业，一旦发生风险，不易进行对冲和管理。其次，农村基层政策不稳定，产业发展方向易变化，也容易造成风险。同时，农村发展的很多小企业都是技术落后受国家政策限制的产业，地方政府出于地方发展的需要而予以支持或者不予取缔。它们往往是地方政府特许甚至保护的对象，也是村镇银行的“优质客户”。它们在原有民间资金的支持下不断发展，对国家宏观政策不敏感。一旦国家或地方政策变得严格、明确，就可能发生大的波动，引起大的风险。

二、村镇银行产生风险的主要原因

一是对主发起人的资格限制。银监会在《关于调整放宽农村地区银行业金融机构准入政策更好支持社会主义新农村建设的若干意见》中规定,村镇银行应采取发起方式设立,且有1家以上(含1家)境内银行业金融机构作为发起人。但是,很多地方却难以找到符合规定的资质良好的银行作为发起人,究其原因,一方面,由于城市的存款量一般超过偏远农村地区,故而银行不愿意经营农村地区业务;另一方面,相对于设立村镇银行,银行更倾向于在外地扩建分(支)机构,因为分支机构更易于控制。而产业资本虽然有强烈的冲动介入这一金融领域,却因缺乏银行资质而无法独立发起村镇银行。在我国,民间资本要求进入到金融行业的积极性应该得到尊重和保护。此外,其他金融资本也要求主发起人资格突破"银行"的限制,扩大至非银行业金融机构乃至证券机构和保险机构。

二是资金支付渠道不畅通。目前,全国银行业均已实行通过中国人民银行支付系统进行资金清算,支付系统行号是各家银行跨行资金清算必备的条件。村镇银行作为新型金融机构,多数刚成立不久,规模普遍较小,因而没有支付系统行号,也无法进入中国人民银行的账户管理系统,汇兑、票据、银行卡及中间业务无从开展,对公业务企业无法开立账户,导致村镇银行无法和农村信用合作社在乡镇竞争,从而降低了村镇银行改善农村地区金融服务的效果。此外,村镇银行尚未加入中国人民银行征信管理系统,无法与其他金融机构共享信息资源。

三是较难吸引高素质专业化金融从业人员。首先,村镇银行大多都偏离市区,交通不方便,较难吸引高素质专业化从业人员加盟。一般而言,村镇银行大多从当地招聘工作人员,素质相对不高,合规操作意识淡薄,风险识别能力差,在人员较少的业务部门,容易产生"以感情代替内控制度,制度放空炮"的现象,使各业务操作环节上的监督制约形同虚设,操作随意,从而产生风险。其次,由于村镇银行起步晚,同行业竞争压力大,在经营理念上出现重营销轻管理的理念,盲目拓展业务发展规模,忽视风险管理和防范,轻率授信,甚至违规做业务,留下风险隐患。最后,管理部门对村镇银行的监管不够,容易产生操作风险。

三、对策建议

一是推行大型商业银行与村镇银行合作。鉴于当前农村金融体系薄弱、资金供需失衡的现状,大型商业银行有责任、有义务对村镇银行的发展给予支持。第一,大型商业银行应统筹当前和今后一段时期农村金融市场的发展形势,根据自身情况,合理制定与村镇银行合作的长远规划和战略;第二,应选择合理、高效的合作模式,如以自身作为主发起人成立村镇银行或完善批发贷款等融资合作模式，在此基础上还应积极推动农业保险公司、农产品期货公司等机构的处理，拓宽合作渠道；第三，在“大小合作”过程中应严格风险防控，慎重选择合作对象，建立村镇银行分级评价制度，完善风险管理体系。

二是推行村镇银行子银行的组建模式。村镇银行子银行作为最新提出的一种村镇银行发展思路，可以很好地解决村镇银行发展过程中资金不足、管理水平较低和风险防控不足等问题。该模式下，可以由某一商业银行作为股东批量化组建村镇银行，充分发挥规模效应。在产品规划与管理上，子银行应统一村镇银行产品品种、定价和营销策略，在积累一定的经营经验后，根据客户需求再逐步进行产品创新；在业务和管理流程设计上，子银行通过统一设计村镇银行业务流程，确保其业务经营在兼顾效率和风险控制的同时，实现村镇银行的标准化运作；在风险控制方面，子银行通过统一制订村镇银行管理方案、基本规章制度，统一业务范围、客户结构、业务流程等一系列制度安排，提高对村镇银行的风险控制水平。

三是找准市场定位，进一步加大宣传力度。村镇银行制度设计的目的在于服务农村经济，作为金融机构，追逐盈利无可厚非，但村镇银行在开展存贷款业务的同时，在商业可持续性得到保障之后，必须在乡镇设立分行，而且必须直接规定其对农户的贷款必须达到一定的比例，从而使其成为真正的“村镇”银行。同时，村镇银行限于自身资金实力，应坚持“小额、分散”的原则，填补农村金融服务空白，激活县域金融服务；在网点有限、覆盖能力不足的情况下，对农村适度规模化、专业化生产的重点养殖户、专业户、中小型企业提供支持，通过其作为有效载体将信贷服务扩展到农户。

同时，地方政府要为村镇银行搭建宣传平台，帮助村镇银行提高社会知名度，村镇银行也要采取有效措施加大业务营销宣传力度，进一步用优质、高效、诚信的实际行动来提高社会公众对村镇银行的信任度。地方政府还要引导村镇银行科学分析当地经济发展情况，结合实际细分市场，在成本、风险可控的前提下，找准市场定位，推出与自身管理相适应、与“三农”和微小企业融资需求相匹配的金融产品及服务。

（本文刊载于《金融时报》，2012 年 5 月 7 日，与夏斌合著）

存款保险制度的“中国式”建立途径

(2014年3月)

自2013年7月20日起全面放开金融机构贷款利率管制,意味着贷款利率已经实现市场化了。但存款利率仍未放开,不能由金融机构自主确定。下一步将进一步完善存款利率市场化所需要的各项基础条件,稳妥有序地推进存款利率市场化。建立存款保险制度是实现存款利率市场化的前提条件和基础。

一、存款保险制度的发展

商业银行作为一个高风险的行业,极易受到挤兑传染和流动性危机的冲击。为了维护金融体系的安全与稳定,一些国家通过建立金融安全网来解决这一问题。金融安全网通常包括中央银行的最后贷款人功能、审慎监管职能以及存款保险。从各国的实践来看,存款保险制度可以有效地防止由于个别有问题银行的倒闭对健康银行带来的挤兑冲击,从而维护整个金融体系的稳定。

存款保险是指为了保护中小存款人的利益,维护金融体系的安全与稳定,吸收存款的机构定期按照一定的比例向存款保险机构交纳保费,以便在非常之时,由存款保险机构负责按照一定比例赔付存款人,并对有问题机构进行处置的制度。

最早的存款保险制度起源于19世纪。1933年美国联邦存款保险公司(FDIC)的设立确立了现代存款保险的基本模式。60年代以后,特别是80年代末期一系列的金融危机后,欧洲、美洲、亚洲的大部分国家和地区,逐步认识到了存款保险对于维护金融稳定的重要作用,根据自身国情,相继建立了存款保险制度。目前,已有72个国家和地区建立了存款保险体系,其中68个国家和地区属于“明确型”或称为“显性”存款保险体系(即明确纳入保险的存款种类和赔付标准)。在这68个国家和地区中,大约50个是在20世纪80年代以后建立的存款保险体系,19个在80年代建立,31个在90年代建立,18个在90年代对已实行的存款保险体系作了重大修改。

尽管各国存款保险体系存在较大差异,但基本目标是相同的,即:①保护存款人的利益,尤其是保护居于多数的小额存款人的利益;②建立对出现严重问题濒于倒闭的银行进行处置的合理程序;③提高公众对银行的信心,保证银行体系的稳定。

在存款保险体系的实施效果方面,各国也基本达成如下共识:①在经济稳定和银行体系稳定的状况下,一个设计良好的存款保险体系有助于保护中小存款人的利益，提高公众对银行系统的信心，在处理少数银行倒闭事件中，可以发挥重大作用，安全网的功能可以得到有效发挥，稳定金融体系；②一个设计不佳的存款保险体系，会引发严重的道德风险、反向选择和代理问题，从而将银行体系拖入陷阱；③存款保险体系不是万能的，不能取代监管当局的审慎监管职能、中央银行的最后贷款人职能和政府出资维护金融体系稳定的职能。

二、中国建立存款保险制度的必要性

存款保险制度作为金融安全网中不可或缺的组成部分，有效维护了公众对银行体系的信心，促进了金融体系的稳定。当然，世界上不存在适用于任何国家的存款保险制度，各国必须从自身具体情况出发，结合他国的实践经验，建立适合本国国情的存款保险制度，并进行不断的补充和完善。

中国至今为止还没有建立存款保险制度，对银行业的稳定发展和保护存款者的利益构成很大的威胁。中国应当建立存款保险制度，因为美国和其他国家的经验表明，存款保险体系的建立对于维护金融体系的稳定具有极为重要的意义。美国在1921—1933年经济大萧条期间，先后有1 200多家银行倒闭，存款人平均要等6年左右才能得到其存款额60%左右的清偿，致使挤兑经常会波及许多经营正常的银行。FDIC成立以后，公众信心得到迅速恢复，目前美国各地存款机构的FDIC标志已成为存款人市场信心的象征。

为稳定金融市场、控制金融机构破产的不利影响，中国有必要尽快建立存款保险制度。

三、中国建立存款保险的制度框架与争议

存款保险制度的构建主要涉及存款保险机构在国家金融体系中的自身地位、保费及其分担、保险范围、赔偿标准等方面。中国要建立怎样的存款保险制度？在借鉴国外成熟做法的同时，从务虚到转入实质性操作的细节上，一些争论至今仍存。

在组织方式上，FDIC最初启动的资金由美国财政部划拨了1.5亿美元贷款，通过收取参保金融机构的保费，至今已还清。其他国家存款保险机构的资金来源，则既有公立的，也有私立的，还有公私共同设立的。保险费率方面，美国1933—1993年一直实行统一的费率，通过银行的规模而不是依据风险收取保费，其他多数国家也是如此。但也有国家根据存款风险度的不同确定不同的费率标准，风险高就高费率，风险低就低费率，相应地赔付标准也不同。

在保险范围方面，美国实行存款保险制度时，所有联邦储备体系的成员是强制参加的，各州注册的银行则是自愿参加的；同时，美国存款保险机构只对银行

存款人提供保险,不保护非存款债权人和倒闭银行股东的利益。

在赔偿标准方面,理论上所有存款都应当能得到全部赔偿,但实际进行的都是限额赔偿,即让存款人自己承担部分风险。并不是所有款项都是银行支付。国际上对存款保险的赔偿有两种标准:一种是保险偿付最高标准为人均 GDP 的倍数,IMF 推荐的标准为 3 倍,由此得出国内的偿付金额是 2 万多元,不能保障中小储户的日常生活;另一种是使 90% 的存款人得到存款全额偿付。而在具体操作中,各国的做法又不尽一致,譬如有的国家确定了最高赔偿 70%—80% 的标准,美国确定的最高赔偿标准为 10 万美元;还有一些国家根据不同的存款额确定不同的赔偿标准,譬如 2 万—3 万美元赔 80% ,3 万美元以上赔付标准又有变化等。

具体到中国,如何构建存款保险制度的各个环节都还存在不同程度的争议。譬如,存款保险机构仅履行保险职能?还是除了承担存款保险,还应借鉴其他国家的经验担负起适当的监管职能,比如应当配合银监会、证监会组成较完善的监管体系?包括四大国有商业银行的所有银行都要参加存款保险,还是仅要求那些存款余额有限、信用较差的中小金融机构参保?一旦金融机构发生支付危机或破产,对投资者或存款人的存款是全额兑付还是部分兑付?兑付部分又以多少为限度?

毕竟从外围环境上来说,中国与国外成熟市场经济国家相比,金融机构的市场化运作程度、资本充足率状况等都有很大的不同。目前,四大国有商业银行的股改尚未完成,农村信用社试点改革刚刚启动,设计中的费率标准及最高保险金储备规模,既不能制定得过高,避免改革中的银行承担过重的负担,又要保证一旦有金融机构出现支付风险甚至倒闭,存款保险基金能够赔付得起,发挥保护金融安全的作用。

四、中国建立存款保险制度的路径选择

中国建立存款保险制度的条件不可能一蹴而就,当前的首要目标是形成一个以市场原则为基础的、规范的金融机构退出机制。在初期组建存款保险机构时,考虑到商业银行出资有困难,国家可考虑使用中央银行再贷款垫付资金、中央财政专项资金等设立存款保险基金,以求形成存款保险制度的基础性框架。在存款保险基金的运营管理上,既可由中央银行直接管理,也可另行设立存款保险基金理事会。存款保险基金正式运营后,中央银行再贷款、财政资金可通过保费收入逐步偿还,期间政府色彩逐渐淡出,逐步建立一个相对独立于中央银行、政府部门的非营利性存款保险公司。

因中国的特殊情况使然,在存款保险的投保方式上,应当采取强制性原则,

即采取国家为主导、银行类金融机构全都参与的方式。因为如果采用自愿投保方式,则必将出现逆向选择和“软约束”问题,即低风险的机构嫌保费过高而不愿加入;而高风险的机构即使不加入,一旦出现支付危机国家还得救助。

至于保险费率,则宜实行差别存款保险费率,即存款保险机构根据成员银行不同的风险等级,确立不同的存款保险费率档次,成员银行缴付存款保险费率的高低与反映其风险状况的资本充足水平和监管评级挂钩,资本充足率和监管评级越高,保险费率就越低;反之亦然。

在问题金融机构的保险赔付上,应以保险覆盖面为主考虑偿付限额,主要保护中小存款人的利益。应当采取限额和比例赔偿相结合的办法。可确定一个最高赔偿额,超过最高限额部分采取比例赔偿。比如,可规定 50 万元以下全额赔偿,超过 50 万元的部分按比例赔偿,超过部分越多赔偿比例越低,直至为零。这样做主要考虑到保护绝大多数中小存款人的利益,以使 90% 以上的存款人得到全额偿付,也可防止道德风险和逆向选择。

(本文刊载于《现代商业银行》,2014 年第 3 期)

民营银行的市场定位与风险管理

（2014年6月）

一、设立民营银行的意义

十八届三中全会《中共中央关于全面深化改革若干重大问题的决定》指出：完善金融市场体系，扩大金融业对内对外开放，在加强监管的前提下，允许具备条件的民间资本依法发起设立中小型银行等金融机构。发展普惠金融，鼓励金融创新，丰富金融市场层次和产品。

2013年7月，国务院办公厅发布的《关于金融支持经济结构调整和转型升级的指导意见》中明确提出，“扩大民间资本进入金融业”“尝试由民间资本发起设立自担风险的民营银行、金融租赁公司和消费金融公司等金融机构”。

应该说这是一个非常重要的决定，也是金融创新重要的一个方面。现在有人提出质疑，我国的银行到底多了还是少了？我们现在已经有大型的国有银行、十几家全国性的股份制银行、一百多家城市商业银行，还有农村信用社，以及小额贷款公司，等等。为什么还要成立民营银行？实际上我觉得要成立民营银行，是非常明确的。明确的是什么？第一是民间资本发起的，民营企业发起的。第二是自担风险的。它的意义在什么地方？

第一，民营资本真正进入金融领域。“老36条”“新36条”都讲了民营资本要进入，但实际上有一个玻璃门并没有打开，所以民营资本很难进入银行体系。即使进入，还是国有控股，民营资本没有更多话语权。这次明确了以民间资本为主体设立银行，这才是真正的民营银行或民间银行。

第二，建立多层次银行体系，满足各方面的金融需求。我们的银行那么多，但是满足了各方面的金融需求了吗？没有。我们要发起民营的中小银行为小微企业服务，要实现普惠金融。

第三，最重要的就是促进金融的市场决定，实际上民营银行的机制灵活，减少了行政和政策干扰，做到金融由市场决定，尤其是促进利率市场化。这样就使得我们的金融体系运行更加市场化，提高了金融效率。

二、民营银行必须明确自己的市场定位

民营银行如何运行得更好，这个问题我们应该正视，在各种银行都存在的情况下，民营银行就是中小银行，应当明确自己的市场定位。我认为民营银行产品和服务创新应当差异化、品牌化、特色化，不要同质化。大银行有自己的服务对

象，民营中小银行也有自己的服务对象，有自己的市场定位，要根据自己的客户、自己的服务对象进行创新，避免恶性竞争。差异化创新是非常重要的。现在有五家试点银行就要挂牌了，有阿里巴巴+万象、腾讯+百业源、均瑶+复星、正泰+华峰、南汇+华北。它们的运营模式不尽相同，阿里巴巴+万象主要搞小存小贷，限定存款上限，设定财富下限；腾讯+百业源主要是大存小贷，存款限定下限；而南汇+华北主要从事公存公贷，只对法人不对个人。我不知道这是不是这些银行的特色，对法人贷款就是批发贷款，这和大银行的区别在什么地方？

这里必须明确，新成立的民营银行是中小银行，现在无法与大银行竞争。无论资本金还是客户都是如此，如果民营银行自己的市场定位不明确，可能会出大问题。

我个人认为民营银行应该在以下几个方面进行市场定位：

1. 客户定位——中小企业

民营银行重点服务中小企业具有坚实可行的基础。在我国经济成分呈现出多元化态势的今天，经济结构与金融结构的不对称直接体现为缺乏与中小企业配套的中小金融机构。因此，民营银行有机会进入这个细分市场，获得竞争优势。

目前，我国中小微企业总的来看有4 000多万家，注册的有1 500多万家，中小微企业占了全国企业的99%，中小微企业在国民经济发展中占有非常重要的地位，有学者将其概括为“五六七八九”，“五”是指中小企业税收贡献占整个税收的50%，“六”是指占GDP的60%，“七”是指占进出口的70%，“八”是指承担就业的80%，“九”是指数量上占整个企业数量的99%。

我国有那么多的银行，但中小企业融资难、贷款难、贷款贵的问题始终没有解决。如果说我们成立了民营银行还不去解决中小企业的问题，还想干大的，想把自己变成全国性银行，为大企业服务，第一没有优势，第二不可能有市场。因为市场已经被大银行占领了，服务于中小企业对民营银行大有可为，这一点我认为应该明确。

2. 产品定位——零售业务

作为中小商业银行，在目标市场及经营方式上都应与大型商业银行有明显区别。商业银行零售业务是指对家庭、非营利机构和小企业提供的金融产品或服务，主要包括零售存款业务、零售小额贷款、透支便利、制定投资策略与组合、进行税务安排及保险服务等。零售业务具有零星分散、种类繁多、服务要求高的特点。

3. 定位于社区银行

民营银行应当主要为城市社区居民、农村服务。目前已经有一些中小银行，包括一些城市商业银行、农村商业银行甚至邮政储蓄银行都把自己定位于社区银行。邮政储蓄银行充分依托覆盖城乡的网络优势,坚持服务三农、服务中小企业、服务社区的定位,自觉承担起普之城乡、惠之于民的社会责任,走出了一条普惠金融的发展道路。邮政储蓄银行近几年发展非常快,其存款已经排到全国第五位。很多城市商业银行、农村商业银行自己把自己定位为草根银行、熟人金融、炕头金融,大有发展前途。

4. 定位于特色银行

民营中小商业银行应当根据自己的特色和优势,办成有特色和差异化的银行。比如办成科技银行,为高新技术产业和企业服务。有的银行可办成主要为地方经济发展服务、为城镇化服务、为地方居民就业和创富服务、为农牧区发展服务的银行。像云南的一些地区可设立为旅游服务的银行,内蒙古可设立为牧区服务的银行,这样的银行有发展前途,它们的服务对象恰恰是别人没有关注的。所以说民营银行成立以后,应该根据自己的特点,因地制宜,不同区域建成服务对象不同的银行,差异化才可以做好。

5. 民营银行应实施普惠金融

普惠金融也称包容性金融,其核心是有效、全方位地为社会所有阶层和群体提供金融服务,尤其是为那些被传统金融忽视的农村地区、城乡贫困群体、中小微企业提供金融服务。普惠金融为弱势群体提供了一种与其他客户平等享受金融服务的权利,能够有效地帮助贫困群体脱贫,普惠金融体系是构建和谐社会的重要推动力。十八届三中全会明确提出银行应当实施普惠金融。普惠金融中有些是大银行做不了的事,一笔贷款 5 万、10 万、20 万,费了很多人力物力。大银行不做的,更适合中小银行来做。

6. 中小民营银行应当利用互联网金融的优势进行金融创新

我看到已经有几家民营银行在进行试点,至少阿里巴巴、腾讯都在互联网金融上有所创新,互联网金融做得很好。实际上,原来金融互联网是银行做的,银行没做好,才促使非银行机构做互联网金融。我们成立这些银行能不能利用互联网的优势来进行创新呢?利用互联网进行综合金融业务,包括网上银行、网上存款、贷款、结算、交易、支付、代理各种服务。利用网络发展供应链金融,利用网络进行私人银行和个人金融业务,不仅包括存贷业务,还包括理财业务等。另外,还要利用互联网、大数据进行客户关系管理,稳定老客户,发展新客户,服务更多的人。我们对客户信息要进行一系列的管理,这都是我们的优势。

三、民营银行的风险管理

（一）民营银行的风险

民营银行有哪些风险？民营银行首先是银行，不是小额贷款公司，有人现在非常喜欢问小额贷款公司什么时候变成银行。小额贷款公司和银行是不同的，小额贷款公司是用自己的资本来进行贷款的，它的贷款是有限的，风险也是有限的。而银行是借助别人的资金来进行金融服务的，资金主要是借的，是向社会借的，向公众借的。

所以说银行和小额贷款公司或者财务公司的区别就在于是私人资本还是社会资本，是对公众服务还是对定向服务。应该说民营银行首先存在的风险也是其他银行所具备的一切风险，即信用风险、市场风险、操作风险。信用风险就是履约风险。市场风险是利率、汇率等变化造成的金融资产价格的变化，包括衍生品。现在西方银行主要的风险不是信用风险，而是已经发展到市场风险。2008年以后的次贷危机引起的国际金融危机就是市场出现的危机。还有操作风险，也就是经营风险，自己如何经营，如果经营得不好，则存在倒闭风险。实际上还存在系统性风险、宏观风险、利率风险、政策风险、通货膨胀风险等，这在银行都是存在的，所以大家必须把这些风险看得清楚些。

民营银行比大银行承担更多的风险。有人说不管是国有大银行还是民营银行都应当自担风险，为什么单纯讲民营银行自担风险？大银行是自己承担风险吗？是国家承担风险、老百姓承担风险，能让它倒闭吗？为什么 2003 年进行国有银行改革？当时的几家国有大银行在技术上已经破产了，但能让这些银行倒闭行吗？不能，国家必须来救它，小银行当然也要救，但救得过来吗？在美国，小银行几乎天天倒闭。20 世纪 80 年代的储蓄贷款协会危机中有多少家银行倒闭了？2007 年由次贷危机引起的金融危机中有多少家银行倒了？当然，大银行有“太大而不能倒”的问题，因为大银行的涉及面太广了，中小银行倒闭的风险就大了。

1. 利率市场化后，会提高民营银行的融资成本

银行不会像过去那样躺着也可以赚钱了。利率逐渐市场化，完全靠吃利差赚钱的时代已经一去不复返了。民营银行的信誉度还不够，如果存款利率都一样，人家是存到国有银行还是你那里？肯定选择国有银行。如果你提高存款利率，你的成本就提高了。成本提高，贷款利率也要提高。有的银行利率低，所以存贷都可能存在一些问题，因为你的诚信度、知名度，以及客户对你的信任度都不如大银行，所以应该看到这一点。

2. 存在经营风险和管理风险

因为企业家并不是专业的银行家,是从各个企业过来的,对银行业并不熟悉。因此要学习银行业管理的基本知识,如果对银行业经营管理特别不了解,肯定要出问题。包括宏观、微观进行分析和判断,包括对头寸管理都存在这些问题。

3. 受《巴塞尔协议Ⅲ》的约束,对经济资本、监管资本和资本充足率要求很高

《巴塞尔协议Ⅱ》要求资本充足率达8%,现在《巴塞尔协议Ⅲ》已经将其提高到11%—12%,而且还有7%—8%的备拨率。

4. 存款保险制度会增加中小银行的资金成本

有人说存款保险制度就是针对民营银行的,这样说太过分。因为银行要交保险费,增加了资金成本,但大银行抗风险的能力很强,存款保险制度对它们的影响不大。交保险费会增加银行负担,对中小银行来说负担会更大一些。

必须注意民营银行的风险问题,中小民营银行一开始就要走新路,不能再走老路了。

(二)民营银行的风险防范与管理

第一,建立完善的法人治理结构。

第二,建设素质很高的经营团队。

第三,形成完善的内控机制。

第四,建立以诚信为核心的企业文化。

第五,不能为银行股东谋求额外利益。如果为了股东贷款方便而成立银行,问题就大了,就属于自我服务了。股东是出资本的,是为社会服务,而不是为自己服务。股东可以从银行的盈利中得到收益,而不能从这些存款、贷款或其他方面得到利益,否则就对其他的投资者不公平。

第六,加强对民营银行的外部监管。银行是公众公司,是为社会公众服务的,资本是社会资本。现代银行又是经营综合业务,除存贷款外,还可能作投资银行、证券、保险、信托业务。因此应当对其进行综合监管。目前"一行三会"的监管体系已经很难适应需要,建议把银监会、证监会、保监会合起来,成立中国金融监督管理委员会,形成"一行一会"的监管格局。

(本文根据笔者在"首届民营银行论坛"上的讲演整理而成,刊载于2014年6月25日曹凤岐新浪博客)

第六篇 资本市场改革

我国上市公司并购的回顾及建议

（2002 年 9 月）

企业并购是资源重新配置的一种方式，是市场经济有效运转的必要手段之一。由于公众公司的股权可以通过统一的证券市场低成本地转让，同时公众公司的股权分散，控股要求的比例相对较低，所以涉及上市公司的并购是企业并购行为的主体。

一、研究上市公司并购问题具有重要的现实意义

1. 产业调整的需要

当前我国经济面临产业转型的繁重任务，主要体现在两个方面：①由于长期注重第一产业、第二产业的发展，忽视第三产业的发展，注重重工业的发展，忽视轻工业的发展，我国的产业布局与市场经济的要求和消费者的需求不相匹配。消除现有经济结构的不合理需要我们进行产业调整。②我国上市公司和国有企业中，传统产业占绝大部分，科技含量高、知识密集型的产业发展缓慢，这极大地影响了我国国民经济竞争力的提高。因此，提升我国经济的国际竞争力，促进我国经济的进一步发展需要调整产业。

2. 国有企业改革的需要

国有企业改革依旧是我国理论和实践界面临的重大问题。理论界认为，产权不清晰是我国国有企业面临的主要问题。改革国有企业的产权结构，调整国有经济的布局，就是通过企业并购的方式实现的。

3. 市场经济有效运作的需要

企业优胜劣汰是市场经济应有之义。淘汰企业有两个重要的方式：一是破产，二是通过收购的方式使企业的控制权从失败的管理者手中转移到成功的管理者手中，这就实现了资源的优化配置。在我国特殊的社会制度下，让一个企业破产可能成本巨大，因为政府还承担一些社会责任，比如安排职工就业等。所以并购应该成为我国市场经济优胜劣汰最重要的手段。

4. 保护投资者的需要

一个破产企业的资产可能还会带来相当的现金流。但是破产清算要求在短

期内变现企业的资产,这将导致市场极大地低估企业资产,投资者将损失巨大,甚至血本无归。而如果这个企业被兼并,那么收购股权的市场价格将充分反映企业未来的现金流的信息,企业原投资者,尤其是中小投资者的收益就得到了保护。

二、我国上市公司并购的发展历程

毫无疑问,上市公司的并购是随着我国统一的证券市场的建立而产生的,根据不同时期我国上市公司并购活动的特点,我们可以把上市公司的并购历史分为三个阶段。

1. 1990 年到 1993 年可以称为“三无并购”时期

在此期间我国对社会主义改革的取向依旧存在争论,国有股和公有性质的法人股的转让依旧是非常敏感的问题;同时,我国证券市场本身还处于初始阶段,上市公司数量少,各地都选择优秀的公司上市,上市公司出现问题的不多。因此,并购活动总体表现得不是很活跃。因此,企业并购活动也处于初始摸索阶段,企业并没有把并购行为作为战略手段之一。这个阶段的表现是:①法律制度和市场规则缺乏,市场缺乏统一的行为规范,总是在一些并购重组后,才有管理者的参与,因此监管业表现为头痛医头、脚痛医脚的方式;②并购的对象主要集中在二级市场和三无板块(无国家股、无法人股、无转配股)。

2. 1994 年到 1998 年可以称为发展时期

这个阶段是以 1994 年 4 月恒通控股棱光实业为起点的。这个阶段的特征主要表现在以下几个方面:①并购的动机是利用“壳资源”融资。②目标公司多是处于衰退期行业或产业周期低谷的行业,普遍业绩不佳。从被兼并方看,如果企业效益好,地方政府就不会出售,因为现在“壳资源”依旧是稀缺产品;从兼并方看,这些企业由于面临退市的威胁急于扭亏,因此在市场上会被严重低估,兼并这些企业可以得到潜在的收益。③由于并购双方的经济性质的差异,支付方式有股权划拨,也有现金交易,更多的是以资产换股权。如果兼并方是国有企业,而收购的股权也是国有性质的,则可能出现股权直接划拨的可能,这种股权的划拨其实是国有经济的调整和产业结构的整合。如果并购方是民营企业,则可能发生现金支付,或现金加资产换股权的形式。④并购后一般都会注入优质资产,剥离劣质资产。由于并购目标公司一般都是经营业绩欠佳,甚至发生严重亏损的公司,而且并购方的目的往往是通过增发、配股来融资,所以并购方往往通过注入优质资产和剥离劣质资产来改变企业的盈利状况,以尽快使控股上市公司达到配股的盈利要求。⑤转让的股权绝大部分是国有股、法人股。

3. 1999 年到现在可以称为规范时期

这个时期是颁布《证券法》后,我国证券市场进入成熟、规范的重要阶段,上市公司重组次数大量增加。表 1 是并购事件的时间分布。

表 1　历年发生的并购数量

年份	1994	1995	1996	1997	1998	1999	2000
数量	6	1	93	3	71	67	110

这个时期的特征是:①并购方呈现多元化倾向。并购方不再是清一色的实体经济部门或一些控股公司,比如一些投资公司、证券公司也纷纷对上市公司表示了兴趣。如 1999 年海通证券和深圳德庐投资发展有限公司的控股行为。②并购方注重挖掘被并购企业的盈利潜力,不再单纯只是为了融资,整合资源优势受到各方重视。除必不可少的不良资产剥离外,并购方开始注重对被并购企业的管理体制的改变,从制度创新、管理、业务转型、技术创新等方面提升上市公司的价值。③从单纯获取"壳资源"变为动机的多元化,战略性重组增多。比如,产业结构的生机、市场力量的加强都成为一些公司并购的重要原因。④有关并购的法规包括会计处理和信息披露等都有了具体的规定,因此并购行为更加规范。⑤被并购方呈现多样化,不再限于绩差公司,一些绩优公司可能也会由于特殊地位而成为并购的目标。⑥政府在并购中的地位有所下降,但依旧占据主导地位。

三、当前的问题及政策建议

虽然经过十多年的发展,我国上市公司的并购行为已经有了长足的发展,但是还存在一些问题。

1. 上市公司并购的主要动机依然是获得"壳资源"

在成熟的市场经济体系中,公司并购的主要动机有:避税,一个盈利的公司如果兼并了一个亏损的公司,那么这两个公司所交的利润总额就会减少;获得市场力量,为了增强公司在市场上的竞争力、获得垄断地位,同行业公司之间可能会发生并购;多元化战略或产业升级的要求,想跨入另一个行业的公司可以通过并购该行业中的现有公司而实现;接管控制权,如果一家公司的经营管理不善,而公司本身拥有非常好的盈利前景,那么其他投资者可能就会通过并购的方式取得控制权,通过管理人的更换和管理创新来挖掘公司的盈利潜力;降低代理成本,这主要体现在 MBO 的收购方式上。这些并购行为都是市场经济自我调节以实现资源最优配置的方式,然而我国上市公司并购的主要原因还是争夺"壳资源”带来的融资通道。其中的原因有两个:一是由于上市公司股权结构不合理,管理者可能追求企业短期内现金流的最大化带来的在职消费和扩张,而不顾公司的长远发展,于是公司的发展出现问题,为了防止退市,一些上市公司就需求重组以自保。二是上市制度依旧是非市场化的行政模式,这种制度带来了“壳资源”的稀缺。也就是说,“壳资源”成为可以带来经济利益的商品(资本),所以“壳资源”成为大家主要争夺的对象。改变这种状况的方法有两个:一是改革上市公司股权结构以消除经营者的行为短期化;二是彻底改变上市制度,从行政性的制度转向市场化的核准制。

2. 上市公司并购行为多是政府主导

在2000年的110起上市公司并购事件中,国有投资单位之间纯政府操作的股权划拨占26起。其他大部分并购由于涉及国有股和法人股等,也多数是由政府主导。政府主导是由我国上市公司的股权结构决定的,由于我国上市公司中国有股和法人股占62%,防止国有资产在转让中流失就成为政府参与企业并购行为的理由。如何利用市场机制来转让国有股和法人股,同时又不带来国有资产流失呢? 一个可能的选择是利用拍卖机制。与协议收购相比,通过拍卖的方式确定股权的价格是一种更趋于市场化的定价方式。在拍卖时,各个竞买者根据自己对上市公司股权价值的判断进行报价,而成交价无疑是各个竞买者依据自己的理性判断竞价的结果,因而是目前为止最市场化的上市公司股权定价方式。然而拍卖理论告诉我们,即使是在这种方式下,竞拍者也可能会通过合谋的方式损害物主的利益。我们可以充分借鉴现有拍卖理论设计出适合我国国有股转让的拍卖机制。

3. 外资并购的问题

外资并购对我国上市公司而言,并不是完全陌生的一个事物。1995 年 8 月,日本五十铃汽车公司与伊藤忠商事株式会社通过协议转让共持有 25% 的北旅股份法人股,成为上市公司北旅股份的第一大股东;同年,美国福特汽车公司一次性购进江西上市公司赣江铃新发 B 股的 80%,占该公司总股本的 20%,成为第二大股东(没有取得第一股东的地位,但取得一定的控制权,可视为并购行为)。其后国务院宣布暂停外资参股、控股上市公司,外资并购才告一段落。在我国已经是 WTO 成员的今天,我们必须面对外资并购我国上市公司的问题。讨论外资并购的利弊得失已经没有必要了,因为它是大势所趋。我们应该探讨如何在保证国有资产不流失、国民经济不被外资控制的情况下,充分利用外资并购的方式吸引外资。我国当前的主要问题是有关外资并购法规的不完善,主要表现为:侧重于行政性审批权限和程序的界定,缺乏市场化操作;侧重于原则性规定，缺乏具体的操作办法；限制性规定太多。

主要的解决措施有：尽快清理、调整和完善与并购有关的法律、规定和政策，对其中阻碍正常外资并购的应加以修改或删除；参照国外的立法经验，制定符合市场经济基本规则和我国国情的外资并购法；细化法规，制定实施细则。

（本文刊载于《中国证券业通讯》，2002 年第 9 期）

用制度创新重塑股市功能

（2003年9月）

我国股市现阶段存在的诸多问题与现实中过分强调片面的融资定位不无关系。由于市场功能长期被锁定在融资层次上，股市本身所具有的投资功能和优化资源配置等功能受到极大的抑制。股市的这种单纯融资功能以及“利用”思维模式，致使市场上因制度缺陷引发的市场风险进一步放大，上市公司转轨不转制所导致的各种矛盾和问题凸显，成为股市健康发展的严重阻碍，因此急需对股市的功能进行定位调整。

一、由“融资主导型”转向“资源配置型”

在认识和评价我国股市的功能时，有两个误区应该打破：

一是把市场融资规模作为主要的衡量标志，认为融资规模越大，市场功能越强，成绩越大。应该说，这种认识并非完全没有道理，但上述逻辑关系隐含着一个基本前提，即所有的融资活动都是具有充分效率的。由于我国股市情况特殊，因而融资规模只对股市的规模和广度具有表征意义，而不能说明资本使用效率这种更深层次的东西。有时结论恰恰相反——当市场所融资金使用处于低效率或无效率状态时，融资规模大不仅不是成绩反而是过失。

二是把股价指数增幅视作一个衡量标志，认为股价指数增幅越大，市场的作用和成绩越大。从道理上讲，股价指数与作为指数计算依据的采样股票的数量、价格等因素有关，并不直接反映上市公司手中的金融资源的配置效率，而且股价指数增幅较大，有时恰恰是股市泡沫大和投机过度的反映。

在当前上市公司整体经营效益不佳的情况下，不应再过分强调股市的融资功能，而应大力提倡投资功能、资源配置功能和制度创新功能。为此，必须矫正股市现有的功能定位，以制度创新和改革为契机，把企业素质、业绩和潜在发展能力作为公司能否上市的第一标准，让有发展潜力的企业成为国民经济和股市的基础。加强和完善股市的监督，确保投资者尤其是中小投资者的利益，严厉打击内幕交易和市场操纵。加强对上市公司的监管，强化股市公平定价和优胜劣汰功能，使得符合国民经济健康高效发展需要的企业能够依托股市发展壮大。

即使从融资角度分析，也要努力矫正上市公司对股权融资的过分偏好，强化股权融资的成本约束和对治理结构的约束力，在国有股减持的基础上发挥投资者“用手投票”和“用脚投票”机制，提高股权融资的成本曲线。此外，要引导和鼓励上市公司利用债务融资尤其是企业债券融资等融资方式，创新债券融资工具,充分发挥债券融资在融资成本特别是公司治理结构方面的积极作用,以替代由国有企业改制而来的上市公司在公司治理上的“缺位”,更好地调整上市公司的资本结构和治理结构。

二、由“政府强制性”向“市场诱致性”演进

从新制度经济学角度分析,我国股市的产生、发展与完善表现为一种股市制度创新的过程。股市制度创新同样需要有市场,取决于制度创新供求双方的动态博弈和均衡。

按照动力、方式和过程的不同,制度创新可分为两种基本形式:诱致性变迁和强制性变迁。成熟的市场经济国家一般采用的是诱致性变迁模式,即变革首先是个人或集团发现制度的外在利润时,为获取外在利润而自发倡导、组织和实行的创新,并要求政府提供相应地制度安排。

我国股市的产生和发展并没有走西方国家股市自然发育的道路,而是选择了赶超式发展模式,就在于政府起着主导作用——提供制度变迁的方案,并具体实施和控制证券融资的组织化、制度化进程。由于经济制度与市场条件不同,政府主导的赶超型证券制度与西方自由市场发展的证券制度之间,存在信息租金与信息成本的差异,其制度效率存在显著差别。发达国家自由市场化证券制度更依赖于市场和制度的完善,法律制度越健全,市场制度越完善,从市场搜集信息的成本越低。而政府主导型证券制度,通过政府的强制性制度变迁,可以在短期内迅速地将股市制度的基本框架建立起来,以行政性长期契约关系,降低信息成本与资本搜寻成本,在很大程度上降低了信息非对称性和谈判问题,弥补了有缺陷的市场结构。但政府的制度安排和股市内在的运作规律存在一定的差异,这一差异正是股市效率损耗的制度根据。

在强制性或半强制性的制度创新下,我国股市迅速得以建立,实现了传统信用条件下银行主导融资制度向现代市场经济条件下证券融资制度的有力切换。但由于我国股市的种种制度安排是从计划经济体制的巨大遗产中产生和发展起来的,缺乏成熟市场经济下的基础性制度安排(民商法、契约观念等),这使得我国股市的制度变迁带有浓厚的计划经济体制烙印,而我国股市初始的融资制度安排便是这种计划经济体制烙印最明显的体现。正是这种以政府的强制性推动为特征的制度变迁,引致了我国股市的制度缺陷,产生了政府主导型外在制度安排与股市发展内生规律之间的矛盾和摩擦,进一步导致了我国股市的低效率。

在转轨经济中,政府在制度安排上存在支持新兴股市发展的意向,国家信用在股市上过度倾斜,即存在“隐性担保契约”,这会给市场参与主体带来一种额外的利润,即由体制性安排产生的“政策租金”。由于股市的参与主体是理性

的,其必然从自身利益出发,并根据成本收益分析寻求与分享租金。在我国股市制度变迁中,股市制度缺陷的变化使得租金的成本收益率相应发生了变化。在股市机制不完全的情况下,经济主体依赖国家提供的“隐性担保”,寻租成为一种“廉价选择权”。对于上市公司而言,上市公司设法在股市谋求更多的“租金”,呈现股权融资的偏好,进而股权融资变得非常“廉价”,相应地,社会资本的成本无法有效体现。而在外部,缺乏对上市公司监督制约的中介机构,上市公司利用信息占有的优势地位,甚至同庄家“合谋”,寻求租金。对投资者而言,投资者根据政府对股市的“隐性担保”,对市场发展存在一个预期,并寻求投机的潜在收益。由于寻租收益远远大于正常的投资收益,而且不用付出什么代价,因此投机成为一种理性的选择。市场集体行为非理性导致了市场过度投机行为。于是,我国股市上出现了长期存在的一个“公开的秘密”,即内幕交易、操纵市场等违法违规行为盛行。

在政府推进股市制度建设,并提供“隐性担保”的前提下,市场边界与政府行为边界的界定不清,这样结果只能是:市场风险转嫁给国家,转化为系统性风险;政府的体制性风险镶嵌于市场之中,并由市场自身消化。据资料分析,纽约证券交易所系统性风险(不可分散化风险)占 1/4 左右,非系统性风险(分散化风险)占 3/4 左右;而上海证券交易所的投资风险结构与此“倒置”,系统性风险占 2/3,非系统性风险占 1/3。同时,在“隐性担保契约”下,政府和企业的关系过于密切,滋生出一种“唯亲资本主义”倾向,导致上市公司对无利可图或仅有边际利润项目的过分投资,甚至借投资项目之名取得向股东再融资的资格。

我国股市发展到今天,面对不断显现的各种内在矛盾,强制性或半强制性的制度创新除需防范制度创新本身引致的风险外,还需将解除政府“隐性担保契约”、提高寻租者的寻租成本或降低其寻租的预期超额收益作为制度创新的两大目标。政府对市场及其参与主体的隐性担保和各利益主体针对政府而展开的寻租活动,是我国股市的制度风险源头。这是因为,无论是我国股市制度的创设本身,还是运行过程中管理层对市场的行政性、政策性干预,都渗透着政府的意图,体现着政府的价值取向与宏观经济政策偏好,当股市走向与政府偏好相背离时,政府就会干预市场。因此,我们可以将政府与市场及其参与主体视为一个契约,政府在其中起着一种隐性担保作用,这也是政府运用行政性手段调控市场价格的根本原因。所以,对当前的股市制度创新来说,要消解制度缺陷,降低制度风险,通过制度创新途径提高股市效率,应采取标本兼治的措施:治本就是解除政府对股市的“隐性担保契约”,将本该由社会承担的风险从政府手中分散出去,实现市场风险社会化;治标就是降低上市公司、机构投资者等利益主体的预期寻租收益,提高其寻租成本,从而化解其机会主义行为动机。这应该是目前我国股市制度创新的要义。

三、制度创新路径选择

合理定位政府在股市发展中的角色。政府要充分发挥其在制度创新方面的能动性，但要严格界定政府行为与市场行为的边界，防止政府对市场功能的过度替代。近两年来，政府的确也在不断地推行一些具体措施，为股市制度的进一步变迁进行试点和准备。当然，制度变迁的真正完成往往是耗时甚久的一个过程，政府的种种准备性举措也需假以时日才能见其功效，因此，股市的制度风险在今后相当长的一段时期里仍会以目前的性质和状态存续、累积、发展。这一方面予以政府改革变迁的压力，另一方面也造成市场不确定性的加剧和市场主体未来预期的弱化，从而为制度变迁的顺利展开增加阻碍，这就要求作为强制性主体的政府在推动制度变迁的同时合理掌握变迁的进度和力度，坚持定位适度性、方向坚定性和过程稳健性三大原则。

股市必须以市场发展为导向。“将市场还给市场”，充分发挥市场机制的作用，以市场“信号”为有效传导，通过市场运行机制与定价机制，提高股市的资源配置效率。

推进股市监管的市场化。当前的重点是要调整好市场管理层的行为机制和行为方式，以建立起有效的市场主体秩序、行为秩序和监管秩序。监管部门必须真正把保护中小投资者利益作为工作出发点，把预防和惩处市场操纵或欺诈行为作为主要目标，把确保市场的流动性和透明性、市场信息的有效性作为监管重点，这样才能真正实现股市的公平、公正、公开和公信原则。

寻求股市的可持续发展。应稳健有效地解决国有股和法人股的流通问题；尽快推出创业板市场，发展场外市场与衍生金融工具市场，建立健全多层次的股市体系；优化投资者结构，合理培育机构投资者；探索加入 WTO 后股市的开放与国际化等。

四、加强资本市场制度建设与创新

股市是资本市场的一个子系统，良好的资本市场本身就是对股市健康发展的一个有力支撑。资本市场的完善与发展是涉及许多层面的系统工程，尤其相对我国这个发展时间短、总体发育水平较低的资本市场而言，无论是市场运行规则、管理制度、市场各主体行为的规范，还是市场功能的开发、金融体制和企业制度的转变等，都与国际惯例存在一定的差距。因此，从宏观角度讲，健全和完善整个资本市场对股市的意义重大。

1. 深化金融体制改革，建立新型的金融体制

要通过一系列的改革措施，使得国内外金融市场的基本状况和管理规则尽可能地符合市场经济的要求、与国际通行做法接近，这样才能从根本上减轻开放的冲击并增强抵御冲击的能力。

逐步建立债权融资和股权融资并行的体系、间接融资和直接融资并举的制度，大力发展直接融资。在发展货币市场的基础上，大力发展资本市场。要使资本市场和货币市场合理连接，货币市场的资金能顺畅地转化为资本市场的资金，反之，资本市场的资金很容易回流货币市场。

加快金融市场体系的建设，积极培育、发展规范的金融市场，包括完善的货币市场，实现利率市场化；增加资本市场、货币市场上金融工具的品种，促进金融市场的完善和发达。

建立完善的金融调控体系，在坚持分业管理的基础上，逐步向混业管理过渡。中央银行、证监会、银监会和保监会要各司其职，各负其责。同时还要加强合作，协调关系，综合监管。

建立健全多层次的金融风险防范体系，防范金融风险。加强法制法规建设，按照国际标准规范金融市场，规范金融机构，预先强化金融机构的财务、审计等工作，增加金融机构运作的透明度。建立健全金融风险预警和防范机制，加强对金融风险的监控能力和金融机构对风险的抵御能力。

2. 进一步提高上市公司的质量

首先，必须建立健全公司法人治理结构，使上市公司的董事会、监事会以及独立董事都能充分发挥其应有的作用。其次，彻底改变上市公司“一股独大”的现状，使投资主体多元化。再次，强化上市公司信息披露工作，加强证券市场的透明度。上市公司必须保证公开披露的信息内容没有虚假、严重误导性陈述或重大遗漏，一旦出现违规行为，应依法追究其责任。切实解决资本市场信息严重不对称的问题。增加个人投资者获取有效信息的渠道，对券商和机构不合理、不合法地取得内部信息的行为进行监督与限制。促进资本市场信息分布合理化，使每个投资者能够根据自己掌握的信息及时地进行理性的投资决策。最后，要建立企业领导者期权激励制度，或者年薪制度等。规范上市公司的并购行为。上市公司的并购是进行有效资源调配、发挥协同效益的一种方式，但目前我国股市上的许多并购只是一种谋取利益的炒作并购。

3. 用多种方法解决国有股减持

事实证明，2001—2002 年的国有股减持是失败的，给市场造成了重大创伤，使得今后国有股减持的难度进一步加大，国有股减持将成为今后资本市场上最

大的政策变数。解决的办法是什么呢？应该顺其自然，不要搞全国统一的减持办法，也不要规定以补充社保基金为目的的减持。在大部分股权不能流通的情况下，应主要通过协议价来解决，不可能是流通股股价，更不可能以损害流通股股东的利益为代价来减持。应该是成熟一个解决一个，用多种方法解决。

另外，可以实行"老股老办法、新股新制度"。在新发行的股票中不再搞非流通股。除了发起人股之外，国家、法人再想买股份，一律按市价购买。第一步可以放开协议转让，然后逐步释放。过去我们的内部职工股就是这样。在这个问题上，应该坚持实事求是，不同时期区别对待的方针，事实上并不存在一种万全的解决方案，应该按照"老股老办法，新股新制度"的思路来进行国有股的减持与流通工作。对于历史遗留的大量国有股存量，应该采取分批逐步解决的方法，而现在的关键是不应再增加非流通国有股的存量，新发行的股票除发起人股外，应不再设置非流通股，发起人股在上市期满三年后方可流通。同时应当鼓励和提倡国内民营资本参与上市公司的重组与并购，可以向民营资本转让国有股和法人股。

要把国有股减持作为一个商机来看待，这样券商和投资者都愿意做，国家也愿意减持，又扩大了流通规模，市场也会好起来。

4. 规范市场参与者的行为，建立健全市场主体和中介

大力发展机构投资者。在重点支持发展投资基金，放宽对包括各类保险基金、养老基金在内的各种机构投资者入市限制的同时，要规范其行为，严禁违规操作，减少资本市场的投机性和波动性，增强资本市场的流动性。

发展以投资银行为主的中介机构，将我国现有的非银行金融机构加以改造和规范，并结合国外资金、技术和管理经验的引入，使其成为能够经营为企业改组、并购、投资提供咨询等资本市场多种业务的机构。同时，要尽快制定有关法规并建立有关机关来监督和约束其行为。

5. 改革资本市场的各项制度以及相关的经济制度和法律制度

改变现行的发行和上市制度。股票发行的计划额度管理带有较明显的计划经济色彩，脱离市场规律。应减少行政计划对发行的干预，以市场为主来选择上市公司，从股票发行的审核制逐步向注册制过渡；地方政府的推荐和证监会的审批制度虽然已建立，但上市企业不优的问题和平均主义的弊端还没有完全解决。应当规定统一明确的标准，尽快变股票发行与上市连续进行体制为发行与上市分离体制。

建立高效的市场管理体制和监管体制。发挥集中统一、高度权威的证券管理机构的作用。要协调证监会与其他部门和地方相关管理部门的关系，进一步提高

监管水平。政府作为资本市场的监管者,应该着眼于市场的长远发展,多制定一些有远见的、连续性的、有利于市场发展的政策。另外,应鼓励民营企业进入资本市场,以帮助上市公司提高质量,对于上市公司的造假和欺诈应加大监管与处罚力度,还投资者一个洁净的市场。除政策性的监管之外,还需要各方面的制度和法律,以及行政监管的加强,尤其需要解决有法不依、执法不严、违法不究的问题。

明确立法原则,完善资本市场法规体系。立法应本着保护投资者利益的原则,公开、公平、公正原则,以及诚信原则,从我国实际情况出发,尽快出台《投资银行法》《投资顾问法》《投资者保护法》等单行法,有步骤、有层次地完善资本市场法律体系。

6. 建立保障资本市场健康运行的信用体系

应加紧着手进行覆盖全社会的信用体系的建设。关系到我国资本市场今后发展的信用体系建设大体上应分为两个阶段来进行。在发展的初期通过制定政策,协调证监会、上海证券交易所和深圳证券交易所等有关部门开放数据,组织建立统一的数据检索平台;引导和鼓励证券业行业协会采取措施积极推动信用体系的发展,争取在较短的时期内,以较低的成本初步建立资本市场信用管理体系,为资本市场信用体系自行运营和发展奠定基础,并提供制度上的保障。之后,信用体系建设的重点应该转移到上市公司、市场交易主体和中介以及监管部门的非正式约束的逐步完善上。通过积极培育和发展市场信用中介服务机构,实现市场交易主体之间的信息共享与甄别,充分发挥它们对市场非正式约束的作用,推动上市公司建立企业信用风险防范体系。

随着我国市场经济体制改革的不断深入发展和资本市场功能与作用的日渐完善,资信体系的范围与功能也在不断扩大。在信用已经成为企业的一种价值和资源并作为市场交易的一种重要方式存在的情况下,为有效维护市场经济秩序,客观上需要信用服务中介机构加快发展。通过它们,企业可以降低交易成本,信用良好的企业能获得更大的信用融资和更多的交易机会,达到优化金融资源配置、提高金融资源利用效率的目的。通过它们,可以推动居民储蓄向投资的积极转化,有效改变当前社会投资结构中国家财政投资比例过高、负担过重、风险偏高的倾向,实现经济的结构性调整和优化。通过它们,可以建立多层次的社会信用体系,积极促进包括股市、债券市场和长期票据市场在内的协调统一的资本市场的发展。

在当前上市公司整体经营效益不佳的情况下,不应再过分强调股市的融资功能,而应大力提倡投资功能、资源配置功能和制度创新功能。

(本文刊载于《中国证券报》,2003 年 9 月 16 日)

中国资本市场的发展与立法研究

（2004年1月）

经济学与法学是密不可分的，民法是基础法，是调节人与人之间关系的法律。人与人之间的关系相当一部分是通过经济关系表现出来的，人们的利益冲突大多表现为经济利益的冲突，民法调整财产所有权的关系、合同关系、物权关系，基本上是经济关系和经济利益的反映。商法又称为经济法，是民法的重要组成部分和具体体现，是直接调节和规范各种经济关系的单行法律。例如企业法、公司法、商业银行法、票据法、担保法等，都是直接调节和规范经济与金融关系的法律，从这一点来看，法学和经济学是密不可分的。

一、资本市场的发展与法律规范

资本市场是新兴的市场，全球许多新兴证券市场均充斥着虚假陈述、内幕交易、价格操纵或者非法融资交易等现象。客观而言，这些不当交易创造并维持了市场的部分甚至大部分流通性，但是，它们一旦受到惩罚，或者人们有足够的理由担心这些行为将会受到查处，流动性就会降低，而市场一旦受挫下跌，遭受损失的投资者必定心存不快。为此，人们可能会对政府监管甚至法律规范提出质疑，这种质疑通常表现为以下几个方面：

一是质疑政府监管的整体效率。尽管监管者勤勉执法以阻止证券市场的不当行为，但是往往收效甚微。即使以法律严密、市场成熟而著称，堪为各国楷模的美国证券市场，大大小小的丑闻也不绝于耳，最新的代表当属安然公司、世通公司等著名企业的财务丑闻。就已有的报道分析，做假账的公司既包括迅速蹿红的新兴大公司，也包括历史悠久的老牌大公司。此外，一些著名的老牌大会计师事务所和大投资银行也在不同程度上参与其中，从而更使人们对监管的有效性产生质疑。美国近期发生的系列财务欺诈事件有可能给中国资本市场传递一个错误信息：既然美国都出了安然丑闻，那么中国的“银广厦们”只是“小儿科”，不必过于认真对待。

二是质疑政府具体的执法效能。在违法行为猖獗的实施阶段，违法者在市场上翻手为云、覆手为雨，肆意摆布、引诱、裹挟投资者，而监管者囿于严格的执法程序，难以及时展开调查，只有当违法行为为祸日久或尘埃落定而证据凸显时，监管者才姗姗来迟。

三是将市场的下跌归咎于监管措施过于激进。不仅在中国证券市场，就是在全球市场我们都可以发现这样的现象，即当违法行为被揭露时，违法者担心自身行为受罚,赶在执法部门展开调查前匆忙斩仓离场;当违法行为即将受到政府处罚时,违法者更是不惜血本狼狈逃窜,连续跌停板必定使市场流动性大受影响,以致市场信心受挫。

证券市场监管与法律规范到底起多大作用,无论是监管的成本—收益经济评价方法,还是风险—收益分析方法,迄今为止,学者们并没有在理论上达成一致。

法律规范是一种调整人们行为的规则系统,是国家据以管理社会的基本规则。现代社会中存在多元的社会规范,如道德、政策、宗教、纪律等,这些多元规范分别作用于不同的社会领域,但是,这些规范必须置于法律规范之下,并受制于法律规范,一旦其与法律相抵触,法律就有资格予以干预。法律在整个社会规范系统中居于至高无上的地位和次序。这就决定了它具有普遍适用性,能够全面作用于社会的各个领域。根据行为的不同主体,法律的规范作用包括指引、评价、教育、预测和强制等功能。法律的指引作用是指通过一定的规则就同类的人或者情况进行指引;法律的评价作用是指对人们的行为是否合法或有无效力进行评价;法律的教育作用是指通过法律的实施而对一般人今后的行为所产生的影响;法律的预测作用是指人们可以依靠法律预先估计相互之间将如何行事;法律的强制作用则在于制裁、惩罚和预防违法犯罪行为,增进社会成员的安全感。资本市场在国家经济领域中占据重要地位,必然被纳入法律规范的调整范畴。

“徒法不能以自行”,法律规范制定出来后,能否真正发挥作用还取决于执法、司法和守法等方面的法律实施过程。因此,“政府失灵”或者“法律失灵”现象存在的可能性并非没有,不过,这种可能性目前尚不构成放弃政府监管或法律规范的充足理由。相反,发生这种现象时,人们往往寻求如何进一步完善政府监管和法律规范。美国安然事件暴露了现行会计制度与公司治理方面的缺陷,美国政府处理这场危机的应对措施,除了政府首脑多次在媒体上表示情感上的愤怒和道义上的谴责外,就是采取进一步的法律手段,通过了新的财务方面的法律,加重了对做假账的高管人员的刑罚。无疑,法律不能避免或消灭所有的违法行为,但不可否认,法律能在很大程度上控制违法行为的扩张,避免其在社会经济领域中成为一种合理的存在。就具体个案而言,政府监管与市场表现并没有直接或者必然的因果关系。许多违法行为并没有进入执法程序,只需媒体披露,股价就会受到影响,可见违法行为本身才是市场流动性风险的根源所在。退一步说,政府监管即使对市场有所影响,大多数情况下,市场并不会因此而整体下跌,实际上下跌的多是与违法行为有干系的公司股票。

监管和法律并不是万能的,而是都有其作用的边界。作为制度安排的法律,其目标不是限制或取消市场的作用,而是让市场充分地发挥作用,并以此促进市场秩序的自发形成，而不是人为地建立所谓“有秩序的市场”。同时，法律并不排斥自律监管的作用。目前金融市场上的“安然效应”，就是市场自身防卫与免疫功能有所加强的例证。投资者普遍变得更谨慎、更理性了。那些财务不够透明、有披露问题的公司会被抛弃。对于像安达信这样的服务性企业，其名声是核心的竞争资产。一旦名誉有损，就难以争取到客户。违法犯规、弄虚作假，在一个不透明的环境中或许可以站得住脚，但在一个真正的市场经济中则难觅生存空间，因为一旦声誉出了问题，竞争力就将荡然无存。所以，在一个透明与竞争性的市场环境中，自律往往比强制监管更有效。

二、法律监管与市场发展创新的关系

有人认为，中国股票市场在短时间内获得了巨大的发展，是以牺牲规范为代价的。这实际上涉及中国证券市场的重大课题，即中国证券市场规范与发展的关系问题。笔者以为，无论总结过去还是展望未来，“边发展边规范”的提法相对更为客观。证券市场的规范与发展是辩证的，是相辅相成、密切联系的，发展是目的，规范是手段。应通过规范市场来实现市场的发展，也只有规范市场才有可能取得长足的发展。从长期看，证券市场的成长过程中，在各个阶段有不同的侧重点，在市场发展初期一般是侧重于发展，当市场获得了一定的发展同时又暴露出许多缺陷并成为发展的障碍时，又应侧重于规范，这符合事物发展的辩证法则。

市场发展初期侧重于培育、扶持和发展，但并不等于听任市场任意发展。对于国际上成熟的监管经验，我们应当积极借鉴规范，不要等到出了问题才想着去解决。综观世界上所有的股票市场在陷入难以翻身的暴跌之前，何尝没有经历过辉煌的时期。目前理论界倾向于规范证券市场的呼声较高，对此也应有清醒的认识。规范的含义并不是按政府的主观要求去约束市场，而是要求政府掌握市场规律，并以市场规律为依据来选择和调整政策措施。否则，政府会成为每一项市场行为“正确”与否的判断者，为此制定的大量行政条例性限制，只能使市场主体被束缚。

为了追求利润，谋求市场主体自身的发展，规避管制的金融创新活动此起彼伏，延续不断。比较而言，西方发达国家金融创新活动的目的在于规避各国的金融控制和资本监管，表现为市场自发的、为逃避政府管制而进行的创新活动。中国的金融体制正在从计划经济体制向市场经济体制转变，经济转轨阶段的金融创新是以政府为主导的。中国现阶段不少法律过于原则、抽象，操作性不强，实际上是将判断合法与否的权力交由行政法规和行政规章。因此，政府的各项经济政策以行政法规、部门规章甚至只是“通知”“要求”“意见”等规范性文件的形

式出现,对市场活动的影响却甚大,有不少政策具有相当大的强制力,而且,这些政策随着社会环境和政府目标的变化被修正的随意性极大。此外,在民事经济领域中,"法无明文限制即可自由行事"尚未成为市场主体活动的基本原则。所以,一种民事经济行为,在某段时间内被允许存在,但是过一段时间后就可能被禁止,这种现象在中国屡见不鲜。

当然,中国资本市场自发的创新活动比较少,但并非完全没有。中国资本市场为人诟病的"政策市"特征,在某种程度上也赋予了金融创新一定的空间。在中国,市场创新行为可能存在两种结局:一是金融创新活动得到后来政府政策的支持,成为合法活动;二是为政府政策所"封杀",但由于政策的实施往往是既往不咎,政府政策通常是以"纠偏"的名义而不是以"惩罚"的面目出现。可以想象,随着中国资本市场的逐渐成熟,市场主体自发的金融创新活动将会蓬勃发展。对此,我们必须正确区分并分别对待金融创新活动与市场欺诈行为。对于市场欺诈行为,虽然有人在证券市场发展初期将其视为"润滑剂",但是,在市场向深度、广度发展的时候,这类行为已经成为阻碍证券市场发展完善的"腐蚀剂",如果不坚决清除,必将成为未来证券市场的"瓦解剂"。如果对违法行为熟视无睹,那么,其他国家股票市场的崩溃就是前车之鉴。

三、完善中国资本市场法律规范的若干思考

(一)立法方面

在立法方面,修改和完善以《公司法》《证券法》为核心的法律体系。从理论上说,法律制度的设计必须精巧和细致,注重执法、司法部门的权责衔接,以确保法律预期功能的实现。但中国长期由政府主导着证券市场的制度供给,受历史和现实条件的制约,对公司、证券市场的功能和定位,一度出现犹疑和摇摆,导致法律制度供给极不连续。更重要的是,在公司和证券市场国有化与政治化的大背景下,行政权力的介入和协调也要求法律制度相对粗疏,以便为政府主导的后续性制度安排提供空间。在法律制度的精细化无法达到的情况下,中国要开放市场,通过直接投资和间接投资的方式引入外国资本,就要另行设计一套法律规则,以回应外资对中国法治环境的需求。这就形成了公司和资本市场法律的双轨制,即《外资企业法》与《公司法》并存、A 股与 B 股的市场交易规则并存。这种立法范式明显带有权宜之计的痕迹。中国加入 WTO 以后,随着外资主体的进入、政府权力介入证券市场的逐渐削减,以立法精细化、执法职能衔接紧密、司法救济有效为特征的法律体系变迁将被持续推进。

在立法理念上,应当转变计划经济下按照不同的企业类型(身份)施加不同

活动规则的立法思路,向权衡各市场主体利益的思维模式转变。在强有力地保护投资者利益的同时,亦不可忽视对筹资者、中介机构等其他市场主体的利益予以公平的保护。当然,公平保护各个市场主体的利益并不需要口号式的宣示,而必须通过合理设计的规则来实现。例如,在证券欺诈侵权赔偿规则中,准确区分市场正常风险造成的损失和欺诈造成的损失,就可以促使投资者和筹资者获得同等保护。

在立法技术上,首先,应当摒弃“宜粗不宜细”的粗放立法技术。在缺乏市场实践和立法人才的特定阶段,这种方法尚有可取之处。但是,随着人们认识水平的提高和专业经验的积累,粗放立法已经逐渐丧失了其存在的合理性。法律规范不能从根本上解决中国资本市场面临的所有问题,但是,这并不意味着可以忽略那些应当规定、应当细化的规则。立法上该细就应当细化,不能细化的才可以粗。只有这样,法律才能给人们的行为提供明确的预期。其次,就《公司法》与《证券法》的关系而言,《证券法》中关于上市公司的相关规定属于《公司法》的特别法。因此,《公司法》的规定应当与《证券法》的规定互相协调,否则将会影响《证券法》的实施效力。

在立法内容上,首先,《公司法》中若干不利于资本市场发展的规定应当予以修改:一是关于上市公司连续三年亏损将被摘牌的规定。此项规定的初衷是希望公司管理层因担心公司失去上市地位而努力经营。起草法律的人还可能以为一家公司如果用了三年的时间还不能挽救败局,投资者就应该得到保护,不被这样的公司侵害。但是,随着市场逐渐成熟,这应当交由投资者自己作出判断。二是关于过去三年没有盈利的公司不得配股或增发新股的规定。投资者投资的是公司的未来而非历史。历史记录可以说明一些未来的趋向,但是很难描绘公司的潜力。三是关于公司前一次发行的新股已经募足才可发行新股的规定。这条规定增加了承销的成本。同时,要在一年之中的最佳时机征得股东大会同意配股是非常困难的,因为以前经同意进行配售的股份可能需要整整一年的时间才能完成承销。

其次,为了确保投资者的利益不受侵犯,《证券法》中的民事责任法律制度亟待完善。其一,必须在法律中明确规定,凡违反《证券法》的规定给投资者造成损失的,必须承担民事赔偿责任,投资者对此可以依法提起诉讼。其二,根据证券不当行为的特点,对各类证券违反欺诈行为的民事责任加以具体规定,使之具有可操作性。民事责任、行政责任和刑事责任作为法律责任的不同形式,其功能和效果是各不相同的。刑事责任和行政责任重在打击与遏制违法犯罪行为,而民事责任重在消除违法犯罪行为的危害后果,使受害人的利益得到补偿、权利得到救济。此外,证券民事诉讼也将从有助于辨认艰难的法律问题、阐明公司证券立法的政策考虑，维护广大投资者对市场的信心，从而促进市场健康、稳定地发展。

（二）监管体制方面

在监管体制方面，构建主体多元化、多层次的监管体系。要逐步形成全国人大、证监会、证券业协会、证券交易所、法院、投资者等利益主体相互制衡的监管格局。

首先，必须理顺证券监管体制的接口，减少摩擦机会，提高执法效率。证券市场监管的"接口"问题，最突出地表现在两类"接口"环节上：一是立法、行政与司法部门之间；二是行政部门之间，包括中央与地方政府之间以及不同行政部门之间。实践中，全国人大对资本市场的介入，主要体现在颁布、修订相关法律，监督法律执行方面。包括：第一，对政府颁布的行政法规、行政规章进行监督，并在已有的立法授权模式下，寻求一种对行政立法工作的有效监督与回应机制；第二，对司法机关的司法活动及"法官造法"行为进行监督；第三，作为《证券法》的立法机关和国家最高权力机关，对于行政机关、司法机关在行政执法与司法过程中的冲突和歧义，应当通过法律解释等方式，起到协调行政权力与司法权力冲突的作用。在全国人大制度框架下的立法、行政、司法等国家权力架构中，人大制定法律好比是播种，立法的种子必须经过行政部门的全力栽培，最后还需要司法机关的精心呵护，方可长成参天大树。至于中央政府与地方政府之间、政府各部门之间存在的利益摩擦，相应地解决方案不是由政府进行结构性调整，而是通过公正的程序设计，及时、正确地展开协调。同时，在中国资本市场供求极不平衡的情况下，如果中央政府要继续保持对资源予以集中配置的方式，就必须赋予集中统一的监管部门足够的监管职权，以平衡乃至消除地方保护主义的不利影响。

其次，充分发挥自律组织的一线监管职能。目前全世界在金融领域采取的监管组织形式都是监管机构加行业自律组织。中国证券交易所监管市场职能的未来发展原则应是在借鉴西方发达国家证券交易所监管市场职能变革的基础上，结合中国转轨经济的现实国情，实现交易所的自律监管与政府行政监管的有机融合，并最终形成交易所自律监管与政府行政监管并重的格局。此外，加强交易所的自律监管与政府监管、证券业协会的自律监管之间的协作，力图使监管能覆盖到证券市场的各个角落。通过这样的制度安排，使得证券市场的监管更具层次性，能够更好地协调与处理证券市场中的各种矛盾和冲突，促使证券市场的健康发展。

最后，强化对证券监管机构的监管。古今中外国家管理的经验教训都表明，任何国家权力如果失去监督与制约，都可能导致失控与滥用，从而背离国家设立此项权力的立法本意。因此,对资本市场监管机构的市场执法活动加强监督,显得意义重大。这些监督包括人大的执法监督,法院、检察院的司法监督,还包括监察、审计部门的行政监督,以及社会各界的群众监督和新闻媒体的舆论监督等。这些监督能够最大限度地保证资本市场监管机构严格依法从事市场监管行为。

(三)法律适用方面

在法律适用方面,为严格执法构筑坚实的基础。要制定某种制度,也许短时间内就能做到,可要确保制度的预期效果,则远非起草一个制度那么容易、顺畅。所以,考察任何一项法律制度的效能,首先需要明确中国金融经济运行所处的发展阶段,因为所有市场监管机制的培育都无法超越特定的历史阶段。同时,还需要认真考虑和仔细琢磨该法律制度是否适应中国的社会经济、人文环境、技术条件。在明了现阶段中国法律运行的基础条件和现实情况后,再来分析法律制度的效能,这样才具有现实性和客观性。中国是一个发展中国家,同时又是一个从传统的计划经济体制向市场经济体制转轨的国家,因而中国金融市场的风险显然有自己的独特性质。这些独特的风险可能源自新旧体制的摩擦,也可能来自政府在体制变动过程中所采取的不适当的政策,这种风险属于制度风险。从法律的角度而言,在这种制度环境下的执法活动,要面对体制因素或者制度因素。这种制度因素与所谓的政策因素有一定的相似性,它们对于某一确定的法律制度而言具有一定的外部特征,对于市场违法违规问题,难以通过已有的各种预防和处罚违规行为的法律制度本身的技术推理与法律判断来加以解决。因为制度的因素具有基础性、根本性和全局性,而法律制度本身只是涉及某一制度框架的局部或者细节。

中国资本市场法律环境的缺陷是结构性问题所决定的,其核心是股权结构问题,具体而言,就是国有股“一股独大”问题。当然,我们已经注意到,上市公司国有股的总体比例近年来已出现逐步降低的趋势,国有股“一股独大”的问题有所改善。比如,1995 年年底以前全部上市公司中的国有控股高达 99%,国有股占上市公司全部股份的比重为 54%,现在这两个比重已经下降了不少。其原因,除了个体、私营、外商控股的企业不断上市外,主要是国有控股的上市公司通过收购控股股东资产、增发新股、控股股东协议转让股权及放弃配股权等多种途径,降低了国有股比例。可以预见,随着所有制结构的不断调整,中国上市公司整体股权结构将会逐步趋于合理,资本市场的结构性问题彻底解决后,市场监管才能够真正到位。

(本文刊载于《广西师范大学学报》,2004 年第 1 期)

建立健全多层次资本市场体系

(2004 年 7 月)

大力发展资本市场,不仅要求资本市场在总量规模上有大的发展,更需要能够形成一个层次清晰、结构合理的资本市场体系。党的十六届三中全会通过的《中共中央关于完善社会主义市场经济体制若干问题的决定》提出,“大力发展资本和其他要素市场。积极推进资本市场的改革开放和稳定发展,扩大直接融资。建立多层次资本市场体系,完善资本市场结构,丰富资本市场产品”。2004 年 2 月,《国务院关于推进资本市场改革开放和稳定发展的若干意见》进一步明确提出,要“建设透明高效、结构合理、机制健全、功能完善、运行安全的资本市场。要围绕这一目标,建立有利于各类企业筹集资金、满足多种投资需求和富有效率的资本市场体系”。这为今后一个时期我国多层次资本市场体系的建设指明了方向。

一、我国应当发展广义的资本市场

关于资本市场的范围与界限问题,目前理论界和实务界的看法并不统一。有人认为资本市场就是证券市场,也有人认为我国的资本市场应包括企业产权市场。我们认为,资本市场简单来说是长期投融资市场,本质上是投资市场,是资本运营的市场。按照货币金融学的定义,一年以下的融资市场为货币市场,一年以上的融资市场为资本市场。因此,我们认为,一年以上的融资和投资活动都属于资本市场范畴。具体来说,资本市场不仅包括证券市场,而且包括企业产权市场;不仅包括权益市场,而且包括长期债权(银行中长期信贷和债券)市场;不仅包括现货市场,而且包括期货市场。就交易体系而言,资本市场不仅包括交易所市场,还包括非交易所市场。以上所指的资本市场,我们称之为广义的资本市场。狭义的资本市场是指证券市场,包括股票市场(包括主板市场和创业板市场)、债券市场(主要是企业和公司债券市场)、投资基金市场、衍生工具市场等。

应用广义资本市场的概念和理论对目前我国资本市场的发展现状及未来趋势进行分析是非常重要的。事实上,由于在我国经济市场化转轨和体制改革过程中,资本市场承担了比较多的经济结构调整与体制转轨的任务,它就不可避免地与企业的融资结构变更、治理结构再造甚至产权制度改革等紧密地联系在一起,因此而产生的一系列问题就很难仅仅用狭义的资本市场(证券市场)理论来解决。

长期以来,我国资本市场结构很不合理。我国经济发展过程中,重间接融资，轻直接融资；重银行融资，轻证券市场融资；在资本市场上“重股市，轻债市，重国债，轻企债”。这种发展思路严重导致了整个社会资金分配运用的结构畸形和低效率，严重影响了市场风险的有效分散和金融资源的合理配置。因此，我们认为，我国应当全方位地发展广义的资本市场，建立完善的多层次资本市场体系，加快建立健全涉及银行、证券、保险等各行业管理部门的沟通协调机制，积极探索各方市场主体进入他方市场的合理途径与工具，加强资金流向的管理控制，这样才能充分发挥资本市场配置社会资源的作用，以实现经济的良性发展。

二、大力推进多层次资本市场体系建设

第一，继续扩大股票市场的规模。我国目前的股票市场规模还比较小，股票市场总市值占 GDP 的比重还不到 50%，流通市值才占 15%—16%。目前上市公司也才只有 1 200 多家，与我国的经济总量是不相符的，而且在这些上市公司中，仍有 65% 左右的股份是不能流通的，这不仅导致完善的公司法人治理结构很难建立起来，而且更重要的是造成了股票市场的功能残缺不全。因此，我国股票市场的规模还要进一步扩大，在继续促进国有大企业上市的同时，必须让更多的民营企业进入资本市场。此外，还应在尊重市场规律、有利于市场稳定发展及切实保护投资者特别是公众投资者合法权益的基础上，稳步解决上市公司股份中尚不能上市流通的国有股、法人股的流通问题，实现股权的全流通。

第二，尽快设立创业板市场。目前我国主板市场规模很小，并且主要为国有大型企业的上市服务，而大量的高新技术企业、中小企业，尤其是一些高科技民营企业面临较大的资金困难。这些企业向银行贷款困难重重，而风险投资由于缺乏退出机制，也不敢向其投资。这些企业要解决资金问题，只能依靠自身积累和内部融资。因此，应当积极推进我国创业板市场建设，尽早推出创业板。创业板市场应定位于专门为中小民营企业、中小高科技企业解决融资问题，决不能搞成第二个主板市场，也不能成为主板市场的附属市场。创业板是个前瞻性的市场，主板上市条件看历史成绩，而创业板不以历史成绩论英雄，关键要看企业的发展潜力。

第三，积极稳妥地发展债券市场。目前我国债券市场主要是国债市场，而企业债、公司债、金融债所占比例很小。国外普遍采用的资产证券化业务在我国还是空白。我国债券市场不发达的主要原因是一些企业向银行贷款过于容易。今后应当大力发行包括可转换债券在内的各类企业债券，积极探索资产证券化、房地产抵押贷款证券化等方式。同时，应逐渐允许地方政府发行政府债券。

第四，大力发展投资基金市场。目前我国证券投资基金净值不足 2 000 亿元，基金也只有几十只，远远满足不了企业融资和投资者投资的需要。因此，应该大力推进以开放式基金为主的证券投资基金的发展，丰富基金品种，引导储蓄流向投资。同时，要大力发展创业投资基金。创业投资基金是雪中送炭而不是锦上添花。国外的许多创业投资基金实际上是由一些民间投资家进行的风险投资，而我国相当一部分基金还是政府资金，不能在企业真正需要的时候给予支持。因此，今后应着力发展创业投资基金。

第五，稳步发展期货市场，加快金融工具的创新。当前我国的资本市场中，期货市场的作用还远远没有发挥出来。在商品期货方面，不仅期货品种少、规模小，而且没有真正和实物交易结合起来。因此，在严格控制风险的前提下，应该积极探索诸如石油、玉米、小麦、棉花等期货品种。在金融期货方面，市场还缺乏必要的避险工具，应该考虑推出股指期货、国债期货等期货品种。要加快金融工具的创新，允许多种金融工具的出现，积极制造条件发展金融衍生工具，为投资者提供有效的避险工具。同时，管理层要加强对创新金融工具的有效管理。

第六，中长期信贷市场的发展不可忽视。中长期信贷是区域和大型企业投资的重要资金来源，中长期信贷市场是资本市场的重要组成部分，尤其在西部大开发和振兴东北老工业基地的过程中，中长期信贷市场将发挥其他市场不可替代的作用，因此，对其发展问题应引起足够的重视。

第七，规范直接的企业产权市场。在企业改革和发展过程中，企业的资产重组、并购、产权转让、拍卖是不可避免的，这是配置企业资源的重要途径。目前，我国的企业资产重组与并购中只有很小一部分是通过股票市场实现的，大部分是通过直接的产权市场交易完成的。因此，应当进一步规范企业产权交易市场，为企业间的产权转让，尤其是民营企业进入国有企业创造良好的环境与条件。

第八，加快我国资本市场国际化的步伐。要通过资本市场利用外资来发展我们自己。这就要求我们到境外资本市场上去筹措资金，同时也允许境外投资者到我国资本市场投资。我国企业到境外融资不是今天才开始的，此前我们就已经有了 H 股、B 股、ADR，内地企业到我国香港市场、美国纳斯达克市场上市等国际融资渠道。今后我们除了要继续利用这些国际融资渠道之外，还可以考虑去新加坡、日本及我国台湾地区上市。随着 2002 年 7 月 1 日《外资参股证券公司设立规则》与《外资参股基金管理公司设立规则》的正式生效，外资正在陆续进入我国的券商与基金管理行业。引进境外证券公司及合资基金管理公司，是我国资本市场国际化的必经之路，也将带来极大的机遇与挑战。2002 年 11 月 5 日，中国证监会和中国人民银行联合发布了《合格境外机构投资者境内证券投资管理暂行办法》，QFII 制度正式亮相并于当年 12 月 1 日起施行。QFII 制度的实施加快了我国资本市场国际化的步伐，为国际资本进入我国资本市场打开了合规通道，为资本市场提供了新的资金来源。今后，还应当考虑在推出 QFII 的基础上,积极推出 QDII 及 CDR 等。2002 年,中国证监会等三部委联合发布了《关于向外商转让上市公司国有股和法人股有关问题的通知》,对我国资本市场的国际化产生了很大的影响。当前,虽然外资不能直接买卖 A 股,但可以买卖非流通股了。这为今后资本市场上的外资进入敞开了一扇大门。此外,还应当进一步加强与相关国际组织及境外证券监管机构的联系及合作,加快我国资本市场国际化的步伐。

（本文刊载于《中国金融》,2004 年第 7 期）

论中国资本市场改革、发展与创新

(2009 年 2 月)

中国的改革开放是从 1978 年开始的,到 2008 年已经走过了整整 30 年的历程。中国 30 周年改革开放的历史是中华民族走向富强的历史。发展资本市场是中国经济体制改革最重要的改革之一。从 1990 年上海证券交易所和深圳证券交易所建立算起,到 2008 年已经走过了整整 18 年。可以说 18 年来中国资本市场是风风雨雨、跌宕起伏。

总结中国资本市场发展的历史,对于进一步发展和完善资本市场有很大的现实意义。

一、中国资本市场取得的成绩与存在的问题

(一)中国资本市场取得的成绩

18 年来,中国资本市场取得了很大的成绩。资本市场给投资者提供了投资的渠道、投资的机会,但更重要的是,利用这个市场来调配社会资源、企业资源,改变中国计划的、传统的、行政的融资体系和融资方式,促进了中国经济的市场化和国际化,这是发展资本市场最根本的或者说最重要的一个问题。中国资本市场筹资额不断扩大,上市公司数量不断增加,上市公司质量得到提高,大型蓝筹上市公司成为中国股市的中坚力量。资本市场在中国经济和企业发展过程中的地位与作用越来越重要。资本市场促进了中国经济和企业的发展,资本市场融资和资源配置功能逐步发挥;推动了企业的发展壮大和行业整合,使得上市公司的行业布局日趋丰富;促进了企业和资产价值的重新发现,引领了企业制度变革,促进了国有企业和国有资产管理模式的变革,促进了民营企业的发展。

(二)中国资本市场存在的问题

1. 资本市场整体规模有待扩大

2001—2007 年,中国境内直接融资筹资额与同期银行贷款增加额之比分别为 9.50%、4.11%、2.97%、4.49%、2.05%、8.38% 和 21.95%,虽然逐步提高,但是仍然偏低。2008 年由于股市低迷,股市融资与银行贷款之比更是大幅降低。

2. 资本市场结构很不合理

中国并没有形成多层次资本市场体系。资本市场和货币市场的区别就在于

货币市场是短期融资市场，包括票据、短期债券、同业拆借等，而资本市场是长期融资市场，包括股票、长期债券市场、长期信贷市场及长期金融衍生品市场等，实际上还有一些长期贷款。我们的债券市场一直没有发展起来，过去我们发的都是国债，公司债未得到发展，所以中国的所谓资本市场就是指股市。对发达市场来说，公司债的规模已经超过股票的规模。我们的债券市场远低于美国等成熟市场，甚至低于韩国、印度等新兴市场，结构失衡问题是很突出的。

3. 市场投机性较强，换手率极高

中国股市仍然是一个投机的市场，这是中国股市暴涨暴跌非常重要的一个原因，大家都不是真正的投资者，尤其不是长期投资者。在这里，机构投资者的规模也偏小，个人投资者占 51.29%，证券投资基金占 25.68%，一般机构投资者占 16.63%。有人也有不同看法，说中国的机构投资者是最大的投机者，它们也不是投资者。但是总体来说，在成熟的市场中机构投资者应是主要成分。

据统计，2007 年中国股市流通股年换手率接近 8 倍，按全年 260 个交易日计算，平均持股期限为 32.7 天。而美国为 0.97 倍，日本为 1.4 倍，韩国为 1.05 倍，中国香港为 0.97 倍，中国台湾为 1.27 倍。中国这种换手率就是投机，存在这种投机现象，这个市场肯定是不稳定的市场。

4. 股市定位有问题

中国一开始就把股市定位为一个融资的市场。实际上，资本市场最基本的功能是投资，资本市场首先是一个投资市场，必须有投资者投资，企业才能从市场上筹到资金，然后才能去投资，才能扩大再生产。企业从市场上筹到资金必须有一个简单的前提，那就是要给投资者投资回报。而中国一开始就把资本市场定位于一个融资市场，企业之所以发行股票和上市，是因为“缺钱”！企业可以低成本地从市场上拿到钱，而且完全可以不考虑给投资者回报，有的企业竟然 10 年不分红！这样一种定位，使资本市场成了企业疯狂“圈钱”的市场，而投资者投资不仅得不到回报，反而严重亏损。这样的市场是很难有生命力的。

5. 股权分置改革的一些遗留问题还有待解决

我对股权分置改革给予了很高的评价。现在有人说股权分置改革失败了，我不同意这种说法。然而必须承认，股权分置改革仍存在一些遗留问题，影响了中国股市的正常运行。所谓遗留问题就是解禁的非流通股量很大，对市场造成了无形的压力。另外，非流通股的成本太低了，在行情不好的时候抛出去也不会亏本，所以，市场越不好，解禁的非流通股越可能抛售而套现，这对流通股持有者的信心是一个打击，他们也可能非理性抛售，致使市场非理性下跌。

6. 上市公司和资本市场的发行制度、交易制度、内部管理制度都存在很大的问题

最关键的问题是缺乏保护投资者，尤其是中小投资者的机制。这是导致中国资本市场至今仍是一个投机市场而不是投资市场的重要原因。

二、恢复对资本市场的信心十分重要

中国资本市场是一个不稳定的市场。18年来，中国股市是一个跌宕起伏、暴涨暴跌的市场。这种现象在2007—2008年演绎得淋漓尽致。中国股市从2001年6月的最高点2 124点下跌后，到2005年7月跌到1 000点，之后开始一路上扬。2007年年初达到2 000点后，到当年10月中旬上涨到6 124点，之后便一路下跌，到2008年11月，一年的时间竟下降到1 600多点，下降了70%！总市值从最高的32万亿元降到10万亿元，损失了20多万亿元！中国股市这种过山车式的暴涨暴跌，着实让投资者尝到了股市巨大风险的滋味。

影响中国资本市场不稳定的原因有短期因素和长期因素。

从短期来看，国内宏观经济形势和国际金融危机会对中国资本市场产生影响，但无法解释中国资本市场长期不稳定的原因。比如，2001—2005年是中国经济发展较快和较平稳的几年，但中国股市却是四年漫漫熊市，2008年中国经济虽然遇到了困难，但仍然保持了9%的增长速度，国际金融危机期间美国股市只下跌了40%，而中国股市却下跌了70%。因此，中国资本市场不稳定的根本原因应从资本市场内部去找。我认为中国资本市场长期不稳定，主要是资本市场本身存在的制度缺陷造成的。

股市信心非常重要。如果说像2007年4、5月的行情，再拿多少资金作再融资、大小非流通、发行新股都是没问题的。在市场缺乏信心的情况下，很多应当做的事情包括改革都很难做了。

目前无论是从中国宏观经济发展的层面，还是从股市运行的微观层面进行理性分析，都没有理由让大家采取如此恐慌性抛售的行为，但连续的急剧下挫确实极大地打击了投资者的信心，尤其是散户的投资信心，因此要抑制市场的非理性下跌，就要从稳定股市信心入手。

目前，各方面都要努力稳定中国股市。现在正在争论政府应不应该救市的问题。也许不用“救市”一词更好，实际是政府应不应该干预市场的问题。我认为政府应当干预市场。历史的经验、世界的经验已经表明，任何市场经济的发展都是离不开政府的。政府必须干预市场——当然不能过度干预——因为市场不是万能的，市场本身有很多的缺陷，有失灵的时候，在这个时候，政府应该进行

干预。

无论哪个国家和地区，包括发达国家，只要股市出现不正常的情况，对经济和投资者造成危害或损害，而市场本身已经很难解决，政府都是要干预股市的。美国政府救过市，美国在“9·11”以后曾经出台了很多有利于证券市场发展的政策。最近美国次贷危机后，美国政府通过注入资金的办法来救市。另外，在亚洲金融危机的时候，中国香港政府也动用资金进行了救市。我认为，在中国股市暴跌的情况下，政府有必要出台有利于股市稳定发展的政策，因为现在中国的股市已经不是20世纪90年代初的股市了，甚至都不是90年代末的股市了，中国的股市对中国的经济发展太重要了。中国股市一旦出现问题，整个经济体系、经济改革、经济成长都会出现一些大的问题。

我个人认为中国资本市场的发展从来没有离开过政府。中国政府和资本市场的关系，或者说中国的政府在中国资本市场发展中有四个作用，可以总结为八个字：“推动”“建设”“保护”“调控”。

所谓“推动”，就是政府要推动资本市场的发展。中国改革的历史表明，如果没有政府的推动，实际上中国是不会有资本市场的。所以，首先在改革的过程中、市场化的过程中，政府对中国的资本市场发展起了非常大的推动作用。

所谓“建设”，就是政府要加强资本市场的制度建设、基础建设，主要是制度和规则的建设，要完善这个制度。这些年来我们也是这样做的。

所谓“保护”，包含了维护的意思，首先维护市场的公平、公正、公开，然后保护投资者的合法权益。这是政府应该做的事情，而且要采取各种措施来防范资本市场的风险。

所谓“调控”，就是政府有责任和义务对资本市场进行宏观调控，及时出台各种政策和措施，以保持资本市场的稳定和健康发展。

有人说政府不应该“救市”，因为必须改变中国股市“政策市”的情况，要进一步市场化，要市场自己解决问题。但实际上，“救市”和“政策市”是两个概念。如果说“救市”就是“政策市”，那么美国也是“政策市”，英国也是“政策市”，都是“政策市”。政府提振资本市场，主要通过有利于发展和稳定资本市场的政策，包括财政政策、货币政策以及其他直接针对资本市场的政策来保证资本市场的稳定和发展。而所谓的“政策市”是指政府直接用行政手段干预市场或政府本身成为市场的主体。中国资本市场的初期是真正的“政策市”，是靠行政计划来管理这个市场的，是靠额度管理市场的。不可否认，中国股市在相当长的时间内存在“政策市”问题。有政策打压股市，也有政策抬升股市的情况。1996年12月，政府认为中国股市指数太高了，就发表人民日报评论员文章打压股市。出台有利于市场稳定与发展的政策，和“政策市”并不是一回事。我们要遵循市场规律,遵循市场原则,根据市场的发展来采取政策措施。所以,不能把"救市"和"政策市"混为一谈。

恢复对市场的信心非常重要。信心比黄金都重要,有了信心一切都有了。中国的资本市场从来不缺资金,从来缺的就是信心。应当采取积极措施稳定股市和增强投资者的信心。

2008 年,我是最早提出降低印花税的学者之一。我认为,增强投资者信心最有力的措施就是降低印花税。降低印花税当然无法解决股市的根本问题,但却能给出一个明确的政策信号,即政府采取了稳定股市的政策和措施。事实证明,降低印花税对刺激股市回升是有积极作用的。2008 年 4 月 24 日,印花税从千分之三调整为千分之一,当天股市上涨 9%,是近些年来中国股市日涨幅最大的,说明政府给出了稳定股市的信号,投资者信心有所恢复。

要把股市的功能定位为投资的市场,而不应该只是融资的市场,以此改变投资者对市场供求关系的预期。要发挥股市的融资功能,首先要发挥好股市的投资功能。如果投资者都亏损了,那么他们就不会再入市了。目前,对于大小非解禁与抛售以及上市公司再融资行为,要出台明确的制度规定,合理引导其行为。另外,对于 IPO 节奏,也要明确在必要的时候可以进行必要的行政干预,增加股市资金供给,如增发基金和增加 QFII 额度等。

三、加强资本市场制度建设

中国宏观经济需要一个稳定的资本市场,需要一个高效配置的资本市场,帮助实体经济顺利度过目前的转型阵痛期。现在,中国资本市场的发展已不是其自身的问题了,而是关系到改革开放的重大问题,甚至影响到经济增长。中国股市 2008 年的暴跌,造成了股市功能的丧失、发行功能的丧失、再融资功能的丧失、投资功能的丧失。在这种情况下,企业不能从市场上筹到更多资金,有可能回到过去主要靠银行和财政融资的渠道及方式上去,不能有效地动员社会资本、民间资本投入企业中去,对企业的发展是非常不利的。

2008 年一年,中国股市总市值从 32 万亿元降到 10 万亿元,从静态上来考虑,投资者损失了 20 多万亿元。如果能有 20 多万亿元的资金进入股市,对于启动经济、稳定资本市场都有着不可估量的作用。我们提出"要扩大内需,就要提振股市"的观点,就是从资本市场对于中国经济的重要性来考虑这个问题的。

既然中国资本市场不稳定主要是由资本市场本身的制度缺陷所造成的,我们就应当从建设和完善资本市场制度方面入手,把资本市场建设成长期稳定的市场。建设资本市场的关键在于形成能保护投资者,尤其是中小投资者权益的市场,使之能积极参与市场投资,得到投资回报,并从投机者变成投资者。

1. 规范分红，促进投资氛围的形成

中国股市主要是散户的市场，是一个投机的市场。这个市场很大的一个特点就是市场参与者基本都是投机者而不是投资者。大家都不长期持有公司股票，从内部分红得到回报，而是通过在市场上炒作获取买卖差价得利，因此持股时间很短。中国股市的换手率非常高，一年平均8次，而美国只有1次。这对个人来说风险很大，由于“羊群效应”还有可能造成股市剧烈波动。这就需要在法律上进行规范，盈利企业必须进行现金分红。如果投资者在公司内通过分红能得到比较高的收益，那他就不会在市场上频繁交易了，就有可能从一个投机者变为一个投资者。

2. 国家可以考虑通过特定的机构以法定的方式设立股市平准基金来平抑股市的大起大落

在市场出现不正常的波动时，动用平准基金，通过买入或者卖出股票，按照逆大盘指数方向操作来平抑证券市场非理性的剧烈波动，达到调节股市供求关系，进而稳定市场的作用。

从海外证券市场看，中国香港、韩国等都曾设立股市平准基金，并且在稳定股市方面发挥了比较突出的作用。比如，1998 年东南亚金融危机时，中国香港特区政府动用了1 000 多亿港币的外汇基金进行干预，避免了股市的大幅波动。韩国政府 1990 年设立的股市安定基金在稳定市场方面也发挥了一定的功效。

3. 改革相关征税制度

根据市场情况可以免征或减征红利税，如果分红所得资金再投资于本企业的股票，可以缓征红利税。这样可以鼓励投资者长期投资，减少短期炒作等投机行为。

4. 改进和完善股票发行制度，让中小投资者分享发行收益

目前股票发行机制不合理。一级市场收益都被机构投资者和大投资者拿去了，中小投资者只能在二级市场上接盘和炒作，炒亏的可能性是很大的。因此，我认为要改变申购方式，分网上和网下申购。机构投资者在网下配售，投资基金等机构投资者也在网下申购，还可采取抽签的办法。散户在网上申购，也采取抽签办法，但不按资金量抽签，而是按户头抽签，即规定每个账户最多申购不超过10 000 股、50 000 股等。这样中小投资者的中签率就高了，可以享受到一级市场的收益，持股成本也较低。

5. 解决股改遗留问题

股改遗留问题，就是所谓大小非解禁问题，现在已经成为影响股市的重要因

素之一。股改的时候,我们已经考虑给流通股对价补偿,以此换取流通权。现在看来我们在股改的设计上还是考虑得有些不周,只是考虑如果非流通股一下子全部放出来,市场可能承受不了,所以就限制流通,一年放5%。但是没想到另外一个问题——他们的持股成本太低了,所以股市越不好越抛,到了解禁期的时候,经过增配成本可能已经变成几毛钱了,所以就抛,这一抛市场就下去了。尤其市场环境不好的时候,肯定会出问题。我们认为,在市场信心不足、投资者对大小非解禁存在疑虑的情况下,除了通过国资委限制大非解禁抛售外,还应对大小非实行时间锁定和价格锁定两项措施,给投资者一个明确的预期,起到稳定股市的作用。比如说,可以规定大小非减持价格不得低于从股改完成到复牌首日解禁前12个月的平均流通价格,比如平均价格是20元,现在降到18元就不得抛售,在高于20元平均价格时才可以抛售。在价格上对非流通股转为流通股进行限定,是对股改的补充与完善,有利于解决历史遗留问题,有利于稳定市场,有利于保护投资者的合法权益。

四、进一步发展多层次资本市场

中国资本市场之所以屡屡出现问题,与市场规模小、市场结构不合理、金融工具单一有关。中国至今未形成多层次资本市场。必须进一步改革、发展和创新中国资本市场,发展多层次资本市场,改变资本市场结构,扩大资本市场规模,为投资者提供更多的投资渠道,争取资本市场资金供求平衡。只有这样才能使中国资本市场真正走出困境,迎来一片新的天地。

(1)继续培育蓝筹股市场,特别是发行大盘蓝筹股。大盘蓝筹股是中国优秀企业的代表,由于市值比较大、不容易被炒作,能够起到稳定市场的作用。大盘蓝筹股上市对打造中国资本市场的航空母舰有很大的好处。

(2)大力发展中小企业板,推出创业板市场,建立健全非上市公司股份转让系统,改善和推进面向法人的产权交易市场等。尤其是应当尽快推出创业板市场,为更多的中小企业、民营企业、中小高新技术企业提供投融资渠道。

(3)大力发展企业债券市场。在国际成熟的资本市场上,发行债券是企业融资的一个重要手段。特别是自20世纪80年代中期以来,债券融资日益取代股票融资,成为企业直接融资的主渠道;近些年来,债券融资的比重进一步上升,在企业对外直接融资中占据了主导地位,企业通过债券融资的金额往往是其通过股票融资金额的3—10倍。目前各发达国家都十分重视企业债券的发行。中国的企业债券市场很不发达,表现为规模小、品种单一,绝大多数企业并未通过债券市场融资,主要原因是企业信用体系缺失、利率还未市场化等。要发展企业债券市场,就要改进债券市场发行和交易制度,完善企业信用评级体系。当前应当重点发行上市公司可转债和中小企业联合债等。

(4)进一步发展证券投资基金市场,充分利用证券投资基金专家理财的优势和通过投资组合防范、分散风险的特点,维持股市稳定。美国60%的家庭都持有基金,在中国,散户也应该更多地投资于基金市场。

(5)发展创业投资市场,允许创业投资企业发行真正的创业投资基金。应当进一步发展产业投资基金。应当允许设立私募股权基金,使其合法化、阳光化和规范化。应当发展直接股权投资。

(6)发展衍生工具市场。有人认为衍生工具市场风险大,美国金融危机的一个原因就是金融工具创新过度。但中国和美国的情况截然不同,如果说美国是金融创新过度的话,中国则是金融创新不足。中国截至目前仍是一个单边市场,没有做空机制,缺乏套期保值工具和机制,即使是机构投资者也必然随大盘涨跌而盈亏。因此,要发展和完善商品期货市场,推出和交易与国民经济密切相关的品种,包括大宗农产品和石油等战略物资品种。适时推出股指期货交易,完善股市做空机制,利用股指期货市场的功能,稳定现货市场。据统计,此次金融危机以来,美国、英国、韩国等22个已经推出股指期货的国家和中国、越南等8个没有推出股指期货国家的现货市场的平均跌幅,分别为46.91%和63.15%,中国上证指数跌幅为72.81%,深圳成分指数跌幅达73.8%。

(7)完善金融监管体系。为了维护市场的公平、公正和公开,维护市场纪律,保护投资者的合法权益,必须加强对金融市场的监管。美国华尔街出现的一些问题,与美国监管不力,尤其是对投资银行和衍生工具市场的监管不力有很大的关系。为了保证中国资本市场的健康发展,必须进一步完善中国的金融监管体系,更新监管理念,完善监管方法。加大对非法证券活动的打击力度,对虚假陈述、内幕交易、操纵市场行为要严格监管,净化市场环境,更好地维护投资者的利益,以保证中国资本市场的健康发展。

(本文刊载于《证券时报》,2009年2月10日)

创业板市场:市场风险和公司风险

(2009 年 12 月)

创业板市场初展宏图,28 家企业在深圳证券交易所正式挂牌交易,可喜可贺!创业板肩负着构建中国多层次资本市场、拉动民间投资、推动产业结构升级等重要使命,首批挂牌只是万里长征的第一步,今后还有更多的企业要挂牌上市。创业板如何办得成功?有哪些制度和环节需要进一步完善?

中国创业板集中的风险有两个:一是市场风险;二是公司风险,包括公司经营的风险。随着上市公司的增多,创业板风险中公司风险成为最主要的风险。

一、市场风险:“三高”和“打新”

第一,首批上市的 28 家企业是所谓“三高”发行,即高发行价、高市盈率和高市净率。第二批、第三批创业板公司的发行价使“三高”局面进一步加剧,其中红日药业以 60 元/股的罕见高价雄居榜首。以 2008 年摊薄每股收益计算,首批公司平均发行市盈率为 55 倍,而第二批、第三批分别为 57. 19 倍和 57. 51 倍,均高于首批。全部 28 家公司中,静态市盈率最高的为鼎汉技术,超过 82 倍;最低的为上海佳豪,也高达 40 倍。

而在美国纳斯达克市场,其发行市盈率对主板市场一直保持着 1 倍左右的溢价,以主板平均 15 倍左右的市盈率计算,创业板的发行市盈率仅为 30 倍左右,金融危机前,平均市盈率为 34 倍。从目前 28 家创业板上市公司的财务数据看,ROE(净资产收益率)是主板的 2 倍,是中小板的 1. 7 倍。

创业板公司以超过 57 倍的平均市盈率发行上市,挂牌后不愁涌现出多个超过 100 倍市盈率的个股。问题是整个创业板群体能否长期维持 60—80 倍甚至上百倍的市盈率。目前的二级市场,主板平均加权市盈率仅为 23 倍,中小板市盈率也不过 30 倍左右。

高市盈率和高发行价造成了超额募集,很多的企业原来仅计划募集几亿元,现在募集到十几亿元。数据显示,某公司原来计划募集 2. 4 亿元,实际募集 5. 5 亿元,超过 100%,预计 2009 年的净利润是 0. 57 亿元,如果不上市的话要经营 10 年。一下子超额拿到那么多钱,如何用是个大问题。

第二,可能出现热衷于“打新”,首日爆炒,后市可能下跌和交易冷清。10 月 30 日首日交易出现疯炒和爆炒的情况,到中午的时候所有的 28 家企业都被临时停牌。按现在的规定,首日撮合价格开盘,如果超过 20% 就停牌 20 分钟,超过 50% 再停牌 30 分钟,超过 80% 就要停到 14 时 57 分。根据当日交易收盘价,与发行价相比，28 家公司中有 9 家超过 100%，金亚科技涨幅为 209.73%，而华谊兄弟市盈率已经达到 249.52 倍，被称为“市梦率”！首日之后，截至笔者截稿的当天下午，28 只创业板的股票只有 2 家上涨，1 家收平，其余 25 家都下跌 5% 以上，有 20 只股票以跌停报收。高市盈率、首日爆炒、后继冷清，其他国家和地区的创业板都出现过这样的问题，最后导致交易清淡。过度炒作是透支了企业未来的成长，会引起市场的激烈波动，打击投资者的积极性，因此我们必须关注来自市场风险的问题。

二、公司风险：上市公司的质量

创业板是给创业期企业提供投融资的市场，投资的是未来，风险非常大。创业期企业的不确定性大，公司经营的不确定性、产业的不确定性、宏观经济的不确定性，都会对弱小的公司产生重要影响。公司风险是创业板市场最大的风险。

成熟市场的公司和创业板的公司不同，主板公司是“向后看”的，必须有 3 年盈利的业绩，超过行业平均水平才可以上市；而创业板公司只有营业记录，没有更多业绩，看的是高成长性，是“向前看”的。因此，如何判断创业公司的质量，就显得格外重要。

三、关于制度建设的几点建议

1. 对高市盈率发行有所限制

改革要有实际的条件，现在的发行价是完全的市场化，方向是正确的，问题在于是否具备完全市场化的条件。在其他方面都没有放开的情况下，单单放开发行价是有问题的。因此，在询价的基础上应该有所指导，证监会和监管部门是否可以对发行市盈率给出指导意见，例如 1—30 倍或者 1—40 倍，可以略高于主板的市盈率；超过规定的市盈率上限，监管部门有权阻止其发行，这样做不是倒退，而是稳定市场的举措。如果市场是万能的，那还要监管部门干什么？

2. 创业板中签实行均股制

现在 100 万元才可以中到一签，致使很多人没有机会。第一天交易中签者的股票都卖了，由没有中到签的中小投资者接盘，而且由于实行 $T+1$ 制度，中小投资者都跑不了，到第二个交易日，股票开始下跌，全被套住。建议发行股票像香港那样实行均股制，每人一手。

3. 首日实行涨跌制度

交易所控制首日暴涨实行了三档临时停牌制度。但是以开盘价为基础实行上涨临时停牌，对防止爆炒作用不大。应该在发行价基础上实行临时停牌制度，这样才可以缩小一、二级市场的差距。

4. 完善上市公司的法人治理结构

创业板的上市企业中有相当多的家族企业,股权相当集中,使这些公司真正变成法人治理结构健全的公司才是发展的方向,对提高上市公司的质量、决策的民主化都有好处。

5. 形成以诚信为核心的企业文化

市场最重要的是公平、公正、公开,这样上市公司才可以基业长青,才可以对投资者负责,对股东负责,对整个社会负责。

6. 加强信息披露

这些中小公司与中石化、中石油不一样,信息披露少,因此要及时详细地披露,才可以使投资者获得信息进行投资。

7. 严格退市机制

创业板与中小板和主板不同,要直接退市,该退就退,如果想重新上市则要重新申请,对于上市公司而言这是警示,也是节约社会资源。

8. 完善保荐人制度

保荐人非常重要,应该提倡终身保荐制,如果保荐人保荐的几家公司,两三年后就破产了,那么这个保荐人的资格就应该取消。这样可以促使保荐人加强责任心。

9. 加强市场监管

及时处置投资者利用资金连续申报、联手抬高股价、涉嫌操纵开盘价的案件。

总之,要从制度上遏制市场的高发行率,遏制市场的过度投资,保持创业板市场的健康发展,保证投资者的合法权益。要爱护创业板,完善创业板,我们期待创业板的成功!

(本文刊载于《中国中小企业》,2009 年第 12 期)

改变中国的力量

（2010 年 5 月）

如果从 1990 年上海证券交易所和深圳证券交易所相继成立算起，中国资本市场发展已经有二十年了。二十年来，资本市场深刻影响着中国经济，也成为推动中国奇迹产生的重要力量之一。

很难想象，如果没有资本市场的兴起，我们如何实现计划经济向市场经济的顺利转轨。改革开放以后，在如何建设市场经济问题上，理论界有诸多争论，对政府逐步退出市场领域之后，到底应由谁来统筹安排生产、销售以及进行资源调度，大家并没有清晰的认识。价格改革的倡导者主张通过价格改革建立市场秩序，在逐步放开价格管制的基础上建立竞争性市场体系；企业改革的倡导者强调企业在市场经济中的主体作用，认为企业改革是整个经济改革的核心，只有建立了有活力的企业，才会出现现代化的市场。与此同时，随着改革开放的不断深入，中国商品经济迅速发展。一方面，一大批乡镇企业脱颖而出，大量的资金需求让刚刚承担企业资金融通任务的银行既喜又忧；另一方面，逐步富裕起来的人们找不到财富进一步增长的渠道，市场自发形成的繁荣局面迫切需要一种新的循环体制予以支撑。在这一背景下，资本市场开始在中国兴起，它将社会闲散资本迅速聚集转化为投资优势，既融合了价格发现机制，通过价格变动引导社会需求及生产资料的配置，又融合了企业优胜劣汰机制，引导稀缺资本流向资金使用效率高的产业、地区和企业，成为整个市场经济的“风向标”与“助推器”，在计划经济向市场经济转轨过程中发挥了重大作用。

很难想象，如果没有资本市场的兴起，我们如何实现国有企业的顺利改革。进入 20 世纪 90 年代中期，随着民营经济的大力发展，国有企业由于体制旧、包袱重、约束多等因素，积重难返，举步维艰，丧失了在整个国民经济中的优势地位。更重要的是，国有企业大都涉及国民经济命脉，是整个社会主义市场经济发展的前提和基础，如何让国有企业既有活力又有效率，还不失其公有性质，成为摆在经济理论界面前的又一难题。将股份制与证券市场结合起来，将企业所有权与经营权相分离，通过上市融资获得持续发展的资金，通过股票交易分享经营成果是我们探索的路径；将股份制这一市场经济的精华与国有企业的资源优势有机结合起来，形成最有利于国有资本增值的经济关系是我们给出的答案。到今天，我们欣喜地在世界 500 强企业榜单中看到了更多的国有企业，这是国有企业改革成功的标志，也充分说明了资本市场对推动国有企业改革的重要作用。

很难想象,如果没有资本市场的兴起,我们如何让更多人民群众分享改革发展的成果。21 世纪初期,中国资本市场进入一个全面惠民的新阶段:股权分置改革的顺利实施使长期不被市场重视的上市公司市值获得了市场肯定,提升了中国在世界经济中的分量和地位,也让企业的资产效应进一步放大,民众的财富性收入不断增长。创业板的成功推出为高科技企业提供了新的融资渠道,极大地促进了知识产权向资本的转化过程,支撑了一大批新兴企业的成长与发展;股指期货的如期上市拉开了中国建立金融衍生品市场的序幕,丰富了人们的投资选择,扩大了投资的财富效应,建立了与国际接轨的资本新体系。同时,金融监管更加严格,资本交易更加规范,一系列法律政策的出台净化了市场氛围,保护了投资者的合法权益,为资本市场的完善与发展奠定了基础。

很难想象,如果没有资本市场的发展,一个富裕起来的中国社会将如何把财富转化为推动发展的不竭动力。日益壮大的中国资本市场作为国民经济和市场体系的重要组成部分,已经融入人们生活的方方面面:新股发行,成为各类投资者分享经济发展成果的重要渠道;二级市场买卖,成为市场参与者管理、平衡风险和收益的重要场所;大宗股权流动,成为产业资本和金融资本进行并购重组的重要工具;上市公司股东大会,成为不同资本拥有者民主参与微观经济活动的重要方式;资本市场体系,成为金融创新、产业创新的重要舞台。西方国家近百年的兴衰史告诉我们:制造业的繁荣可以让一个国家从贫穷走向富裕,而资本市场的兴起则是一个国家由富裕走向强盛的必由之路。

当然,我们应当承认,中国资本市场是一个新兴的市场,是一个不完善、不成熟的市场,当前存在市场规模小、市场结构不合理、金融工具单一等问题。中国至今并未形成多层次资本市场。必须进一步改革、发展和创新中国资本市场,发展多层次资本市场,改变资本市场结构,扩大资本市场规模,为投资者提供更多的投资渠道,为企业提供通过资本市场筹资和投资的机会。

要继续培育蓝筹股市场,特别是发行大盘蓝筹股。大盘蓝筹股是中国优秀企业的代表,由于市值比较大,不容易被炒作,能够起到稳定市场的作用。大盘蓝筹股上市对打造中国资本市场的航空母舰具有很大的好处。要进一步发展和完善创业板市场,为更多自主创新和高成长性的中小企业、民营企业、中小高新技术企业提供投融资渠道。同时,建立健全非上市公司股份转让系统,改善和推进面向法人的产权交易市场等。要大力发展企业债券市场。在国际成熟的资本市场上,发行债券是企业融资的一个重要手段。特别是自 20 世纪 80 年代中期以来,债券融资日益取代股票融资,成为企业直接融资的主渠道。近些年来,债券融资的比重进一步上升,在企业对外直接融资中占据了主导地位,企业通过债券融资的金额往往是其通过股票融资金额的 3—10 倍。目前,各发达国家都十分重视企业债券的发行。中国的企业债券市场很不发达,表现为规模小、品种单一,绝大多数企业并未通过债券市场融资,主要原因是企业信用体系缺失、利率还未市场化等。要发展企业债券市场,就要改进债券市场发行和交易制度,完善企业信用评级体系。当前应当重点发行上市公司可转债和中小企业联合债等。要进一步发展证券投资基金市场,充分利用证券投资基金专家理财的优势和通过投资组合分散风险的特点,维持股市稳定。美国60%的家庭都持有基金,在中国,散户也应该更多地投资于基金市场。要发展创业投资市场,允许创业投资企业发行真正的创业投资基金。应当进一步发展产业投资基金。应当允许设立私募股权基金,使其合法化、阳光化和规范化。应当发展直接股权投资。要进一步发展衍生产品市场。中国目前虽然推出了股指期货,但品种还很少,其发现价格、回避风险、套期保值的功能还发挥得不够。因此,不仅要发展和完善股指期货,还要推出和交易其他金融衍生产品,如利率期货、汇率期货等,还要发展期权交易市场。此外,还要开辟国际板市场,吸引优秀境外企业到中国发行与上市,增强资本市场的国际竞争力,使中国资本市场与国际资本市场融为一体。届时,中国资本市场将成为世界资源的配置中心,造就大批具有世界影响力的企业。

为了维护市场的公平、公正和公开,维护市场纪律,保护投资者的合法权益,必须加强对金融市场的监管。美国华尔街出现的一些问题,与美国监管不力,尤其是对投资银行和衍生产品市场监管不力有很大的关系。为了保证中国资本市场的健康发展,必须进一步完善中国的金融监管体系,更新监管理念,完善监管方法。加大对非法证券活动的打击力度,对虚假陈述、内幕交易、操纵市场行为要严格监管,净化市场环境,更好地维护投资者的利益,以保证中国资本市场的健康发展。

中国资本市场的改革和发展,应该从有效推动中国经济可持续发展和构建自主创新经济体系的战略高度去规划。展望未来,随着法制和监管体系的逐步完善,市场规模的扩大和效率的提高,国际竞争力的增强,中国资本市场将在未来和谐社会的建设中发挥重要的作用,并伴随中国经济的成长而发展成为一个具有国际竞争力的市场,在国际金融体系中发挥应有的作用。这样,中国就会从资本大国变成资本强国。

应该说,中国资本市场二十年的发展历程,就是中国经济体制改革的历史缩影,也是中国奇迹中不可或缺的壮丽篇章。因此,系统总结中国资本市场二十年的发展经验,对于进一步提升中国资本市场水平、完善金融交易体系、促进与国际资本市场接轨很有帮助。

二十年回首奋斗路,抬望眼遥望世界风。在中国资本市场发展二十年之际,我衷心祝愿一个更加完善、规范和国际化的证券市场在中国发展得更好。

(本文刊载于《资本的奇迹》(经济科学出版社,2010年),收入本书时有删节)

谈中国资本市场八大重要制度建设

(2012年3月)

中国资本市场暴涨暴跌、牛短熊长的原因是什么?除了国内外形势影响之外,是中国资本市场存在制度缺陷所致。中国资本市场出现诸多问题的根本原因就是缺乏保护投资者,尤其是保护中小投资者的制度和机制。因此,加强资本市场和上市公司制度建设是振兴资本市场的根本途径。

一、改革和完善股票发行与交易制度

首先,应当完善询价制度。现在询价都是向大机构征询发行价格,向与公司关系密切者征询,向为上市公司作保荐的券商、保荐人征询,肯定得出高价发行的意见。应进一步完善询价制度,扩大征询范围,出高价者应当认购。

其次,对高市盈率发行应当有所限制。有的企业发行市盈率超过100倍,表示投资者需要100年才能收回投资成本(内部回报),难道不应当限制吗?证券监管部门应当提示合理的市盈率范围,比如,发行市盈率应当不超过30倍;如果超过此范围,应当严格审查。这不是回到行政手段管理市场,而是稳定市场、保护投资者的举措。应当实施股票发行逐步市场化的原则。

有人提出可以用控制资金量的办法控制高超募,即按招股说明书上提出的项目所筹资金数额加以控制,比如说需要筹集1亿元的资金,在发行时最多不能募到高于1亿元的资金,以此来确定发行股数和每股价格。这也是一个办法,但需要解决的问题是:按《证券法》规定,公开发行的股份达到公司股份总数的25%以上公司才可以申请上市,如果使股数达到法定股数,单只股票价格就可能很低,发行企业不会接受;如果维持较高价格就要减少发行股数,那就需要修改《证券法》了。

同时,要改进交易制度。由于中国二级市场上首日交易不受涨跌停板制度限制,所以,首日爆炒现象十分突出。一级市场中签者首日卖出,大发其财,而首日进入者或第二天被套或日后被套。上海证券交易所发布规定,新股上市首日,成交价格较开盘价首次涨跌10%以上的,将临时停牌30分钟;成交价格较开盘价涨跌20%以上,以及换手率达到80%以上的,停牌时间持续至当日14:55;停牌时间达到或超过14:55的,当日14:55复牌。

我认为,新股上市首日成交价格较开盘价首次涨跌10%以上将临时停牌的规定,对限制爆炒新股起不了多大的作用。因为有人肯定会拉抬撮合价,开盘价就可能比发行价高出100%。故应当对开盘价进行限制。可规定开盘价与发行价相比涨跌30%即实行临时停牌制度。为了防止无开盘或不能进行第二笔交易，可规定撮合价不得超过发行价涨跌幅度的29%。开盘后再涨跌10%以上采取临时停牌制度。这样才能解决首日交易价过高的问题。

有人说，这不又恢复了对股票交易价格进行管制了吗？当股票交易市场出现异常交易时采取临时停牌制度，各国市场都是采用的。当然在发达市场上很少首日交易实行涨跌停板制度，因为发达市场首日交易溢价率（与发行价比）一般不超过15%，多数市场首日交易价与发行价持平或稍高于或低于发行价。投资者在一级市场上买股票和上市首日在交易市场上买股票价格基本一样，因此没必要实行首日涨跌停板制度。而中国股票市场则不同，20年来首日交易溢价率在100%以上。中签者只要首日抛出就可挣一倍以上的钱，而首日接盘者则会在第二天被套住或永远被套住。因此，在首日交易中以发行价为基础设置涨跌停板制度，是抑制过度投机、防止过度爆炒和保护投资者的一项措施。

目前实行的是$T+1$的交易办法，即当日买进一只股票不得再卖出，只有第二天才能卖出，这种办法的好处是防止过度投机，但是交易不够灵活，投资者买入一只股票后发现股票又涨了却无法卖出；反之，卖出一只股票后发现价格下跌后却无法买进，一切都要等第二天重新买卖。但在市场瞬息万变的情况下，会使投资者遭受损失。有人建议恢复$T+0$交易办法，允许投资者反向交易，减少投资者损失。我认为可以考虑改为$T+0$交易办法，但应当在措施上控制疯狂炒作，如降低涨跌停板幅度、降低每笔交易的税费等。

二、加强信息披露制度建设

如何保护投资者，最重要的是加强信息披露制度建设。上市公司要给投资者一个明确、详细、正确的信息，让投资者来判断是否投资。有些上市公司披露给投资者的是似是而非的信息，或是提前披露一些不该披露的信息，或是干脆披露虚假信息，这是对投资者的误导，是对投资者的欺骗，是对投资者权益的侵害。因此，必须把上市公司所有可以公开的信息，如法人治理结构、市盈率、资产负债、重要财务指标和其他重大事项全部公开披露，给投资者一个明确的信息，这是对投资者最大的保护。对披露虚假信息和非法披露信息误导投资者的公司，应加大处罚力度。

三、强化分红约束制度

这里的强化分红制度不是指用行政手段强迫上市公司分红，而是指应当建立起上市公司透明、公平合理的投资者回报制度。在上市公司不自觉分红和投资者在市场上得不到回报的情况下，建立强化分红制度是对上市公司行为的规范,是保护投资者的制度。上市公司在发行股票的招股说明书上就应当承诺如何分红和分红比例等。

就上市公司分红而言,据统计,1990—2010 年,国内 A 股累计融资 4.3 万亿元。1990 年年末—2010 年年末,A 股累计完成现金分红总额约 1.8 万亿元。由于流通股股东(普通投资者)只占上市公司股东的 1/3,因此普通投资者所分享的红利最高不过 0.54 万亿元。21 年来,普通投资者的现金分红总额占融资总额的比率不足 13%。按照现在 3.5% 的一年期存款利率,以复利计算,21 年下来的储蓄回报高达 105.9%。据统计,2008 年、2009 年、2010 年上市公司平均每股分红分别为 0.08 元、0.09 元和 0.13 元。如果按每股平均价 10 元计算,每股分红率分别为 0.8%、0.9% 和 1.3%。如果公司股价为 20 元,则每股分红率分别为 0.4%、0.45% 和 0.65%。而同期一年期储蓄存款利率为 3% 左右。2010 年,2 175 家上市公司中,亏损的仅 117 家,但既不分红也不送股的"铁公鸡"为 798 家,上市 5 年不分红的有 414 家,其中盈利公司 136 家。

由于很多上市公司不给投资者内部回报或只是给予象征性的回报,故股民很难长期持有一家公司的股票,使价值投资失灵。因此,大多数股民都是投机者,短期炒作,股票市场大起大落的情况很难避免。

中国股票市场换手率极高,居世界第一。据前几年统计,中国股票市场流通股年换手率接近 8 倍,按全年 260 个交易日计算,平均持股期限为 32.7 天。而美国为 0.97 倍,日本为 1.4 倍,韩国为 1.05 倍,中国香港为 0.97 倍,中国台湾为 1.27 倍。有人说中国的股民是在给国家打工、给券商打工,每交易一次,国家收一次印花税、券商收一次佣金。股民在交易中很难赚到钱,而国家和券商却稳赚不赔。中国为什么是投机市场?主要原因就是没有稳定的内部回报(分红)。

有人把炒股炒成股东看成笑话,实际上炒股炒成股东是件好事,长期持有一个公司的股票,参与公司分红,能得到稳定的投资回报,就不必在市场上投机炒股,这样就从一个投机者变成一个长期投资者。中国股票市场就有可能从投机市场变成长期投资市场。

股票投资有两种收益:一是内部收益(分红),二是市场收益(差价收益)。内部收益是长期收益、稳定收益。而市场差价收益可获得高收益,但伴随着高风险。任何二级市场上都是少数人赚钱、多数人赔钱,因为在资金量不变的情况下,一些人的高收益是建立在另一些人的亏损之上的。我曾经说过,如果上市公司能把给投资者投资额的分红比例定在 5% 以上,即指投资收益在 5% 以上,超过储蓄存款利率,就能使投资者长期持股,从股市的投机者变成长期投资者。

四、完善上市公司退市制度

在《证券法》中已经明确规定了上市公司终止交易(退市)的制度和条件,但一直没有很好地执行,而且要退市的公司可以利用"壳资源"进行"重组",摇身一变反而变成"好公司",因此垃圾股鸡犬升天的情况比比皆是。中国没有几家真正退市的公司。所以必须完善退市制度,该退市的一定要退市,杜绝退市公司利用"壳资源"进行重组的可能性。这样就会增加上市公司的压力,同时对投资者进行警示。真正的退市制度可先在创业板上市公司中试行。

五、形成健康的资本市场信用文化体系

中国的信用体系遭到了很大的破坏。上市公司内幕交易、虚假陈述比比皆是。建立资本市场诚信文化体系,首先要在上市公司中建立起内部信用制度,健全上市公司法人治理结构,形成以诚信为核心的企业文化。其次要建立和恢复社会信用体系。早在 2004 年"国九条"就提出要重点发展企业债券和公司债券,但至今中国的企业债券市场并未发展起来。最重要的原因是中国适应市场经济的信用体系没有建立起来,没有形成健康的资本市场文化。要形成健康的资本市场文化,最重要的是建立诚信制度,建立起合理的信用评估体系。

六、规范和完善资本市场服务体系

应当规范和完善资本市场服务体系,完善保荐人制度,规范券商等中介机构及证券服务机构,包括会计师事务所、律师事务所、评级机构的行为。对违规违法的中介机构和个人实行市场禁入制度,对于情节严重者追究法律责任。

七、健全资本市场法律体系

中国资本市场内幕交易、操纵市场、证券欺诈现象十分严重,投资者尤其是中小投资者受到很大的损害。应当从制度层面和法律层面来保护投资者。

中国已经建立了很多有关公司和资本市场的法律法规,包括《公司法》《证券法》《证券投资基金法》等,对规范资本市场发挥了重要作用,现在的问题是有法不依、执法不严、违法不究的情况比较严重。投资者信心是资本市场的基石,严格执法则是维护投资者信心、保护投资者利益、保障市场健康运行最直接和最有效的手段。因此,必须加强执法力度,增强执法的及时性、有效性、权威性和严肃性。对内幕交易、操纵市场和证券欺诈等违法行为毫不手软地进行查处与打击,以维护市场的公平与稳定,保护投资者的合法权益。

八、完善和改进资本市场监管制度

应当将监管市场和审批股票发行分开。如果企业上市申请符合《公司法》《证券法》和其他有关法规规定的发行与上市条件，证监会则只进行程序性审查，而把审核发行和上市的权力下放到交易所。证监会专门审查发行和上市是否规范、是否有违规违法行为、是否有虚假陈述等，如果发现问题可以叫停发行。也就是证监会从一票决定权转变为一票否决权。由交易所、券商和上市公司自己决定是否发行与上市。这就是所谓的“监审分开”。

证监会把监管的重点转到如何引导资本市场健康发展上来，重点转到如何维护资本市场的公平、公正、公开，如何维护市场秩序，打击违法违规，保护投资者的合法权益上来。

应当进一步改进资本市场监管手段和方式，严惩操纵市场、证券欺诈、内幕交易、利益输送、虚假披露等违法违规行为，维护好市场“三公”原则。由于现在违法行为的手段越来越高明，所以不仅仅需要证券监管部门加大查处力度，还需要公安、司法、信息技术、金融机构等部门的通力合作。

（本文刊载于《证券日报》，2012 年 3 月 19 日）

新股发行体制改革应从七方面进一步完善

（2014 年 2 月）

新一轮新股发行改革总体上向市场化方向迈进了一步，包括信息披露、加大对违规者的处罚力度等，但笔者认为，改革措施大多集中在技术层面，对于新股发行体制整体架构和职能配置的关注不足，尤其是对中介机构和机构投资者过分相信、过分优惠。

这个市场还是一个投机心态占主导的非理性市场，包括机构在内的各种投资者都是一种散户的行为特征，加之 IPO 停发的时间过长，因此重启 IPO 出现一些问题不是偶然的。

关于存量配售、老股转让，是券商、上市公司大股东非常支持的条款。我在参加证监会的讨论时明确表态，这种做法是有问题的，会演变成上市公司与老股东的“圈钱”游戏，方便老股东套现。监管层虽然想利用这种办法来抑制超募，但是没想到存在不足，被大股东们利用了，等于让已经获得利益的人再在市场上套现。这些老股东之前就是低价获得，多年来又有内部分红，现在看差不多了，肯定会抛售股票。

当然，进行新股发行体制改革不是一蹴而就的事情，改革中出现问题也是难免的。在这种情况下，采取一些措施稳定市场，整顿发行市场乱象，保护投资者尤其是中小投资者，恢复投资者信心是非常有必要的，不能任由这些问题继续发酵。

有人认为放开发行价格就是市场化了，这是对市场化的曲解。市场不是万能的。尤其是在中国股票市场还相当不完善、存在较多不理性因素，大户、机构投资者操纵，投机心理普遍的情况下，如果不加强监管，肯定导致市场乱象丛生。所谓的市场化，除了价格要由市场来定，其他的配套环境也必须符合市场化要求，否则就不是真正的市场化。

为了弥补此次新股发行体制改革意见中存在的制度方面的不足，笔者建议采取一些行政、市场和法律手段相结合的办法来稳定市场。有些措施属于临时措施，有些措施则为进一步改革新股发行体制奠定基础。

1. 证监会对高于二级市场同行业平均市盈率的新股给予“窗口指导”

1 月 12 日，证监会发布了《关于加强新股发行监管的措施》，要求新股拟发行价格对应市盈率高于行业平均市盈率的，应提前三周连续发布风险公告。我认为，要求拟上市公司发提示公告是对的，但可能起不了什么作用。普通中小投资者对什么是市盈率都搞不清楚，而且他们在发行市场上根本买不到股票，市盈率越高,上市公司从投资者手中拿的钱就越多。机构投资者和专业大户根本不在乎市盈率有多高,甚至市盈率越高,发行价越高,对他们的好处就越多。因为一级市场和二级市场的差别太大,一级市场上谁拿到股票,谁就可以大赚一笔。尤其是上市首日爆炒现象并未得到有效遏制,发行市场得到股票的人,通过首日抬高股价然后抛出,赚得盆满钵满,套现而出,而二级市场接盘者却很难逃脱被套的命运。

IPO 重启首只上市新股纽威股份,在上市两天内暴涨暴跌,过山车般的股价背后折射出了发行与交易制度仍不合理的情况。在 1 月 17 日首秀当天,纽威股份股价上涨 43.49%,盘中最高价至 25.42 元/股,距上海证券交易所规定的新股首日上市最高限价 25.43 元/股相差无几。1 月 20 日是纽威股份上市后的第二个交易日,该股开盘下跌近 5%,临近中午收盘时跌停,并一直持续到收盘,报收 22.81 元,跌幅达 9.98%。而 1 月 21 日上市的 8 只新股中有 7 只以最高价收盘,涨幅均超过 44%,唯一没有触线的炬华科技,上涨了 18.67%,但换手率高达 84.34%。

一年多没发新股,市场肯定相当饥渴。券商们想多拿承销费,而上市公司更想多拿资金。因此出现高价发行、追逐新股、爆炒新股的现象不足为怪。

在这种情况下,监管者应该有所作为。笔者的意见是用询价和监管部门“窗口指导”相结合的办法解决这个问题,那就是新股发行的市盈率原则上不得高于二级市场同行业的平均市盈率。作为临时措施,证监会给予“窗口指导”。

我也很清楚,这个建议会有很多人反对,最集中的理由是认为这是市场化的倒退,又回到了用行政手段管理市场的阶段,监管部门也认为其管不了发行价格。但是,笔者认为,在市场不成熟的情况下,适当进行一些价格干预,也许会成为制止发行“三高”的有效手段。

2. 根据融资额度和市盈率发股

确定筹资额度和市盈率后,再决定发行多少股份。证券市场是为了方便企业融资,公司需要多少资金,定下市盈率,根据市盈率来发行股票,实现融资的目标即可,随后可以慢慢继续发。例如,企业通过发行股票拟筹集 2 亿元资金,企业所在行业二级市场的平均市盈率为 20 倍,企业可以按 20 倍市盈率发行股票,发行股数和股票价格就可确定下来,那就是发 2 000 万股,每股 10 元。这样就能解决高价发行和超募问题。公司不应该存在这种“圈钱”心态,要做的是健全公司治理,提升盈利水平,推进内部控制规范体系建设,进行风险评析,提高信息透明度,而不是过分关注股票价格的高低。无论股票价格高还是低,上市公司都能拿到钱,落袋为安。

3. 严格执行首日交易涨跌停板制度

为了防止首日爆炒新股，上海证券交易所和深圳证券交易所都规定了上市首日交易涨跌停板制度。有人认为，首日交易不应设置最高和最低涨跌幅，尤其不应中间设置临时停牌。新发的几只股首日都涨到接近最高限，说明发行价过低；而中间设置临时停牌，则导致交易清淡，换手率过低。

我认为，设置最高和最低涨跌幅，交易中间设置临时停牌制度是完全有必要的。中国股票市场前20年未设置首日涨跌停板制度，有的股票首日交易股价平均上涨率为发行价的100%，如中石油发行价为16.7元，首日上涨到48元。此后一路下跌，现在股价为7元多，可谓是"一股套牢全中国"。创业板28家公司上市首日虽然设置了涨跌停板制度，但涨幅几乎都达到200%！在发行市场获得股票的机构、大户在交易首日就赚了投资一倍到几倍的钱，而接盘的散户却被套得很惨。

设置临时停牌制度致使首日交易清淡、换手率低是好事而不是坏事，第二天、第三天肯定会有交易的，这使这只股票缓慢上涨或下跌，给市场以喘息的机会，给中小投资者以思考的机会。首日交易不怕清淡，就怕疯狂。因此，应严格执行首日涨跌停板制度。

4. 减少网下向机构配售的比例

减少网下向机构配售的比例，将大部分股票在网上申购，提高中小投资者中签率（取消必须持老股才能配售新股的规定），散户也应像机构一样，先报申购数量（限制最高申购额），按中签股数缴纳认股款，降低中小投资者的认购成本，也可减少发行公司的利息收入。

5. 暂停存量发行

有人认为，发行新股时，允许一部分老股减持，可以增加市场流通股份，达到上市要求。但在制度不健全的情况下，容易发生老股东疯狂套现的情况。奥赛康准备发行新股时老股东套现31亿元，就是一个典型例证。因此，应当暂停存量发行，按原来对大股东交易的规定办理。有人认为减少或停止存量发行，发行公司达不到流通股25%的上市要求。但这其实很容易解决，允许其二次发行即可。

6. 落实发行人和中介机构的主体责任

必须落实发行人和中介机构的主体责任，推动各方归位尽责，强化信息披露的真实性、准确性、完整性和及时性，提升发行人信息披露质量，抑制虚假信息、包装上市，全面揭示可能存在的风险和可能影响投资人决策的信息。对于造假机构，应建立投诉、问责和索赔机制，加大处罚力度，通过吊销营业执照、市场禁入等措施加以震慑。对于股票发行询价过程中组成报价同盟、互相串联、恶意报价等操纵市场的行为，抓到后立即取消其报价资格和保荐资格。

7. 积极慎重地推行股票发行注册制

从核准制过渡到注册制是一个制度变迁的过程，不是一蹴而就的。股票发行注册制的真正推行可能需要一些时间来准备。注册制必须在法律健全、信息披露充分、上市公司和中介机构都比较规范的市场环境下才能实施，否则会引起新的市场混乱。

从大方向上看，首先要做到监审分开，转变证监会职能，推动交易所改制。企业发行股票和上市首先由证券交易所来审；在证券交易所初审后，再上报证监会审查。证监会对拟发行公司不作价值判断，主要审查其是否合规、信息披露是否真实，这样才能逐步从投资价值的实质审核向信息披露的形式审查过渡，推动核准制向注册制过渡。同时，提高信息披露质量，强化公司治理和内控制度建设。还必须进一步完善发行审核的法律法规，例如，现行《证券法》规定，中国股票发行实行核准制，至少应修改为逐步实行注册制。可以在场外交易市场直接实行注册制。具体来看，宜采取分步走方略，在两年内实现再融资核准权的下放，在三四年内实现 IPO 核准权的下放。

（本文刊载于《证券日报》，2014 年 2 月 27 日）

推进我国股票发行注册制改革

（2014 年 3 月）

《中共中央关于全面深化改革若干重大问题的决定》指出："健全多层次资本市场体系，推进股票发行注册制改革，多渠道推动股权融资，发展并规范债券市场，提高直接融资比重。"推进股票发行注册制是一种历史趋势，是资本市场市场化程度提高的必然结果。我国目前实行的是股票发行审核制，存在很多弊端。所以现在的主要任务是如何平稳地从审核制过渡到注册制。我们将从历史、国际的角度研究我国股票发行注册制的改革问题。

一、三种股票发行审核制度比较

发行审核制度主要有审批制、核准制和注册制三种，每一种制度都有其对应的市场状况。三者之间的比较见表 1。

表 1　三种股票发行审核制度比较

项目	注册制	核准制	审批制
审核原则	信息公开原则，对信息披露情况进行事后监管	实质性管理原则，强调监管审核	完全行政审批原则
审查内容	仅进行形式审查，不进行实质判断	须进行实质审查，判断是否核准申请	二级审核制
审核方式	形式审查	实质审查	形式及实质的全面审查
审核主体	中介机构	中介机构	主管部门
审核效率	较高	相对较低	较低
透明度	相对较高，审核机构难以人为干预	相对较低，审核机构有较大裁量权	较低，完全行政审批
推荐主体	中介机构	中介机构	主管部门
代表市场	美国、日本、中国台湾	英国、德国、中国香港、中国内地（1999 年以后）	中国内地（1999 年以前）

审批制是一国在股票市场的发展初期,为维护上市公司稳定、平衡社会经济关系,主管部门根据指标推荐企业发行股票的制度。公司发行股票的首要条件是取得指标,取得了指标和额度,就等于获得了保荐,股票发行仅仅是走个过场,重点是获得股票发行指标。

核准制是介于注册制和审批制之间的中间形式,一方面,取消了指标和额度管理,引进证券中介机构,判断企业是否达到股票发行条件;另一方面,证券监管机构对股票发行的合规性和适销性条件进行实质性审查,并有权否决股票发行申请。核准制下发行股票,不仅要充分公开企业的真实情况,还必须符合有关法律和证券监管机构规定的条件。证券监管机构对申报文件的真实性、准确性、完整性和及时性进行审查,并对发行人的营业性质、财力、素质、发展前景、发行数量和价格等进行实质性审查,据此作出发行人是否符合发行条件的价值判断,以及是否核准申请的决定。

核准制吸收了注册制公开原则的合理内容,投资者可以依据发行人披露的信息作出判断。政府通过实质审核,对发行人披露文件的真实性和公司质量作出判断,使投资者受到双重保障。此外,核准制可以发现一些弄虚作假的发行人,并对其股票发行申请拥有否决权。但政府行为有其能力边界,虽然在股票发行审核中投入大量人力、物力,但要做到件件审查准确是很难的,且易导致权力寻租,降低审核效果。此外,公开发行股票是经过政府审查才予以核准的,投资者容易产生依赖心理,较少对发行人质量进行独立判断,所以投资者若遭受损失,往往也会归咎于政府。

注册制是成熟市场普遍施行的发行审核制度。证券监管部门公布股票发行的条件,满足条件要求的企业均可发行股票。申请时,发行人须依法将各种资料完全准确地向证券监管机构申报。证券监管机构的职责是对申报文件的真实性、准确性、完整性和及时性作出形式审查,将发行公司质量留给证券中介机构判断,对发行人、证券中介机构和投资者的要求较高。

注册制和核准制的根本差异在于立法理念。核准制认为,证券发行上市是一项特权,须经证券监管机构同意后方可取得。而注册制认为,证券发行上市是一般权利,除非可能损害公众利益,否则政府不应加以限制。两者的根本区别在于公开发行权利是政府授予还是法律赋予,而不在于公开信息披露的程度、发行审核标准等。此外,其区别还体现在审核机构是否对发行人进行实质性审查上。注册制不对企业作价值判断,不要求企业必须是优质企业,而核准制则对企业进行实质性审查,过滤掉资质不好的企业,以降低市场风险。核准制与注册制的更多差异见图 1。

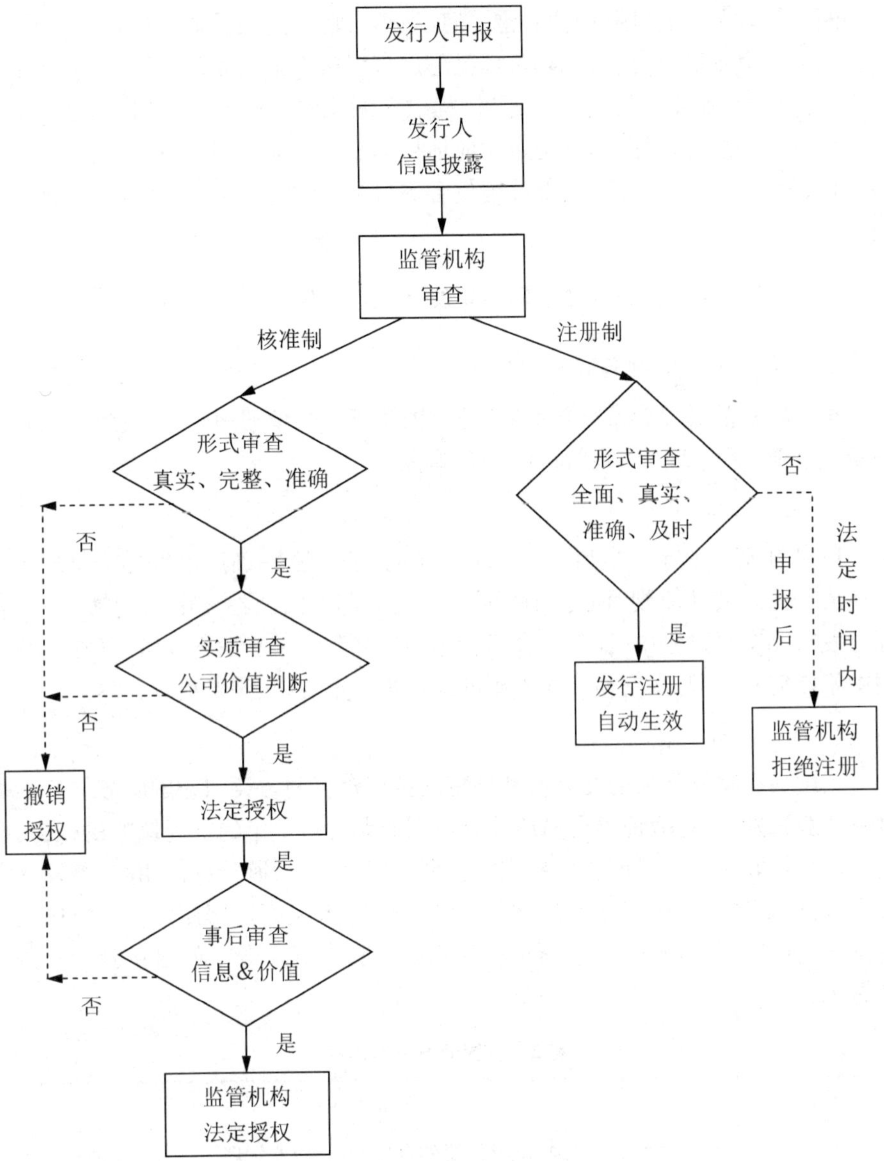

图1　核准制与注册制流程比较

上市审查分为实质审查与形式审查两类。实质审查除要求上市申请人及时、充分、真实地披露信息外，还须符合其他条件，采取书面审查与实地查核相结合的方式，对上市申请材料进行审查。形式审查只审查申请文件的规范性、完整性与合法性，不考虑发行人及证券价值等实质性问题，也不对证券发行作出实质性判断，美国、英国、德国、中国香港、新加坡等市场应用的是形式审查。

从发行审核制度分析，成熟市场已形成多层次的市场体系，可针对上市申请人的不同情形，制定不同的上市标准，提供多元化的上市形式，对公司首次上市申请仅进行合规性审核，通过制定相应地持续上市标准，不断加强对投资者权益的保护，加强股东、独立董事、审计委员会的权利，强化信息披露和行为准则的透明度。

二、以英美为代表的成熟市场股票发行审核制度

（一）英国的股票发行审核制度

英国实行的是股票发行核准制，但英国属于自律管理的国家，股票审核权在证券交易所，所以英国应为“准注册制”国家。

1. 主要内容

1844年英国制定了世界上第一部完备的《公司法》，确定了世界上最早的发行注册和信息公开原则，但专门的证券立法却在英国证券史中长期缺失。[①] 在证券发行和交易过程中，证券中介机构逐渐发展起一整套运作规范，并在自我管理中不断完善。因此，交易所在英国的地位更为重要，其规章更为详尽。

2. 特征分析

英国拥有功能强大的交易所和独特的授权资本制。英国金融服务局并不直接审核股票发行，伦敦证券交易所才是英国股票发行上市的常规核准机构，具有实质性监控职责。为保证法律规则的贯彻与实施，交易所于审核期间，若发现发行人资格、条件与法律规定不符合者，可禁止其公开发行。即使发行人资格及条件符合《证券法》的规定，交易所也有权不核准其发行证券。英国新股发行条件见表2。

表2　英国新股发行条件

项目	上市条件
公司条件	必须是按照《公司法》批准注册的合格公司；经营管理运作与公司章程一致
经营要求	必须有其独立、可持续的主管业务；一般至少有三年经营记录
公司管理	董事会和高管必须包括以往三年的业务主管人员；董事会成员应有较高的专业技能和较丰富的经验，确保与公司无利益冲突

① 曹凤岐，《货币金融管理学》，北京大学出版社，2008，第452—470页。

（续表）

项目	上市条件
运营资本	必须具有重组的运营资本；财务报表与注册地和交易所认可的准则一致，并按英美或国际会计准则进行审计
发行股份	必须是可以自由转让的证券；最低市值为70万英镑；公众持股不少于25%；预购该证券的承诺和期权比例一般不得高于发行总额的20%

英国《公司法》规定，股东大会是股份公司的最高权力机关，有权决定发行股票。股份有限公司设立时，应在公司章程中记载公司股份总数以及发行股份数量，公司发起人和股份认购人只要认足首期发行股份就可以完成公司设立，以后各期股份由股东授权公司董事会，随时发行。具体发行程序见表3。

表3　英国新股发行程序

参与主体	具体事项
股份公司股东大会	(1)制订股票发行计划（确定股票发行种类、价格、融资总额） (2)对发行的主要事项形成董事会决议 (3)编制发行申请文件和招股说明书 (4)向交易所递交申请文件并通过审核 (5)冻结股东名簿
股份公司与承销机构	(6)与证券发行承销机构签订委托募集合同
投资者	(7)认购
股份公司	(8)向原股东公告及进行股票交割
股份公司董事会	(9)向股票管理部门登记

3. 立法及监管体系

英国证券市场实行的是自律型管理，政府不制定有关调整证券关系的单行法律法规，但制定一系列与证券相关的法律，如证券发行、上市、交易、信息披露方面的法律。英国证券发行与上市监管的法规体系，包括国家立法机关、政府职能部门、自律机构和伦敦证券交易所基于证券监管目的制定的法律法规，以及国家立法和自律机构的规则体系。

《证券交易所监管条例和规则》《伦敦证券交易所上市规则》等规则，是依据证券监管的法律制定出来的，是证券监管法律的具体细化和补充，涉及面广，在英国证券管理方面发挥了重要作用，既有关于交易所内部组织、会员管理和交易等方面的规则，又有关于公司发行、上市、交易、信息披露等方面的规则。英国的证券发行与上市的自我管理体制分为两个层次:一是证券交易所的监管,二是证券行业协会和证券业理事会的行业自律。伦敦证券交易所实际上行使着英国证券市场日常监管的职能,依法享有审核发行、上市的权力,是英国股票发行上市的唯一常规性权力机构。

(二)美国股票发行实行注册制

1. 主要内容

美国作为一个没有经历过封建经济,从殖民地直接迈入资本主义经济的国家,在缺少旧体制束缚的优越条件下,在不到二百年的时间里取得了惊人的发展成就,资本积累相当程度上依赖证券集资来完成,股份经济及证券发行交易在这一历史阶段迅速扩张,证券市场也以不同寻常的规模与速度自发、独立形成。美国证券市场管理总体上是放任的,但 20 世纪 30 年代大萧条的惨痛教训使政府主动介入证券市场,着手确立严格、全面的证券立法体系和集中、统一的证券管理制度,奠定了集中立法型管理体制的制度基础。

2. 特征分析

发行人的权利自然取得,无需政府授权,是注册制区别于核准制的重要特征。在注册制下,信息披露是核心,审核机构只进行形式审查,不进行实质判断,强调事后控制。注册制要求审核的内容和标准主要是企业将自己真实、标准、完整的信息按规定如实披露,发行人只要保证自己的信息充分、完整、真实就可以获准发行。对于发行者的发行规模、发行人的盈利预测等不作硬性规定,审核程序简化,审核效率较高。美国新股的注册程序如图 2 所示。

3. 立法及监管体系

美国证券发行制度的最大特点就是均衡,经过一百多年的发展,其发行制度体现了干预主义和自由主义的融合,在实现反欺诈保护投资者宗旨的同时,兼顾市场效率,突出监督职能,弱化管理职能,注重监管的适度性。美国证券交易委员会(SEC)和证券交易所独立负责证券发行与上市审核,发行由 SEC 审查并注册,而上市完全由证券交易所审查。作为联邦制国家,各州对范围内的证券发行及交易活动有独立的立法和司法管辖权。在法律法规构成的发行框架内,证券发行人和投资银行等中介机构以及证券发行管理部门遵守同样的规则,形成相互监督和制约机制,整个发行过程具有很高的规范性和科学性,并随着证券市场的发展,不断推出货架注册、预测信息披露、网络证券发行等创新模式。

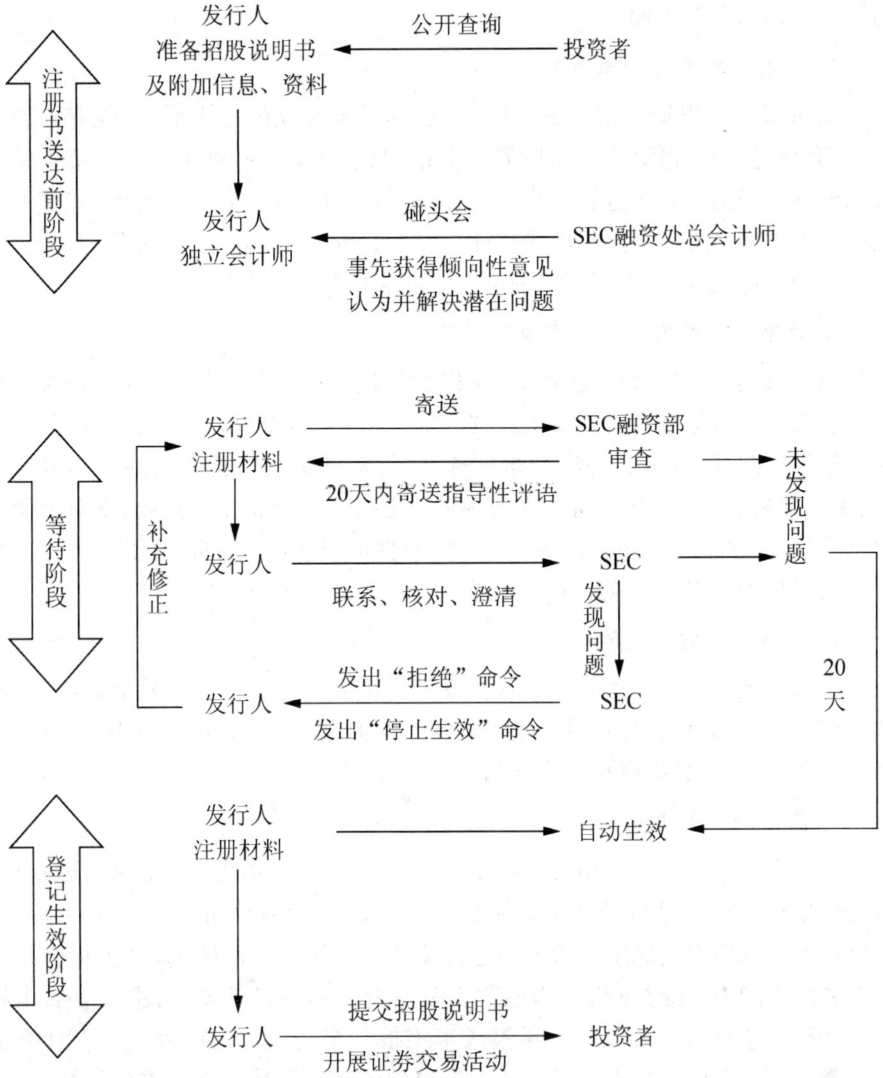

图 2　美国新股注册程序

(三)成熟市场新股发行审核制度特征

1. 多元化的发行和上市标准

成熟市场多已形成多层次的市场体系,针对上市申请人的不同情形(如行业类别、规模大小、盈利能力、发展阶段等),制定不同的发行和上市标准,以吸引不同规模、盈利能力、发展阶段的公司。在指标选取上,重点关注财务指标、流动性和公司治理等方面。

2. 多元化的发行和上市形式

成熟市场可根据上市申请人的情况，提供多元化的上市形式，既有增量发行，又有存量发行；既有发行新股筹资上市，又有非筹资挂牌上市。上市申请人可以根据自身情况自主选择上市形式，满足其不同需求。以香港为例，港交所主板市场有发售以供认购、发售现有证券、配售、介绍、供股、公开招股、资本化发行、对价发行、交换、代替或转换证券以及创业板转板等多种上市形式。

3. 简单高效的发行和上市审核程序

成熟市场对公司首次发行和上市申请仅进行合规性审核，检查其是否满足首次上市的定量标准和定性要求。首次发行和上市审核主要分为公司治理审核与财务审核两部分，重点关注公司财务状况、审计师、公司治理、高管和股东背景、关联交易、政府调查、非正常诉讼和违法违规行为等的信息披露，不对公司的盈利前景、募集资金用途合理性等提出实质性审核意见。一般情况下，证券交易所不会轻易否决符合标准的上市申请。

4. 科学严格的公司治理

成熟市场对公司治理分为对首次发行上市和持续上市的审核监管，但目的和内容是一致的，旨在加强对投资者权益的保护，加强股东、独立董事、审计委员会的权利，强化信息披露和行为准则的透明度。

5. 严格的持续上市制度

成熟市场通常会制定相应地持续上市标准，包括市场化指标和基本面指标。市场化指标主要通过市场交易来判断公司质量，主要有公司市值、公众持股、交易价格等。基本面指标主要从公司运营及公司治理现状等方面关注上市公司是否失去经营能力，或财务状况和经营业绩是否未达到最低要求，主要有股东权益、总资产、总收入、公司治理（年报或半年报的报送、独立董事设置、审计委员会设置）等。实践中，成熟市场通常不会单独依赖市场化或者基本面指标，而是综合考虑这两个指标，并给未满足持续上市标准的公司设置一定的缓冲期。在缓冲期内，如果能解决存在的问题，重新达到持续上市标准，则会继续保留上市资格；如果缓冲期结束后，仍未能满足持续上市标准，则会作退市处理。①

6. 在成熟市场中，大都实行新股发行注册制

成熟市场新股发行实行注册制的基本基础是市场化程度很高。

---

① 钱康宁、蒋健蓉，“股票发行制度的国际比较及对我国的借鉴”，《上海金融》，2012 年第 2 期。

三、从核准制平稳过渡到注册制

中国新股发行审核制度大致分为1993—1995年的“额度制”、1996—2000年的“指标制”、2001—2004年的“通道制”以及2004年至今的“保荐制”四个阶段(见图3)。1990年沪、深证券交易所成立之初,指导发行审核的主要是一些地方性规章和少量行政条例。2000年以前,政府对新股发行采取额度审批制,由国家计委和证监会共同决定额度,并分配给各省、市、自治区和部委。地方政府和各部委选择符合条件的企业,经证监会审核通过后方可公开发行股票。2000年,根据《证券法》的要求,证监会改行核准制,但发审批准仍是公开发行股票的必要条件。

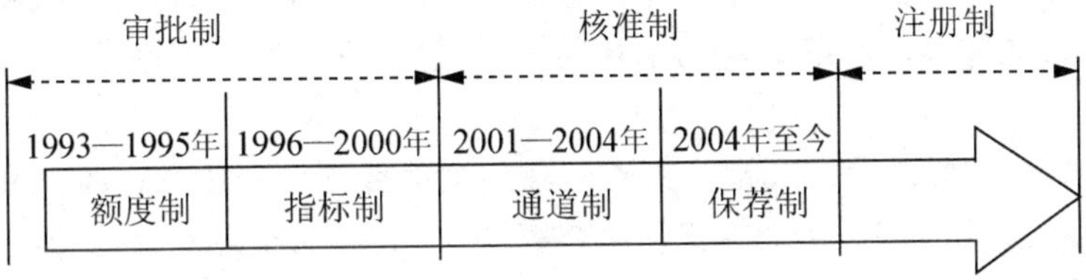

图3　发行审核制度演进

中国股票发行最初实行的是审批制,1999年《证券法》实施后实行股票发行核准制。核准制与审批制相比有很大的进步,但存在很多弊端,主要是发行过程中行政干预仍然过多,市场配置资源的功能发挥不够。因此,推进股票发行注册制是资本市场市场化程度提高的必然结果。我们现在的任务是,研究如何使股票发行平稳地从核准制过渡到注册制。

注册制成功实施要求市场化程度较高、市场运作比较规范、有较完善的法律法规作为保障、发行人和承销商等中介机构有较强的自律能力、投资者需具备比较成熟的投资理念、管理层的市场化监管手段比较成熟等。而在中国这些条件还有所欠缺。如果在法律法规尚不完善、诚信意识薄弱、市场不够成熟、投资者保护机制尚未完全建立的情况下贸然施行注册制,容易导致股票欺诈、证券市场整体质量下降、投资者利益受损等情形。

要想推进注册制,要有配套的法律、制度建设,这是一个复杂的系统工程。从核准制过渡到注册制是一个制度变迁的过程,不是一蹴而就能够完成的。根据制度变迁中充当初级行为团体的主体不同,可分为强制性制度变迁和诱致性制度变迁。而根据制度变迁的参照不同,可分为创新性制度变迁和模仿性制度变迁。从中国股票发行审核制度的制度变迁来看,变迁方式主要以强制性变迁为主,同时由于受到路径依赖的制约,遵循自上而下的渐进性制度变迁过程,模仿性制度变迁因素占主要地位。① 中国股票发行审核制度应选择一条渐进性变迁路径,由核准制逐步过渡到注册制。因此,推进注册制需要进行一系列制度性改革。②

1. 应转变证监会职能

证监会的职能是监督管理上市公司合法经营,维护资本市场秩序,打击和惩罚各种违法行为,保护投资者合法权益,进而保障资本市场的健康运行。但是,多年来证监会把主要精力放在对新股发行的审批上,而且对拟发行公司未来是否有持续盈利能力作为判断公司可否发行和上市的标准,但实践表明,通过筛选的公司很难在经营中展现持续盈利能力,业绩下滑的公司占有相当高的比重。未来,应逐步将注意力由对持续盈利能力的实质审查,转移到对信息披露的形式审查上来,这样有助于降低事前审核门槛,使投资者更加谨慎地甄别、评估拟上市公司。

要从核准制过渡到注册制,首先应做到监审分开。企业发行股票和上市首先由证券交易所来审,在证券交易所初审后,再上报证监会审查,证监会对拟发行公司不作价值判断,主要审查是否合规、信息披露是否真实,这样才能逐步从投资价值的实质审核向信息披露的形式审查过渡,推动核准制向注册制过渡。③

无论是成熟市场还是新兴加转轨市场,证券期货监管机构的性质或定位都是围绕"监管"展开的。作为典型的"独立规制机构",SEC 对全国证券市场的监管,原则上不受政府的干预,只对国会负责,在证券市场管理中的权威性无与伦比,形成了一个集中、统一、权威的监管机构,执行命令迅速,监管效率极高,且能够有效摆脱各方面的掣肘。

考虑到中国证券期货监管机构的特点以及国情因素,应在政府行政框架内,给予证监会有别于一般行政机关的"法定特设"机构定位,使其成为国务院领导下依法设立、监管特定市场、服务特定人群、充分体现市场化监管要求的特殊专业机构。对证监会进行更接近市场的特殊管理,增强其在人员编制和经费预算等方面的灵活性,根据市场变化,及时调整人力、物力投入,行使证券市场监督管理职责,不断增强其权威性、专业性、独立性和公正性,提升监管效率和水平。

2. 推动交易所改制

证券交易所作为证券市场中的交易平台和枢纽,以及一线监管上市公司的

---

① 田利辉、张伟、王冠英,"新股发行:渐进式市场化改革是否可行",《南开管理评论》,2013 年第 2 期。

② 曹凤岐,"谈中国资本市场八大重要制度建设",《证券日报》,2012 年 3 月 19 日。

③ 曹凤岐、李伟杰,"分步推动核准制向注册制过渡",《中国证券报》,2013 年 11 月 20 日。

自律组织，具有重要战略地位。在全球交易所并购和公司制改革的大背景下，中国证券交易所有必要顺应潮流，以强化自律地位和改善市场效率为目标，积极进行改制，不断加强其独立性，进一步明晰权责。

目前，中国证券交易所实质上是政府机构的延伸，直属于证监会，甚至干部都是由证监会委任，证券交易所与证监会之间形分实不分。在现行体制下，如果发审权下放到证券交易所，容易造成证监会"自我监管"的无效性。只有通过改制，才能强化证券交易所的自律地位，使其可通过制定适合自身需求的上市和退市规则，行使发审权，对申报资料的齐备性、上市公司信息披露等事项独立行使审核权。证券交易所改制还有利于改善其竞争环境，促使其自身提升服务质量，不断降低成本，改善治理结构，提高市场效率，实现资源优化配置。①

《证券法》规定，中国的证券交易所实行会员制，证券交易所是为证券集中交易提供场所和设施，组织和监督证券交易，实行自律管理的法人。但目前证券交易所还称不上是真正的会员制，主要表现为证券交易所独立性不强、自律性不够。证券交易所改制的方向应当变成真正的会员制，加强独立性，真正发挥出自律管理的作用。

3. 强化信息披露质量，建立追责机制

推行注册制的关键就是拟上市公司和中介机构已经做好了准备，但是，目前它们尚未做好准备。市场中介机构未来要更加严格审核拟上市公司，如果发现拟上市公司有问题而不作为，作为中介机构，包括券商、律所、会计师事务所等，都有责任。如果拟上市公司出现虚假陈述等问题，拟上市公司和中介机构都要受到处罚。

通过落实发行人和中介机构的主体责任，推动各方归位尽责，强化信息披露的真实性、准确性、完整性和及时性，提升发行人信息披露质量，抑制虚假信息、包装上市，全面揭示可能存在的风险和可能影响投资人决策的信息。② 对于造假机构，应建立投诉、问责和索赔机制，加大处罚力度，通过吊销营业执照、市场禁入等措施加以震慑。

4. 强化公司治理和内控制度建设

为提高拟上市公司的透明度，加强对公众投资者的保护，应强化发行人在健全公司治理及内控方面的监管。考虑引入独立第三方对拟上市公司的公司治理进行风险评析，为投资者在新股认购时提供参考，推进发行人内控规范体系建

---

① 田利辉，"金融管制：风险投资和新股发行的超额抑价"，《金融研究》，2010 年第 4 期。

② 曹凤岐、董秀良，"我国 IPO 定价合理性的实证分析"，《财经研究》，2006 年第 6 期。

设，强化资本约束、市场约束和诚信约束，并通过加大监管力度，督促拟上市公司不断提高治理水平。

5. 进一步完善发行审核的法律法规

目前，中国股票发行审核制度所依据的法律规范主要是《公司法》《证券法》《股票发行与交易管理暂行条例》，以及证券监管部门公布的相关准则和指导意见等，没有形成系统的保荐法律法规体系，很多规定还存在漏洞甚至空白，在对违法责任处罚方面，侧重于行政处罚，缺乏相应地民事和刑事处罚。[①] 中国证券市场的法律、会计、资产评估等制度尚未完全成熟，投资者对审核机构的审核结果抱有较强的依赖心理，使得中国股票发行审核制度改革难以迈出实质性步伐，当下采取的保荐制符合当前经济发展的需要。但随着中国股市规模的壮大和发展日益成熟，保荐制仍然存在效率低下、不利于市场资源有效合理配置等弊端，且当前的保荐制沿袭了审批制下政府垄断发行决定权的监管方式，并没有作出实质改变。[②] 相比而言，注册制倾向于把股票发行的决定权交给市场主体，由投资者自行判断股票的投资价值，责任由“买者自负”，政府职责是做好市场秩序的维护，强调信息公开和事后违规惩处，减轻了主管机关的负担，促使投资者提高投资判断力，减少对政府的依赖，应是中国证券发行审核制度改革的方向。另外，现行《证券法》规定，中国股票发行实行核准制，至少应改为逐步实行注册制。

6. 在场外交易市场直接实行注册制

目前，在已经开设的 A 股主板、中小板和创业板市场近期实行注册制的条件还不成熟。国务院发布的《服务业发展“十二五”规划》明确指出，大力发展资本市场，完善多层次资本市场体系，推进建立全国性场外交易市场。

目前，中国股票场外交易市场还不完善，从股权交易角度看，中国的场外股权交易市场应包括新三板市场、各地股权交易平台（中心）等，还准备建立全国性场外交易市场（称为四板市场）。如果建立了全国性场外交易市场，建议由证券业协会主管，直接实行注册制发行和上市（也可称为注册板）。

我们可通过注册板试点，探明股票发行的供求关系，逐步摸索推行注册制的现实途径。决策层及相关负责部门要通过各种宣传途径，将注册板的具体规则向市场表达清楚，对注册板的投融资风险作出提示与强调。参考注册制，设计注

① 刘纪鹏、李征，“证券发行体制改革仍有待深化”，《经济》，2012 年第 6 期。

② 曹凤岐等，“金融市场全球化下的中国金融监管体系改革”，经济科学出版社，2012，第 215—243 页。

册板的信息披露内容，将股票的发行权交给市场。注册制的核心在于完全的、严格的信息披露制度，只有融资方将自己的一切相关信息准确真实披露，才能使投资者作出合理的价值判断与投资选择，并充分认识到其中的风险，做到“买者自负”。注册制信息披露的关注点是投资者之间的“公平、公正与平等”，披露内容不仅包括财务信息，还包括行业分析、企业管理等方面的信息。所以，注册板的设计应以信息披露为核心，成立专门的注册板审核小组，由律师、会计师、分析师以及公司所在行业的专家组成，分工审查各领域公司提交的申请报告。此外，在注册板开设初期，可适当设置注册板的投资者进入门槛，控制试点风险。为保护中小投资者的利益，也应适当提高注册板的投资门槛，给市场逐步了解、学习和适应的空间。还可以考虑设立投资者风险基金，由政府、发行企业和投资者共同募集而成，防范注册板系统性风险，适当补偿投资损失。

7. 辅以配套改革措施

比如完善上市公司的分红制度、退市制度等。

（本文刊载于《南开学报（哲学社会科学版）》，2014 年第 2 期）

沪港通的“主场原则”与“变通处理”

(2014年9月)

沪港通临近。在不同市场机制下,进行平稳、有效的跨境交易,沪港通适用的“主场原则”与“变通处理”,起到了关键性作用。

在沪港通之前,联通内地与香港资本市场的设想,还有2007年的“港股直通车”。但港股直通车与沪港通根本的区别在于主场原则。这也成了沪港通能得以在较短时间内顺利推出的基石。

所谓“主场原则”,正如在不同地区驾车都要遵守当地的交通规则一样,沪港通的交易、结算、监管等安排基本沿用两地现有的规则。

沪港通交易须分别遵守两地市场适用规则,体现在上市公司、券商、交易结算三个层面,即上市公司遵守上市地的监管规定及业务规则,证券公司或经纪商遵守所在国家或地区监管机构的监管规定及业务规则,交易结算活动遵守交易结算发生地市场的监管规定及业务规则。上海证券交易所发布的《沪港通试点办法》(以下简称《试点办法》)又根据沪港通交易的委托发生在本地、申报和成交发生在对方所在地的实际情况,作了“分段式”的规则适用安排,即投资者委托行为原则上适用本地规则,申报、成交、结算行为原则上适用对方交易所规则。

正因为适用了“主场原则”,沪港通得以以最低制度成本实现市场化的最优运作。在与监管以及各市场参与主体沟通后可以发现,沪港通此次顺畅地直接启动,且各方都比较支持,“主场原则”功不可没——通过建立主场原则,沪港双方参与者的交易习惯、交易制度、交易时间等基本都不会发生变化,可以按照自己的“主场原则”进行。

所以短期来看,这项重大的互联互通制度的稳妥起步,不会有太大问题,也不会对市场造成大冲击。但同时也应看到,在两个市场互联互通的过程中,“主场原则”并不能包打天下,为顺利实现互联互通,沪港交易所必须对对方的规则给予充分的考虑,并根据本地需求实现不同程度的本地化。

这方面的例子有很多,比如《试点办法》规定的港股通交易方式、申报类型、订单修改等多数事项,是在香港市场现有规则上针对港股通业务作特别安排的事项,为使内地投资者明确知晓而在上海证券交易所规则中作出了规定。同时,联交所为确立其自律监管依据,也将上海证券交易所交易规则的部分内容要求转化为其自身交易所规则的一部分(14A章),作出了将对方市场规则本地化的安排。

监管方面也是如此,考虑到沪港通属于跨境交易,简单、绝对地套用“主场原则”可能存在问题，需要作出变通处理。例如，对沪港通中的违规交易行为，上海证券交易所应当有监管权，但违规主体却是香港经纪商的客户，属于香港监管机构监管的对象，上海证券交易所尚无法直接跨境监管，需要通过其他安排（如要求联交所证券交易服务公司促使联交所参与者对客户采取相关措施、提请联交所采取监管行动等）来实现监管目标。同时，证券交易服务公司（以下简称“SPV”）模式是沪港通交易机制的核心，也是沪港通监管的基本出发点。SPV是对方交易所特殊的交易参与人，所有的沪港通交易均通过SPV进行，法律上体现为SPV的交易，故SPV必须全面、充分地遵守交易地（对方交易所）的法律、规则，交易所对沪港通交易的监管主要通过对SPV的监管来实现。《试点办法》从上海证券交易所市场出发，明确了联交所SPV的义务与责任，包括遵守内地法律规则、提交相关报告、资料保存等。

现实生活中，两个人组织家庭，双方都会有自己的性格、思想和行为方式，在目标一致的前提下，底线和包容就显得非常重要。而两个市场几百只股票、成千上万投资者、千亿量级资金的互联互通，显然更加复杂。但这也正是沪港通的魅力所在。

正如李克强总理4月10日宣布沪港通时所说的，作为“新一轮高水平对外开放”的重要方面，沪港通要通过开放“促进改革”。看穿式账户体系对香港市场或有启发，香港市场的若干制度必然也有利于沪市改革的推进。今日的“主场原则”，或许就是未来的对方市场的改革方向；而今日的“变通处理”，也可能成为明日本地市场的通行规则。

有投资者不断关注随沪港通而来的$T+0$等两市交易制度接轨等问题，何时接轨很难有明确答案，但只要通过沪港通的实践证明是先进的、受欢迎的、可被广泛接受的制度，都可能成为未来改革的方向。

我们相信，沪港通的实施，会拓宽投资者的投资渠道，对香港和内地市场的平衡发展、内地资本市场的进一步市场化和人民币的国际化都会产生积极的促进作用。

（本文刊载于《证券日报》，2014年9月27日）

沪港通是A股市场迈向成熟市场的重要一步

(2014年11月)

2014年11月17日,沪港通终于正式通航,时隔七年之后内地与香港股市的天堑终有望变"通途"。此举并非仅限于短期的政策刺激,而是落实十八届三中全会精神、深化资本市场改革的破题之举。尤其对于A股市场而言,互联互通的关键不单是引入资金活水,更重要的是以开放促发展,通过对接发达市场,倒逼实现迈向成熟市场的目标。

经过二十余年的发展,A股市场固然在规模上已位于全球前列,但在效率方面仍差距较大,时至今日依然呈现出"炒新""炒差""炒小""炒短""炒概念"等典型的卖方市场特征,短期投机性较强,"价值投资"属性日趋减退,支持并服务实体经济的功能更难以谈起。究其根本在于价格形成机制始终未理顺,涉及投资者行为、发行交易制度、监管司法环境等多方面。以往"单兵突进"的股票制度修改并未跳出困局,反而使价格更加扭曲,资源浪费与错配加剧。

沪港通摒弃了"头痛医头,脚痛医脚"的旧方,而是"全方位"地突破现有A股市场格局,以相互融通倒逼沪市缩小差距,重塑市场定价机制及资源配置功能,实为治愈A股市场长期症结的良方。

一、促投资者行为理性,回归价值投资

大部分A股投资者根植于市场整体"过度投机"的惯性,交易活跃度与"击鼓传花"风险如影相随,个人投资者、机构投资者"散户化"行为明显。相对而言,香港市场遵循价值投资理念,机构投资者占比较高,估值体系、定价效率较为合理。随着沪港通的推出,A股投资者的结构及行为将会随之调整。一方面,具有国际化视野的香港机构投资者群体将进入沪市,不仅会在数量上壮大A股的机构投资者群体,还将通过专业的投资理念影响市场既有投资者的策略选择;另一方面,沪市的一些投资者也会在香港市场接受港股价值投资理念的熏陶及洗礼,不断修正投资方法。随着投资者结构及投资理念的逐步趋同,将会真正实现两地市场估值体系的互通互联,使A股市场的价值投资属性回归。

二、助发行交易制度改革,退出"越位"

A股市场价格扭曲的另一重要原因在于监管方的"越位",体现为对发行供给数量的管制(股票发行数量与节奏的控制)与交易价格的约束(涨跌幅限制、$T+1$交易制度等)。制度设计虽可见遴选优秀企业、保护中小投资者的初衷,但

就实际效果而言是人为提供了寻租空间及操纵股价便利。通过沪港通的施行，A股市场的监管方将能更准确地评估香港股票发行注册制对一、二级市场定价效率的影响。另外，两地股票交易制度的衔接则更具必要性及紧迫性，调整A股市场涨跌幅限制及$T+1$交易制度已非单纯仅为遵循国际惯例，而是基于沪港两市制度互联互通、提升市场效率的现实要求。

三、严监管部门执法，补足"缺位"

这些年，A股市场的监管工作正逐步转型，重心从事前审核后移至事中监管、事后执法，但相比香港市场依然有很大差距，从严格意义上说存在一定的"缺位"，如过度包装盛行、投资者权益缺乏保护等。沪港通启动后，两地金融市场监管和制度的一体化会对内地资本市场的监管与执法产生重大影响。通过建立信息共享、合作调查等协同机制，两地将在打击虚假陈述、内幕交易和市场操纵等跨境违法违规领域开展更广泛的合作，不仅有助于倒逼内地监管部门提升管理水平，更重要的是营造健康的市场环境，从制度上保障价格基础性配置功能的发挥。

四、宽资本项目管制，剑指国际化市场

在国际板尚未推出的情况下，A股市场原不涉及人民币国际化和放松资本管制。沪港通政策突破了原有思路，在"封闭式循环"体系的前提下，不仅实现了对资本项目管制的放松，打通了人民币离岸市场中沉淀在香港境外的人民币资金回流以及境内资金投资境外市场的渠道，而且扩大了人民币在国际货币体系中的交易份额，使人民币国际化进程加速。在这一过程中，A股市场必将从中受益，成为真正意义上的国际化定价市场。

一个成熟的股票市场的核心在于定价，但高效价格形成机制的构筑绝非朝夕可成，更不能就价格控价格，而是有赖于投资者行为、发行交易制度、监管司法环境、全球化程度等多方面协同发展。不可否认，以沪港通为破题之钥倒逼A股市场改革虽不似常规之法，但恰逢其时，可谓对症下药之良方。如同其他方面的改革一样，在初期或许会遇到一定的阻力，甚至不可避免地要经历一些反复，所以我们更需坚信市场化、法制化改革的大方向，坚定壮士断腕的决心，顶住各方的舆论压力不断推进，迈出向成熟市场发展的重要一步。

（本文刊载于《证券日报》，2014年11月17日）

进一步发展和完善多层次资本市场

(2014 年 12 月)

一、我国已经初步建立起多层次资本市场

第一,就股票市场而言,我们已经有了主板市场,中小板市场,创业板市场,新三板市场,H 股、红筹股市场,最近又开通了沪港通交易市场。第二,债券市场方面,公司债、企业债得到了长足的发展。第三,投资基金市场得到了迅速发展,公募基金规模不断扩大,私募基金也异军突起,而且最近在把阳光私募公开化和合法化了。过去所谓的阳光私募是不公开、不合法的,有的人或公司定向募集了一些基金投资于证券市场,没有法律保障,现在得到了法律的保障。还有创业投资基金、产业投资基金也发展得很快。最近网络股权众筹也很火热,也属于资本市场的一部分。股权众筹不是 P2P,而是通过股权方式定向募集小额资金投资小规模的项目,网络股权众筹会发展很快。第四,信托业得到恢复和发展,信托业管理的资金规模已经超过保险业,现在大概管理 10 万亿元的资产。第五,期货、期权市场也在平稳发展。商品期货交易已经比较成熟,近几年又推出了金融期货,包括股指期货和国债期货,市场交易平稳,近期有可能推出其他金融期货品种如股指期权等。因此,我国的多层次资本市场已经初步形成,也粗具规模。

二、我国资本市场的缺陷

1. 我国资本市场规模不够大,结构不合理,还没有充分发挥出资本市场调配社会资源和企业资源的作用

股票市场发展缓慢,规模很小,企业债券市场规模更小,很难发挥出调配企业资源和社会资源的作用。到 2013 年年底,只有 2 500 多家上市公司。从我国融资规模和融资效果来看,仍然以间接融资、银行融资为主,资本市场的融资规模很小。据统计,2013 年全年社会融资规模为 17. 29 万亿元,其中,人民币贷款增加 8. 89 万亿元,外币贷款折合人民币增加 5 848 亿元,委托贷款增加 2. 55 万亿元,信托贷款增加 1. 84 万亿元,未贴现的银行承兑汇票增加 7 751 亿元,企业债券净融资 1. 80 万亿元,非金融企业境内股票融资 2 219 亿元。从融资占比来看,企业债券占比为 10. 4% ,非金融企业境内股票融资占比只有 1. 3% 。这么多年来,我国每年的股票融资占整个社会融资的比例基本上在 5% 左右,最好的是 2007 年,股市到 6 000 点的时候股票融资额占银行贷款新增额的 10% 。后面几

年都是5%左右。在这种情况下,我们很难通过资本市场调配企业和社会资源。

2. 证券发行和交易行政化、计划化、审批化

长期以来,我国证券发行和交易是行政化、计划化、审批化,这是制约我国资本市场发展的最大的一个障碍。发股票、债券首先要报计划,等审批。《证券法》虽然规定证券发行实行核准制,实质上还是审批制。到现在为止,我们还积压了七八百家拟上市公司在那里等着审核。最初我们按计划审批,给各省市多少规模和额度就发多少,域内企业只能分额度。现在有所进步,不控制额度和规模了,但对拟上市公司还实行严格审核制度,而且主要审核企业的盈利能力,导致企业长时间无法上市。当股票市场不好的时候,为了稳定市场,就随意停发新股,已经停发好几次了,不仅没有起到稳定市场的作用,反而使拟上市公司数量越积越多。我国的债券市场,尤其是企业债券和公司债券市场的问题更多,可谓层层审批,多头管理,导致债券市场发展缓慢。在这种情况下,很难发挥资本市场的效率和作用。

3. 众多中小企业未能从资本市场上获得股权和债权融资

大家知道,我们在主板上的都是大型企业,而且大都是国有企业改造的股份制企业,最初市场上民营上市公司非常少。为了使众多中小企业、自主创新企业能够发行和上市,2004年开设了中小板市场,2009年又开设了创业板市场,这几年这两个市场发展得较快,但仍然无法满足众多中小企业的融资需求。到目前为止,中小板市场只发了700多只股票,创业板市场只发了400多只股票,两个市场共发了1 100多只股票,而且都是小市值的。2007年,在创业板市场没有开设的时候,当时科技部的一位负责人就呼吁赶快开设创业板市场,说科技部主管的中小高新科技企业有12万家需要上市融资。但创业板市场已经开设五年了,只发了400多只股票,12万家企业何年何月能发行上市呢?所以,这是一个非常大的问题。我们有4 000多万家中小企业,登记在册的有1 280万家,光靠中小板市场、创业板市场这样的发行速度,能解决中小企业的融资难问题吗?绝对不可能。中小企业银行融资难,发行债券更难。

4. 广大中小投资者的权益未能得到很好的保护,未能分享到资本市场的财富效应

我国资本市场投资者到目前为止90%是散户,是中小投资者,他们把钱给了企业,但是并未得到相应地回报。相当一部分的企业多年不分红,即使分红也是象征性的。大部分上市公司的分红公告都千篇一律:每十股分红一元(含税)。为什么不公告每股分红多少呢?因为分红率太低,不好说出口。有人说,

投资者应当从市场上卖出，获得资本利得。事实上，中小投资者无法获得一级市场股票，大部分人是通过二级市场高价买进的，在股市低迷的情况下，可以说买一只套一只，目前在股市行情上涨的情况下还有相当一部分中小投资者没有解套。我国资本市场发展了，老百姓却被套牢了，这就是残酷的现实。我国储蓄存款有40多万亿元，但进入股市的并不多。在资本市场低迷、老百姓在这个市场上赚不到钱的情况下，很多人都远离股市，买理财产品去了。

我国资本市场是一个典型的融资市场、典型的投机市场。要使资本市场进一步发展和扩大，核心问题是把融资市场变成真正的投资市场，把投机市场变成长期投资市场。有人说，我们通过市场，把中小投资者挤出去，变为机构投资者的市场，这个市场就会平稳发展。此观点有失偏颇。首先，把中小投资者挤出这个市场是不现实的，也是不公平的，只要有赚钱效应，他们是不会离开这个市场的，而且会有更多人进入。其次，在现在的情况下，我国的大多数机构投资者也是投机者，它们不会长期持有一只股票。它们也是在市场上投机，而且是更大的投机。这个市场如果这样下去是肯定不行的。只有把这个市场建成能够保护投资者尤其是广大中小投资者合法权益的市场，建成一个能投资、有回报、可赚钱的市场，资本市场才能健康发展。

三、推进资本市场市场化改革

（一）加快推进股票发行注册制

实现股票发行注册制，要做好充分的准备。尽快制订注册制改革方案。因为我国股票市场还存在一些制度缺陷，在相关法律法规上也不够完善，所以应分步从核准制过渡到注册制。

1. 转变证监会职能

要从核准制过渡到注册制，首先要做到监审分开。企业发行股票和上市首先由证券交易所审查，在证券交易所初审后，再上报证监会审查，证监会对拟发行公司不作价值判断，主要审查是否合规、信息披露是否真实。建议逐步把股票发行审核权下放到证券交易所。

实行股票发行注册制不是不要监管，而是要改变监管内容与方式。证监会的主要职能是监督管理上市公司合法经营，维护资本市场秩序，打击和惩罚各种违法行为，保护投资者合法权益，进而保障资本市场的健康运行。但是，多年来证监会把主要精力放在对新股发行的审核上，而没有更多精力对上市公司和市场进行有效监管。应将事前审核转变为事中和事后监管。

2. 推动交易所改制

目前，我国证券交易所实质上是政府机构的延伸，直属于证监会，甚至干部都是由证监会委任，证券交易所与证监会之间形分实不分。在现行体制下，如果发审权下放到证券交易所容易造成证监会“自我监管”的无效性。

只有通过改制，才能强化证券交易所的自律地位，使其可通过制定适合自身需求的上市和退市规则，行使发审权，对申报资料的齐备性、上市公司信息披露等事项独立行使审核权。证券交易所改制还有利于改善其竞争环境，促使其自身提升服务质量，不断降低成本，改善治理结构，提高市场效率，实现资源优化配置。

3. 强化信息披露质量，建立追责机制

市场中介机构未来要更加严格审核拟上市公司，如果发现拟上市公司有问题而不作为，作为中介机构，包括券商、律师事务所、会计师事务所等，都有责任。如果拟上市公司出现虚假陈述等问题，拟上市公司和中介机构都要受到处罚。

通过落实发行人和中介机构的主体责任，推动各方归位尽责，强化信息披露的真实性、准确性、完整性和及时性，提升发行人信息披露质量，抑制虚假信息、包装上市，全面揭示可能存在的风险和可能影响投资人决策的信息。对于造假机构，应建立投诉、问责和索赔机制，加大处罚力度，通过吊销营业执照、市场禁入等措施加以震慑。

4. 强化公司治理和内控制度建设

为提高拟上市公司透明度，加强对公众投资者的保护，应强化发行人在健全公司治理及内控方面的监管。考虑引入独立第三方对拟上市公司的公司治理进行风险评析，为投资者在新股认购时提供参考，推进发行人内控规范体系建设，强化资本约束、市场约束和诚信约束，并通过加大监管力度，督促拟上市公司不断提高治理水平。完善内部分红制度和退市制度。

5. 完善发行审核的法律法规

目前我国发行审核制度所依据的法律规范主要是《公司法》《证券法》以及证券监管部门公布的相关准则和指导意见等，没有形成系统的证券法律法规体系，在对违法责任处罚方面，侧重于行政处罚，缺乏相应地民事和刑事处罚。

应当继续完善和健全有关股票发行的法律法规，加强执法力度。推行集体诉讼制度。抓紧时间修改《证券法》，给股票发行实行注册制以明确的法律确认。

（二）建议合并中小板市场和创业板市场，建立真正的创业板市场

改革创业板市场，降低财务准入门槛，申报企业不再限于新能源等九大行业，建立小额、快速、灵活的再融资机制；加速创业板发行和上市制度，完善退市

制度。

首先应在创业板试点注册制，企业发行和上市不再经过证监会审核（需备案），交易所审查通过后即可发行上市。

（三）发展和完善“新三板”市场

将“新三板”挂牌公司范围扩大到全国符合条件的中小微企业，包括广大新兴产业企业。股份公司不分行业地域，不论规模大小，均可申请挂牌，进行股份转让、定向融资和并购重组。对企业以往的盈利不必严格要求，主要看企业主营业务和盈利前景。建立和完善转板机制，符合转板条件的允许转板。在“新三板”市场上试行做市商制度，实行注册制。

（四）发展和建立场外交易市场（四板市场）

国务院发布的《服务业发展“十二五”规划》明确指出，大力发展资本市场，完善多层次资本市场体系，推进建立全国性场外交易市场。目前，我国股票场外交易市场还不完善，从股权交易角度看，我国的场外股权交易市场应包括“新三板”市场、各地股权交易平台（中心）等。

支持区域性股权市场规范发展，研究制定市场定位、发展路径、监管框架等具体规则，进一步拓宽广大新兴产业企业对接资本市场的渠道。

将区域性股权交易市场变成真正的场外交易市场。众多中小企业可以在区域性股权交易市场中发行、上市，电子化发行和交易，实现发行交易即时连接，发行即开始交易，缩小发行和交易价格的差别。在区域性股权交易市场上直接实行注册制 。

（五）发展和规范并购、资产重组市场

通过资本市场股权收购、出卖、置换进行企业兼并和重组。

兼并、重组、参股、控股、收购和出售国有资产、引进战略投资者过程中应当坚持市场化原则。

摒弃计划、行政、指定（“拉郎配”）方式进行企业兼并重组。完全根据自愿、需要的原则。重组与并购是企业行为、市场行为，除非关系国计民生的特重大项目需经过审批外，其他重组与并购应采取备案制、注册制原则。重组并购要坚持公开、公平、公正和透明原则。重组与并购要坚持市场定价原则，尽量避免协议定价、指定定价和审批定价。避免重组并购过程中出现以权谋私、国有资产流失和侵犯投资者权益的情况。

（六）进一步发展和完善企业债券、公司债券市场

取消债券发行行政审批、计划审批，采取登记注册制 。只要企业资产评估、

信用评估符合条件，有还款能力，就应允许发行，价格由市场、企业自定。重点发行上市公司普通债和可转债 。推出不设行政审批、没有财务准入门槛的中小企业私募债，为广大新兴产业企业拓宽直接融资渠道。将中小企业私募债发行主体拓展到“新三板”挂牌公司，以方便更多的企业在债券市场获得发展资金。

凡是能在市场上进行交易的债券，都有一个监管部门统一监管。

（七）放开和规范私募市场

由于私募基金的市场化程度高、业态多样，证监会在私募投资基金监管领域应不设前置审批，由证券投资基金业协会实施自律管理，阳光私募按《证券投资基金法》管理。创业投资基金和股权投资基金发行实行注册登记制。

鼓励和支持网络股权众筹投资小型项目。众筹和目前的风险投资、私募股权基金是不一样的。众筹都是一个个小项目，先有项目，然后找一些人去筹资。众筹之后，需要成立公司，而这个公司属于有限合伙性质。最终不是由普通投资者来控制公司，而是由发起人（众筹人）来控制公司投资。普通参与者不负无限责任，而是负有限责任，按照实际投资收益得到回报。现在的风险投资、产业投资都是很大的投资，同时存在很多问题，比如，私募股权基金会先画饼、画图，再把钱“圈”起来，但不一定有合适的投资项目。众筹恰恰选择的是一些中小企业、中小项目。因此必须重视众筹，特别是网络股权众筹。此类众筹容易吸引小的投资者，个人投资者可以出 1 000 元、10 000元等，众人出资可以承担起一个小的投资项目，很灵活。我国需要发展股权众筹，尤其是网络股权众筹。监管部门应考虑出条例和办法进行行业规范。监管部门主要对以下方面进行监管：不能“卷款逃跑”，不能披露虚假信息，不能把投资特定项目的资金挪作他用。对具体筹资及投资运作不必干预。

资本市场对于我国经济发展、经济改革以及经济结构的调整起到非常重要的作用，多层次资本市场发展还有很大的潜力。只要进一步推进资本市场市场化改革，加强资本市场制度建设，保护投资者的合法权益，增强投资者的信心，同时培育机构投资者，吸引养老金、保险基金等长期投资者入市，我国资本市场必将得到快速、健康和稳定的发展。

（本文刊载于《证券日报》，2014 年 12 月 13 日）

第七篇 普惠金融与中小企业融资

建立和健全中小企业信用担保体系

（2001年5月）

一、中小企业发展过程中的融资障碍

目前，民营企业已经成为国民经济的重要组成部分，民营经济对国民经济和社会发展的贡献越来越大。中小企业，尤其是中小民营企业迅速发展的同时，也遇到很多问题。其中，资金紧张、融资渠道狭窄已成为制约中小企业发展的重要因素。

中国的中小民营企业经过十多年的发展，目前已基本完成了资本积累的初创阶段，上升到了一个新的阶段。在这一阶段仅仅依靠企业的自有资金远远满足不了企业发展的需要。目前，民营企业融资渠道十分狭窄，除了少数大型知名企业，一般的民营企业融资能力都有限。目前，企业的融资渠道不外乎三种：向银行申请贷款、发行企业债券、发行股票上市直接融资。民营企业尤其是民营高科技企业现阶段大多为中小企业。一方面，政府已将国有企业的股份制改造作为国有企业特别是关系到国有经济控制力的大中型国有企业改革的基本措施，中小民营企业发行企业债券和股票上市融资很困难。另一方面，由于涉及金融风险问题，中小民营企业发行企业债券也难以得到批准。从目前的情况来看，民营企业的资金主要靠自有资金和银行贷款。实际上，民营企业从银行获得贷款也是十分困难的。

从目前的情况来看，中国的中小企业尚未建立起外部市场融资体制，基本是内部融资，自我滚雪球式发展，致使企业很难形成规模生产。中小企业所面临的资金矛盾非常突出，许多有项目、有盈利的企业由于难以筹措到必需的资金而不能最大规模地发挥其能力，这已经成为制约民营企业的重要“瓶颈”。

要想促进中小企业尤其是中小民营企业迅速发展，必须建立完善的融资体系，最根本的是建立起企业外部融资体制，即市场融资体制。

二、建立中小企业信用担保体系的必要性

多年来，中国国有商业银行主要为国有大中型企业服务，中小企业很难得到国有商业银行的信贷支持。据统计，国有商业银行为中小企业提供的信贷只占其信贷总额的38%。应当改变国有商业银行主要支持国有大中型企业

的指导思想，把贷款投到符合国家产业政策、效益好的中小企业上来。增加对高新技术中小企业的信贷投入，积极为中小企业提供信贷、结算、信息服务，引导中小企业改善经营管理，提高产品质量和技术水平。重点支持科技含量高、产品附加值高和具有市场潜力的中小企业的发展，鼓励中小企业的技术改造和技术创新。充分发挥城市商业银行和城乡信用社的作用，为民营中小企业提供更多的服务。

中国中小企业利用银行贷款发展自己无论是从总体规模还是个体企业贷款的数量上看都是很小的。根本原因在于，中小企业和银行之间没能建立起真正的信用关系。银行认为中小企业贷款效率低、风险大，对中小企业贷款提出了严格的条件。主要是贷款需要100%的抵押和担保，且贷款手续非常复杂，而中小企业很难找到合适的担保人。因此，会出现银行想贷给企业但又不敢贷，而企业想使用银行贷款却用不到的情况。在信贷业务中，存在中小企业欠息严重、不良资产比例偏高、改制中逃废债务等问题，这也是中小企业贷款难的重要原因。因此，要逐步解决中小企业抵押担保难和贷款效率低等问题。

要解决中小企业贷款难的问题，当前最重要的是建立起完善的中小企业信用担保体系。

担保是指对某一特定事项所作出的承诺保证。担保的实质是当事人风险防范和分解，是伴随商品交换及商业信用的发展而产生的一种中介性（或服务性）经济活动。

信用担保，即借贷活动的信用保证，是融资活动中担保机构以一定的财产为基础约定的保证债务的履行和保障债权人实现债权的各项法律措施与手段。

信用担保产生于20世纪二三十年代的工业化国家，对象是中小企业，目的是为本国中小企业提供融资担保服务，为贯彻实施国家中小企业政策服务，促进本国中小企业的发展。从世界上其他国家开展信用担保的情况来看，越是市场经济发达国家，其信用担保体系越完善。美国的小企业管理局（Small Business Administration，SBA）是独立的联邦政府机构，专门为全美小企业提供贷款担保和经营咨询业务，目前已有近4 000名职工，在全美有2 000多个分支机构，1995年担保贷款60 000余项，总金额达99亿美元。日本共有52家信用保证协会，160多个支店所，从业人员6 000多人，1994年在保项目344万件，在保金额27 475亿日元，全日本有半数以上中小企业通过信用保证协会融资，担保融资金额占融资总额的7.5%。除美国和日本外，其他所有发达国家和大部分发展中国家，如加拿大、法国、德国、英国、意大利、瑞士、奥地利、韩国、马来西亚、印度尼西亚等国均有类似的政策性机构为中小企业信用提供担保服务。由此可见，信用担保业务不是一种过渡性业务，而是一种长期的支持中小企业发展的业务。

国外信用担保业务之所以能得以迅速发展有以下几个原因：

(1)目前各国的中小企业信用担保机构大部分属于政策性信用担保机构，大都以执行国家的经济产业政策为目的，而不是以单纯营利为目的。为了保障担保业务的顺利进行，政府每年都要为担保机构注入部分资本金，担保项目的最终赔付也由政府承担。政府还制定各项政策，如减免担保机构的税收等。美国的小企业局局长由总统亲自认命，韩国和奥地利担保机构的主要负责人由财政部长任命。

(2)发达国家的法律体系健全，在诸如企业信息披露、经营状况公开、财产抵押及处分、争议解决、欺诈处理等方面都有完备的法律和诉讼渠道。这就为担保机构进行项目评价、保证业务的安全运行提供了良好的环境。另外，许多国家都针对信用担保业务进行立法，如日本的《信用保证协会法》《中小企业信用保险公库法》，奥地利的《担保法》《关于贷款担保的一般性商务条件》等，使信用担保业务得到了有效的法律保证，促进了担保业务的广泛开展。

(3)日本、欧美等发达国家的信用环境较好，人为的拖欠借款的现象较少，担保业务风险相对比较容易控制。良好的信用环境也使金融机构、担保机构和企业之间容易形成风险共担的机制，从而相应地降低担保业务的风险。发达国家分散风险的体系比较完备。与日本的信用补全制度加保险制度类似的制度在很多国家得到实施，信用担保风险通过再保险得到很大程度的分散，这是信用担保业务生存发展的重要保证。

中国开展中小企业信用担保业务，建立完善的信用担保体系是十分必要的。

(1)为中小企业进行信用担保，可以为中小企业提供相对公平的融资环境，解决贷款担保难的历史难题，激活中小企业尤其是中小民营企业，缓解社会就业压力，创造更多的税利，繁荣市场经济。中小企业融资担保，为中小企业融资起到“保驾护航”的作用。

(2)开展中小企业信用担保业务，可以分散银行风险，优化银行资产质量。随着银行商业化改革的推进，商业银行越来越注意资产的质量和信贷资金的安全问题，在市场经济环境下不可避免地出现信贷资金的安全性与产业政策(如推进高科技成果产业化、商业化、国际化，扶持中小企业发展等)不一致的情况，风险随时都会发生，这是商业银行不愿看到也不愿承担的。通过信用担保，多了一个风险承担者，相对降低了银行信贷风险及管理成本，为商业银行调整信贷结构、盘活信贷资产、拿出更多的资金支持中小企业的发展，提供了机遇与条件。

(3)开展中小企业信用担保业务是进行投资体制改革的一项重要配套措施。中国人民银行在《关于进一步改革对中小型企业金融服务的意见》中要求：“银行要与有关部门、社会团体积极沟通，运用企业互保、联保、贷款保险，多渠道集资、建立贷款担保基金等多种形式,解决中小企业贷款担保难的问题。”

(4)开展中小企业信用担保,是推动科技进步,实现科技与经济相结合的黏合剂。中国中小企业有不少是高新技术企业,它们有积极的进取开拓精神,研制和开发各种高新技术项目,但由于资金缺乏而被束之高阁。通过中小企业融资担保,加大对企业的贷款支持力度,必将推动中国民营高新技术企业的发展。

中国的信用担保工作得到了一定的发展。1999 年 6 月国家经贸委出台了《关于建立中小企业信用担保体系试点的指导意见》,要求各省、自治区、直辖市以该意见为指导积极试点。中国信用担保业的发展,不仅呈现出专业化趋势,而且出现多元化趋势。全国目前已有 28 个省、自治区、直辖市开展了中小企业信用担保试点,截至 2000 年 8 月底,天津、内蒙古、山东、河南等 10 个省、自治区、直辖市建立了中小企业信用再担保机构,担保基金达 40 多亿元,可为中小企业提供担保贷款近 400 亿元。多元化趋势首先表现为担保机构资金来源多元化,政府出资或以政府出资为主、股份联合、企业自办、民营互助等形式并举。中国信用担保业还呈现出组织形式多元化的特点,从目前的情况来看,按出资单位和主管部门分为三种类型:由政府部门出资和管理的机构,由企业集团组建的机构,由政府资助、企业入股或入会组建的机构,主要表现为担保基金、有限责任公司、会员制互助基金和事业法人等形式。近一两年来出现了一批专门为民营企业服务的担保机构,即资金来源通常是由政府无偿拨入一笔垫底资金,选择一些民营企业,以会员的身份认缴比例不等的担保基金,同时有资格享受相应额度的担保服务。担保机构和资金来源多元化是一件好事,也是中国担保业发展的方向,但是,在中国担保业发展初期,应以政策性担保为主,担保机构也相对集中一些为好。鉴于中国担保机构资金来源、组织形式的多元化以及市场需求的多样化,国家有关部门应尽快制定相应地行业管理规则,对不同类型的担保机构进行分类管理,以防止因一哄而起、缺乏管理而可能出现的混乱局面。

三、借鉴国际经验,建立完善的信用担保体系

中国信用担保业务刚刚起步不久,还存在不少问题。最大的问题是担保体系仍不健全,相当多的中小企业还得不到担保体系的保护与服务。我认为,在建立中国信用担保体系过程中,日本和韩国的经验值得我们借鉴。日本和韩国不仅是我们的近邻,而且带有东方色彩的管理特征,可能更适合中国。

(一)日本的经验

日本主要依靠信用保证协会对中小企业进行担保。信用保证协会是根据《信用保证协会法》设立的特殊法人,它是以中小企业为基本对象,实施公共信

用保证的政策性金融机构,其宗旨是通过信用保证提高中小企业的融资能力,促使其健康发展。日本各都道府县按行政区划均设有信用保证协会,共 52 个,均具有独立法人资格。日本信用保证协会以贯彻国家支持中小企业发展的产业政策为宗旨,不以营利为目的。单纯以收取保证费来维持信用保证协会的运作是不可能的。例如,1993 年财政年度保证费收入 22.3 亿美元,代偿支出 35.9 亿美元(扣除回收部分为 23 亿美元),业务费用 7.9 亿美元,加上提取代偿准备金,收支差额 10 多亿美元。显然,信用担保业务如果孤立运作,或者将其视为一般国有企业,则无法实现良性循环。为此,日本建立了一套比较科学完备的支撑系统,使信用担保保证制度得以正常发挥作用。这个支撑系统可概括为一项基础和三大支柱。

一项基础:基本财产制度。日本信用保证协会的基本财产由政府出资、金融机构摊款和累计收支余额构成,并以此作为信用保证基金,承保金额的法定最高限额为基本财产的 60 倍。国家立法就政府和金融机构对信用保证协会出资作了明确规定,各都道府县根据当地信用担保业务发展的实际需要,给信用保证协会补充资本,列入预算。金融机构根据信用保证协会提出的要求,参照各金融机构的保证额和风险情况,出捐负担金,这些资金作为捐助金直接列入成本费用开支。金融机构负担金在信用保证协会的基本财产中占较大比重。

三大支柱。三大支柱是指确保日本信用保证协会的业务有效运作、收支平衡、良性循环的制度性担保措施。由信用担保保险制度、融资基金制度和损失补偿金补助制度组成。

(1)信用担保保险制度。由于中小企业信用风险大、负担能力低,信用保证协会不可能根据风险损失率来确定担保费率,因而,担保业务收支是倒挂的。算总账,每收取 1 元担保费,净支出在 1.6 元左右,收支亏损率为 60%,如果考虑担保债务余额按资本金 60 倍放大,一年就可折损基本财产的 1/3。为了保证信用保证协会的正常运作,1958 年政府出资 107 亿日元成立中小企业信用保险公库,对信用保证协会进行保险。法律规定,当信用保证协会对中小企业实行信用担保时,按一定条件自动取得中小企业信用保险公库信用保证保险。信用保证协会向保险公库缴纳相当于担保费收入 40% 的保险费,当担保债务实际代偿后,由保险公库向信用保证协会支付代偿额 70% 的保险金。如果代偿后债权最终收回,信用保证协会将其中的 70% 交还给保险公库。实行信用保证保险,大大提高了信用保证协会的收支平衡能力。1993 财政年度,信用保证协会向保险公库缴纳保险费 9.7 亿美元,获得保险赔付 21 亿美元,每交 1 元保费获得补偿 2.16 元,是弥补信用担保收支差额的主要财源。在日本,人们把信用担保制度与信用保险制度的配套制度称为信用补全制度。

(2)融资基金制度。信用保证协会的经营资金,除基本财产外,还有从中央(通过中小企业信用保险公库)和地方政府筹措的借款。这项借款由信用保证协会存入相应地银行。由于金融机构派生存款的放大功能,可以按7倍的乘数效应为银行作担保放款提供资金来源,这项资金来源大体相当于担保余额的1/3。实行融资基金制度进一步提高了信用保证协会收支平衡的能力。

(3)损失补偿金补助制度。是指对于信用保证协会代偿后取得求偿权而不能回收的损失,最终由政府预算拨款补偿。由于保险公库已经对各项代偿均赔付了70%的保险金,信用保证协会的实际损失仅为代偿额的30%,因而政府补助的损失补偿金为预期不能收回的求偿权益的30%。这项制度最终承担了信用保证协会承做信用担保业务的风险,保障了国家和金融机构对信用保证协会投入的基金的安全。以东京为例,1993财政年度政府提供补助890万美元,相当于当年实际收回求偿权(归信用保证协会所有部分,即回收总额的30%)的11倍。综合起来,日本的信用保证基金制度和融资基金制度解决了信用担保的实力、资金来源问题,并通过存款业务提供业务运转所需要的经费。信用保证保险制度和损失补偿制度分担并最终承担了信用担保风险,保证了信用保证协会作为独立法人具有极强公共保证。

(二)韩国的经验

韩国信用保证基金组织(KCGF)是韩国全国性信用担保机构,它依据韩国《信用保证基金法》于1976年成立,是以扶持中小企业发展为宗旨的公共信用担保机构。在基本性质、法律地位、宗旨和业务操作方面,韩国信用保证基金组织与日本信用保证协会具有许多相似之处。法律规定,基金组织的总资本由政府、金融机构出资和累计结转利润组成。基金组织担保债务限额为总资本的15倍。政府出资额是根据信用担保业务发展需要,每年编列预算,经国会批准后拨款。金融机构出资方式是按照各自贷款余额的0.3%向基金组织缴款。

基金组织的职能有四项:信用担保、信用咨询业务、信用信息的管理、延伸服务(即技术援助和管理咨询)。韩国信用担保业务的重点可以从三个比例反映出来:一是在大中小型企业的担保结构上,中小企业占99.7%;二是在担保类型上,贷款担保占84.7%;三是在担保企业的产业结构上,制造业占74%。

为了使基金组织发挥更大的作用,由基金组织出资控股、合资组建了兴勃投资公司(SIC,1987年成立)和兴勃租赁公司(SBLC,1989年成立),形成了担保、创业投资、投资基金、融资租赁等金融手段相配套,主要服务于中小企业的综合支持系统。兴勃投资公司通过筹集和管理基金,主要从事初创投资业务,用创业投资的方式购买中小企业的股票、可转让债券和进行杠杆购买,并提供临时贷款和金融中介服务等业务。兴勃租赁公司主要为地方中小型企业提供工业设备和装备的租赁服务。

(三)对中国的借鉴意义

日本和韩国信用担保体系比较发达,对中国信用担保体系的建立和发展有一定的借鉴意义。中国必须建立完善的中小企业信用担保体系,信用担保业务必须向规范化、法制化方向发展,中小企业信用担保的有效运作应以政府支持为后盾,以金融机构配合为基础,建立起担保法体系和再担保体系。

1. 应当充分发挥政府在中小企业信用担保体系建立过程中的特殊作用

担保业务不同于保险业务,保险业务可以通过统计学的方法,精确计算出风险损失的概率,从而确定保费以弥补风险损失及经营成本,进而获得利润。担保企业则不同,由于担保项目的金额各异、期限各异、反担保措施的落实程度难以确定,造成担保项目的离散性很大,无法精确计算出担保费率,因此,担保业务的风险很大。20 世纪 90 年代以前,国外也有一些金融机构开展商业性贷款担保,但 1992 年瑞典一家世界著名的信用担保公司因贷款担保而导致破产震惊了世界,此后各国基本上停止了商业性的贷款担保。从目前的情况来看,中国对中小企业信用担保仍然是一种带有政策性的业务,这种业务的风险和收益是不相匹配的。要保证这项业务的顺利开展离不开政府的大力支持。现阶段担保资金应当主要来源于政府的财政资金。国家经贸委在《关于建立中小企业信用担保体系试点的指导意见》中指出“中小企业信用担保机构创办初期不以营利为主要目的,其担保资金与业务经费以政府预算和资产划拨为主,担保费收入为辅”,这一意见较为合理,更能体现担保机构为“政策性”机构的特点。政府应当对担保机构和担保业务进行宏观指导并加强管理。但是应当避免担保机构成为政府的“出纳”,最后的责任全部由政府来承担。应当采用“政策性基金,市场化运作,法人化管理”,尽量避免和防止过多行政干预。

2. 建立担保机构风险补偿机制

担保机构应建立风险准备金制度,根据业务的进展,按比例逐步提取准备金,用于冲抵代偿支出和弥补呆账、坏账损失。担保行业是高风险行业,只靠收取少量担保费根本无力维持担保机构的生存和发展。如果担保机构承担担保失败风险,受资金减少的影响,业务势必萎缩,影响担保机构的生存。应当有良好的补偿机制。对于政策性担保机构来说,财政应给予一定的资金补偿。比如对代偿期限超过两年,且债务人确实无力偿还,或因其他因素导致债务人不可能偿还债务的担保代偿项目,担保机构提出申请,由主管机构审议批准后核销,核销后的代偿资金应全额或按一定比例补偿。财政为担保机构出资补偿担保机构的部分损失，看起来增加了财政支出，实际上通过担保机构的商业化运营，支持了中小企业的发展，可使众多的企业增加效益，会增加更多的财政收入。因此，担保机构可以把这个账算清楚，看每年到年底赔付多少，政府增加了多少收入，以此来确定担保金的增补量，为将来担保金在财政预算上的刚性化提供依据。

3. 应当建立担保基金和再担保基金制度

风险的防范、控制、分解和化解及风险补偿机制是担保机构正常运转的重要环节。中国是发展中国家，中小企业的发展并非一帆风顺，自身的风险很大，如果仅仅依赖担保机构自身的风险补偿基金是难以为继的，应当由政府支持，或者政府、银行和企业联合支持，建立风险担保基金和再担保基金，以便支持中小企业的发展和担保机构的正常运行与发展。在这方面台湾地区的经验借得借鉴。台湾地区主要通过中小企业信用担保基金为中小企业提供担保。中小企业信用担保基金为非营利的财团法人，凡符合担保对象的中小企业均可通过银行直接利用信用担保基金的担保服务。信用担保基金的主要功能有：①执行政府辅导中小企业的政策；②排除中小企业申请融资时担保品缺欠的障碍；提高金融机构办理中小企业融资的意愿；配合有关辅导机构扩大辅导效果。自 1974 年开办以来，到 1999 年 12 月止，已获批用担保基金担保的中小企业有 114 046 家，担保金额为 20 439 亿元新台币，中小企业因而获得的融资金额为 27 215 亿元新台币。

4. 建立完善的中小企业资信评级制度

建立中小企业贷款信用评级制度、企业法人代表资信评级制度和企业总体资信评级制度，强化企业信用观念，以信用等级确定是否贷款和担保。对于信用等级高的企业，实施优惠贷款条件，甚至可以给予无抵押和担保的信用贷款，对于信用差的企业，不予贷款或提高贷款条件，或必须有反担保措施。

（本文刊载于《金融研究》，2001 年第 5 期）

我国小额信贷问题研究

（2008 年 9 月）

小额信贷作为一种创新的金融制度，改变了传统扶贫方式主要依靠国家财政或外来捐赠资金的局面，依靠一种新型的信贷运作模式实现了部分地区扶贫项目的规范化、长期化运作。

我国从 1992 年开始引进这种模式，先后在云南、陕西等十几个省、区进行试点，都取得了比较好的社会效益和经济效益，是国家目前积极倡导和推行的一种扶贫开发方式。与现行的其他扶贫方式相比，小额信贷覆盖面大、到户率高、经济效益好、扶贫效果显著、返贫率低、还贷率高、资金周转快。而且，化整为零的放贷，有利于化减大额贷款的风险。通过研究我们认为，小额信贷包括三个方面的含义：一是以服务低收入人口为目的，即其区别于传统信贷业务而服务于特定目标群体；二是额度较小，在我国一般为 5 000—20 000 元；三是它是一种商业贷款，其主要目标是扶贫，是一种扶贫手段，但从运作机制上看，其本质是一种金融服务，它为传统金融不能覆盖的广大有生产能力和愿望的低收入阶层提供稀缺的金融要素，使他们逐步摆脱贫困并加速发展，同时保证小额信贷机构也能生存和发展。

从我国在部分贫困地区先后开展的小规模小额信贷试验及国际经验来看，其中一些项目在缓解贫困和增加农户收入方面效果明显，但在项目实施的过程中也遇到了许多理论与实践上的难题，小额信贷机构自身也有许多弱点和不完善之处，而且就我国小额信贷的项目整体而言目前也还达不到规模经济的要求。为此，本文从小额信贷这一新制度的产生以及其制度内涵出发，在对国内外小额信贷发展的理论和实践详细调研的基础上，分析了我国小额信贷发展的特点及遇到的问题，特别是在剖析某城市商业银行成功经验的基础上，从理论和应用两个层面对我国商业银行小额信贷问题展开研究，提出了我国发展小额信贷的对策建议，供研究人员、管理部门和金融机构参考。

一、小额信贷的基本理论

国际上发展小额信贷的初衷是为贫困人口、低收入家庭和自营业者提供一系列广泛的金融服务，包括存款、贷款、支付服务、汇款、担保、小额租赁、住房金融等，促进不发达地区的经济发展。但实际上小额信贷并不是贫困人口的专利，其服务对象应该是略低于贫困线的人口。国际上成功的、具有可持续性的小额信贷机构的贷款对象都是多层面的，囊括了贫困人口、非贫困人口和微小企业。一方面，多元化的借贷主体可以分散投资风险，为小额信贷机构的持续发展提供更多的契机；另一方面，使小额信贷机构可以有更强的能力适应市场的环境，更好地为贫困人口、为促进农村金融体系的改进作出努力。

从小额信贷的概念及其服务对象来看，小额信贷应遵循以下基本原则：①小额信贷不仅是简单的小额度贷款，还应包括储蓄、保险和资金结算等多样化的金融服务；②小额信贷是为穷人服务的金融体系，它的目标是服务大规模的穷人，其收费应在合理的范围之内，即能为穷人所接受；③为实现可持续经营的目标，小额信贷的服务收费应足以覆盖其运营的一切成本，如果可能，政府应给予小额信贷机构一定的支持和优惠政策；④小额信贷的单笔金额小，缺乏必要的抵押担保，其利率水平也应适当予以放宽。

二、国际小额信贷经验对我国的启示

在国际众多小额信贷机构中，以孟加拉乡村银行、玻利维亚阳光银行、印度尼西亚人民银行农村信贷部和拉丁美洲的乡村银行较为著名，并为众多国家所效仿，这些小额信贷机构的主要模式和特点如表1所示。

对比我国小额信贷发展的实践和国际小额信贷发展的轨迹、趋势、模式、特点，可以看出，强调机构持续性发展的制度主义的小额信贷类型将成为我国小额信贷发展的主要方向。要实现小额信贷理念的转变，首先，必须认识到小额信贷不仅是一种有效的扶贫方式，更是一种特殊的金融形式。应参照国际经验，统一规范，调整小额信贷机构的认定标准和方式，在提高项目型小额信贷可持续性的基础上，逐步将其转化为机构型小额信贷，以法律形式保证其金融合法性和规范性，并给予明确的政策支持，构造完善的小额信贷体系。其次，必须认识到小额信贷不仅是贷款计划，而且是以持续的方式向穷人提供一系列金融服务，包括存款、贷款、保险以及其他风险管理工具等。事实上，定位于贫困人口的小额信贷也需要通过多元化金融产品来增加收入，实现可持续发展。我国发展小额信贷不能仅局限于贷款供给，而是要满足贫困者多方面的金融需要，在小额信贷发展中需要更多关注贫困者的能力建设问题，包括增加参与、提供机会等，以提高贫困者获得金融服务后的生产能力，有效改善贫困者各方面的境况。

表1　各国小额信贷机构的主要模式和特点

机构	服务对象	机构性质	经营模式	共性	特点
孟加拉乡村银行	农村妇女	金融扶贫模式	政府支持下转化为独立的银行	①目标客户大多为中低收入群体	①连带责任和强制性存款形式 ②自愿基础上组成5—6人贷款小组 ③交叉放款 ④培训功能 ⑤按周分期还款
拉丁美洲银行	贫困妇女	最终目标是减少贫困	社区资助基金会	②与传统信贷比额度较小	①5—7人的连带责任小组 ②乡村银行规模较小 ③存贷款利率都较高
印度尼西亚人民银行	农村中收入较低的人群中有还款能力的人	以营利为目标	由政府项目转变为市场化经营	③均采取风险定价机制	①足值抵质押 ②利率覆盖成本 ③根据客户的现金流决定贷、还款周期 ④鼓励按期还款 ⑤大力吸收存款
玻利维亚阳光银行	城市中生活在贫困线以上的中低收入阶层	以营利为目标	是一种非政私人商业银行模式	④贷款期限、还款方式灵活 ⑤大多采取连带小组形式	①连带小组贷款方式 ②只注重银行业务的开展，不提供其他社会性服务 ③贷款小组由3—7人组成，贷款发放时所有会员可同时获得贷款 ④利率覆盖成本 ⑤自负盈亏 ⑥还款方式灵活 ⑦贷款期限灵活 ⑧每笔借款数额较大

资料来源：笔者根据相关资料整理得到。

三、我国小额信贷现状分析

根据小额信贷扶贫项目的操作主体、项目目标和运作方式，可以将我国小额信贷分为五种模式：①政府推动、村民组织主办，以救灾扶贫为目标的农村救灾扶贫互助储金会模式；②民间或半民间组织运作，以探索扶贫到户为目标的孟加拉乡村银行模式；③政府主导、政府组织和金融机构实施的，以实现扶贫攻坚计划为目标的，扶贫资金到户的政策性小额贷款扶贫模式；④完全由民间力量操作，以帮助本村贫困村民发展生产、救急救难为基本目标的，具有明显慈善性质的扶贫基金会模式；⑤完全由商业金融机构按商业金融信贷规则操作，以扶持城市失业人员和农村劳动力创业为基本目标的，商业金融机构主导的小额信贷扶贫模式。

总的来说，我国的小额信贷还存在以下主要问题：①政府的过度干预和监管缺位并存；②高成本和低利率的矛盾使小额信贷机构难以实现可持续经营；③多数小额信贷机构缺乏充足且稳定的资金来源；④信用体系不健全，小额信贷的风险较大；⑤缺乏保障机制，风险无法分散；⑥缺乏发展小额信贷的外部环境；⑦现有小额信贷品种单一，额度和期限与借贷者需求不匹配；⑧缺乏对小额信贷组织自身信誉与信用评级的管理。以上论及的诸多问题，有些是体制性的，有些是技术性的，小额信贷在我国的前景如何，取决于这些体制障碍与技术障碍消除的时间和程度。

四、关于发展我国小额信贷的若干思考

根据对世界各国小额信贷发展的成功经验及我国小额信贷发展的特点、存在问题的分析，我们对我国如何大力支持和发展小额信贷有以下思考。

（一）转变政府职能，优化小额信贷发展的外部环境

为创造一个有助于小额信贷发展的环境，促使商业性可持续的小额信贷机构成长、壮大、富有竞争力，当前政府要做的事情主要有：保证宏观经济的稳定；实行小额信贷扶贫市场准入制度，建立小额信贷扶贫系统；建设有竞争的农村金融市场，保证不同经济部门在同一个市场上竞争时处于同等地位；加强市场信用环境建设，形成信用大环境，不仅有利于实现小额信贷的可持续性，也可以为地方吸引更多的资金，从而有效地促进地方经济的发展。政府的作用不是直接分配金融资源，而是培养有偿还能力的贷款者。培养有偿还能力的贷款者一方面要求政府加大贫困地区的基础设施建设投资，如道路、教育等方面的投资，加强贫困地区的市场化建设，促进贫困地区的经济发展，为贫困地区的人民提供更多的赚钱机会，有利于贫困人口获得的商业化信贷资金实现最大化的价值增值，另一方面也要采取措施积极加强培训，提高贫困者发现盈利机会的能力。

此外，要建立和完善相关法律法规。目前，我国还没有专门针对小额信贷机构的金融政策和法律制度，这一方面使得许多小额信贷机构在执行扶贫任务时身份暧昧，处于合理不合法的尴尬境地，另一方面也增大了金融风险，所以完善小额信贷相关的法律规范迫在眉睫。要重新检查那些可能和小额信贷业务扩展

发生冲突的法律、行政法规与内部规章制度,在控制小额信贷机构业务风险的前提下,推动相关立法工作,为小额信贷的发展廓清道路;要尽快修改《人民银行法》,补充有关小额信贷的法律条文,规范小额信贷组织的性质和审批条件,在法律上赋予小额信贷组织独立的主体地位;要允许小额信贷组织享有按照其资金成本在一定范围内进行利率浮动的权力,使其可以以近似市场利率的水平进行信贷服务,增强其可持续性;要开通小额信贷组织从金融市场上融资的渠道,允许它同其他金融机构通过各种方式开展有意义的存款、贷款、拆借等业务往来;条件合适时,可开办存款保险制度,为小额信贷壮大资金来源、增强抵御风险的能力提供保险。

(二)完善小额信贷载体,发展专业小额信贷组织

建立政策性和商业性小额信贷运作体系,发挥各自的作用,通过给予一定的政策支持,吸引国内外资金,撬动民间资本,发展专业小额信贷组织以及其他金融机构的小额信贷业务,以小额信贷为广大贫困者提供金融服务。

一是大力推进专业小额信贷机构发展。专业小额信贷机构应包括政策性和商业性机构,商业性组织在工商部门注册,公益性组织在民政部门注册。对现有各类小额信贷机构,视具体情况,采取区别对待的政策,经过调整或改造完善,符合条件的,允许合法存在,并给予金融支持;不符合条件的,做好退出工作。

二是完善正规金融机构的小额信贷业务。可以借鉴印度尼西亚的农村信贷系统管理模式,在农行内部设立完全独立的小额信贷专职机构,完全独立运行、独立核算,制定区别于银行内部其他商业部门的运行和考核指标、标准及规则,行使市场化运作取向的政策银行的职能。农村信用社自身改革目前处在攻坚阶段,为提高其积极性,建议对农村信用社办理的农户小额贷款免征营业税。对小额信贷业务开展较好的农村信用社,专设小额信贷部门,针对小额信贷的特殊情况,制定特殊的规则和操作程序,享受一定的政策扶持。逐步推进小额信贷试点工作,争取在全国范围内推广小额信贷业务。

三是可成立新型的扶贫银行,作为强大的小额信贷机构。这类银行不以营利为目的,是专门服务于低收入和贫困人口的金融机构;实行自负盈亏,是企业化经营的非政府机构;其资金来源包括国家财政拨款、财政扶贫资金、农业银行的扶贫贴息贷款、国际贷款、扶贫基金等。

四是实行"三线"运行的间接信贷模式。"三线"即"政府+银行+扶贫合作社","政府"线主要负责制定政策、安排计划、组织协调、监督指导;"银行"线主要负责筹措资金和放款;"扶贫合作社"线主要负责确定扶贫对象、选择扶贫项目、提供配套服务和协助银行收贷收息。

（三）拓宽资金来源，放宽利率范围，保证小额信贷的可持续发展

从我国目前的情况来看，商业性小额信贷组织有着做大做强的趋势。商业性小额信贷组织的“原材料”是资金，“产品”是贷款，“价格”是利率，但是由于受“无金融许可证”“只贷不存”等条件的限制，加之缺少“融资平台”，“原材料”来源渠道非常有限，使其扩大经营规模的后续资金问题日益显现。“只贷不存”是为了控制风险，无可厚非，但是控制风险的方式也有多种选择，诺贝尔和平奖获得者尤努斯认为，“只贷不存”相当于斩断了小额信贷的一条腿。多元化的资金来源是商业性小额信贷组织开展经营的基础。作为正式的工商企业，应保证其拥有合理合法的资金来源，这个来源可以包括政府组织和社会团体的委托扶贫或特定目的资金，可以向商业银行或政策性银行申请转贷，也可以是法人组织的委托贷款。另外，在市场条件成熟或小额信贷组织自身实力足够强时，可以将其发展成为地区性或社区型商业性金融组织。

中央银行应继续加大对农村信用社支农再贷款的投放力度，以有效调节农村资金供求紧张状况。在个别地区，中央银行可以允许一定范围内的农村信用社自主上浮存款利率，以缓解资金问题。农村信用社还可以通过发展农村金融机构之间的资金借贷，疏通横向资金融通渠道。农业投资和农业生产的周期较长，要解决农村信用社的资金余缺问题，单靠短期拆借是难以解决的，这就需要发展金融机构之间的资金借贷，建立区域性资金融通网络，从而实现资金的最优配置。改变农业银行自筹扶贫信贷资金的方式，由中央政府提供基础货币；并在扶贫信贷资金中划出一定比例用于小额信贷；同时，财政扶贫资金中也可以拿出一小部分用于小额信贷的操作费用。可以考虑创立一个总部机构或以批发式资金形式来解决全国小额信贷资金问题，批发式基金从政府、银行、捐助机构动员贷款和资本金赠款，然后转贷或入股于基层的小额信贷项目，这有助于克服小额信贷零售机构为争取资金和管理资金而付出高成本的缺陷。

设计适宜的存款制度，充分吸收穷人的储蓄。为减少金融风险，可分为两个档次：一般的小额信贷，可以向贷款人吸收储蓄，额度限制在贷款的80%以内；对于已有较强实力、资本较多的机构，可以吸收社会储蓄，额度不得超过自有本金的50%。后一种必须获得批准。

为保证小额信贷机构的可持续运营，还应放开小额信贷利率，实现利率市场化。地方政府不应再强制性规定具体利率，在不超过基准利率4倍这一前提下，可适当放开利率水平，根据当地资金的需求情况，自主制定利率水平，比如可以采取由借贷双方自主协商的方式来确立交易利率。当然，利息收入必须能覆盖交易成本和风险成本，也就是要实现盈利性。可创新信贷产品，对不同产品实行

差别利率。例如，对于生产性信贷和非生产性贷款就可以实行不同的利率，即对于生产性贷款实行较为优惠的利率以鼓励贫困农民通过农业生产改善家庭经济状况。

(四)完善担保机制，分散信贷风险

建议建立"按照市场经济原则，政府购买服务"的农村小额信贷担保机制，一方面允许担保机构收取一定的担保费，同时允许银行根据小额信贷成本较高的实际，适当上浮贷款利率，从而使担保公司和银行都能够取得一定的合法收入；另一方面则由政府对发放小额信贷的农户给予补贴，包括贷款贴息和担保费补贴。具体措施为：从中小企业担保基金中划出一部分资金作为农村小额信贷担保基金；政府出资成立专门的担保公司，从事农民小额信贷担保工作，同时鼓励其他担保公司开展农村小额信贷担保；构建以"一保两补"(生产性小额信贷担保、银行利息补贴和担保费用补贴)为主要内容的农村小额信贷担保贴息体系；省、市、县投入农村信贷担保专项资金以后每年增资充实；为了加强监督，确保信贷基金的安全正常运行，农村小额信贷担保贴息工作领导小组可委托第三方(管理公司)对此进行专业监管；实施信贷业务的农村金融机构，其担保贷款的额度应不低于担保机构预存保证金的 6 倍，贷款利率可以在国家规定的幅度内上浮，但不得高于同档正常贷款利率的 20%；发生坏账由担保公司承担 80% 的责任，银行承担 20% 的责任。

(五)完善风险控制和监管机制，降低小额信贷风险

当前，商业性小额信贷组织在中央银行的指导框架下，围绕当地政府制订的《小额信贷组织试点实施方案》开展业务活动，并接受由当地政府组成的协调小组的治理，实行非审慎性监管。但是有关部门对具体监管方式未作出统一规定，协调小组并非专门的监管组织，不具有行政主体资格，另外，商业性小额信贷组织的投资人又多为非金融专业人才，因此提高监管的有效性迫在眉睫。

首先，要建立小额信贷的风险控制机制。通过建立农户经济档案，对农户的家庭住址、人口、田亩、经济收入情况等详细记载并经常更新，这样，在发放贷款时可以减少不必要的违约风险。另外，可以对历史借款编制还贷记录，根据记录重新评定农户的信用等级，从而决定其信用贷款限额等级和利率优惠政策。对于那些历史记录不好的农户取消资格或加以限制，而对于信用良好的农户可以给予一定的利率优惠和优先贷款。探索建立小额信贷的风险补偿机制，通过建立风险补偿基金，弥补因自然灾害等不可抗拒因素形成的小额信贷损失。为了分散和规避风险，可以在农村推行农业意外保险制度，扩大承担风险的主体，提高贷款当事人的抗风险能力，使农业风险由农村信用社和保险公司共同承担，同

时做好农村信用社资本金的补充,完善呆、坏账准备金制度。

其次,要加快小额信贷监管框架的建立。针对不同形式的小额信贷,应采取不同的监管模式,这里主要是要区分审慎性监管原则和非审慎性监管原则。一般来说,对于那些允许吸收公众存款的从事小额信贷业务的机构,如农村信用社、综合性商业银行的小额信贷事业部,适用“低门槛、严监管”的审慎性原则,将其纳入银行监管框架中。对一些硬性指标,如最低注册资本、资本充足率、存款准备金率、风险集中度等要严格规定。而对于那些“只贷不存”的专业小额信贷公司和农村资金互助社、公益性小额信贷组织则适用非审慎性监管原则,为小额信贷机构设计行为准则,包括对小额信贷的信贷业务准入、客户保护、利率政策、法律规范等问题进行监管。政府在设计监管框架时必须考虑到小额信贷机构所付出的成本,如各种信息披露文件的整理和报送的成本;另外还要考虑到监管者的监管成本,即监管者对大量的小额信贷组织必须付出很多的人力、物力和财力。如果监管框架的设计过于繁琐,既超过了被监管者的承受能力,也超过了监管者的监管能力,最终将形同虚设乃至失败。

最后,要改进金融监管模式。加强对小额信贷组织的存款保障、资金安全性等方面的监管力度,以确保存款人的利益不受损失,维护整个金融秩序的健康和稳定;要在全社会开展金融知识教育,加强社会信用制度建设,创建信用社区;要逐步建立小额信贷登记系统,实现相关信息在小额信贷机构之间的共享,将正规金融机构排斥的低收入阶层纳入征信系统,逐步建立他们的信用档案,这样既便于小额信贷机构控制风险,也有利于逐步培养低收入人群的信用意识。

(本文刊载于《农村金融研究》,2008 年第 9 期,与郭志文合著)

建立多层次农村普惠金融体系

（2010 年 10 月）

普惠金融也称包容性金融，其核心是有效、全方位地为社会所有阶层和群体提供金融服务，尤其是那些被传统金融忽视的农村地区、城乡贫困群体和微小企业。普惠金融为弱势群体提供了一种与其他客户平等享受金融服务的权利，能够有效地帮助贫困群体脱贫，普惠金融体系是构建和谐社会的重要推动力。

目前在广大农村地区，针对农民、农户提供的小额信贷应当被视为普惠金融的一部分。小额信贷是指向低收入群体和微型企业提供的额度较小的信贷服务，其基本特征是额度较小，服务于贫困人口，无担保、无抵押。小额信贷投放到农村，就是农村金融的重要组成部分。小额信贷与一般农村金融的服务目标有相当一部分的重合，基本目标都是促进增长、增加收入和减缓贫困。过去二十多年，小额信贷的概念不断被拓宽，从小额度信用贷款到微型金融，再到建立服务于穷人和低收入人群的完整的金融体系——被称为普惠金融体系。普惠金融体系认同的是只有将以穷人为服务对象的金融服务有机地融于微观、中观和宏观三个层面的金融体系，才能使过去被排斥于金融服务之外的大规模客户群体获益。

要解决农村农户、低收入人群及微型企业的发展问题，应该建立一个完善的农村普惠金融体系。在农村建立多层次的金融机构来进行小额信贷和其他的农村金融服务是完全必要的。

一、继续发挥农信社在发放小额信贷中的作用

实际上到目前为止，农信社还是为农户提供金融服务的主要力量。农信社成立的时间很长，而且网点多，在小额信贷方面也有很多的经验，所以应该继续发挥它们为农村金融服务的作用。

目前农信社是存在一些问题，要继续发挥它的作用，更多地为农村经济和金融服务，应当解决以下两个问题：一是必须明确农信社为“三农”服务的思想，二是农信社必须办成一个真正的农村合作金融组织，现在应该真正恢复农信社合作经济组织的性质。实际上，最初的农信社就是社员入股、社员存款，然后贷款给社员，农信社是社员自己的金融组织，但后来把它发展成银行了。我们现在发展县联社、省联社，广泛吸收存款，广泛发放贷款，甚至把在农村吸收的存款转放到城市，这实际上就是银行。我们调查发现，很多的农户并没有得到农信社的贷款，因为贷款手续非常繁杂，有的地方农信社贷款时，要求贷款户交 10% 的股

金。农民入股、入社是好事,但入股、入社应当是自愿的,应当把这件事同客户贷款分开处理。不能说要贷款就必须入社,那是不对的,因为农信社现在已经是一个类银行组织了,银行是一个中介组织,主要贷款不应贷给股东。所以要把入股和贷款两件事分开。信用社增资扩股可以,但是必须要自愿。

要想进一步发挥农信社在发放小额贷款和其他农村金融服务中的作用,还应解决以下问题:①农信社开展服务创新,多渠道筹集资金;②坚持小额农村信贷的市场运作,增强农信社开展小额农村信贷业务的可持续性;③明晰商业性业务和政策性业务的界限;④允许农信社根据成本制定合理的小额贷款利率水平;⑤加强农村信用工程建设,完善农信社小额农村信贷的管理和监管体系;⑥大力发展农业保险和农户小额保险。

二、发挥村镇银行服务农村金融的作用

村镇银行是银监会批准的解决农村金融问题的金融机构。村镇银行的优势在于:①存款准备金率较低;②3—5 年免税期,营业场地租金给予一定的补贴;③存款利率按照人民银行下达的基准利率执行,贷款利率不超过人民银行下达的基准贷款利率的 4 倍;④机构设置十分便利;⑤运行成本相对较低,竞争压力较小,盈利能力有保障。但是村镇银行目前获批的并不多,所以村镇银行很难发挥作用。

村镇银行目前存在的主要问题是优惠政策落实得不够。虽然当地政府对村镇银行给予了大力支持,但一些具体政策、税收优惠仍然没有落实到位。加之未获得人民银行的认可,到目前尚未享受到人民银行相关的金融扶持政策,如支农再贷款等。结算渠道有待完善,风险救助机制不全。按照银监会的规定,对同一借款人的贷款余额不得超过本行资本净额的 5%;对单一集团企业客户的授信余额不得超过本行资本净额的 10%。

由于村镇银行注册资本较少,无法满足中小企业的融资需求,使银行在业务拓展方面受到很大的限制。并且市场认知度较低,资金来源受限。村镇银行的资金来源主要靠注册资本金、同业融资和吸收的存款等。村镇银行属新设金融机构,公众对其认识不够,主动上门办理业务的客户较少,部分居民甚至认为村镇银行是“私人银行”,其可靠性甚至不如以往有主管部门的农村基金会,所以不愿到村镇银行办理存贷款业务。因此,村镇银行的资金来源非常有限。

我们认为,村镇银行一定要找准市场定位,重点为农村金融服务,多对农户和农村微型企业发放小额贷款;加大宣传力度,创造村镇银行发展的大空间;加强金融合作和准入政策供给,彰显村镇银行的制度优势;建立金融监管部门的协调监管机制,加强村镇银行的风险防范,建立健全村镇银行内控机制。

三、发挥小额贷款公司在发放农村小额贷款中的作用

（一）我国小额贷款公司的运营现状

人民银行2005年规定小额贷款公司试点的基本框架为：一是“只贷不存”，规定小额贷款公司的主要资金来源为股东缴纳的资本金、捐赠资金以及来自不超过两个银行业金融机构的融入资金；二是开放小额信贷利率上限，但不能超过法定利率的4倍，下限为人民银行公布的贷款基准利率的0.9倍，具体浮动幅度按照市场原则自主确定；三是在服务“三农”的原则下自主选择贷款对象，规定70%以上的贷款要用于“三农”，同时限定小额贷款公司只能在县域内经营。在政策的引导下，2006年，山西平遥的“晋源泰”“日升隆”，四川广元的“全力”，贵州江口的“华地”，陕西户县的“信昌”“大洋汇鑫”和内蒙古东盛的“融丰”等7家试点小额贷款公司应运而生。2007年10月，经国务院批准，银监会决定扩大调整放宽农村地区银行业金融机构准入政策试点范围，将试点省份从2006年的5个省区推广到31个省区。2008年，全国批准了100多家小额贷款公司。到2009年，小额贷款公司发展势头更为迅猛：各省市相继出台关于开展小额贷款公司试点工作的实施意见和暂行管理办法，使小额贷款公司如雨后春笋般发展起来。我们到山西永济富平小额贷款公司去参观，受到很大的启发，它们专门为农户服务、为农村服务，对农村经济的发展确实起到一定的促进作用。我们走访了一些贷款户，他们用贷款买化肥、种高粱、种玉米、养羊、养猪等，实际上解决了大问题。而且贷款户的回报率，除了还贷款以外，可以得到翻倍的收益，就是说借了两万块，除了还这两万块的本金和支付利息之外，还可以收益两万块。如果这些小额贷款公司能够发挥作用的话，对农村、农户解决生产和生活中的一些问题，应该说是很好的。

（二）小额贷款公司发展面临的主要问题

小额贷款公司发展迅速，但目前也面临不少问题：“只贷不存”资金来源问题；利率限制问题；监管体制和风险控制问题；日常经营和协调股东之间利益的问题。目前真正为农村服务的小额贷款公司非常少，相当一部分还是为城镇服务的，小额贷款公司越做越大，相当一部分已经或准备变成村镇银行。

（三）小额贷款公司发展的政策建议

拓宽融资渠道，扩大资金来源；逐步放开利率管制，实行市场利率；减轻小额贷款公司过重的税负，实现财务可持续；完善法律法规，明确小额贷款公司的合法地位；解决资金来源问题。不允许小额贷款公司吸收存款是对的，但必须解决它的资金来源问题。完全靠自有资本去贷款是不行的。应当允许其向大银行拆

借,而且放宽拆借比例,或者成为大银行的零售商。也可以向其他金融组织借款。

有人说,小额贷款公司贷款利率比较高,是不合理的。应该辩证地来看这个问题。小额贷款公司客观上起到扶贫作用,但它毕竟不是扶贫机构,它本质上是一个商业金融机构。它必须有利润才能生存和发展。小额贷款的成本和风险都是比较高的,尤其是在农村资金供应短缺的情况下,高利率是必然的。高利率不等于传统意义上的"高利贷"。过去的高利贷主要用于直接消费,还款能力差;现在的小额贷款主要用于生产,是产生投资回报的。小额贷款公司必须有它的风险覆盖面,必须首先生存,然后才谈得上发展。

所以在政策上要支持小额贷款公司,包括对小额贷款公司进行担保,可以用担保公司为其担保。还应在其他方面出台优惠政策,使小额贷款公司能够更好地生存、发展,为农业发展服务。

四、大力发展农村资金互助社

(一)农村资金互助社的发展现状

按照银监会2007年出台的《农村资金互助社管理暂行规定》,农村资金互助社是指经银行业监督管理机构批准,由乡(镇)、行政村农民和农村小企业自愿入股组成的,为社员提供存款、贷款、结算等业务的社区互助性银行业金融组织。

农村资金互助社可视为合作或股份合作金融,分村级和乡镇级两类。《农村资金互助社管理暂行规定》明确农村资金互助社在乡(镇)设立的,注册资本不低于30万元人民币;在行政村设立的,注册资本不低于10万元人民币,注册资本应为实缴资本。目前,按照银监会的规范和要求正式成立注册的农村资金互助社为数不多,只有十几家。

(二)农村资金互助社小额信贷存在的问题

目前存在的问题主要有:市场准入"门槛"仍然偏高;融资困难;业务管理水平落后,内部管理混乱;缺乏专门针对合作金融的法律;政府引导和支持不足。

(三)农村资金互助社小额信贷业务发展的政策建议

找准自身的发展定位,适当调低市场准入标准;加大宣传力度,拓宽融资渠道;加大培训力度,规范内部管理;制定《合作金融法》,加强监管。政府应加大对农村资金互助社的扶持力度。

我们认为,农村资金互助社作为合作组织是可以发展的,但是把它按银行业进行管理是否恰当还有待探讨。农村资金互助社不是银行,而是由社员自己入股成立的合作金融组织，不对外吸收存款，其实就是一个合作社，采取社员制，社员自己存款，再贷给社员。因此农村资金互助社实际上是一个合作金融组织，而不是银行，如果按银行的模式来运作的话，实际上就失去了真正合作金融的意义。

在国外，合作金融非常发达，还包括其他的合作组织，如生产合作社、消费合作社，以及金融服务合作社，这些是农民自愿创立的一些合作组织，能够很好地发挥作用。所以如果要发展农村资金互助社，就应把它变成一个真正的农村金融的合作组织。

农村资金互助社完全是吸收社员的存款，并给社员贷款，等于是定向筹资、定向贷款，不对非特定人吸收存款和发放贷款，是自己的钱自己花，自己管理。因此没必要审批，只要备案即可。而村镇银行是向非特定人募集资金，又向非特定人发放贷款，这和农村资金互助社是不一样的。

五、发展和规范农村民间金融组织

新中国从成立到现在已经六十多年了，一直不允许民间金融组织存在，把民间金融组织视为高利贷，所以民间金融组织一直没有发展起来。

解决农村金融问题，最好的办法就是搞真正的农村合作金融组织，可将农村广泛流行的标会、摇会等民间金融组织合法化，国家只需将其合法化并实行备案制，由其自律监管。

我们认为标会、摇会等民间金融组织实际上是一种农民自发的合作金融组织。标会、摇会组织不对外吸收存款和发放贷款，而是吸收会员存款和对会员发放贷款。这类组织有自己管理和运作的章程。标会、摇会的资金是会员自己的资金，积聚资金后由会员轮流使用（标会是在章程上规定使用顺序，而摇会是用抽签的办法来决定使用顺序）。标会、摇会在历史上是消费信贷组织，现在可以将资金用到生产上。其资金是定向运用，利率则根据会员意愿通过协商协议自定，定高了不行，定低了也不行。

标会、摇会是一种古老的民间金融组织，在改革开放过程中在发达地区的农村起了一定的作用，比如在温州、宁波和福建等地的农村都发挥了促进生产发展的作用。

事实证明，标会、摇会的章程很严格，不守信用和规矩的农民将被拒之门外。鉴于这些章程的严厉性，国家不妨考虑将标会、摇会组织合法化，规定其必须注册备案，将向特定对象募集的资金用于特定用途。这部分的钱是农民自己的钱，他们自行承担风险。国家只进行注册监管和法律法规监管即可，主要依靠自律监管。这类组织只要章程健全，经营合法合理，在监管部门备案即可。利率可完全放开,但应规定不得使用复利。如果违法可追究法律责任。

标会、摇会的会员都是相互熟悉的村民,组织者是具有较高信誉的村民,利于互相监督。若不将标会、摇会合法化,它就会转入地下,势必会出现"地下钱庄"或其他非法的高利贷组织。

六、利用非政府组织小额信贷

我国的非政府小额信贷起源于20世纪90年代中期,是利用国际援助资金开展的一系列小额信贷扶贫项目。这些项目不但在扶贫事业中作出了很大贡献,而且为我国扶贫模式创新、农村金融产品和制度创新起到了重要的示范与促进作用。由于这些小额信贷机构的资金基本上来源于捐赠(包括国际发展机构、非政府组织和私人等),采用非政府组织的形式,而且将扶贫作为宗旨和目标,所以,一般被称为非政府小额信贷,以区别于正规金融机构开展的小额信贷。

目前我国非政府组织小额信贷的主要问题有:①非政府小额信贷法律地位不明确;②资金产权不明晰;③治理结构和管理体制存在很大的问题;④很难进行市场化运作;⑤缺乏非政府小额信贷的中介服务机构。

我国非政府小额信贷发展的政策建议为:①可以发展成强壮的非政府组织小额信贷机构;②可以转变为社区资金互助组织;③可以转变为非银行金融机构;④可以转变为小额信贷银行;⑤可以与正规金融机构合作;⑥无论何种转型都绕不开要解决当前我国非政府组织小额信贷机构所面临的各种问题,也都需要政府政策法规上的支持;⑦明确我国非政府小额信贷机构的合法地位;⑧建立完善的监督和评级机构;⑨加强风险控制和成本管理,提高非政府小额信贷机构的运行效率。

当农村生产和消费组织重新实现合作化与企业化,当农业生产逐步实现产业化,当农村逐步实现城镇化,很多与"三农"相关的重大项目开始增多时,除了上述的一些微型金融机构在农村发挥作用之外,还要发挥农村其他金融组织的作用,应吸引大型银行和金融机构如农业银行、邮政储蓄银行承担"三农"项目,其他的投资性机构如创业投资机构、私募股权投资机构等也应逐步投资"三农"项目。这样就会形成完善的农村普惠金融组织体系和投融资体系,将极大地促进农村金融和农村经济的发展,从根本上解决"三农"问题。

(本文刊载于《农村金融研究》,2010年第10期)

温州金融改革与民间金融的合法化

（2012 年 4 月）

2012 年 3 月 28 日，国务院常务会议批准实施《浙江省温州市金融综合改革试验区总体方案》（以下简称《方案》），决定设立温州市金融综合改革试验区，涉及 12 项改革。这 12 项改革，最根本、最重要的意义是民间金融的合法化、阳光化和规范化。这意味着民间金融由非法转为合法，对于打破金融市场垄断具有重要意义，但也必须防范可能出现的风险。

一、民间金融溯源

实际上，中国的民间金融是非常古老的，甚至远早于银行，早在奴隶社会就有了民间金融。民间金融基本上是民间借贷，而且民间组织非常多。但是到了新中国成立以后，民间金融基本上被取消了，成为非法的。究其原因，最初对民间金融的定义是高利贷，这在中国是不允许的。改革开放以后，民间金融又被赋予了一层新的含义，即非法集资。在非法集资过程中，由于缺乏监管，出现了问题，如金融诈骗以及非法吸储。

1949 年新中国成立以后，民间金融虽然被取缔了，但其实一直存在，尤其是改革开放以后，民间金融非常活跃，如浙江的温州、宁波以及福建的一些地方在初期就是靠民间金融发展起来的。那个时期，民间金融的利率很高——30% 左右的利率，但由于银行不给私有企业提供贷款，因此民间金融就发展起来了。现在民间金融的问题更加突出了，尤其是 2012 年在浙江温州一带，很多中小企业借了所谓的高利贷，出现了企业主"跑路"等现象，民间金融的负面影响被放大。

二、温州金融改革分析

温州金融改革试验中最值得肯定的，是没有直接去讨伐民间金融，而是使其合法化、阳光化、规范化，这是最重要的一点，因为民间金融的存在是必然的。从目前的情况来看，中国注册的小微企业大概有 1 000 万家，加上其他的（包括农村的）大概有 4 000 万，但是它们很难得到正规银行的贷款。大型银行的贷款对象主要是大型企业，尤其是国有企业。急需资金的小微企业只能靠向一些小型的金融组织、金融机构借贷来解决问题。由于缺乏正规的融资渠道，地下钱庄、非法集资等现象相继出现。中小微企业有时不得不求助于年利率 30%—300% 的高利贷，资金链一旦断裂，就可能出现一系列的社会问题。这些民间金融组织需要合法化、规范化。

如果把民间金融合法化、阳光化、规范化，问题就可能得到更好的解决。可以通过某一机构对企业进行登记、注册、备案，甚至牵线搭桥。比如，在温州，资金需求方和供给方到一个类似结算公司的机构登记，进而解决各自的筹融资需求，这样民间借贷便规范化了。

这次温州金融改革没有提到利率改革是对的。根据相关规定，银行贷款利率4倍以上就是高利贷。银行贷款年利率是6.5%左右，也就是说，26%、27%就不是高利贷，超过了就是高利贷，其实这个规定并没有什么根据。此外，民间金融高利率是必然的。首先，消除高利贷只有在利率真正市场化的情况下才能实现。当所有的银行和其他金融机构都放开，资金供求达到平衡时，利率才有可能下降。在银行支持中小微企业力度不够并且存在一定程度垄断的情况下，要想让民间金融实现“低利”是不可能的。对于无法从银行贷到款的小微企业而言，资金是稀有资源，因此民间借贷必然是高利率的。其次，这些贷出资金的民间资本很多也来自银行，而银行的委托贷款不受利率的控制，因此这部分资金也是高利率。最后，小微企业风险非常大，因此涉及风险覆盖问题，即民间资本需要承担的损失可能非常大，因为小微企业没有更多的资产担保，在这种情况下必须以高利贷形式提供资金。因此，利率的问题应该放开，根据资金成本来做，根据风险覆盖来做，这就是一个最大的好处。不能说限制利率，而且也不能说不超过银行贷款利率4倍就是低利率，超过就是高利贷，就要打击。这次温州金融改革提到要注意高利，过于高利不予保护，这是可行的。

三、民间金融组织的形式

温州金融改革的12项主要任务中的一个重要提法是“加快发展新型金融组织。鼓励和支持民间资金参与地方金融机构改革，依法发起设立或参股村镇银行、贷款公司、农村资金互助社等新型金融组织。符合条件的小额贷款公司可改制为村镇银行”。

目前存在很多小额贷款公司，它们是民间金融的主力，其利率一般也保持在银行贷款的4倍。但是，温州金融改革提出，有条件的小额贷款公司可以转变成村镇银行。

笔者以为，小额贷款公司不一定要转成村镇银行。小额贷款公司的资金主要是自有资本加上一些借款，其风险相对而言比较小，而且限于小额贷款和熟人贷款，对贷款对象的背景较为了解。这些企业与农户和小额贷款公司非常贴近，就减少了一些所谓的担保。所谓的联保也不成功，十户联保在一起，一户还不起那九户就连坐，显然是不可行的。实际上，无抵押、无担保的一些贷款对它们更合适，这就需要小额贷款公司的参与。但现在存在一种“做大”的趋势，即小额贷款公司想变成村镇银行，村镇银行想变成城商行，城商行想变成全国股份银行，全国股份银行想变成全国性的大银行。银行是向非特定人吸收存款，向非特定人发放贷款，其风险是非常大的。在实际情况中，允许开设村镇银行，但批准的却很少，因为这涉及管理能力、人员素质等问题。村镇银行应当有大的银行或者金融机构参与甚至控股，银行派其内部管理人员参与村镇银行管理，这样村镇银行才能有资金来源和信誉。小额贷款公司不一定需要变成村镇银行。小额贷款公司就是为小微企业和农村服务的，改革不是越大越好，而是要把它做好。另外，各种组织都可以采用，如合作基金。合作基金也是农村金融的一种小的形式。甚至标会、摇会也可以考虑发展，这种贷款方式在历史上存在过，这种情况下不对外提出存款，也不对外发放贷款，是真正的合作金融组织。标会、摇会是有章程的，贷款必须有利息，有利息大家分红，福建和浙江的温州、宁波早就有这种组织存在。标会、摇会的风险很小，基本上是风险自担。因此，要发展多种合作经营组织。

四、健全与完善民间金融的法律法规

温州金融改革中提出，“规范发展民间融资。制定规范民间融资的管理办法，建立民间融资备案管理制度，建立健全民间融资监测体系”。

金融风险可以通过监管来控制。比如现在深圳，无论个人贷款还是机构贷款，都在中介那里进行登记，由中介联系双方供求，相当于委托贷款和委托存款，这样就可以防范放贷的风险，并且能够将其纳入监管的范畴内。在民间金融合法化的背景下，并不需要监管利率，而只是监管触犯法律的问题。

作为一次重要试水之举，温州金融改革对中国金融改革和民间金融发展具有重要意义。改革已经到了深入的一步，应解放思想，对银行以及资本市场进行进一步的改革。与此同时，民间金融孕育了大量的资金，却没有适当的渠道释放，导致一些问题的出现。未来应更好地利用民间金融发展中国的企业，尤其是小微企业。

多年来中国并没有一部关于民间金融的法律，涉及民间金融的违法行为及犯罪界定主要依据《刑法》和一些部门的规定来处理。而且在当时的历史情况下，对民间金融基本是立法“禁止”，凡是与当时中国法律规定不合者，都被视为违法甚至犯罪。与民间金融有关的罪责包括非法集资罪、非法吸储罪、金融诈骗罪及高利贷罪等。这些罪责的规定对打击金融犯罪、维护市场秩序、保护投资者合法权益起到了积极作用。但是，应当看到，这些法律很多都是在一定历史条件下制定的，现在的情况已经发生了很大的变化，需要考虑原有法律的适用性问题了。另外，由于一部法律涉猎面很广，仅作一些原则性规定，具体规定不细，造成确定罪与非罪、定罪量刑的困难。因此，根据情况的变化，适时修订或制定相关

法律法规是很有必要的。

浙江的吴英案应当引起我们的深思。吴英案是令国人关注的案件。浙江省金华市中级人民法院一审认定，吴英以合伙或投资等为名，高息集资，欠下巨额债务。为还债，吴英继续非法集资。吴英以给付高额利息为诱饵，采取隐瞒先期资金来源真相、虚假宣传经营状况、虚构投资项目等手段，非法集资人民币7.7亿余元，用于偿付集资款本息、购买房产和汽车及个人挥霍等，实际诈骗金额为3.8亿余元。

一审判决以集资诈骗罪判处被告人吴英死刑，剥夺政治权利终身，并没收其个人全部财产。被告人吴英不服，提出上诉。浙江省高级人民法院经公开开庭审理后，裁定驳回被告人吴英的上诉，维持原判，并报请最高人民法院复核。最高人民法院经复核后认为，第一审判决、第二审裁定认定被告人吴英犯集资诈骗罪的事实清楚，证据确实、充分，定性准确，审判程序合法，综合全案考虑，对吴英判处死刑，可不立即执行。

吴英一审、二审都被判处死刑引起了全国人民的关注（有些专家学者认为吴英罪不至死），同时引起了社会对民间金融罪与非罪的讨论。

吴英案至少对我们有以下启示：第一，反映出有关民间金融的法律的缺失与滞后。就像温家宝总理讲的"对于民间借贷的法律关系和处置原则应该作深入的研究，使民间借贷有明确的法律保障"。第二，如果从法律上承认民间借贷的合法性，使民间金融在阳光下规范运作，就会减少像吴英案那样的非法集资案。第三，应当制定民间金融的"阳光法案"，无论是制定单独的法律还是法规，都是以促进民间金融发展、规范民间金融规范运作、保护民间金融投资者和融资者的合法权益、打击民间金融中的各种违法犯罪行为为目的，这样民间金融才能得到健康发展。

参考文献

[1]国务院，《浙江省温州市金融综合改革试验区总体方案》，2012年3月28日。

[2]温家宝，"对民间借贷的法律关系和处置原则应做深入研究"，新华网，http://news.xinhuanet.com/politics/20121h/2012-03/14/c_131466706.htm，2012年3月14日。

（本文刊载于《中国市场》，2012年第37期）

用法律规范民间金融和私募股权基金

（2012 年 8 月）

一、民间金融合法化、阳光化、规范化

中国的民间金融是非常古老的，比银行早多了，在奴隶社会就有民间金融存在。什么是民间金融？基本上是民间借贷。民间金融有各种组织形式。但是新中国成立以后，民间金融基本上被取消了，不允许了，认为民间金融是非法的。最初我们给民间金融戴的帽子就是高利贷，而高利贷在中国是不允许的。改革开放以后又增加了非法集资罪、非法吸储罪。由于对民间金融缺乏有效监管，与民间金融相关的金融诈骗现象十分严重，因此又有了金融诈骗罪。

但是应当看到，虽然新中国成立以后民间金融被取缔了，但它其实是一直存在的，尤其是改革开放以后，民间金融非常活跃，可以说像浙江的温州、宁波以及福建的一些企业主要就是靠民间金融发展起来的。比较典型的是温州，一方面，温州的企业一开始就是私营企业，那时银行是不贷款给这些企业的，因此它们只能靠民间金融，那时利率也很高——30% 左右的利率，但这些企业也用，一是因为它们无法从正规银行得到贷款，二是因为它们创造了更高的利润，有能力支付贷款本息。另一方面，温州人发挥了聪明才智，很多企业搞了股份合作制，用“以资带劳，以劳带资”的办法，通过企业职工集资入股的办法解决企业自有资金问题。

由于民间金融多年来被视为是非法的，因此一直处于地下运行状态，不可避免地都是在非规范操作。从监管角度来看，除了真正构成犯罪的交由司法机关处理外，其他方面很难有效监管。因此，民间金融出现问题是不可避免的。比如，出现非法“抬会”、地下钱庄、卷款逃跑等现象；出现非法集资、金融诈骗等犯罪活动。最重要的是民间借贷利息比较高，据了解，年利率 30% 比较普遍，最高的可达 300%。由于利率很高，出现还不起钱、资金链条断裂的情况。尤其在 2011 年，温州、鄂尔多斯等地的很多中小企业借了高利贷，之后都还不起，导致资金链条断裂，造成一些企业主有的跑路、有的跳楼。

民间金融本身的罪与非是争论多年的问题。改革开放后经济发展的历史告诉我们，民间金融是中国金融发展本身的一种不可或缺的形式，这种非正规金融是对正规金融的重要补充。中国的中小微企业和农村金融主要靠民间金融才能得以发展。从目前的情况来看，中国的小微企业注册的大概有 1 000 万家，加上其他未注册的（包括农村的一些小企业）大概有 4 000 万家，但是它们很难得到

正规银行的贷款。大银行的主要贷款对象是大企业,让它们把主要精力转到小微企业上是不合适也是不经济的。小微企业主要应该靠中小银行(如城商行、村镇银行)和民间金融来解决资金问题。因此,现在应当转变指导思想,不是禁止民间金融发展,而是引导民间金融健康发展。

民间金融的发展终于迎来了春天。2012 年 3 月 28 日,国务院总理温家宝主持召开国务院常务会议,会议批准实施《浙江省温州市金融综合改革试验区总体方案》(以下简称《方案》),决定设立温州金融综合改革试验区。

这次会议提出的"温州金融综合改革的十二项主要任务"中有两项改革政策值得关注:①规范发展民间融资。制定规范民间融资的管理办法,建立民间融资备案管理制度,建立健全民间融资监测体系。②加快发展新型金融组织。鼓励和支持民间资金参与地方金融机构改革,依法发起设立或参股村镇银行、贷款公司、农村资金互助社等新型金融组织。符合条件的小额贷款公司可改制为村镇银行。

温州金融综合改革的重要意义在于将使民间金融阳光化、合法化、规范化。从政策上承认民间金融的合法性,不再以高利贷、乱集资为名一律打击。然后再逐步规范,使民间金融能够更好地服务于实体经济。同时使其阳光化,有利于加强监管,防范金融风险。当然这是个长期的过程。

温州金融综合改革试验区的任务中提出"加快发展新型金融组织。鼓励和支持民间资金参与地方金融机构改革,依法发起设立或参股村镇银行、贷款公司、农村资金互助社等新型金融组织。符合条件的小额贷款公司可改制为村镇银行"。民间金融的组织形式应当多样化,真正体现出合作金融的性质。目前,小额贷款公司是民间金融的主力,应当保持小额贷款公司的稳定性。事实证明,小额贷款公司对小微企业和农村金融的发展起了其他金融机构起不到的作用。小额贷款公司用自有资本和部分借入资本贷款,风险相对来说比较小,而且贷的都是小额贷款,相当一部分是熟人贷款,他们非常了解客户。小额贷款在农村主要用于购买种子、化肥、耕牛、机械等。因此可以不用抵押担保,用信用贷款就可以了。现在农村小额贷款实行贷款户联保,并不太成功,十户联保在一起,一户还不起那九户就得连坐,哪一户都不愿意干。对于小微企业和农户来说,无抵押无担保贷款更为合适。小额贷款公司更适合进行这样的贷款。但是小额贷款公司觉得自己的资金少,力量薄,不能吸收存款,贷不了那么多款,很难发挥更大的作用,因此很多都希望转为村镇银行。温州金融综合改革任务中确实提出"符合条件的小额贷款公司可改制为村镇银行"。但"符合条件"四个字,不是指所有的小额贷款公司都可改制为村镇银行。村镇银行的风险相对于小额贷款公司来说要大。因为是"银行",就与其他民间金融组织有所不同。银行是向非特定人吸收存款、向非特定人发放贷款的金融组织，这里涉及很多问题，最主要的是如何管理、如何防控风险的问题。

民间金融组织要多样化。除了村镇银行、贷款公司，还要发展农村资金互助社。各种组织都可以用，现在还有农村合作基金——合作基金也是民间金融的一种小的形式，甚至我主张允许标会、摇会等古老的民间金融组织存在。标会、摇会是一种民间合作金融组织，比如十个人每人出十万元就可以抬一个会，不对外提出存款，也不对外发放贷款，而是用会员的会费对会员发放贷款，会员轮流使用贷款，利率自定，有收益时会员还可分红。这是真正的合作金融组织。标会、摇会在中国农村有一两千年的历史，当时主要是消费信贷，而在改革开放初期这种金融组织在福建和浙江的温州、宁波又重新出现了，主要用于生产性贷款。但是由于运作不规范，相当多的抬会因变成地下钱庄而被取缔。要允许标会、摇会存在，这种组织的成立要向有关监管部门登记，用内部章程规范其行为。

二、发展和规范私募股权基金

私募股权基金（Private Equity Fund）是指由私人直接投资公司（Private Equity Firm）管理的，以策略投资者（Strategic Investor）角色积极参与投资标的经营和改造的基金。广义的私募股权投资包括对企业首次公开发行（Initial Public Offering，IPO）之前各阶段的股权投资，包括风险投资（Venture Capital，VC）、杠杆收购（Leveraged Buyout，LBO）和上市前融资（Pre-IPO），以及上市公司进行的非公开定向发行（Private Investment on Public Equity，PIPE）。狭义的私募股权投资通常指上市前融资，即向发展已比较成熟、准备在未来几年内进行IPO企业的股权投资。一旦企业成功上市，渡过锁定期后，投资者就可以通过在二级市场上出售股权获得回报。

其实还有一种私募基金，是通过私募方式设立基金，但不是投资于非上市公司股权，而是投资于证券市场的基金，即私募证券投资基金，在国外称为对冲基金，在国内经阳光化后又叫阳光私募基金。阳光私募基金不是我们讨论的重点。我们这里主要讨论私募股权基金（以私募方式募集、投资于非上市公司的基金）的发展与规范问题。

自1946年美国第一家私募股权投资公司——美国研究与发展公司（ARD）正式成立，私募股权市场已经经历了六十余年的发展历程。发达国家的经验充分表明：作为金融创新和产业创新结合的产物，私募股权投资为新兴公司提供了创业和持续发展所需的宝贵资金，催生了新的产业，促进了产业结构和消费水平升级，扩大了就业机会，对发达国家经济的持续发展、科学技术的进步和新经济的出现起到了巨大的推动作用。随着中国经济持续快速的发展、经济体制改革的深入进行,中国已成为亚洲最为活跃的私募股权投资市场之一。

中国的金融体制改革与创新在传统金融领域和支持稳定增长的传统产业方面取得了显著的成绩。但相比之下,在支持产业创新方面则相对缓慢。急需发展的现代服务业、高新技术产业、各类消费品制造业和消费服务业大都以中小企业与民营企业为主。但现有的金融体系却没有为它们提供相应地融资渠道,使它们的发展、壮大受到限制。而私募股权基金的优势就在于它是真正市场化的。基金管理者完全以企业成长潜力和效率作为投资选择原则。投资者用自己的资金作为选票,将社会稀缺生产资源使用权投给社会最需要发展的产业,投给这个行业中最有效率的企业,只注重产品有市场、发展有潜力,而不管这个企业是小企业还是民营企业。这样整个社会稀缺生产资源的配置效率可以大幅度提高。因此,发展私募股权基金有助于促进中国产业结构的调整。

近几年来,中国私募股权投资得到了长足发展,对企业的发展和壮大以及产业结构调整起了积极推动作用。我们应该在充分吸取发达国家有益经验及惨痛教训的基础上,积极探索私募股权市场的构建模式,以市场化的方式引导储蓄向符合国家经济发展战略、有利于经济持续健康发展的方向转化,尽快建立起既符合国际规范又适合中国国情的较为完善的私募股权市场。

目前存在的主要问题是盲目发展、管理不善、良莠不齐的问题。最主要的问题是缺乏明确的法律规范和法律保护。在中国开展私募股权基金业务,涉及国家发改委、证监会、央行、财政部、商务部、外管局、科技部、税务局、工商局等各个部门,监管责任不明确。各职能部门各司其职,制定各自领域的规章政策,缺乏效率和统一性。政策法规的不完整和不一致反映出中国法制基础的薄弱,一定程度上挫伤了海外私募股权基金进入中国的积极性,也阻碍了本土私募股权基金由萌芽到成熟的前进步伐。

三、建立健全有关民间金融与私募股权基金的法律法规

(一)健全和完善民间金融的法律法规

多年来,中国并没有一部关于民间金融的法律,涉及民间金融的违法行为及犯罪界定主要依据《刑法》和一些部门的规定来处理。而且处于当时的历史情况下,对民间金融基本是立法“禁止”,凡是与当时法律规定不合者,都被视为违法甚至犯罪。与民间金融有关的罪责包括非法集资罪、非法吸储罪、金融诈骗罪及高利贷罪等。这些罪责的规定对打击金融犯罪、维护市场秩序、保护投资者合法权益起到了积极作用。但是,应当看到,这些法律很多都是在一定历史条件下制定的,现在情况已经发生了很大的变化,就要考虑原有法律的适用性问题了。

另外，由于一部法律涉猎面很广，对一些作原则性规定，具体规定却不细，造成确定罪与非罪、定罪量刑的困难。因此，根据情况的变化，适时修订或制定相关法律法规是很有必要的。

最近发生的浙江吴英案应当引起我们的深思（在上一篇"温州金融改革与民间金融的合法化"一文中有较详细的论述）。温家宝总理也对此案发表了看法：

"我注意到，一段时间以来社会十分关注吴英案。我想这件事情给我们的启示是：第一，对于民间借贷的法律关系和处置原则应该作深入的研究，使民间借贷有明确的法律保障。

第二，对于案件的处理，一定要坚持实事求是。我注意到，最高人民法院下发了关于慎重处理民间借贷纠纷案件的通知，并且对吴英案采取了十分审慎的态度。

第三，这件事情反映了民间金融的发展与我们经济社会发展的需求还不适应。现在的问题是，企业，特别是小型微型企业需要大量资金，而银行又不能满足，民间又存有不少的资金。

我们应该引导，首先是允许民间资本进入金融领域，使其规范化、公开化，既鼓励发展，又加强监管。我可以告诉大家，中国人民银行和中国银监会正在积极考虑将温州的民间金融作为综合改革的试点之一。"

（二）制定规范私募股权基金的法律法规

在中国，是否对私募股权基金单独立法还是一个非常具有争议性的问题。中国最初曾经选择了统一进行立法的法律调整模式，曾尝试制定一部统一的《投资基金法》，在该法中以专章的条文对私募基金进行独立系统的规范。我曾参与了《投资基金法》的起草工作（任起草工作组副组长），对于起草过程很清楚。1999 年在起草《投资基金法》时，中央要求对基金要统一立法，在基金法中要规范三种基金，即证券投资基金、产业投资基金和创业投资基金。2000 年 11 月《投资基金法》（草案第四稿）最早出现了私募基金的专章规定，2001 年 1 月《投资基金法》（送财经委汇报稿）、2001 年 5 月《投资基金法》（征求意见稿）、2001 年 12 月《投资基金法》（博鳌稿）都将私募基金的规定列为专章规范。可以看出，当时对投资基金统一立法的呼声占据了主流。但是，2002 年 3 月的《投资基金法》（草案）却取消了关于私募基金的专章规定，条文也大幅缩减，只对私募基金表示了认可。再到 2003 年，《投资基金法》被《证券投资基金法》取代，关于私募基金的规定被完全删除，只规定了一条：基金管理公司或者国务院批准的其他机构，向特定对象募集资金或者接受特定对象财产委托从事证券投资活动的具体管理办法,由国务院根据本法的原则另行规定。我最了解这个变化过程。把《投资基金法》变成《证券投资基金法》的原因确是对私募基金有不同的认识,很难统一,另外,把公募基金(证券投资基金)和私募基金(通过私募方式募集投资于未上市企业的基金)这两种募集方式不同、投资对象不同、性质不同的基金都放到一个法里规范,很难落笔。如果这样拖下去,《投资基金法》出台将遥遥无期。在这种情况下,起草小组向全国人大领导同志汇报,建议《投资基金法》先规范比较成熟的公募基金,在条件成熟后再另行规范私募基金。人大常委会同意了起草小组的意见,这是《投资基金法》改成《证券投资基金法》的真实原因。

从《投资基金法》到《证券投资基金法》的立法过程反映出中国对于公募基金和私募基金是否进行统一立法还存在很大的分歧。当前已经开始对《证券投资基金法》进行修订。一些同志认为,应借修订《证券投资基金法》的机会,目前把私募基金的有关规定纳入其中。我认为,目前把私募基金的有关规定纳入《证券投资基金法》难度仍然很大。

当然,对私募基金进行法律规范是完全有必要的。法律规范是使其有明确的法律地位,使其规范运作和受到法律保护。应当明确私募基金的性质,私募基金是向特定人募集,投资于非上市公司的基金,基本是"私人"行为,而不是公众行为。对私募基金进行立法,也属于司法调节范围。实际上民商法即可调节私募基金的行为。如果需要对私募基金进行单独的法律规范的话,可考虑先由国务院颁发私募基金管理办法对其加以规范,待条件成熟后再考虑统一立法或单独立法。

(本文是《罪与非:民间借贷、股权私募知识盘点、热门案例及法律引导》一书(中国政法大学出版社,2012 年)的"序言",收录本书时,题目为笔者所加,有部分删节)

金融企业社会责任与普惠金融

（2013年1月）

非常高兴能在金融企业社会责任论坛上作这个发言。我发言的题目是“金融企业社会责任与普惠金融”。

一、什么是金融企业的社会责任

平安的老总马明哲先生有段句话说得非常好：“企业生于社会，长于社会，不仅作为创造利润的集体存在，还兼顾着各种赚钱以外的责任：对国家的责任，对社会的责任，对人民的责任。一个企业无论大小，只有当它把自己的生存与发展和国家、社会民生的发展联系在一起时，才能走得稳、走得远。”一个企业应当为社会作出贡献，我们的一些企业在尽社会责任方面确实做了非常多的工作，包括做了很多社会公益性的工作，比如抗震救灾、捐款、扶贫、扶持困难学生等。这些企业厚德载物，以信用为第一，而且取得了社会的信任。

究竟怎么理解企业的社会责任呢？是不是马先生所说的就是社会责任呢？能不能更广义一点呢？这是我们探讨的问题。社会责任是不是不赚钱呢？马先生说了，除了赚钱之外，我们还有其他责任。我想应当更广义一点地理解企业的社会责任。

第一，作为企业来说，赚钱也是一种社会责任。企业赚钱才有经济效益，有经济效益才能有社会效益，赚钱也就是说明能经营得好、管理得好。所以说，如果企业要想更好地为社会服务，就应该更好地去赚钱，因为你是企业，而不是一个完全的公益机构。赚更多的钱，才能去抗震救灾，才能去扶贫。当然，赚了钱不要完全拿到自己的腰包里，那就不是社会责任了。如果说你们赚钱了，也就是你们取得了很好的经济效益，你们本身就承担了社会责任的一部分，也就是为社会作出了贡献。

第二，作为企业来说，能够提供更好的产品，为社会、为客户提供优质的服务，企业不仅获得了良好的经济效益，也获得了良好的社会效益，是不是也算尽到了企业的社会责任？也就是说，企业为社会提供了很好的产品，为客户提供了优质的服务，也就尽到了社会责任。

第三，金融企业，包括银行、保险、信托、证券业等，如果能够更好地为实体经济服务，支持和促进经济与企业的发展，就意味着尽到了它的社会责任。比如说，为当前更多的中小微企业提供服务，包括直接的贷款服务、担保服务等，应该说是对社会的贡献，对实体经济的贡献，对实体企业尤其是中小微企业的贡献。

第四，银行现在要开展更多的个人业务、私人银行业务、零售业务，对我们的个人提供更多的服务，这也算尽到了你的社会责任。让我们的客户感到温暖、惬意、舒服、幸福，能够对他们提供更好的服务，从这一点来说，也是一种社会责任。这一点我稍微展开一点说，现在已经改革开放30多年了，我们的社会财富积累了很多，包括我们个人的财富，我们的储蓄存款已经有30多万亿元了，在改革开放初期全国的储蓄存款是多少？110亿元人民币！现在是30多万亿元，还不包括手存现金和其他金融资产。那么，这些资产需要管理，需要理财，但是，储蓄存款负利率，买股票也都赔在里面了。能不能给他们提供全方位的服务？就是为他们管理投资理财？如果能做到，不是很好吗？就本人来说，本人钱不是很多，当时说在银行开一个金卡客户需要30万元，说可以提供优质服务。结果呢？我确实是存了30万元，但是没有得到任何优质服务。开始说，比如买国债，我给你预留点，这不是优质服务了吗？结果后来说，这不行，别人有意见，凭什么给你留？我说能不能帮我理理财？说怎么帮你理？你看大家都忙得要命。这叫什么金卡客户？你看看汇丰，看看花旗，看看它们的个人业务、私人业务以及它们的贵宾服务是怎么做的。它们的服务可以说是全方位的。从你到加勒比海钓鱼，到你去悉尼歌剧院看歌剧，都可以给你安排全程；可以让你这部分资金搞保险，那部分资金搞投资。尤其我们的小散客户，我说的还是有点钱的小散客户，他们也需要理财。谁为他们服务？如果把这些都做好了，不也是为老百姓、为社会作贡献吗？

第五，从企业的产品业务创新来看，如果我们能够做得更好，那也是为社会提供更多的服务，也就是对社会作出更大的贡献。比如银行、保险机构，包括券商，为投资者创造出更多的投资产品，使这些产品能够让老百姓的投资理财变得更加方便，使得中小企业能够获得更多的利益。从这一点来说，也是对社会作了贡献。比如说保险业，完全可以创办出一些能够作为当前的社会保险体系辅助的产品，对当前建立社会保险体系应该起一些辅助的作用。

这几年我们的保险发展得很快，但是，你们去看，都是“投资＋保险”。有个老头儿到银行柜台取存款，工作人员（实际上是保险公司驻银行代表）向他推荐了一种产品，说比存款利息高，还能对你进行人身保障。老头儿买了，回家以后，跟老伴儿一说，老伴儿说这不是存款，这是保险，我们不需要那么做，而且保险利息没有多少。于是老头儿到银行想退掉，银行不给退，说合同上写得很明白不能退，你已经签了合同，就不能退了。老头儿说不是存款可以退吗？银行说这不是存款，这是理财产品。所以说老百姓其实不懂。因此，你这样怎么能为社会大众服务呢？

所以，我说社会责任不仅仅是捐款、去救灾、去救助学生，而是企业本身就承担着一个为社会服务的责任,这就是你的企业责任。

二、什么是普惠金融

普惠金融,也称包容性金融,其核心是有效、全方位地为社会所有阶层和群体提供金融服务,尤其是为那些被传统金融忽视的农村地区、城乡贫困群体、中小微企业提供金融服务。普惠金融为社会群体提供了一种与其他客户平等享受金融服务的选择,能够有效地帮助贫困群体脱贫。普惠金融是构建和谐社会的重要动力,在构建和谐社会的时候,没有普惠金融是不可以的。如果没有普惠金融,则只有一部分企业、一部分人可以享受到金融服务,而更多的人享受不到。那么,怎么建成一个和谐的社会呢?所以,如果我们实施普惠金融,也就是履行了我们的社会责任。普惠金融本身就是一种社会责任。

普惠金融包括的面很广,中小微企业、农村金融还有个人金融服务,都属于普惠金融的范围。因为时间关系,我这里主要谈一谈如何通过普惠金融更好地为中小微企业提供金融服务。

我国的中小微企业有4 000多万家,其中工商注册的有1 200多万家。所谓4 000多万家,有一些是没有注册的农村的个体户等,其中957万家是民营企业,即民营企业的90%以上是小微企业。可见,民营小微企业已经构成了现阶段我国中小企业最主要的组成部分。有学者将我国中小微企业在国民经济中的地位概括为"五六七八九","五"是指中小企业税收贡献占整个税收的50%,"六"是指占GDP的60%,"七"是指占进出口的70%,"八"是指承担就业的80%,"九"是指数量上占整个企业数量的99%。

有这么多中小微企业、民营企业,但是它们很难得到比较公平、公正和完善的金融服务。大家知道,2011年是实体经济最为艰难的一年,关门倒闭的企业数以千计、数以万计,浙江、广东、江苏等多个省份出现了多起企业主因高利贷而跑路、失踪和自杀的事件。2012年有所好转。一个不可忽视的事实是什么呢?一方面,广大中小企业贷款难、贷款贵,实体工业企业利润一再降低,生存和发展步履艰难,很多中小企业挣扎在高原料成本、高劳动力成本、高资金成本的生死线上,嗷嗷待哺。另一方面,银行利润暴增。那么,这里面就有一个问题了,99%的中小企业创造了"五六七八九",但是却得不到完善的金融服务。能说我们的金融企业尽到社会责任了吗?

从目前的情况看,我国经济下一步的发展,中小微企业、民营企业要起非常大的作用。所以,要为它们提供更多的金融服务。这就叫普惠金融。那么,刚才说银行成了暴利行业了(除了石油就是银行了),银行的利润是怎么来的呢?银行的利润主要来源于紧缺溢价与风险溢价,而非其经营能力的提高。而且现在虽然说利率有所限制，但是它们是用理财产品把老百姓的钱拿去了，它们还是高价、高利地把钱放出去了。利率就绝对不是6.5%了。实际上这就是大家说的影子银行。与此同时，我国的实体经济软了许多，金融业和实体经济盈利水平的巨大差异，诱使民间资金不断弃"实"投"虚"。而民间金融就会出现高利贷。为什么会出现高利贷？如果说利率全放开了，资金的分配公平合理，在任何渠道都可以得到资金，按照资金率的投资价格利率就不会高。但是需要资金，没有，这块没有资金提供那块有，利率肯定就高了。所以，在温州、在鄂尔多斯谁都可以贷款，有一个老头，他的儿子给寄了7 000块钱，他就完全可以暴利了，可以得到很多钱了。在这种情况下，就出现了非常多的问题。

社会资金紧张和银行业暴利，也使得资金雄厚的垄断国企、某些"三高"超募发行的上市公司，通过企业—银行—企业的转贷方式或者其他方式，向中小企业和个人放贷，长期下去，就会蕴含巨大的金融风险。问题已经到了非常严峻的地步，包括大家现在提影子银行，说风险怎么样？谁都说不清。到底有多少资金？也说不清。

三、如何实施普惠金融

新时期我国银行和其他金融机构要充分发挥服务实体经济的主力军作用，首先要认清金融与实体经济的辩证关系，银行业首先要认识到实体经济的基础性作用，如果国民经济不能健康发展，银行业就必然不稳定，银行利润就成为无源之本，如果银行脱离实体经济，而自行自我寻求发展，必然是本末倒置。因此，要充分认识到金融在实体经济中的作用，在生产要素配置中的引领作用。银行业包括其他金融机构要加深对与实体经济互利共赢辩证关系的认识，不断强化为实体经济服务的金融理念，在支持实体经济发展中开拓新的业务领域，尤其是应当加大对中小微企业的支持力度，应当为企业的转型、更新换代和技术创新提供更多的服务。

第一，我国的中小微企业和原来不一样了。在改革开放初期，中小微企业实际上属于粗放式企业，它们生产的产品基本都是低端的，没有什么自主品牌。珠三角、长三角，又都是外向型经济，它们主要就是三来一补、来料加工。在这种情况下，它们没有任何技术创新。但是，当时它们起了作用，对于就业，对于各方面，包括农民工进城打工，广东作了很大的贡献，珠三角、长三角也都作了很大的贡献。但是，从2007年金融危机开始，这些企业纷纷不行了，为什么呢？没有竞争力。它们生产的都是玩具，都是圣诞节的礼品，还出口一些纺织品。那么，在金融危机的情况下，人家圣诞节可以不要礼物，人家的孩子可以不玩你中国的玩具，纺织品也受到限制，所以这些企业就不行了。

第二，这些企业过去享受的是劳动力红利，低工资，在座的有没有珠三角、广东的？多年来，几乎近二十年来，他们用700块钱的工资给那些打工的，维持了长三角、珠三角的发展。但是，现在2 000块钱都找不到人了，人口红利正逐渐消失。这就需要转型，转型需要金融服务，哪来的钱呢？因为在转型期、技术创新期，银行是不给贷款的，银行就是谁好给谁，要不然你还不了我怎么办？所以，这个时候就需要其他金融服务，你们在座的有创投，有PE，有风投，你们来服务，那当然就有风险了，但是必须给予金融支持。

十八大把科技创新、创新驱动提得非常高。我国要成为创新性的国家，珠三角、长三角这些落后的企业、落后的产业怎么办？不转型、不更新换代行吗？需要金融支持，有社会责任的金融企业应当支持企业转型。所以说，金融企业应该为中小微企业、民营企业的转型和更新换代提供更多的金融服务，这是我们的社会责任。

借此机会，我想提几点。

第一，银行，尤其是大型银行、大型商业银行贷款应该向中小微企业倾斜。大家知道我国五大商业银行，到目前为止贷款占了全国贷款的50%—60%。但是，它们主要是贷给大型企业。那么，它们应不应该为占99%的未来经济发展最主要的生力军、主力军来服务呢？应该。而从国外发展的情况来看，像国外的花旗银行、汇丰银行，相当一部分的业务已经转为私人银行业务，转为零售业务，转为个人型业务，40%、50%不仅仅只是贷款，还有很多中间业务、表外业务，它们全做了。那么，这些中国大银行不应该这样做吗？所以，在我对十八大报告的一个解读里，我说金融改革提了五条，第一就是打破金融垄断，发展合作金融、民间金融。大银行纷纷反驳，说我们垄断了吗？没有。还说如果没有金融垄断，中国不就被外国侵占了吗？我们需要大银行。谁说不需要大银行了？但是，大银行完全就这样来做可以吗？你们有没有想到今后假设利率市场化以后会面临新的竞争，完全靠贷款存贷利差生存的日子可能会一去不复返，现在大家都变成控股公司了，底下设保险公司、基金公司、信托公司，它不是银行了，而已经是金融控股公司了，为什么？它得生存。那你能不能考虑转变一下呢？为中小企业提供更多的服务呢？所以，大银行应该拿出更多的精力做这件事儿。大银行应当转变思想，要更多地为中小微，尤其是小微企业服务。

第二，应该建立和发展直接为中小微企业服务的中小合作银行，或者合作金融组织，目前我们已经有了这样的银行或组织，有些地方做得不错，和农村结合了起来。第一，城市商业银行，它们做了大量中小微企业的金融服务。第二，邮储银行，它们一开始就有为中小企业服务的理念，措施也都有了，所以，应该发挥它们的作用。第三，村镇银行，它们更应该为中小微企业提供更多的服务。第四,农村信用合作社,要更多地为中小微企业服务。我国最早的农村金融合作社大家都说成立于1949年,那不对,实际上最早在1929年就有了,在第二次革命战争的时候,我们在平江就有合作社了,那是农民自己的。到了新中国成立以后,民办的社才没有了,利息也不分了,而且后来成了农业银行的下属机构。现在我们改革,恢复了股份制的性质,但是又成为县联社、省联社,就是银行。所以,现在虽然有农村信用合作社,但农民贷款很难,因为它恢复了合作金融、集体金融的性质,农民要贷款,首先得交股金。农民说,我要贷款,因为你本来就是银行。但是不行,你必须交股金。所以,我贷100块钱,首先要拿出20块钱当股金,农民不干了。因此,农村信用合作社应该是真正恢复民间合作金融的性质,这样才可以做好,故还要继续进行改革。第五,发挥小额贷款公司的作用。现在我们有很多家小额贷款公司,应该说还是不错的。但是,现在小额贷款公司也不愿意为小微企业和农村服务了,为什么?因为它觉得自己的规模太小了,而且用自有资金贷款,做不了大事儿,所以天天想着变成村镇银行,都想做强、做大,这是金融改革非常大的一个问题。市场是分层次的,服务对象也是有层次的,小额贷款公司就是提供小额贷款就可以了,做那么大干什么?村镇银行的风险有多大?所以说,温州把有条件的小额贷款公司变成村镇银行我支持,但是我觉得别大家都去变,都去变风险太大了,得有管理,而且它吸收存款后,就成了银行了,存在很多的问题。第六,发展和规范民间金融。我国的民间金融有上千年的历史了,当时就是民间消费信贷的一个主要的形式,比如说标会、摇会,现在叫抬会,农村10个人,一家出10万元,现在可能是100万元了,然后大家分头使,你使3个月,我使3个月,然后给利息,有收益就分了。实际上什么叫标会?标会就是标出来你先使,摇会就是抽签,标会、摇会有很严格的制度,不用担保,不用抵押,没有信用你想进也进不来。所以说,它实际上是一个好的形式。但是,它的利息很高,并且自己定,没人管,我们一直对其有所限制,所以它就变成地下钱庄,变成洗钱的场所,然后出现了非法集资的案件。浙江的温州、宁波和福建的石狮都是靠这些发展起来的。其实什么形式都可能出问题,就看我们怎么操作了。

所以,我主张允许民间金融存在,允许它们的存在对中小微企业有好处,然后使它们阳光化,使它们规范化,使它们制度化,使它们法律化。关于利率,你不用管,那是人家自己的事,人家自己的钱在里面,如果没有了,人家自己愿意,你管那么多干什么?但是,该管的你要管,如果他卷款逃跑了,他违法了,你管。当然,你别整天盯着,而且也盯不过来。所以说,只有建立多层次的金融组织、多层次的金融体系,才能够做到真正的普惠金融。

另外,银行和金融机构应该不断创新服务方式,提高服务水平,这个不用说了。现在我们要充分考虑小微企业缺乏有效质押、“三农”客户自然条件差的因素,积极创造量体裁衣的金融产品,面对实体经济对金融服务的多元化服务的需求,优化服务体系,完善布局,等等。另外,金融企业、商业银行应该继续转变市场方式,变坐等上门为主动营销。现在有一些地方银行做得不错,像我了解的龙江银行,行长是我的一个学生,他们搞了农业供应链金融,把农业、农户、金融一套连起来进行服务。所以说,我们应该想办法为中小微企业提供更多的金融服务,也就是说,健全普惠金融的体系,这样才能促进中小微企业的发展,促进国民经济的发展。

（本文根据笔者在第 14 届北大光华新年论坛“金融业的普惠服务转型”分论坛上的讲演整理而成,刊载于 2013 年 1 月 9 日曹凤岐新浪博客）

第八篇 金融创新

中国发展股指期货研究

（2003 年 11 月）

中国证券市场经过十几年的发展，已经粗具规模，随着中国加入 WTO，证券市场的国际化进程也必将大大加快，中国证券市场的对外开放势在必行。随着 QFII 机制的引入，国外的投资者将会逐步参与到中国证券市场中来，而对一个成熟的证券市场而言，不仅要有成熟的市场参与者、良好的市场运作机制，也应该有多样化的投资工具，以满足投资者不同的投资需求。伴随中国证券市场规范化、市场化以及国际化的进程，不断推出满足投资者需要的投资工具，已经是大势所趋。相对于国外已经有数百年历史的证券市场而言，中国证券市场尚处于起步阶段，但我们可以充分利用后发优势，吸取国外成熟市场发展的经验和教训，促进中国证券市场的健康有序发展。

曾几何时，一种新兴的衍生金融工具——股指期货（Index Future）成为证券市场讨论的热点问题，人们针对中国要不要引入股指期货以及如何引入展开了热烈的讨论。本文将针对这一受到普遍关注的问题，对股指期货在中国的发展前景进行深入的研究，比较国外发展股指期货的经验，对中国发展股指期货的必要性与可行性以及所需进行的配套改革加以系统阐述，从而得出中国发展股指期货是十分必要但必须进一步加强风险控制的结论。

一、中国发展股指期货的必要性与可行性

（一）中国发展股指期货的必要性

期货是指通过有组织的交易场所交易的、在未来某一特定日期以约定价格进行股价指数交割结算的标准化合约。在证券市场上引入股指期货是证券与期货两大市场相结合的产物，从而使得股指期货同时具有股票和期货的双重特性。一方面，股指期货的交易要受到股票市场价格波动的影响，这直接由指数的变动加以反映；另一方面，交易者可以根据其对股票市场的判断，利用股指期货事先确定未来进行交易的股价指数，从而达到固定或对冲风险的目的。

为了促进中国证券市场的进一步发展与创新，有必要推出股指期货衍生工具和发展股指期货市场。

1. 证券市场的系统性风险相对较高

中国的股票市场还不够成熟,系统风险在中国股票市场投资风险中占据主导地位,目前,如何规避高比重的系统风险,已成为阻碍中国股票市场发展的一大难题。从表 1 和表 2 中我们可以看出,伴随着中国证券市场的发展,证券市场的系统风险呈现了逐年下降的趋势,到 2001 年时系统风险占总风险的比重基本上稳定在 40% 左右,但相对于发达国家的证券市场而言,中国证券市场的系统风险仍然相对较高。究其原因,主要是中国的证券市场仍然存在种种不规范的现象,证券市场的发展受政策性因素的影响仍然比较大,政府政策的不连续性或者法律法规的不完善带给证券市场的冲击仍然时有发生,同时市场对于政策性消息的反应过于激烈,甚至导致股指的走势脱离了基本面。过高的政策性风险,必然也使得投资者所面临的风险加大,从而迫切需要股指期货这样的金融工具的出现,以帮助投资者规避系统风险。

表 1　1994—2001 年中国 A 股市场的系统风险

年度	1994	1995	1996	1997	1998	1999	2000	2001
系统风险	85%	59%	53%	37%	38%	42%	44%	39%

资料来源:檀向球,《全国统一指数及指数期货——方案设计、市场影响及投资策略》,上海财经大学出版社,2002,第 9 页。

表 2　发达国家成熟股票市场与中国股票市场的系统风险对比

国别	美国	英国	加拿大	瑞士	中国
系统风险占总风险的比重	26.8%	34.5%	20.0%	23.9%	40% 左右

资料来源:《经济研究》,1997 年第 10 期。

2. 保护长期投资者利益,稳定股票市场

现阶段中国的股票市场可以说是一种"单边市场",即在这个市场,既不允许有先卖后买的融券(卖空)行为,也没有相应地如股指期货等衍生品,因此如果想参与这个市场,只能由买进股票开始;同样,想要最终实现利润,也只能由卖出股票结束。这种局面也促使了中国股票市场的暴涨暴跌,助长了投机,造成投资者心态不稳,很少有人长期持股。而开展股指期货交易,可使股票市场出现一股平衡力量,由"单边市场"变成"双边市场"。当投资者预期股票价格下跌时,既可在现货市场上卖出,又可在期货市场上卖空,从而减轻股票现货市场的卖压,有助于股票市场的稳定。

开展股指期货交易,还可以为股票投资者尤其是长期投资者提供避险工具。长期投资者为避免未来股票价格下跌带来的损失可卖出股指期货合约,锁定其持股成本,以收取股息的方式取得投资回报。

3. 有利于机构投资者和投资基金的发展

在较为成熟或成熟的证券市场中,机构投资者与投资基金应成为市场的主力军。但在中国股票市场,机构投资者和投资基金虽可以通过投资组合来分散非系统风险,却仍须承担相当高的系统风险。如对基金经理人而言,若大市回落,他们不可能像普通投资者那样抛售手上的大量股票(这势必会加速股票价格下滑,也与其投资方针相悖)。而股指期货正好可以解决这个问题,所以,适时推出股指期货将有利于机构投资者和投资基金进入股票市场。

4. 有助于活跃股票市场

由于股指期货交易有做多、做空的双向机制,从而无论是牛市还是熊市都能吸引投资者、投机者继续参与股票市场,使股票市场不会因为熊市而长期沉寂。

另外,伴随着上市公司数量的不断增加,一般投资者难以把握每一种股票的价格走势,而投资股指期货就相当于投资整个股票市场中股指所含份额的证券组合,这就使投资者对整个股票市场的投资成为可能,投资者只要把握大势就可以了。因此,开展股指期货交易,既增加了新的交易品种,又开辟了新的投资渠道,可以满足社会上不同层次投资者新的投资需求。

5. 有助于期货市场功能的发挥

适时开展股指期货交易,既可改善和健全期货业的品种结构,也可更好地发挥期货市场对中国国民经济发展的积极作用。

6. 促进中国股票市场国际化

中国股票市场的国际化进程也需要股指期货交易的开展来推动。一国股票市场的国际化进程不仅要看它的市场规模、上市公司的质量,还要看它在交易品种创新和金融衍生品方面的成就。没有股指期货交易的证券期货市场不是一个完善的证券期货市场,国际资本更注重的是回避风险,若无股指期货作为风险对冲工具,中国的股票市场要真正与国际接轨便是一句空话。而我们适时开展股指期货交易,也能为外资进入 A 股市场后的有效监管积累经验。由于竞争性期货交易机制的价格形成功能,股指期货也可进一步加强股票指数作为宏观经济晴雨表的预警作用,为宏观经济调控提供决策参考。

(二)中国发展股指期货的可行性

股指期货的推出既是对现货市场投资功能的完善,也是股票现货市场发展到一定阶段的必然产物。从股票现货市场的规模、机构投资者发展的状况、市场监管体系以及市场硬件发展条件等方面来看,中国已经基本具备了开展指数期货交易的市场条件。

1. 股票现货市场迅速发展

中国的股票市场经过十几年的发展,已经粗具规模,截止到 2002 年年底,中国境内上市公司共达到 1 224 家,市价总值达到 38 329.13 亿元,最高时达到 47 736.46亿元,流通市值达到 12 484.56 亿元,最高时达到 15 550.83 亿元,而中国 2002 年的 GDP 为 102 398 亿元,股票市场总市值占 GDP 的 40% 左右,而美国在推出股指期货时,股票市场总市值占 GDP 的 48%,英国则为 36%。[①] 中国的股票市场作为新兴市场,高速增长还将在很长一段时间内持续下去,市场的规模还将进一步扩大,从现货市场的规模来看,我们已经具备了推出股指期货的基本条件。

2. 机构投资者日益成为证券市场的主体力量

中国的证券市场,一度是一个以散户为主的市场,缺乏机构投资者的存在,但是股指期货市场,主要是一个以机构投资者为主的市场,如果没有发达的机构投资者的存在,股指期货市场的发展往往难以达到预期的效果。但随着中国证券市场的发展,机构投资者的力量正在日益壮大,基金业正在以一个非同寻常的速度发展,特别是近两年,随着开放式基金的引入,中国的基金业已经进入了一个快速发展的阶段,目前中国股票市场上共有封闭式基金 54 家、开放式基金 19 家,基金总市值达到 1 200 亿元左右,此外,券商的注册资本为 1 000 亿元,私募基金的规模达 4 000 亿元左右,这些资金目前大多数被套在股票上,总计 6 000 亿元左右。因此,目前机构投资者的股票市值约占总流通市值的 50%,同时中国正在加紧筹备社保基金入市,这也使得证券市场机构投资者的力量得到了进一步的加强,中国的股票市场已经进入了以机构投资者为主的时代。

3. 商品期货产品的交易为股指期货交易的推出提供了宝贵的经验

自 1990 年 10 月,郑州粮食批发市场率先引入期货交易机制,中国商品期货市场经历了从无序到有序、从不规范到规范的过程,已经走上了稳定、有序、规范

① 笔者根据证监会网站相关数据整理。

的轨道,对市场的管理已摸索出了一套行之有效的方法。商品期货在期货合约、交易规则、保证金和结算制度等方面进行了有益的探索,已经形成了一套比较成熟的交易、结算、监管、风险控制等期货交易机制,为中国期货市场的发展积累了丰富的经验。同时,商品期货市场的发展也培养了一大批经验丰富的期货专业人才和运作成功的经纪公司。由于商品期货和金融期货存在许多共性,因此这些在商品期货交易中积累起来的经验,完全适用于股指期货交易,为适时推出股指期货交易提供了可以借鉴的经验,具有一定的示范效应。

4. 交易系统处于国际先进水平

中国的证券市场经过一定的发展,同时充分利用后发优势,不论在股票市场还是在期货市场上,都已经建立了在国际上处于先进水平的证券交易系统,处理信息的能力得到了极大的提高,为保证市场的充分流动性打下了良好的基础。同时,我们在总结以前发展证券市场的经验教训的基础上,进一步完善了对于证券市场的监管体制,确定了以证监会为核心的证券监督管理体制,把对股票市场和期货市场的监管统一于证监会的体制之下,从而有利于对股票和期货市场的监管与协调。此外,《证券法》和《期货交易管理暂行条例》的有效实施也为上市股指期货交易提供了法律保障。

综上所述,中国证券市场的发展,已经使我们具备了发展股指期货市场的基本条件,我们目前面临的主要问题,便是如何在发展股指期货市场的同时,建立起有效的风险监控体系,从而确保股指期货市场的有效运作。

(三)中国发展股指期货的前景分析

就中国发展股指期货的前景而言,可能面临以下几种情况:

(1)根据目前的情况,周边的新兴证券市场中,只有中国还没有推出股指期货交易。但是随着中国证券市场的不断开放,特别是 QFII 机制的引入,国外的投资者开始介入中国的证券市场,在一个缺乏卖空机制,同时又没有其他手段来规避系统风险的市场中,投资者面临很大的风险,由此必然产生相应地避险需求。市场经济的一般规律告诉我们,一旦有需求的存在,必然会出现相应地供给。而股指期货市场潜在的巨大收益,则会促使人们开发针对中国证券市场的股指期货品种。如果中国不能及早推出自己的股指期货交易,可能就会像日本和中国台湾地区那样,首先出现一个境外的股指期货交易市场。① 一旦这样的

① 中国台湾和日本的指数期货产品都是首先在新加坡交易所推出的,由于新加坡交易所在交易成本等方面所存在的优势,其推出的期货产品也具有价格发现方面的领先优势。

市场出现,必然会对国内的现货市场产生一定的冲击,而这也是我们所不愿意看到的,因此中国发展股指期货已经是十分紧迫的事情。

(2)有的人考虑到股指期货的推出对于现货市场的影响是不确定的,潜在的风险很大。面对这种情况,一个可供选择的方案,就是像美国那样,推出在证券交易所交易的指数股票。这种指数股票代表不同的股价指数,对于中国而言,则可以推出分别代表上海和深圳股票指数的综合股票,这种综合股票可以说是股指期货的一个替代品,但是在其实际操作中,更多地被用于套期保值的目的,避免了股指期货过高的投机性。但是美国的综合股票的推出,是在股指期货推出之后,研究表明,综合股票的推出对于提高股指期货市场的流动性起到了推动作用。对于中国而言,综合股票的方案似乎也应该作为股指期货的一个补充,但不是作为股指期货的替代。

(3)中国已经日益加快了资本市场国际化的步伐,而国际资本市场的竞争也日益激烈,对于中国而言,最为理想的情况应该是尽早推出股指期货交易。中国对于是否开展股指期货交易的论证已经持续了很长时间,上证 180 指数的推出已经为标的指数选择奠定了基础,期货交易所也在技术上做好了充分的准备,证监会监管职能的强化,也使得我们对于风险监管的能力不断提高,现在我们最为紧迫的是要加紧相关法律法规的制定,为股指期货的推出扫清最后的障碍,一旦法律方面的障碍得以清除,中国股指期货的推出也就为时不远了。

二、国外发展股指期货的经验对中国的启示

股指期货是西方金融期货市场中发展最晚但又最为成功的品种之一,我们完全可以借鉴国外发展股指期货的成功经验,吸取其中的经验教训,促进中国股指期货市场的健康运作。

股指期货已经在世界上的很多国家和地区得到了广泛的应用,下面给出各个国家推出股指期货的时间表,如表 3 所示。

国外证券市场推出股指期货的经验,对于正处于发展阶段的中国证券市场具有极大的借鉴意义。通过比较研究发达国家证券市场以及新兴证券市场的经验,我们认为,对于一个国家的证券市场而言,要发展股指期货这一新兴的衍生金融产品,必须具备以下几个方面的条件和较完善的交易与管理体系。

表 3　各个国家和地区推出股指期货的时间表

国家和地区	股指期货名称	开始交易日期	国家和地区	股指期货名称	开始交易日期
美国	Value Line	1982 年 2 月 24 日	德国	DAX	1990 年 11 月 23 日
	S&P 500	1982 年 4 月 21 日	智利	IPSA	1990 年 12 月
澳大利亚	AllOrdinaries	1983 年 2 月 16 日	西班牙	IBEX 35	1992 年 1 月 14 日
英国	FT-SE 100	1984 年 5 月 3 日	奥地利	ATX	1992 年 8 月 7 日
加拿大	TSE 300	1984 年 1 月 16 日	挪威	OBX	1992 年 9 月 4 日
巴西	BOVESPA	1986 年 2 月 14 日	比利时	BEL 20	1993 年 10 月 29 日
中国香港	恒生	1986 年 5 月 6 日	意大利	MIB 30	1994 年 11 月 28 日
日本	（SIMEX）Nikkei 225	1986 年 9 月 3 日	匈牙利	BSI	1995 年 3 月 31 日
（大阪）	SOE 50	1987 年 6 月 9 日	以色列	Maof 25	1995 年 10 月 27 日
（大阪）	Nikkei 225	1988 年 9 月 3 日	马来西亚	KLCI	1995 年 12 月 15 日
（东京）	Topix	1988 年 9 月 3 日	韩国	KOSPI 2000	1996 年 3 月 3 日
新西兰	Barclay Share	1987 年 1 月	葡萄牙	PSI-20	1996 年 7 月 20 日
瑞典	OMX	1987 年 4 月 3 日	俄罗斯	RTS	1997 年 3 月
芬兰	FOX	1988 年 5 月 2 日	委内瑞拉	IBC	1997 年 9 月 5 日
荷兰	AEX	1988 年 10 月 24 日	波兰	WIG 20	1998 年 1 月 16 日
法国	CAC 40	1988 年 11 月 9 日	中国台湾	台湾加权指数	1998 年 7 月 21 日
丹麦	KFX	1989 年 12 月 7 日		电子金融股价指数	1999 年 7 月 21 日
南非	ALLShare	1990 年 4 月 30 日	希腊	FTSE/ASE-20	1999 年 8 月 27 日
瑞士	SMI	1990 年 11 月 9 日			

资料来源：*The Journal of Futures Market*，20（7），p663.

（一）有一个发达的现货市场

从各国发展股指期货的顺序可以看出，股票市场比较发达的国家，推出股指期货往往也相对较早，如果没有发达的现货市场，缺乏灵活的价格形成机制，或者现货市场的容量较小，相应地期货市场没有众多保值者的参与，便会缺乏一个现货与期货互动的内在机制，期货市场即便建立起来，也会有很大的风险。因此，在推出股指期货之前，必须有一个发展充分的现货市场作为基础。

第二次世界大战以后，以美国为代表的发达市场经济国家的股票市场得到了迅速发展，上市股票的数量以及股票市值都大幅增加。美国有两家主要的全国性证券交易所——纽约证券交易所（NYSE）和美国证券交易所（AMEX），同时还有五家地区性的证券交易所，以及如全国证券商自动报价协会（NASDAQ）这样的发达的场外交易市场。世界上最大的国际性交易所之一的NYSE，早在1991年的时候就有2 300家上市公司，总市值高达32 000亿美元。因此，美国是最早发展股指期货的国家。

早在1977年，堪萨斯期货交易所（KCBT）就组成研究小组，专门从事新合约的开发工作。经过仔细分析，他们认定股指期货合约能够带来巨大的经济效益，因为规模庞大的股票市场还没有有效的保值手段。1977年10月，KCBT向美国商品期货交易委员会（CFTC）正式提交了以股指为基础开发期货合约的报告。1979年4月20日，KCBT向CFTC提出以价值线综合指数（Value Line Composite Index，VLCI）作为合约的基础。1982年2月24日，KCBT开始交易价值线指数期货合约。随后其他的交易所也推出了各自的股指期货合约：1982年4月21日，芝加哥商品交易所（CME）推出了S&P 500股指期货；1982年5月6日，NYFE推出了NYSE综合指数期货合约；1984年7月23日，芝加哥期货交易所（CBOT）推出了主要市场指数期货合约。1997年10月6日，道·琼斯工业平均指数期货合约在芝加哥期货交易所上市。股指期货合约自推出之后，其交易规模不断上升，1984年，交易量已经占到美国所有期货合约交易量的20%以上，20世纪90年代全球股指期货交易更成了利率期货之外交易量最大的交易品种。

中国要进一步发展股票现货市场，以便为股指期货的发展以及创造更多的股指期货品种奠定良好的基础。

（二）有合理的投资者结构

对于成熟的证券市场而言，机构投资者应该在市场中占主导地位。机构投资者具有成熟的交易理念和运作方式以及多样化的资产组合，从而成为稳定证券市场的重要力量，也成为股指期货市场发展的重要推动力量。

在美国，1/4以上的成年人至少拥有一只股票，但大多数是通过委托机构投资者进行交易的。像退休基金、保险公司、银行信托基金以及投资基金这样的机构投资者是美国股票市场的主要投资者，个人投资者的比重不断下降，1980—1988 年间，个人投资者拥有美国公司发行股票的比重从 71.54% 下降到 58.71%，机构投资者拥有美国公司发行股票的比重明显上升，私人养老金的比重从 13.99% 增加到 16.29%，公共养老金的比重从 2.77% 增加到 7.05%，保险公司的比重从 4.92% 增加到 5.70%，共同基金的比重从 2.65% 增至 5.94%。由于这些投资者主要进行的是长期投资，因此面对系统风险的增大，必然要求相应地避险工具的出现，以利于机构投资者进行组合的风险管理，这在一个方面也促进了股指期货的出现。

中国证券市场上的机构投资者已经有了较快的发展，但还不够，应当继续发展机构投资者，规范其投资行为，为股指期货市场的运作创造出合格的投资主体。

（三）应当有步骤、分阶段积极稳妥地发展股指期货市场

韩国发展股指期货市场的经验值得我们借鉴。韩国发展股指期货市场大体上有四个步骤：

第一，发展股指期货的准备阶段。20 世纪 80 年代中期，韩国证券交易所（KSE）就已经开始探讨建立金融衍生产品市场的可能性。1989 年早期的时候，韩国综合股票价格指数（Korea Composite Stock Price Index，KOSPI）第一次达到 1 000点，但不久之后开始下跌。由于市场更具波动性，因此需要一个有效的控制风险的工具。KSE 成立了一个委员会，来研究金融市场是否已经具备条件推出交易所上市的金融衍生品。委员会按照市场规模、价格波动性、避险需求、标准化要求以及市场自由化程度对长期和短期利率、汇率和股指进行了研究，认为股指期货最接近于所必须满足的条件。同时，委员会对推出股指期货和股指期权的可能性进行了研究，认为期货的价格对于标的资产价格的变化更为敏感，且交易成本较低，同时期货的初始保证金、维持保证金以及逐日盯市的制度安排更有利于风险控制，委员会决定在推出股票衍生品方面按照先推出股指期货，然后再推出股指期权以及个股期权的顺序进行。

第二，制定股指期货市场的政策。在确定了首先推出股指期货以后，委员会开始着手确立制定股指期货市场的基本指导政策。委员会认为，股票、股指期货和股指期权共同组成了一个市场，它们通过价格发现机制、市场参与者和交易战略紧密联系在一起，即基础现货市场和衍生品市场并不是两个分离的、不同的市场，而是一个市场。因此，KSE 在确立指导原则时，优先考虑的是最大限度地降低期货市场可能对于基础现货市场的负面作用，同时也强调期货、期权市场的运

作与基础现货市场的运作保持连续性和协调性,使制度框架符合国际惯例。所以,交易交割规则也参照了基础现货市场规则的制定。

第三,确立股指期货市场的投资原则。在市场的参与方面,则确立了股指期货市场的主要参与者以机构投资者为主的原则。同时逐步取消外资参与KOSPI 200指数期货交易的限制,对国外投资者全面放开股指期货的交易。韩国于1992年1月开始允许国外投资者直接购买股票,但外资持有韩国上市公司股权总额不得超过10%,1995年7月扩大至15%,到1996年年底时,外资已经持有占市值13%的股份,逐步放开对国外投资者参与股指期货交易的限制,对于稳定外资信心、稳定股票市场以及增强KSE在国际上的竞争能力都起到了推动作用。

第四,实施稳定市场措施。KSE同时建立了一些及时的稳定措施以保证衍生品市场和基础现货市场的稳定运作。将期货合约的日价格波动幅度限制在了前一交易日收盘价的5%。同时,由于引入了新的计算机交易系统,对于在前一交易日收盘价基础上波动5%或者更多且波动持续时间超过1分钟的期货交易,自动停止交易5分钟,即引入了所谓的"断路器"机制。这样可以对期货市场予以实时监控,从而减少了市场剧烈的波动。

(四)建立并完善市场交易与管理制度

香港发展股指期货的经验和教训表明,发展股指期货必须建立起完善的市场交易和管理制度。香港期货交易所(HKFE)是20世纪70年代成立的,最初以棉花、原糖作为交易品种,但因为香港并非主要产区而交易清淡。交易所很快意识到,香港作为亚洲的金融中心,其优势在于金融期货的发展。1986年,HKFE正式推出了恒生股指期货合约。

在市场发展之初,高投机的氛围使得期货经纪商一味追求高佣金和高交易量,而期货交易所和监管机构对经纪商巨额持仓所产生的风险认识不足、监管不力,表现为经纪商并没有拥有与平仓合约净值相适应的自由流动资产,也没有严格执行每日保证金结算及追加制度,结果导致恒生股指期货在1987年10月的世界性股灾中几乎遭到灭顶之灾。在1987年10月的股票市场下跌中,出现了恒生股指期货的买方由于保证金不足而不能履约的现象,尽管HKFE和期货清算公司在当日港股大幅下挫时即要求买卖双方大幅增加保证金,但终究由于恒生股指下跌过快,许多清算公司会员无法补充保证金而影响合约的支付结算。当日,因为买家保证金不足而导致的清算公司会员欠款达到1亿多港元。虽然香港联交所和HKFE于1987年10月20日宣布停市4天,以改善交割状况并平稳投资者的心态,同时在10月26日重新开市前,香港特区政府及主要银行和经纪商向期货清算公司提供了一笔高达40亿港元的备用贷款,26日市场重开时,恒生股指仍然下挫了33.3%,恒生股指期货合约的保证金大幅提升也于事无补。期货清算公司最后动用了20亿港元来处理未能履约的未平仓合约,其中最大的一笔违约坏账达6亿港元。此后,恒生股指期货的发展受到了制约,随后4年的时间里,恒生股指期货的交易持续低迷。

市场的暴跌也显露了香港期货交易体制和管理上的弊端,之后HKFE对股指期货市场进行了全面的整顿,主要措施为:

(1)明确了HKFE、清算公司的非营利性质。通过对期货交易所章程的修改,对交易所会员结构、董事局组成的重新架构,扩大了其代表性,同时强调交易收入不能进行分红。如果交易所成了营利性的机构,就无法保证大多数会员的权益。对于HKFE、清算公司性质的重新界定,有助于为会员创造一个公平的交易环境,也有助于市场信心的重新确立。

(2)加强风险管理,强化风险控制,对清算公司进行重组,同时设立储备基金。主要措施包括完善风险准备金管理制度,香港衍生品市场有储备基金(Reserve Fund)和补偿基金(Compensation Fund)作为期货市场的风险保障。当市场出现大的风险,参与期货交易按金不能弥补交易亏损时,清算公司可以动用储备基金补偿其他交易所参与者的盈利。当市场参与者因期货交易而破产,其客户的按金无法收回时,客户可以向香港证券及期货事务监察委员会申请调查和补偿,如果情况属实,客户可以得到补偿,客户补偿金的来源就是补偿基金。保证风险准备金常年在10亿港元以上,与可能风险的比例在全球是最大的,同时准备金作为流动资金可以随时调动;采用最先进的风险管理系统,可以随时进行风险计算和控制;经常聘请世界级的风险管理专家进行检查和提出改进意见,并长期聘请世界级专家在交易所任职,为大众投资者提供风险教育、培训的机会;加强与世界先进交易所的合作,引进新的风险管理技术;与银行紧密合作,谋求银行在危机出现时能与交易所进行配合;同时,加强与香港证券及期货事务监察委员会等组织正常紧密的合作和沟通,以重复利用其技术信息以及政治资源,从而将会员及客户违约的风险降至最低;加强对会员资格的审批。这些措施都大大提高了市场抵御风险的能力。

(3)针对投资者需求,不断开发新的交易品种以满足投资者的避险需求。1997年9月12日,HKFE推出恒生香港中资企业指数(红筹股指数)期货合约,就是为了满足投资者对冲买卖、套利的需求。

经过一系列的整顿与改革,HKFE重树了市场信心,交易量逐步回升,其在巴林银行倒闭等重大风险出现时期的良好表现,也表明HKFE抗御风险的能力得到了显著提高。1993年年底,HKFE获得英国证券及投资事务委员会的"制定投资交易所资格”，而美国 CFTC 则于 1994 年 6 月开始允许美国个人投资者参与 HKFE 的恒生股指期货合约的交易。恒生股指期货交易量中大部分来自散户投资者(57.7%)，而且近几年呈现上升趋势，其次是机构投资者(35%)。交易量中 78% 为投机交易，13.5% 为套利交易，8.5% 为套期保值。2002 年上半年共成交期货和期权合约 540 万张，其中恒生股指期货交易量占 40.8%。这些都表明了恒生股指期货合约交易的成功。

(五)完善的市场监管体系和法律法规

股指期货应该是一把双刃剑，在缺乏有效的风险监控手段的市场中，往往会投机盛行，从而加大证券市场的风险。因此必须建立完善的风险监控体制，包括风险的预警机制、风险的即时监控机制以及灵活的风险调控机制，增强对风险的调控，尽可能地减少股指期货对于现货市场可能产生的负面影响。

SEC、CFTC 分别是美国证券和期货市场的监管机构，对于市场有一整套完善的监管手段。以 CFTC 对股指期货的监管为例，其拥有的综合报告系统，可以提供所有市场上交易商头寸的每日报告。CFTC 的监管专家每周一次向委员会递交一份关于到期合约及其市场问题的简要报告，其中特别要核查期货价格是否恰当反映了供求关系等。同时，CFTC 还拥有进行大户交易追踪及采取紧急措施干预市场的权力。此外，交易所和经纪商的自律监控制度也很严格。美国华尔街的六大经纪公司作为美国主要的衍生金融市场的交易商，于 1995 年 3 月 9 日推出了一项自律性管理措施，包括：各个经纪公司每季度向 SEC 和 CFTC 汇报说明本公司在衍生品交易中可能遇到的风险程度；采用一些特殊措施使主管经理能够控制和测试交易风险(包括利用外部审计)；在代理衍生品交易时采用一套固定程序，向投资人明确告知交易的风险并评估对公司资本的影响。这些措施都保证了股指期货市场的运作有一个良好的外部环境。

中国发展股指期货必须建立完善的市场监管体系和法律法规体系。

三、中国股指期货市场交易制度设计

(一)股指期货合约的设计问题

发展股指期货所面临的一个最为重要的问题便是合约的设计问题。一份设计合理的合约，不但可以有效地控制风险，而且能够使市场保持充分的流动性，合约的核心内容主要包括以下几个方面。

1. 标的指数的选择

在选用股价指数作为期货合约的标的时，投资者最熟悉的指数未必是最适用的，一般认为，合适的标的指数应该具备以下几个方面的特征：指数应该能够方便地实现期货市场和现货市场之间的套利，以确保期货市场价格正确反映基础资产的真实价格；指数应当使用即时报价的算术平均数来计算，而不是用交易价格的几何平均数来计算；指数的样本股应该是交易活跃的股票，以便于在出现定价偏差时方便地实现套利交易；指数应当合理地覆盖大多数市值较大的公司，以防止价格操纵行为；指数应该能够迅速地计算出来。[①]

我们以美国的 S&P 500 和道·琼斯指数期货的兴衰为例，来说明标的指数选择对于成功的股指期货交易的重要性。自 20 世纪 80 年代美国 CME 推出 S&P 500 指数期货以来，交易量与日俱增；而与此相反，美国 CBOT 于 90 年代推出的人们熟知的道·琼斯指数期货却屡遭冷落。主要原因包括以下四点：

其一，S&P 500 指数有 500 种成分股，而道·琼斯指数仅有 30 种成分股，对于套利的机构投资者而言，后者的适用性受到限制。

其二，S&P 500 指数是以成分股票的市值为权数作加权平均计算而来的，具有采样面广、代表性强、精确度高、连续性好等特点，受到广大机构投资者的喜爱，而道·琼斯指数是以成分股的价格作算术平均计算而来的，对市场变动状况的表征性较差。

其三，道·琼斯指数期货的交易时间与股票市场并不同步，早于股票市场 10 分钟，令投资者不知所措而旁观。

其四，继 1998 年合约面值减半之后，CME 又推出电子化交易的小型 S&P 500 指数期货，其合约面值为 S&P 500 的 1/5，即 50 美元 × Index，最小波动值为 0.25 点，即 12.50 美元，小面值、小点数值为中小投资者提供了更便利的参与条件。而道·琼指数期货的合约面值为 10 美元 × Index，最小波动值为 1 点，即 10.00 美元，两者的每日波幅和点数值基本上是相同的。

因此，选择合适的标的指数是一个股指期货市场能否成功运作的关键性因素。对于中国的股票市场而言，以前作为市场主要指标的上证指数、深证综指、上证 30 指数和深证成指虽然在反映股票市场总体股价走势方面起着十分重要的作用，但是仍然存在不少的缺点。上证指数和深证综指的主要缺陷包括：将不断上市的新股逐一计入指数计算范围，影响了指数前后的可比性和指数内部结构的稳定性；采用总股本作为权重不能十分确切地反映流通市场股价的动态演变；把亏损股计入指数计算范围会把亏损股股价的非理性波动带入指数波动中去，不利于指数作为指数期货标的物实现套期保值的功能。而上证 30 指数和深证成指在作为指数期货标的物方面也存在如下缺陷：行业的代表性逐渐降低；个

---

① SEC 在批准指数期货合约时所依据的三条标准是：合约必须采用现金结算；确保合约不易受到操纵；指数必须反映全部或大部分公开上市的债权或债务证券的交易业务。

股的权重过大，容易被操纵；含有亏损股；流通市值和成交金额远未达到沪深两市所有A股总流通市值与总成交额的50%以上，因此也不宜作为股指期货的标的物。

面对原有股指的缺点，上海证券交易所和深圳证券交易所分别在原有股指的基础上设计了新的股指。上海证券交易所于2002年7月1日起正式对外发布上证180指数，以取代原来的上证30指数。上证180指数相对于原有的上证30指数更具有代表性、流动性、科学性与可比性，主要表现为样本股的覆盖率高和样本股的行业代表性强。新编制的上证180指数样本股为180家，180家样本股的市场覆盖率达到50%以上，符合国际惯例水平，这将较为充分地反映上海证券交易所的市场状况，使得成分股指数更加具有代表性。上证180指数样本股中根据各行业的流通市场比例分配该行业的样本数，然后再按照行业的样本分配股票个数，选取具有代表性的行业龙头。此外，上证180指数样本股主要选择了一些市场规模较大和流动性好的股票，保证成分股指数具有较好的流动性。上证180指数用分级靠档加权，即用自由流通量加权方式代替了上证30指数中使用的以流通股加权的编制方法，可以避免个别拥有大量非流通股的样本股对指数产生的影响，使其更具有科学性。根据国际指数编制方法编制的上证180指数增强了中国股票市场与国际市场的可比性。对不同证券市场市盈率的比较一般都是成分股指数的比较。上证180指数在样本股的选择过程中不仅剔除了经营状况异常或最近财务报告严重亏损的股票，还剔除了股价波动较大、市场表现明显受到操纵的股票，降低了上海证券市场的市盈率，使得上证180指数的市盈率与S&P 500、伦敦金融时报100等指数的市盈率更具可比性。

与此同时，经深圳证券交易所许可，深圳证券信息有限公司则从2003年起正式对外发布深证100指数。深证100指数以2002年12月31日为基准日，基日指数定为1 000点，从2003年第一个交易日开始编制和发布。深证100指数选取在深圳证券交易交所上市的100只A股作为成分股，以成分股的可流通A股数为权数。深证100指数的编制借鉴了国际惯例，吸取了深证成分股指数的编制经验，成分股选取主要考察A股上市公司流通市值和成交金额份额两项重要指标。根据市场动态跟踪和成分股稳定性的原则，深证100指数将每半年调整一次成分股。其主要特点表现为：市场覆盖率高，深证100指数成分股的流通市值和成交金额分别占深圳股票市场总流通市值与总成交金额的37.6%和40.1%。成分股具有流通市值大且交易活跃的特点，市场代表性较高；成分股具有领先性，深证100指数成分股税后利润总额占深圳证券交易所上市公司的61%，主营业务收入占43%，平均每股收益达0.187元，比深圳证券交易所平均每股收益0.113元高出65%，深证100指数目前的市盈率约为28倍，比深圳证券交易所全部A股38倍的平均市盈率低10倍左右；收益性好，从指数内部试运行的结果看，无论是阶段性收益比较还是长期收益比较，深证100指数收益特征均强于深圳证券交易所现有的指数，具有很高的可投资性；稳定性高，模拟测试数据表明，深证100指数的波动性小于深证综指及深证成指。此外，深证100指数在进行定期调整时采用样本缓冲区技术，提高了深证100指数内部结构的稳定性和指数前后的可比性。

现在业界一种普遍的观点是，建立沪深统一的股指是发展股指期货市场的一个重要的前提条件。而沪深两个交易所在股指方面作出的种种改革，特别是上证180指数的推出，无疑会对将来推出的统一指数提供宝贵的经验，可以将其视为统一指数推出的预演。在推出统一指数方面，申银万国证券对沪深100、沪深200和沪深300这三种统一指数与上证指数进行了比较研究，研究表明，沪深300统一指数的运行与上证指数的差别最小，三种指数对大盘都具有很强的代表性，而在样本股占自由流通A股市值和成交金额占市场比重方面，沪深300指数的市场代表性最好。而沪深100和沪深200指数内部结构的稳定性更强一些，比较适合作为指数基金的标的指数。研究也表明，沪深100、沪深200和沪深300统一指数样本股的流动性并不比上证指数差，统一指数的推出不会降低市场的流动性。此外，沪深100、沪深200和沪深300统一指数的市盈率比目前的上证指数及深证综指要低20%至30%左右，沪深100、沪深200和沪深300统一指数的推出可以很好地降低市盈率。

对中国而言，虽然有的专家提出不应该以推出统一指数作为发展股指期货的前提条件，只要指数的代表性足够，而且能够符合作为标的物的各个条件，就可以该指数为基础，推出股指期货。但从国外的经验来看，绝大部分国家都是以一种指数作为股指期货交易的标的物，美国出现不同指数作为股指期货的标的物，是不同的期货交易所之间竞争的结果。因此就中国目前的情况而言，首先推出一个具有市场代表性的统一指数，并以此为标的发展股指期货市场，应该是一个比较合理的发展思路，至于其他的个性化的股指期货合约的设计，则可以在统一指数为标的的股指期货合约发展成熟以后，再逐步推出。

2. 合约的规模

确立合约的规模，也就是为股指期货合约确定一个乘数。在市场发展的初期，合约的乘数可以设定得相对较高。但与此同时，也应该使得期货合约的交易保持一定的规模，市场能够保持一定的流动性。可以考虑在具体实施的过程中，采取试错法的形式，如果市场的流动性不高，就及时加以调整。可以参照悉尼期货交易所对在该期货交易所交易的股指期货合约的重新设定方面所采取的措施。①

3. 交割与结算制度

股指期货合约的一个重要的制度创新就是现金交割的实现。就中国目前的情况而言,在实现现金交割方面还存在一定的法律障碍,这主要是因为,中国1999年7月1日起实施的《证券法》第三十五条规定了"证券交易以现货进行交易"。这也就使得股指期货的现金交割变得难以实现。日本在推出股指期货交易的最初,由于同样受到无法进行现金交割的法律限制,采取了实物交割的方式,但由于交易成本太高,市场的流动性很低。因此,期货交易最终应实现现金交割,这就需要在相应地法律法规方面作出调整。而在结算方面,应该成立一个统一的结算中心,对交易的风险进行实时监控,及时处理可能出现的违约风险,以维护市场的流动性。

4. 保证金水平的确定

保证金是防范违约风险的一个重要机制,在股指期货市场设立的初期,确定一个相对较高的初始保证金和维持保证金水平是完全有必要的。此外,从国际市场的情况来看,美国、英国、加拿大及新西兰等国家采用的是净额保证金制度,而法国、日本等国家采取的是总额保证金制度,根据中国的情况,应该考虑采取总额保证金制度,即保证金要根据总仓位计算,而不是根据净仓位计算。

5. 涨跌幅度限制

为了防止市场波动过于剧烈,可以考虑引入涨跌停板以及断路器。借鉴中国目前股票现货市场10%的涨跌停板的交易机制,可以在股指期货市场上也设定相同的涨跌停板制度,同时引入断路器机制,即在一定时间内波动幅度超过一定限制时,暂停交易一段时间,以避免市场的剧烈波动。这些制度的引用,可以避免在市场发展初期出现剧烈波动现象,同时随着市场的成熟,可以对这些限制逐步加以放松。

(二)市场投资主体的确定

中国的股指期货市场在发展初期,由于广大的散户投资者对于这种新兴金融工具的具体运作不是很熟悉,贸然参与其中,会有很大的风险,因此在最初应该将股指期货市场界定为一个以机构投资者为主体的市场。但也应注意保护广

① 悉尼期货交易所对其所交易的股票价格指数(SPI)期货所进行的调整为,通过降低合约乘数,同时提高最小价格变动单位等措施,最终提高了合约的流动性。

大中小投资者的利益,可以考虑在市场取得一定的成功运作经验以后,降低进入门槛,推出适合散户投资者的股指期货品种。根据国外的经验,韩国 1996 年 5 月推出 KOSPI 200 指数期货,开始时确定了较高的交易单位和最低保证金要求,市场设计以机构投资者为主体,不鼓励个人投资者过分参与,在交易量中,证券公司占 80.4%,个人投资者占 12%,外国投资者占 3%,但交易不活跃。从 1997 年开始,韩国推出了小面额股指期货合约,到 2001 年,中小散户占了股指期货交易量的 50%、股指期货期权的 60%,并且有逐步上升的势头。同样,中国香港的经验也表明散户是股指期货的中坚力量,香港推出普通面值 20% 的小面额股指期货合约后,香港股指期货现在的市场交易份额中,有 50% 左右来自散户。而英国的衍生品市场迄今仍是面向机构投资者的,其交易一直不活跃。

因此,中国的股指期货市场对于市场参与者的确定应该是一个逐步降低门槛的过程,这其中也应该包括股指期货品种的不断创新,以适应广大中小投资者的需求。

(三)市场设立的问题

国内目前争论的一个问题是股指期货的交易是应该在证券交易所还是应该在期货交易所进行。据美国期货业协会(FIA)1999 年的统计,全球 145 个股指期货中,128 个在各地的期货交易所上市,而其余 17 个则在证券交易所上市;在期货交易所上市的股指期货合约成交量占全球股指期货成交量的 85% 以上。在发达国家,绝大部分的股指期货交易在期货交易所进行,日本是一个例外。主要原因在于日本没有全国统一的期货管理体制,其期货品种的监管分别归属于不同的主管部门,如工业品期货归通产省,农产品期货归农林水产省,金融期货归大藏省,而证券交易所也归大藏省管理。在这种情况下,股指期货交易无法置于传统的商品期货交易所中,在证券交易所交易股指期货,就成了当时条件下的唯一选择。在新兴市场化国家,至今,共有 37 个股指期货合约上市交易,其中仅有 6 种股指期货合约在 6 个证券交易所交易,主要原因在于当地还没有来得及建立期货市场,而股票市场的发展及资本市场的开放又产生了强烈的套期保值要求,在这种情况下,只能在当地证券交易所进行股指期货交易。

对于中国的证券市场而言,上海证券交易所曾经有过交易国债期货的经验,虽然由于监管不力以及合约设定等方面的问题,最终引发"327 国债期货事件"的发生,从而导致了市场的关闭,但是证券交易所在交易金融期货方面已经积累了一定的经验,若将股指期货安排在证券交易所内进行交易,将有利于证券经营机构对其资产进行综合管理,并可为客户提供一体化服务。但是这又一次面临法律上的障碍,从交易场所来看,《期货交易管理暂行条例》规定,期货交易必须在期货交易所内进行。这就对在证券交易所交易股指期货产生了法律上的制约。

股指期货是期货交易的一个大类品种，其运行规律是期货市场的运行规律，与股票现货的运行规律是不同的，在证券交易所推出股指期货交易，必然要求证券交易所在机构设置方面作出重大调整，而中国目前已经建有独立的期货交易所，而且积累了交易商品期货的丰富经验，而从国际上股指期货市场的一般经验来看，选取期货交易所作为股指期货的交易场所是大势所趋。虽然有人指出，期货交易所和证券交易交所的合并已成为一种国际趋势，但这种合并大多发生在证券市场发展比较完善的国家[①]，就中国证券市场目前发展的状况而言，以股指期货的推出为契机，将股指期货的交易设定在期货交易所进行，推动期货市场的进一步发展，应该是明智的选择。[②]

在交易的选择上，应该采用电子化交易。虽然有研究表明，公开竞价交易方式在对信息的反应方面要优于电子化的交易，而且公开竞价交易方式的存货成本相对较低，但是电子化交易在降低买卖差价从而降低交易成本方面具有明显的优势。考虑到中国目前的情况，没有必要采取传统的公开竞价的方式，而应该按照期货交易的发展趋势，采取电子化交易。同时，从期货市场整体发展的角度来考虑，为了防止股指期货引入初期可能出现的流动性不足的问题，可以考虑尽早引入做市商制度，中国已经着手在商品期货市场上引入做市商制度，这可以为我们在金融期货市场上引入该制度积累经验，从而为股指期货市场的发展提供一个良好的运作环境，进而促进整个期货市场的发展。

四、中国股指期货市场的监管与风险防范

（一）加强市场监管

由于股指期货自身所具有的特点，必须对其进行有效的风险监管。以英国为例，英国对于金融期货市场的监管体制开始时以自律管理为主，并辅之以道义劝告和君子协定，自 20 世纪 30 年代末才开始立法管理，1986 年的《金融服务法》对整个管理格局作出重大变革，形成了由政府、专设管理机构、行业工会和

① 比较著名的几个案例，包括新加坡股票交易所和新加坡国家金融交易所，澳大利亚证券交易所和悉尼期货交易所，中国香港联合交易所、期货交易所和三家清算公司这样的国内合并，以及伦敦证券交易所和法兰克福证券交易所、欧洲八大证券交易所成立泛欧股票市场等的国际横向联盟。

② 对于中国期货交易场所的选择历来有很多争议，有人认为如果中国还是走先分再合的老路，必然会伴随着很大的合并成本，从而不利于证券市场的长远发展。但考虑到中国期货市场目前的发展状况，从推动期货市场的进一步发展、促进中国证券市场整体发展的角度，笔者认为股指期货的交易应该选择在期货交易所进行。

自律机构组成的监管机制,以分块管理和自律管理为主。其中,自律管理机构主要由“获准投资交易所”、自律机构和“获准专业机构”三大部分组成。伦敦证券交易所、伦敦国际金融期货交易所(LIFFE)等均属于获准投资交易所。自律机构和“获准专业机构”大多是由中小金融机构和专业人士组成的行业工会组织。英国金融期货市场由证券投资委员会(SIB)行使政府监管职能,SIB 的委员会或执行机构由财政部和英格兰银行的总裁共同任命。而美国的股指期货交易是在国家统一的立法《期货交易法》下,形成 CFTC、期货行业协会与期货交易所三级监管模式。1978 年,《期货交易法》明确了 CFTC 对金融期货的管辖权,1982 年美国国会通过法案,明确了 CFTC 拥有对股指期货和期权交易的独立监管权,而 SEC 则负责股票期权交易的监管。

中国早期对期货市场进行研究和试点时,由原商业部、国内贸易部执行政府监管,后转到证监会,目前已经形成了以证监会为核心的证券监管体系,对于股指期货的运作,可以通过证监会下属的期货监管部来进行监管,这一方面避免了美国在推出股指期货早期所出现的在股指期货监管方面所出现的管辖权之争,避免了由于监管权力的界定而延误金融衍生品的推出,另一方面也降低了沟通的成本,使得监管可以纳入一个统一的体系内。

在监管方面,我们可以借鉴美国对于期货市场所进行的三级监管体制,进一步完善期货监管部的监管职能,形成统一的行业自律体系,加强对于交易所会员的审批和风险控制。此外,我们也应该借鉴中国发展国债期货市场以及股指期货市场的经验教训,加强对于市场风险的控制,特别是可以参照美国的经验,在每个期货交易所成立一个有权决定期货合约的结算价格的委员会。当委员会认为期货的价格与现货市场的价格差异过大的时候,有权根据现货市场的价格改变期货市场的结算价格。由于期货的结算价格对于逐日盯市的期货合约具有决定性的意义,便可以打消那些试图操纵期货价格的交易行为。同时,委员会也有权在出现紧急情况时,确定期货合约的价格。在“9·11 事件”发生以后,CME 的委员会将当日期货的结算价格设定与 9 月 10 日一样,并宣布 9 月 11 日当天的交易无效,相对于中国在处理“327 国债期货事件”时仅取消收市前最后 8 分钟的交易的处理方式而言,为所有投资者营造了一个更为公平的交易环境,从而也就确保了市场的稳定性。

(二)进一步促进金融深化

中国证券市场虽然有了十几年的发展经验,但证券市场还远没有达到完善的程度,依然存在许多问题。任何金融衍生品的发展都离不开一个健全的证券市场的存在,而发展股指期货市场更离不开一个发达的股票现货市场,因此我们要为股指期货的推出创造一个良好的外部环境，就必须进一步发展和完善证券市场。我们必须继续推进证券市场的改革，完善市场的信息披露和传导机制，进一步扩大股票市场的规模，继续培育机构投资者，使其成为证券市场的主要力量。同时也应该继续推进证券市场的国际化步伐，吸引国外投资者参与到中国证券市场的发展中来，以加快证券市场的对外开放。

此外，我们还应该进行一些相关配套的改革。首先要继续推进利率市场化的步伐。[①] 利率作为引导资金流向的一个重要指标，对于合理配置资源起着重要的作用。而证券市场的完善，也必须以市场化的利率为基础，如果利率不能很好地发挥指导资金流向的作用，必然会使资源的配置产生偏差，最终导致整个证券市场结构的不合理。因此，必须逐步放开对于利率的控制，形成由市场力量决定的利率形成机制，从而完善证券市场有效配置资源的作用，为股指期货的推出奠定良好的基础。其次要稳步推进人民币实现资本项目下的可兑换。中国于1996年12月实现了人民币经常项目下的可兑换，与此同时，根据中国的经济发展阶段和金融监管能力，我们采取了循序渐进的方式推进人民币资本项目可兑换。[②] 目前中国已经加入WTO，中国经济也日益成为全球经济不可分割的一个部分。随着中国证券市场国际化步伐的加快，必然要求为外资进入中国证券市场提供一个更为通畅的渠道，这也使得人民币资本项目下可兑换的要求显得日益迫切。利率、汇率以及证券市场之间一直存在十分密切的互动机制，在证券市场不断改革的过程中，必须有利率和汇率形成机制的相应改革，只有这样才能使证券市场更好地发挥作用。最后要进一步推进国有企业建立股份制和现代企业制度的改革，使得证券市场中的企业真正成为产权明晰、权责明确、自主经营、自负盈亏的法人实体，同时也要继续推进国有股的减持工作。股权结构问题一直是制约中国证券市场发挥其应有功能的一个重要障碍：一方面，减持国有股可推动国有大中型企业进行产权结构的多元化改造和建立规范的法人治理结构，真正将企业的内在运行机制转换到市场经济方面来；另一方面，在不影响国家控股的前提下，通过适当减持部分国有股，可将所得资金用于国有企业的改革和发展，这也有利于规范中国的证券市场。此外，将近70%的股权不能流动，极大地

① 中国的利率市场化经历过三次重大的改革：1996年6月，放开银行间同业拆借利率；1998年3月，放开贴现和转贴现利率；2000年，实现对境内外币利率的市场化改革。除人民币存贷款利率之外，中国已基本实现利率市场化。《2002年中国货币政策执行报告》称要稳步推进利率市场化改革，2003年，中国已经开始银行存款利率市场化的试点工作。

② 目前，中国资本项目的可兑换范围和可兑换程度已经比较大，对照IMF确定的资本项目下的43个交易项目，中国完全可兑换和基本可兑换（经登记或核准）的有12项，占28%；有限制的有16项，占37%；暂时禁止的有15项，占35%。

制约了中国资本市场对资源优化配置功能的发挥，股票的上市流通成了单纯筹资的工具；上市公司股本中的可流通部分比重太小，市场的供求关系严重失衡，也导致了市场价格中“泡沫”成分的堆积以及操纵股价等投机行为的盛行。虽然中国现在已经暂停了通过二级市场来减持国有股的方案，但这并不意味着国有股减持的工作陷入停顿，我们必须采取多种方式，开辟多种渠道，继续推进国有股的减持工作，直至最终解决困扰中国证券市场发展多年的国有股流通问题。

参考文献

[1]曹凤岐等,《中国资本市场发展战略》,北京大学出版社,2003。

[2]曹凤岐,《股份制与现代企业制度》,企业管理出版社,1998。

[3]曹凤岐,《中国证券市场发展、规范与国际化》,中国金融出版社,1998。

[4]檀向球,《全国统一指数及指数期货:方案设计、市场影响及投资策略》,上海财经大学出版社,2003。

[5]杨峰,“海外股指期货市场比较研究”,《金融研究》,2002 年第 7 期。

[6]姚兴涛,《中国股指期货市场概论》,北京大学出版社,2001。

[7]杨玉川等,《现代期货期权创新与风险管理》,经济管理出版社,2002。

[8]约翰·赫尔著,张陶伟译,《期权、期货和其他衍生产品》,华夏出版社,2000。

[9]Quenting, CHUWEN – LIANG GIDON HSIEH, YIUMANTSE, “Price Discovery on the S&P Index Market: An Analysis of Spot Index, Index Futures, and Spdrs”, *International Review of Financial Analysis*, 1999(1).

[10]KEDRETHC, HOGAN, JRKENNETHF. Kroner Jahangir Sultan, “Program Trading, Non-program Trading, and Market Volatility”, *The Journal of Futures Markets*, 1997,17(7).

(本文刊载于《北京大学学报(哲学社会科学版)》,2003 年第 6 期,与姜华东合著)

我国保险资金投资证券市场的渠道及风险控制

(2004 年 10 月)

一、我国保险资金投资渠道狭窄的问题必须解决

近二十年来，随着国民收入的提高和人们保险意识的增强，各保险公司保险费收入呈大幅上升的趋势，与社会保险基金相比，国内保险公司在严格核保、理赔的控制原则下，商业保险资金在满足赔付要求后，仍然有盈余。但从保值增值的长期发展来看，我国商业保险资金的运用渠道比较狭窄，与国际上发达国家的做法相比存在很大的差距。

从发达国家的经验来看，保险资金可以通过多种途径实现与资本市场的对接，如发行定向投资种子基金、进行资产委托管理、组建产业投资基金、深化债券投资组合等。在这些国家，保险资金的投资需求与资本市场的融资需求是一种互动、互补的关系。保险资金是影响资本市场的一支举足轻重的力量。保险公司既是一般意义上的保险公司，也是金融资产管理公司，掌握着庞大的金融资产，如法国的安盛集团 1998 年掌握的资产达 6 550 亿美元，苏黎世金融服务集团掌握的资产为 4 030 亿美元。它们的投资也是无所不包，如股票、国债、企业债、金融债等，有的还设立了投资基金，投资于房地产、期货和外汇，也有的从事资产托管业务等。2000 年美国寿险公司投资中有 70% 是股票，英国保险公司投资中 60% 是股票，日本保险公司投资中 50% 是证券。此外，这些保险资金的投资活动没有任何地域上的限制，可以向国内、国外任何一个它们认为可以使资金增值的地方进行投资。保险资金的投资收益在西方发达国家一直是保险公司盈利的主渠道。在这些发达国家，保险费率极低，而且保险责任相当广泛，保险赔付率经常在 90% 以上，有时甚至超过 100%。然而，保险公司即便在这种情形下仍然能够获得较好的经营效益。原因很简单，保险公司在保险资金的投资方面获得了巨额的回报，足以弥补保险业务赔付金额上的损失。也就是说，收取保险费不是保险公司业主们的最终目的，而是他们用于投资的资金源泉。

而对国内保险公司而言，保险公司的投资渠道比较狭窄，仅局限于《保险法》所规定的几种，如银行存款、政府债券、金融债券，以及国务院规定的资金运用形式，而且不得设立证券经营机构和向企业投资。这些限制制约了保险公司的发展，特别是自 1997 年以来，我国连续下调利率，这对以银行存款和国债投资为主要渠道的保险资金的运用带来了极大的挑战。在这种情况下，保险资金运用渠道狭窄直接影响到保险公司的偿付能力和经营的稳定性，关系到保险业的

健康发展。造成这一现象的主要原因是我国保险业仍处在初步发展的阶段,只重视保险补偿功能的发挥,重视展业、承保、理赔业务的发展,却在很大程度上忽略了保险资金的投融资职能和资金运用业务的发展。最直观地讲,多数保险公司目前仍把追求承保利润作为公司经营的生命源泉,并通过严格的承保、理赔等办法来确保保险利润的实现。现在我国保险资金的运用率为50%,而国外保险资金的运用率在90%以上。因此,要解决我国保险资金运作的困境,不能完全依靠银行存款或者投资国债来解决问题,而是必须拓宽运用渠道,应当进入证券市场,进入资本市场。这既可以解决保险公司的资金出路问题,也有利于促进我国证券市场的完善,具有诸多意义。

当前,我国已经初步具备了保险资金进入证券市场的条件。一方面,我们有充足的可运用的资金。从1990年开始,我国保险费的增长是比较快的,2001年、2002年、2003年我国的保险费收入分别为2 109亿元、3 053亿元和3 880亿元,截至今年7月底,全国保险业的总资产接近1.1万亿元,应当说我们有庞大的保险资金可以运用。另一方面,我国监管机构对保险资金入市工作非常重视,已初步形成了保险资金入市的政策环境。年初以来,保监会连续发布了多个推动保险资金入市的法规:4月28日,发布了《保险资金运用风险控制指引(试行)》;7月28日,发布了《关于保险公司投资可转换公司债券有关事项的通知》,允许保险公司购买可转换债券,进一步拓展了保险公司资金的运用渠道;8月9日,又发布了《保险外汇资金境外运用管理暂行办法》,允许保险公司、保险资产管理公司从事保险外汇资金的境外投资。这些政策对稳妥有序地推进保险资金以多种方式进入资本市场具有重要意义。

二、我国保险资金入市的几种方式

从投资方式上看,保险资金入市可分为直接进入证券市场和间接进入证券市场两种,而每种方式中又包括不同的方式。

1. 直接进入证券市场的方式

第一种方式是保险资金在流通市场上直接进行证券投资。这是目前大多数国家和地区保险资金入市普遍采用的方式,我国的保险公司参与股市的自营业务也应该是一个发展趋势。但这一方式也存在一些问题:保险资金进入股市,保险公司就成了机构投资者,目前保险公司在有经验的证券市场人才及技术水平等方面还比较欠缺,有待进一步提高,同时,我国的股市不稳定,直接投资股市的风险比较大,很多保险资金直接介入其中,如果运作不好,就会直接套到股市里面,而其所运用的资金都是老百姓的保命钱。因此,保险资金直接进行证券投资应慎重,目前还不适宜大规模地进入。

第二种方式是保险资金在发行市场上充当战略投资者。我国股票市场新股发行的收益率历来都保持在比较高的水平,所以充当战略投资者参与新股的认购,在短期内是保险资金运用比较好的一个选择。保险资金通过这一方式入市已经有一些案例,比如 1999 年 10 月 28 日同盛基金向保险公司配售了 9 个亿的基金单位等。目前这种配售的情况很少了,但保险资金还是可以在一级市场上直接作为申购单位进行新股申购。这种方式存在的问题是:随着新股发行方式的改革,新股发行速度不断加快,收益率也在不断下降。因此,在发行市场上充当战略投资者,就一定要正确判断什么样的新股可以进行申购。

第三种方式是保险资金在证券流通市场上投资于证券投资基金。保险资金通过购买证券投资基金入市的方式是一种较为可行的方式,因为从总体上来说,证券投资基金是专业的机构投资者,所运用资金的数量和规模比较大,经营水平比较高,收益相对也较高。同时,将保险资金交由外部的基金管理公司来运作,保险公司就不必建立自己的专业管理机构,可以使其将主要精力投入到保险业务的发展和开拓上。我国实践当中,也是最先允许保险资金进入证券投资基金市场的。一些保险资金已经通过这种方式进入证券市场,并取得了较好的效果。当然这种方式也存在一些问题:由于约束机制的缺乏,保险资金运用的风险不能有效地隔离,保险公司可能要承担一些风险。尤其是在整个市场走弱的情况下,我国股票市场缺乏卖空机制,投资于证券投资基金也可能会亏损。因此,通过这种方式进行投资应谨慎,不能一下子把很多的资金都投放进去。

2. 间接进入证券市场的方式

第一种方式是保险资金通过同业拆借市场搭桥入市。2002 年,中国人民银行批准颁布了《关于批准保险公司在全国银行间办理债券回购业务的通知》,这意味着保险公司可以进入同业拆借市场。保险公司在运作过程中,首先要选择拆借对象,同业拆借主体除了保险公司外,还包括银行、信托公司、证券公司等。拆借回购的实际利率是市场化的,因此可以利用市场机制来进行正回购和逆回购。

第二种方式是保险资金以资产委托方式进入证券市场。近年来,随着金融品种的不断丰富,资产委托也逐渐成为投资者比较熟悉的工具。简言之,资产委托就是保险公司将一部分资产委托给证券公司或者投资基金去经营,双方根据委托合同进行收益分配。将保险资金进行资产委托最大的好处就是保险公司省心、省力,不用事必躬亲,同时,由专业公司操作,也可以获得比较好的回报,而且投资比例的大小、投资时间的长短都可以根据保险公司的自身情况而定,因而比较灵活。但这一方式也存在一些问题:保险资产委托中存在较为突出的委托代理问题,使资产委托的收益和代理成本之间出现了一定的矛盾,也就是说保险公司委托代理人的时候,希望得到一个固定的收益,但证券公司等受托人在操作的时候,由于市场波动等原因,可能连委托资金的本金都收不回来,而且有的受托人接受的委托太多,管理等方面难免出现问题,从而造成一定的损失。因此,保险资金通过委托方式进入证券市场是可以的,但是应当加强管理,国家在这方面应该出台一些法律法规,来保证委托人的权益。同时,除委托的方式外,还应积极探索开发更多的信托产品。

第三种方式是保险公司发起设立基金管理公司,发起设立投资基金进入证券市场。保险公司自己设立基金管理公司进行基金管理运作,是国外保险资金运用的普遍做法。采用这种方式最大的好处是由保险公司自己作为基金发起人,负责基金的投资和管理,可以实现对保险投资收益和风险的直接控制。同时,由于基金的运作过程透明度高,运作机制、组织结构、法律框架都比较规范,因此能够较好地保证投资者资金的安全性。当前,中国人民银行正在研究由商业银行设立基金管理公司,主要是发行货币基金。保险公司也应借鉴其做法,设立基金管理公司并发起设立投资基金。我认为这是今后的一个发展方向。当然,保险公司设立基金管理公司是金融管理与经营体制的重大突破,是对现行分业经营原则的挑战。应当采取控股公司的办法来解决,以保险公司为主发起设立基金管理公司,保险公司成为控股公司,基金管理公司独立经营,与保险业务实现人员分开、资金分开、账户分开。

三、保险资金入市的风险控制

保险资金入市的规模和速度,取决于保险资金运用的风险控制能力和水平。所以在支持保险资金入市、拓宽保险资金投资渠道的同时,必须加强对保险资金运用的风险监控和管理,采取循序渐进的原则,不能一蹴而就。

第一,安全第一。这是由保险资金来源的特点所决定的。在将保险资金运用于证券市场时,重视对入市资金的风险管理对保险公司和投保人均具有非常重大的意义。

第二,分散风险。保险资金运用中的风险是很多的,从系统性角度看有市场的风险,也有单个保险公司的风险;从其他角度看还可分为利率风险、流动性风险、管理风险等。保险公司必须按照风险分散的原则进行安排,某一项投资不得在保险基金结构中占很大的比重,而应该是分散投资。要谨慎选择投资品种,寻求与之相匹配的投资工具,合理分配资金,降低非系统风险。发达国家对保险资金投资证券的比重都作了一定的限制,如对上市公司股票的投资占资产的比重,美国的限制是15%,德国是30%,英国是48%,日本是30%,韩国是40%,新加坡是45%;对非上市公司股票的投资占资产的比重,美国的限制是5%,德国是10%,日本是30%。因此,我国可以明确规定保险公司入市资金占总资金及各种责任准备金的最高比例,也可以与总资产挂钩,避免或减少资金运用过度导致的损失。

第三,控制总体规模。我国证券市场已经发展十几年了,虽然积累了很多宝贵的经验,但是相对于发达国家已经培育了上百年的资本市场来讲,仍然是非常年轻的,不稳定的因素也非常多,直接导致该市场的风险较大。因此,保险资金入市的总体规模不应太大,一定要对其加以控制。

第四,保险公司要加强自身建设。保险公司的组织形式、管理机构、规范化运作、内部控制系统以及产权制度等对保险公司的投资风险都起着非常重要的作用。应加强自身建设,其一是专业队伍的建设,不仅要加强保险专业人才的培养,还要注重基金管理人才的引进和培养;其二是加强投资决策机制的建设,因为只有通过科学的投资决策机制才能够对资金调动、资产分配、资产管理等方面进行专业化管理。科学的决策体系包括两个内容:一是投资决策程序的规范化,二是投资决策工作范围的明确化。保险公司应该成为真正意义上的公司,建立科学的法人治理结构和激励约束机制,同时,还要加强公司内部管理,只有这样才能更好地防范风险。

(本文刊载于《中国金融》,2004年第20期)

农地金融创新

(2012年7月)

中国作为世界上重要的发展中国家之一,二元经济的特征非常明显:飞机、小轿车和毛驴拉车同在,13亿人口中有9亿农民,还有1.2亿贫困和低收入人口,特别是这部分低收入人群的绝大多数都分布在广大的农村地区,因此,中国的城乡差距非常之大,“三农”问题也尤为突出。这里所谓的“三农”问题,首先是农民问题,且以其为核心,当前表现为农民收入低,增收难,社会保障差,城乡居民贫富差距大;其次是农村问题,主要表现为农村面貌落后,现代化水平低;最后是农业问题,主要表现为农民种田不赚钱,产业化程度还不高。同时,中国在城市化发展过程中,一些失去土地或不再务农的农民转移到城镇谋生,但这些农民工在城市里暂时还很难享受到正式的市民待遇,一旦经济和企业出现问题,唯一的选择就是回到农村。如2009年的国际金融危机造成广东、浙江大批企业倒闭,导致近2 000万农民工回流到农村。最令人担忧的是,其中的一部分很可能沦为“务农无地、上班无岗、低保无份”的流动人口。由此看来,“三农”问题依然是关系到国计民生和社会稳定的全局性问题,而且也逐渐成为城乡统筹发展过程中的历史性问题。

近年来,大家都在讨论统筹城乡发展、促进城乡一体化,也认识到城镇化是统筹城乡发展的必由之路。城镇化可以扩大内需,消化过剩产能,保证经济的持续增长,将在中国的经济发展和结构调整中扮演拓展发展空间的重要角色。需要注意的是,与2002年以来中国所启动的“城市化”进程不同,当时的概念更注重大城市外延的无限扩容,而本次则更注重中小城市的提升和城镇群的形成。这种新型城镇化理念的背后,不仅隐藏着巨大的内需扩容空间,亦是对城乡二元化体制进行分拆与重塑的过程。

简单来说,城镇化的过程就是把农村变成城镇、把农民变成市民的过程。这样我们就可以解决医疗、劳保福利、教育公共设施等问题,我们会建很多的房子,水泥、钢材过剩问题也会解决,并且能解决农民的就业问题。现在提出村村通路、村村通电,但对于一些边远地区、山区,此举浪费极其严重。比如,有的地方高压线通到村边,村民还是用不上电,因为从村口通往住户的电线无人付钱。村里通到住户的线不属于公共设施,而这几户谁都不出钱,所以高压线通到村口村民也用不上电。那我们能不能把分散的居民从山里搬出来,集中建城镇、集中建设公共设施?实践证明这是具有可行性的。但同时也引发了一个问题:如果把村民移出来集中居住,那承包的土地、山林怎么办?答案是:可以转让承包权或以土地、山林使用权入股的方式，让少数人集中去做。事实上，对于人口少、自然环境和资源条件较差的农村，可以利用此次农村城镇化的契机，在建设城镇的过程中，有效迁移、整合农村人口，建立新的聚居区式的新村镇、集群型农场或小城镇，这样可以实现农地资源与投入资金的最大社会和经济效率。

可见，以城乡统筹发展为核心的城镇化过程必将冲击到现行的农村金融体系和农地制度。第一，建设中小城镇必须大力建设基础性公共设施，大量建造居民用房，这些都需要大量的资金投入。目前我们获得资金的途径主要依靠财政，但是现在中国的财政职能逐步转向公共财政，不可能再拿很多的财政资金去拉动投资。而且前些年所谓房地产、公共设施完全靠土地财政，实际上这条路已经走到了尽头，是不可持续的。不说公共设施建设，仅就保障房而言，“十二五”期间要建3 600 万套保障房，需要 6 万亿—7 万亿元的资金投入，这一大笔巨额资金的投入显然不是单靠财政就能解决的，更需要充分发挥金融对经济发展的支持作用。第二，长期以来，金融服务尤其是信贷服务的缺乏已经成为制约中国农村经济发展的瓶颈，广大的低收入贫困农户长期得不到正规金融机构的金融服务和支持。而且在全球金融危机影响的宏观经济背景下，大量的农民工失业返乡，他们对于创业资金的需求更加凸显了农村金融供给不足的矛盾，因此改革现行农村金融制度、建立多层次农村普惠金融体系无疑也将成为必然之举措。第三，改革开放之初在中国农村推行的家庭联产承包责任制是非常伟大的进步，但土地分散经营与农业现代化是格格不入的，因为分散经营很难大规模地使用机器，很难产业化，产前、产后合作都很难展开，抗风险能力很差。小农经济环境下，农户的规模化和组织化程度低，产出十分有限，没有发展后劲，仅能解决温饱问题。而在城镇化过程中，必然将涉及把土地、山林集中起来由少数有一定专业技能的人来经营，准许农民以土地入股或土地转让等方式获得财产收入，同时他们还可以到经营者的农场或企业中去劳动、挣工资、做产业工人，或者是进城落户做可享受到医疗、住房、养老等福利的工人。因此，围绕着农地使用权的资本化，改革现行农地制度，发展农地金融，也将是城镇化进程中的重大配套改革措施之一。

既然现行的农地制度和农村金融制度正遭遇到经济与社会转型的冲击，那我们就不得不思考，改革现行制度的方向在哪里？具体的途径有哪些？周小全博士的博士后出站报告试图对这个问题进行系统和深入的研究。十多年中央和地方金融部门的丰富工作阅历以及长期刻苦学习形成的扎实理论基础，使他一直保持着对中国经济和社会转型的及时研究与敏锐思考。经过两年的勤勉工作，周小全博士作为“北京大学优秀博士后”，圆满完成了“城乡统筹中的农地金融问题研究”这一具有挑战性的博士后研究课题，同时还获得了中国博士后科学基金的特别资助。该报告从新制度经济学的分析视角，对中国农村金融发展、农地制度变迁进行了系统分析,并结合城乡统筹发展的大趋势,提出了以金融创新推进农地制度创新、大力发展中国农地金融的对策建议。通读全文,该项研究主要有以下几个特点:

一是以制度效率为逻辑起点,以制度变迁为逻辑主线,将对中国农村金融及农村土地制度的分析,置于统筹城乡发展、推进城乡一体化的大背景中,从而使研究主题和对策建议更具有现实意义。通过综合运用规范研究与实证分析相结合、定性分析与定量分析相结合、统计分析与个案分析相结合以及比较分析法,作者提出,要尽快改变当前农村金融边缘化、功能弱化的格局,关键是要围绕构建一个以商业性金融、政策性金融、合作性金融为主导并与其他金融相衔接的多元化农村金融体系,重构与整合农村正规金融体系,大力推进新型农村金融机构的建设,逐步发展农村民间非正规金融体系,健全政策性农业保险制度;在农村土地制度完善方面,需要围绕建立健全土地经营权流转体系,优化农地所有权制度,以明确产权界定、强化土地承包经营权、完善农村社保体系。

二是将农村金融与农村土地制度视为解决"三农"问题、实现城乡统筹协调发展的关键要素。基于这一认识,作者在同类著作中率先强调了要将二者的改革与创新相互结合、相互统一,提出了"以金融创新推进农地制度创新,大力发展农地金融"的新观点。

三是围绕着如何优化集体土地资源的配置效率以及由此衍生的土地定价问题,作者针对农地金融业务的特点,深入分析了地票交易、农地入股、农地证券化、农地信托等多种具有一定创新意义的农地金融产品,为农地金融的创新发展提供了方向,也从一个侧面反映了作者务实、求新的学术态度。

四是河南省新乡市自2006年开始对新农村建设进行了一系列探索和实践,初步摸索出了一条以不牺牲农业和环境为代价的新型工业化、新型城镇化和农业现代化道路,其中也包括对完善当地农村金融体系和农地流转制度的有益探索。作者在深入实地调研考察的基础上,针对河南省新乡市在城乡统筹发展的探索实践中所取得的成绩和面临的问题,分别从宏观层面、中观层面、微观层面提出了切实可行的措施建议。尽管是以河南省新乡市作为个案分析重点,但所提出的农地证券化等农地金融创新建议,仍不失普遍性和可推广性。

上述特点,体现了作者对于农村土地、农村金融理论与实践问题的潜心研究,并形成了颇有新意的独到见解。对于关注中国"三农"发展的理论工作者和实务工作者而言,本书中的逻辑思路和相关观点无疑是值得借鉴与参考的。在此,也希望周小全博士在今后的实践工作和研究工作中,继续关注和深入思考中国农地金融的发展,充分施展个人才华,积极为中国经济转型和社会发展作出贡献。

(本文是《城乡统筹中的农地金融问题研究》(经济科学出版社,2012年)序言)

开启移动互联网金融新时代

(2014 年 5 月)

首先谢谢各位来参加今天下午的金融课,其次要谢谢我的学生们,每个人都作了非常精彩的讲演。田昆给我一个任务,让我总结,但我真是总结不了。为什么呢?应该说互联网金融不仅是对传统金融学的颠覆,也是对金融学老师的一个颠覆。到现在为止,第一,我对互联网还不太熟:今年春节的时候我收到了不少微信红包,但是我到现在还没有去领,为什么?没有账户。他们每天说让我领,我却不知道该怎么领。第二,我讲的确实都是传统金融学,比如货币银行,货币是中央银行来发,银行是存贷汇,而现在的互联网金融确实是对传统金融学的一个颠覆,也是对我这样的金融学老师的一个颠覆,所以我也很难总结。

这里我对互联网金融谈一点看法。

最近看到一个叫吴庆的人的一篇文章(实际上是一个采访),开始他就提及《资本论》开篇说,一个幽灵,一个共产主义的幽灵在欧洲徘徊,然后他说当前互联网金融的幽灵现在在中国上空徘徊。这里我首先纠正一个错误,马克思的这段话不是在《资本论》中说的,而是《共产党宣言》的开篇。但他确实说出了当前重要的现象和道理。

我理解的互联网金融是互联网与金融的结合,是借助于互联网技术、移动通信技术,实现资金的融通和支付功能的金融模式。互联网的快速发展与大数据、云计算、社交网络搜索引擎等互联网技术的突破和应用,也是随着电子商务的发展而发展起来的。

我国互联网金融的发展至少有三个阶段:

第一个阶段是 2005 年以前,在这个阶段,互联网与金融的结合主要表现为互联网为金融机构提供技术服务、技术支持,实际上主要是对银行。所以当时说要建立网上银行,网上支付、网上贷款是对银行而言的。因此有人说你们说得不对,不叫互联网金融,是金融互联网,就是银行用了互联网的技术来逐渐把它们的传统业务搬到互联网上,这是最初的发展。

第二个阶段应该是 2005 年以后,其表现是网络借贷开始萌芽。第三方支付机构逐渐成长起来,互联网与金融的结合开始从技术领域走向金融领域。2011 年中国人民银行开始发行第三方支付牌照,第三方支付机构进入规范发展,在这一个阶段实际上很多网络借贷公司纷纷成立了,它们其实并没有牌照,但是它们做了这个贷款业务,主要是小额贷款、人人贷,以及其他的贷款业务。这个阶段是以 P2P 公司的发展为主要特点的。

第三个阶段就是2012—2013年，我们称2013年是互联网元年，这一年是互联网金融发展迅猛的一年，从这一年开始，P2P网络借贷平台迅速发展，以天使汇为代表的众筹融资平台也开始发展起来。第一家专业的网络保险公司获批，一些银行、券商也以互联网为依托对业务模式进行重新改造，加速建设网上创新平台，标志事件是余额宝的出现，余额宝的出现把网络金融的发展推向了一个新的高潮。余额宝自2013年6月推出以来，发展速度大大超出了人们的预期。2014年开年15天，余额宝规模超过2 500亿元，现在是5 000亿元。余额宝实际上是通过网络发行的货币基金，是天弘基金，天弘基金本来是一家排名比较落后，甚至非常落后，已经到了快要关门境地的基金。也许正是因为落后，才寻求变革，阿里入主和余额宝挂钩之后，现在按照规模在国内的排名已经非常领先了，甚至超过了最传统的华夏基金，华夏基金搞了那么多年，管理规模也没这么大。这件事情的出现引起了我们高度的重视。

第四阶段，从2014年开始互联网金融将逐步转移到移动互联网金融阶段。无论身处何地、何时，只要拿着手机，贷款、保险、证券都可以做。而且无论在哪里，只要有网络信号，24小时都可以做，这个变化就太大了。不要光看余额宝，各金融行业都在做。比如说泰康公司最近推出易理赔服务，目标直指百姓担心的理赔难问题。相比传统理赔要带很多重要文件、跑柜台、路途远、费时间等，易理赔只要客户登录官方网站或者是官方微信，拍照、上传理赔材料即可。不用跑柜台，不用填写大量理赔数据，只要轻轻点一下鼠标，理赔即到家。他们还推出了乐业保，是淘宝公司推出的针对网上小卖家及其员工的保障计划。只要你是淘宝网上的一个卖家就可以参加这个计划。乐业保一号为癌症身故保障，每月10元钱即可获得10万元保障。乐业保二号是一旦生病住院，可以获得每天50元的补助，每月交5块钱。淘宝卖家登录卖家中心即可根据自己的需要为员工直接购买。而乐业宝首次出现了售前保障的全程互联网化。

通过移动互联网，通过手机，就可以完成支付、缴费、网购、微信支付、送红包等，因此，移动互联网是一大趋势，是不可阻挡的。今后互联网的发展、移动互联网的发展可以说我们很难预料。比如说银行的物理网点可能要减少，因为大家不去跑柜台了。有人说我们处于通货膨胀期，需要印更大票面的钞票，但现在已经不需要了，因为货币已经真正变成了电子货币，变成了计算货币。只要卡里有钱就可以了，而且手机就可以支付，家和电子商务、和物联网结合起来。这个发展是不可预计的，是改变整个金融包括产业链的流程的变化。大家为什么要关注呢？因为这不仅是一个支付手段的变化，而是整个金融形态的变化。

互联网金融从无到有、从萌芽到快速发展，其所带来的创新不仅体现为技术层面的飞跃，更承载了互联网精神。互联网为传统金融带来新的理念、注入新的活力。

第一,互联网金融打破了银行对金融的垄断。金融改革目前来说有一点非常重要,就是打破了银行对金融的垄断,尤其是大银行。谁来为小微企业服务?大银行是不做的,而互联网金融的服务对象就是这些小微企业。所以说它们是非金融公司做的金融业务。很多网络公司是没有金融牌照,但它们照样做,而且是为小微企业服务、为农村服务、为个人服务,这就是一个非常大的变化。

第二,促进了利率市场化,提高了投资者的收益。我们讲利率市场化,银行本身就很紧张,为什么?因为现在银行赚的钱太多了,它们有固定利差、存贷利差。现在我们的贷款利率已经放开了,但是存款利率不敢放,怕很多事,一放可能会提高了成本。不是因为互联网金融提高了成本,而是因为互联网金融实际上已经实现了利率市场化。我们现在说保护投资者,但是有几个投资者到银行存款呢?银行员工都让你买理财产品,存款是3%的利率,理财产品至少5%。这种情况下,实际上我国的利率已经市场化了,互联网金融促使它市场化了,这是挡不住的。

第三,目前的P2P也好,其他的支付服务也好,实际上互联网金融实实在在地在做普惠金融。互联网金融不去做普惠金融,是没有出路和发展的。做小额贷款业务,实际上就是为中小企业尤其是中小微企业、为个人、为农村提供一些非常急需的贷款和其他业务。这也是互联网金融发展最重要的一方面。所以我说互联网金融如果不去做普惠金融,是没有出路的,因为它们竞争不过大银行。

另外,互联网金融使金融不再是普通人看不懂的专业术语,理财产品、货币基金也不再是参与门槛极高的权贵产品。你到银行去做理财产品,银行起点最低5万元、10万元,如果你做私人银行业务,最低是100万元,不是为普通客户服务的。但是你去余额宝做理财产品,那是零起点,从这一点来说,这也是互联网金融的一个优势。

所以以互联网支付、P2P、网络借贷、余额宝、众筹等为代表的互联网金融的发展,是金融模式、金融理念、金融运行方法的创新。无论欢迎还是不欢迎,它必将在我国金融发展创新的舞台上一展雄姿。

这里要提的一个问题是互联网金融与传统金融的关系,现在有人说互联网金融、余额宝是吸血鬼,要取缔,要征收存款准备金,而且他们惊呼被抢夺了业务,提高了资金成本。实际上应该说他们是以狭隘的眼光看问题,没有用创新的理念去看问题。互联网金融为传统金融带来了新的理念,注入了新的活力,同时当然也带来了新的竞争。应该说它倒逼银行进行改革与创新,使得完全靠传统的存贷汇、完全靠吃利差的时代已经一去不复返了。所以银行也要创新,银行也要创造一些适合大众的产品,放下身段,为中小微企业服务。

所以,互联网金融的发展对传统银行提出了挑战,也给它们很大的压力,但是也给它们的改革提供了新的机遇,使它们跟上时代的发展。而且必须看到所有的互联网金融目前都是和银行合作的。因为银行有它的优势——有网点,所以有一些存款必须与它们结合。应该说,互联网金融或者平台必须同传统金融结合起来才能发展。作为互联网金融的同仁们,你们也必须清楚这一点,要和传统金融进行真诚的合作,共同发展新品种。

互联网金融代表了金融创新的方向,我们应该抱着积极的态度,包括在政策措施上为其创造良好的发展环境,对其存在的问题给予重视和解决。要把保护投资者的利益放在首位,坚决打击违法犯罪活动,保障互联网金融的健康发展。

当前,防范互联网金融风险是一项重要的任务。

第一,要明确互联网金融机构的法律定位,允许其做各种金融服务工作,但是不能越界。现在中央提了两条线:一是不能非法吸收公共存款,二是不能非法集资。所以我们要注意这一点,不能触碰底线。

第二,要完善资金第三方存管制度,目前的存管制度存在安全隐患,有大量投资者资金在平台账户上,会出现携款逃跑的情况。近两年出现了优易网 P2P 借款平台携款逃跑和倒闭行为,给放款人造成了资金损失,也影响了整个行业的发展。

第三,要健全互联网企业内控制度。内控制度不健全可能引发金融风险。可以把内控制度作为互联网金融的防火墙。绝不能为了片面追求业务、扩展规模和营运能力而采取一些有争议的高风险互联网交易模式等。

第四,要加强对互联网金融的监管。互联网金融的本质还是金融,不是互联网。互联网只是一个方法、手段、模式,和传统金融有区别。现在的情况下,加强互联网金融企业的监管是非常有必要的。

目前我国还实行分业管理的模式,就是"一行三会",我建议这种模式变成"一行一会",但现在还很难操作。这种情况下,银行、信托业务应该由银监会监管。保险业务由保监会监管,属于证券业务的应该由证监会监管。违法违规、虚假披露对投资者造成损失的,必须严惩不贷,保证我们金融运行的健康,也保护我们投资者的合法权益。

总之,互联网金融是一个新生事物,我们要振臂高呼支持它的发展,要对它进行规范,使它能够更健康地发展,为更多的投资者服务,为国家的经济发展服务。

(本文是根据笔者在"大数据与移动互联网如何推动金融创新与变革"论坛上的发言整理而成的,刊载于 2014 年 5 月 8 日曹凤岐新浪博客,收录本书时有删节)

进一步发挥股指期货的功能和作用

(2014年7月)

一、四年来股指期货运行良好

自2010年4月16日上市以来,股指期货目前已顺利交割44个合约,累计开户近17万户,累计成交3.9亿手,累计成交额达301.37万亿元,在全球股指期货中成交排名第五位。截至2013年12月31日,股指期货市场2013年全年累计成交1.93亿手,同比增长83.91%,累计成交140.70万亿元,同比增长85.52%,年末持仓量119 534手,较上年年末持仓增长8.29%。期货始终围绕现货价格波动,没有偏离现货走出独立行情。二者高度拟合,价格相关性高达99.56%。沪深300股指期货继续保持健康平稳发展,功能逐步发挥,服务资本市场发展全局的积极作用日益显现。

股指期货满足了市场强烈的避险需求。通过套期保值,使机构投资者避免了在现货市场进行集中恐慌性抛售,减缓了股市下跌幅度,保护了各类投资者利益。

股指期货的推出,也逐步改变了充斥市场的过度交易、高换手率等现象,使充斥市场的炒题材、炒重组、炒消息的局面逐渐得到改善。沪深300指数成分股日均换手率均值从上市前三年半的1.85%下降到上市后的0.56%。

股指期货健全了避险机制,推动了长期资金入市。中金所将通过金融创新提高服务能力,充分延展产业链,吸引更多机构投资者和长期资金入市,利用期货进行风险管理,增加市场资金供应总量。目前市场共有机构客户190家,机构产品账户1 359个,开设交易编码1 848个,涉及证券、期货、基金、信托、QFII、保险等六大类机构,除银行外基本都已参与。

二、股指期货的功能和作用发挥得还很不够

从理论上讲,股指期货具有发现价格、风险对冲、套期保值、稳定市场的功能,是全球使用最广泛、最成熟的避险工具。

股市在发展演进中,层次逐渐清晰,功能逐渐完备,形成现代意义上完整的体系架构,即包括股票发行一级市场、股票交易二级市场和以股指期货为代表管理股市风险的衍生品市场。这三个部分有机协调,构成一个不可分割、相伴共生的统一整体。股票发行一级市场实现了投资、融资和资产的静态定价,二级交易市场实现了资产动态定价和优化配置,而股指期货市场则实现了股市风险的控

制、分割、转移和再分配。

从国际市场经验来看，股指期货市场经受了历次金融危机的考验，自身没有出现大的系统性风险，而且在股票市场危急时刻，股指期货成交量放大，通过期货市场的避险，有效释放了市场巨大的抛压，避免了市场连续暴跌。据统计，2008 年金融危机爆发至当年年底，22 个推出股指期货的市场股票平均跌幅为 46. 91%，而没有推出股指期货的市场平均跌幅达到 63. 15%，同一时期，我国上证综指跌幅更是达到 73%，比传统上我们描绘的国外股市“崩盘”的跌幅还大。

从 2010 年开放股指期货以来，股指期货发挥了一些功能，但还远远不够。对股指期货的质疑声却源源不断，例如认为我国股票现货市场走得不好是由于开放了股指期货所致，股指期货成了做空的力量，抽走了现货市场资金。股指期货投机功能发挥得淋漓尽致，而套期保值、稳定市场的功能确实不明显。原因有三个。

1. 我国 A 股现货市场制度不健全

有一个发达和制度健全的现货市场是推出股指期货的必要条件之一。从各个国家发展股指期货的顺序可以看出，股票市场比较发达的国家，推出股指期货往往也相对较早，如果没有发达的现货市场，缺乏灵活的价格形成机制，或者现货市场的容量较小，相应地期货市场没有众多的保值者的参与，便会缺乏一个现货与期货互动的内在机制，期货市场即便建立，也会有很大的风险。因此，在推出股指期货之前，必须有一个发展充分的现货市场作为基础。

而我国 A 股市场发行和交易制度还存在很多问题，发行价格没有完全市场化，二级市场交易价格扭曲（爆炒首日），还没有实行 $T+0$ 交易制度，与期货市场不匹配。

2. 我国股市投资者结构不合理

对于成熟的证券市场而言，机构投资者应该在市场中占主导地位，机构投资者具有成熟的交易理念和运作方式以及多样化的资产组合，从而成为稳定证券市场的重要力量，也成为股指期货市场发展的重要推动力量。目前我国股指期货市场的投资者以自然人居多，法人所占比重不足 20%。国有企业、金融机构、各种基金等机构投资者参与期货交易受国家政策及社会理念等多种因素的制约。投资者的资金大多来源于中小散户，占了投资者队伍的主体。目前我国期货市场的保证金总量为 150 亿元，投资者数量为 20 万户上下，户均投资额为 7. 5 万元，其中 100 万元以下的投资者占 85%，超过 300 万元的投资者只占 5%。中小散户对期货投资的知识、信息方面的缺乏，制约了理性的投资决策。而且，他们大多都抱着投机的交易目的而来，把炒股的一套思路带到股指期货市场，暴露出诸多问题,如满仓操作、长期持仓、不及时止损、单边做多或做空。总之,目前我国期货市场的投资者结构使得我国股指期货市场资金规模有限、市场稳定性差,影响了其功能的发挥。

3. 社会诚信程度不高,诚信体系还没有完全建立

市场经济本身就是一个信用经济,如果市场主体不遵守诚信的原则,那么市场发展必将出现很多的问题甚至瘫痪。市场化程度越高,要求的信用水平便越高。期货市场是我国市场经济的一个重要组成部分,是市场经济发展的一种高级形式。由于保证金制度的存在,期货市场的风险和收益都被放大了,相对应的是,期货市场对信用的要求也比现货市场更高。

期货市场作为市场经济发展的高级形式,对信用的要求自然更高。期货行业属于金融服务业,期货经纪公司直接服务的对象是广大客户,为众多客户提供期货交易、信息咨询等服务。在我国期货市场发展前期,一些经纪公司及交易所的失信行为频频发生,交易所协同大户操纵市场、公司欺诈客户、投资者爆仓逃遁、客户做亏钱了赖账的现象时有发生,这些情况使期货行业的形象和信誉受到了很大的破坏,导致期货行业付出了惨痛的代价。社会诚信程度不高,必然会在一定程度上制约我国股指期货市场的发展。

三、继续进行资本市场制度改革与创新

1. 建立股指期货市场与股市的联动机制

股指期货市场既能做多又能做空,而股市却只能做多不能做空,仍缺乏双向交易机制。由于股指期货市场与股票现货市场的关系密切,单向与双向交易的矛盾产生了市场不对称的问题。在股指期货市场上做多的参与者可以通过买入股票达到推高指数的目的,实现在期货和股票持仓的双赢,而在此市场做空的参与者由于没有做空机制,即使在沽空股指期货上获胜,也必须首先弥补其在现货市场上的损失。由此可见,该矛盾会使现货市场产生大规模震荡,不利于维护市场的稳定。所以,要进一步发展和完善股票现货市场的做空机制。在现货市场上逐步推行信用交易,完善融资融券业务,审慎推出现货市场上的 $T+0$ 交易。

另外,为了提高股指期货的风险监控与运作效率,必须打破证券市场间的壁垒,加强两个市场间头寸的统一管理,建立风险管理的联合机构。应尽快建立一种约束制度,使现货与期货市场相互制约,避免一个市场的波动在两者之间循环而导致的放大效应。

2. 大力发展机构投资者,吸引长期投资者和长期资金入市

吸引包括共同基金、养老金、保险公司、证券公司等在内的大量投资者尤其

是长线机构投资者的普遍参与，应用于市场风险管理、资产组合配置、投资理财产品创新等方面。目前我国对机构投资者进入金融期货市场还有很多限制，例如银行还不能进入（银行一直在做国外金融期货，包括利率掉期等），保险资金进入也受到严格限制。应当逐步放宽对机构投资者进入国内金融期货市场的限制。

3. 坚持适当投资者制度，逐步放宽进入门槛，逐步丰富我国股指期货品种

我国的股指期货市场处于发展初期，由于广大的散户投资者对于这种新兴的金融工具的具体运作不是很熟悉，贸然参与其中会有很大的风险，因此在最初应该将股指期货市场界定为一个以机构投资者为主体的市场，这也是对缺乏投资经验的广大中小投资者的一种保护，因为股指期货市场是一种零和游戏，以小博大，如果估错方向则血本无归。可以考虑在市场取得一定的成功运作经验以后，降低进入门槛，推出适合散户投资者的股指期货品种。根据国外的经验，韩国 1996 年 5 月推出 KOSPI 200 指数期货，开始时确定了较高的交易单位和最低保证金要求，市场设计以机构投资者为主体，不鼓励个人投资者过分参与，在交易量中，证券公司占 80.4%，个人投资者占 12%，外国投资者占 3%，但交易不活跃。从 1997 年开始，韩国推出了小面额股指期货合约，到 2001 年，中小散户占了股指期货交易量的 50%、股指期货期权的 60%，并且有逐步上升的势头。同样，我国香港地区的经验也表明了散户是股指期货的中坚力量，香港推出普通面值 1/5 的小面额股指期货合约后，香港股指期货现在的市场交易份额中，有 50% 左右来自散户。而英国的衍生品市场迄今仍是面向机构投资者的，它的交易一直不活跃。

因此，我国的股指期货市场对于市场参与者的确定应该是一个逐步降低门槛的过程，这其中也应该包括股指期货品种的不断创新。目前可考虑推出中证 500、上证 50 股指期货，还可考虑推出创业板股指期货，条件成熟后可推出小额股指期货，比如 10 元一个点，几千元可炒一手，以适应部分想进入金融期货市场的小投资者的需求。

建议今后推出股指期货品种，不必经过证监会和国务院审批，而是由交易所根据市场和投资者的需求适时推出，报证监会备案即可。

4. 重建社会信用体系，形成健康的资本市场文化

形成诚信、守法的良好风气，对违信、违法者严惩不贷。

5. 加强对包括股指期货在内的衍生品市场的监管

由于股指期货自身所具有的特点，必须对其进行有效的风险监管。以英国为例，英国对于金融期货市场的监管体制开始以自律管理为主，并辅之以道义劝

告和君子协定,自20世纪30年代末才开始立法管理,1986年的《金融服务法》对整个管理格局作出重大变革,形成了由政府、专设管理机构、行业工会和自律机构组成的监管机制,以分块管理和自律管理为主。其中,自律管理机构主要由“获准投资交易所”、自律机构和“获准专业机构”三大部分组成。伦敦证券交易所、伦敦国际金融期货交易所(LIFFE)等均属于“获准投资交易所”。自律机构和“获准专业机构”大多是由中小金融机构和专业人士组成的行业工会组织。英国金融期货市场由证券投资委员会(SIB)行使政府监管职能,SIB的委员会或执行机构由财政部和英格兰银行的总裁共同任命。而美国的股指期货交易是在国家统一的立法《期货交易法》下,形成CFTC、期货行业协会与期货交易所三级监管模式。1978年,《期货交易法》明确了CFTC对金融期货的管辖权,1982年美国国会通过法案,明确了CFTC拥有对股指期货的独立监管权,而SEC则负责股票期权交易的监管。

在监管方面,我们可以借鉴美国对期货市场所采取的三级监管体制,进一步完善期货监管部的监管职能,形成统一的行业自律体系,加强对交易所会员的审批和风险控制。此外,我们也应该借鉴我国发展国债期货市场以及股指期货市场的经验教训,加强对市场风险的控制。

在互联网金融发展的今天,更应强调综合监管和功能监管。

6. 加强期货市场法律法规建设

期货市场是社会生产力发展到市场经济较高阶段所产生的高度自由化的高端经济组织,它需要严密、公平的法律体系来规范、支撑和引导。国外期货市场的发展历程大体是“先立法、后上马”。美国自创建期货市场以来,经过一百多年的不懈努力,其相关的期货法律法规日臻完善,为全球期货市场的发展起到了宝贵的示范作用。无论是欧洲的英国、法国、德国、意大利等国,还是亚洲的日本、新加坡,以及比我国大陆发展期货市场时间较晚的韩国和我国台湾地区,在发展期货市场的过程中,都是立法先于实践,用法律法规规范实践,其期货市场的发展速度具有明显优势。

早在二十多年前的八届人大期间,我国期货立法工作就已开始,但至今《期货法》尚未推出。实际上,目前国内期货业监管法规体系主要包括《期货交易管理暂行条例》《期货业从业人员资格管理办法》《期货经纪公司高级管理人员任职资格管理办法》《期货交易所管理办法》《期货经纪公司管理办法》等,然而,这套现行法规体系已经大大滞后于期货市场发展的需要,《期货法》的长期缺位导致我国期货市场先天不足,监管理念和方式都比较落后。股指期货是商品期货更为复杂的交易方式,市场风险可能更大。在股指期货推出后,应加快《期货法》的出台，完善法规，出台相关配套办法，建立协调监管机制，完善风险控制机制，保障股指期货的健康发展。

7. 花大力气培养期货尤其是金融期货管理人才

目前我国期货管理人才比较缺乏：一是人数少；二是大都是从现货市场转过来的，比如券商；三是从商品期货市场转过来的，对金融期货不太熟悉。这就制约了我国金融期货市场、金融衍生品市场的发展。可采取院校和实际部门结合或联合的办法培养金融期货管理人才。

（本文刊载于《金融时报》，2014年7月7日、2014年7月14日）

互联网金融对传统金融的挑战

（2015年1月）

一、互联网金融的发展改变了我国金融生态

以银行、证券、保险为代表的传统金融模式，最主要的特点：一是分业经营和分业管理；二是行业垄断，非金融部门不得从事金融业务；三是产品创新不够，服务中小企业和居民的金融产品与服务有限；四是手续繁杂，很不便利。互联网金融是互联网与金融的结合，是借助于互联网技术和移动通信技术实现资金融通、支付和信息中介功能的新兴金融模式。互联网金融的快速发展是大数据、云计算、社交网络和搜索引擎等互联网技术的突破与运用的必然结果，也是随着电子商务的发展而发展起来的。同时，互联网金融的发展，是对现行金融运营与管理体制的突破。互联网金融是当前我国金融市场效率低下、资金配置错位严重的市场环境的必然产物，其发展对我国的金融改革有着独特的积极意义。

2013年被称为我国互联网金融元年，互联网金融在我国如火如荼、热闹非凡，多种互联网金融形式发展迅猛，引起人们的高度关注。2014年更是首次进入了《政府工作报告》，作为一个新兴产物，其影响可谓达到历史前所未有的高度。相比之下，环顾海外，在全世界范围内，并没有一个所谓的互联网金融行业的诞生。互联网作为一项技术，在过去二十多年里一直在影响着全球的金融业。不过，其影响主要集中于后台（比如支付）和渠道，并没有催生出任何新的金融业态。在互联网技术发展最早、最为成熟且应用领域最广的美国，并不存在所谓“互联网金融”的概念。我国互联网金融的一些形式，如网上银行、第三方支付、网络借贷、网络众筹等，在美国和其他国家早有发展，但是规模都很小，与庞大的传统金融行业比起来简直微不足道，也从来没有像在我国这样产生举国皆知、全民关注的效应。

互联网金融在我国“一枝独秀”，主要源于我国金融体系中“金融压抑”（Financial Repression）的宏观背景，以及对互联网金融所涉及的金融业务的监管套利。我国的金融体系长期处于经济学家麦金农和肖所描述的“金融压抑”之中，利率受到管控，资金主要由银行体系进行配置。而逐利的市场必将试图利用任何由于管制而可能产生的套利空间。由于传统金融服务的落后和供给不足，实体经济的巨大融资需求没有被满足，为互联网金融的发展留下了空间；传统金融市场的高度管制，对于金融创新存在监管盲区，使互联网金融作为市场新进入者有了存活的机会。这是互联网金融在我国得以旺盛发展的基本逻辑，制度因素

是根本支撑。借助于互联网进行金融运行,是对传统金融的巨大挑战甚至颠覆。

互联网金融是运用互联网技术与精神实现资金融通和金融服务的新兴金融模式。与传统金融相比,互联网金融在资金配置效率、渠道、数据信息、交易成本、系统技术五个方面具有优势,本质上是一种更民主、更普惠的大众化金融形式。移动支付、云计算、社交网络、搜索引擎等新兴技术与传统金融业深度融合,催生出形态各异的互联网金融模式。互联网金融从无到有,从萌芽到快速发展的过程说明,互联网所带来的创新,不仅体现为技术层面的飞跃,更承载了互联网精神。互联网金融为传统金融带来了新的理念,注入了新的活力。

(1)网络 P2P 公司贷款平台的发展,打破了银行对金融的垄断,非金融机构做起了金融业务。P2P 平台实实在在地在做普惠金融。目前 P2P 贷款基本是对中小企业的贷款,支持中小企业的发展,是一种普惠金融的形式。比较典型的是阿里的小贷公司。2011 年中国人民银行开始发放第三方支付牌照,第三方支付机构进入了规范发展的轨道。第三方支付的发展,给包括个人在内的支付、结算带来极大的便利。随着电子商务和网络支付的发展,货币变成了真正的电子货币,已经不必发行大面额纸币。比如,通过计算机运算产生或者网络社区发行管理的虚拟货币,可以购买虚拟物品,比如网络游戏中的衣服、帽子、装备等,只要有人接受也可像比特币一样使用虚拟货币购买现实生活中的物品。

(2)以余额宝、支付宝为代表的互联网金融产品已经打破了只有银行才能吸收存款的界限,余额宝、支付宝的资金实际上是客户网上购买和支付的预付保证金,也是余额宝、支付宝所吸收的存款。这些资金越滚越多,存入银行是有利息收入的,这些利息收入应返还给客户,但如果返还给客户,就是储蓄存款,违反了非银行机构不得吸收存款的规定,而且不得挪用这些资金去贷款(与小贷公司不一样),于是它们做了回避监管的事情(帮客户理财、投资),进而出现了余额宝货币基金。余额宝本身是无权发基金的,于是同天弘基金管理公司合作,通过互联网,利用余额宝客户资金发行货币基金,还可以吸引新的客户、新的资金进入。[①] 天弘基金本来是一家排名非常落后,已经快要关门的基金。和余额宝合作后,现在按规模在国内排名,已经非常领先,在全世界的基金里排名也很靠前。这一结合,使余额宝成了银行、成了基金公司,把货币市场和资本市场连接了起来,有了吸收存款、发行基金的功能,创造了新的金融工具,为投资者带来了收益。

余额宝出现的意义在于,促使传统金融机构纷纷同互联网机构合作,通过互

---

① 到 2014 年 3 月末,余额宝用户超过 8 000 万,筹集资金超过 5 400 亿元,累计为客户创造收益 75 亿元。

联网发售证券、保险、基金和理财产品,提高了效率,拓宽了投资渠道,打破了传统金融行业的界限。现在证券公司、保险公司纷纷同电商网站合作,在网络上发行了很多金融产品。我认为,券商、保险公司、基金公司和互联网企业合作是一件好事,能够为投资者提供便利,同时使投资者的交易成本降低,为投资者提供更好、更多的服务。传统金融与互联网企业进行合作,能够实现双方的优势互补,传统金融可以节约成本,互联网企业可以利用网络的便捷性为更多的投资者,特别是中小投资者提供证券交易的相关服务。

近年来互联网金融各种"宝宝们"的火爆,使包括券商在内的各类金融机构都已看到网络平台的巨大吸引力。互联网金融的发展改变了金融交易方式,是借助于互联网技术和移动通信技术实现资金流通、支付和信息功能的新兴金融模式。互联网金融的快速发展,和大数据、云计算、社交网络、搜索引擎的发展联系紧密,利用信息技术、云计算,利用互联网,在任何地方都可以进行操作,这是未来的趋势所在。互联网可很大程度上替代金融机构如银行、证券公司的物理网点,这从根本上动摇了传统金融机构的基础优势。以后大家都不用去营业部了,在家里拿手机或者在火车上、飞机上拿着手机都操作了。营业部要有门面、要有柜台、要配备人员,成本很高,好多网点都不赚钱了,以后物理网点会越来越少。这是个很大的冲击和挑战。

(3)以网络众筹为代表的融资模式,将资本市场和货币市场连接起来,将间接金融和直接金融联系起来。"众筹"一词起源于美国,泛指以互联网为平台,集中大众的资金和资源,用来支持某个项目或组织。现代众筹在美国成为商业模式时间其实并不长,也就十几年。但众筹在我国已经有很长的历史了,像和尚化缘,像乞丐乞讨,像合作社,像浙江宁波、台州等地的标会和抬会等都可纳入众筹的范围,众筹实际上就是小型私募筹资。众筹其实最符合我国的文化和传统思想,符合我国国情。美国、英国等发达国家将互联网与我国的这种众筹思维结合到一起,才有了现代众筹。按照募资的形式,广义的众筹分为四类:第一是"捐赠式",个人以捐款、慈善、赞助的形式为项目或企业提供财务资助,不求实质性财务回报。第二是"奖酬式"或"回馈式",部分项目中出资人可能会得到一些小礼品或预售产品作为回报。第三是"借贷式",个人借钱给一个项目或企业,预计到期偿还,并希望得到一定的财务回报。第四是"股权式",个人投资于一个实体以期获得实体的股份或分享实体未来的利润。狭义的众筹则指奖酬式众筹和股权式众筹。

本文的讨论更为狭义,主要指股权式网络众筹模式,它方便、快捷,更容易筹集小额资金,支持一些小型项目。就网络股权式众筹平台来说,国内目前没有严格意义上的股权众筹,但已有一些平台涉及股权融资,主要以红岭创投、天使汇、大家投为代表。天使汇还算不上一家真正意义上的众筹平台,因为它对投资者有一定的要求,必须达到可用资金不低于300万元人民币的准入门槛。如此高的准入门槛,注定了普通大众不可能参与其中,其对公司支持的影响力也就有限。网络股权众筹,是以中小投资者投资于中小项目为特点,这是与创业投资基金和产业投资基金的最大区别。网络众筹把中小投资者与资本市场联系起来了,更适合中小企业、中小项目融资,是普惠金融的一种形式。2013年6月新上线的大家投网站则可能成为网络股权众筹的一种模式。大家投是一个对接天使投资与创业项目私募股权的投融资平台。其运作模式是:由创业公司在平台上发布项目,当吸引到足够数量的小额投资人,并凑满融资额度后,投资人就按照各自的出资比例成立有限合伙企业,再以该有限合伙企业法人的身份入股被投项目公司,持有项目公司出让的股份。在此过程中,大家投为天使投融资双方提供的是订立投资合同的中介服务,通过向投资人提供目标公司的增资扩股、股权转让等商业信息,促成投资人与目标公司股东签订增资扩股协议、股权转让协议或者其他协议。

(4)互联网金融已经向移动互联网金融发展,促使人们的生活方式发生了很大的变化,人们已经离不开互联网金融。现在人们开始用手机、iPad、微信进行支付、投资、贷款、网上购物、购票、打车、订餐、团购,互联网与电子商务结合起来了,与物流配送结合起来了。这样,互联网金融和物联网、电子商务结合起来,使互联网金融进入寻常百姓家。所以,这个变化应该是非常之大的。移动互联网打破了时间和空间的界限,在汽车上、火车上和飞机上都可以做金融业务。

互联网金融的发展促进了金融机构的综合经营,打破了银行、保险、证券的行业界限。已经分不清哪是银行、哪是保险、哪是证券机构,很多金融机构或非金融机构创造了许多跨界金融产品。与此同时,金融不再是普通人看不懂的专业术语,理财产品、货币基金也不再是参与门槛极高的权贵产品。互联网金融企业和服务在客观上推动了传统金融企业的市场化,甚至倒逼了利率市场化。由于其业务主要是面向低净值客户和小微企业,它们还有助于解决我国金融体系里小微企业贷款难的问题,而这是传统金融长期以来不愿或难以解决的问题。

总之,以互联网支付、P2P网络借贷、第三方支付和众筹融资为代表的互联网金融蓬勃发展,是金融模式、金融理念、金融运营方法的创新。无论欢迎还是不欢迎,它必将在金融发展与创新的舞台上占有一席之地。

二、传统金融机构必须直面互联网金融进行业务创新

随着互联网金融的发展,未来将出现一种不同于传统间接融资和直接融资的具有革命性的新型金融。互联网金融为传统金融带来了新的理念,注入了新

的活力,同时也带来了新的竞争,催生了新的合作,对传统金融带来很大的挑战和压力。但传统金融机构不应把互联网金融看成"敌人",予以"取缔",而应抓住机遇,迅速转型。从目前来看,互联网金融机构或平台必须同传统金融机构合作才能发展。互联网金融目前还无法取代银行等传统金融机构和业务。

当前,商业银行要尽快转型,利用自己客户、网络、信息及征信体系完善的优势,大力发展互联网金融。依托互联网建立支付中介平台,开展与其他资质良好的金融机构、通信运营商、第三方支付公司、企业等的广泛合作,通过丰富平台服务内容,向用户提供一站式的支付服务。做好信用中介平台,为资产管理业务服务,实现理财等金融产品以电子渠道为主进行销售。做好信贷中介平台,推进实现小微企业和个人通过信用积累获得资金支持的渠道,为他们提供互联网金融服务。通过整合挖掘企业和个人的实时交易数据与信用记录信息,实现对资金流、信息流、物流"三流合一"的综合管控,有效降低风险并提高互联网形式下的融资服务能力。打造一体化大平台,不断丰富网络金融产品,提供将所有相关业务融为一体的全面综合服务。

三、强化对互联网金融的监管

互联网金融代表了金融创新的方向。我们应以积极的态度在政策措施等方面为其创造良好的发展环境。对其存在的问题应予以重视和解决,提高其防范风险的能力。要把保护投资者的利益放在首位。坚决打击违法犯罪活动,保障互联网金融健康规范发展。监管部门应充分尊重互联网金融发展的自身规律,尊重互联网金融从业人员的开拓创新精神,让市场在金融资源配置中发挥决定性作用,引导和支持互联网金融从业机构通过行业自律的形式,完善管理,诚信为本,守法经营。手机等支付应当解决密码被盗、资金被盗取和转移等安全问题。

互联网金融企业从事银行业务,却不遵守银行业规则,甚至通过突破规则、逾越规则去竞争。规则的破坏,对金融稳定将带来可怕的冲击。互联网金融无序发展可能带来的隐患不容小视。与银行封闭运行的业务系统相比,互联网金融的交易更易受黑客攻击、病毒侵袭,信息更易被盗取、篡改等,特别是交易者身份和真实性难以确认,存在较高的消费者信息泄露及受欺诈、诱骗等风险。此外,互联网金融开展的"虚拟货币""虚拟信用卡"和白条透支等业务,已带有创造货币、创造信用的性质。目前,互联网金融已成为一个在央行控制之外相对独立的资金流通体系,由于不受法定存款准备金等央行货币政策控制手段的约束,实际上正在不断放大货币乘数。这些问题不仅使人们要进一步思考互联网金融对传统货币定义、流通、政策、调控等带来的挑战,更需要关注互联网金融对传统货币创造过程改变所引发的对货币政策调控、正常金融秩序的冲击。

强化互联网金融监管，监管部门应从立法、加强行业自律、实施定位监管等方面进一步采取措施。所谓定位监管，就是在多层次金融结构体系框架下，清晰划分互联网金融机构、商业银行等各种主体在金融体系中的位置，明确各自的经营领域和范围。此外，互联网金融应在市场准入、持牌经营和严格监管方面与传统银行进行公平竞争。既要保护好互联网金融的活力，又必须加以引导和规范，确保金融体系稳定。

防范互联网金融风险，是当前的一项重要任务：

(1) 明确互联网金融机构的法律定位。允许做各种金融服务工作，但不能越界经营，不能触碰法律“底线”：一是不能非法吸收公众存款，二是不能非法集资。现有法律规则还没有对互联网金融机构的属性作出明确定位，互联网企业尤其是 P2P 网络借贷平台的业务活动，还没有专门的法律或规章对业务进行有效的规范。谬误与真理只有一步之遥。P2P 网络借贷平台的产品设计和运作模式略有改变，就可能“越界”进入法律上的灰色地带，甚至触碰“底线”。我们支持互联网金融的创新发展，但是不允许碰触这两个底线。

(2) 完善资金第三方存管制度。目前资金第三方存管制度缺失，存在安全隐患。现在一些 P2P 网络借贷平台没有建立资金第三方托管机制，会有大量投资者资金沉淀在平台账户里，如果没有外部监管，就存在资金被挪用甚至携款跑路的道德风险。近两年来先后发生了“淘金贷”“优易网”等一些 P2P 网络借贷平台卷款跑路和倒闭事件，给放贷人造成了资金损失，也影响了整个行业的形象。

(3) 健全互联网金融企业内控制度。内控制度不健全，可能引发经营风险。我们可以把内控制度看作互联网金融企业的“防火墙”，好的内控制度可以有效防范经营风险。实践中，一些互联网金融企业片面追求业务拓展和盈利能力，采用了一些有争议、高风险的交易模式，也没有建立客户身份识别、交易记录保存和交易分析报告机制，容易为不法分子利用平台进行洗钱等违法活动创造条件；还有一些互联网金融企业不注重内部管理，信息安全保护水平较低，存在个人隐私泄露风险。做不同的互联网金融业务必须设置“防火墙”。

(4) 改革金融监管体系，实行综合金融监管。在当前我国“一行三会”（中国人民银行、银监会、证监会、保监会）的金融监管体制下，各个监管部门各司其职，但在一些模糊领域很难理清。“一行三会”奉行的原则是分业管理，但是很多创新金融分不清应由哪个机构监管，比如余额宝等货币基金，应归中国人民银行监管，还是归证监会监管？在现行体制的分头监管下，很难理清。由于监管部门的分割，在一些存在监管难度的领域，各个部门就会互相推诿扯皮，无法进行有效监管。目前的金融监管体制已经适应不了层出不穷的金融创新。因此,我建议将“三会”合起来,成立中国金融监管管理委员会,形成“一行一会”的金融监管体制。

(本文刊载于《金融论坛》,2015 年第 1 期,收录本书时略有删节)

第九篇

金融监管体系改革

香港金融管理局的货币发行与银行监管

(2009年3月)

金融管理局是香港的"中央银行",它的职能包括四个方面:维持港元汇率稳定;促进香港银行体系的安全稳健;管理香港的官方储备;发展香港金融市场基础设施,使货币畅顺流通。香港金融管理局是在1993年4月1日由外汇基金管理局与银行业监理处合并成立的。准确地说,是由立法会授权财政司司长负责委任一位金融管理专员,金融管理局只是金融管理专员的办公室,金融管理专员相应成为金融管理局的总裁。所以,在香港的法律文件和其他有关文件中,提到的一般是金融管理专员,而不是金融管理局。这种制度有些类似于内地在省以下设立的行政专区专员制度。

金融管理局(以下称"金管局")的主要职能由《外汇基金条例》和《银行业条例》规定,并向财政司司长负责。除了金融管理专员的法定权力外,财政司司长还可以把他的部分权力转授给金融管理专员。如果财政司司长选择自行行使以往转授的权力,或者凌驾于金融管理专员之上,必须公开披露有关原因。香港另外设有外汇基金咨询委员会,负责对金管局的各项工作进行指导监察。金管局的上司财政司司长也会听取外汇基金咨询委员会的意见。事实上,财政司司长就是外汇基金咨询委员会的主席。外汇基金咨询委员会下设五个专业委员会。比如,金管局的薪酬福利条件及人力资源政策就由其中的管治委员会负责并向财政司司长提出建议等。根据《银行业条例》,香港还设有两个咨询委员会——银行业务咨询委员会和接受存款公司咨询委员会,向金管局提供咨询意见。

一、香港金管局的货币发行管理

作为"中央银行",货币发行是其基本功能之一。与中央政府以及一般的中央银行制度不同,香港的纸币发行是由香港金管局授权三家商业银行在香港发行银行纸币,而货币的调控则集中表现为联系汇率制度。香港金管局的首要货币政策目标是在联系汇率制度的架构内,通过稳健的外汇基金管理、货币操作及其他适当的措施,维持汇率稳定。香港在1983年开始实施联系汇率制度,这是一种货币发行局制度。根据货币发行局制度的规定,基础货币的流量和存量都必须得到外汇储备的十足支持。换言之,基础货币的任何变动必须与外汇储备的相应变动一致。三家发钞银行分别为香港上海汇丰银行有限公司、渣打银行(香港)有限公司和中国银行(香港)有限公司。作为发行纸币的条件,这三家银行发行银行纸币时必须按照联系汇率制度指定的汇率,即1美元兑7.80港元,向政府外汇基金交出美元;赎回已发行银行纸币时也必须以相同汇率从外汇基金取回相应美元。由于香港采取的是这种特殊的货币发行方式,所以香港没有法定存款准备金率的要求。其他货币政策工具也很有限。基准利率主要是钉住联邦基金利率。

香港的外汇基金是根据1935年的《货币条例》(后改名为《外汇基金条例》)设立的。自成立以来,基金一直持有支持香港纸币发行的储备。外汇基金的作用在1976年扩大,硬币发行基金(作为支持政府发行硬币)的资产和政府一般收入账目的大部分外币资产均转拨到外汇基金。1978年12月31日,硬币发行基金与外汇基金合并。政府在1976年开始将其财政储备转拨到外汇基金。推出这项安排,是为了避免财政储备要承担来自外币资产投资的汇兑风险,以及集中政府金融资产的管理。香港金管局的收入就来自外汇基金投资。

二、香港的银行监管制度

1990年2月后,香港开始实行存款机构三级制,分别为持牌银行(Licensed Banks)、有限制牌照银行(Restricted License Banks)及接受存款公司(Deposit Taking Companies),全部统称为认可机构(Authorized Institutions)。在香港,只有持牌银行才可以合法地经营各种银行业务。有限制牌照银行主要从事商人银行及资本市场活动等业务,但可以接受50万港元以上的任何期限的存款。接受存款公司大部分由银行拥有或与银行有联系,主要从事私人消费信贷及证券等多种专门业务。这些公司只可接受10万港元以上、最初存款期最少为3个月的存款。

香港是国际银行中心,全球100家最大型的银行中,有68家在香港设立了分支机构。截至2009年2月,香港有197家认可机构,总计开设了1 387家本地分行。这些认可机构中,有181家由来自29个国家的机构拥有。此外,香港还有71家外资银行的代表处。表1是香港2009年2月认可机构的构成情况。表2是2008年年末香港银行体系数据。

表1　香港的认可机构构成

	持牌银行	有限制牌照银行	接受存款公司	合计
在香港注册	23	14	27	64
在境外注册	121	12	0	133

资料来源:香港金管局网站。

表2　2008年年末香港银行体系数据　　（单位:百万港元）

贷款及垫款总额	3 284 292	存款总额	6 059 731
在香港贷款和垫款	2 710 455	港元存款	3 034 045
在境外贷款和垫款	573 837	外币存款	3 025 685
住宅按揭贷款	587 631	资产总额	10 729 491
住宅按揭贷款拖欠比率(%)	0.05		

资料来源:香港金管局网站。

与内地不同,香港的货币政策和银行监管职能没有分开,统一由“中央银行”执行。香港银行业监管的法律基础是《银行业条例》。该条例第7(1)条规定,金融管理专员的主要职能是“促进银行业体系的整体稳定与有效运作”。金管局致力于为香港建立符合国际标准的银行监管制度,特别是巴塞尔委员会建议的标准。金管局的目标是要建立审慎的监管制度,这样既有助于促进银行体系的整体稳定和有效运作,同时也能够提供足够的灵活性,让认可机构自由作出商业决定。金管局密切关注银行经营方法、市场环境以及国际监管标准的最新发展,与银行共同研究是否有修订《银行业条例》的需要。《2005年银行业(修订)条例》为在香港推行《巴塞尔协议Ⅱ》提供了所需的法律架构。香港的银行监管较为灵活,注重与被监管单位的互动,这一点值得我们借鉴。

香港的认可机构必须遵守《银行业条例》的各项规定,比如:保持充足的流动资金,资本金充足;向金管局提交有关指定财务资料的定期申报表;遵守有关向任何客户、董事或雇员贷款的限制;就任命董事、高层管理人员等向金管局申请审批。这些内容与内地的银行监管并无实质差别。与内地不同的是,香港的外资银行分支机构较多,这就使得很多监管措施无法应用。由于以分行形式经营的境外银行不必在香港持有资本,有关资本比率的规定和大额贷款的资本限制并不适用于这些银行。这样,境外的监管缺位容易传递到香港本地。

香港银行业监管由政府监管、行业自律、银行内部风险管理三级监管体系构成。香港的银行业协会是进行自律约束的行业组织。内地目前对于银行还有较多的管制和干预。比较而言,香港的存贷款利率、各项服务收费全面开放,自由竞争。在银行体系自由竞争的情况下,银行监管又能有效运作,香港的金融监管确实有很多值得内地学习的地方。

三、金融监管体系中的香港金管局

香港是实行混业经营、分业监管的地区。金管局与证券及期货事务监察委员会、保险业监理处等共同组成了香港的金融监管机构体系。不同监管机构之间,必然存在一个分工合作的问题。如何防止重复监管、监管套利和监管缺位,是一个非常重要的问题。为了综合协调不同监管机构之间的监管行为,香港专门设立了金融监管机构议会和金融市场稳定委员会。前者由财政司司长担任主席,负责讨论跨界监管问题,防止重复监管和监管缺位。后者由财经事务及库务局局长担任主席,负责监督检查整个金融体系的运作。

此外,香港金管局与其他监管机构之间的协调合作还依靠与不同金融监管机构之间签订备忘录的方法。为了加强与证券市场有关的监管,金管局与证券及期货事务监察委员会签署了谅解备忘录,并进行过修订。谅解备忘录就双方在认可机构与证券有关业务上的角色及责任作出了详细的阐述,并对实际监管工作中的许多细节给出了详细的说明。金管局与证券及期货事务监察委员会根据谅解备忘录定期开会,讨论共同关注的问题。一方举办的监管工作培训活动也欢迎对方员工参加。在具体操作上,香港的银行从事证券业务,首先是由金管局监管。银行的证券业务牌照也是由金管局发放。但是,银行从事个人证券业务的牌照由证券及期货事务监察委员会发放。在监管的职责上,金管局对银行的监管是奉行审慎监管(Prudential Regulation)原则,而证券及期货事务监察委员会对证券机构和业务的监管是奉行操守监管(Conduct Regulation),有明显的不同。

对于存款机构从事与保险有关的业务,金管局与保险业监理处也必须进行合作。双方也签订了谅解备忘录,以加强双方的合作和信息交流。香港设有强制性公积金计划管理局,负责监管强制性公积金(强积金)业务。与强制性公积金有关的中介活动会涉及银行、保险、证券等金融机构。金管局、保险业监理处、证券及期货事务监察委员会和强制性公积金计划管理局共同签署了《有关监管强制性公积金中介人的谅解备忘录》,以保证监管行为的一致性。

与内地不同,香港是设有存款保险制度的。根据《存款保障计划条例》,香港设立了香港存款保障委员会(简称"存保会")。其存款保险限额为每名存款人10万港元。与金管局其他监管机构的合作不同，金管局和存保会所监管的对象都是商业银行。按照《存款保障计划条例》的规定，存保会必须通过金管局履行职能。金管局及存保会签订的谅解备忘录，也对双方合作的细节进行了详细的说明。

2007年7月，香港根据《财务汇报局条例》成立了财务汇报局，有11名员工，负责调查上市公司在审计及财务汇报方面的问题，检查上市公司财务报告是否违反了相关的会计规定。如果上市公司是存款机构或者其关联公司，财务汇报局必须通知金管局，并就有关问题咨询金管局。金管局与财务汇报局也已经签订了谅解备忘录。

香港金管局总裁是协助财政司司长工作的。财政司司长负责制定关于公共财政、金融体系以及香港作为国际金融中心的宏观政策目标，而制定具体政策并通过监管机构落实这些目标，则是由另一个政府机构——香港的财经事务及库务局负责，所以财经事务及库务局有协调各监管机构的职责。比较而言，财经事务及库务局和证券及期货事务监察委员会的联系更为紧密，对金管局的影响则比较有限。

此外，作为国际化程度很高的金融中心，香港的金融市场与国际金融市场息息相关。为加强监管信息的交流及合作，金管局与许多境外金融监管机构签订了谅解备忘录或进行其他正式的合作安排，并定期举行正式会议。在对境外银行在香港设立的分支机构进行监管时，金管局会与其总部所在国进行沟通。当境外总部出现问题时，金管局会对其香港分支机构的资金调出进行限制。

内地的金融监管机构设置与香港比较类似。内地没有存款保险制度，但建立这一制度只是时间问题。由于香港是混业经营，内地是分业经营，香港对金融机构的限制远较内地为少，香港的金融监管机构之间协调配合的难度应该远较内地为高。但是，香港的重复监管、监管缺位和监管套利问题都不明显。虽然还会有漫长的过程，但是内地的分业经营体制必将向混业经营转化。内地金融市场的对外开放度也必然越来越高。如何有效协调不同监管机构之间的监管行为，将会成为一个越来越突出的问题。这方面，香港的经验有两点值得我们借鉴：一是正式规则的确立。香港不同监管机构之间签订的谅解备忘录，是非常详细的法律文件。这就使得不同监管机构之间的权力与责任有了明确的划分。中国的监管机构之间，目前尚缺乏这种详细的法律条文，所以不能有效解决重复监管、监管缺位和监管套利问题。二是非正式规则的建立。香港的不同监管机构之间，有一个行之有效的协调会制度。对于法律不够明确的地方，以及实际执行中的具体问题，不同的监管部门能够认真协商，并迅速解决问题。几乎没有不同监管部门之间互相推诿的问题和监管领地意识，这一点也值得我们学习。

参考文献

[1]Barth, James, Gerard Caprio, Ross Levine,"What Really works? The Milken Institute Review, Fourth Quarter", *Regulating Banks*, 2005.

[2]王道新,"关于香港银行业的考察报告",《武汉金融》,2005 年第 10 期。

[3]杨海珍、段莎莎,"香港金融监管体制安排的发展历程及趋势",《管理评论》,2008 年第 7 期。

[4]杨海珍、李依婷、石勇,"香港金融管理局银行监管体系研究及经验借鉴",《管理评论》,2006 年第 8 期。

[5]香港金融管理局网站。

(本文刊载于《农村金融研究》,2009 年第 3 期,与贾春新合著)

香港保险业的发展现状及监管经验借鉴

（2009 年 5 月）

美国华尔街爆发的金融危机于 2008 年下半年迅速席卷全球，在此次金融风暴的强劲冲击下，国际上一些大型的保险公司如美国国际集团、美国大都会人寿保险、日本大和生命人寿保险等先后出现严重的危机甚至破产。与此同时，中国内地的保险公司也已感受到了大洋彼岸肆虐的海啸寒意，伴随着投资富通股票的中国平安保险公司出现巨额浮亏，金融海啸对中国保险业的冲击，已经向国人敲响了警钟。相比之下，作为全亚洲最多的保险公司的聚集地，中国香港保险业在此次金融危机中虽然也出现波动，但仍然能够保持较稳定的增长。因此，通过考察香港保险市场的发展现状，分析香港保险业的监管特点，对于当前内地保险业如何应对此次金融危机的影响和冲击具有较强的借鉴意义。

一、香港保险市场的发展现状

（一）保险业的市场规模持续快速增长

近十多年来，香港保险业的市场规模发展迅速，并持续增长，保险业的发展已成为香港经济发展的重要支柱。图 1 向我们呈现了 1998—2007 年香港保险市场在各方面的增长情况。

1998 年，香港保险市场的毛保费总额仅为 542 亿港元（见图 1），保险密度为 8 280 港元，保险深度为 4.3%。截至 2007 年，香港市场的毛保费总额已高达 1 973亿港元，年均增长 15%；保险密度为 28 483 港元，在亚洲排名第 1 位，在全球排名第 13 位；保险深度为 12.2%，在亚洲排名第 3 位，在全球排名第 6 位。

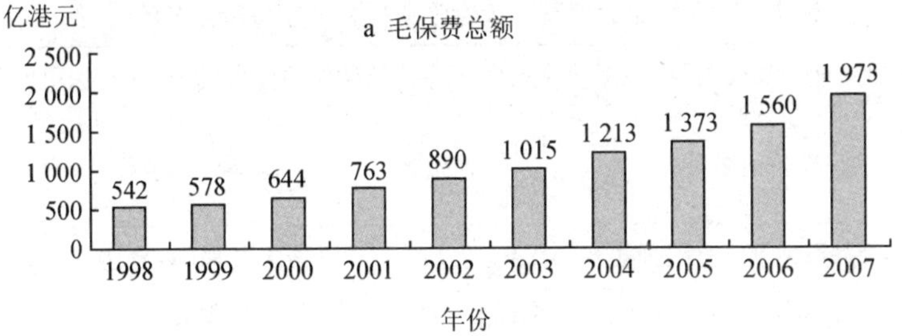

图 1　1998—2007 年香港保险市场的整体表现

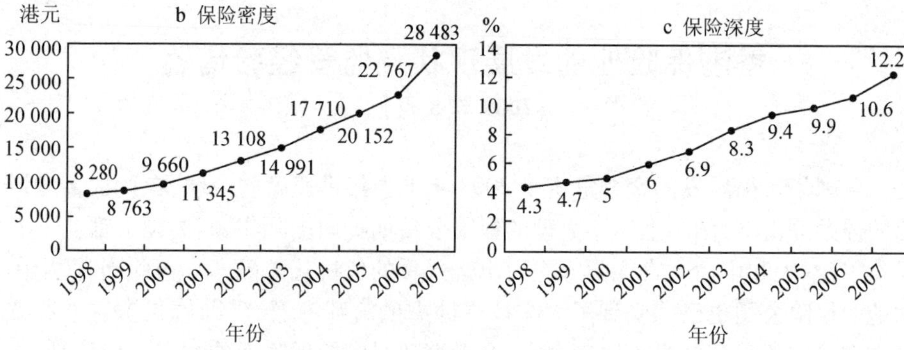

图1　1998—2007 年香港保险市场的整体表现(续)

资料来源:笔者根据香港保险业监理处各年统计数据整理而成。

(二)保险公司密集,保险业国际化程度很高

先进的基础设施、资讯的自由流通和高效的监管体制使香港聚集了全亚洲最多的保险公司。目前,香港已成为全球再保险中心,全球前 20 家专业再保险公司几乎全部都在香港设立了办事处。截至 2008 年 12 月,在香港保险业监理处获授权的保险公司已达 175 家,其中 110 家经营一般业务,46 家经营长期业务,其余 19 家则经营综合业务。

香港保险业的国际化程度很高,在香港已获授权的 175 家保险公司中,有 90 家在香港注册,其余则来自 23 个不同的国家和地区。外资保险公司不仅在香港保险公司中占有很大比重,而且非常具有竞争力。若按毛保费和市场占有率排名,2007 年在香港经营一般保险业务和长期保险业务的十大保险公司绝大多数为外资保险公司,如表 1 所示。

表 1　2007 年十大经营一般保险业务和长期保险业务的公司

经营一般保险业务的公司(按毛保费收入计)			经营长期保险业务的公司(按保单保费收入计)		
排名	保险公司名称	市场占有率(%)	排名	保险公司名称	市场占有率(%)
1	汇丰保险(亚洲)有限公司	6.6	1	美国友邦(百慕达)	15.4
2	美安保险公司	5.8	2	汇丰人寿	13.0
3	中银集团保险有限公司	4.8	3	宏利人寿保险(国际)有限公司	
4	香港民安保险有限公司	3.8	4	英国保诚	9.4
5	苏黎世保险	3.8	5	恒生保险有限公司	5.6

（续表）

经营一般保险业务的公司（按毛保费收入计）			经营长期保险业务的公司（按保单保费收入计）		
排名	保险公司名称	市场占有率（%）	排名	保险公司名称	市场占有率（%）
6	亚洲保险有限公司	3.3	6	安盛保险中国有限公司	5.2
7	昆士兰联保保险有限公司	3.1	7	中银集团人寿保险有限公司	4.9
8	安盛保险有限公司	2.9	8	香港永明金融有限公司	3.6
9	永隆保险有限公司	2.7	9	苏黎世国际人寿	2.5
10	安达保险有限公司	2.7	10	莱斯基亚人寿保险有限公司	2.1

资料来源：笔者根据香港保险业监理处2007年统计数据整理而成。

（三）保险中介人众多，保险产品丰富

在保险中介人方面，根据香港保险登记委员会提供的统计数字，截至2008年12月，在登记委员会登记的保险代理商共有2 304家，个人代理人则有30 855名，负责人和业务代表26 519名。截至2008年12月，共有538名获授权的保险经纪人。这些保险经纪人都是两个获认可保险经纪团体的成员。这两个获认可的保险经纪团体分别是香港保险顾问联会及香港专业保险经纪协会。此外，登记成为获授权保险经纪的行政总裁/业务代表共有7 222人。众多的保险从业人员为香港保险市场提供了充足的一流人才，可以满足市场对保险管理服务的需求。

香港保险公司的保险业务分为一般业务和长期业务两大类。其中一般业务包括意外及健康、陆上车辆、铁路车辆、飞机、船舶、货运、火灾及自然力量、财产损坏、汽车方面的法律责任；船舶方面的法律责任；一般法律责任、信贷、担保、杂项财务损失、法律开支等业务。长期业务包括人寿及年金、婚姻及出生、投资相连长期保险、永久健康、联合养老保险、资本赎回、退休计划管理等业务。在保险产品方面，针对投保人的需求，香港保险公司设计了各种各样的保险产品，能够满足市场的需要。有很多品种是内地保险公司没有的。以意外险为例，香港的意外险，不但对意外造成的身故或伤残提供赔偿，还提供门诊和住院医疗费用的补贴，有的甚至提供全球紧急支援服务，如果全家人一起投保，保费还会更加优惠。如果投保人连续5年内没有任何索赔，那么投保人还可以获得30%已缴保费的现金返还。

（四）金融危机虽带来冲击，但稳定发展的格局未变

自2008年9月全球金融危机进入高潮阶段，香港的保险业也受到一些冲击，但整体而言，稳定发展的格局没有改变。根据香港保险业监理处发布的2008年香港保险业的市场表现，在一般业务方面，一般保险业务的毛保费及净保费与2007年相比，分别获得11.3%和12.3%的增长（见表2）。

表2　一般业务的变动情况

一般业务	2008年（百万港元）	2007年（百万港元）	变动（%）
毛保费	27 019	24 271	11.3
净保费	19 158	17 058	12.3

资料来源：香港保险业监理处2008年临时统计数字摘要。

在长期业务方面，主要表现为非投资相连保单保费的激增和投资相连保单保费的骤减（见表3）。此变化从一个侧面反映出在全球金融危机的影响下，投保人对保险产品的选择发生了变化，较多投保人重新采取保守的态度，更多地选择购买个人或家庭保障成分较重的传统产品。但从长期有效业务的发展情况来看，2008年保单/计划数目仍然比2007年增长了5.8%。长期业务的变动情况如表3所示。

表3　长期业务的变动情况

业务类别	保单保费		
	2008年（百万港元）	2007年（百万港元）	变动（%）
个人人寿及年金（非投资相连）	24 054	20 314	18.4
个人人寿及年金（投资相连）	36 107	60 040	-39.9
其他个人业务	256	261	-1.9
非退休计划团体业务	218	162	34.6
总额（不包括退休计划）	60 635	80 777	-24.9

资料来源：香港保险业监理处2008年临时统计数字摘要。

因此，从目前情况来看，相对于发达国家及亚洲其他国家和地区，中国香港的保险业在本次金融危机中所受影响相对较小，仍然能够保持稳定发展的态势。这不仅缘于香港具有全球最自由、最以服务业为主导的经济体系，拥有全球第二高的人均外汇储备，是全亚洲第二大外资直接投资来源地和世界级金融及商贸中心，更因为香港的保险业具有高透明度的、有效的监管制度和完善的监管架

构。在如何应对金融危机的过程中,香港保险业的监管模式和经验尤其值得内地借鉴。

二、香港保险业的监管特点

为保障投保人利益,确保保险公司有健全的管理和财务状况,并对保险投资人提供一个公平及自由竞争的保险市场,在1983年《保险公司条例》的基础上,香港建立了一个健全的保险体系和监管制度。香港保险业的监管具有以下特点。

(一)他律与自律相结合的完善的监管架构

香港的银行业、证券业、保险业均采取政府监管及行业自律两级监管模式,有效的监管和完善的自律相得益彰,各尽其职,这也是香港的金融监管体系区别于内地的最大特征之一。香港保险业的稳定发展依赖于保险业监理处的他律和保险业联会的自律监管架构的构建与监管制度的配合。

1. 政府监管

1990年6月,香港特区政府成立保险业监理处(保监处),是政府负责执行《保险公司条例》的监管机构。其主要职能是监管与监察保险业,确保保单持有人或潜在保单持有人的利益获得保障,从而促进保险业的稳定发展。保监处监管的职责主要包括三个方面:

一是对保险公司实行审慎监管,包括对保险公司授权及保险公司投资方向和策略的监管。根据《保险公司条例》,保险公司须要得到保监处的授权,才可以在香港经营保险业务。在香港经营一般保险业务或长期保险业务的保险公司最低实收资本为1 000万港元;对于那些经营综合业务的公司或经营法定类别的保险业务,则要求实收资本增加一倍,即为2 000万港元。在偿付准备金方面,最低数额为1 000万港元,如保险公司经营法定类别的保险业务,则最低限额为2 000万港元。就长期保险业务而言,保险公司的偿付准备金必须按照1995年颁布的《保险公司(偿付准备金)规例》而厘定。经营一般业务的保险公司必须在香港维持资产,其数额应不少于香港业务负债的80%及有关的偿付能力准备金;经营长期业务的保险公司必须把长期业务的资产及负债分开,成立独立的长期业务基金。

二是对保险中介人的监管。香港的保险中介人可分为保险经纪人和保险代理人两大类。保险经纪人代表投保人的权益,而保险代理人是保险公司的代表。因此,在香港保险代理人需要保险公司的委托,注册并接受保险公司的管理,其监督主要通过香港保险业联会发布的《保险代理管理守则》来进行;而保险经纪人必须获得保监处授权，或成为获得认可的保险经纪人团体的成员，方可在香港经营保险经纪业务。若保险代理人和经纪人违反《保险代理管理守则》和《保险公司条例》，保监处可指示保险公司取消保险代理人的登记或撤销保险经纪人的授权资格与认可。

三是对保险市场的监管。《保险公司条例》授权保监处有权在保险公司出现令人关注的情况时采取适当行动，以维护保单持有人及潜在保单持有人的权益。保监处享有十项干预权力，即限制新业务、资产托管、限制保费收入、委任经理人的权力、规定作出法定存款、有关投资的规定、提前呈交财务资料、特定的精算调查及报告、其他干预权力、清盘(破产清算)。除此之外，保监处还有权根据市场的发展而不断拟定和发出指引。

2. 行业自律

在政府监管之外，香港保险业还积极推广行业自律监管制度。香港的保险自律监管机构主要为香港保险业联会(以下简称“保联会”)。保联会成立于1988年8月8日，成立的目的是代表会员与政府及其他团体商讨、制定规则及采取适当措施，务求保险业能在健全的基础上发展。保联会采取会员制，截至2008年年底，香港保联会共有91家一般保险会员公司和45家寿险会员公司。保联会下设上诉裁判处、管治委员会和保险代理登记委员会三个分支机构，每个机构都有明确的职责。

上诉裁判处于1995年10月成立，专职处理代理、负责人、业务代表就委员的裁决提出的上诉。根据《保险代理管理守则》第35条的规定，任何因保险代理登记委员会的裁决而受损的保险代理人，都可向上诉裁判处提出上诉，上诉裁判处可维持、改变或推翻委员会的决定，上诉裁判处的裁决为最终的决定。

管治委员会是保联会的决策组织，分别由一般保险总会及寿险总会各派五名代表组成，主席则由两总会的代表每年轮流出任。管治委员会致力于：宣传购买足够的一般保险、人寿保险、退休金计划的优点；为了维护会员的共同权益，与政府、媒介等外间机构接触时，展示一致的立场；确认保险业的合法权益取决于认同和推广优质建议等基本概念，以及满足投保人的合理期望；确认有责任发展及推行能实质保障投保人的措施；制定为会员采纳的专业守则，并监督有关守则的实施情况；以会员的共同权益行事；在许可的情况下征询会员，并考虑有关意见及建议。

保险代理登记委员会于1993年1月1日成立，主要处理保险代理的登记和对保险代理的投诉事宜。1995年6月后，该委员会获授权处理代理的登记及监察代理。

（二）完善的监管法律制度、适度宽松的监管理念

香港以立法的形式对保险业进行监管，监管制度的法律基础是《保险公司条例》，该条例于1983年6月颁布，1989年更改。《保险公司条例》厘定了对保险公司及保险中介人的监管架构，制定了一套综合监管制度来监管各类保险业务，从而为保险业的监管提供了法律依据。此外，香港还以立法形式推行强制性保险（或称法令保险），目前规定的有三种，即雇员赔偿保险（劳工险）、汽车第三者责任保险和游艇责任保险。假若雇主/车主/船主没有购买有关的强制性保险，就会受到法律的检控。

香港特区政府通过立法将保险业行业内部的自律体系纳入保险监管的体系。实际操作过程是，通过保险业的组织，先将自律措施进行实践，在证明可行之后，再通过立法机构修改法律，将其纳入法律体系之中。因此，保险业内的自律措施也成了香港保险法规修改和修订的一个重要来源。这种他律与自律相结合的立法形式，提高了立法的合理性和实施的有效性，能够得到保险公司较广泛的认同和遵守。

在香港拥有完善的监管法律制度的基础上，香港特区政府奉行的是"最大支持、最少干预"的宽松的监管理念。保监处不会参与保险公司的日常运作事宜，放松了对保险产品、保险费率和保险条款的约束。《保险公司条例》明确规定，保监处不得干预保险公司的产品开发和保险产品的费率确定。因此，香港保险公司可以自由设计险种、订立保单条款、厘定费率。

（三）监管机构的全面合作极大提高了监管的效率

香港保险业采取国际通行的混业经营模式，而且混业经营普遍存在于大型金融集团，但香港目前的金融业实行的却是分业监管。为了更好地应对混业经营的市场环境，同时解决金融行业间重复监管和监管缺位的问题，香港保监处与各个层面的金融监管机构开展了合作。

在本地层面的合作方面，保监处与香港金管局、证券及期货事务监察委员会、强制性公积金计划管理局及财务汇报局签订了谅解备忘录，对于金融集团下的经营不同金融业务的子公司，保监处希望经营某一类金融业务时首先要得到该行业的监管机构授权并受有关法律的监管。在内地与香港的合作方面，保监处于2004年11月与内地保监会签订了合作协议，还就证券及期货事务监察委员会与内地保监会签订了监管合作谅解协议；香港保监处还定期举办四地保险监管会议，定期造访内地保监会分局，加深了解保险公司内地对香港业务策略、行政或后勤服务相关安排。在国际层面的合作方面，中国香港保监处已分别与中国澳门（2001）、新加坡（2002）、英国（2003）、美国（2006）、加拿大（2006）、澳

大利亚(2007)、马恩岛(2007)和德国(2008)的保险监管机构签订了谅解备忘录;而且,正与纽约州、百慕达和日本的保险监管机构商议签订谅解备忘录。

此次全球金融危机爆发以来,香港保监处尤其注重与海外相关的监管机构保持紧密联系。香港保监处通过参与国际保险监督联会(IAIS)、保险监督官亚洲论坛(Asian Forum of Insurance Regulators)等国际性有关组织,加强与其他国家或地区的保险监管机构的交流合作,从而掌握金融国际化的最新情况,及时采取措施减小金融危机的负面影响。同时,面对日益复杂的衍生工具和投资产品使得金融监管机构难以准确评估其风险的挑战,保监处正密切注视欧洲各国正在建构的 Solvency II 模型的最新发展情况,务求能参考欧洲的模式及经验,再根据 IAIS 的准则和本地情况建立最适合香港的监管体系模式。目前,香港特区政府已有意让保监处脱离政府架构,成立独立的监管机构,以符合国际标准,并更灵活地运用资源。

此外,香港还通过金融监管委员会(CFR)和金融稳定委员会(FSC)的定期会议来确保各金融机构之间的密切合作。CFR 由财政司司长主持,FSC 由财经事务及库务局局长主持,需定期向财政司司长汇报。委员会成员的定期(一个月)会议,可以相互交流信息和意见,讨论共同关注的议题,一方面能增进对其他监管机构的工作的了解,另一方面能有效协调各监管机构。

(四)注重对保险中介人的素质培养及监管

在香港,为了保证保险中介人的素质,自 2000 年 1 月 1 日开始实施"香港保险中介人素质保证计划"(下称"计划"),对象是保险代理人、保险经纪人以及提供专业意见的业务代表。该计划获得了业界的支持,依照计划,成立了督导委员会开展督导工作;成立了考试小组,制定认可资格考试制度;成立了持续专业培训计划小组,实施持续专业培训计划。2001 年香港保监处实施了寿险中介人考试发牌制度,为寿险中介人执业资格和操守标准制定了最基本的要求,称得上是香港寿险发展的重要里程碑。

(1)保险中介人资格考试。计划规定,凡要求从事保险中介的人员都必须首先通过资格考试中的有关考试,方可取得从业资格。必考试卷包括保险原理及实务。从事一般保险、长期保险、投资相连长期保险、强制性公积金计划、财产保险的中介人必须通过第一、二、五这三门课程的考试,从事人寿保险的中介人必须通过全部五门课程的考试。为保证考试的公正公平,委托独立的主考机构——职业训练局组织实施。

(2)持续专业培训计划。计划要求从事保险中介的人员通过资格考试取得从业资格后,还要执行持续专业培训计划,每年必须完成 10 个核心学分和 20 个非核心学分的持续专业培训任务，否则就会丧失从业资格。培训课程一般由教育机构、保险公司、保险经纪人、保险代理人、保险机构提供，并经香港学术评审局评审确认。具体课程包括保险、精算学、风险管理、财务、商业、管理、资讯科技、法律、工程学或语文及沟通技巧等。保监处在对中介人提出严格的素质要求的同时，还明确要求从事保险监管的专业人员，每年要完成30个学分的持续专业培训计划。通过这个持续专业培训计划，加强了监管，淘汰了一些不合格的保险代理人，提高了保险代理人的素质，保障了消费者的利益。

三、对完善内地保险监管体系的经验借鉴

（一）充分发挥行业协会的重要作用，构建多层次的保险监管体系

在市场行为的监管中，行业协会比保险监管部门具有独特的优势，行业协会与保险公司和保险中介均无直接的经济利益关系，使之既具有一定的权威性，又具有较强的亲和力。香港保联会在保险业内具有较高的社会公信度，一是香港特区政府以法律的形式赋予了保联会一定的权力，《保险公司条例》规定所有由承保商委任的保险代理必须在保联会的保险代理登记委员会登记；二是保联会于1994年12月29日注册为有限公司，其经费来源为会员缴纳的会费、收取保险代理人的登记费、管理保险索偿投诉局收入及利息收入等，从而使其能够实行市场化的运作机制；三是保联会的内部行政管理部门秘书处的工作人员均为社会招聘，其主要职责是为保联会的会员公司提供效率与效益兼备的行政管理服务。

内地的保险行业协会于2001年2月成立，成立时间相对较短，目前尚未在保险中介监管中发挥应有的作用。究其原因，一是政府及政府主管部门未赋予保险行业协会一定的权力。目前规范保险行业协会的法律主要为《社会团体登记管理条例》，该条例只是对行业协会的性质、职能作了初步明确，而没有强调其社会地位和行业地位，由此使得保险行业协会在行业内外的社会认知度不够高，权威性不够。二是保险行业协会工作受经费来源的限制，由于保险行业协会经费主要来源于会员缴纳的会费，基本无创收，仅够维持日常的费用开支，致使保险行业协会的一些工作不能开展或不能深入进行。三是各省（自治区、直辖市）的保险行业协会基本上是由保险监管部门牵头组建的，一些省份的保险行业协会秘书长由当选为理事长的保险公司聘任，秘书长来自保险公司，秘书处人员来自各保险公司，从而造成了来自各保险公司的人员有可能会站在本公司的立场上处理问题，同时，各保险公司对行业协会的公平、公正性缺乏信任度。

保险行业协会是建立政府监管、行业自律、公司内控和社会监督“四位一

体”的现代保险监管体系的重要组成部分，是政府监管的重要辅助手段。因此，在中国保监会的监管之外，我们应该充分发挥保险行业协会的独有的功能，他律为主，辅以自律，构建多层次的保险监管体系，促进内地保险市场的健康发展。一是要逐步提高保险行业协会在社会上的公信度，各级政府部门应尽快在《保险法》《保险公司管理规定》等综合性法律法规中赋予保险行业协会一定的职责，提高其社会地位。二是多种途径增加保险行业协会的经费，允许协会自身适当创收，从而促进其逐步向市场化方向运转，更广泛和深入地开展工作。三是保险监管部门应加强对保险行业协会的指导，在保险业发展的初期，保险监管部门可以通过适当授权，提高行业协会的权威性；同时，保险行业协会可从社会各界吸收一些金融、经济、法律、会计等方面的专业人才，充实秘书处的力量，确保保险行业协会的公平、公正及工作的延续性。

（二）适度放松对保险市场行为、市场准入和保险投资的监管

作为典型的外向型自由市场经济，香港特区政府对保险业实行“积极不干预”政策，这一独特的优越条件使得香港保险体系的发展趋于完善和成熟。内地保险市场上保险产品偏少，保险费率偏高，保险条款过于刻板，这些都损害了投保人的利益，从而阻碍了保险业的快速发展。因此，内地应该借鉴香港实行的宽松监管的经验，逐步放松对保险市场行为、市场准入、保险投资的监管。

一是在满足偿付能力要求的前提下，逐步放松对保险产品、保险费率和保险条款的监管。二是降低资本金要求，鼓励保险公司的设立，放松市场准入监管。目前，内地保险公司实收货币资本不低于人民币 5 亿元的资本金要求是香港的 20—50 倍，高资本金要求使得内地保险公司的数量少，从而导致保险市场缺乏有效竞争，损害了投保人的利益。为此，有必要降低资本金要求，增加保险公司的数量。三是放松对保险投资的品种、地域限制，以利于保险投资风险的分散。尽管目前内地经济增长位于全球前列，保险投资以境内投资为主是明智的选择，但也应未雨绸缪，放松保险投资的海外投资限制，使有能力的保险公司能够在不同地域内分散投资，避免地域集中导致的系统性风险。

（三）加大监管机构之间的全面合作，加快与国际保险监管的融合

香港在实行混业经营、分业监管的过程中，金融监管机构之间的全面合作有效地减少了金融行业间重复监管和监管缺位的问题。现阶段内地实行的是分业经营、分业监管的制度，随着保险竞争的加剧和保险信息化的发展，保险与银行、证券相互渗透的趋势更加明显，由此可能会导致监管交叉和监管真空问题。对此，一是保险监管部门要加强与银行业、证券业等监管部门的协调和合作，定期进行业务磋商，交流监管信息，解决混业经营条件下的分业监管问题，并为向综

合金融监管转变做好准备。二是国内保险监管部门要加快与国际保险监管的融合,要加强与世界各国保险监管部门的交流与合作,积极加入国际保险同业监管组织,认真学习国外保险监管的先进经验,及时掌握国际保险业监管发展的最新动向,加快与国际保险业监管接轨的步伐,实现由国内保险监管向国际化保险监管的转变。

(四)规范保险中介人制度,强化保险中介人的素质监管

香港对保险中介人的监管偏重于对保险人的素质监管,这也是香港保险业依法规范经营、公平有序竞争、持续健康发展的一个极其重要的因素。内地保险人在素质方面仍然存在不少亟待解决的问题,如职业道德水平不高、缺乏诚信、法制观念不强、专业技能水平不高、经营管理水平有限,等等。要克服和纠正上述问题,应在严格加强传统监管的同时,加强对保险中介人制度的规范,大力推行和强化对保险中介人的素质监管。

一是要明确保险中介人的素质标准,建立进入市场和退出市场的机制。对不同层次的保险中介人,包括代理公司、经纪公司、公估公司的各级领导人、中层干部、业务代表等人员,制定明确的素质标准,并严格按照素质标准进行监督管理,符合素质标准的方可进入保险市场,不符合素质标准的不得进入保险市场,已经进入市场的应逐一进行清理,及时退出保险市场。二是建立保险中介人素质持续保证机制。素质的教育、培养、提高是每个人所面临的终生课题,与香港保险业的情况相比,内地保险业的较大差距是缺乏终生教育和持续保证的机制。因此,必须从增强核心竞争力和营造学习型公司的高度出发,尽快建立保险中介人的终生教育体系,建立保险中介人素质的持续保证机制,加大素质培训工作的力度。

(本文刊载于《国际金融研究》,2009 年第 5 期,与朱乾宇合著)

美国次贷危机及对中国金融监管的启示

（2009年5月）

2007年4月，美国第二大抵押贷款公司——新世纪金融公司向法院申请破产保护，由此拉开了美国次贷危机的序幕。在此次危机大规模爆发之初，金融业内和监管部门似乎都没有充分意识到其危害性，这从IMF对危机的分析“投资银行进行的压力测试表明，即使住房价格在全国范围内遭遇有史以来最严重的下滑，持有次级抵押贷款证券的大多数投资者也不会遭受损失”[①]中可见一斑。但随着此次危机的进一步发展，人们逐渐意识到，危机的阴影远未离去。在以下几部分中，本文将分别就此次危机发生的宏观环境与具体原因、危机的传导、美国金融监管体系在此次危机发生过程中体现出来的不足之处以及此次危机对中国金融监管体系建设的启示展开分析。

一、次贷危机发生的宏观环境

（一）美国国内宽松的货币环境

在经历了20世纪90年代末的“非理性繁荣”后，美国资本市场的宏观调控者为了刺激经济增长，推出了一系列的财政政策和货币政策，这其中包括减税以及连续降低利率。如在2000年5月之后的三年间，连续13次下调联邦基金利率，并在2003年6月25日达到了1958年以来的历史低位1%[②]，并将这一利率维持了一年之久。与此同时，美国货币供应量长期处于增长趋势，特别是M2，在2000年1月至2008年10月，由4.7万亿美元增长到7.9万亿美元，涨幅高达69%。[③] 廉价的资金和充足的货币供应量，为次贷危机的发生提供了最基本的客观条件。

（二）外在的流动性冲击

2000—2004年间，世界上许多国家的利率维持在较低水平，这使得整个国际市场处于流动性过剩的状态。同时，美国在国际贸易的经常项目中长期以来存在巨额逆差，2003年以来，其每季度经常项目逆差都超过1 200亿美元，这一

---

① IMF，“Global Financial Stability Report - Market Developments and Issues”，World Economic and Financial Surveys，2007.

② 详见美联储网站，http://www. federal reserve. gov/fomc/fundsrate. htm。

③ 详见美国白宫网站，http://www. whitehouse. gov/fsbr/esbr. html#prices。

数字于2006年第三季度更是达到了2 250亿美元[①]，这导致了美元在国际市场上泛滥。此外，中国等许多发展中国家的外汇储备激增，纷纷建立主权基金，在国际市场上寻求投资途径，以谋求外汇储备的保值增值，鉴于美元在各国储备中的重要地位，美国的货币市场和资本市场即成为此类投资的首选之地。如图1所示，1997—2007年间，美国的资本流入整体呈现出上升趋势，且在2003年以后，上升速度大幅加快。从其构成来看，直接投资保持平稳，证券投资增幅最快，其增加值对总体资本流入的增加起到了决定性作用，其他投资（主要为银行存款）也逐步上升。

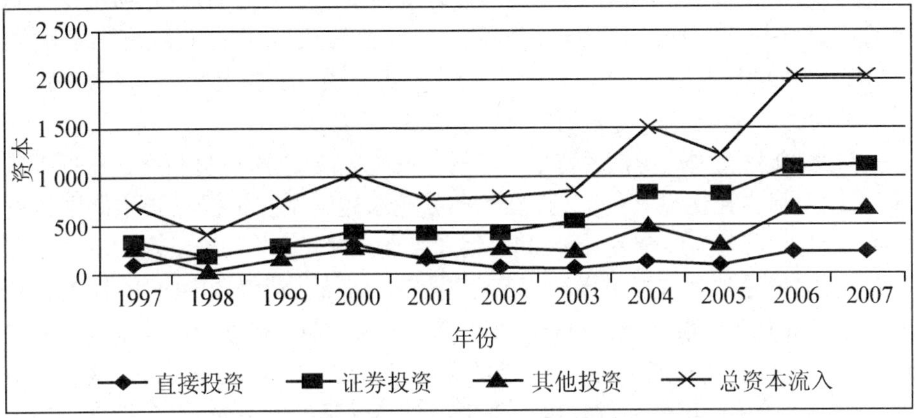

图1　1997—2007年美国资本流入额变化图（单位：10亿美元）

资料来源：ME International Financial Statistics and World Econamic Outlook Database for September 25 2008.

二、次贷危机发生的具体原因

（一）银行信贷资金流入

在宽松的政策环境和大量外在流动性冲击下，美国房地产市场获得了空前发展。1991—2000年间，房地产贷款、工商业贷款、消费贷款、证券贷款以及其他贷款在总贷款中所占比例一直比较平稳，而在2000年后，消费贷款和工商业贷款出现了大幅下滑，房地产贷款则异军突起，在2007年年初达到55%左右。[②] Blundell-Wignall and Atkinson分析指出，在银行资产负债表中，房地产抵押贷款

① 详见美国经济分析局网站，http://www.bea.gov/briefirm/curracct.htm。

② 详见美联储网站，http://www.federalreserve.gov/releases/。

占 GDP 的比例从 2004 年 2 月的 20% 上升到 2008 年 3 月的 26%。① 由此可见，无论从银行内部的信贷构成，还是从占 GDP 的比例来看，房地产贷款总量在最近几年内都有了显著增长。短时期内大量资金涌入该行业，必然为泡沫的滋生提供了温床。

（二）宽松的信贷政策

与加大房地产贷款力度相对应，银行或其他住房贷款机构放松了对个人和商用住房抵押贷款的审核力度。次贷危机发生前，基于对房产价格仍将上涨的预期，美国很多银行在处理贷款申请时，看重的是房产本身的价值，而不是贷款者的资信水平。宽松的信贷环境，使大量贷款发放给了后来被市场戏称为“NINJAS”②的申请者。2007 年 11 月，有 720 万户美国家庭持有次级抵押贷款，其总额高达 1.3 万亿美元，占所有抵押贷款的 14%。③

与此同时，美国住房抵押贷款的结构也发生了改变，可调整利率住房抵押贷款（ARMs）所占比例显著提高，且贷款条款越来越复杂。根据在初始期限内的还款类型，它可分为混合型、仅付利息型和可选择型等多类。经济学中有一个普遍观点，那就是加大选择范围会提高（至少不会降低）消费者的效用，因为消费者最起码可以选择跟原来一样的消费组合。但这一观点成立的前提是消费者了解自身的偏好和消费能力，同时也能够确切了解选择对象，遗憾的是，这两个前提对于许多美国住房抵押贷款申请者来说是不满足的。首先，许多贷款申请者并没有还款的能力。其次，Bucks and Pence 分析指出，名目众多的各类住房抵押贷款使许多借款人不了解或低估了利率变动对按期还款能力的影响。④ 初始期限一过，借款人面临的还款压力随着基准利率的上调而上升。在 2003 年 6 月之后的三年内，美联储连续 17 次提高基准利率，由 1% 提高到 5.25%，给次级住房贷款债务人带来了巨大的还款压力。此外，房地产价格也于 2006 年年初出现了拐点。在还款压力增加与房价下跌两个因素的共同影响下，次级住房抵押贷款的违约率显著提高，在 2007 年第四季度达到 2%，比 2004 年年底上涨了 50%。⑤

① Blundell-Wignall, A. P. Atkinson, “The Subprime Crisis: Causal Distortions and Regulatory Reform”, Reserve Bank of Australia, 2008.

② NINJAS 指没有收入也没有工作或资产的人，是英文“No income, no job or assets”的缩写简称。

③ Center for Responsible Lending 2007, “A Snapshot of the Subprime Market”, http://www.responsiblelending.org/pdfs/snapshot-of-the-subprime-market,pdf.

④ Bucks, B., and K. Pence, 2008, “Do Borrows Know Their Mortgage Terms?”, *Journal of Urban Economics*, 2008(64).

⑤ Bernanke, B. S., “Mortgage Delinquencies and Foreclosures”, at the Columbia Business School's 32nd Annual Dinner, 2008.

（三）活跃的金融创新

20世纪90年代以来，全球几乎每一场金融风暴都与金融衍生工具相关，此次危机也不例外，它起源于次级贷款，但升级于衍生工具的发放。[①]

住房抵押贷款机构一般都面临可贷资金总量的限制，此时，它们主要有两种选择：其一，直接出售手中持有的抵押贷款债权，以买卖价差作为自己的盈利；其二，作为发起人，将手中的抵押贷款债权放入新成立的特殊目的公司（SPV）的资产池，并以其为基础，发行各种信用水平的抵押贷款支持证券（MBS）。各种评级的抵押贷款支持证券（MBO）迎合了市场上不同投资者的风险喜好，同时，2000—2006年间美国各类贷款（包括次级贷款）的违约率极低，MBS的收益一直较有保障，由此该市场迅速发展起来。为了能够以一定的资本金赢得更多的利润，各投资银行和商业银行纷纷以持有的MBS或者原始债权为基础，大量发行另一种金融工具——抵押债务债券（CDO），其操作过程大体与MBO的发行一致。同样，投资银行以类似的方式，将各种类型的CDO打包，发行了新的CDO，也即市场上所谓的CDO2以及进一步的CDO3。随着打包操作的增加，证券所对应的原始抵押贷款也越来越模糊，以至于投资者最终很难知道自己拥有什么，以及自己所承担的风险具体有多大。

一般而言，普通投资者既没有监督次级贷款债务人的成本优势[②]，也没有次级贷款发放机构的信息优势[③]，那么，他们为什么会投资于上述各种债券呢？这主要是因为市场上存在另一金融衍生工具——信用违约掉期（CDS）。在设立之初，它的作用主要在于为个人或机构持有的债券等提供保险，后来逐渐演变为一种投机工具。国际清算银行的统计数据显示，2007年年底，CDS合约的标的面值高达57.9万亿美元，占衍生品市场的9.7%。[④] 由于CDS一般是在OTC市场交易，其价格由交易双方私下谈判确定，交易过程缺乏透明度，从而数额巨大的CDS合约，在缺乏市场监管的条件下，对整个金融系统而言无疑是一颗随时都有可能被引爆的炸弹。

有一种观点认为，证券化并没有消除风险，而是将风险转移给了证券的最终持有者。其实，这种观点并没有准确把握此次次贷危机的实质。在所有与证券化相关的金融机构都不会违约的情况下，证券化仅是将风险从一个投资者转移

---

① 曹凤岐，《货币金融管理学》，北京大学出版社，2008。

② Diamond, D. W，"Financial Intermediation and Delegated", *Review of Economic Studies*, 1984(51).

③ Akerlof, G.，"The Market for Lemons: Qualitative Uncertainty and the Market Mechanism", *Quarterly Journal of Economics*, 1970(84).

④ Bank for International Settlements，"Monetary and Economic Department—OTC Derivatives Market Activity in the First Half of 2008"，2008.

到另一个投资者。但在现实金融市场上，几乎每家金融机构都是通过杠杆来盈利的，它们违约甚至破产的可能性是不容忽略的，由此即使次级抵押贷款的债务人不违约，最终持有基于次级抵押贷款的金融产品的投资者也可能会亏损。由此，准确而言，金融机构对次级抵押贷款及与其相关的证券的打包和互换，不仅没有消除风险，还在原有风险的基础上增加了交易对手的风险，即一次次证券化的过程，更是风险不断累积的过程。

三、次贷危机的传导

次级住房抵押贷款违约率的上升，使得评级机构降低了对该类贷款以及与该类贷款相关的证券的评级，这意味着相关资产价格的下降和风险的上升。根据公允会计准则，企业在定期财务报告中，必须按照公允价值计量资产。在这种制度下，当某家金融机构将持有的抵押贷款以一个较低的价格出售后，即便其他机构打算长期持有类似资产，它们也必须以此价格进行计量，而这可能会为其带来浮亏，降低其净资本与负债比率，并使其由此陷入经营困境甚至倒闭，这一风险通过金融创新迅速传染到其他金融机构。此外，根据《巴塞尔协议Ⅱ》的要求，银行需要更多的资本金来维持运营。在这种情况下，减少信贷成为它们的自然选择。同时，由于经济发展前景不明朗，很多资本金充裕的银行也不愿在银行间市场向陷入流动性危机的银行提供资金支持。

金融市场从流动性过剩状态猛然转化到流动性紧缺状态，导致缺少资金支持的实体经济举步维艰。2008 年第三季度，美国 GDP 的年增长率为 -0.3%，是自 2001 年第三季度以来的最低水平。① 失业率在 2008 年 4—9 月间，由 5% 提升到 6.7%。②

金融机构的艰难运营与实体经济的萎缩，使得证券市场一片惨淡，2007 年 10 月到 2008 年 11 月，道·琼斯指数从 14 164 点的历史高位下滑到 7 552 点，证券价格的下跌以及金融机构的倒闭令投资者蒙受了巨大的损失。同时，美国居民对经济发展的信心受到沉重打击，储蓄率攀升，这为实体经济的恢复设置了又一重障碍。

金融机构通过证券化，将始于次级住房抵押贷款的风险加倍扩展到世界金融市场的每一个角落，欧洲各国、日本、中国等许多国家和地区的金融市场及实体经济都深受其累，甚至有些国家已经到了濒临资不抵债的地步。由此，美国的次贷危机逐渐演变成全球经济危机。

---

① 详见美国经济分析局网站，http://www.bea.gov/briefirm。

② 详见美国白宫网站，http://www.whitehouse.gov/fsbr/esbr.html#prices。

四、次贷危机所揭示的监管问题

从著名的“郁金香狂潮”“南海泡沫”再到1929年美国股灾，这些无不激起了人们内心对群体性投机交易和金融风险的潜在恐惧。历史已经无数次证明，当虚拟经济脱离实体经济而不断膨胀，风险被忽略以致缺乏监管时，泡沫的破灭已是市场发展的必然，多年积累要在短时间内消化，必然为市场参与者带来巨大的损失和痛苦。美国的次贷危机又用最鲜活、最现代的实例向世人重新阐释了这一点。总结导致此次危机发生的根本症结所在，以避免类似事件在将来以及其他国家和地区重演，成为研究的当务之急。本文认为，此次危机揭示了美国在金融监管理念、监管体系、监管手段等方面存在的许多值得反思之处。

（一）金融监管理念

长期以来，自由化思潮一直指导着西方国家经济的发展。虽然从历史发展的角度来看，金融监管时常在放松和加强之间转换，在放任市场自由发展的过程中，当市场出现波动或者危机时，监管部门就会暂时停止放松监管的步伐或者暂时加强监管，但在危机过后，自由化的声音又会重新占据主导地位。美国对金融市场的监管也正是如此。

在20世纪30年代前，很少有法律论及对金融机构经营行为的具体干预，而在30年代的大危机后，短短七年间，美国先后制定了六部对投资进行监管的重要法律，包括著名的《格拉斯—斯蒂格尔法案》《证券法》以及《信托契约法》等，而在此后，美国多年没有推出新的约束证券投资的法律，并且发布了许多放松投资业务限制以及为投资提供便利的法律，如《415条款》以及《金融服务现代化法案》等。

此外，美国近些年以来的经济决策者也是自由化思想的重要实践者。以美联储前主席格林斯潘为例，他曾在各种场合发表演讲，高度评价市场的自我调节在经济运行中的重要作用。如在2005年的一次演讲中，格林斯潘认为，在面对冲击时，政策制定者常常反应滞后，或者作出错误的决策，而放松监管则可以给经济带来更大的灵活性。① 在此次危机发生前，针对放松监管和住房抵押贷款二级市场的快速发展，格林斯潘认为，金融服务业长期以来保持了较强的竞争性、创新性和灵活性，“放松监管同样孕育了金融服务业的发展，许多非银行机构可以提供原先主要由储蓄机构提供的信贷和交易服务”。②

---

① Greenspan, A.,“Adam Smith, At the Adam Smith Memorial Lecture, Kirkcaldy, Scotland”,2005.

② Greenspan, A.,“Consumer Finance At the Federal Reserve System Fourth Annual Community Affairs Research Conference”,2005.

对于金融市场而言，垄断、信息不对称、市场参与者的非理性等因素都会使市场趋于无效，在这种情况下，政府监管的介入也就成为市场发展的必然。过于强调市场的作用，放任市场自由发展，难免使市场陷于非理性状态，进而引发危机。从美国对信用评级机构以及衍生品柜台交易的放任自流可以明显看出这一点。

作为金融中介的重要组成部分，信用评级机构的主要业务在于对市场参与者或市场上销售的投资产品进行信用分析并给出综合评价。评级业务的关键是信用，评级机构最重要的目标就是维持高质量、准确评级的信誉。[①] 而在当前的市场环境下，信用评级机构评级的准确性却受到了普遍质疑，主要原因在于：其一，评级机构主要是依据历史交易信息和违约率来评分，在瞬息万变的市场中，历史信息的有用性是值得怀疑的；其二，当前，市场上的某些金融产品是异常复杂的，评级机构可能不具备给出准确评级的能力；其三，评级机构主要是靠评级费来盈利，由此，它们具有给出较高评级的动机。很多人认为，如果没有评级机构的良好评级，投资银行所发行的各类金融产品就很难销售出去，同时，很多金融机构的风险管理者出于对评级机构的信任，过于重视评级机构的评级，而不对自己持有的资产的风险作深入分析。不仅如此，在次贷危机发生前，评级机构对各类机构发行的与次贷相关的金融产品均给出高评级，推动了市场泡沫的发展；而在次贷危机发生后，又迅速降低了对这些产品和有关金融机构的评级，使得相关产品价格大幅下跌，金融机构更加缺乏流动性。其实，对信用评级机构的此类批评由来已久，如 Husisian[②] 以及 Altman and Rijken[③]，但是美国监管部门却一直未采取有效措施。

一般而言，金融衍生品相对于普通证券具有更高的风险，但对于这类产品的柜台交易，美国证券监管部门却未将其纳入监管范围，使其交易一直缺乏透明度，券商之间存在严重的多角债务关系，从而该市场集聚了大量风险，进而威胁到金融体系的稳定。

（二）金融监管体制

美国是一个联邦制国家，其联邦政府（中央政府）和州政府（地方政府）之间存在政治权力的划分，在金融监管方面也是如此，它采用的是双层多头监管体

---

① 凯文·多德著，丁新娅、桂华译，《竞争与金融——金融与货币经济学新解》，中国人民大学出版社，2004。

② Husisian, G.,“What Standard of Care Should Govern the World's Shortest Editorials? An Analysis of Bond Rating Agency Liability”, *Cornell Law Review*, 1990(75).

③ Altman, E., and H. Rijken,“How Rating Agencies Achieve Rating Stability”, *Journal of Banking & Finance*, 2004(28).

制,即由中央政府和地方政府共同负责金融监管。对于金融中介和金融交易,中央和每个州都有自己不同的法律体系来制约,这为许多机构带来了监管套利的机会。例如,在次贷危机浮现时,有些州订立州法律禁止无收入和资产证明的借贷,可是,这条法律只适用于在这些州注册的公司,对于在该州经营的根据联邦法注册的大型银行和贷款公司而言,仍然能够合法进行此类放贷。

1999年以前,美国实行的是分业经营、分业管理的金融监管体制,1999年11月,《金融服务现代化法案》的通过揭开了金融业混业经营的序幕。虽然该法案颁布后,美联储的职责范围由作为其会员的州立银行,扩展到银行控股公司和金融控股公司,但美国分业监管的框架体系并没有改变,美联储、存款保险公司、货币监理署、储贷监理署和证监会仍是各司其职。在此情况下,混业经营与分业监管之间的矛盾必然逐步显现。例如,Jackson的研究认为,随着混业经营和金融创新的发展,分业监管的模式难免会产生大片灰色区域,在此区域内,不同监管主体采用不同的监管方式,为被监管者提供了监管套利的空间。[①] 同时,分业监管也为监管机构综合评价市场风险设置了障碍,因为不同的监管主体只侧重于关注自己所监管的行业的风险,而在混业经营条件下,金融市场中各行业的风险具有极大的相关性,此时,监测整个市场的风险才是最重要的。

(三)金融监管手段

在此次危机中,金融监管部门对市场参与主体的监管手段不力,监管不到位是导致本次危机发生的重要根源之一。

在对商业银行的监管中,监管部门主要是对表内业务的风险进行监管。在这种情况下,商业银行通过对表内风险资产进行保险,将表内业务转换为表外业务,这种操作使得对银行的风险计量无法真实反映银行所面临的风险,因为当提供保险的机构违约时,该批风险资产的风险仍将由商业银行自身来承担,从而《巴塞尔协议Ⅱ》确定的最低资本要求无法覆盖银行可能面临的损失。

在对投资银行的监管中,监管机构的监管手段主要为市场准入、内部交易以及财务报告透明度要求等方面,很少涉及其具体的业务操作。虽然证监会对投资银行的净资本与负债的比例也有明确要求,但在众多的金融创新面前,这条规则在很多情况下形同虚设。由于投资银行不能吸收存款,所以,在没有金融创新时,其自营业务收入要受到资本金的限制。证券化的存在,为投资银行解决了流动性不足的问题,如它可以在买入一系列资产后,通过证券化将这些资产转卖给

---

① Jackson, H. E., "Regulation in A Multi - Sectored Financial Services Industry: An Exploratory Essay", *Washington University Law Quarterly*, 1999(76).

其他投资者，然后再买入新的资产，如此反复。但缺乏监管的证券化过程扭曲了市场的激励约束机制，证券发放者只注重当前的盈利，通过复杂的金融工具，他们可以将风险分散到全球信贷市场，自身不需要承担几年后被证券化的资产无法回收的风险。同时，如果抛开各种具体的金融工具，在本质上，投资银行家或者商业银行家们所做的就是借短期以作长期之用，或者借流动性资金以投资或借贷于非流动性资产或项目，从中赚取短期与长期、非流动性与流动性特征在定价中的差异。Copper 分析认为，正是金融家们的上述操作，降低了信贷息差，即本来投资者投资于长期或非流动性资产将比投资于政府债券获得高得多的期望收益，但由于金融家们的操作，扣除金融家们的收益后，这两种投资的期望收益之间的差异正在逐步缩小，从而风险没有被正确地定价，这也是相关监管缺失造成的后果之一。①

在对保险公司的监管中，监管部门同样存在许多失误。以世界最大的保险公司 AIG 为例，其设在伦敦的子公司 AIGFP（AIG 金融产品公司）使 AIG 于 2007 年年底在 CDS 市场涉足达到 4 400 亿美元。② 由于其担保的合约的风险具有极高的相关性，由此，这些合约不违约则可，一旦违约就是大面积违约。次贷危机发生以后，这些合约的风险逐渐暴露出来，截至 2008 年 6 月底，AIGFP 的亏损已高达 250 亿美元③，从而导致 AIG 的信用评级被降低以及陷入困境。如果监管部门能够限制保险公司的经营风险，那么，次贷危机的危害也许会减少很多。

五、次贷危机对中国金融监管的启示

（一）加强各监管部门之间的协调机制

中国当前的金融监管体制也是采用的分业经营、分业监管的模式。对于中国金融市场的发展现状而言，这种体制是基本适应的，同时，这种体制也为中国金融市场的快速增长作出了巨大贡献，但是，随着金融业务综合化、金融机构集团化发展的需要，中国必然出现越来越多的金融控股公司和银行控股公司，同时，不同金融机构的业务也将逐渐融合，其分界线日趋模糊，在这种情况下，就很容易出现监管漏洞和监管重叠的问题，影响金融监管的效率，也为金融体系的稳定埋下隐患。因此，加强各监管部门之间的协调，建立分工协作、各负其责、综合监管的制度，是十分必要的。在目前分业金融监管格局不能发生很大变化的情

① Cooper, J., "Putting the Mort Back in Mortgage – A Pocket Guide to the Global Credit Crisis", Australian Securities and Investments Commission, 2008.

② 冯郁青，"AIG 风险黑洞透视"，《第一财经日报》，2008 年 11 月 3 日。

③ 卫新江，"AIG'陨落'的背后"，《北京青年报》，2008 年 10 月 20 日。

况下，金融监管应该逐渐从机构监管向功能监管转变，即对银行型金融控股公司的总行应当由银监会监管，对其控股的保险、证券、信托公司等业务分别由保险、证券和信托监管部门进行监管。当前，各监管机构应该专心致志地做好银行、证券、保险的分业监管工作，不断提高银行、证券、保险监管的专业化水平，提升金融监管效率。继续深化和改革中国人民银行、中国银监会、中国证监会和中国保监会之间的联席会议制度及信息的共享与沟通，并在此基础上界定明确的职责，团结协作，形成监管合力，强化金融监管的有效性。

为了提高监管效率，可以考虑在必要时成立国家金融监管委员会或国家金融监管协调委员会作为监管的权威机构，通过对金融控股公司的监管实现对银行、证券、保险业务的全面监管。原专业监管机构仍然负责各自领域的监管。国家金融监管委员会或国家金融监管协调委员会的主要任务是针对金融监管的真空及时采取相应措施，划分各金融监管机构的职责范围，协调各监管机构的利益冲突以及划分监管归属等。这种新的金融监管组织体制模式既能满足实行混业经营后金融业发展对监管体制的要求，也能适应现阶段分业经营向混业经营过渡期对监管的要求。当然这是一种较为理想的选择，必须经过若干过渡才能实现。

（二）改进和完善中国金融监管方式

应将合规性监管与风险性监管相结合，以合规性检查为前提，风险性监督为主，二者并重；建立银行信用评级制度，进行合规性和风险性评级，以强化对金融控股公司的经营和风险程度的识别与管理，增强自我约束力，同时便于金融监管机构准确掌握银行经营状况，并根据不同等级信用评级采取不同的监管措施；加强金融机构创新业务的监管，建立专门的网络银行准入制度，制定网络安全标准，建立安全认证体系等。

（三）建立综合的风险预警机制

就目前来看，中国金融监管的重点仍然是机构审批、业务审批和经营的合规性，而对金融机构日常业务运营以及资产质量等缺乏相应的必要监管措施，同时，也没有建立集中的金融监管信息库。通过此次次贷危机可以看到，综合经营和金融创新将众多金融机构的风险暴露在同一冲击下，较高的风险相关性导致整个金融体系无法实现风险分散，从而危机一旦发生，金融体系将受到前所未有的重创。由此，本文认为中国金融监管的重点之一应放在对金融风险的综合监测上，在继续关注每个机构的运营状况的同时，加强对风险的宏观把握。对金融运行实施动态、实时、持续的风险监管，以便及时化解风险，提高监管效率，防止众多的投资者或机构面临同样的冲击。

(四)动机相容性监管

一个监管体系若要有效发挥作用,其规则需与各市场参与主体的动机相容:

首先,监管部门的规则监管往往只是向被监管者提出了经营的最低要求,并不能保证被监管者的稳健运营,所以还需其他利益相关者(特别是投资者)的参与,以其行动为监管部门传递信号,而这则需要与其动机相容,因为根据微观经济学的经典假设,只有在有相关利益的前提下,人们才会付出努力。

其次,监管部门总是希望监管更为科学、合理且具有警示作用,而被监管者则希望信息披露和其他行为更加符合自身利益,由此可见,若要提高监管效率,则需监管部门的监管规则与被监管者(特别是其高管人员)动机相容,如将监管规则与其高管薪酬制度相联系等,从而有效降低被监管者逃避监管的动机和可能性。

最后,作为金融监管服务的供给方,监管部门本身具有其特殊利益,如何保证其在监管规则制定过程中以人众利益为出发点、不滥用职权,则需要在监管部门的绩效评价与管理中体现监管目的,使监管部门的利益与大众利益相一致。美国次贷危机的发生与扩散在很大程度上是由市场参与主体激励约束机制失衡所造成的。以贷款经纪商为例,作为独立机构,它应该向贷款者还是向借款者负责,在法律上并无明文规定,这就导致了这一群体信托责任的缺失,从而,他们通过造假帮借款者申请到贷款,以赚取佣金的行为也就不足为怪了。①

(五)发挥市场约束的作用

在金融监管中,市场约束的思想是与魁奈的自然秩序、亚当·斯密的“看不见的手”、哈耶克的新自由主义以及卢卡斯的理性预期一脉相连的。市场约束与官方监管共同构成了金融机构的外部监管体系,是对官方监管的有效补充。在金融创新不断涌现的市场中,监管规则很难作出及时反应,但市场中各利益相关者却可以通过各种渠道了解相关信息,使金融机构的创新活动处于其监控之下。当然,市场约束作用的发挥要以顺畅且保真的信息传导机制为基础。在中国,市场约束的作用并未得到很好的发挥。因此,建立相应地信用体系,强制金融机构披露更多的有用信息,扩大利益相关者群体,促进评级机构以及媒体等第三方信息源的健康发展,都将有助于中国金融监管体系的有效运行。

(六)特别关注衍生品市场监管

上述已提及,美国此次危机在本质上是由衍生品风险的不断累积而造成的。

---

① 理查德·比特纳著,覃扬眉、丁颖颖译,《贪婪、欺诈和无知:美国次贷危机真相》,中信出版社,2008。

衍生品产生的原因有很多，如增加利润、分散风险等，其中最主要的一个原因为Silber所提出的逃避监管，即当政府的监管规则妨碍了金融机构的发展时，只要绕开这些制约的收益大于成本，金融机构就会通过金融创新（主要为发明新的衍生品）来规避监管。① 随着计算技术的发展，金融衍生品被设计得越来越复杂，一般投资者（甚至专业投资者）已经无从知晓该产品的收益与风险到底如何计量。在这种情况下，如果某类衍生品的大量发行已经影响到了金融体系或社会的稳定，那么，对此类衍生品实行严格控制（包括发行条件、发行额度以及发行对象等）就是很有必要的。

（本文刊载于《河北学刊》，2009年第5期，与高培道合著）

① Silber, W., "The Process of Financial Innovation", *American Economic Review*, 1983(73).

改革和完善中国金融监管体系

（2009年7月）

一、各国或地区金融监管体系的演变及对我们的启示

随着经济和金融全球一体化的发展，一国的金融市场成为国际金融市场的一部分；跨国银行和金融机构日益增多，跨国界的金融集团不断涌现和发展壮大；大的银行、保险和其他金融机构的业务相当一部分是国际业务。一国的银行或金融市场发生问题会传染和影响其他国家的金融市场、金融机构甚至整个金融体系，20世纪末出现的东南亚金融危机和2008年由美国次贷危机引发的全球金融危机就是一个很好的证明。如何防范国际金融风险、保持本国金融体系的安全与稳定变得越来越重要。因此，金融监管变得越来越重要。金融监管国际化是一个发展趋势。

随着金融市场的快速发展，跨金融行业的创新产品不断涌现，传统金融领域及金融产品间的界限日渐模糊。金融混业经营的发展趋势越来越明显。而传统的监管制度和监管体系很难适应金融市场发展的要求，出现了很大的监管漏洞。美国对华尔街投资银行就缺乏必要的监管，对衍生工具市场更是监管不到位，导致衍生工具泛滥，脱离了实体经济，引发了金融危机和经济衰退。

金融市场出现的新情况和新问题，要求各国金融监管体系必须作出相应的改变。在大多数国家，金融监管体系初设时所面临的市场格局随着金融市场的发展已经不复存在。在新的形势下，监管机构的监管理念、监管目标、监管手段以及机构设置都面临挑战，如何顺应市场发展的需要、保持公正有效的监管体系是各国面对的主要问题。

目前世界各国主要存在两种监管体系，即分业监管体系和统一监管体系。当前，在金融监管体系改革过程中，相当数量的国家和地区逐渐向统一监管体系过渡，然而目前还无法证明统一监管要比分业监管效率更高。另外，在从分业监管向统一监管转变的过程中还存在很多问题和障碍。

各国金融监管体制是根据本国和本地区金融市场与金融机构发展的实际情况实行不同的监管体系，而且随着金融机构和金融市场的发展变化而不断变化。

下面以美国、英国和中国台湾地区金融监管体系的演变为例，研究国际金融监管体系的发展趋势及分业监管和统一监管的优缺点，作为中国金融监管体系改革的借鉴。

（一）美国仍然是分业金融监管的格局

美国是以美联储（FRS）为主的各金融监管机构分工协作、分层次金融监管的体系。对存款性金融机构（即银行、储贷机构和信用社三类）承担主要监管职责的联邦级和州级机构有6家，其中联邦级监管机构有5家。美联储主要负责监管州注册的联储会员银行。1999年11月《金融服务现代化法案》经国会和总统批准后，美联储又增加了作为金融持股公司伞型监管者的职能。这样，美联储成了能同时监管银行、证券和保险行业的最主要和最重要的联邦机构。联邦存款保险公司（FDIC）负责监管所有州注册的非联储会员银行。货币监理署（OCC）负责监管所有在联邦注册的国民银行和外国银行分支机构。储贷监理署（OTS）负责监管所有属于储蓄机构保险基金的联邦和州注册的储贷机构。国家信用社管理局（NCUA）负责监管所有参加联邦保险的信用社。除货币监理署和储贷监理署在行政上隶属财政部外，其余3家为独立的联邦机构。美国证券交易委员会（SEC）1934年根据证券交易法令而成立，是直属美国联邦的独立准司法机构，负责美国的证券监督和管理工作。

除了联邦级的金融监管机构之外，由于美国实行双轨银行制，每个州又都设有自己的银行监管部门，通常称为州银行（DFI），主要负责对本州注册的银行，尤其是本州注册的非联储会员银行的监管。由于几乎所有的州注册银行都参加了联邦存款保险，因此这些银行也同时接受联邦存款保险公司的监督，即同时处于联邦和州两级金融监管机构的双重监管之下。

美国的这套监管体系在历史上支持了美国金融业的发展。然而，随着全球化的发展和金融机构综合化经营的发展，随着金融市场之间产品创新的发展、交叉出售的涌现和风险的快速传递，这样的监管体制也越来越多地暴露出一些问题，其中最为突出的就是监管领域的重叠和空白同时存在，没有一个联邦机构能够有足够的法律授权来负责监管金融市场和金融体系的整体风险状况，风险无法得到全方位的覆盖。从美国的次贷危机到引起全球金融危机暴露了美国金融监管体系的严重缺陷。那就是投资银行的高杠杆由谁来监管？金融衍生产品脱离实体经济的无度的创新由谁来监管？对冲基金疯狂投机由谁来监管？金融机构高管人员贪婪地攫取由谁来监管？

从20世纪30年代以来，美国人就对其金融监管体系的两大特点争论不休：一是联邦监管和州监管并存。这造成联邦政府与州政府在监管方面既重叠又竞争的关系，至今褒贬不一。二是不同联邦监管机构并存。美国很多人认为应成立一个统一的联邦级金融监管机构。但对于该机构应并入美联储还是并入财政部，抑或是单独成立一个独立于前两者的联邦监管署，各方人士多年以来难以形成较为一致的意见。此次金融危机爆发后，美国金融监管体系必须进一步改革的呼声四起。

2008年3月，美国财政部终于公布了改革蓝图。其主要的改革建议包括一些短期和中期的改革建议，并提出了长期的概念化的最优监管框架。美国财政部认为短期的改革措施是向中期和长期最优监管框架的一种过渡。

短期的建议主要集中在针对目前的信贷和房屋抵押市场，采取措施加强监管当局的合作，强化市场的监管等。中期的建议主要集中在消除美国监管制度中的重叠、提高监管的有效性上。

长期的建议是向着目标导向的监管方式（Objectives - based Regulatory Approach）转变。坚持目标导向的监管方法，设立三个不同的监管当局：

第一，负责市场稳定的监管当局。美国财政部建议由美联储担任该职，并有责任和权利获得适当信息、披露信息，在监管法规的制定方面与其他监管当局合作，为了整体金融市场的稳定而采取必要的纠正措施和行动。

第二，负责与政府担保有关的安全稳健的审慎金融监管当局。新的审慎金融监管当局可以承担目前联邦审慎监管当局，如OCC和OTS的责任，并负责金融控股公司的监管职责。

第三，负责商业行为的监管当局。商业行为监管当局应当为金融公司进入金融服务领域、出售其产品和服务等，提供和制定适当的标准。这样的监管方法可以在增强监管的同时，更好地应对市场的发展步伐，鼓励创新和企业家精神。

在这个监管框架下，除了以上三个监管者以外，还有另外两个监管者：一是联邦保险保证公司，二是公司财务监管当局。

财政部建议采用目标导向的监管方式，认为这种方式代表了未来最优的监管框架。相比原则导向监管区分银行、保险、证券和期货的分业监管模式，目标导向的监管注重监管的目标，不再区分银行、保险、证券和期货几个行业，而是按照监管目标及风险类型的不同，将监管划分为三个层次：第一个层次是着眼于解决整个金融市场稳定问题的市场稳定监管；第二个层次是着眼于解决由政府担保所导致的市场纪律缺乏问题的审慎金融监管；第三个层次是着眼于和消费者保护监管相关、解决商业行为标准问题的商业行为监管。三个层次的监管目标和监管框架的紧密联系，使监管机构能够对相同的金融产品和风险采取统一的监管标准，将大大提高监管的有效性。

（二）英国实行综合监管模式

英国在1980年以前，银行、证券和保险是分业经营模式，对金融业的监管也采用分业模式，分别由英格兰银行、证券投资委员会和一些自律组织负责。

20世纪90年代,英国对金融监管体系进行了改革。改革的原因是:①自20世纪70年代以后,英国政府放松了对银行业竞争的限制和对金融业的管制,英国各金融机构间竞争激烈,金融工具、金融交易手段不断创新,金融业务、金融品种不断交叉,呈现出混业经营的局面,特别是1986年英国伦敦证券交易所“大爆炸”式的改革,使银行业可以从事其他业务,如从事证券及其他投资等,更是加剧了这种趋势。但此时英国的金融监管并没有跟上混业经营的步伐,仍然实行分业监管。分业监管虽然表面上无所不包,但一个金融机构同时受几个监管机构政出多门的“混合监管”,不仅成本增加、效率降低,监管者与被监管者之间容易产生争议,而且某些被监管者可以钻多个监管者之间信息较少沟通的漏洞,通过在不同业务类别间转移资金的方法转移风险,或人为地抬高或降低盈利等,以达到逃税、内部交易甚至洗钱等目的。②银行倒闭事件拉响了分业监管的警钟。1984年10月发生的约翰逊·马修银行倒闭事件(即所谓“JMB事件”),1988年国际贸易与信贷银行的破产,1995年英国老字号银行巴林银行投资失败继而破产被收购,这些事件发生后,英国舆论哗然,认为金融监管不力,监管机构应该检讨。从此,英国开始总结金融监管体系问题,认为由中央银行监管银行的金融活动有一些固有的弊端,必须进行改革。

1997年工党政府上台以后,推出了一系列金融改革措施。《1998年英格兰银行法》赋予英格兰银行独立制定货币政策的能力。1998年,英国政府将英格兰银行、证券投资委员会和其他金融自律组织合并,成立了新的全能金融监管机构——金融服务监管局。2000年6月,英国通过了《金融市场与服务法案》,从法律上确认了上述金融监管体制的改变。

从英国新的金融监管体制的实际运营情况看,以下问题有待进一步澄清和解决:首先,英格兰银行的监管职能虽然被转移出去,但由于其最后贷款人的角色和对金融机构统计数据的长期积累与掌握,金融监管仍然需要它的参与。根据《1998年英格兰银行法》、英格兰银行与财政部和金融服务局的备忘录,英格兰银行仍负有维护整个金融系统稳定的职责。为此,英格兰银行内部设立了由行长挂帅的金融稳定委员会和140人编制的金融市场稳定局。英格兰银行的这部分职能是否属于金融监管,没有得到澄清。其次,英格兰银行与财政部和金融服务局每月开会讨论金融稳定问题,但当三方意见不一致时,分歧如何解决,英国法律上并无明确规定。

(三)中国台湾地区已经实现统一金融监管体制

中国台湾地区长期以来实行以财政当局为主的分散的金融监管体制。台湾“银行法”“保险法”“证券交易法”“期货交易法”和“信用合作社法”等金融规章都明确规定金融主管机关是台湾“财政部”。“财政部”在金融监督管理方面依法首先拥有有关银行的设立许可、申请核发营业执照、最低资本额、业务项目、银行合并或变更增设分支机构等事项的核准，以及金融检查及对违规者处分的行政权。“财政部”下设金融局、保险司和证券暨期货管理委员会（以下简称“证期会”），对岛内不同金融机构和市场分别进行监管。金融局负责金融法规的制定和监管金融市场；保险司负责保险机构和保险市场的监管；证期会对证券市场进行监管，负责证券募集、发行的核准及管理，证券上市的核定、买卖管理及监督事项。

在多数国家和地区，中央银行都是金融的最高监管机构，而台湾“银行法”却规定台湾的金融主管机关在“财政部”，台湾“中央银行”除拥有在“财政部”参与监督下制定和执行货币政策以协调经济金融发展外，在金融机构管理方面仅有金融检查权而无金融行政权和处置权，与“财政部”的权力相比要小得多。此外，台湾在1985年成立了中央存款保险公司，具有一定的金融监管职能。

1997年亚洲金融风暴虽未严重冲击台湾经济，却也暴露出基层金融呆账过高、银行业国际竞争力不足等金融体系的弱点，加上金融控股公司成立，使得金融监管制度改革提上议事议程。从1991年台湾开放新银行设立以来，持续开放外资进入岛内证券市场、引进新式金融商品，让岛内金融市场呈现百花齐放的局面。而“金融机构合并法”“金融控股公司法”陆续通过，更让金融机构规模与复杂度大幅提升，既有金融监管模式显然不足以完全掌控其风险。跨行业经营使得各行业间的区隔日渐模糊，金融商品的创新与多元化脚步更加快速。这些金融商品不断推陈出新，都让旧有监管模式遭遇了不小的挑战。

台湾“财政部”于2001年6月通过“金融控股公司法”后，有鉴于岛内原金融集团跨行合并或与异业结盟者日渐增多，为避免保险、证券、金融等多元监管制度所可能产生的监管重叠等问题，使金融监管制度由原来的多元化改变成垂直整合的一元化监管，以健全金融机构业务经营，维持金融稳定与促进金融市场发展，台湾当局于2003年7月设立了“行政院”金融监督管理委员会（简称“金管会”），以实践金融监管一元化的目标。

新的体制中，“财政部”将仅做有关财政相关工作，而“中央银行”仍为主管货币政策与其相关业务之主管机关，负责制定货币及相关政策，仍保有货币、信用、外汇等业务的项目检查权，“中央存款保险公司”则被定位为一个“单纯的保险公司”，主要负责停业要保金融机构的现金赔付与资产处理工作。

在金管会成立之后，金管会成为台湾金融监督管理一元化的主管机关，负责台湾大部分的金融监督管理工作，将过去“财政部”的证期会、金融局、保险司，“中央银行”与中央存款保险公司等的分散管理集中于金管会之下。

至此,台湾已经完成从分业监管向统一监管的过渡,台湾现行的金融监管体制已经是金融统一监管的体制。

(四)各国和各地区金融监管体系改革对中国的启示

(1)实行综合监管或统一监管是各国和各地区金融监管体系发展的方向。有一项调查表明,截至2002年年底,全球范围内,至少有46个国家和地区已采取了统一监管模式,它们或是建立起了一个监管整个金融领域的统一的监管机构,或是将三大金融行业中两个以上的金融行业(比如银行与保险、银行与证券或者是证券与保险)的监管权力集中到一个监管机构。近些年来,迈向金融统一监管的国家和地区数目迅速增加。1986年,挪威建立了世界上第一个对银行、证券、保险统一进行监管的监管机构。1997年,世界金融中心之一的英国也建立了统一的金融监管机构——英国金融服务局,成为世界主要金融市场采取统一监管模式的先锋。此后,许多发达国家(地区)和发展中国家(地区)都建立了不同形式、不同程度的统一监管体制,最新的例子包括爱沙尼亚、德国、爱尔兰和马耳他。据报道,目前至少还有7个国家正在考虑建立类似体制。另外,一些已经建立部分统一监管体制的国家(如墨西哥和南非)则在考虑是否应当提高统一监管程度,建立类似英国FSA的统一监管体制。

(2)在混业经营已经成为大势所趋的情况下,各国监管机关都在根据本国市场发展的不同特点以及所处的不同阶段进行必要的监管体制创新和变革,以适应金融市场发展的需要。

(3)由于各国和各地区的历史、文化、金融发展程度、金融结构都存在较大差异,因此不存在各国统一的监管模式,没有任何一种模式适合所有国家和所有市场。各国必须根据本国金融市场发展的程度、历史以及文化氛围,设计出适合本国金融市场发展的金融监管体系。

二、进一步改革和完善中国金融监管体系

(一)中国金融监管体制的沿革及现状分析

众所周知,从1949年新中国成立到1978年开始实行改革开放政策之前,中国实行严格的计划经济管理体制,当时中国几乎没有金融市场,一切信用归银行,而且相当长的时间里,中国只有一家银行即中国人民银行,它既从事信贷业务又有金融监管的职能,当时可谓是集中统一的金融监管体制,当然是严格和简单的统一监管。

20世纪80年代以后中国金融体系发生了很大变化,首先就是分出或成立了中国农业银行、中国建设银行、中国银行、中国工商银行,1983年9月中国人

民银行成为独立的中央银行。当时中国的金融市场还不发达,银行以外的金融机构还不多,因此,在1984年至1993年的一段时间里,中国人民银行是中国金融监管的主要机构,中国人民银行曾经集货币政策和所有金融监管职能于一身。在这十年里,中国实行的仍然是集中统一监管体制。

20世纪90年代以后,中国的金融体系发生了更大的变化。以1990年上海证券交易所和深圳证券交易所的成立为标志,多层次资本市场逐渐发展起来。除了四大国有商业银行外,其他股份制商业银行纷纷建立,外资银行开始进入中国,非银行金融机构迅速发展,其中保险公司和保险市场发展迅猛。在这种情况下,单靠中国人民银行进行金融管理已经显得力不从心。此时的中国人民银行是一个超级中央银行。此后,随着中国金融事业的发展,特别是证券和保险行业的快速发展,在90年代以后陆续成立了中国证券监督管理委员会(简称证监会)、中国保险监督管理委员会(简称保监会)和中国银行业监督管理委员会(简称银监会)。中国人民银行主要制定和执行货币政策,对货币市场和外汇市场进行监督与管理。银监会负责统一监督管理全国银行、金融资产管理公司、信托投资公司及其他存款类金融机构。证监会依法对全国证券、期货市场实行集中统一的监督管理。保监会统一的监督管理全国保险市场,维护保险业的合法、稳健运行。

由此形成了由中国人民银行、证监会、银监会和保监会牵头的分业经营与监管的格局。这一格局的形成,有利于加强对银行和新生的证券与保险行业的专业化管理,有利于防止在中国金融业管理水平不高的阶段因混业经营而产生金融风险。

为了对金融机构与金融市场更好地进行统一和综合监管,银监会、证监会、保监会于2004年共同签署了《金融监管分工合作备忘录》,对各自的监管职责予以明确,对合作监管办法作了明确规定,建立了银监会、证监会、保监会"监管联席会议机制",银监会、证监会、保监会任何一方与金融业监管相关的重要政策、事项发生变化,或其监管机构行为的重大变化将会对他方监管机构的业务活动产生重大影响时,应及时通告他方。若政策变化涉及他方的监管职责和监管机构,应在政策调整前通过"会签"方式征询他方意见。对监管活动中出现的不同意见,三方应及时协调解决。

目前中国实行的分业监管、相互合作的金融监管体制基本适应中国金融机构与金融市场发展的实际需要。

(二)中国现行金融监管体系存在的问题

1. 多头监管与交叉监管导致监管冲突和监管效率低下

(1)多机构监管易导致监管冲突。目前中国对银行及非银行金融机构、证券公司与保险公司实施监管的职责分别由银监会、证监会及保监会承担。金融控股公司的出现对这种分业监管的模式提出了挑战。由于各个监管机构的目标不一样,指标体系、操作方式不同,各监管机构的监管结果可能存在很大差别。当金融控股公司只受某一机构监管时,单个监管者可能不会承担其他监管者的工作和责任;特别是金融控股公司下属的银行、保险、证券、信托公司受不同监管机构监管时,由于各监管机构的监管目标不同,会发生监管冲突,并可能通过金融控股公司的母公司逃避监管。

(2)监管部门间协调难度大,监管效率低。从金融监管的主体角度来看,银监会、证监会和保监会及其派出机构是平级的,若一家金融机构经营不同业务,如既从事银行业务,又从事保险或证券业务,如果某项业务发生风险,在确定由哪家监管机构牵头、由哪家监管机构最后决定等方面存在一定的现实困难。

2. 对金融控股公司存在监管盲区

随着中国金融业混业经营的发展,金融控股公司将成为中国金融组织的主要形式。中国金融控股公司已经出现和得到了一定的发展。

中国的金融控股公司运作模式主要有两类:

一类是经营型金融控股公司。如集团的控股公司是一家商业银行(也称为银行控股公司),全资拥有或控股一些包括银行、证券、保险、金融服务公司以及非金融性实体等在内的附属机构或子公司。这类金融控股公司的特点是总公司(母公司)本身开展银行业务,同时所控股的具有独立法人资格的附属机构或子公司独立对外开展相关的业务(银行、证券、保险、信托或其他金融业务)和承担相应地民事责任。集团公司董事会有权决定或影响其子公司最高管理层的任免决定及重大决策。中国目前此种形式的银行控股公司主要有中国银行、中国建设银行、中国工商银行等。

另一类是纯粹型金融控股公司。表现为集团的控股公司为非银行金融机构,全资拥有或控股一些包括银行、证券、保险、金融服务公司以及非金融性实体在内的附属机构或子公司。这类金融控股公司的特点是总公司(母公司)本身并不开展金融业务,而所控股的具有独立法人资格的附属机构或子公司独立对外开展相关的金融业务(银行、证券、保险、信托或其他金融业务)和承担相应地民事责任。母公司通过控股权对子公司甚至孙公司进行控制。集团公司(母公司)董事会有权决定或影响其子公司最高管理层的任免决定及重大决策。中国目前此种形式的金融控股公司主要有中信集团、光大集团、平安集团等。

中国目前实行的严格的分业监管体制,很难对金融控股公司及其所开展的金融业务进行有效监管。

金融控股公司下属机构交叉持股导致法人结构复杂化,集团规模大和跨国经营导致内部管理部门层次复杂化,集团业务涉及多种金融业务又使经营复杂化。这种状况加剧了信息不对称,对于金融控股公司的外部监管也造成了困难,易于造成监管真空。另外,因为涉及多个行业的监管机构,各监管机构的监管目的、方法和重点各不相同。只要在不同的专业金融监管体系之间存在差异,金融控股公司就可能会采取规避监管的行动,建立一种经营阻力、成本最小的组织模式,从而增加金融监管当局在对相关金融机构进行监管过程中的困难。同时,即使每个监管主体能够有效控制各自监管对象的风险,但由于不同监管主体之间信息交换不畅形成的信息阻塞,使得金融控股公司整体的风险状况难以掌握,也易于出现监管“真空”。

3. 难以对金融创新进行有效监管

始于20世纪60年代的金融创新,引发了金融业的一场革命。然而金融创新却是和放松金融监管相伴而生的;金融创新快速发展,但适当的风险管理和风险监管未能及时跟上,致使监管滞后。美国次贷危机在一定程度上讲就是金融创新过快而监管滞后的结果。

中国需要金融创新,需要发展金融衍生品市场。中国现行的金融监管体系,很难对金融创新进行有效监管。对金融工具创新很难监管的原因在于,一是金融工具创新往往属于从无到有,现行的监管法规及制度设计很难进行事前的预见,从而加以预防;二是新的金融工具应用后的优势与弊端往往需要经过一段时期后才能显现,这使得金融监管只能是事后的,而难以事前预判;三是金融工具创新的风险管理并不属于监管当局的直接监管范畴,更多的是金融机构自己的责任。正因为如此,金融工具创新不仅成了金融机构不断放大金融杠杆率的最佳手段和途径,而且成为金融监管的一个难题。

(三)中国金融监管体系进一步改革的必要性

随着中国金融业混业经营的发展、进一步的金融创新、多层次金融市场包括金融衍生品市场的形成与发展,金融控股公司成为金融机构的主要和重要组织形式,严格的分业监管已经很难适应需要,必须对现行金融监管体系进行改革。

中国加入WTO以后,外资金融机构大举进入,其中很多金融机构是混业经营,综合优势明显。以中国现有分业监管体制管理混业经营的外资机构和交叉代理的中资机构,将会面临不少新的矛盾和困难。随着经济和金融的全球化发展,金融控股公司越来越多地发展为跨境或跨地区的组织形式,而不同国家或地区的金融机构执行的会计准则并不相同;即使在同一个国家或地区,因金融控股公司经营的业务差别显著,所适用的会计准则也不尽相同。这使得金融控股公司持续经营的稳定性以及总公司会计信息的真实性、准确性和完整性都受到了影响，给监管机构的监管造成了较大的困难。

总之，中国当前实行的严格的分业监管已经有些不适应金融发展和金融国际化的需要了，进一步改革与完善中国的金融监管体系是完全必要的。

三、改革与完善中国金融监管体系的总体思路

（一）中国金融监管体系改革的目标

从长远看，中国应当走金融统一监管或综合监管之路，变分业监管为统一监管，建立统一监管、分工协作、伞型管理的金融监管体系。

中国金融监管体系的改革目标应当是，建立一个统一的金融监管机构——中国金融监督管理委员会（以下简称"金监会"），进行综合金融管理，负责统一制定中国金融业的发展规划，通盘考虑和制定金融法律法规，协调监管政策和监管标准，监测和评估金融部门的整体风险，集中收集监管信息，统一调动监管资源。通过统一的监管机构，对银行业、证券业、保险业、其他金融部门和金融市场进行监管，以维护金融业的稳定发展。金监会可以针对金融监管的真空及时采取相应措施，划分各金融监管机构的职责范围，协调各监管机构的利益冲突以及划分监管归属等。

在从分业监管向统一监管转变过程中，英国和中国台湾地区监管体系的改革对改革中国大陆的监管体系有一定的参考价值。

（二）中国金融监管体系改革应当分为三个阶段进行

从分业监管向统一监管转变并不是一蹴而就的事，要根据金融发展的实际情况逐步转变。成立金监会是一种较为理想的选择，但必须经过若干过渡才能实现。

1. 现阶段应当进一步改进和完善现行的金融监管体系

中国目前实行"一行三会"（即中国人民银行、银监会、证监会和保监会）的分业管理体制，总体上是适应现阶段金融市场发展需要的，但存在职责不清、监管重叠、监管漏洞、监管套利、监管成本高和监管效率不高的问题，尤其是对金融控股公司的监管职责不清和监管不到位的问题。各监管机构之间的信息交流、资源共享、协作和合作也存在很多问题。当前，应在总的金融监管体制不变的情况下，进行进一步的改进和完善：

第一，进一步明确各监管机构的职责，加强信息交流，强化监管协调，各监管机构充分合作与协作。完善和强化银监会、证监会、保监会"监管联席会议机制"。遇到重大综合监管问题，应及时协商并作出各监管部门的统一决策。

第二，目前主要是对金融机构的监管，应当逐渐转变为功能监管。应实行机构监管与功能监管相结合的管理办法。

第三，将合规性监管与风险性监管相结合，以合规性检查为前提，风险性监管为主，二者并重；建立银行和金融机构信用评级制度，进行合规性和风险性评级，以强化银行和金融机构对其经营与风险程度的识别及管理，增强自我约束力。

第四，最重要的是明确金融控股公司的法律地位，明确金融控股公司的监管主体，制定对金融控股公司的监管办法。金融监管机构可以通过对金融控股公司的母公司（总公司）进行直接监管，对其下属的金融企业进行业务和功能监管，也可通过金融控股公司总公司对集团下属公司进行内部管理。现阶段可以指定一个金融监管机构对金融控股公司总公司进行监督管理，为了对金融控股公司的总公司进行统一管理，我们建议当前可以指定银监会作为金融控股公司总公司（无论是纯粹型金融控股公司，还是银行型、证券型或保险型金融控股公司）的主管机构，对其进行监督管理（包括注册管理和日常监管），而银监会、保监会和证监会分别对金融控股公司的银行子公司、保险子公司和证券子公司及不是控股公司的单个银行、保险公司和证券公司进行监督与管理。

2. 第二阶段，在条件具备时，成立金融管理协调委员会，协调各监管部门的关系

前面已经指出，中国目前实行“一行三会”的金融监管架构，由于几家监管机构是平行的“部级”单位，对重大问题的自身协调能力甚至沟通能力都较差，容易出现监管真空、监管重叠和监管不到位的问题。为了增强监管协调的有效性，加强对金融控股公司的管理，应该在现有的“三会”协调的基础上，在国务院层面建立金融监管协调机制，即建立最高层级的监管协调机构——中国金融管理协调委员会，该委员会直属于国务院，负责对金融监管领域所有重大问题进行协调。该机构还应具有货币和金融监管政策之间协调的功能，以便在金融突发事件处置、金融稳定和风险预警、信息共享等方面形成长效机制与制度。

金融管理协调委员会在一些重大金融监管政策等方面协调中国人民银行和“三会”的关系。

中国人民银行、金融监管部门和其他政府部门之间应当协调监管政策与手段，加强信息共享，建立防范跨行业、跨市场金融风险的长效协调机制，完善跨行业、跨市场金融风险的监测、评估、预警和化解系统。监管部门可以建立对控股公司的集中监管信息平台，创造条件实现监管部门与监管对象业务系统的信息联网，改善信息传递的方式与速度。借此监控技术，监管主体可以重点对混业经营单位的资金流动进行监控，特别是那些将对集团财务健康带来不利影响的内部交易，及时、全面获取各金融子单位的财务、资产状况及经营动态，防止内部资

金违规流向实体部门。

此阶段仍由银监会作为金融控股公司的主管机构，而三大监管机构仍然对金融控股公司的子公司及单个银行、保险公司、证券公司和其他金融机构进行功能监管。同时，金融控股公司总公司（母公司）对其银行、保险公司和证券公司子公司进行内部风险管理。

3. 第三阶段，在条件成熟后，建立具有政府管理职能的中国金监会

中国金监会对中国金融机构和金融市场进行统一监管。现在的银监会、证监会和保监会变成金监会下属的局，分别对银行业、证券业和保险业进行监管。金监会制定金融监管政策和法规，协调各监管机构之间的关系。

中国人民银行仍然担任部分金融监管职能，即中国人民银行除了制定和执行货币政策外，还负责监管货币市场和外汇市场。形成金监会为主，与中国人民银行共同进行金融监管的格局（见图1）。

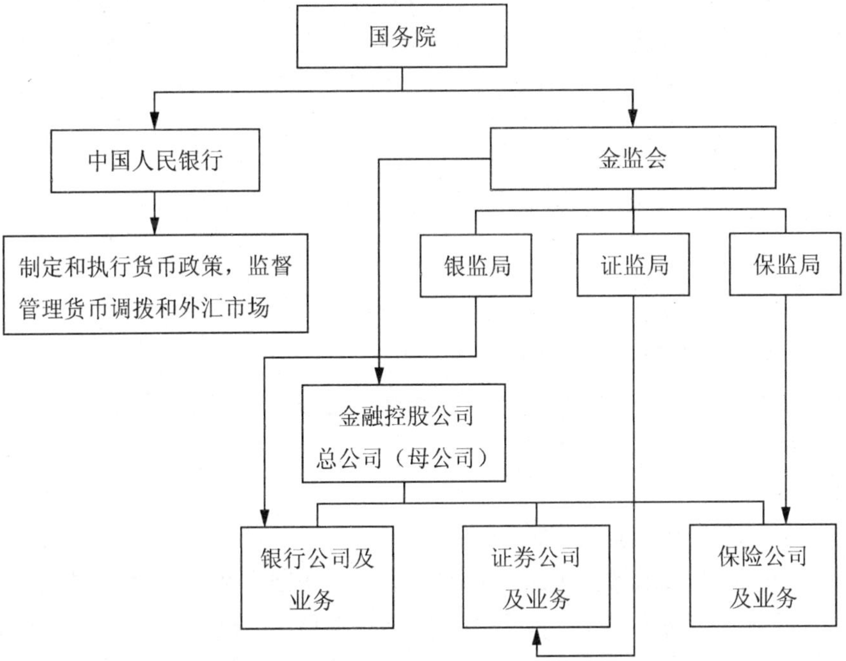

图1　第三阶段中国金融监管体系示意图

金监会是直属于国务院的中国金融监管的最高机构，其负责人应当由国务委员或国务院副总理担任。

金监会主要通过对金融控股公司总公司进行直接监管实现对金融业的监

管。一是对金融控股集团的设立和准入进行监管。明确市场准入资格,控股范围、模式、比例等方面的要求。二是明确集团的财务要求。对资本构成、资本充足率、资产负债计算方法等问题进行规定,明确各项考核均要以合并报表为基础的技术性要求,准确评估集团实际的财务杠杆和经营风险。三是加强对关联交易的认定和处理。金监会要细化银行控股公司内部关联交易的定义和分类,对控股公司集团内部关联交易的类型、交易方式、金额等作出限制性规定;密切关注集团内部大额的商品、资金等项目的往来,并要求控股公司集团对可疑交易项目进行解释。四是在金融控股公司内部建立"防火墙"制度。

银监局、证监局和保监局在金监会的统一领导下,对金融控股公司的子公司及单个银行、证券公司和保险公司进行功能监管。

同时,发挥金融控股公司对下属子公司(银行、证券公司、保险公司)的内部管理作用。金融控股公司规模庞大,业务范围广泛,如果缺乏良好的公司治理结构和完善的内部控制机制,则公司内部可能出现相互持股、贷款互保、资金违规拆借等问题,这些问题将导致公司的发展潜伏着较大的关联交易风险、高财务杠杆风险和系统性风险。为了保证金融控股公司健康、稳定的发展,应当对现有的金融控股公司按照规范的现代企业制度重新进行整合,实现产权制度的深层次变革,制定一系列制度安排来维护公司治理,并关注跟踪银行控股公司试点整合的全过程,在公司内部形成如内部交易制度、风险预警及管理制度等严密的内部管理制度。

(三)进行完善金融监管体系的配套改革

1. 健全中国金融机构的内控制度

中国金融机构基本上都制定了一套内控制度,但随着中国金融市场化程度的不断提高,必须进一步健全和完善内控机制。第一,设置内部稽核机构。第二,建立金融机构内控的稽核评价制度。第三,充实改善内控设施,建立高效的金融管理信息系统。

2. 建立金融同业自律机制

从世界各国金融同业自律制度建设的实践看,同业公会或协会是适应金融业行业保护、行业协调与行业监管的需要自发地形成和发展起来的,从中国金融业发展的现状分析,显然存在金融业发展较快与金融监管当局监管相对不足的矛盾,迫切需要建立对金融监管当局监管起拾遗补缺作用的金融同业公会制度,创造一种维护同业有序竞争、防范金融风险、保护同业成员利益的行业自律机制。在金融监管当局的鼓励、指导及舆论的倡导下,在自发、自愿的基础上建立金融业同业公会,可根据金融机构的不同类型、不同地区建立不同的金融同业公会,并在此基础上形成全国金融同业公会的联系机制,赋予金融业同业公会行业保护、行业协调、行业监管、行业合作与交流等职能。

3. 完善中国相关法律法规体系

中国现行的金融法规主要包括《中国人民银行法》《银监法》《商业银行法》《证券法》《保险法》和《信托法》等法律。这些法律构成的法律体系确立了中国金融机构的分类经营体制和业务范围,但金融控股公司的法律地位及性质并不明确,既无明确的禁止性条款,也无明确的设立性条款,"无法可依"使金融控股公司的发展缺乏法律保障。应当尽快制定《金融控股公司法》,确定银行控股公司准入和退出的条件与方式,界定银行控股公司的权利和义务,明确监管主体,为中国金融机构的发展建立良好的外部环境,进而为规范和推动金融控股公司的发展奠定基础。

4. 加强金融监管的国际合作

随着金融国际化的发展,跨境金融监管和国际金融监管合作变得越来越重要。为了促进中国金融监管能力特别是跨境监管能力的提高,使中国的金融监管逐步迈入国际化的轨道,以不断适应金融全球化所带来的新形势的需要,中国要积极参与国际、区域以及双边等多层面的金融监管合作。作为银行、证券和保险等国际金融监管组织的一员,中国应积极通过巴塞尔委员会、国际证监会组织、国际保险监管组织,加强与其他成员国的合作和交流,及时了解和把握金融监管规则的最新进展。同时,随着经济区域化的发展,中国还应积极加强与东亚邻国、东盟等区域组织及其成员的金融监管合作,在双边合作方面,要积极加强与他国尤其是互设金融机构的国家的监管机关的合作,促进双方监管当局的信息共享,互相学习监管经验。

参考文献

[1]曹凤岐,《货币金融管理学》,北京大学出版社,2008。

[2]金中夏,"国际金融监管体制比较与启示",《经济社会体制比较》,2001年第4期。

[3]美国政府问责局,"更新美国金融监管体系的建议框架",转引自和讯网,2009年3月19日。

[4]廖岷,《改革,但避免仓促行动》,转引自财经网,2008年4月2日。

[5]黎和贵,"英国金融监管体制的改革及启示",《金融时报》,2003年9月29日。

[6]祁斌,"各国金融监管体系研究报告",《当代金融家》,2006年第10期。

[7]曹凤岐,《货币金融管理学》,北京大学出版社,2008。

[8]邢桂君,"我国金融控股公司监管研究",《金融与经济》,2008年第6期。

[9]曹凤岐,《经济发展与资本市场管理》,北京大学出版社,2003。

(本文刊载于《北京大学学报(哲学社会科学版)》,2009年第4期)

美国经验与中国金融监管体系改革①

（2011年1月）

一、美国金融监管体系改革对中国的启示

（一）美国金融监管体系改革的背景

金融危机的爆发表明了美国金融监管体系的脆弱性。美国长期以来实行的是金融分业监管和分层次监管的监管体系。应该承认，美国的这套监管体系确实在历史上支持了美国金融业的发展。然而，随着全球化的发展和金融机构综合化经营的发展，随着金融市场之间产品创新的发展、交叉出售的涌现和风险的快速传递，这样的监管体制也越来越多地暴露出一些问题，其中最为突出的就是监管领域的重叠和空白同时存在，没有一个联邦机构能够有足够的法律授权来负责看管金融市场和金融体系的整体风险监管状况，风险无法得到全方位的覆盖。从美国的次贷危机到引起全球金融危机暴露了美国金融监管体系的严重缺陷，那就是：投资银行的高杠杆谁来监管？金融衍生品脱离实体经济的无度的创新谁来监管？对冲基金疯狂投机谁来监管？金融机构高管人员贪婪的攫取谁来监管？美国对金融监管体系进行改革是完全必要的。

早在2008年3月，美国财政部就公布了金融监管改革蓝图。其主要的改革建议包括一些短期和中期的改革建议，并提出了长期的概念化的最优监管框架。美国财政部认为短期的改革措施是向中期和长期最优监管框架的一种过渡。短期的建议主要集中于针对目前的信贷和房屋抵押市场，采取措施加强监管当局的合作，强化市场的监管等。中期的建议主要集中在消除美国监管制度中的重叠，提高监管的有效性上。长期的建议是向着目标导向的监管方式转变。奥巴马政府上台以后，针对金融危机中存在的问题，以及美国金融监管不力的现状，提出要进行彻底的金融改革，2009年6月17日，美国政府正式公布了自1929年大萧条以来最彻底的全面金融监管改革方案，被称为美国金融监管体系改革的“白皮书”。这份长达88页的改革方案几乎涉及美国金融领域的各个方面，从更严格的消费者保护政策到出台对金融产品更为严格的监管规则，这一计划把目前游离在监管之外的金融产品和金融机构，都置于联邦政府的控制之下。改革的目的旨在全面修复美国现有金融监管体系，防止与当前危机类似的危机再度发生。在“白皮书”基础上，制

---

① 本文是教育部社会科学重大课题攻关项目“金融市场全球化下的中国金融监管体系研究”（项目批准号：07JZD0010）的研究成果之一。

定了《金融监管改革法案》(《华尔街改革和消费者保护法案》)。

这个法案于2009年12月由美国众议院通过,2010年5月参议院又通过了《金融监管改革法案修正案》。修正案与原来的法案没有多大的区别,只是增加了美联储的权力,恢复了其对规模较小银行的监管。原来的法案只给予美联储对大型金融机构进行监管的权力。美国国会2010年7月15日通过最终版本的《金融监管改革法案》。奥巴马7月21日签署《金融监管改革法案》,使之成为法律,标志着历时近两年的美国金融监管改革立法完成,华尔街正式掀开了新金融时代的序幕。

(二)《金融监管改革法案》的主要内容

《金融监管改革法案》的主要内容如下:

第一,成立金融稳定监管委员会,负责监测和处理威胁国家金融稳定的系统性风险。该委员会共有10名成员,由财政部长牵头。委员会有权认定哪些金融机构可能对市场产生系统性冲击,从而在资本金和流动性方面对这些机构提出更加严格的监管要求。

第二,在美联储下设立新的消费者金融保护局,对提供信用卡、抵押贷款和其他贷款等消费者金融产品及服务的金融机构实施监管。

第三,将之前缺乏监管的场外衍生品市场纳入监管视野。大部分衍生品须在交易所内通过第三方清算进行交易。

第四,限制银行自营交易及高风险的衍生品交易。在自营交易方面,允许银行投资对冲基金和私募股权,但资金规模不得高于自身一级资本的3%。在衍生品交易方面,要求金融机构将农产品掉期、能源掉期、多数金属掉期等风险最大的衍生品交易业务拆分到附属公司,但自身可保留利率掉期、外汇掉期以及金银掉期等业务。

第五,设立新的破产清算机制,由联邦储蓄保险公司负责,责令大型金融机构提前作出自己的风险拨备,以防止金融机构倒闭再度拖累纳税人救助。

第六,美联储被赋予更大的监管职责,但其自身也将受到更严格的监督。美国国会下属政府问责局将对美联储向银行发放的紧急贷款、低息贷款以及为执行利率政策进行的公开市场交易等行为进行审计和监督。美联储将对企业高管薪酬进行监督,确保高管薪酬制度不会导致对风险的过度追求。美联储将提供纲领性指导而非制定具体规则,一旦发现薪酬制度导致企业过度追求高风险业务,美联储有权加以干预和阻止。

从这个金融监管改革方案的核心内容来看:一是监管重心从监管局部性风险向监管金融市场系统性风险转变,并改分散监管为统一集中监管;二是规范金融产品交易，对金融衍生品、对冲基金和评级机构严加监管；三是优化金融监管体系组织结构，整合部分监管机构，并加强彼此间的协调；四是强化美联储监管权力，扩大其监管范围；五是将保护消费者利益作为监管目标之一。

美国这次金融监管法案的出台，被视为美国金融监管体系改革的重大成果，也是自20世纪30年代大萧条以来改革幅度最大、最彻底的金融监管改革法案。该法案也被认为是大萧条以来最严厉的金融改革法案。该法案重点加强对金融的宏观审慎性监管，同时强调保护投资者的合法权益。该法案提出的金融监管改革措施，在短期和长期都将对美国经济产生深远影响，也将重塑美国乃至全球金融业的游戏规则，最终会对全球金融体系和金融市场产生深刻影响。

（三）美国金融监管体系改革对中国的启示

鉴于中国的金融监管体系与美国有一定的相似性，美国金融监管体系改革，对进一步改革与完善中国金融监管体系有重要的启示和值得借鉴之处。

1. 走综合监管、统一监管之路

美国这次金融监管改革的一大特点是从过去的分散监管、伞型监管变为统一监管，美国把美联储打造成一个超级监管者，一切金融监管权都归于美联储，不仅大小型金融机构均由美联储管理，连金融衍生品市场都由其管理。有人认为，中国如果实行统一管理，就应当扩大中国人民银行的权力，把中国人民银行也打造成一个“超级监管者”，既进行宏观金融监管也进行微观金融监管。我们认为，中国与美国是不一样的，美联储实际一直是作为一个超级监管者存在的，1999年11月《金融服务现代化法案》经国会和总统批准后，美联储又增加了作为金融控股公司伞型监管者的职能。此次美国金融监管改革是进一步加强了它的监管权力而已，而且美联储能否对所有的金融机构及金融行为实行有效监管，还值得观察。中国在相当长的历史时期里，都是由中国人民银行一家进行金融监管，但那是在几乎没有金融市场、除了银行机构之外没有其他金融机构的情况下进行的统一监管。而当金融机构多元化、金融市场多元化以后，中国人民银行把对银行、保险、证券、信托等机构的监管权及对金融市场的直接监管权转移到后来成立的银监会、保监会和证监会手中，中国人民银行与“三会”是平等机构，它们之间是协调与合作的关系。中国人民银行的主要职责是通过货币政策进行宏观调控，而不是具体监管。如果把这些监管权再重新收回来，等于剥夺了“三会”的权力，可能性不大。我们建议在“三会”之上，再建立一个统一的金融监管机构，对金融进行统一监管。[①]

2. 加强宏观金融审慎性监管

以往的金融监管主要注重微观审慎性监管，认为个别金融机构的风险会传染整个金融系统，因此，能防止个别金融机构的风险，就有可能保证整个金融系统的稳定。《巴塞尔协议》正是在总结以往金融危机的教训基础之上在全世界范围之内推广实施的，单个金融机构的资本充足率需要达到监管资本的要求，这样单个金融机构的破产风险将大大降低。针对《巴塞尔协议》所产生的监管资本与经济资本不一致以及金融机构随之而来的监管套利问题，《巴塞尔协议Ⅱ》提出了改进措施，使得金融机构的监管资本与经济资本趋于一致，既能继续保证单个金融机构的稳定性，又能有效避免监管套利，欧洲的一些国际性银行已经率先于2007年实行《巴塞尔协议Ⅱ》。在欧美一些比较大的金融机构中，风险管理是比较健全的，它们采用一些风险管理模型对不同类型资产的信用风险、市场风险与操作风险进行评估，这确实大大提高了其稳定性。

但恰恰是在发达国家实施微观审慎性监管，即着眼于单个金融机构的监管水平以及金融机构自身的风险管理水平不断提高之时，金融危机爆发了。2008年席卷全球的金融危机给各国的金融系统以及实体经济都造成了很大的冲击。关于这次金融危机的起源有很多学者进行了分析：有人认为美国的宏观经济政策有失误的地方；有人认为是由于金融机构的高杠杆放大了这次危机的影响范围；还有人认为是由于金融创新过度，已经脱离了实体经济的发展；等等。这些分析都有一定的道理，应当说都是这次金融危机发生的原因，但是上述种种最终都与金融监管的不完善有关系。金融监管体系的不合理、金融监管机构内部以及与其他宏观政策部门协调的缺乏是这次金融危机更深层次的原因，更具体地说是由于宏观审慎性监管没有受到重视。

过分强调微观审慎性监管，保证单个金融机构的稳定，这种监管理念是存在问题的，仅仅保证个体金融机构的稳定，并不能必然确保整体金融系统不出现问题。宏观审慎性监管正是针对这种个体行为与整体行为的矛盾而提出的，它将单个金融机构、金融市场以及实体经济看作一个整体，从对整体经济的影响来考虑金融监管的问题，更能够保证金融系统的整体稳定。历史经验已经表明，金融萧条更多地来源于金融机构对于宏观经济和金融的不平衡的共同风险暴露，而不是单个金融机构的个体风险。因此，加强宏观审慎性监管

① 具体内容参见曹凤岐，“改革与完善中国金融监管体系”，《北京大学学报（哲学社会科学版）》，2009年第4期。

是十分必要的，将视角建立在整个金融体系之上，并且考虑它和宏观经济的联系具有重要意义。

美国这次金融监管体系改革，刚好是从稳定整个金融体系出发的，强调了宏观审慎性监管思想。他们成立金融稳定委员会就是从组织上防范金融系统性风险的发生，保持金融体系的稳定。

3. 必须注重保护投资者的合法权益

华尔街老板们的贪婪与疯狂引发了全球金融危机，致使无数投资者出现损失。金融监管的一个重要职责就是要加强金融监督，维护市场秩序，保证市场的公平、公正与公开，进而保护投资者的合法权益。美国金融监管体系改革推出的一项很重要的措施就是在美联储下设立一个新的机构即消费者金融保护局，对提供信用卡、抵押贷款和其他贷款等消费者金融产品及服务的金融机构实施监管。中国的金融监管主要是直接对金融机构进行监管，包括对违法违规的机构进行处罚，但对投资者的保护则很不够。而在中国，由于投资者对金融产品认识不够，信息不充分，造成投资损失的投资者比比皆是。且他们的损失也很难得到赔偿或补偿。因此，中国在金融监管体系的改革中，应当把保护投资者的合法权益放在首位。

二、当前中国金融监管体系总体评估

目前中国的金融监管体系包括中国人民银行、银监会、证监会以及保监会，“一行三会”的设置主要还是以被监管机构的类别来划分的分业监管体系，三个监管委员会分别承担银行业、证券业、保险业的监管职能。

中国目前实行的分业监管的金融监管体制是与中国金融业实行分业经营的实际状况分不开的。在中国金融市场不发达、金融结构很不合理、混业经营的条件不成熟的情况下，金融业实行分业经营，即银行业、保险业、证券业和信托业分业经营、分业管理、分设机构是完全必要的。金融业分业经营是从防范金融风险的角度考虑的。为了适应金融业的分业经营，形成和建立了分业监管的金融监管体系。由于现阶段中国的银行和其他金融机构的内部约束机制较为薄弱，各类金融机构承担不同的金融业务。从外部监管方面看，尚不具备综合监管和统一监管的条件，因此，现阶段对金融业实施分业监管是中国金融业健康发展不可逾越的重要阶段，是适合中国国情的一种必然选择。

正是这种监管体系，促使了中国金融业市场的有序运行和健康发展，防范了多种金融风险，并使中国的金融结构逐渐合理，使金融体系逐渐成熟和完善起来。中国金融的分业监管体系发挥了专业化金融监管的优势，针对不同行业的风险特征，实施不同的监管政策。

因此，由中国人民银行、证监会、银监会、保监会牵头的分业经营和监管的格局，有利于加强对银行和新生的证券与保险行业的专业化管理，有利于防止在中国金融业管理水平不高的阶段因混业经营而产生金融风险，总体上适应当前金融发展的实际情况。

然而，随着经济的不断发展，金融结构也变得日益复杂，一些新的金融工具如银证合作、银行与基金合作、投资连接保险产品等在中国不断涌现，混业经营初见端倪，中国金融市场国际化的不断发展，对现行分业监管的有效性提出了严峻的挑战，集中体现在以下几个方面：

(1)金融监管内容和范围狭窄，监管手段落后。中国目前金融监管的重点放在机构审批和经营的合规性方面，而对于金融机构日常的业务运营、资产质量和财务盈亏状况缺乏相应地监管措施。

(2)很难适应金融混业经营和金融控股公司发展对金融监管的需要。为了适应外部环境的变化，提高竞争能力，金融机构在业务交叉领域不断进行边际业务创新。这些创新主要表现在：①银证合作。虽然受到法律影响，但是券商与商业银行之间仍然从多方面展开合作，如银证转账、银证通(存折炒股)。②保险与证券、银行的合作。从 1999 年 10 月底国务院批准保险公司通过证券投资基金进入证券市场以来，已有多家保险公司获准这项业务。③银行业与基金业的合作。从 2002 年开始，中国开放式基金销售有银行代销、券商代销、基金公司直销三种方式，而其中商业银行更是以其遍布全国的众多营业网点优势在基金销售中占有较大份额。面对金融业的混业经营和金融控股公司组织形式的出现，现行的银监会、证监会和保监会严格的分业监管显然已经很难适应需要。尤其是对金融控股公司总公司的监管和对其下属分业公司的监管，缺乏明确的法律定位，存在监管边界不清、监管责任不明等问题。

(3)在分业监管的实施中，缺乏一套合理有效的协调机制。中国分业监管模式是与金融机构分业经营格局相适应的，这样做有利于监管部门集中精力对各自负责的监管对象实施监管，有利于提高金融监管效率和监管水平。但是，分业监管使得各监管部门自成体系，缺乏一套监管联动协调机制，金融监管支持系统薄弱，使被监管对象有可乘之机，产生分业监管与跨行业违规经营的矛盾，出现业务交叉中的监管真空。

(4)分业监管易产生监管真空和监管套利。金融创新的发展使得各金融机构和金融业务的界限越来越模糊，很难区分它们究竟属于何种类型的机构以及何种类型的业务，各金融机构往往利用监管盲区逃避监管或利用监管程度差异进行“监管套利”。尤其是，分业监管模式不利于监管机构明确监管职责，易形成监管真空,也容易造成监管机构之间的推诿卸责。

(5)分业监管易导致重复监管,增加监管成本。金融监管成本既包括维持监管活动费用的直接成本,也包括被监管行业的执行成本以及监管活动对金融行业效率影响等在内的间接成本。在分业监管制度下,多个监管机构会增加机构设立的行政成本与相互协调合作的信息成本,不利于实现规模经济和范围经济,加大了金融机构受到重复和交叉监管,与多个监管机构打交道,提起多次授权审批程序,遵循多套监管规则、接受多轮监督和管理的成本支出。这会降低金融业的效率,也会降低社会的整体福利。

(6)分业监管会抑制金融创新,阻碍金融业发展。创新是金融业发展的重要推动力。监管的有效性衡量标准之一便是能否有利于金融创新。在分业监管体制下,各监管机构为减小监管压力以及规避自身风险,有很强的确认并控制被监管机构的风险和经营行为的动机,这往往会对原不属于本行业的新产品和新业务采取抵制态度,从而阻碍金融业创新活动的发展。

(7)中国加入 WTO 以后,外资金融机构大举进入,其中很多金融机构是混业经营,综合优势明显。以中国现有分业监管体制管理混业经营的外资机构和交叉代理的中资机构将会面临不少新的矛盾与困难。

总之,中国当前实行的严格分业监管的金融监管体系,已经不能适应中国金融发展和金融国际化的需要,必须进一步改革与完善金融监管体系,防范更大的金融风险,保障中国金融业的稳定和快速发展。

三、中国金融监管体系改革的总体思路

中国金融监管体系改革应当学习和借鉴美国金融监管体系改革的经验,结合中国自己的国情,形成有效率的金融监管体系。

如前所述,我们建议在“三会”之上,再建立一个统一的金融监管机构,即建立中国金融监督管理委员会(以下简称“金监会”),对金融行业进行统一监管。金监会的主要职责是,负责统一制定中国金融业的发展规划,通盘考虑和制定金融法律法规,协调监管政策和监管标准,监测和评估金融部门的整体风险,集中收集监管信息,统一调动监管资源。通过统一的监管机构,对银行业、证券业、保险业和其他金融部门与金融市场进行监管,以维护金融业的稳定发展。金监会可以针对金融监管真空或重叠采取相应措施,划分各金融监管机构的职责范围,协调各监管机构的利益冲突以及划分监管归属等。

为了更好地发挥金监会的监管功能,我们建议在金监会成立后,下设立三个委员会,一是成立金融审慎监管委员会,将原来“一行三会”的宏观与微观审慎性监管职责转到该委员会,该委员会更多地承担起宏观审慎性监管的职能。二

是成立投资者保护委员会，负责业务运作与投资者保护，该委员会对金融衍生品进行审查，对投资者进行提示与告知，协助投资者投诉的仲裁甚至诉讼。三是成立金融稳定委员会（原来在中国人民银行下属有一个金融稳定局，但从目前的情况看，它很难担负起金融稳定的职责，可考虑将其合并到金融稳定委员会中），负责金融体系的整体稳定性，同时制定金融监管的各项法规和政策。

金监会通过其下属机构银监会、保监会和证监会，通过对金融控股公司的监管，对各种金融业务和金融市场进行统一监管。中国人民银行主要通过货币政策进行宏观调控，仍然承担部分金融监管职能，即负责监管货币市场和外汇市场。从而形成在国务院的领导下，以金监会为主，与中国人民银行共同进行金融监管的统一监管体系（见图1）。

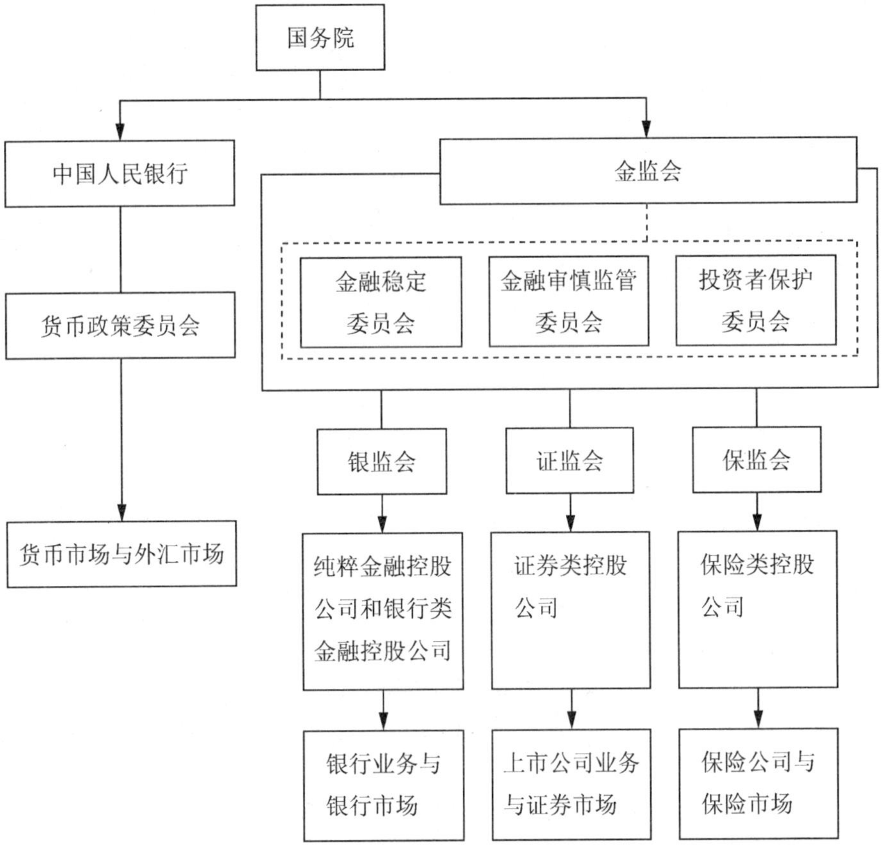

图1　中国金融监管体系改革示意图

参考文献

[1]张昀,“美国金融监管改革蓝图值得借鉴”,《上海证券报》,2010年2月5日。

[2]曹凤岐,“改革与完善中国金融监管体系”,《北京大学学报(哲学社会科学版)》,2009年第4期。

[3]Borio, C. ,“Towards a Macroprudential Framework for Bank Supervision and Regulation”, *CESifo Economic Studies*,2003,49(2).

[4]Paulson HM Jr. , Steel, RK and Nason, DG,“Blueprint for a Modernized Financial Regulatory Structure”, US Treasury Department, available at www. treas. gov/press/releases/reports/Blueprint. pdf, 2008.

(本文刊载于《国际金融》,2011年第1期)

后记

我的论文集《金融改革创新论》在北京大学光华管理学院成立 30 周年、我在北京大学学习、工作 50 周年和我 70 岁生日之际出版了，我感到有特殊的意义，深感欣慰。

本书收录的论文主要是我近十几年的学术论文（含部分学术讲演稿），共 59 篇。这些论文主要是我自己完成的，有部分论文是在我指导的硕士、MBA、EMBA、博士、博士后的毕业论文基础上改写而成的，也有与我指导的访问学者合作写成的，还有的是参与我主持的科研项目的同志和我共同完成的项目成果论文。所有参加、参与论文撰写的同志，都是我的合作者，在论文的后面都列出了他们的名字。他们是（按论文集出现先后顺序排列）：郑晓辉、龚六堂、孙艳军、林敏仪、王海璐、贾春新、谭先国、杨军、郭志文、姜华东、高培道、朱乾宇。在此对他们一并表示感谢！也对曾经与我合写过论文但没有收录到论文集里的同志表示感谢！

特别感谢我的学生申霓，她花了很大的工夫帮我搜集论文，并进行筛选、编排和规范。

这里也要感谢我的夫人孙立军女士，她承担了几乎所有家务，使我有时间安心进行科研工作。她经常提醒我要低调做人、扎实做事、淡泊名利、正直廉洁，使我能时刻保持清醒的头脑。

还要感谢北京大学出版社的林君秀、贾米娜和姚大悦，由于她们的热情帮助，本书才得以顺利出版。

2015 年 2 月 19 日（农历乙未春节）